Arno Schmidt

BARGFELDER AUSGABE
WERKGRUPPE I
ROMANE ERZÄHLUNGEN GEDICHTE JUVENILIA

STUDIENAUSGABE BAND 4

D1721286

Arno Schmidt

KLEINERE ERZÄHLUNGEN

—

GEDICHTE

—

JUVENILIA

EINE EDITION DER
ARNO SCHMIDT STIFTUNG
IM HAFFMANS VERLAG

DIE BARGFELDER AUSGABE
WIRD VON DER ARNO SCHMIDT STIFTUNG, BARGFELD,
HERAUSGEGEBEN.
REDAKTION DIESES BANDES VON
JAN PHILIPP REEMTSMA,
BERND RAUSCHENBACH UND
WOLFGANG SCHLÜTER.

KORREKTOREN WAREN
HAJO LÜST, WERNER SCHMITZ UND
RUDI SCHWEIKERT.

DIESER BAND ENTHÄLT ZWEI FAKSIMILES
AUS DEN HANDSCHRIFTEN DES VERFASSERS:
EIN TITELBLATT ZU BEGINN DER »DICHTERGESPRÄCHE«
UND EINE KARTENSKIZZE AM ENDE VON
»MEIN ONKEL NIKOLAUS«.

UMSCHLAGZEICHNUNG VON NORBERT BARTH

1.–5. TAUSEND, FRÜHLING 1988
6.–11. TAUSEND, FRÜHLING 1992

GESTALTUNG UND PRODUKTION:
URS JAKOB, HAFFMANS VERLAG AG, ZÜRICH
SATZ AUS DER BEMBO VON JUNG SATZCENTRUM GMBH, LAHNAU
HERSTELLUNG: BENZIGER, EINSIEDELN
ISBN 3 251 80063 9

Inhalt

KLEINERE ERZÄHLUNGEN
7

GEDICHTE
141

KLEINERE ERZÄHLUNGEN

EIN LEBEN IM VORAUS.

Natürlich nahmen wir nur eine Ecke der Terrasse ein. Apotheker Dettmer saß ängstlich=selig auf der Vorderkante seines Korbsessels, und blies in die fürchterlich dicke Brasil; der Mond stieg eben am Faden seines Rauches aus den Büschen, und ich konnte zwanglos die beiden runden gutmütigen Gesichter vergleichen. Der pensionierte Hauptmann – wo hatte ich den Namen »von Dieskau« denn schon in der Geschichte gehört ? – füllte noch geschwind zwei Slibowitze in sein dürres Skeptikergesicht. Frau Dr. Waring rief vorsichtshalber ihrer Nichte zu : »Emmeline, hol mir doch ein paar Voilchen.« (denn bei Stürenburgs Geschichten wußte man ja nie ! Die Kleine verzog sich auch; ich sah ihren Dutt jedoch mehrfach hinter einem neugierig=nahen Fliederbusch.)

Vermessungsrat a. D. Stürenburg strich, nachdem er wohlwollend alle diese bekannten Manöver seines abendlichen Kreises abgewartet hatte, mit einer schlangenmenschenhaft geschickten Bewegung des Kleinfingers die Asche von der Zigarre, musterte noch einmal den Rundhorizont (wahrscheinlich um zu überprüfen, ob auch noch alle TPs an ihren vorgeschriebenen Plätzen wären), und seufzte das einleitende behagliche »Tjaaa«. Der Hauptmann sah hoch mißtrauisch aus; Dettmer stieß begeistert in die Brasiltrompete; und er begann :

»Na, ich war damals noch ein ganz junger Mensch – ä – kaum das Staatsexamen gemacht – da rief man uns zu einem Vermessungslehrgang nach der Wingst zusammen.« (Hannoversche Geographie mußte man kennen, sonst war man hier verloren !). »Wir maßen unter anderem zweimal die Braaker Basis mit dem Besselschen Apparat nach. Und hatten überhaupt viel Spaß.« (Ich nickte so voreilig, um die Historie zu beschleunigen, daß er mich überlegen fragte; aber ich wußte zufällig die ehrwürdigen Namen Schumacher und Andreae, und er knurrte befriedigt=enttäuscht).

»Da war unter uns Einer, nicht anmutig, noch weniger elegant. Eigentlich nicht nach meiner Weise; aber seines unerschütterlichen Phlegmas wegen von Allen geachtet : ihn wegen seiner poetischen Ader zu tadeln, wäre wohl keinem von uns in den Sinn gekommen. Merkwürdig war es an ihm, daß er eben zweimal eigentümlicher Todesgefahr entgangen war : einem schweren Fieber. Und vor einigen Tagen wäre er fast in

9

den Ostemooren versunken, hätten ihn nicht zwei andere Lehrgangsteilnehmer gerettet.« (Hier knurrte der Hauptmann verächtlich und mekkerte, ganz soldatische Überheblichkeit).

»Eigen war es nur, daß er sich abends meistens aus unseren Belustigungen losriß – wir spielten viel Schach; oder machten uns den Spaß, die Krümmungsradien der Marsoberfläche zu berechnen – unaufhaltsam eilig, und immer versicherte, er müsse ‹Briefe schreiben› : dabei wußten wir genau, daß er kaum jemals welche erhielt ! Nun, also man lachte, und ließ die Grille gut sein; auch schien er sie zu ernsthaft zu nehmen, als daß man Scherz damit hätte treiben mögen.«

Ein Windstoß wehte von der weiten Fläche des Sees her, und pustete einen Knecht herein, der stammelnd berichtete, die Oberfläche stände 37/3. »37/3 ?« wiederholte Stürenburg giftig : »Also die Kerls können doch nie das gleiche Niveau für 8 Tage beibehalten ! Ä – s' gut, Hagemann.«

»Also eines Abends würfelten wir – nicht um Geld, Herr Hauptmann : neinein ! – lediglich um praktisch die Theoreme der Wahrscheinlichkeitsrechnung nachzuprüfen. Da kam er herein, und wurde ganz ungehalten, als wir immer durcheinander würfelten und schwatzten : kein vernünftiges Wort könne vor dem Geklapper aufkommen, o Gott, behauptete er, und ging halb verdrießlich von hinnen. Ich fühlte mich – aus irgend einem Grunde – seltsam bewegt; ging ihm nach, und fand ihn noch im Treppenhaus. Ich streckte ihm die Hand von oben nach unten hin, und fragte ‹Nicht wahr, Broesicke, wir scheiden doch nicht im Unwillen ?›. Er drückte sie mir kurz und sagte – er war der Ältere – gutmütig : ‹Neinnein, Geodätchen; wir haben einander beide lieb : Wiedersehn !›«

»Am nächsten Tage bekamen wir die Aufgabe, alle weit zerstreut in der Nachbarschaft, Gemeindegrenzen nachzumessen. Er kam ans äußerste Ende, weit hinter Lamstedt, und wurde von einem Bauern, der anscheinend mit Grenzsteinen gespielt hatte, mit einem Knüttel erschlagen.« (Der Apotheker gab seinem Kreisgesicht einen gerührten Ausdruck, und faltete fromm die dicken Hände : Ach !).

»Da lag er nun vor uns, mit eingeschlagener Schläfe. Seine Papiere wurden von uns gemeinsam durchgesehen; und da fand sich auch, was er in jener rätselhaften Korrespondenz aufgezeichnet hatte : Briefe an seine zwei liebsten Freunde im Lehrgang. Aber auf viele viele Jahre voraus, die er niemals schauen sollte. Die Freunde und er selbst waren längst pensioniert; und lebten auf ländlichen Besitztümern, glücklich verehelicht, und von bereits erwachsenen Kindern umblüht. Sie luden einander ein zu fröhlichen Besuchen, des Lehrgangs gedenkend, als einer mühevollen, aber nun heiter aufleuchtenden Vergangenheit – wie glücklich, wer das alles in Wirklichkeit erlebt hätte! – Tja. Die Poesie ist doch wohl, – wie die Geodäsie – ein allgegenwärtiges Wesen!«

»Ja, und was wurde aus dem Bauern?!« schnarrte der Hauptmann unzufrieden. »Der Bauer –« murmelte Stürenburg. Pause. Vom Dümmer her seufzte ein schmächtiger Wind. Die Zigarren glühten verfänglich. Bald würde es Sommer sein.

»Der Bauer?: Nein, zum Tode nicht. Damals mußten die Richter noch der Hinrichtung persönlich beiwohnen, und scheuten deshalb arg davor zurück. Er hat Zuchthaus, lebenslänglich, bekommen. – So viel ich weiß –« er breitete entschuldigend die Hände, »sitzt er heute noch. – Tjaaa.«

Emmeline kam, genau nach beendigter Geschichte; und wir empfahlen uns für heute.

DIE WASSERLILIE.

Da wir heute ein paar (Zeit=) Minuten zu früh gekommen waren, fanden wir Vermessungsrat a. D. Stürenburg noch mit seinem Theodoliten beschäftigt – das kostbare Instrument war, wie er uns abwehrend von weitem erklärte, auf einem isolierten, 5 Meter tief hinabreichenden Steinpfeiler aufgestellt, und berührte den Zementrand, auf dem er, der Beobachter, sich bewegte, an keiner Stelle. Noch einmal lugte er, kritisch hängenden Mundes, durch ein Ablesemikroskop, auf einen Glaskreis; murmelte : »10 (Bogen=) Minuten. 24 Komma 3 Sekunden.« (»24 Komma 3« wiederholte Apotheker Dettmer ehrerbietig.) Hagemann, das Faktotum, hob, kunstvoll ächzend, immer mehr Schutzkappen über das breitbeinige Gerät; und wir folgten Stürenburg zu unserer Plauderecke auf der Terrasse, wo eben auch Hauptmann von Dieskau zwischen den beiden Damen sichtbar wurde, »1 Rose zwischen 2 Dornen«, wie Dettmer verschämt=witzig anmerkte.

»Wenn man die genaue Höhe seines Instrumentes kennt – –« schon hob der Hauptmann nörgelig 5 rechte Finger dazwischen, à la Was heißt hier Höhe ? : »Die Standfläche ?«. Stürenburg erklärte, (mit Nachsicht, weil es sich um einen Infanteristen handelte), daß selbstverständlich die Kippachse des Zielfernrohres darunter verstanden werden müsse; und Jener meckerte unlustig, und blies einen Rauchkegel von sich, lang wie das Bein einer Siebzehnjährigen, (›ein Bein aus Sonnenstäubchen‹, geisterhafte Vorstellung; neben mir der Apotheker schnüffelte, und flüsterte dann ABAJO VUELTA – er hatte in seiner Jugend Spanisch gelernt und konnte das nie vergessen). Aber schon fing Stürenburg grämlich an : »Na, wir sind ja einigermaßen unter Uns – –; das ist nun auch schon wieder rund 20 Jahre her; – – ich bin ja bekanntlich vorzeitig in den Ruhestand versetzt worden, weil ich es damals mit den Nazi=Machthabern verdorben hatte : das muß ich Ihnen auch noch mal erzählen.«

»Ich stehe also eines Abends genau wie heut=vorhin am Instrument und winkle ein bißchen. Und sehe plötzlich drüben, am Strande bei Hude, ein Pärchen ankommen. Nun habe ich eine besonders gute optische Ausrüstung, und sah die Beiden so, wie wenn sie in ungefähr 70, 80 Metern Entfernung wären. Sie trägt'n grellroten Pullover, und scheint so dünn wie'n Strich; Er hat'n kleinen Koffer in der Hand. Gehen auf dem

Laufsteg immer weiter vor; setzen sich vorn ans Pfahlwerk hin – : und auf einmal seh' ich doch, wie der Mann das Köfferchen in's Wasser gleiten läßt !«. – »Den Koffer ?« fragte Frau verw. Dr. Waring verständnislos; und auch der Apotheker schüttelte entrüstet ob solcher Verschwendung die Backen.

»Ich zählte natürlich sogleich den Pfahl ab, wo das passiert war. Die Beiden hatten sich unterdes wieder aufgerafft, und waren landeinwärts geschlendert; ich sah das Rot des Pullovers hinter dichteren Hecken, in Richtung Gasthaus, verschwinden. Dann bestieg ich mit Hagemann unsern Kahn, und wir stakten hin. Erst als wir am Bollwerk festmachten, kamen mir Zweifel : was mich das überhaupt anginge ?« (»Kweit=reit« schnarchte der Hauptmann abfällig. »Menschenpflicht« hörte ich Dettmer, neben mir – aber das sagte ich wohl schon ? – probieren : so wie er das aussprach, hörte es sich direkt nach was an.)

»Aber wir waren nun einmal da, und ich dirigierte Hagemann in's Wasser – der See ist ja so flach, daß man quer hindurch waten kann : Brusthöhe.« (Ich mußte unwillkürlich zu Emmeline, der Primanernichte, hinüber sehen; warum weiß ich nicht. Stürenburg lächelte fein, und fuhr fort) : »Aber da waren wir nun einmal ! Er tastete eine Zeitlang mit den Zehen, und hatte dann das Gesuchte gefunden, fuhr mit dem Fuß in den Griff, wollte diesen an die Hand weiter geben, und moquirte sich sofort über ‹das Gewicht›. Nun moquirt Hagemann sich bekanntlich über Alles; ich hörte also gar nicht weiter hin; worauf er, immer maulend, das Dings auf die Ruderbank packt : tatsächlich neigt sich doch der Kahn sofort zur Seite.« Dettmer nickte, als hätte er das gar nicht anders erwartet; der Hauptmann lächelte rechts über dergleichen Zivilistereien; ich erlaubte mir, auch Emmeline 1 Zigarette anzubieten, (was aber von der Tante mit einem Gesicht abgelehnt wurde, als hätte ich einen direkten Verführungsversuch unternommen); Stürenburg beobachtete uns belustigter, wurde aber ungewöhnlich schnell wieder ernst, seufzte ein bißchen, und fuhr stirnrunzelnd fort

: »Die Schlösser schnappten mühelos auf. Ich hebe den Deckel und sehe – was ? –« er beugte sich impressiv vor – : »In Decken gewickelt, schneeweiß, ein Kindergesicht ! Mit breiten bläulichen Flecken; 1 Wasserlilie auf der atem=losen Brust.« Erst jetzt konnte die Tante : »Emmeline, Du badest hier nicht mehr !« rufen; und : »Hol' doch bitte noch einmal heißes Wasser aus der Küche. – Sie darf doch ?!« wandte sie sich mit vernichtender Freundlichkeit an Stürenburg, der überrascht einwilligte.

: »Ich schlage entsetzt den Deckel wieder zu –« (Dieskau schniefte verächtlich, nach Reckenart, ‹entsetzt wegen 1 Leiche ? Oh, diese Schlipsträger !») – »Hagemann läßt ihn, mit angeregt glitzernden Augen – obwohl, mir zu Gefallen, auch ein wenig zitternd vor Gruseln – wieder hinunter; und wir verlassen eilig die Stelle. Mit jagenden Gedanken ‹WAS TUN ?!› – : was hätten Sie getan ?«

»Sofort Meldung : an die Sittenpolizei !« hauchte Frau Dr. Waring indigniert. »Mord –« flüsterte Dettmer, angenehm ergriffen. Der Hauptmann zuckte vorurteilsfrei die Achseln. (Ich war der Feigste; ich tat, als kratzte ich mich nachdenklich an der Backe.)

»‹Meldung an die Polizei›; das dachte ich damals leider auch,« sagte Stürenburg trübe; beschwichtigte die Tante, die ob des ‹leider› hoch wollte; besah seine Zigarrenglut, und berichtete mürrisch weiter : »Am nächsten Morgen fuhr ich erst mit dem Motorrad nach Hude : richtig; dort wohnten sie; bei einem Bauern allerdings. Ich traf das saubere Paar auch unschwer im Dorf an; Er, groß, schlacksig, rote Haare & Sommersprossen genug; Sie schneeweiß & knochenlos dünn, mit schwarzen Ponyhaaren und Augen. ‹Ein Künstler› kriegte Hagemann unterdessen raus.« Schon blähte die Tante pharisäern die Nase und breitete die Hände; »BOHÈME« fiel ihr ein.

»Der Kriminalkommissar aus Diepholz kam gleich mit. Wir stellten sie. : ‹Haben Sie uns nichts zu sagen ?›. – Sie wurden sichtlich unruhig; schwiegen jedoch verstockt. Als wir uns dem Seeufer näherten, ließ er das Gesicht blasser hängen; sie klammerte sich an seinen Arm, und ich hörte sie flüstern : ‹...nich lieber beichtn ?› – Als der Koffer auf dem Steg lag, schnappte er nach Geständnissen. Aber schon hatte der Beamte geöffnet : jetzt, bei Morgenlicht & feinem Nebel wirkte der Inhalt *noch* fataler !« Eben kam Emmeline mit dem heißen Wasser zurück : »*Noch* heißer !« befahl die Tante verzweifelt; und Jene mußte, maulend, wieder davon. : »Bitte, rascher, Herr Rat !« keuchte die Witwe erschöpft.

»Wir faßten, angeekelt, die Kanten der Decke, in die das Unglückswurm gewickelt war – schwer wie Stein lag es in unsern Händen –« er drückte die kostbare Zigarre aus, er knirschte ärgerlich : »ach, was soll ich lange drum=rum reden : so war es auch ! Der Kerl, er war Bildhauer, hatte ‹auf Vorrat› ein ‹schlafendes Kind› zusammengefuscht, und es in den See versenkt, damit der Stein eine grünlich= antike Färbung annehmen, und ‹mehr bringen› sollte. Ein Kollege hätte ihm den Trick verraten : das machten Viele so.« Er warf sich, noch heute seltsam wütend, in den Sessel zurück; während wir uns unwillkürlich den hiesigen Seegrund vorstellen mußten : über & über bedeckt mit modernen Statuen, ja Plastiken, die dort teuer bezahlte

Patina ansetzen sollten, hm hm. Stürenburg erhob sich, und forderte uns mit einer ungeduldigen Handbewegung zum Mitkommen auf. –

Hinterm Haus, im Schuppen, dicht neben Hagemanns Fahrrad, lag, auf Kisten, 1 verstaubtes fuchsrotes Köfferchen – : »Bitte.« Dieskau, zähnefletschenden Mutes, öffnete : in braunkarierten Deckenresten lag ein sinnig lächelndes, schlafendes Kind. »Ich hab' ihm das Dings abgekauft,« bekannte Stürenburg giftig; »für teures Geld. Um Aufsehen zu vermeiden.« Tcha, verständlich; sicher, ‹der beste Weg›. Auch Apotheker Dettmer beugte sich ergriffen darüber; hob jedoch, plötzlich erleuchtet, den vollen Kopf : »Das ist aber gar keine Wasserlilie, Herr Rat –« wußte er von der, entschieden zu groß geratenen, Blume : »das ist der gewöhnliche Teichschwertel, IRIS PSEUDACORUS. Ich weiß es bestimmt : die Wurzel ist offizinell.« »HErrgott von Bentheim; auch das noch !«, fluchte Stürenburg.

Stille.

Dann erkundigte Dettmer sich verlegen : »Warum sagt man eigentlich immer ‹von Bentheim› ?«. Wir sahen einander an. Wir wußten es nicht.

ZU ÄHNLICH.

»Och, Geschichten weiß der Herr Rat : Der könnt' die Vögel von'n Bäumen locken !«, und sah mich dazu, sehr von unten her, aus glitzernden Altersaugen an. »Ja ja gewiß, Hagemann,« sagte ich diplomatisch : »ob sie aber auch alle wahr sind ?«. Er warf sofort die Arme (mit den immer noch mächtigen Fäusten daran) in die Luft. »Wieso denn nich ? !« nieselte er empört : »Was hier im Lauf der Jahre alles passiert iss ! – Und dann die viel'n Ins=trumente : Ogottogott, wenn ich nich so'n festen Kopf hätte – –«. Er entfernte sich, unglaublich murmelnd; und ich begab mich unbefriedigt wieder zur Terrasse zurück, wo man mich schon erwartete.

Vermessungsrat a. D. Stürenburg erklärte eben dem Hauptmann, daß man auch als Laie durchaus noch bessere Karten einer Gegend, als die allgemein für das non plus ultra angesehenen ‹Meßtischblätter› erwerben könne : »Jedes Katasteramt verkauft Ihnen anstandslos für – 6 Mark sind's, glaub' ich, zur Zeit – die sogenannten ‹Plankarten›, im Maßstab 1 : 5.000, die ebenfalls die gesamte Topografie enthalten. Da haben Sie dann genau jedes einzelne Gebäudlein eingezeichnet; Wohnhäuser von Schuppen durch die Schraffierung unterschieden; Straßennamen; Alles : sehr zu empfehlen.« Er nickte fachmännisch, und kerbte mit einem silbernen Spezialmesserchen seine Zigarre vorne ein. »Natürlich gibt es auch *noch* großmaßstäblichere Pläne; in Verbindung mit dem ‹Grundbuch›; sie werden, falls Zeit dazu sein sollte, laufend ergänzt – ich kenne das –« er wiegte den mächtigen Kopf und stöhnte vor Erinnerungen.

Vom See her wogte träge ein Wind= – naja ‹stoß› konnte man's eben nicht nennen, dazu war das Luftmeer heut zu guter Laune : es spülte flüssigkeitshaft lau über unsre Hände & entblößte Unterarme. »Ideal für die Ernte« bemerkte Apotheker Dettmer wichtig; und Frau Dr. Waring bestätigte gutsherrschaftlich (obwohl auch sie den Teufel etwas davon verstand); Emmeline dehnte verstohlen die badelustigen Beine (1 davon zu mir her ?), und während sie noch schlau an mir vorüber sah, hob Stürenburg bereits an.

: »Sie wissen ja, daß ich vor 25 Jahren, im ‹Dritten Reich›, vorzeitig pensioniert wurde – ich komme darauf, weil es mit den eben erwähnten großmaßstäblichen Grundstückskarten zusammenhängt. Ich hatte damals einige Katasterämter westlich der Ems unter mir, und war eben im Auto auf dem Wege nach Meppen, als ich doch nahe einer, stattlich im hübschen Grüngrundstück liegenden Villa ein paar Landmesser bei der Arbeit sehe : Einer hat das Stativ aufgebaut; zwei Gehülfen stehen malerisch auf rotweiße Latten gelehnt – wie das ja Jeder kennt. Dabei war doch, meines Wissens, im Augenblick hier gar nichts . . . . . . Ich lasse jedenfalls Hagemann halten; steige aus, und gebe mich dem Mann am Fernrohr zu erkennen. Der sieht überhaupt nicht hoch, sagt nur scharf : ‹Fahr'n Sie weiter !›. Nun wurde mir dieses zu dick : ich war ja schließlich sein übernächsthöherer Vorgesetzter ! Außerdem hätte es jegliches alte ehrliche Geodätenherz empört, wie das Fernrohr des Kerls irgendwohin mitten in die Villa zeigte. Auf meine diesbezügliche Beanstandung hin sagte er, drohender : ‹Gehen Sie sofort Ihres Weges !›; hob auch den Kopf – : ich hatte das Gesicht noch nie gesehen, wo ich doch meine sämtlichen Beamten in= & auswendig kannte ! Jetzt wurde mir die Sache verdächtig; zumindest lag ja ‹Anmaßung von Dienstbefugnissen› vor; ich forderte ihn also auf, in meinen Wagen zu steigen und mir zur nächsten Polizeidienststelle zu folgen. Sein ohnedies brutales Gesicht verstellte sich noch mehr. Er machte sich klein zum Angriff & pfiff seine Komplizen herbei : die packten mich, und hätten mich in mein Auto gestopft, wenn nicht Hagemann eingegriffen hätte. Er warf, strategisch völlig richtig, zuerst den Rädelsführer kopfüber in den ungewöhnlich tiefen Straßengraben – Moorboden, Sie wissen ja. Dann kam er mir zu Hülfe. Die beiden Verbleibenden bildeten sich, glücklich für uns, ein, sie müßten ihre Latten auf Hagemanns Kopf zerschlagen – und von dem Augenblick an war unser Sieg entschieden. Durch all ihr Faustschlagen, Stoßen & Zähnefletschen hindurch drang Hagemanns Haupt, Schild und Angriffswaffe zugleich, unwiderstehlich vor; schon verlor der Eine stückweise Jacke & Hemd, während ich dem Andern die Nase öffnete. Unterdes tauchte aus dem Graben das, itzt struppige, Antlitz des Anführers. Er rief seinen Leuten 1 Kommando zu; worauf sie sich sofort zurückzogen, sich auf 3, im Gebüsch versteckte, Motorräder warfen, und davon stanken. «

Der Hauptmann hatte interessiert der Schilderung des Gefechtes gelauscht, nahm jetzt einen sehr großen Kognak, und Stürenburg fuhr fort : » Mein erstes war, durch das so geheimnisvoll gerichtete Fernrohr zu visieren – : es zeigte mitten auf jene Haustür ! Ich ging hin, und läutete den Besitzer heraus. Ein langer dürrer Mann, aschgrau vor Angst im Gesicht. Nachdem ich ihn informiert hatte, zog er mich flehend in die Tür, verriegelte hinter uns, und berichtete nun seinerseits kurz : Er sei Jude; und sein Haus würde seit 2 Tagen von verkleideter Gestapo bewacht, die nur darauf warteten, daß einer seiner längst gesuchten Verwandten sich zu ihm stähle : dann sollten sie Beide ‹abgeholt› werden ! Als er erfuhr, daß seine Wächter in die Flucht geschlagen seien, bat er mich – zitternd am ganzen Leibe, der arme Kerl; es ging ja auch buchstäblich ‹um sein Leben› ! – ob ich ihn nicht rasch im Auto zur nahen holländischen Grenze hin befördern könne ? Auf meine Einwilligung hin rannte er treppauf, und kam sofort mit dem, unverkennbar längst bereitgehaltenen ‹schnellen Köfferchen› zurück.«

Der Hauptmann – wohl nicht direkt ‹Antisemit›; aber immerhin erzogen, jedem, auch dem ephemer=doofsten, Gesetz zu gehorsamen – knurrte unbefriedigt; während der gutmütige Dettmer befriedigt & fleißig nickte.

»Ich also wie der baare Teufel die Straße nach Provinzialmoor runter gefahren. Er, neben mir, plappert unaufhörlich, krankhaft=nervös; zeigt auch verängstet nach einer fernen Vogelscheuche im Feld, (in einer Art, daß sogar ich mich verblüfft hinbog), hat unruhige Hände – ist ja wohl begreiflich. Ich fahre energisch vor'm Schlagbaum vor. Er lächelt, herzbrechend tapfer, zum Abschied. Geht hin, zeigt was – und kommt durch : nie werd' ich vergessen, wie er dann da im Holländischen stand, und beide Arme ekstatisch hoch stieß ! – Ich rollte nachdenklich wieder durchs Flachland zurück, und der Motor schnarchte. Während ich noch in Meppen mit dem Leiter des dortigen Katasteramtes kopfschüttelnd den raren Fall besprach, wurde plötzlich die Straße voller Motorengeräusch; 4 schwarzen Limousinen entstiegen gut 20 SS=Männer und umstellten die Ein= beziehungsweise Ausgänge : ich mußte mit ! – Ja, n'türlich; Hagemann auch. – Bei der anschließenden Vernehmung galt als besonders ‹gravierend›, daß ich, als Beamter, meinen Führerschein nicht bei mir hatte, (was mir übrigens das erste Mal in meinem Leben passiert war !); jedoch wurden wir ein paar Tage später wieder entlassen, da unsere relative Unschuld an der Prügelszene nachzuweisen war, (und von meiner Beihülfe zur Flucht jenes Unseligen schien man gottlob nichts zu ahnen). Immerhin wurde ich bald darauf durch eine ‹Verfügung› meines Amtes erst vorübergehend ‹enthoben›; später sogar gänzlich pensioniert : keine Bemühung meiner Vorgesetzten hat etwas ausrichten können.« Er wölbte die breiten Augenbrauen, und fluchte bei der Erinnerung noch heut durch die Nase.

»Das für mich niederschlagendste war noch, daß ich in jenen Tagen zusätzlich die Zeitungsanzeige vom Tode des betreffenden jüdischen Arztes in den Blättern lesen mußte ! Da ich ja nichts mehr zu tun hatte, kaufte ich 1 Kranz, fuhr hin, und legte ihn am – noch offenen –

Sarg nieder : er war in seiner eigenen Villa aufgebahrt, lang & dürr; man hatte ihm also die Häscher auch über die Grenze noch nachgeschickt.«

Von Dettmer und der Tante kam je 1 gerührtes »Tz !«. Der Hauptmann trank ehern; und Emmeline streifte sich, zappelig, den Rock höher, (allem Anschein nach hätte sie ihn am liebsten über den Kopf ziehen & ins Wasser springen mögen !); aber noch lutschte Stürenburg unerbittlich an seiner Havanna : »Merkwürdig war nur, daß ich 14 Tage später aus England einen eingeschriebenen Brief erhielt : darin ein begeistertes Dankschreiben meines Arztes – und mein Führerschein ! Er hätte sich keinen anderen Rat gewußt, beichtete er, als ihn, während unserer Fahrt, aus dem Fach unterm Schaltbrett zu expropriieren : mit ihm sei er anstandslos durch den Schlagbaum gelassen worden. Es stimmte auch; denn er hat mir immer wieder einmal, und dankbar, geschrieben : zur Zeit lebt er in den USA, und will nächstes Jahr auf Besuch kommen.«

»Ja=aber –« wandte der Apotheker betroffen ein – : »ich denk', Sie haben ihn damals im Sarge liegen sehen !«; und auch wir Andern blickten verwirrt Uns und dann wieder ihn, an. Stürenburg zuckte nur die untersetzten Achseln : »Was weiß ich von Geheimpolizeien ?« sagte er abweisend.; »Vielleicht hat der SS=Führer – der ja wohl auch, wie damals gern üblich, ‹mit seinem Kopf› für den Erfolg seines Auftrages einstehen mußte – seinen ganzen Sturmbann antreten lassen. : Vielleicht hat ihm Einer zu ähnlich gesehen . . . . . ?«. Er breitete die Hände und stand gewichtig auf.

»Ja aber –« schnarrte der Hauptmann betroffen. »Ja aber –« sagte die Tante unzufrieden. »Ja aber –« dachten auch der Apotheker & ich uns in die überraschten Gesichter. Nur Emmeline schien mit dem Ausgang der Geschichte sehr zufrieden; (vielleicht nur, weil sie überhaupt zu Ende war).

DAS HEULENDE HAUS.

Der Wind pfiff lauter; zuweilen schraffierte Regen blitzschnell die großen Glastüren des Eckraumes, wohin wir uns heute geflüchtet hatten; und wir alle betrachteten nicht ohne Vergnügen die Glut, die Hagemann mit einem mächtigen Blasebalg hinten im Kamin heller anfachte.

»Das ist recht, Herr Rat« sagte Frau Dr. Waring befriedigt; und dann seufzend : »das will nun ein Mai sein ! – Ich glaube, die Erde muß sich gedreht haben.« Der Hausherr, Vermessungsrat a. D. Stürenburg, hob leicht befremdet die Hand : »Ja aber meine Gnädigste : die Erde dreht sich doch beständig !« »Ach, Sie wissen doch genau, wie ichs meine« schmollte die hagere Witwe über die Teetasse hinweg; und Apotheker Dettmer half dienstfertig : »Polschwankungen, nicht wahr, Gnädige Frau ?«. Sie nickte nur, den Mund augenblicklich zu voll des süßen Sudes; Hauptmann von Dieskau sah hoch ungläubig drein; aber Stürenburg lehnte auch diesen Erklärungsversuch des schlechten Wetters ab : »Freilich pendeln die Erdpole ständig – das hat mein alter Lehrer Küstner damals zuerst nachgewiesen; und zwar in einer Art von Kreisen oder Ellipsen um den idealen Mittelpunkt. Aber diese sehr langsamen Schwankungen betragen nie mehr als rund 20 Meter nach allen Seiten. Außerdem werden die Bewegungen von bestimmten, zu beiden Seiten der Pole gelegenen Stationspaaren aus laufend kontrolliert : man muß ja jederzeit angeben können, wie sich die geographische Breite eines Ortes verändert. 20 Meter ? Das sind immerhin die gute Hälfte einer mittleren Bogensekunde, und darf also nicht vernachlässigt werden.« »Merk Dir das, Emmeline« sagte Frau Doktor scharf zur Nichte, die ihr gar zu versunken das lohende Holz beträumte.

Die gläsernen Ungeheuer des Windes berannten mächtiger das Haus. »Die armen Seeleute« fiel der Witwe ein; »Die armen Soldaten« knurrte der Hauptmann; der Apotheker öffnete den Mund, schloß ihn aber verlegen wieder : ihm fiel nichts ein, um auch seinen Beruf herauszustreichen, »die armen Kräutersammler« hätte ja kaum Mitleid erregt ! Stürenburg beobachtete ironisch den Wettstreit; dann entschied er: »Die armen Landmesser ! Bei solchem Wetter jahraus jahrein auf den Straßen; abends womöglich in schlechten Unterkünften –« er winkte bedeutend ab, legte die linke Hand in die rechte Achselhöhle, hielt die Zigarre beschaulicher, und begann :

»Als ich, lange vor dem ersten Weltkriege noch, meine praktischen Jahre als Topograph abmachte, bekamen wir, wenn wir auswärts arbeiteten, an Tagesgeldern die enorme Summe von 5 Mark. Die Herrlein heute erhalten natürlich 30, –, und besitzen jeder ein Auto. Wir hatten Fahrräder, und mußten uns – wir waren ja sämtlich nicht vermögend! – soviel Bücher und eigene Instrumente anschaffen, daß wir, um die besagten 5 Mark beiseitelegen zu können, auf die tollsten Ideen verfielen. Ich war damals Rotenburg zugewiesen; bekam als ausgesprochener ‹Junger Mann› natürlich den entlegensten Bezirk, unten bei Visselhövede; und bedachte eben traurig, daß ich nun doch wohl mein Geld würde ins Wirtshaus tragen müssen, als mich der Kollege, den ich ablöste, beiseite nahm. Wir fuhren mit dem Rade eine halbe Stunde weit, auf immer dunkler & schmaler werdenden Seitenwegen, und hielten endlich, kurz vor Stellichte, bei einem einsamen, halb verfallenen Hause an. Er winkte mich gar noch seitwärts in den dicken Wald, um sich dem Gebäude unauffälliger von hinten nähern zu können. In einem Tannicht stellten wir die Räder ab; schlossen sie an; schnallten die Theodoliten vom Gepäckträger, und traten ein.«

Er atmete tiefer vom süßen Rauche, und sah sich verschlagen im Kreise um : »Wir sind ja alles Leute mit starken Nerven ? –« schlug er vor. Der Hauptmann ließ nur verächtlich sein EK Erster funkeln; Dettmer nickte, etwas zu eifrig; während die Damen bange und wortreich ihre Tapferkeit bestätigten.

»Selbst ich trat zunächst zurück« brummte Stürenburg »denn auf den verdächtig leeren Dielenbrettern lag – ein Totenschädel!« Da niemand Einwände erhob, fuhr er sogleich fort : »Mein Kollege bemerkte nur ‹Aha› oder dergleichen Unverbindliches und : ‹Da ist schon Jemand da›. Über nur noch halb erhaltene und sich unangenehm durchbiegende Treppenstufen ging es bis unters Dach. Er klopfte diskret an eine Tür; lange – ich konnte damals noch nicht morsen, und verstand es nicht. Darauf rief es leise ‹Herein›. Und in der lichtdicht verhangenen Bodenkammer saßen auf niedlichen Hockern zwei Männer : ein Landmesser, von der Konkurrenz Fallingbostel; und ein Herr in Lincolngrün, ein Forsteleve, wie wir uns vorstellten. Sie hatten zwischen sich ein Schachbrett und eine Flasche billigen Weines; den Wänden entlang waren schon zwei Deckenlager ausgerollt. Man vereidigte auch mich kurz, unser Gespensterhaus niemals zu verraten; und ich besiegte dann erst einmal die beiden Schachspieler, einen nach dem anderen. Später auch simultan.« Er blies die Backen wohlgefällig auf : »Da habe ich dann noch manchesmal billig übernachtet. Oft in Gesellschaft von Förstern, Vermessern und Landgendarmen. Der erste, der ankam, mußte immer die diversen Gebeine und Totenköpfe ‹legen› – zum Beispiel baumelte auch einer auf der Treppe, und hätte unwissenden Eindringlingen einen gräßlichen Kuß versetzt.«

Der Regen morste flinker; der Wind johlte unermüdlich; die Tante markierte ein Gähnen, obgleich sie sichtlich noch an dem beinernen Kuß zu verdauen hatte. Der Apotheker richtete sich männlicher auf : »Wieso Gespensterhaus : gibts denn sowas heute noch ?«. Stürenburg sah ihn über die Brille hinweg an, während er langsam antwortete :

»Das ‹Heulende Haus› war so verrufen in der Gegend, daß der Bauer die Pferde rascher vorbeitrieb, und bei Dämmerung oder gar Nacht sich ihm Niemand genaht hätte. Alte Leute im Dorf unten pflegten zu erzählen, daß sogar die benachbarten Bäume zuweilen schreckliche Stimmen bekämen; und ein 95jähriger schwor Stein und Bein : er selbst hätte als Kind die klagenden Schreie mehrere Tage hintereinander gehört. Einmal hatte ein aufgeklärter Ortsvorsteher das Gebäude abbrechen lassen wollen : da hatten selbst die Balken ein so zorniges Gestöhn von sich gegeben, daß die Zimmerleute entsetzt die Äxte liegen ließen. Tja.« Er rauchte geduldig während wir unsere Entrüstung über derlei Aberglauben kundgaben; als wir uns endlich ausreichend als Kulturmenschen gefühlt hatten, strich er sorgfältig die lange Aschenspitze in die Achatschale :

»Ich war zufällig in der Nähe, als der zuständige Förster – auch einer der Eingeweihten – Holz dort schlagen ließ. Besonders war es mir um eine Prachteiche leid; aber er wies unwiderleglich nach, daß der Baum vollständig kernfaul und längst schlagreif sei. Als er schon auf der Erde lag, und die Arbeiter ihn spalteten, rief mich auf einmal sein Schrei zurück : mitten in dem mächtigen Stamm stak, den Kopf nach oben, ein menschliches Skelett !« Er strich unwillig unsere beteuernden und entsetzten Hände beiseite. »Man fand noch Fetzen uralten französischen Uniformtuches, und, halb versteckt im Holzmoder, ein paar kleinere Münzen.« Grimmig : »Vielleicht ein Marodeur, der von wütenden Bauern verfolgt wurde, sich auf den Baum flüchtete, und in ihm versank. Er muß sich durch den Sturz so fest eingekeilt haben, daß ihm die Arme an den Körper gepreßt wurden, und keine Möglichkeit zum Entkommen mehr war : kein Wunder, daß der Baum tagelang heulte und schrie, und Niemand mehr in dem ‹Heulenden Haus› wohnen mochte.«

An diesem Abend wurde es nötig, Frau Doktor nach Hause zu begleiten.

SCHWARZE HAARE.

Eben hatte Hauptmann von Dieskau die sehr angenehme Geschichte von der Pest zu Aleppo beendet : wie sie damals abends waggonweise die Toten in die der Einfachheit halber ständig offen stehenden Massengräber zu schütten pflegten – worauf dann regelmäßig gegen Morgen ein Dutzend Pestleichen, die noch nicht ganz tot gewesen waren, wieder an der Tür ihrer Verwandten um Einlaß kratzten. »Ohmeingott !« rief Frau Dr. Waring erschöpft=angeekelt aus; und Apotheker Dettmer zog vorsichtshalber die Beine unter den Stuhl, vom Teppich weg, auf dem sich vom Kaminfeuer her Schattenrümpfe und rotgeschwollene Lichtglieder wanden.

Betroffen ob dieses unerwarteten Mißerfolges versuchte der Hauptmann es mit einem schnarrenden Hymnus auf die erhebende Öde und die seltsam engen Horizonte der Wüste, die man nirgendwo sonst wieder anträfe. »Außer vielleicht zur See« sagte Frau Doktor spitz (ihr Mann war Schiffsarzt gewesen); und da der Hauptmann geschlagen verstummte, erkundigte sich der stets bildungsdurstige Apotheker : »Wie weit kann man eigentlich im Allgemeinen so sehen, Herr Rat ? ich meine : die Erde einmal als glatte Kugel vorausgesetzt.« Obwohl sich Stürenburgs Mund bei dem Wort ‹Kugel› leidend gefaltet hatte, versetzte er freundlich : »Nichts leichter als das, Herr Dettmer : Sie ziehen die Wurzel aus Ihrer Höhe in Metern; und nehmen sie mit 3,5 mal.« Als er das Zögern der Witwe bemerkte, gab er gefällig gleich noch das Beispiel : »Gesetzt, Sie befinden sich 100 Meter hoch; die Wurzel daraus ist 10 : also können Sie 3,5 mal 10 gleich 35 Kilometer weit im Umkreis sehen – annähernd natürlich; im Einzelnen schwankt das etwas.« »Merk Dir das, Emmeline« sagte Frau Dr. Waring scharf zu ihrer Nichte : »Das kannst Du nächsten Ostern vielleicht beim Abitur brauchen !« Stürenburg, stets Kavalier, ersparte der jungen Dame jede Stellungnahme, und fuhr siegesgewiß fort :

»Und was Ihre gerühmte Wüstenöde anbetrifft, Herr Hauptmann, : warum in die Ferne schweifen ? Es ist gar nicht so lange her – in meiner Kindheit haben es mir Augenzeugen noch selbst erzählt ! – da konnte unsere Lüneburger Heide es mit jeder Einöde aufnehmen. Das war in manchen Fällen unschätzbar; als z. B. 1831 die große Choleraepidemie –

der nebenbei Männer wie Hegel oder Gneisenau zum Opfer fielen – von Osten nach Westen über Europa wanderte, da machte die Seuche mangels Verbreitungsmöglichkeit an der Ostgrenze der Heide halt.«

Der Apotheker streckte beruhigt die Beine wieder aus; Emmeline schüttelte mir, der ich hinter ihr saß, koketter den verführerischen Pferdeschwanz hin; Stürenburg, dessen Vermesserauge selbst heute noch nichts entging, notierte amüsiert auch dies, und er kam zum eigentlichen Thema :

»So verwirrend einförmig, ohne alle Landmarken, – die Aufforstungen sind ja erst viel später erfolgt – sah es zur Franzosenzeit, um 1810, da aus, daß der Gouverneur, der berühmte Marschall Davout, endlose Stangenreihen einschlagen ließ, um den Nachschubtransporten den rechten Weg anzuweisen. Nun blühte bekanntlich zu dieser Zeit der Kontinentalsperre das Schmugglerwesen; und die verwegensten solcher Burschen wandten zuweilen die Methode an, diese Wegemarkierungen umzusetzen. Also die zum Teil wertvollen Transporte in abseitige Einöden zu leiten, dort zu überfallen und auszuplündern.« Der Hauptmann, der beim Namen Davout ein haßvolles Knurren von sich gegeben hatte, lächelte anerkennend; der Apotheker, mehr geschult, Wunden zu heilen, als zu schlagen, sah unbehaglich drein; und Stürenburg fuhr fort :

»Es war im Spätherbst des Jahres 1811 – am 24. Oktober genau – als so eine tollköpfige Schmugglerbande den Trick wieder einmal angewendet hatte. Von der gewöhnlichen Soltauer Straße hatte man den französischen Geldtransport nach links in ein Gewirr von Mooren, Wiesen und Buschwerk abgeleitet; und dann, bei Einbruch der Nacht, nordwestlich von Schneverdingen, angegriffen. Diesmal allerdings waren die Franzosen stärker und besser bewaffnet, als man angenommen hatte; es entspann sich ein ziemlich hartnäckiges Feuergefecht, in dem es auf beiden Seiten Tote und Verwundete gab. Das dauerte so lange, bis die ernüchterten Schmuggler und nicht minder die Franzosen sich nach entgegengesetzten Richtungen zurückzuziehen begannen; die einen nach Westen in ihre pfadlosen Moorverstecke; die anderen, mühsam nach Kompaß, in Richtung Hamburg, wo damals der Regierungssitz der sogenannten ‹Hanseatischen Departements› sich befand. Die Bewohner der umliegenden Dörfer, nicht wenig erschreckt durch das hartnäckige Schießen, hatten zitternd das Deckbett dichter um den Kopf gezogen und sich nicht gerührt; entschlossen, es mit keiner der Parteien zu verderben. Als ein resolutes Mädchen erklärte : es sei doch ganz einfach Menschenpflicht, den Ort des Treffens abzusuchen; die Toten christlich zu begraben, und die Verwundeten zu pflegen. Nach langem Widerstand ihres Vaters gelang es ihr, ein

Bauerngespann zu erhalten; und von nur einem Knecht begleitet, fuhr sie tapfer an den Unglücksort. Tatsächlich brachte sie 4 Blessierte, 2 Deutsche und 2 Franzosen, mit heim; die Toten – ich weiß ihre Zahl nicht mehr genau; es waren jedoch wenige – blieben zunächst liegen. Sie verband die Unglücklichen eigenhändig; kochte ihnen entsprechendes Essen, und als am nächsten Tage der zuständige französische Gendarmerieleutnant Tourtelot von Nienburg eintraf – 3. Batl.; 34. Legion –«, fügte er für den fragenden Blick des Hauptmanns hinzu; »waren alle Verwundeten praktisch schon außer Gefahr, wenn auch noch nicht sämtlich transportfähig. Der Leutnant, ein hübscher schlanker Mensch, mit großer gebogener Nase und pechschwarzem Haar, äußerte noch in der Krankenstube seine Absicht, die Deutschen abzuführen, und strengster Bestrafung zu übergeben. Worauf das Mädchen vor ihn hin trat, und ihm, so hochdeutsch sie eben konnte, sagte : ‹Daraus wird nichts, Herr Leutnant ! Ich bitte zu bedenken, daß ich die armen Männer ja auch sämtlich hätte liegen lassen können; dann wären alle, auch Ihre Franzosen, jetzt schon steif und kalt. Geben Sie ein Leben fürs andere›. Der Leutnant, angenehm betroffen von dem großen blonden Mädchen vor ihm, erwiderte galant, daß es unverantwortlich wäre, die Verwundeten so guter Pflege zu entziehen; er werde sich eine Entscheidung vorbehalten, sich zunächst lediglich erlaubend, ab und zu nach dem Wohlergehen seiner Landsleute zu sehen. Sprachs, schwang sich aufs Pferd, verschoß einige sehr schwarze Blicke, und ritt davon. Fräulein Schumann verstand den Wink; und als Leutnant Tourtelot schon am nächsten Tage seinen Krankenbesuch machte, fand er die beiden Deutschen nicht mehr; auch schien ihm ein halbstündiges Gespräch mit dem Mädchen völlig ausreichender Ersatz. Ich will mich beschränken, da wir alle ja diese Art von Unterhaltungen kennen – Fräulein Emmeline ausgenommen –« fügte er geschmeidig hinzu, »kurzum : Anfang 1812 fand die Hochzeit statt; in Eile, denn Leutnant Tourtelot mußte den großen Kaiser nach Rußland begleiten – von wo er nicht wiedergekehrt ist. «

Der Hauptmann knurrte national ob der ‹Völkischen Mischehe›; des Apothekers Gesicht drückte rundes Mitleid aus; auch Frau Dr. Waring bedauerte den Fall, forschte jedoch überlegen=ungläubig : »Das sind ja sehr interessante Anekdoten, Herr Rat : aber woher wissen Sie denn all diese Einzelheiten, schwarze Haare und so ? Das ist doch reine Erfindung !« Stürenburg erhob sich unverweilt, und kam nach wenigen Sekunden mit einem Porträt en miniature zurück : ein junger Offizier in der Uniform der Chasseurs à Cheval, große kurfürstlich gebogene Nase, schimmerndes schwarzes Haar. Während es von Hand zu Hand ging, fügte Stürenburg lässig hinzu : »Mein Großvater väterlicherseits; das Kind, das im Januar 1813 geboren wurde, war mein Vater, der, später vom zweiten Gatten meiner Großmutter adoptiert, dann den Namen Stürenburg erhielt : neinnein, Gnädige Frau! Wenn ich sage : Wurzel aus h mal 3,5 : dann stimmt das !«

»Wurzel aus H« murmelte ehrerbietig der Apotheker. »Schwarze Haare« hauchte träumerisch, nur mir hörbar, Emmeline.

KLEINER KRIEG.

Wir waren nicht wenig erstaunt, als das Faktotum Hagemann mit allen Anzeichen der Verstörung hereintappte, die Tür verschloß, auf Vermessungsrat a. D. Stürenburg zutrabte und sich über dessen Ohr neigte; zwar verstanden wir sein grobes Geflüster im Landesdialekt nicht, verzeichneten aber alle, wie auch dessen Gesicht erbleichte. »Na, laß ihn rein« entschied Stürenburg schließlich.

Gleich darauf erschien ein junger hochgewachsener Polizist in fescher Uniform, legte die Hand zackig vor den Tschako, ließ den Blick einmal in unserem Halbkreise umlaufen, wandte sich dann an Apotheker Dettmer : »Herr Vermessungsrat, ja ?«. »Nein – ähier bitte« sagte Stürenburg schwach; empfing das unangenehm amtlich=blaue Schreiben; und der Polizist, gefolgt von den wohlgefälligen Blicken Hauptmann von Dieskaus und Frau Dr. Warings, sowie dem bewundernden ihrer Nichte Emmeline, marschierte unbefangen wieder hinaus. Stürenburg schob den verdächtigen Umschlag bestürzt und angewidert weit von sich; auf eine Frage Hagemanns, der sich als alter Diener jede Freiheit nahm, ächzte er nur : »Jaja, von Polizeihauptmann Oberg«. »Schon wieder ?« schrie Hagemann entgeistert : »Das nimmt diesen Monat ja wohl gar kein Ende, Herr Rat ? ! Na, da werden wir doch wohl wieder mal nach Hannover zu unseren Freunden fahren müssen.«; er schwang den Feuerhaken wie eine Waffe, und entfernte sich unter bösem Gemurmel.

Stille, nur von dem schweren Atmen Stürenburgs unterbrochen; endlich begann er :

»Damit Sie mich nicht etwa einer ungerechtfertigten Animosität für fähig halten, will ich Ihnen den Fall ganz unparteiisch schildern. Dieser ehemalige Polizeihauptmann Oberg – jetzt ist er, wie ich, auch schon 75 durch, und längst pensioniert – hat mir in meinem Leben wohl die meisten Unannehmlichkeiten gemacht. Wir haben zusammen das Gymnasium besucht; in Göttingen studiert – was heißt bei ihm schon studiert : in Jura und Volkswirtschaft hat er n bißchen rumgepfuscht ! –; und ein paar Jahre danach trafen wir uns in Rotenburg wieder, ich als Landmesser, er bei der Polizei. Wir waren uns stets widerlich gewesen : der Lehrer der ihn mochte, drosch unweigerlich auf mich ein – nun, unser Mathematikprofessor war 2 Meter groß, und hat mich oft gerächt. Unsere Post wurde

27

vom Briefträger leidenschaftlich gern verwechselt. Nur in einem waren wir einig : wir fanden grundsätzlich dasselbe Mädchen hübsch.« Er mekkerte so diabolisch, daß die Witwe indigniert hochsah; Stürenburg entschuldigte sich, und erklärte :»Damit habe ich ihm auch einen Streich gespielt : wir bewarben uns um dieselbe Schöne, brachten Geschenke im gleichen Tempo; und eines Tages ließ ich ihm durch meinen besten Freund im Vertrauen beibringen, ich hätte mich mit ihr verlobt. Spornstreichs rannte er, mich zu ärgern, hin, und brachte auch seinen Antrag an : der zu seiner unendlichen Verwirrung sogleich holdselig lächelnd angenommen wurde ! Er hat sie dann heiraten müssen; denn der Vater war Regierungsrat, und hätte ihm, gerade zu Beginn seiner Laufbahn, nicht unerhebliche Schwierigkeiten machen können : hähähä !«

Der Hauptmann feixte zufrieden ob solcher strategischen Finessen; der Apotheker erklärte feierlich, nie & nimmer Anteil an solch frevlem Spiel mit zarter weiblicher Neigung haben zu wollen; wofür er von Frau Dr. Waring ein huldvolles Nicken erhielt, sowie Nichte Emmeline die süßsäuerliche Warnung :»Hüte Dich, mein Kind, vor diesen Ungetümen. Du siehst ja....« Stürenburg verbeugte sich verbindlich, und fuhr fort :

»Wie gesagt waren wir fast immer in derselben Gegend tätig; es gibt solche Fälle, wo das Schicksal förmlich Spaß daran zu haben scheint, divergente Naturen zu paaren. Als wir dann, jeder in unserer Sphäre, zu einiger ‹Macht› kamen, trieb der Zwist die wunderlichsten Blüten. Ließ ich Feinmessungen irgendwo in Straßennähe vornehmen, konnte ich sicher sein, daß schon wenige Viertelstunden später pausenlos schwerste LKWs vorüberrollten, so daß wir unsere empfindlichen Instrumente getrost wieder einpacken konnten : er hatte den ganzen Verkehr der Gegend über diese eine Chaussee umleiten lassen !«

»Keiner meiner Vermesser konnte sich ohne ein ganzes Arsenal von Ausweisen mehr ins Freie wagen. Er ließ jeden an seinen Wagen heranrufen, und hielt ihn mit schikanösen Kontrollen von der Arbeit ab; wenn er gar keinen Fehler in den Papieren finden konnte, sagte er am Schluß wenigstens : ‹S läuft halt zu viel Gesindel im Lande herum !› Einmal hat er mir einen Mann, der auf mein Geheiß Pendelbeobachtungen zum Nachweis eines äußerst interessanten Gravitationsdefektes durchführte, als ‹betrügerischen Rutengänger› vom Felde weg verhaften lassen ! Eingaben machte er, daß wir, wie alle ‹redlichen Beamten›, Uniform tragen sollten; daß wir mit unseren ‹ewigen herausfordernden Messungen› die Landbevölkerung beunruhigten, das Vieh verstörten, usw. usw. Unsere beiderseitigen Untergebenen nahmen natürlich leidenschaftlich an der Auseinandersetzung teil; und wir wußten uns zu revanchieren ! Als der Kreis die neue Straße baute, wiesen wir in unserem Gutachten nach, daß sie durch seinen geliebten Garten gelegt werden müsse. In einer Fachzeitschrift für Montanwesen deuteten wir an, daß sich unter seiner Villa vermutlich ein ausgedehntes Salzlager befinde; er wurde ein volles halbes Jahr lang täglich von Grundstücksmaklern, ernsthaften Interessenten, Schwindlern aller Art, überlaufen, und fast zum Wahnsinn getrieben.«

Er atmete zufrieden. »Eine Tochter hatte er; sein Liebling; und wirklich für einen Gendarmenhäuptling hübsch genug. Eines Tages erschien programmgemäß der übliche junge Mann, ein Dr. ing.; warb um sie; erhielt ihre Hand : wie schäumte der Herr Papa nach der Hochzeit auf, als er erfuhr, daß sein Schwiegersohn Vermessungsingenieur war. Und der Neffe vom alten Stürenburg dazu !« Er rieb sich intensiv die breiten weichen Hände : »Ich hatte dem Jungen eine nicht unerhebliche Bargeldsumme versprochen, wenn er das Ding drehen könnte – obwohl er, wie ich fürchte, schwach genug war, auch wirkliche Zuneigung für das bedauernswerte Geschöpf zu empfinden.«

Wir hatten amüsiert zugehört, und unsere Blicke richteten sich unwillkürlich auf das wasserblaue Kuvert inmitten des runden Tischchens. Sein großes Gesicht verdüsterte sich, und er griff unwirsch danach; aber schon während des Lesens verklärten sich seine Züge : »Die Einladung zur Taufe« verkündete er; und triumphierender : »Ein Junge. Er heißt Friedrich : nach mir ! – Noch heute lasse ich ein Sparkassenbuch für ihn ausschreiben. – Und sowas läßt mir der Alte durch einen Polizisten zustellen; nur um mich zu erschrecken !«

Wir teilten gefällig seine Entrüstung; umsomehr als er uns später angegriffen mitteilte, der andere Vorname des neuen Kleinen sei, nach dem zweiten Großvater, Karl gewesen : er habe seinen Trinkspruch auf Friedrich ausgebracht; Oberg auf Karls Gesundheit; die Eltern hätten vermittelnd von Friedrichkarl gesprochen : »Ganz zwiespältig schaute das arme Wurm jetzt schon aus den Steckkissen« behauptete er.

ICH BIN ERST SECHZIG

Ich ging damals hin, wie ich zu allen Auktionen gehe : nicht um zuzusehen, wie Mutters Wintermantel und Überschuhe versteigert werden (und
hinten in der Ecke erkennt man genau das graue schluchzende Gesicht der
Tochter – nicht Mörder nur werden nämlich immer wieder an den Tatort
gezogen; auch die Armen); dann setzt sich wohl eine dicke Person mit
dreidoppeltem Unterkinn in den Korbsessel, und bietet mit, indem sie
mit der Regenschirmspitze halb die Luft vor »ihren« Gegenständen
anritzt; oder nutzlose alte Möbelchen werden vorher mehrfach laut als
»Brennholz« bezeichnet, um den Preis zu drücken – wie gesagt, deswegen nicht. Ich brauche die Reste meiner Phantasie, um damit die wenigen
Sachgebiete zu beheizen, die mich vor völliger Erstarrung bewahren : ich
gehe hin, wegen der Bücher.

Bücher sind immer meine große Leidenschaft gewesen. Nicht diese
neuen, grell eingebundenen; aber wenn ich so ein Bändchen von 1850
anfaßte – leicht wie Federn sind die alten Dinger gegenüber unseren
schwerpapierigen rauhen Tafeln – überkam mich stets etwas von dem
Geiste des Alten, längst Ausgestorbenen, der sich da monate= und jahrelang um irgend ein (heute absurdes) Problem gemüht hatte. Wie unwillig
war ihm der Mund im Gesicht herum geglitten, wenn ihn spät abends die
Frau vom Schreibtisch abrief – und er mußte doch nächsten Morgen wieder im strammen Büro sein ! Was hatten die alten Männer gearbeitet !
(Bald würde auch ich einer sein; triefherzig, mit zähem Ideengewackel,
fingerschläuchig, ein weißer Greis, gack, gack) !

Also die Bücher.

Ich war mit meiner Frau hingegangen, und sah bereits von ferne das
abgewetzte Regal, und den hageren Alten, der davor lungerte. Konkurrenz muß man wittern und hassen. Witterte und haßte ich also den kleinen Dürren, und sah ihn von oben an : ich bin zwei Meter groß und kann
das sehr.

Er erwiderte mit giftigen Blicken von unten den Guerillakrieg;
schob sich aber (sein Interesse zu verbergen ?) langsam beiseite.

Mist. Ziemlicher Unfug zuerst. Billige Sachen; das heißt solche, um
die sich ein Geist, durchs Alter historisch geworden, gar nicht mehr küm-
mert. Das Leben ist so kurz ! Selbst wenn Sie ein Bücherfresser sind, und

nur fünf Tage brauchen, um ein Buch zweimal zu lesen, schaffen Sie im Jahre nur 70. Und für die fünfundvierzig Jahre, von Fünfzehn bis Sechzig, die man aufnahmefähig ist, ergibt das 3.150 Bände : die wollen sorgfältigst ausgewählt sein!

Dann aber erschien eine – verhältnismäßig – rare Sammlung von Werken, das alte Königreich Hannover betreffend. Niedersachsen war stets meine große Liebe gewesen (ich bin Hamburger!); und ich notierte, im Betasten der Bände, die Eifersucht des Rivalen : wie er näherkam; wütend kaute; die Hände in den Hosentaschen sicherstellte; ich konnte ohne Leiter schamlos bis in die obersten Reihen langen. (Und tat es, ihn zu demütigen, mit bordellenen Griffen.)

Meine Frau mußte die kleine Tabelle herausnehmen, auf der ich die Jahrgänge des hannoverschen Staatshandbuches verzeichnet hatte, und wir verglichen laut, unbekümmert, herausfordernd (nachdem ich sie durch ein paar Silben auf den Greis zur Rechten aufmerksam gemacht hatte). Entweder ein Fanatiker; oder mit zuviel Syndetikon im Blut.

Schon schob er sich näher, und bat : »Wollen wir unsere Interessensphären nicht abgrenzen?«. Leider stellte sich heraus, daß wir dieselben hatten. Er zögerte; zitterte; (mochte 70 sein); und bat (schlechte Nerven) schon jetzt um Pardon : es sei die Bibliothek seines Freundes.

Curt Heinrich Conrad Friedrich Jansen hatte zeit seines Lebens sämtliche Bände Staatshandbücher des ausgestorbenen, abgewrackten, Königreiches Hannover gesammelt; und dann eine Kartei begonnen, in der er das gesamte Personal damaliger Zeit erfassen wollte. (Er versprach mir Proben der Arbeit!). Er sei sein »geistiger Erbe« und *müsse* den Handapparat erwerben. Sonst die Seele keine »Ruhe«. Die Drohung verfing nicht : ich war über zwei Meter groß!

Er unterschrieb einen Vertrag, gemäß welchem, nach seinem Tode, das ganze Material an mich fallen mußte. Er bat und flehte darum.

Die Versteigerung begann. Ein anwesender Antiquar bot hundert Mark für den »ganzen Laden«; wir hundertundfünf; er hundertzwanzig : ich drückte »meinem« Alten weitere hundert in die Hand; der Buchjobber verstummte unbeteiligt=ungehalten. Für Einhundertvierzig Mark erwarben wir ein Leben. Ich Idiot half meinem Alten noch, die Bände und Karteien auf einem Handwagen heimziehen.

Ich besuche ihn oft, und kontrolliere, ob er die Kartei auch redlich weiterführt. Natürlich kommen wir oft in eine Art Gespräch. Er trinkt gern meinen Nescafe; weiß aber unheimlich viel vom alten Königreich Hannover; eine Skylla in Worcestertunke. Ich auch.

Aber ich kriege ihn : er ist Neunzig; ich bin erst Sechzig.

DIE LANGE GRETE

»Als ich geboren wurde« sagte der Uralte, »war das nämlich noch ein Königreich für sich hier.« Er zeigte einmal sehr langsam um seinen Rasensitz herum, bis zu der gesägten Kiefernborte am Horizont: »Da war Alles noch ganz anders – –«; ich verstand mühelos: besser; und nickte ausdrucksvoll, um ihn bei Laune zu halten. »Damals gab es auch noch andere, als jetzt die glatt=gedrehten Dutzendmenschen –« er streckte mühsam die abgenutzten Beine und ordnete sie sorglich im Haidekraut »– und das hier wird wohl auch dazu gehören: ich sitze nämlich auf einem Grab, junger Mann!« Nun kann ich nichts schlechter vertragen, als dies junger Mann; ich bin immerhin in leidlichen Ehren 45 Jahre alt geworden, und wenn ich auch manchmal absurd jung aussehe.... also kaute ich noch eine Weile an dem Brocken, während er schon bedächtig fortfuhr:

»Ich war noch ein Junge, als die Lange Grete das erste Mal hier erschien, inmitten ihrer kleinen Schafherde, und wir Kinder hätten darauf geschworen, die Tiere müßten verhexte Menschen sein, so klug und selbstbewußt pflegten sie zu handeln. Jedes hatte seinen eigenen Namen, auf den es hörte; sie unterhielt sich auch vernünftig mit ihnen; und zumal nachts gab es lange Diskurse, wer heut am dichtesten bei ihr liegen dürfe: sie kam nämlich nie in ein Haus, sondern schlief, gewärmt von den Tieren, im Gebüsch. Morgens, wenn sie aufstehen wollte, rief sie den großen alten Widder – Hermann hieß er, glaube ich – der kam heran, und neigte den mächtigen Schädel, worauf sie die Hörner ergriff, und er sie mit einem einfachen Anheben des Kopfes in die Höhe zog. Sobald sie die Tiere nur einen Augenblick allein ließ, fingen sie gleich an, aufs Kläglichste zu blöken; und wenn sie dann zurückkam, drängten sich alle herzu und rieben die Köpfe an ihrer Hand.«

»Sie war ja wohl schwachsinnig; aber meist sehr gutmütig; und – im Gegensatz zu anderen ihres Schlages – gar nicht in Putz oder grelle Trachten verliebt: sie trug immer ihren alten niedergekrämpten Schäferhut; einen festen moorfarbigen Kittel, um die Schultern die Decke; in der Hand einen langen Stock, an dem sie auf seichtem Boden von Bult zu Bult sprang.«

»Ihre Geschichte erzählte sie Jedem, der sie danach fragte: sie war angeblich die Tochter eines wohlhabenden Bauern gewesen, und hatte sich in den Gutshirten verliebt. Der ehrgeizige, dazu jähzornige, Vater erschoß ihn während eines Wortwechsels; und er starb in Gretes Schoß; hinterließ ihr auch all seine Habseligkeiten – eben die Schafe und ihre Kleidung, die sie ohne Verzug anlegte, und das Vaterhaus verließ, um nie wieder dahin zurück zu kehren.«

»Eines Tages verlief sich der Leithammel Hermann auf eine fremde Wiese. Der mürrische Besitzer machte sogleich die Hunde los, die das arme Tier dann zu Tode hetzten : tagelang saß Grete neben dem Leichnam auf der Wiese; bis man sie endlich damit köderte, ein feierliches Begräbnis für ihn auszudenken, worauf sie auch mit großer Begeisterung einging. Wir Kinder waren alle dabei, und ich sehe noch wie heute den Sarg, der aus einer schwarz angestrichenen Kiste bestand, und die Grasbüschel und Feldblumen, die sie darauf ausgelegt hatte. Sie formte dann mit den Händen einen richtigen Grabhügel, drückte die Soden fest, und pflanzte ein Gehege aus Weidenruten darum. Bis an ihr Ende kam sie mehrmals im Jahre her, und brachte den Platz in Ordnung.« –

»Im Winter zog sie sich wohl tiefer in die Forsten zurück; verschmähte aber, außer vielleicht bei schwerem Schneetreiben, jedes Obdach. Viele Bauern gaben ihr auch, wenn sie vorbei kam, freiwillig Heu für die Schafe, und Suppe in ihren Napf. Wenn man sie übermäßig neckte, konnte sie auch sehr böse werden, und wünschte dann den Leuten so Schlechtes an den Hals, daß man sie, seitdem einiges in Erfüllung gegangen war, lieber in Ruhe ließ.«

»Einmal, als sie durch einen Ort kam, quälten sie die Schuljungen derart, daß sie sich endlich keinen Rat mehr wußte, und in ihrer Not einen Stein nahm. Worauf die Schlingel mit großem Hallo ebenfalls zu werfen anfingen, schließlich zu Ziegeln griffen, und das arme hintersinnige Wesen buchstäblich zu Tode steinigten.« –

»Und das hier ist also das Grab der Langen Grete ?« fragte ich, nach einer angemessenen Pause.

»Das hier ? – : Oh nein.« erwiderte er nüchtern : »Hier liegt der Widder Hermann begraben. – Der Bauer, der ihn zu Tode hetzen ließ, hat sich natürlich 8 Tage später in seinem eigenen Brunnen ertränkt.« Er nickte würdig und billigend : Gerechtigkeit muß sein !

»Zwischen Geburt und Grab gibt es nur zwei Arten von Glückseligkeit, wozu der Mensch fähig ist : die eines Gewissens, welches kein Ärgernis gibt; und die eines Gewissens, welches kein Ärgernis nimmt !«

Er unterbrach sich, tat einen geschmeidigen Satz in die winzige Manege, und überreichte der Seiltänzerin der Truppe den bereitgehaltenen billigen Blumenstrauß; sein rot und schwarz geflammtes Kleid unterbaute eindrucksvoll das alte kühne Gesicht; er riß ein paar volkstümliche Kalauer, kündete die nächste Nummer an, und trat gelassen wieder zu uns; die schwarzen Augenkerne glitten ihm rastlos im Gesicht herum, und ließen nichts aus : die Ringsumsilhouette der kleinen Stadt, die Klexographien der Bäume, das spießbürgerlich angeregte Publikum. Heute weiß ich, daß er ein Weiser und Misanthrop gewesen sein muß, der ein ruchloses Vergnügen daran fand, uns Kinder zu verwirren. Also erzählte er weiter von seiner Jugend unter Zigeunern :

»Ich blieb bei diesem sehr besonderen und wunderbaren Volk beinahe drei Jahre, und wurde in all ihre Bosheiten eingeweiht. Keine Fesseln konnten sie fest halten; keine Gefängnisse sie einsperren; weder Riegel noch Schlösser sicherten den Schatz des Begüterten vor ihnen. Durch Speisen oder Gerüche waren ihnen die Tiere unterwürfig : das wildeste Pferd mußte vor ihnen stehen; der grimmigste Bullenbeißer durfte sie nicht anbellen; alle Höfe, Gärten und Bleichplätze waren ihnen so offen, wie die freie Straße. Sie nahmen alle Gestalten und beinahe alle Größen an; sie wurden nach Belieben sichtbar und unsichtbar; für jede Verkleidung hatten sie ein verschiedenes Gesicht, so daß selbst ihre täglichen Gesellschafter sie nicht anders als durch verabredete Worte und Zeichen erkennen konnten. Auf solche Art regierten sie ohne Gewalttätigkeit oder erkennbaren Betrug, ohne Getümmel, Anklage oder Beschuldigung.«

Sein Blick strich einmal geschwind über uns Halbwüchsige hin, die wir gebannt seinen gesetzlosen Worten lauschten : er sprach fließender als unser alter stöckelbeiniger Lehrer.

»Gleichwohl« – er redete gelassen wie das Schicksal persönlich – »wurde zu meiner Zeit Einer ertappt, der eben einen braunroten jungen Hengst stahl. Man legte ihn in Eisen und bewachte ihn scharf.«

(Cornelia, die Tänzerin, hob hier das Bein fast wagerecht, und

lenkte unsere Instinkte nicht unbeträchtlich ab; er duldete es einen ver-
ständnisvollen Augenblick lang, und fuhr dann zwingend fort) :

»Zuerst versuchten wir die Wache wegzuschrecken. Ein großer
zusammengepappter Sarg wurde mit weißem Tuch bedeckt, und von vier
feurigen Teufeln auf die Schultern genommen; Fackeln wurden angezündet, und in die rechte Hand genommen. Schallende Trompeten nebst
anderen Instrumenten von durchdringendem Klang wurden an Vieler
Mund gesetzt, und wir gingen mit unserem teuflischen Zuge los. Einige
brüllten wie die Bullen, andere heulten und bellten als Hunde gegen den
mitternächtlichen Mond : kurz, wir machten ein solches zusammenge-
setztes Grauen, daß kein Menschenohr es ertragen konnte. Leider befanden sich unter den Wachposten ein guter Katholik und ein entschlossener
Atheist, die unverzüglich auf uns loskrochen : wir tunkten also unsere
Fackeln auf ein gegebenes Wort in den Teich, und sogleich wurde es überall wieder Nacht.«

(Wir stahlen in Gedanken den fetten Braunen des Ackerbürgers Wei-
ner, wurden zwischen schwarzen weichen Wänden eingesperrt, und
erwarteten hoffnungsvoll das Urteil : das Unrecht *mußte* ja siegen, wie ? !)

»Am Gerichtstage wurde der Dieb ohne weiteres für schuldig befunden; und die Geschworenen standen schon auf, als der Unglückliche noch
einmal ums Wort bat. Unschuldig bin ich, wie ein Kind, rief er; und : man
führe doch nur einmal das Pferd vor ! Der Richter willfahrte, und die Zeugen schwuren noch einmal in Gegenwart des Rosses, daß es eben der drei-
jährige Hengst sei, der ihnen fehle. Der Dieb bat, das Maul des Tieres von
erfahrenen Fachleuten untersuchen zu lassen; sogleich traten drei oder
vier bewährte Roßtäuscher herzu – die sofort stutzten, und im Chor aus-
riefen : aber das Pferd ist mindestens fünfzehn Jahre; es hat gar keine
Merkmale mehr im Maul ! Noch kläglicher begann der Missetäter wieder : könnten die Herren vielleicht noch nachsehen, ob dies Pferd überhaupt ein Hengst ist ? Es wurde unverzüglich ausgerichtet, und die Sach-
verständigen schrien einstimmig : eine Stute, Herr Richter, eine Stute !
Die Geschworenen sahen bestürzt zu Boden; die Zeugen schlichen sich in
Scham und Verwirrung hinweg; und der Richter befahl unwillig, daß der
Gefangene sogleich entlassen werde, und ihm die fragliche Stute als sein
Eigentum mitgegeben werden sollte.«

Er sah uns triumphierend, wir ihn stumpf erwartungsvoll an, bereit
an jede Art Zauberei zu glauben. Er fuhr mitleidig fort :

»Das Geheimnis war, daß einige unserer Brüderschaft sich ein anderes Tier fingen; man zog Scheren und andere Werkzeuge nebst Gläsern
mit färbenden Essenzen hervor; zwanzig Hände fingen gleichzeitig an zu

arbeiten – und in weniger denn fünf Minuten würde selbst der Eigentümer sein Pferd nicht mehr wiedererkannt haben. In der Nacht vor der Verurteilung erbrachen wir lautlos den Stall, und führten statt des Hengstes die ihm vollkommen ähnlich gemachte Stute hinein.«

Wir nickten, völlig überzeugt; die Musik tat den abschließenden Bums; wir liefen gebückt durch die holprigen Gäßchen nach Hause, und erbrachen in Gedanken manche Tür.

TRANSPORT IM SPÄTHERBST.

1.) Endlich der hölzerne Knuff in den Rücken; jeder Flüchtling sah hoch, ob sein Koffer fiel. Und schon war die Stadt weg : viel Getümmel der Luft; nasse Lichter reisten an den Horizonten; Schattenpferde, jagten die Bäume nach hinten; die Scheibe der Dämmerung beschlug noch grauer (sie schluchzte nämlich brausend, und schlug ihr Silberhaar über die Scheiben). Jede Station henkerte uns mit Bogenlampen, hackte Hände ab, sargte die gestreiften Rümpfe hastig in zu kurze Lichtbretter, so also sah Katrin ohne Kopf aus.

2.) »Wie die Andern alle schlafen können !« staunte sie vorsichtig, »ich war schon als kleines Mädel son unruhiger Geist. Mein Großvater war Schuster, und die alten Leute arbeiteten ja furchtbar lange : da lag ich immer nachts wach, und hörte dem Pochen unten zu.« Ihr Mund tappte süß und einförmig durch die Erinnerungen, neben mir, auf weichen Lippenschuhen, roten Samtpantoffeln.

3.) Wieder gab es einen furchtbaren Ruck; Funkiges fuhr seidenrot vorbei, und wir rollten wieder ein Stückchen. Das Licht hieb mit geschliffenen Äxten durchs Abteil; zackige Schwerterbündel rannten an uns hoch; noch floß Jedem die große Messingsäge durchs Gesicht. Katrin brachte die Flasche mit dem lehmigen Rotenkreuzkaffee heraus, und wir teilten uns eine der gutgemeinten Honigschnitten. (Der Zug stöhnte und toste nachtblind um uns; die Türen meuterten in den Rahmen; ungebärdiges Holz stieß mich überall).

4.) Schräg aneinanderlehnen; fest; und träumen : Der große Knochige hatte den roten Schal und ne Tommybluse um, und sagte laut : »Von der Regierung helfen sie uns nicht : da wollen wir selber lostrecken !« Beluden wir also wieder die Wagen und flossen über alle Straßen; der Wind schlug unsere Deckenmäntel zu Falten; die Eimer jankten hinten um die entzündeten Schlußlichter. Hoch oben saß katrindünn eine Frau, das verdorrte Kind im amputierten Arm, und blies ein gefährliches Lied auf der Maultrommel; daß die fetten Einheimischen in ihren Bauernschaften erschraken, und wispernd nach Polizeien fernsprachen. Am Abend verteilte der Anführer lauter Streichhölzer; und vom vielarmigen Wegweiser schlichen wir in alle diese Richtungen.

5.) Gegen Morgen wurde unsre Fahrt reißender. Kiefernkrüppel tauchten aus weißen Mooren; Pfützen rannten auf Schlangenwegen vorbei; am Kreuzweg hielt ein Fremder mit beiden Handschuhen sein starres Rad; reifige Plankenzäune galoppierten noch einmal ein Stück mit; dann riefen die Wälder wieder Amok über uns.

6.) Katrin lachte übernächtigt, blies aber vergnügt in ihre kleine Mundharmonika ‹Lieb Heimatland : Ade› mit Aigu.

7.) Breites Morgenrauh mit flacher Mondnadel an die fliehende Nacht geheftet. Dann Himmel rotgeätzt mit Strichwolken : ihr Gesicht wurde auch gleich rot und gelb. Ich grub das Buch aus der Tasche : ‹....Er brachte sie, auf einer Silberwolke, / auf eine Insel, die, dem Blick der Schiffer / verborgen, unter ew'gen Wolken ruht.› » – Schöön – « dehnte sie, und lehnte sich fester an unsere rumpelnde Dreckwolke. ‹... Du bist Dieselbige, / nach der ich oft in Mitternächten weinte. / Bei Deinem Anblick schwiegen alle Wünsche; / aus Deinen Blicken strömten Ruh und Wollust.› (Wieland : Wollust. Tja.) »Ahä« machte sie betroffen. Das Sonnenfeuer fraß sich höher in den strohigen Morgen; der graue Hagemond verschwand in irgend ein Moor.

8.) »5 Uhr 52 ? – : Dann sind wir in einer Stunde da !«

DIE ICHTHYOPHAGEN.

Die Sandebene war mit Absinth und anderen wohlriechenden Kräutern besetzt. Wenn man kein Glied regte, und die Augen schloß; : war es prachtvoll! Man saß wie in geschmolzenem duftendem Gold, in durchsichtigem. Von den Bergkuppen waren manche steinbruchartig wild zerfelst, braun, mit grellfarbigen Adern, Marmor wahrscheinlich (Zauberschlösser konnte man draus bauen, mit hohlen Säulen, in denen Wendeltreppen abwärts führten).

Nachmittags bekam der arge Himmel die Farbe wie Menschenhaut; rote Wolkenstriemen, riemenschmal, waren hineingepeitscht. Jambulos erhob sich unter dem Baumgespinst am Fluß : die Fische bissen gut bei solchem Wetter, erklärte er, wo es oben stürme und drehe (das Unwetter käme jedoch nie bis herunter); er knüpfte wieder seine Leine an einen dornigen Bronzehaken, spießte Klümpchen des sanften grauen Brotes daran, und wir gingen zusammen zum Fluß. Während es in den gewäschigen Wellchen hing, erzählte er.

Von den Fischessern : Ihre Körper waren zottig, die Nägel unbeschnitten, so daß sie mit ihnen Fische fangen und spießen konnten. Zur Kleidung diente ihnen wohl die Haut eines großen Fisches; meist waren sie nackend, Mann und Weib. Die Vermischung wie bei den Tieren : jedes Weib für jeden Mann; gemeinschaftlich. Einzelne Haufen, lebten sie in Buchten, deren Rücken und Seiten durch senkrechte Felswände unzugänglich waren; die Vorderseite schloß das offene Meer : beim Werden der Dinge muß die Natur sie als Erdentsprossene an dieser Stelle haben entstehen lassen. Hier saßen sie, ohne irgend ein Werkzeug zu ihrer Selbsterhaltung oder Bequemlichkeit zu haben; und warteten kummerlos auf das Geschenk der Natur; mit der einzigen Anstrengung, daß sie vor die engen Eingänge der Vertiefungen an der Küste Steinreihen legten. Die täglich zweimal erscheinende Flut füllte die Becken, und ließ beim Abfluß durch die Steinreusen Fische und Seegetier stummer Art zurück. Nun eilte der freudige Haufe zur Beute; warf die kleineren Fische zur Seite, auf eine Felsplatte, in die Sonne; gegen die großen kämpften sie mit Steinen und schweren Fischknochen. Nach einiger Zeit wurden die halbgaren Fische auf den Steinen drüben umgewandt; endlich beim Schwanze genommen und geschüttelt : das mürbe Fleisch fiel ab, wurde auf dem glatten Gestein mit den zerstoßenen Muscheln, Quallen, zu einem Teig durchgeknetet, und gemeinschaftlich, ohne alle Teilung, verzehrt : jeder holte sich von der Masse, soviel er zu essen imstande war. Zwei Tage währte gewöhnlich die Schmauserei; erst am dritten kam ihnen das Bedürfnis zu trinken. Mühsam in Gemeinschaft klomm der ganze Haufe in den Klüften und suchte nach Vertiefungen im Gestein, wo etwa ein Niederschlag sich finden mochte : auf alle Viere hingestreckt schlürfte nun Jedermann, so viel der Körper zu fassen vermochte. Schwerfällig machte sich die Horde auf den Rückweg; verdünstete, einen Tag lang liegend, die übermäßige Wassermasse; dann begann abermals der Fischschmaus : so verging ihnen die Lebenszeit ohne irgend ein weiteres Geschäft, ohne Sorge und Teilnahme für alle menschlichen Angelegenheiten. –

Wir erstarrten : mindestens Tausend ! Und sah wunderbar aus : die rötlichen Felle und das schwarze gedrehte Gehörn, Gazellen und Hirsche gemischt. Die ersten sprangen kampfbereit über die Uferböschung; standen und prüften; und dann stürmte das ganze Heer in den Fluß, planschte, schwamm, arbeitete hinüber auf die andere Seite. (Ganz zuletzt auch, weit in der Ferne, trabende wilde Esel und Strauße). Jetzt erst atmeten wir auf, und nickten uns begeistert lächelnd zu. Erhoben uns auch, und dehnten die Schultern : der Mond erschien bereits, in Gestalt eines Menschenauges, zwischen den Bergen.

1.) Ich träumte, daß ich in Massivem irrte. Stöhnende Unendlichkeit; Steintunnel saugten mich entlang; tasten und sichern; erst allmählich tappten Schritte fester.

2.) Eine armdicke Silberflamme, brusthoch, ragte unbeweglich mitten im Gang. Davorstehen. Stammelte mit hoher pfeifender Stimme; bei Schnalzlauten öffnete sich oben ein Stummelkranz. Brusthoch. (Danach wurden die Wände feucht und nackt. Wasser scharrte. – Umdrehen : wie aus einem Walmaul sah ich die Flamme; durch hastige Silberbarten wisperte sie noch immer).

3.) Aus einer Spalte zur Rechten hing farbloser Nebel. Ich drängte den zarten Schatten vorsichtig mit der Hand beiseite : innen war das Gewölk weiß gefüttert und dichter. Gedanken schwammen im Nebel. Gedankenschwämme; im Nebel. (Müde um Felssimse stützen. Ein kopfgroßer Goldklumpen lag als Schemel an der Wegegabel : also setzen. So weich war die Masse, daß ich=man die Messerspitze einschlagen konnte. Schnitzte aber nichts hinein; keinen Namen auf »A«. Ich nicht ! – Auch unter Felssimsen schlafen. Träumenaufstehnlaufenviel).

4.) Wenn man ganz still hielt (den Mund etwas offen, die Brauen leicht drücken : so –) – – hörte man fern, aus Raumtiefen, das dumpfe Sausen. Sprudeln. Rauschen. Brausen. Rollen. Donnern : schon 1000 Fuß davor warfen mich die Böen hin und her. Aber jetzt ganz vorsichtig : ich schob mich fingerzäh an das zackige Steinmaul, aus dem die Sturmstöße prellten, und sah dicht unter mir die Stromschnellen dahinjagen; sie glitzerten wie Bündel abgeschossener Pfeile. Brüllend. Ein Fauch blies mich weg; rollte mich in Tüchern hin und her (und ich kroch entsetzt räsonierend, auf allen Vieren, weiter, durch Schallschläuche, bis das Johlen wieder verklang).

5.) Das Licht nahm eigentümlich ab; Füße, unten, meine, mahlten schwarzen Sand, lange; auch kohligen Staub; lange. Erst nach vielen Tagen beschrieb ein metallischgrüner Faden seine Hexenschlingen in der Wand. : Zunicken. Weitergehen.

6.) An der Wand begannen die Abdrücke von Bäumen : kriegerisch gespreizte Glieder; Keuliges duellierte; Krummsäbel verzweigten sich; Fasern spleißten; manchmal über die ganze Decke weg. Fächer träumten

Ocker. Büsche machten Männchen. Aus Grasguillochen./ Schatten von Vögeln waren in der fossilen Luft erstarrt. Seltener höhlenbärten Tiergliederr. Hinter Laubportieren. Haariges sohlengängerte; Schuppenkegel; ein Mund krallte. In Fischabfälle.

7.) Erst der Grundriß eines Menschen = 2 Fußabdrücke. Dann lief der Galeriewald lange leer aber unermüdlich. Auf Haiden machten Steine Popos. Braune Eisblumen eozooten. Kauft gehörnte Ammoniten.

8.) Aus Ranken und Kapseln : so trat das Herbarienmädchen zur Wahl; nur mit einer dünnen Hüftkordel. Ich=man. Im verschobenen Gesicht, wedelumwickelten, der Schriftzug eines Nasenmundes. Der Bauch mit versteinerten Küssen gemustert. : ich bückte mich, und fügte sorgfältig eine neue Tätowierung hinzu; rostig schmeckte der Raseneisenstein (auch nach Tinte; bis sie zufrieden hinter ihren Vorhang blich).

9.) Giftgrün und 1000 Schritt im Durchmesser : eine Taschenwelt! – Felsblöcke (mit zahllosen daumengroßen Grübchen übertropft; also manchmal Höhlenregen !); ein paar hundert Bäume, hagere hohe Wesen (mit handlangen Beuteln statt der Blätter, elastisch zu drückenden, anscheinend mit ganz weicher Flüssigkeit gefüllt. Er blieb mir in der Hand, und ich legte 'n in die Nephritschale). (Aber das lauernde Licht kam schräg von oben. Also hinklettern !)

10.) Neben dem Scheinwerfer : kaltes Leuchten aus irgendeiner großen Edelscheibe; Mineralmineral. Wenn ich mich davor aufbaute, noch breiter den Mantel, war da unten Sonnenfinsternis ! Kopfschütteln. Runterhangeln. Hinein in den neuen Gang (Zuerst kamen noch ein paar schwarzgrüne Finger hinterher geströmt).

11.) Der neue Gang war durchaus ungleichen Querschnitts. Keuchend. Durch Felsdärme zwängend. Röchelpresse. Zwischen Steinwurzeln.

GESPRÄCH MIT EINER SIRENE.

Erst verdreht hoch sehen ? : Noch rutschte ein grober Kalkbrocken in fettem Wolkenschlick. Graue Wimmel däuten. Wind rieselte überall = Säusel maulten. Also weiter schlafen.
　　Weiter träumen ! – :
　　Tagelang gerudert (aber ohne Anhaltspunkt : ob man vorwärts kommt ! Auch der Wolkendeckel war gleichmäßig dunkelgrau, dhu glas, so daß ich wahrscheinlich viel im Kreise herumfuhr; sicher : rechts zieht man unwillkürlich kräftiger durch, würde ich also weite Linkszirkel machen).
　　Eine leere Büchse im Boot, gedankenlos blinkend. Eine Schreibtafel, Herstellerfirma Laodikeia : ob sie meine Sprache kann ? Ich versuchte vorsichtig, mit der Schreibkralle, und es kam heraus ‹Dendritisch; Arbor Dianae; Silberbaum›.
　　Meine Ruder schwammen faul nebenher. Meine. Mir fiel ein, wie der Kahn wohl heißen mochte. Sicher nicht ‹Phobos & Deimos› oder sonst was Pathetisches : das war für Aischylos' Zeiten gut; ich tippte auf ne Nummer, feldgrau vielleicht und zweistellig./ Träge außen entlang spähen : ? – ? – : Nichts. 'türlich. (Nur links war ein abgescheuerter Fleck, als habe da mal etwas gestanden).
　　Und erstarrte in chagrinlederner Haut : ein Ungeheuer ! Stadienweit. Hundert Fuß hoher schornsteiniger Hals (mit langem schlappem Hautjabot); bleckende Zähne im riesig=wammigen Pferdekopf (über dem ein schraubiges Stoßhorn wipfelte). Es beobachtete lange das mißmutige Meer um sich; die rasierspiegligen Augen drehten sich achsenfaul (während ich Treibgut kein Ruder regte).
　　Es rüttelte von unten am Kahn, und ich erwartete, kalt, jeden Augenblick, in einen Rachen einzulaufen. – – : na ? – – jetzt ! – – – : . Nichts. (Nur einmal noch klopfte es warnend, gemessen, 4 Mal, genau unter mir, am Afterrohr, das sich mündig krampfte. Interessant).
　　Durst : Flasche noch halbvoll (‹schon halbleer› lehnte ich ab. Kostete aber doch vorsichtig und ekel das Meer : ? – nee ! Nich zu machen ! Das übliche grausame Gemisch von Bittersalzen. Ausschütten.)
　　Unterhaltung mit der Sirene : nur Kopf (mit silbernem Kamm) und Hals (war aufgetaucht). »Du bist hübsch.« entschied sie. »Du auch !«

beeilte ich mich, und sie rümpfte befriedigt die Nase : »Na.«, und »Fühl ma' !«. Ihre Haut war allerdings wie ganz zartes Sandpapier, aber nicht unangenehm, und ich sagte das sofort : »Wenn Du überall so wärst . . . .«. »Ja : wenn ! !. . . . .« knurrte sie tief (seelöwig) und erbittert (beruhigte sich aber bald wieder. Nur : aus dem bleiigen Wasser tauchten 2 furchtbare Krallenfäuste auf, klafterbreit rot, mit blauen Dolchreihen besetzt. Und hakten sich gelinde über meinen Rand. Besser schweigen). –

»Oh, Sturm, nein !« (Schwören also bei Stürmen). –

»Wir bedeuten natürlich Böses« (gelangweilt) : »aber später erst !« fügte sie beruhigend hinzu : »so in 3, 4 Tagen.« –

»Willstu ihn sehen ?« : 10 Schritte fern der drachige Rochenschwanz mit dem Giftstachel. Und er kam, periskopen, ja, bis zum Bord. Ich neigte mich über das harte Dreirohr Daumesdick : spitz geschliffen am knochigen Ende, beinerne Nadel (»Nich anfassen !«). Der wankende Pfeil verschwand, und wir sahen uns wieder trauriger an.

»Dorthin; Tschüs !«; und ich bewegte mich infusorig, mit flimmerndem Ruderkranz, fort von ihr, im Wimpernkahn, die mir atlantisch nachsah. (Dann bis an die Nüstern einsank; ihr Haar wurde breit um die Kalotte; der letzte Ruck : !; und das schwere Wasser schwappte einige Dällen dort).

GEHEN IN KALTER LANDSCHAFT.

1.) Der Wolken Irregang. Grauhaarige Gärten. Sehnige Straßengewinde. Häuser. Entlang. (Der Daumen friert uns an der Hand. Worte dommeln im Röhricht unsres Hirns; Danken fliegen auf; manchmal ganze Ketten, epi dia skop).

2.) Im Vorgarten rannten alle Blätter wild durcheinander; Zweige wichen hastig Unsichtbarem aus; Äste schaukelten und knurrten. Dann kams an uns, und stemmte um ihre Brust; segelte im Mantel und machte mir's Haar lebendig. (Der braune Kleinleichnam klebte lange und traurig beim Handrücken. Die Wolke preßte sich am Dach, und Düsterwasser schlenkerte wild draus her. Gedankenspiel unter Büschen, mürrisch, außer den Wegen).

3.) Baumlos : links dafür dürrleibige Maismumien; Röcheln, trocken, unerfreulich; Dämmerung schlich mit schweren Körben über die Felder; und vorn verschwand das blutründige Sonnenunheil durch gußeiserne Wolkenwände. Der Steg schwankte grau übern Bach; (platte Wolkenlarven trafen sich da hinterm Transformator); Wind schwang die Grasrassel, regsam, ohne Leben.

4.) Da kamen wir an einen breiten Weg, der vorn zu einem Dorf führte; (Zwei, die immer über unsre Köpfe hinflogen wollten also das Geleit sein) : der enge Friedhof mit unordentlich gelegter Steinmauer eingefaßt; Kirche mit kurzem spitzem Schindelturm; in der dicken Wand jeder Seite nur ein einziges Fensterchen; die Tür wie halb in die Erde versunken. Hohe Grabhügel dicht aneinander gedrängt und mit Nesseln bewachsen : Menschenmieten. Der Horizont war schon verdunkelt; der Himmel schien in der trüben Dämmerung allenthalben dicht aufzuliegen. (Der Weg endete sinnlos vor einem Feld plump verletzten Bodens : geschundene Erde, abgezogen die Pflanzenhaut, zerschnitten, argwöhnisch mit dornigem Draht umspannt : Ihr ‹Eigen› !).

5.) An der Waldmauer : der Nebelbach glitt über die Bodenwelle; hatte uns erreicht; rann ums Tannenufer; und zerging in einen streifigen Teich, der noch lange federgraute und verbebte; kam uns nach durchs schlafe Gras und hob. In Floßschuhen. Die Büsche mümmelten blattlos und fochten langsam miteinander, unter schlappen Wolken. Ein Weg nur. Der Hades dampfte träge, und wir preßten die blassen Gesichter aufeinander. (Ein breiter Silberhauer schwoll aus welkem Wolkenmaul. Mampfte greisig wieder zu).

6.) Eulen pfiffen sich altklug; und dann ihr stoßendes Gelächter ! Schwarze Skelette bettelten am Sandweg (also ‹Büsche› auf Deutsch); die lange Birkin fror hinter mir und flüsterte mechanisch Klagen. Hauche zogen zögernd. Hierhin und dorthin.

8.) Der beinerne Mond gaffte aus seinem Hexenring; bleiche Wische hasteten quer hindurch; Wind schlich an und tastete mir schlaff und frech durch alle Taschen, kalter pickpocket und flink homosex : wenn man mit dem Knüttel auf den himmlischen Bovisten schlüge, und ich erhob ihn, platzte die gelbe Lederknolle, und die schwarze grüne Stickwolke wuppte draus. (Sie nieste, schauderte, nieste, die Hände in den Taschen; ‹L'émpereur ne soit autre maladie que la mort›, aber ich legte ihr doch die Hand auf die Brust und stellte ihr Herz wieder an).

9.) Licht gor um Neun, trübe Graugelbe, aus Wolken; weicher graupolierter Asphalt : ein fernes Motorrad stürzte plärrend seinem Lichtfleck nach. Dann hob sie schon wieder den Arm, ganz mit frischem Regen verziert, aus dem vorn ein Schlüssel ragte, und knackte damit gelenkig »unsere« Haustür. Rasch nochmal umsehen : ein Wolkenflamberg hatte den Mond zerspellt in zwei leichige Stücke. (Oder wäre »spitze Leichen« präziser ?).

ABSCHIED IM REGEN.

Die Dachtraufen kannegießerten zwar noch immer . . . . : »Na, komm!« Das Erforschliche in Worte sieben; das Unerforschliche ruhig veralbern : ein Baum krümmte sich in der Einöde; es drehte ihm alle Blätter um; schwarze Vögel traten aus den Zweigen und schrieen; den gleichmäßig sprudelnden Himmel an.

Sie war stumm und eumeniden genug immer neben mir : Schritte wie ein Mann, aus den Taschen des Kleppermantels staken schiefe Arme; im rotledernen Gesicht schnappte ein nußknackerner Spalt manchmal sein Gemengsel Reg' und Tränen. »Liebste–«; sie drehte langsam her, und heulte mienenlos stärker : – – – : bis ihr mit einem Ruck das ganze Gesicht zerfiel, in Wülste, in rote Ecke, Ohrenellipsen; das Waschbrett der Stirn – dann riß es noch quer durch, mit einem rabigen Laut, daß ich die tragische Maske erschüttert an meine Wange legte, drückte, wiegte; noch immer taumelte ihre Klage schwarze Zacken um unsere Köpfe.

Ein Wegweiser stürzte uns hölzern entgegen, breitete kupplerisch drei geschminkte Arme : zu jedem davon überreichte uns der Regen höflich die grauseidene Schnur. Ah, die schwere Dünung der Luft ! Ein Nebelkahn schaluppte lange im Weidenhafen, und scheiterte dann zögernd unter Bäumen. Wasser lallte drude unter unserm Sprung, und füllte uns den Schuh mit schläfrig eiskalter Liebkosung. Sie ließ die Hände zu ihren mühsamen Tränen in das schwarze Gewässer fallen; ihre Stimme schleppte am Boden; die Schultern konnte man sich heran ziehen, das Gesicht noch nicht wieder.

(Sie setzte sorgsam alle Nacktschnecken ins sichere (?) Beiseite. Jede. Stand auch erschüttert vor einer Zerfahrenen).

Ein schwarzes Pferd sprang aus dem Nebel und brüllte uns an. Zum Windstart : um die Bäume schwirrten sofort grüne und zinnerne Falter, ganze Wolken voll; und setzten sich wieder auf die Zweige und ruhten erschöpft. Langsam zerriß ihr Haar; schon betasteten Regen und Wind die Baracken unserer Köpfe. »Drüben sind n paar Bäume«.

Stämme schwarz und naß : kammgarnte Regen; Nebel machte Anstalten; die graue Luft wusch langsam herum. Wir hockten mit beschlagenen Augen in der fuchsigen Nadelstreu; Zweiglich oben, Humus unten, verrückt, wer es empfunden; die Hände schnitzelten sorgsam an Spanigem; andauernd mußte man austreten gehen vor Kälte : selterte es im Backengesicht; witzig klatschte der Wind; ein Gedanke schneckte am Drüben, austerte gleichmäßig flau, auch sackgässig; dann zog er den platten Hinterleib wieder ins Gebüsch. : »'ran denkstu ?«. Achselzucken. : »Du ?«. Achselzucken, aber ungefüge Tränen. : »Komm..« (Und wir gingen wieder vor den haushohen Schleiern her, über das triefende Moor. Der Regen machte Riesengrotten um uns; Jeder wandte sich verwirrt in seine ab. »Praps, praps, praps« rief die Krähenreisende, also scheinbar ne Miss).

Am Moorkanal : 1 leeres Blatt versuchte ihn hinunter zu treiben, während sie verschränkt über die platte Brücke ging. Ich nahm ihre kalte wachsrote Hand an, und trug sie erschüttert : Kind, was tun sich die Menschen für Erinnerungen an ! Vor der zementenen Himmelswand hinten ein verfallender Schuppen, bretternes Los. Nebelhorn des Mondes, abgebildet überm Moor; in jeder Fußspur erschien Wasser : »Morgen muß ich wieder unter die groben Leute«.

(Die Freundin, schadenfroh : »Ihr seid aber naß geworden !«).

PADDELN VORM GEWITTER.

»20 Mark Bootsmiete die Woche ? – : Na, wir wer'n schon einig werden !« : Er zog erst ein dummes Gesicht, gab aber dann doch die Paddel
raus. (Zwei Mandolinen kicherten nervös auf der Terrasse. Zur bunten
Eistüte gab es frischen Nordost; und ihr Rock wollte sie gleich ungestüm
nach mir hinziehen : gut der Rock ! Aber der karierte Waffelteig zerbarst
eben erst unter ihren großen Zähnen, und sie umschlang mich drüber hinweg mit Augen, schweigend, den Mund voll eisiger Süßigkeit). –
    »Setz' Du Dich vorn hin !« – Schon lehnte sie da, im blauen Pulli,
flach gestriegelt und hoch entdeckungslustig : »Kuckmada !« – Ich sah
nur die fernen Zinken der Pappelallee; – oder vielleicht das Schilf, an dem
die kurzen grünen Wimpel durcheinander züngelten ? »Nein : die Wolken
da !«; ah, die Wolken; und wir würdigten sie ausführlich nach Mittagsfar-
ben= und formen : eine Fusslige, eine Beulige, eine Aufgepustete, eine
Ballondicke, eine gereckte Dünne : lustig flattern, Mädchen, Deine Was-
serstoffbänder ! Zwei langhälsige Vögel tanzten zusammen oben im
Licht; die Binsen schauerten nach vorn; ich nahm das Paddel wieder hoch,
und mahlte langsam glitzerndes Wasser.
    Tucketucketucketucke : »Ein Motorboot solls auf dem See geben«
(abfällig sprach sies). Und schlang sich das graue Wasser ein paarmal ums
Handgelenk, ehe sie weiter murmelte, wie eine Stimme aus dem See.
Ließ auch die Finger lange nebenher treiben, daß jeder sein feines Kiel-
wasser zog.
    Zur Rechten flimmerte's wie Gestade : Bäume aus Rauch geblasen;
das Dunsttrapez eines Daches; Schatten wollten unter Gasfontänen : aus
heißer Grauluft die Idee einer Küste.
    Treiben : ihre Finger schrieben rastlos meinen Namen ins Wasser,
ums ganze Boot, stips wieder der i=Punkt drauf, also irgendein Undi-
nentrick, bis ich ihr dergleichen verdächtige Praktiken untersagte. Die
Sonne brandmarkte uns scharlachne Oberschenkel (mein feines Haarge-
spinst drum sah jetzt hellblond aus). Immerhin : alte behaarte Wolken-
männchen wälzten sich lässig am Horizont und rülpsten monochrom :
kritzelte die Emsige nicht schon wieder an Steuerbord ? ! »Spiegel-
schrift !« erklärte sie kalt und hexenheiter, und ich schloß vorsichtshalber
die Augen (als ich sie dann wieder aufmachte, war schon der ganze See

voller Kringel und Unterstreichungen. Vorwurfsvoll : »Siehstu !«. Aber das bunte Geschöpf lächelte nur ungerührt, und hieß mich paddeln : »Ma sehn, wie lange wir bis rüber brauchen !«).

Auf der Wasserplatte. Grauhitze. Ich hörte auf, und legte es quer vor mich hin, so lang lief das Boot aus. Der Horizont hatte uns in seiner flachen Schachtel. Vor mir lehnte stumm eine ellenlange Rote, die knochigen Kniee in Kopfhöhe, das Kinn auf der Brust. Große Schwalben strichen so dicht vorbei, als sei unsere Stelle leer, und wir schon nicht mehr vorhanden.

»Halt ma an ! !« : eine Hummel trieb hilflos im Wasser und machte schwächliche Beinchen; sie »rettete« sie sorgsam, und setzte sie vorn aufs Holz : »Da kann sie trocknen. «

Die Schlammbeißer schnappten unruhig. »Einmal noch ganz weit rausfahren !« (»Ein Paa'lbooot !« : Kindergeschrei im nahen Segelboot, und unzählige Händchen ruderten im See). Die Wolken im Südosten knurrten und machten träge Buckel gegen den Wind, der sie von hinten stieß. Das Wasser ergraute : »Komm lieber Richtung Heimat !« Binsen faßten sich an den Rispen und ringelreihten kurz ums Boot : »Neenee; komm mit !« Hinten kollerte das Wolkenfaß wieder ein Stückchen näher.

NACHBARIN, TOD UND SOLIDUS.

Blaßgrünes Gesicht, mit schwarzer Mundschleife locker zugebunden –
so sah es wenigstens bei Mondlicht aus, morgens um fünf. Ich hatte wieder nicht schlafen können, und war ans Fenster getreten : rechtwinklig
dazu, in ihrem Erker, stand die Nachbarin, Kriegerwitwe; wir hatten
noch nicht miteinander gesprochen.

(Ingebartels, Ingebartels, Ingebartels, sagte die Uhr hinter mir mehrfach den Namen, und lachte dann flämisch auf : ho ho ho ! : also 4 Uhr 45.
Ein schwarzes Auto auf schwarzer Straße; seine Vorderpfoten schaufelten
unermüdlich. Auch ein unsichtbares Motorrad sprudelte auf, und zog
dann die kleiner werdenden Schallperlen hinter sich her).

Ich öffnete mein Fenster; auch ihre Hand begann gemessen vor sich
zu nesteln, und wir schoben uns jeder in seine Öffnung : war sie auch
herzkrank ? (Ich war zwar erst neu eingezogen; aber ich bin dann bei solchen Gelegenheiten sehr direkt – warum auch nicht ? Das Leben ist ja so
kurz !).

»Wir können beide nicht schlafen.« stellte ich also pyjamaleis fest
(und grammatisch=raffiniert : Wir ! Beide ! : wenn *das* nicht suggestiv
wirkt ? !). Sie war aber auch stark; sie neigte kurz den Kopf, und beschäf-
tigte sich dann weiter mit dem Mond, der, abgewetzt, über dem alten
Friedhof steckte. Leider waren dort im Osten auch einige Morgenwol-
ken, strichdünn (obwohl mir zu undulatorisch; gerade sind reinlicher).
»Die Wolke gefällt mir !« entschied sie mit kühnem Unterkiefer.

Darf man bei einer so jungen Bekanntschaft schon widersprechen ?
Ich beschloß ‹Nein›; und wurde glücklicherweise jeder Antwort überho-
ben durch den Pfiff der Eisenbahn vom Ostbahnhof her : so heult ein
Tiergeist auf seiner Wanderung vom Allein zum Allein ! Er stöhnte fleißig
und kalt, wie diese Fremdstimmen im Schornstein (man hört das manchmal in unserem Haus : ist dergleichen eigentlich vom Architekten berech-
net, oder purer Zufall ? Ein kluger Hauswirt könnte inserieren : ‹Besonders romantisches Ofengeheul : 5 Mark Miete mehr !› – aber so klug *ist*
gottlob noch kein Hauswirt !). Noch einmal schwebte der Ebenholzdis-
kus des Pfiffes heran, bald Kante, bald Scheibe (während es unter ihm mit
schwarzer gesenkter Stirn durch die Wälder in Richtung Aschaffenburg
stürmen mochte. Blind).

»Ich finde den Gedanken an den Tod viel tröstlicher, als den an ein ewiges Leben« sagte ich; und sie nickte, zutiefst überzeugt : wenn man zweimal Krieg mitgemacht hat, plus Flüchtling, plus Inflation – – der lange Mund glitt ihr verächtlich im Gesicht herum : Nee ! Ewiges Leben ist nichts für Jahrgang Firrzn.

Der Mond ? : Der Himmelsstaub um ihn war inzwischen schon leicht rosig geworden; er also farbenlehrengetreu ein fades Weißgrün – ich wandte mich ab, im umgekehrten Uhrzeigersinne linksum, und holte als Beleg die Münze :

»Nein ! Ein Goldstück !« : ein Solidus Kaiser Justinians (527–65; der Onkel konnte den eigenen Namen nicht schreiben : er unterzeichnete mit Hilfe einer Schablone, und man mußte ihm *noch* die Hand dabei führen : ‹Obrigkeit› !). Woher ich ihn hatte ? : Vom Großvater, zur Konfirmation. Sie lehnte sich mit interessiert geöffneten Augen weiter vor, und unsere Gesichter schwebten hoch über der entleerten Straße (: ‹Einander›).

»Mein Großvater war Sammler. Begeistert, leidenschaftlich, ruchlos, wie solche Menschensorte ist. Arzt in Fiume, 1860. Eines windigen und kühlen Abends klopft es an seine Tür : ein breitgewachsener Fremder geht ächzend herein, die Hand auf dem Magen. ‹Was steht zu Diensten ?›. Und der Ratlose bekennt : er sei nach langer Orientreise glücklich bis Griechenland gekommen; sein Schatz an gesammelten antiken Goldmünzen durch den scharfen Zoll gefährdet : er verschluckte im Hafen von Hagion Oros zwanzig seiner rarsten Stücke. Seitdem sei er drei Tage, auch nachts, ohne Aufenthalt gereist; aber die Schmerzen überwältigten ihn : Hilfe ! ! – Mein Großvater, selbst Numismatiker hohen Grades, betastete fachmännisch=tückisch murmelnd und gierigen Auges den Magen des Geängsteten – noch ein abscheulicher Griff ! – dann unerbittlich : ohne Operation sei der Tod binnen dreier Stunden unvermeidlich ! Der Franzose verdrehte die Augen. Mein Großvater gab das gigantische Abführmittel für eine mitleidige Morphiumspritze aus, und wetzte dekorativ Messer um Messer – zur ‹Operation› ! Fragte auch beiläufig, ob unter den antiken Münzen solche des byzantinischen Kaiserreiches befindlich ? Der Reisende, entsetzt zwischen todweißen Laken und drohenden Metallzungen ging auf jede Bedingung ein : nach gelungener ‹Operation› sollte mein Großvater zehn der raren Stücke wählen können. «

Langsames Nachbarinnengelächter, aus abgerundeten Schultern heraus, während sie sich die Situation nach und nach illustrierte. Noch ein Blick zum Mondgroschen : »Ja und ?«.

»Mein Großvater gab dem Fremden noch eine Tasse Opium ein; ent-

leerte ihm während des anschließenden Betäubungsschlafes den Magen=
Darmtrakt, und wühlte beglückt in dem Gemünz herum – noch war *die*
Möglichkeit, dem Reisenden eine Ader zu öffnen, und ihn ‹während der
Operation› verscheiden zu lassen : zwanzig seltene Stücke ?! Mein Groß-
vater kämpfte lange und schwer; endlich siegte ein unvermuteter Rest
Menschlichkeit; er ließ den Fremden erwachen, und teilte den Raub mit
ihm. – *Ein* Stück allerdings behielt er sich vorab : eine Münze der Thra-
kerstadt Bizye, ein Unikum : Artemis in archaisch=steifer Manier, eine
Fackel in der Hand, vor ihr der Hirsch. – Der Fremde, des ewigen Verlu-
stes wohl gewahr, lud ihn bei der Abreise unter Verwünschungen vor das
Gericht Gottes – aber daran glauben Sammler nicht. Nutzlos.«

»Und von diesem Großvater haben Sie das Goldstück geerbt ?«.
Nicht geerbt; zur Konfirmation. »Und die Artemis=Münze ?«. Hat nie-
mand wieder gesehen; wahrscheinlich nahm er sie mit ins Grab. Ja.
Sammler.

Ja. Wir verglichen den sinkenden Mond noch kurz mit einer Eier-
schale; einem Baseball aus Ziegenleder; einer Aspirintablette. Wir lehnten
von da ab ziemlich regelmäßig in unsern Fenstern; erzählten uns schlaff
voneinander; und warteten weiter auf den Tod.

GESCHICHTE AUF DEM RÜCKEN ERZÄHLT.

Durchs Fenster sah man unten die Regenstraße, aus Teerflicken und Schwarzglaspfützen; oben das Himmelspolygon, hübsch klein. An der Seite das Totenlicht des Mondes; darunter die Morgue von steifen Wolken in fatalen Laken. Wir spitzten mißbilligend die Münder, und gingen sofort wieder in die Ofenecke zurück. Frau Doktor betrachtete mich nicht ohne Wohlwollen; stellte mir den Liegesessel noch peinlich=bequemer, so daß ich fast auf dem Rücken lag, ich, immer wieder von Flammenfexen angesprungen; sie selbst lehnte korrekt und rauchte.

Frau Doktor war Vierzig, unverheiratet, Studienrätin; und so gescheit, daß ich mit meinen ungeordneten mooskrausen Kenntnislein mir durchaus verdächtig vorkam. Heut hatte sie zudem noch das rote Kleid an, das mit den schwarzen Punkten; man sah die hagere interessante Figur; und es war mein Erzähltag, so daß ich trotz der intim kleinen Gesellschaft – wir waren, wie meistens, allein – wieder schrecklich verlegen war; it's puzzling work, talking is.

Also blieb nur Norwegen; und ich fing an von den drei Geologen, die ich dort einst im Dovrefjell getroffen hatte : die herrlichste Gesellschaft von der Welt; besonders für Geologen ! Ihre Art ist, bei jeder Klamotte anzuhalten, bei jeder Erdschicht Andeutungen zu machen. Sie zerschlagen alle Steine, angeblich um zu sehen, wie die Welt gemacht worden ist. Man zeige ihnen eine majestätische Felspyramide, und es ist bestenfalls ein Lakkolith; spricht man vom Gletschereis, so debattieren sie tiefsinnig, ob etwa Pfahlbauern darin eingefroren seien, mitsamt ihrem Torfspitz (hübscher Name das; ja).

Halbwegs zwischen Dombas und Jerkin brachte ein elender Steinblock, auf dem ich saß, die Herren ganz außer sich; ich mußte wahrhaftig aufstehen, und ihnen meinen Sitz zur Beute lassen : während sie ihn in Stücke schlugen, schlich sich meine Person still davon; semel in anno licet insanire.

Wenn ich also auch den Geologen selbst aus dem Wege gehe, liebe ich doch ihre Wissenschaft, zumal im Spätherbst; (Frau Doktor lauschte hinter einem Orionnebel von Zigarettenrauch; auch sonst hätte man ihre Augen nicht sehen können, denn sie trug natürlich eine Brille).

Nichts ist behaglicher, als bei einem drallen Feuer über die Bildung der Gebirgsmassen, die man im Sommer besucht hat, zu debattieren; über Vulkane, zertrümmerte Planeten, Petrefakten plaudern zu hören. Kommt man gar in die Paläontologie, so müssen mir gleich die Mammute und Gigantosaurier an den Tanz : man denke sich dergleichen Behemoth, wie er im Steinkohlenwalde hinspaziert, und seine Brut mit Elefanten füttert, etwa wie unsere heutigen Eidechsen die ihre mit Brummfliegen : es lebe das Malerische!

Mein Blick mäanderte verlegen im Zimmer herum. Den Nacken hätte ich ihr gern ausrasiert! (Ich schilderte noch kurz den großen Regen, in dem wir uns trennten : die Eccehomo=Gestalten der Geologen, ganze Bäche rieselten ihnen von den Ellenbogen, Springbrunnen tanzten aus ihren Schuhen hervor; sie aktierten wie in der Sintflut Halbertrunkene, die der Arche nachschwimmen – und immer noch nach jedem Kieselstein blickend, nach jeder Verwerfung hinschielend!).

Frau Doktor erhob sich (sie war so groß wie ich, 1 Meter 80); zog die Asbach=Flasche aus ihrem Papprisma, und schob mir das grüne Stehaufmännchen (englisch tumbler) herüber : hatte ihr schon die Einleitung nicht gefallen, und ich sollte mehr Gas geben?

Gehorsam trinken; der Wind pfiff weiter seine Zwölftonakkorde; und ich erzählte die Schmugglergeschichte von 1944 :

Vierzehn Pascher, jeder mit einem Sack besten schwedischen Schießpulvers beladen, waren des Weges gekommen. Der Hinterste in der Reihe bemerkte, daß seine Last immer leichter wurde. Das tat ihm an sich sehr wohl; doch kam ihm bald der Verdacht, ob er solche Wohltat nicht auf Kosten seiner Pulverbürde genieße? Leider ja : der Sack hatte ein Loch, und die Spur war unverkennbar in den Grenzschnee gezeichnet. Er schrie entsetzt sein ‹Halt!›; worauf zunächst jeder der Vorangehenden erst einmal die Last abwarf, und sich auf seinen Sack setzte, um einen Schnaps zu genehmigen.

Dem Letzten war indes ein sinnreicher Einfall gekommen : er ging zurück, soweit der Pulverstreifen reichte; berührte ihn am Ende mit seiner Zigarette, in der klugen Absicht, die verräterische Linie zu vertilgen. Drei Sekunden später hörte er einen seltsam vollen Donner, der durch den vielfachen Widerhall von den Bergwänden und das schwermütig= schöne Fortrollen durch die Täler ihm keine geringe Überraschung verursachte : den ganzen Lärm aber hatten die vierzehn Säcke gemacht, die, von der Zündung erreicht, in die Luft geflogen waren.

Pause. Der Wind stieß einen in Noten gar nicht wiederzugebenden spiritistisch=schwachen Entsetzensschrei aus. Allerdings : inklusive der vierzehn Widerstandskämpfer, die auf den Säcken einer wohlverdienten

Ruhe hatten pflegen wollen. C'est la guerre. Pause. Die Zigarettenschachtel stand hinter mir. Sie erhob sich mit lindem Katzenschritt.

Über mich gebeugt (das heißt, zur Zigarettenschachtel natürlich!) : unübersehbar, riesenhaft war ihr Kleid; rote Wüste, mit schwarzen Felsstumpen. Auch das Gesicht schwebte endlos; die Brillengläser hingen wie zwei starre gefrorene Seen über mir (in deren Grund ich fantastisches Ungeheuer mich nicht bewegte). Immer noch. Ich legte unwillkürlich den Handhaken um ihren Hals; und der Trabant, Planetoid, o Du mein Satellit, stieß mit mir zusammen.

TODESSTRAFE BEI SONNENSCHEIN

Rasiert, mit frischgeschnittenem Haar, den Bauch vermittels eines besonders breiten Gürtels unauffällig zurückgedrängt, dazu in kurzen Abständen mit Alkohol und Bohnenkaffee gefüllt, immer hübsch abwechselnd – so kann man für drei Stunden schon noch den elastischen älteren Herrn mimen; den, von dem Endsechzigerinnen schmachten : »Also wie ein Jüngling!«

Dabei schmerzen einem die dürren Beinstöcke schon nach zehn Minuten vom feschen Übereinanderschlagen; aus dem prahlerisch geblähten Brustkorb möchte man endlich das stützende Luftresiduum herauslassen können; in Badehosen zeigt man sich am besten überhaupt nicht mehr. Also behielt ich Hemd und Tennishose an – daran konnte man wenigstens den Stoff bewundern – und für kühles Wetter lag der schwarze Pullover aus Shetlandwolle über der Stuhllehne : »Süüüß!« hatten alle Damen bei seinem Anblick gestöhnt, und ich hatte lässig das Kinn vorgeschoben, als stünde ich habituell auf der Kommandobrücke des dazugehörigen Eisbrechers.

Der Seestrand lag in heißester Grauhitze; Bäume aus Rauch geblasen; das Dunsttrapez eines Daches; ein Gewitter vorauszusagen war nicht schwer. Noch aber saßen wir auf der Terrasse und löffelten Eis (über das ich mir, einer plötzlichen Eingebung folgend, Coca Cola gegossen hatte – so speist man in Venedig und andern großen Bädern ! – und neidisch bewundert wurde; am folgenden Tag stands schon auf der maschinengeschriebenen Speisekarte).

Erzählen ? Da die verwitwete Frau Geheimrat eben das Mirakel berichtet hatte, wie bei einem Großfeuer in Neuenkirchen das Exemplar von des seligen Arndt ‹Paradiesgärtlein› anschließend unversehrt im glimmenden Schutt aufgefunden worden war, steuerte ich diese Anekdote bei : In einem mecklenburgischen Dorf (flugs erfand ich Namen und Daten) hatte ein alter frommer Bauer seine Familie beim Gewitter zu sich in sein Stübchen versammelt. Schon zwei Bußlieder waren zu Ende gesungen; aber dem Alten wurde es immer unheimlicher in der engen Kammer. Er stürzte hinaus ins Freie – und wurde unverzüglich vom Blitz getroffen !

Die Oberprimanerin, nur zwei lange zimtfarbene Beine und ein schiefer Schopf, aus dem weiß=schwarz die Augen blinkten, (Gott, ist man alt !), röchelte auf, und sprang, ihr Gekicher zu verbergen, mitten in den See. Hinten wälzte der Wind die rumpelnden Wolkenfässer ein Stückchen höher.

Nun war Amtsgerichtsrat Schönermark an der Reihe, und wußte sich weiter keinen Rat, als einen ‹interessanten Fall› zu beginnen. Juristen können sich, wenn sie geschickt sind, durchaus mit der nötigen Aureole Asa Foetida umgeben; etwa wie Chirurgen : ein bißchen grausam, ein bißchen unanständig, und also furchtbar spannend. Gottlob unterbrach ihn die aufgeregte Witwe gleich nach dem Lustmord, und kam – ihm die Pointe unrettbar störend – sofort auf das beliebte Thema der Todesstrafe : soll man köpfen, soll man nicht ?

Da die Oberprimanerin, wassertropfig rundherum, wieder am Tisch Platz genommen hatte, spielte ich ein Trumpfas nach dem andern aus (das ist ein Vorteil langen Lebens : man hat schließlich schon über alles nachgedacht !).

»Tod, nein ! Aber es gibt eine Strafart, bereits im Altertum bekannt, durch die der Bösewicht unschädlich gemacht, und stärker von künftigen Verbrechen zurückgehalten wurde, als durch Ketten und Bande; eine Strafe, so abschreckend – vielleicht furchtbarer – als das Todesurteil; und dennoch, ich möchte sagen, natürlicher, humaner : weil sie nicht nur dem Sträfling zur Besserung Zeit gewährt, sondern den vormals Schädlichen sogar für die bürgerliche Gesellschaft nützlich machen kann.« Die Witwe spreizte angeregt den Vogelkopf; das Weibkind gaffte durchs Haargezottel; selbst Amtsgerichtsrat Schönermark blickte neugierig.

»Vielleicht werden Sie sich im ersten Augenblick entsetzen« bereitete ich, halb Lykurg, halb abgenützter Textilkaufmann, vor : »also kurz : man nehme groben Verbrechern statt des Lebens – das Augenlicht ! Statt der Todesstrafe die Blendung !« Und fuhr ungerührt durch entsetzt fuchtelnde Hände und von Worten gekrauste Gesichter fort :

»Kann der erblindete Sünder nicht sogar noch Lebensglück genießen – wie viele Tausende, die durch Geburt, Krankheit, Zufall, blind sind ? Kann er nicht Verkehr mit andern Menschen pflegen, ohne gefährlich zu werden ? Die Welt ist ihm zum Kerker verwandelt; ohne daß er, wie in enger Zelle, der gesunden Leibesbewegung verlustig wird – er kann Rad fahren : Tandem ! Er kann nützlichen Beschäftigungen zugeführt werden. Und ist kein Gegenstand der Furcht mehr, sondern nur noch des Mitleidens, wie jeder Verbrecher es sein sollte. Er kann nicht entrinnen; nie weiß er, wo ein Auge sein Tun bewacht.«

Der Wolkenvorhang, der Eiserne, schob sich ruckweise höher; die paar Segelboote entrannen entsetzt nach allen Seiten. Frau verwitwete Geheimrat kramte nach Gegengründen in ihrem Beutel; das lange Beinmädchen hatte den Kopf auf die Faust gepflanzt, und besah mich ungeniert : was diese alten Knacker so für Sorgen haben !

»Ich verabscheue die kalte, wohlüberlegte, gesetzliche Rache des Staates. Und im Falle eines Justizmordes : kann man dann auch dem unschuldig Verurteilten nicht mehr das Augenlicht wiedergeben, so würde den Ärmsten doch die Reue des Gerichts, die feierliche öffentliche Anerkennung seiner Unschuld, freuen; und der Rest seiner Tage durch Zubilligung eines reichlichen Lebensabends noch erträglich gemacht werden können. «

Leider heulte das Gewitter nun sehr schnell herauf; jeder beugte sich besorgt über seine Siebensachen; man versprach, nachzudenken.

DER TAG DER KAKTUSBLÜTE.

Innerhalb einer Woche war der Auswuchs mehr als fingerlang und =dick geworden, vorn verheißungsvoll geschwollen, die weichen schlamm-grünen Schuppen dehnten sich prächtig schwanger – : und heute früh hatte sich die Blüte aufgetan, ein Grammophontrichter älteren Stils, und natürlich violett : Melodien meinte man daraus zu hören, Ipecacuanha; ich wehrte entrüstet den Brummer ab, der sich breit, car tel est notre plaisir, hineinspreizen wollte, und nahm unterm Schreibmaschinengeklapper wieder eine Portion des schwach bitteren Rüchleins.

Klingeln : ich erschrak gebührend ob der Uniform; und kam mit hinunter, wo endlich der geheimnisvolle Briefkasten geöffnet werden sollte. Finanzsekretär Meißner vom dritten Stock hatte es nicht länger ertragen, und dem Postamt schriftlich Meldung erstattet : wie sich da in dem zwölften der eingebauten Briefkästen geheimnisvoll die Post-wurfsendungen stauten. (Wir waren nur elf Mieter, und der Hauswirt hatte der Symmetrie halber zwei mal sechs, undsoweiter undsoweiter). Es war jedenfalls das Hausgespräch gewesen, noch ehe mein Kaktus anfing zu treiben.

Immerhin waren wir außer dem Beamten jetzt nur fünf Zeugen; denn es war Vormittag, und die Meisten auf Arbeit. Also der Alte von tausend Monaten, aus dem das übliche Wortgewölle quoll; der Kleine des Anstreichermeisters; Frau Findeisen, ganz Vierzigerin mit frischerneuer-tem Bronzehaar; Gudrun Lauenstein (siebzehn Jahre); und ich, moi même. Ich begrüßte mit dem linken Auge die strahlende Neufrisierte, mit dem rechten blinkte ich Gudrun an (ich bin Junggeselle und darf das !) : die stand finster auf nadelschwarzen Beinen, und tat wie ein Schicksal. Ein rotkäppiges Kind, einen dürren Zweig in der Hand, galoppierte an der offenen Haustür vorbei, zart schreiend, vom Asphalt immer wieder hochgeschnellt, hochgeschnellt, hochgeschnellt.

Der Beamte probierte Schlüssel und Dietriche (‹Und dann von vorn : es geht nicht, es geht nicht› !) : Aahh die buntbedruckte Fülle ! (Gudrun schob mir blitzschnell einen Zettel in die Hand : ‹Die Sonne ist weg !›. – Ich verstand gleich : sie hatte beschlossen, Schriftstellerin zu werden, und pflegte mir von Zeit zu Zeit Themen zur Begutachtung vorzulegen. Sie las rasend schnell, alles Gedruckte, und identifizierte sich mit der Heldin;

einmal einen Kriminalroman, wo der treulose Gatte sorgfältig gehaßt wurde : noch drei Tage danach war ihr Benehmen mir gegenüber seltsam fläzig, und ihre ohnehin schon bedenkliche Frigidität gletscherhaft. Ich schüttelte auch jetzt abfällig den Mund : zu gewaltsame Erfindung, dies pereat mundus fiat poesia : Nichts !).

Also die Postwurfsendungen : Neueröffnung eines Selbstbedienungsgeschäftes; der vollelektrische Haushalt; kauft Margarine Rama= Hautana : barbarische Namen, ich machte mir keine Hoffnung, sie je im Kopf zu behalten. Ah, hier eine adressierte Drucksache : »Komm, Holofernes !« (der sächsische Malermeister hatte einmal den Kleinen losgeschickt, »Hol' Fernes !«, also ‹Firnis›; und der Unselige hieß seitdem und für alle Zeiten so).

Nach links lugen : einen Busen hatte Frau Findeisen, mindestens Größe Neun ! Draußen jaulte der Streifen=(Überfall=??)wagen der Polizei straßenentlang; wir sahen ihm behaglich nach, und stellten Vermutungen an : Größe Neun ?

(Gudrun hatte sorgfältig meinen Tasteblick verfolgt; kritzelte, und stieß mir den Zettel in die Finger : ‹Eine Seuche bricht aus, die alle Menschen über Siebzehn hinrafft !›. Ich konzentrierte mich auf das rechte Auge; ich flüsterfragte kokett : »Mich auch ? !«. Sie schrieb, eisig über dürren Beinträgern : »Dich auch ! !«).

Unterdes quollen mehr Drucksachen heraus : alte Zeitungen; eine essener Firma bot atomsichere Mäntel an, mit Kapuze 10 % mehr; der Haushalt auf Vollgas umgestellt. Da ! : ein Brief an die Witwe Margarete Selbner, Herrenweg 3 (und ein halbes Dutzend Fragezeichen darauf; die armen Luder von Briefträgern hatten sich keinen Rat mehr gewußt, und das Ding blindlings in den namenlosen Schlitz gestopft). Aber jetzt wurde es ernst; der Beamte notierte den Fall finster und übereinandergepreßten Mundes. Ich tat auch noch, als machte ich Notizen : ich bin Journalist, hatte ich ihm rasch erklärt. Und er stöhnte durch die Nase : auch das noch !

Ein Lotterielos; der ‹Bund der Deutschen› war aktiv; ich entschied mich heute doch lieber für Gudrun. »Religion besteht mehr in Furcht vor dem Teufel, als in Liebe zu Gott«, wehrte ich Frau Findeisen ab. »Der Kluge hält überlegene Kenntnisse so geheim, wie einen Leistenbruch« pflichtete ich dem sorglichen Beamten bei. Auf der Treppe lehrte ich Gudrun eine unfehlbare Methode, Dichter in ihrer Häuslichkeit kennen zu lernen : als Schornsteinfeger verkleiden; das Gesicht schwärzen; so Öfen und Herde kontrollieren : »Hier müssen Sie noch ein Blech davor legen; dreißig mal fünfundvierzig, neue Bestimmung !«.

Dann, oben bei mir, erklärte ich ihr noch die Kaktusblüte – sie hörte allerdings eine ganz andere Melodie, (ungefähr wie ‹Apoxyomenos›, sehr merkwürdig !) – und ihr Schichtunterricht begann erst 14 Uhr 45.

VERSCHOBENE KONTINENTE.

Mancher mag es ja schön finden; aber ich konnte die widerliche Majestät der Alpenlinie nur mit Achselzucken betrachten : zu viel Stifter ! Auch die feinen Funken, die ab und zu in den blaugrünen Wänden aufleuchteten, versöhnten mich nicht : gebt mir Flachland, mit weiten Horizonten (hier steckt man ja wie in einer Tüte !); Kiefernwälder, süß und eintönig, Wacholder und Erica; und an der Seite muß der weiche staubige Sommerweg hinlaufen, damit man weiß, daß man in Norddeutschland ist. Ich hob vornehm die Brauen (graue Brauen, wußte ich), und schenkte mir lieber wieder vom Samos ein, ein Gemisch von Öl und Feuer, wie ich selten eines gekostet hatte.

Matinee bei Frau Ederer. Ihre fehlenden Zähne waren durch Elfenbeinstückchen, mangelnde Körperformen durch Schaumgummihügel ersetzt, das Plappermaul mit Karmin umstrichen : wir nickten uns zu; wir kannten uns seit dreißig Jahren.

Ich verstand mich also von selbst. Außerdem war da der Maler, der für sein Bild ‹Weiblicher Akt mit Bruchband und Brille› den letzten Preis erhalten hatte. Dann Fräulein Basse : eine bezaubernde Furchtsamkeit, die sie oftmals und listig zu erzeugen wußte, wenn wir Männer so gelehrt sprachen, verschönerte ihr Gesicht. Zwei Textilkaufleute waren wegen des Gatten da; die Einzigen, aus deren Münden etwas Vernunftähnliches kam. Und dann eben noch der junge Geologe.

Nun sind Wissenschaftler durchaus eine Sache für sich. Ich persönlich habe mehr als genug vom Umgang mit Schriftstellern; schon da muß man wissen, daß Er in seiner Freizeit hannoversche Staatshandbücher sammelt, und für Sie ihre schwarzweißgelbbraunwasweißich getigerte Katze tabu ist (oder Er schwört auf Astrologie, Sie auf Thomas Mann; vita difficilis est). Der hier ließ uns nichts weniger als ruhig auf dem kurz geschorenen Rasen sitzen, sondern fing an mit der Kontinentaldrifttheorie : daß sich Grönland neuerdings schon wieder sechsunddreißig Meter entfernt habe (und Südamerika und Afrika paßten genau ineinander); auch die Alpenauffaltung ginge laufend weiter : nach den neuesten Messungen näherte sich die Zugspitze pro Jahrhundert um diverse Meter der guten Stadt München.

Fräulein Basse schielte entzückend entsetzt zur nächsten Bergwand

hinüber : war die nicht schon wieder ein Stückchen näher gekommen ? !
Die Textilfachleute erörterten verächtlich Kett= und Schußgarne; und
Molly Ederer sah mich bittend an : das fehlte gerade noch, daß auch unter
ihr alles wackelte und schwamm !

Ich strich als Präambel die Asche von meiner Zigarre, und begann :
»Das war damals, 1946 – also vor fünfundzwanzig Jahren – ich war
Dolmetscher beim Polizeipräsidenten in Lüneburg, und Tag und Nacht
auf den Beinen. Bald wollte Major Billingham eine Schießübung mit seinen Tommies abhalten; bald hatten DP's – ‹Displaced Persons› : Polen
und dergleichen – einen einsamen Bauernhof überfallen, und ihrem grausamen Hunger ein paar Kühe geschlachtet. Schöne Zeit damals; wir
waren alle jung und hager, vorurteilslos und gewetzt.

Der Polizeiinspektor, dem ich zugeteilt war, nahm mich vorsichtshalber auf jede Fahrt mit; und es war eben wieder ein halbes Jahr um : die
deutsche Polizei hat nämlich, unter anderen Aufgaben, auch die, termingemäß alle halben Jahre das ‹Vorhandensein› sämtlicher, in ihrem Bezirke
befindlichen TP's zu melden.«

»‹Trigonometrische Punkte›« erklärte angeregt der Geologe : »die
Grundmarkierungen unsres geographischen Wissens.« Ich nickte ihm
lobend zu, und fuhr träge fort (und kehrte die augenblickliche Landschaft
einfach um; ist ja egal) :

»An einem windigen und kalten Herbstnachmittag kamen wir in
Schwarmstedt an. Der Ortsvorsteher begleitete uns zum Zementstumpen, und hob an zu klagen, wie das Ding so grausam mitten im Fahrweg
stünde; erst voriges Frühjahr seien zwei Radbrüche an der Stelle erfolgt :
ob man den S-tein denn nicht etwas zur Seite rücken könnte ? –

Der Polizeioffizier, alter Soldat und an rasche Entscheidungen
gewöhnt, überlegte kurz, und nickte dann vorurteilsfrei mit der Schirm-
mütze : er hatte das ‹Vorhandensein› zu melden, nichts weiter. Ergo
erschienen aus der alrunischen Dämmerung vier schweigsame Niedersachsen mit Spaten; gruben den TP Nr. 1577 aus, und versetzten ihn drei
Meter nach rechts, an den Wegrand : noch heute wird termingemäß das
Vorhandensein des Steines gemeldet. – Seitdem mißtraue ich allen Theo-
rien, wie der vorhin von Ihnen vorgetragenen Wegnerschen !«

Der Geologe schrie auf, händeringend; rief Helmert an, Wilhelm
Jordan (oder so ähnlich; ich kenne die geodätischen Gottheiten nicht). Ich
schilderte noch überzeugend den Nachtsturm, der sich gleich anschließend erhoben hatte, Wind, Blitz und Donner, als die gefällig=rächenden
Werkzeuge des Himmels; trotzdem – die glitschenden Kontinente zogen
nicht mehr.

Die Damen lächelten erleichtert; Mollys Knie dankte mir kurz, wie einst im Mai; die Textilfachleute hatten ohnehin nicht auf uns geachtet, sondern waren schon beim Sanforisieren. Nur der Geologe strich sich immer wieder das schüttere Haar rückwärts; dabei war er erst achtundzwanzig! – Ich hob versonnen das Samosglas : Öl und Feuer; wo ist die Zeit hin, da wir noch Kontinente verschoben ?!

SCHLÜSSELTAUSCH.

Da ist es sehr einsam, hinten an der Saar. Schluchten mit senkrechten Wänden aus triassischem Buntsandstein; haushohe Felskerle sperren den Weg, in rostroter Buschklepperrüstung, den riesigen Wackelstein als Schädel; («da kommen Berge, auf denen sollen Leute wohnen mit Ziegenfüßen; und wenn man hinüber ist, welche, die schlafen sechs Monate lang» – ich habe solche Stellen bei Herodot immer gerne gelesen. (Mein erstes Epos, ‹SATASPES›.))

In das schläfrige Dörfchen, in dem ich damals wohnte, war ich eben von einem Waldgang zurückgekommen; die üblichen unsichtbaren Spinneweben hatten knisternd mein bißchen Stirn überklebt, im Weiterkrümmen durch Gebüsch und Hartwuchs. Oben, zu beiden Seiten der Chaussee, stürmten die Weiden heran, Säbelbüschel über den Wirrköpfen; Wind duckte hierhin und dorthin; das Wetter schien umzuschlagen.

Dann saß ich erschöpft und zufrieden in meiner einen Stube; ziemlich möbelleer, aber ich kann zur Not den Schreibmaschinenkoffer als Kopfkissen nehmen, und mich mit der Stubentür zudecken. Außerdem denkt man besser bei wenig Geräten : mein Ideal wäre ein leeres Zimmer ohne Tür; zwei nackte Fenster, ohne Vorhänge, in deren jedem das magere Kreuz renkt – unschätzbar bei Himmelsorten wie morgens um vier; oder abends, wenn dürre rote Schlangenzungen der Sonne nachzischeln, (schon bogen sich meine Finger dementsprechend).

(Noch dies zur Erklärung : ich lebe von den Revenuen meiner Schreibmaschine. Meist süße Nichtigkeiten : Zeitungsbeiträge; Plaudereien; im Großen Brehm gibt es den Begriff des ‹Menageriebildes› – wo so zehn Tierarten zwanglos in einer paradiesischen Landschaft zusammen stehen – in der Art verfaßte ich also meine Artikelchen, ‹Von den Gelehrten, so böse Weiber gehabet›. Wenn es hoch kam, einmal ein seriöses Nachtprogramm, ‹Fouqué und einige seiner Zeitgenossen›. Kein schöner Beruf !).

Also sitzen, und mit geweiteten Augen die Gedankenbeete überblicken. (Vorn, vor mir, tickte die Taschenuhr; ich bin altmodisch, und schätze die derben Uhrenknollen, in Bergmannskapsel, an stählerner Kette). Die weiße Wand sah mir, wie immer, geruhsam zu; geruhsam zu; – geruhsam. Zu. – – (Der blanke dicke Punkt im Türschloß, das war das Ende des Schlüsselstabes; sehr blank. Störend blank eigentlich; ich beschloß, ihm morgen einen Papierkreis draufzukleben.).

Stille. Fern auf der Feldmark lärmte ein schwächlicher Traktor. Eine Nase hatte man wie ein Schnabeltier. Und die Wand war geduldig wie nur je ein Stein; von und zum Stein. – Aber etwas stimmte hier doch nicht! Ich zog das Gesicht zusammen : ? : Ah! Da!

Ganz leise, nur am veränderten Blinken bemerkbar, drehte sich der blanke dicke Punkt im Türschloß. Drehte : und verschwand!

Nun schaltet es bei mir immer langsam. Ich bin meist bis zur Brust im Gedankenschungel versunken, und muß mich erst herausstemmen, die Handflächen aufgesetzt – : da war der Schlüssel weg!

Ich sprang zur Tür; ich klinkte und riß mich hindurch; den Kopf nach rechts : nichts! Den Kopf nach links? : war da nicht eben die Haustür ins Schloß gefallen?! Ich tat drei Schritte (ich bin ein Meter fünfundachtzig und hab' lange Beine!) – und sah eben noch etwas Braunes drüben im Obstgarten verschwinden. Eine übermächtige Hand stieß mich ins Kreuz : hinterher!

Jagd auf Braunes : die Äste gaben mir vollen Anteil ihrer Fechterkünste, Quart, Terz, Seitensekunde. Eine fragwürdig gelbe Sonne fleckte überall.

Hetzen auf Ackerwegen. Nach hundert Metern waren wir am Felsrand, und mein Braunes stürzte sich kopfüber in Haselbüsche. Ich kollerte eine Wand hinunter; machte alle Gelenke weich – meingott, die Geschwindigkeit nahm immer noch zu! – wurde durchs Rinnsal gewälzt, an einen Kiefernstamm geklebt; und richtete mich breitarmig auf : es rutschte oberhalb; die Gebüsche schlugen wilder um sich; ich duckte mich, und fing den großen braunen Ball mit dem ganzen Körper auf; dran ein Mädchengesicht mit sandigem Kopf : so hielten wir uns eine zeitlang, und atmeten erst einmal aus.

Sitzen nebeneinander. »Ja, ich hab' ihn.« gestand sie keuchend von meinem Schlüssel. Wind stöhnte überrascht einmal auf; dann wieder vorgewitterhafte Stille : mittelgroß; dünne Beine; abwesendes Gesicht. »Ich sammle nämlich Schlüssel – berühmte Schlüssel. Von Staatsmännern; oder Professoren.« (Wir keuchten dazwischen immer noch einmal auf, ‹todos : juntos› wie die Spanier für ‹Hau Ruck!› sagen). »Oder von Dichtern.«

»Wo wohnen Sie eigentlich?« fiel mir ein; und sie zeigte mit dem Kopf nach dem Häuschen am Hang. Auch ihr Mantel war ebenso abgeschabt wie der meine, und die Schuhe nichtswürdig schiefgetreten. »Glaub ich nicht; erst will ich's sehen !« Also gingen wir friedlich nebeneinander zu ihrer Wohnung : eine Stube; weiße Wände; Flüchtling aus Schlesien.

Sie drehte sich verlegen inmitten der armen Möbel; verriegelte auch erst die Tür; dann zog sie einen Schub auf : »Hier.« Und ich sah betroffen auf die mächtigen, teils schon verrosteten Schlüsselbunde; an jedem ein handgeschriebenes Schildchen : ‹Schlafzimmerschlüssel Greta Garbos›; ‹Eisenhower seiner›; ‹Schlüssel zum Studio von Prof. Max Bense›. Sie wog zaghaft den meinen in der hellbraunen Hand; sie frug mit hoher heiserer Hexenstimme : »Darf ich ?«

Rasch draußen; ich fragte heimlich die Bauersfrau : »Wer ist Ihre Mieterin eigentlich ?«. Die derbe Dicke nickte mit dem ganzen rotmarmorierten Fleisch, und lachte : »Die hat alles im Osten verloren, und ist hintersinnig geworden. Ganz alleinstehend; harmlos. Aber auf die Schlüssel muß man sich aufpassen !«. – Ich ging zögernd wieder hinein; wenn ich für einen Menschentyp anfällig bin, dann sind es die Sammler : Leidenschaft und Rücksichtslosigkeit; Zartheit und Mordgier.

Also trat ich auf die Hellbraune zu : der Kopf paßte an meine Brust. Ein dickes Haarnest, in dem man Diamanten verstecken konnte (und Schlüssel ! Sie war gleich begeistert ob des Einfalls !) Anfang Vierzig : das paßte auch. Wir sahen uns eine zeitlang an.

»Also Sie dürfen meinen Schlüssel behalten – wenn Sie mir Ihren geben !«. Sie hob das glatte Gesicht : »Och,« sagte sie unschuldig, »das ist bei mir ein ganz simples Kastenschloß – das lohnt gar nicht.« Stille. Ich atmete einmal tief ein, daß meine Schultern empfehlenswert breit wurden (‹Buschklepper in rostroter Rüstung› hieß es vorhin wohl) : »Trotzdem; ich möchte es gern !« sagte ich leise.

Sie sah erst den Schlüssel an, dann mich; zu mir empor; dann wieder den einfachen Schlüssel. Langsam überzog eine zarte Röte ihr Gesicht. »Ach so« sagte sie zögernd. Blicke hin und her. »Ich bin aber doch verrückt« wandte sie schwächlich ein. Ich lehnte kurz mit dem Kopfe ab; versprach auch noch : »Ich besorge viele Schlüssel von Dichtern : ich kenn' alle !«.

Sie senkte ergeben die Stirn gegen mich; ihre Schultern zweifelten noch ein bißchen. Dann bürgerte sie langsam zur Tür; zog ab; kam auf mich zu; bohrte mir verlegen mit dem Schlüssel am Bauch herum; sah hoch und lächelte : erst sehr bedenklich; dann immer strahlender. Ihre Hände begannen an mir zu nesteln : Brust, Schultern, höher, – Hals !

Auch ich winkelte die Ellenbogen an, und legte die Hände um ihre dünnen Schulterblätter.

»Ach ja !« sagte sie beruhigt. Zum Schlüsseltausch.

Lesen ist schrecklich !

Wenn ich vom Helden höre, daß er sich zum Denken anschickt :
». . . er runzelte die Stirn, und preßte streng die Lippen aufeinander . . .« –
schon fühle ich, wie sich mein Gesicht, vorn, zu der gleichen pensiven
Grimasse verformt ! Oder : ». . . ein hochmütiges Lächeln spielte um seinen rechten Mundwinkel . . .« – mein Gott, muß ich dabei albern aussehen; denn ich kann nun einmal nicht unsagbar hochmütig lächeln, und
schon gar nicht mit dem rechten Mundwinkel für sich; das ist auch so eine
Gabe, die mir das Schicksal versagt hat.

Das muß Vielen so gehen ! Morgens, in der Straßenbahn, sieht man
deutlich die Verheerungen, die die Schriftsteller unter uns anrichten; wie
sie uns ihre Gedankengänge, die verruchtesten Gebärden, aufzwingen.
Gestern hob der junge Mensch mir gegenüber – er ist Student an der Technischen Hochschule, und las einen mir übrigens unbekannten ‹Tennessee
Williams› (so hießen in meiner Jugend allenfalls die exotischen Verbrecher-
typen, ‹Alaska=Jim› und ‹Palisaden=Emil› !) – also der hob den Kopf, und
besah mich mit so unverhüllter Mordgier, daß ich mir davor bebend den
Hut tiefer in die Stirn zog; auch eine Station früher ausstieg (beinah wär ich
zu spät ins Geschäft gekommen. Wahrscheinlich hatte er mich langsam von
unten herauf in Scheiben geschnitten; oder in einen Sack gebunden, und
mich von tobsüchtigen Irren mit Bleischuhen zertanzen lassen !).

Oh, der Zeitungsroman, der Zeitungsroman ! Neulich stand mitten
im Text die nichtswürdige Wendung : ». . . er wandte den Kopf, langsam,
wie Löwen pflegen . . .« – am nächsten Morgen machte die Hälfte der
Mitfahrer den Eindruck, als hätte sie Genickstarre; sie blinzelten und
schnarchten verächtlich verzögert. Auch mit den jungen Mädchen war an
dem Tage nicht auszukommen; sie schienen alle die Taschentücher vergessen zu haben, und bestarrten uns Männer aufs unverschämteste. Erst
später erfuhr ich, daß es im Konkurrenzblatt geheißen hatte : ». . . sie
rotzte frech . . .«

Von Kind auf habe ich darunter gelitten ! Während der Lehrzeit bei
Henschel & Cie. las ich einmal, wie ein junger Mann seinen Chef durch
hohe Freimütigkeit derart gewann, daß er ihn später zum Teilhaber er-
kor – : am nächsten Tage wäre ich beinah geflogen !

Meine zweite Freundin – solche Figur hat heut Keine mehr! – habe ich dadurch verloren. Sie las – völlig richtig! – in den entscheidenden Tagen Heinses schwülen ‹Ardinghello›; während Satan mir die ‹Mittlere Sammlung der Reden Gotamo Buddhos› in die Narrenhände gespielt hatte : folglich versuchte ich soeben, meine Ration auf das dort vorgeschriebene eine Reiskorn pro Tag herabzustimmen (beziehungsweise die landesüblichere Magnum Bonum), und hoffte vermittels solcher Diät binnen kurzem die gebührenfreie Überwindung von Raum und Zeit zu erlangen. Hatte auch den Kopf voller Wendungen à la »...einsam, wie das Nashorn wandelt...«; und versuchte ihre Bluse erstorbenen Willens zu besehen – ich kann mich selbst nicht mehr achten, wenn ich an jene Tage denke!

Dabei laboriere ich auch heute noch an den gleichen Problemen. Ich muß zwangsläufig und verstohlen die Lektüre meiner Frau kontrollieren, nur um zu wissen, was sie denkt. Ich tue das regelmäßig, seitdem sie einmal acht Tage lang so kalt und haßvoll tat, daß selbst ich Scheidungsgedanken erwog – bis ich herausfand, daß in ihrer Fortsetzungsgeschichte der Held soeben die Heldin betrogen hatte, und allerlei Haß und Wut stattfand. Ich habe schon versucht (heimlich, versteht sich!) sie zu lenken : indem ich ihr üppige Lektüre unterschob; es gibt ja Autoren, die einen Hautana mit Inhalt dergestalt zu beschreiben verstehen, daß selbst graubärtige Prokuristen toll werden. (Aber damit muß man auch vorsichtig sein, daß man nicht überdosiert; ich bin nicht mehr der Jüngste!). (Meinem Hauswirt müßte ich einmal eine Geschichte von edelmütigen Gläubigern in den Briefkasten schieben).

Diese Brüder – die Dichter – machen letzten Endes mit Einem, was sie wollen; sei es, daß sie Einem die segensreichen Folgen des regelmäßigen Genusses von Sanella vorgaukeln; sei es, daß man nur noch in ihren Formeln, Wortfügungen, Redensarten stottern kann. Ich habe eine Sommerreise verschoben, nur weil ich vorher die genial=scheußliche Schilderung eines Eisenbahnunglücks gelesen hatte. Andererseits bin ich in die Emsmoore gefahren – meingott, was für ein Land! : mit den Bewohnern kann man sich nur durch Zeichen verständigen; nie werden die Füße trocken; und der Regen, der regnet jeglichen Tag – und nur, weil ein Dichter Liebesszenen dort lokalisiert hatte; Liebesszenen! : angeblich floß die Luft dort grundsätzlich heiß, wie flüssiges Glas; und die Mädchen nahmen freiwillig Stellungen ein, wie man sie sonst nur aus Tausendundeinernacht kennt – – : *ich will nicht mehr lesen!!*

Eigenen Gedanken soll ich mich überlassen? Davor möge mich Gott bewahren! : meist habe ich gar keine; und wenn wirklich, dann sind die auch nicht erste Qualität. Ich habe ja alles versucht; ich bin wissenschaftlich geworden; ich habe mir eine ganze Sammlung von Werken über den Mars angelegt, ausgesprochene Autoritäten, von Schröter über Schiaparelli bis Antoniadi und Graff : wenn ich dann im Geist über den rostroten Wüstenboden von Thyle I oder II wanderte, und in flechtenüberkrustete Felslabyrinthe einbog – bummelte nicht um die nächste Ecke schon Frau Hiller, einsam und listig ? (Oder, noch schlimmer, die verdorbene Kleine vom Drogisten an der Ecke !). Geschichtliche Werke ? : ich habe mich gewissenhaft in das Zeitalter Cromwells vertieft; und unverzüglich die Kollegen durch ein trotziges und verwildertes Benehmen überrascht; tat seltsame Schwüre : »Bei Gott und dem Covenant !«; unserm Einkäufer schlug ich vor, seinen Sohn zu taufen ‹Obadja-bind-their-kings-in-chains-and-their-nobles-with-links-of-iron›.

Schlafbücher müßte es geben : von zähflüssigstem Stil, mit schwer zu kauenden Worten, fingerlangen, die sich am Ende in unverständliche Silbenkringel aufdrieseln; Konsonantennarreteien (oder höchstens mal ein dunkler Vokal auf ‹u›) : Bücher *gegen* Gedanken.

Was soll ich bloß tun ? !

DIE VORSICHTIGEN.

Ans Fenster treten : die Straßen zogen öde hierhin und dorthin. Auf
den ausgefrorenen Hof trat ein beschürzter Mensch und schrie »Asche !
Asche !«.

Ich war eben mit meiner täglichen Arbeit fertig geworden – Gott,
was heißt schon Arbeit ? : ich krieg' Schwerbeschädigtenrente, und
beschäftige mich halt. Ich lege eine Riesenkartei an, von zwei= bis drei-
hunderttausend winzigen Zettelchen, die möglichst alle Personen umfas-
sen soll, die jemals in dem alten Herzogtum Verden gelebt haben (ich bin
aus der Gegend, aus Rotenburg; und habe – gerade jetzt, nach Süd-
deutschland verschlagen – besondere Lust dazu).

Also das Pensum war fertig. Auch hatte ich noch eine halbe Stunde
auf der Schlafcouch gelegen : was ich dies dürre indianerrote Gestell hassen gelernt habe ! Ich hatte es damals gekauft, um meinen beiden Räumen
ein fashionables Gepräge zu verleihen : der winzige wurde Zwergenküche; der andere sollte eine Art ‹Studio› vorgaukeln. Was hab' ich schon
bereut, daß ich mein altes ehrliches Bett opferte ! Na ja; zu spät. – –

Ein Radfahrer in Pudelmütze, roter, trat geduckt vorbei; zwei Mädchen in schwarzen Taucheranzügen, die Hände in sämtlichen Hosentaschen, schritten schulwärts. Dann fror wieder leer der antarktische Teer-
strom.

Ich stellte unerbittlich die gewohnte Überlegung an : was wäre Dir
jetzt das Unangenehmste ? ! Und antwortete mir prompt : Anziehen und
Spazierengehen. – Also tat ich das; den dicken Schal um; die Fausthand-
schuhe an : ich bin vorsichtig.

Früher waren es kleine Bahnhöfe, die mich unwiderstehlich anzo-
gen. Da saß ich vor einem Bier im verstaubten Licht der gelben Wartesäle;
das starke Gold und Rot der Salempackungen; erleuchtete Zugfenster
perlten in die Nacht; die fetten und dürren Reisenden – schöne Zeit, die
Jugendzeit ! Heute sind es (in Bahnhöfen zieht es so; ich bin vorsichtig !)
Kaufhäuser. Da geht es auch spektralanalytisch bunt zu; Köpfe rollen vorbei; Arme drängeln; Kleiderdickicht, Mantelwälder; Hände kläffen grelle
Stoffe; Augen stöbern; Münder stolpern; Bälle kauern sklavenbunt.
Gewöhnlich suche ich mir dann Eine aus.

Sie schritt, klein und mager, sehr vorsichtig, durch die heute besonders billigen Kokosmatten; an Teppichrecken vorbei; (wenn Jemand sie gestreift hatte, notierte ich, klopfte sie anschließend auf ihre rechte Manteltasche. Ah, natürlich : sie kaufte einen sehr schmalen Büstenhalter, und zahlte aus dieser rechten Manteltasche : also war das Portemonnaie drin; und sie fühlte alle zehn Sekunden, ob es noch da sei. Sehr gut !).

Also nichts wie unauffällig hinterher ! Durch Rindsledernes; Kakaodünen; Stummelaugen und gaffende Zähne, Wortprothesen; Ohren knorpeln rosa; ah, die Rolltreppe ! (Ich nahm einen billigen Neudruck des ewigen ‹Struwwelpeter› zur Hand, und beobachtete weiter. (Wer wird indes *mich* beobachten, wehe ! – Und dann wieder *den* ? : ‹Wir Wachen bewachen die Wache, die die Tochter des Königs bewacht.›)).

Die Rolltreppe, feierlich mit Statuen bestellt, glitt unaufhörlich nach oben (schräg dahinter Gürtelnattern, Sockenberge). Sie wartete unauffällig; zögerte – da : jetzt waren zehn Stufen vor ihr leer – und sie betrat fest die gerillte Blechstufe. (Meint also, daß eine überbelastete Rolltreppe durchbrechen könne ? Und wartet immer erst, bis das Ding fast ohne Belastung läuft : sehr gut ! Ein sachliches, vorsichtiges Geschöpf).

Ich folgte ihr von weitem auch in den zweiten Stock, wo die Möbel ruhen; Sessel siedeln. Weibliche Lehrlinge in Schwarzkitteln schleppten pappkartonene Felsen herum. Hier entgingen wir nur mit Mühe den geierfaulen Verkäufern; also wieder hinab !

Und hinaus. Draußen gerann die Luft wie Schwarzglas; unbeweglich, und so kalt, daß man bestimmt den Kragen mit der Hand hochwalzte. Sie harrte klug und reglos am Bürgersteig – schon wieder nahte links ein greller, fauchender Blechmandrill von DKW – vorbeilassen – noch zehn Meter warten (und ich nickte befriedigt : so muß man heutzutage sein !).

Sie hatte fast denselben Heimweg, klein und mager; viel war an ihr nicht dran (aber an wem *ist* heutzutage schließlich noch was dran ? –). Ihr Einkaufsnetz fischerte unbeteiligt, wie Sachen so sind, diszipliniert neben ihr her. Ich beschloß, mich heute Abend, (allein im Kämmerlein; ich bin vorsichtig !) in Dujardin zu besaufen.

Tatsächlich : sie ging noch immer vor mir her. Gervinus=, Inselstraße. Auf dem mit Schneekrusten verzierten Bürgersteig segelte ein Männchen auf sie zu; in schwarzem Mantel, breit, mit flachem Bohèmehut : »Wo iest Nummärrr Neunundzwanzick ?«. Sie wich vergebens aus. Er fluchte flehend, mit gespreiztem Körper : »O : Woo ? !«. Und, enttäuscht : »Du niecht Profässorrr : *ich* Profässorrr !« Und floß auf mich Folgenden zu. Ich trat hoch und breit dazwischen (zwischen meine kleine Verfolgte, und den Nachkommen Rasputins – dabei kann man mich mit einem Finger umlegen !) : »Zurück !« befahl ich; »Hier Zweiundvierzig : Hast mein verstand ?«. Er besah mich weißschiefen Hauptes; er wich rechtsum zurück; im Weggehen noch hörte man ihn murren : »Bauern ! Alles Bauern ! : Essen Zwiebeln und Kartoffeln. Trinken Benzin : Oh ! : Bännziehn !«

Ich wandte mich zu dem unscheinbaren Wesen hinter mir; ich sagte : »Machen Sie sich nichts daraus. Der Mann war wahrscheinlich betrunken : Ausländer. « Sie murmelte, mitten in die Nacht hinein; ihr Kopfputz nickte; und verschwand, die Roßdörferstraße entlang (die nach Aschaffenburg führt; ich lehnte mich an die Apothekenwand, und starrte so ein bißchen : also war sie verschwunden.).

Oben : ich betrachtete voller Widerwillen die Schlafcouch : für Zwei würde sie gar nicht ausreichen ! Zog auch automatisch die Vorhänge vor; inmitten von Möbelblöcken : immer vorsichtig sein !

SOMMERMETEOR.

Schon von weitem hörte ich, wie das Klavier unter Emmelines Pfötchen nervös brüsselte; dicke Blasen stiegen auf; im Baß blubbte es manchmal suppen (und mir war wieder, als stände ich als Junge vor meinem Aquarium : da hatten sich die Luftfontänen auch immer so hochgewriggelt. Gleich wedelte Wind mit dem heißen Schleierschwanz, alle Büsche fächelten sich voll algengrüner Gebärden. Schon sah ich Hagemann, der mit vergrätztem Gesicht die hellen Gläser servierte – scheinbar ‹Lacour Blanc›, den weißen Bordeaux : umso besser !).

Zur Begrüßung hielt mir Vermessungsrat a. D. Stürenburg die mächtige zweischalige Taschenuhr (in Bergmannskapsel) vors Gesicht : ? ! Ich versuchte, mich mit allerlei Besuchen zu entschuldigen : des Verlegers, der Muse, (»Gerichtsvollzieher !« schnarrte Hauptmann von Dieskau höhnisch dazwischen); es gelang mir jedoch, so schuldbewußt und geknickt Platz zu nehmen, daß Verzeihung unumgänglich schien. Apotheker Dettmer – das Bärtchen an seinem zartrunden Gesicht sah mehr denn je wie Nylon aus – erklärte mich sogar für ‹überarbeitet› und ‹hohlwangig›, und wagte empfehlend auf die von ihm erfundene Universalmedizin ‹Virgisan› anzuspielen : ? Aber so höhnisch schnarrte es rings, daß er sofort flehend die Hände faltete, und sich in die stroherne Muschel seiner apart=unbequemen Sitzgelegenheit zurückzog.

Emmeline maulwurfte erst in der Mitte des Benedetto Marcello; ich zehenspitzte behutsam hinein (angeblich, ihr die Noten umzuwenden; in Wahrheit, um mir die Zeit zu vertreiben : ich bin ausgesprochen unmusikalisch, ich hatte wohl schon gesagt, daß mir dabei höchstens Fische einfallen, oder so was).

Vorm Bücherregal. Ich griff eins heraus, dessen Farbe mir leidlich ins Gesicht fiel; dunkelgrüner Lederrücken mit hellgrünem Schildchen : ‹J. A. E. Schmidt, Handwörterbuch der Französischen Sprache. 1855›. Ich schlug aufs geratewohl auf, Seite 33 : ‹Auget = Leitrinne, in welcher die Zündwurst liegt› – ich kniff mich in den Oberschenkel, um mich meiner Existenz zu vergewissern : Zündwurst ? ? ! ! (und dieses ‹auget› würde ich nun nie mehr in meinem Leben vergessen; ein gußeisernes Gedächtnis ist eine Strafe !). –

Wieder draußen (und Stille; kein Klavier trappelte mehr). Wohlfrisierte Sommerwolken wehten über uns hin. Über dem fernen See funkelte's abendlich; noch war Sommer, Sommer (und doch fröstelte mich schon wieder, wenn ich an die Totentänze der Chausseebäume dachte : im November, im November). Den Kuchen hatte diesmal Frau verw. Dr. Waring gestiftet; hausmachern; höchstens geologisch interessant (ich flüsterte es zu Hauptmann von Dieskau, und er prustete militärisch : sehr gut !).

»Ach : Daaa ! !« Emmeline zeigte mit dem Kuchenkeil auf den Meteor, der, sinkend, im Dunkelblau eine schöne Spur hinterließ : ! Ich erlaubte mir, »Perseïden« zu murmeln; und Stürenburg unterstützte mich mitleidig. »Gewiß« sagte er, »von Mitte Juli bis Mitte August; Maximum am 11. – Andere verläßliche Schwärme sind die Orioniden (20. Oktober) und die Geminiden (10. Dezember). Tja.«

Pause. Dann wollte Keiner dahinten bleiben; Dieskau hatte natürlich am 13. Februar 1913 ganze Prozessionen von Meteoren in Canada gesehen; ich selbst hatte, ungefähr 32, zwischen Görlitz und Lauban eine Feuerkugel beobachtet (fuhr gerade mit dem Rade entlang, als ganz junger Mensch; so um die 20). Aber Stürenburg bremste uns Alle – durch Nikken, durch Handgaukelei : man kam gegen den Mann nicht auf ! (Ist *das* vielleicht ein Vorzug des Alters, Life begins at 70, daß man alles verläßlich besser weiß ?).

»Dextrocardie« sagte er langsam; und zur Erläuterung : »Es gibt Leute, bei denen das Herz *rechts* sitzt : tatsächlich !«. Er blies in seine Zigarre, daß sie Funken sprühte, wie ein Meteor; und fuhr fort : »Ich studierte damals in Göttingen; und ein Freund hatte mich mit philosophischen Gründen überredet – ich hörte auch ein Semester Anatomie. Nun wohnte damals in der Weenderstraße ein armer Studiosus Medicinae zur kümmerlichen Miete, nebst seiner sechzigjährigen Mutter und einer Schwester. Er gab rastlos Nachhilfestunden; die Schwester klöppelte Spitzen ums liebe Brot; und als die Mutter starb, standen sie vor der Wahl, entweder für die Begräbniskosten gepfändet zu werden …« (hier spitzte Dieskau verständnisinnig Hände und Ohren : »Oder ?«). »Tja, oder« entgegnete Stürenburg : »Diese Mutter nämlich hatte, wie ich schon andeutete, das ‹Herz am rechten Fleck›. Und war also ein medizinisches Mirakel, nach dem sich jeder Anatom sämtliche zehn Finger geleckt haben würde. Unser junger Mann geht also in seiner Verzweiflung zum Professor, und offeriert ihm die einmalige Rarität zum Anatomieren – der schlägt begeistert ein : für 500 Mark.«

»Emmeline !« rief hier Frau Dr. Waring, die mit steigender Besorgnis gelauscht hatte : »Mein Kind : Hol' mir doch bitte den Sonnenschirm vom Seeufer !« Die Kleine gehorchte schmollend (und ich schwankte einen Augenblick, ob ich sie nicht begleiten sollte ? – Aber nein : erst mußte diese neue Anekdote gültig fixiert werden !).

»In der letzten Nacht also, da er ganz allein die Totenwache bei der schon im Sarg liegenden Mutter hält, nimmt er den Leichnam heraus, wickelt ihn in eine alte Decke, und versteckt ihn auf den Hausboden, hinter den Schornstein. An dessen Stelle füllt er Stroh und Steine in den Sarg, und vernagelt ihn aufs festeste : der wird am folgenden Vormittag mit allen Ehren zur Erde bestattet. – Sobald es nun dunkelt, steckt er den mütterlichen Körper in einen alten Sack, um damit nach des Professors Haus zu wandeln. Unterwegs begegnet ihm ein Kommilitone, der ihn fragt, was er denn da auf dem Rücken schleppe ?« Stürenburg blinzelte mephistophelisch; fügte auch noch die näheren Bestimmungen hinzu : »Ein Augustabend. Wind schlich in Gassen. Überall in der Dämmerung begannen die Perseïden zu schwirren : genau wie heute ! – Der arme Schlucker macht sich ganz bestürzt von mir – äh : Jenem ! – los, und gibt zur Antwort : ‹Laßt mich nur zufrieden, Herr Bruder; es ist nichts, als eine alte Baßgeige›.«

Pause. Dieskau, der alte Skeptiker, röchelte befriedigt; Dettmer wartete weit offenen Mündchens; und Hagemann hockte gleich einem verwitterten Götzenbilde unbeweglich auf der Terrassenmauer – sicher kannte er die Pointe schon !

»Am nächsten Morgen schon wurde die weibliche Leiche anatomisiert; die Umkehrung des Adernsystems gebührend bewundert; bei Zerlegung der partium genitalium warf der Professor scherzend ein : dies sei der Gelehrten und Ungelehrten allererste Studierstube. Worauf mir aus der Antike einfiel, wie damals Kaiser Nero seine eigene Mutter habe zerlegen lassen, und begierig zugesehen – worauf der besagte Student plötzlich in Ohnmacht fiel. – Wir wußten damals Keiner, warum; aber es wurde doch allmählich ruchbar und stadtkundig. Hm.«

»Und ? : Was wurde aus dem jungen Mann ?« erkundigte sich Dieskau rasselnd (und gefühllos : Soldaten sind schreckliche Menschen !).

»Er beendigte sein Studium auf einer anderen Universität« erklärte Stürenburg mit überlegen hochgezogenen Brauen : »So viel ich weiß, praktiziert er noch heute als angesehener Arzt in Bremervörde. – Tja.«

Die Witwe stöhnte nur; Apotheker Dettmer schwieg unangenehm ergriffen; und auch mir war es nichts weniger als behaglich : ist es tatsächlich ein Vorteil, wenn man so viel erlebt hat ? !

Über dem Dümmer entstand ein vorbildlicher Cumulus, für jedes Lehrbuch geeignet. Emmeline kam schnellatmig und seltsam erhitzt vom Strand zurück. Ein magerer Meteor zog eine Silberbraue über den Mond.

KLEINE GRAUE MAUS.

»Ja. Abscheulich!« –

So schlecht war das Wetter plötzlich geworden, daß wir uns, ablehnend=kopfschüttelnd, sogleich wieder in Richtung Kamin zu unseren Sesseln begaben. Der Flammenchor tanzte und sang (eine rotbäuchige Primadonna blähte sich kurfürstlich unter zugespitztem gefärbtem Blauhaar), dann brüllte aber schon wieder ein Windrüpel dazwischen, nach Motiven von Orff. Während draußen untröstlich=weiblich der Regen schluchzte – ‹Die Regin› wäre viel treffender : unsere Sprache ist schlecht und unüberzeugend durchkonstruiert! : Sie schlug ihr Silberhaar lang über die Scheiben, oh, the Dead they cannot rise; und kam sogleich entsetzt wieder : and you'd better dry your eyes; and you'd best go look for a new love!

Vermessungsrat a. D. Stürenburg klatschte entschlossen in die Hände. Hagemann erschien grämelnd, und empfing die geflüsterte Anweisung. Wenige Minuten später sahen wir, wie er nahe=fern vorm Fenster eine mannshohe Fackel in die Gartenerde stieß, und sie nach einigen Fehlleistungen anzünden konnte : rot glomm die gehetzte Flamme und trüb in der Dämmerung (*sehr* aufmerksam : *der* Blutfleck hatte grade noch gefehlt!).

Unverzüglich fiel Frau verw. Dr. Waring bei solcher Fleischfarbe ihr jüngster Zoobesuch ein : Raubtierfütterung, Bratwürstchenrestaurant (und auch der ‹Führer› fand sich noch in der Handtasche : 80 westdeutsche Bundespfennige hatte er gekostet, unglaublich!).

»Und? – Aber es ist, wie ich ausdrücklich betonen möchte, eine hinterhältige Frage – : Welche Tiere haben Ihnen am besten gefallen?«. Aber die Damen waren von Apotheker Dettmer und Hauptmann von Dieskau begleitet gewesen, und fühlten sich in Anbetracht so zahlreicher Mitschuldiger relativ unangreifbar.

Von Dieskau? : »Hyänen!« schnarrte er boshaft=aufrichtig; dann noch : »Geier : sehr nützlich auf Schlachtfeldern, ‹Türme des Schweigens›, so gut wie Sanitätspersonal, hähä.« Wir hoben im Chor die Brauen, und richteten die Augenpaare auf den nächsten : ?

Der runde Apotheker Dettmer atmete erst einmal zaghaft; lächelte entschuldigend im Halbkreis, und faltete die netten Fingerspargel; nochmals bat seine Fußspitze um Entschuldigung (schon fing Dieskau an zu grunzen) : »Die Giraffen !« gestand er bärtchenhaft=errötend : »so schlank und gelenkig –« (seine Hände bildeten eine Hochgestalt in Richtung Zimmerdecke) : »und so – : so hellbraun !«

Fräulein Emmeline ? (»Sie sollten heiraten !« warf Dieskau noch brutal dem Apotheker zu). Bei ihr waren es die ‹Graziösen Flamingos› gewesen; worauf allgemeine Billigung=Mißbilligung erfolgte. Der unanständig biologische Fackelfleck draußen schwabbelte breit wie ein erweitertes Herz : unappetitlich !

Frau Dr. Waring ? Sie lächelte zugespitzten Mundes; das Gesicht unterm fahl vertuschten Gehaar zeigte erst die übliche Libration : »Die Elefanten ! : Was müssen die für eine Stärke haben !« Mein rechtes und Dieskaus linkes Auge begegneten sich kurz : ! (‹Stärke› : Anfangssechzigerin). –

Stürenburg hatte sie alle wohlwollend registriert, nil humani. In die Gesprächspause hinein bot Hagemann den Pic belegter Brote; Dieskau ließ Pfeffer und Salz regnen; warum aß Emmeline so viel Sardellenpaste ? (Salacität ?).

»No, Hagemann ?« – Stürenburg hatte's kurz erklärt – : »Was ist das merkwürdigste Tier, das *Du* je gesehen hast ? !«. Er stellte die Schwedenplatte merkwürdig lange ab (fast herausfordernd ? Und ich öffnete begierig ein weißes Notizblatt meines Gedächtnisses).

»'ne Maus, Herr Rat : 'ne kleine, graue Maus.« So boshaft funkelten Hagemanns Heidjeräuglein, als er hinter unsern Halbkreis trat und erzählte (plattdeutsch; ich übersetze's, sorgfältig, als verläßlicher Chronist – mehr bin ich nicht).

»Das war damals, um 19 Hundert 4 –« er faltete sein Gesicht elefantig auseinander; die große Hand ans Kinn : »– oder 5 ?« (ausgezackt, die Handscheibe; fast *zu* glaubhaft). »Wir maßen damals grade den ‹Oldenburger Kranz› nach, und suchten alte Vermarkungen« (»Äh=die hannoversche Vermessung, die seinerzeit Gauß durchgeführt hat« schaltete Stürenburg unruhig=erläuternd ein : das war ja äußerst interessant, diese Differenz heute zwischen Herr und Knecht !).

»Wir waren da mit einem guten Theodoliten mitten im Moor. Die Chronometer zeigten eben Mittag; und schon kam uns vorschriftsmäßig der Schlaf an. Die Brust von Herrn Rat ging auf und nieder« (seine Hände bewiesen gleich den Schlummertakt) : »– und ich wollte natürlich wachen.« (Wir nickten billigend; also ganz getreuer Eckart).

»Plötzlich s=tockte sein Atem. Anges=panntes Gesicht – : und mit einem Mal hüpft ein ganz kleines graues Mäuschen aus dem halbgeöffneten Munde ! Sieht sich mit funkelnden Äuglein im Grase um; schlüpft in die Kiefernschonung; ich folge natürlich, und behalte beide immer im Auge, den Herrn und das Tierchen.«

»Bald stand es stille; denn es kam an ein Rinnsal – so klein, daß jedes Kind es überschritteln konnte : für die Maus aber war es ein S=trom, breiter als, och, die Weser vielleicht. Lief ängstlich hin und her, bald links, bald rechts, ob sie nich 'rüber springen könnte ? Da nahm ich endlich die Meßlatte, und legte sie mitleidig so hin« (Er zeigte : ‹so !›) : »Die Maus schien erst erstaunt, trat dann aber sehr behutsam auf die rot=weiß gestreifte Bahn, und ging hinüber, worauf sie sich in einem Mooshümpelchen verlor : der Herr Rat lag noch wie tot zwischen den Bulten.«

»Also Hagemann ?!« rief Stürenburg betroffen : »Davon weiß ich ja noch gar nichts !«

»Die großen Herren wissen manches nich !« entgegnete der nur nieselig=patzig; fuhr auch schon fort : »Ich kriegte beinah' Angst; denn wer hätte mir solche Mausgeschichte wohl geglaubt ! – Da s=pringt auf einmal das kleine Wesen, die Äuglein noch heller glitzernd, aus den Stengeln hervor. Sieht sich kurz um. Setzt die netten Beine wieder prüfend auf unsere lackierte Skala, und wandelt behutsam bis zur Null : ich nehm gleich die Latte auf, und geh' hinterher. Das war fast unziemlich, wie das Getier dem Herrn im Gesicht 'rumhantierte; und ich überlegte schon, ob ich es nicht greifen und festhalten sollte ? – Aber ehe ich noch ein' Entschluß fassen konnte, war es schon wieder zum Munde hineins=paziert.« (»Also Hagemann !!« rief Stürenburg protestierend; aber dem funkelten nur die Mausäuglein : weiter !)

»Kaum war die Maus drinnen, atmete die Brust wieder; ein Lächeln legte sich über's ganze Gesicht; und unmittelbar danach richtet der Herr sich auf, sieht sich um, schüttelt den Kopf, als wenn er die letzten Flocken eines Traums aus den Haaren schütteln will, und sagt zu mir : ‹Hagemann›, sagt er : ‹Setz' Dich neben mich; ich erzähl' Dir was› !«.

»‹Und zwar den allerseltsamsten Traum, der jemals ein Menschenhirn besucht hat. – Ich war kaum hier beim Grundlosen eingeschlafen –› « (»Ein kleiner See. Oder besser Teich.« schaltete Stürenburg hastig ein : geschieht ihm recht ! Und Hagemann nickte abgründig : jaja; s=timmt alles !) : »‹als mir dünkte, ich ginge von hier aus weit in den dicken Wald rein. Enorm hohes Gras, das bald über meinem Haupt zusammenschlug; und auf einmal hörte ich ein ungeheures Tosen, wie von großen Wassersfluten : ein breiter Strom, dessen jenseitiges Ufer ich kaum absehen konnte. Ich lief bald hier= bald dorthin; denn etwas Unbeschreibliches trieb mich an, als wenn ich um jeden Preis hinüber gelangen müßte.

Ängstlich spähte ich nach irgend einem Fahrzeuge; plötzlich aber erblickte ich eine breite, rot=weiß gestreifte Brücke – ohne Geländer, ohne Brustwehr – blendend und gleißend im Sonnenstrahl. Behutsam betrat ich die glatte Bahn, langsam vorschreitend, um nicht auszugleiten und zu stürzen in den mächtigen Waldstrom. Ich kam glücklich hinüber. Geriet nach langer Wanderung in einem hohen Wirrwalde plötzlich an eine schattige Höhle – und erblickte da – : ?«

Pause. Offene Münder um den zischelnden Flammenchor. Stürenburgs Mundwinkel hingen. (Aber geschieht ihm ganz recht! Sonst hat er immer alles besser erlebt!). »Na, was war zu sehen?!« schnarrte Dieskau, wütend vor Neugier.

»Einen mächtigen viereckigen Block aus gleißendem Gold!« (Langsam und feierlich) : »‹Ich nahm mir eindringlichst vor› – sagte der Herr – ‹mir die Merkmale genau einzuprägen, um die Stelle ja wieder zu finden; und verließ die moosigen Wölbungen. Ängstete mich, ob die Brücke noch daliegen würde. Dann noch ein allmählich in Grün und Pflanzengeleucht immer undeutlicher werdender Weg. – Und erwachte traurig : das alles nur ein Traum gewesen sei!›«

Hagemann sah sich triumphierend um. Hagemann präsentierte hinterhältig=gebückt noch einmal die Brötchenplatte. Murmelnd : »Ich führte Herrn Rat dann hin zu der Stelle – so mit Umwegen. Wir gruben da wohl nach – : *und* fanden die Messingplatte von'n Herrn Carl Friedrich Gauß.« Hämisch=bescheiden : »Das war das merkwürdigste Tier, was *ich* so gesehn hab'.«

»Also Hagemann : wir haben den Punkt doch durch Messung gefunden!« rief Stürenburg entrüstet; »das heißt – : an den Traum erinnere ich mich jetzt auch wieder! – Aber das mit der Maus – : Hagemann, Du lügst! Davon weiß ich ja noch gar nichts!«

Der Wind pfiff wie ein Torfschiffer. »Die großen Herren wissen manches nich« murmelte Hagemann. Ging hinaus; kam lauteren Schrittes wieder : »Hier iss die Messingplatte von'n alten T. P. : die die Maus gefunden hat.« Sie wurde wortlos von Hand zu Hand gereicht.

Ein feiner Regen fiel nachher. Die Fackel rötelte in der Dämmerung. Wir entfernten uns nach verschiedenen Richtungen.

RIVALEN.

1. Das weiß ich noch : ich sammelte Kartoffelblüten im Traum, und drückte die blaßblaue Armfülle zufrieden an mich; auf schmierigem Acker. Der Rundhorizont war grauleinen; wie aus Rauch gepustet erschien darauf die Gestalt eines uralt=verhaßten Schulkameraden : ich schlug gleich hoch herunter auf ihn ein, hinein in einen Baum mit ihm, weg! (Der kaute noch lange an dem Pythonbissen; aber verdaute ihn; und stand wieder mittelfest). (Dann austreten gehen, mit den üblichen peinlich=bürgerlichen Traumhindernissen; bis ich erwachte, und es rasch tat).

2. Wieder im Bett (ein leeres neben mir) : Wuddnbaaba : Wuddnbaaba ging eine ferne Kirchenglocke : *das* konnte natürlich eine ganz große Gefahr sein! Ich hatte sie schon seit vorgestern beobachtet : daß sie fast genau dieselben Wege ging, wie ich. Einmal sogar mit Kleinstaffelei und Aquarellkasten : das war etwas, was ich immer nur schlecht gekonnt hatte (obwohl es natürlich dem Schriftsteller eine unschätzbare Hilfe ist, die Farbwerte zu fixieren! Wie oft hatte ich über'm Manuskript gebrütet, in angreifendster Versenkung : an diese eine ganz bestimmte Gewitterbeleuchtung . . . . . . ? !). Die Wasserleitung in der Wand, Gasthauswand, begann zu gurgeln, wie ein Ertrinkender, schlingend und wasserspeiend, kolkte und rülpste – wahrscheinlich stand Langmichel Grinsemaul auf, der Wirt (der natürlich irgendwie anders hieß; ich weiß auch genau, wie; will aber nicht). Wenn sie eine junge Dichterin war, dann war ich geliefert : die Biester machen alles mit Genialität! (D. h. ich hatte das früher auch gekonnt. Aber jetzt bin ich 45 und arbeite langsamer, mit Chroniken und Archiven; wenn ich 3 Jahre lang alle guten Formulierungen, die mir noch einfallen, geizig horte, wird's ein ganz ordentliches Buch; also so ein Bonbon am Stock bin ich ja auch noch nicht!). Und die Konkurrenz unschädlich zu machen, gab es diverse Mittel; erprobte und unerprobte : avanti!

3. In der Wirtshausstube; beim Frühstück (7 Mark 50 pro Tag, für 1 Zimmer mit 2 Betten, Essen und Übernachten, war nicht zu teuer. Zumal sich die Wirtin, pausbackig rundherum, wirklich Mühe mit den Mahlzeiten gab : »Kann ich mal das Gästebuch haben, Frau Schnabel?«). Ah : hier! (Und welche Handschrift gleich wieder : also wenn *das* nicht hypergenial ist!). ‹Petra›, ja, das konnte man noch lesen. Aber schon der Familienname : war das nun ‹Vandling› oder ‹van der Longen› ? (Und in der Spalte

‹Beruf› lungerte solch ein Schnörkel, daß ich ihn nur lange und giftig besehen konnte !).

4. Schon erschien sie, in irgendeinem Kleid. Saß in der Ecke nieder, bei der Tür, in künstlicher Dämmerung; den Riemen des Fotoapparates zwischen den Brüsten – nein : nahm ihn ab – und lutschte am weichgekochten Morgenei. (Ein kohlschwarzes Kätzchen stakte hochbeinig heran : zu ihr, zu ihr. Erhielt auch sein Wurstpellchen; ihre Hand schmeichelte abwesend in Schwarzem – machte sie nicht eben eine Art Notiz ? !). Da ging ich hinauf, und nahm vom (ärztlich verbotenen) Asbach; (verdünnt mit Korn).

5. Schloßhof : saß sie nicht schon wieder vor der Südfront ? ! Ich machte stur meine notwendigen Aufnahmen; immer mit ihr, immer mit ihr (vielleicht konnte man auch *das* noch als Episode mit in den Roman hineinbringen ?). Der Wind machte dem Schloßteich Krähenfüße. Und sie stand auf.

6. Heimlich vor ihrer Staffelei : ? : na, nichts Besonderes. Eben so ein Aquarell. Ganz alte Schule (wahrscheinlich hatte sie bei ihrem Vater gelernt ? Noch sah man die vorschriftsmäßig=quergestreifte Untermalung; Stein blieb bei ihr Stein, oder präziser Klamotte. Und die Wolken wie Kohlköpfe). / Natürlich; an die Wand hängen könnte man sich's schon. Dennoch. / Ich ging zum Kastellan. Ich offerierte ihm die flache Schachtel Brasil. Das Fünfmarkstück. Und, mitten in's Halbprofil geflüstert : »Falls Sie der jungen Dame nachher falsche Daten sagen sollten ? – Irren ist menschlich – Und auf plus minus 10 Jahre kommt's doch wirklich nicht an : ? – : !«. Er nahm's; und ich betrachtete draußen den hellblauen Mädchenrücken, der sich sorglich über's Büttenblatt krümmte : Du wirst Dich später nicht schlecht über meine Kritik wundern !

7. Mittagessen : es war noch nicht so weit. Nahm sie also den Fotoapparat ab (auf die Bank daneben); und ging mit der Wirtin hinter's Haus, die Haidschnucken füttern, ‹Willstu nicht das Lämmlein hüten ?›. Ein Wirtshaus voller Standuhrticken, gelber Mittagslichter, und böser=meiner Gedanken. Ich erhob mich vorsichtig : zum Fenster : ? Distanz 200 Meter ? : Also nahm ich ihren Fotoapparat, öffnete ihn blitzschnell hinten (da waren sämtliche Aufnahmen futschicato !); und stellte wieder listig auf 11; primum vivere.

8. Die Hohlkeule seiner Hand : Langmichel Grinsemaul fläzte mir das Diner auf den Tisch (ich spaltete ihm in Gedanken den Kopf, sodaß ihm die Hälften auf beiden Schultern lagen : ? – Aber er gewann auch dadurch nicht; fügte ich ihm also den Kopf wieder zusammen. Nur gut,

daß die runde Wirtin regierte). / Sie erhielt denselben Blumenkohl. Gaffte an das Holz der Theke. Sonnenpolygone lagen überall. Sah mich an, eine unschuldige gelbe Kartoffel auf der Gabel, umgeben von schwarzem Mundrahmen. (Ich blickte in das strähnig=trotzige Mädchengesicht – und war scheinbar nicht mehr als ein Möbel für die Junge. Trotz meines gelb=rot=karierten Schickhemdes : Bäh !).

9. Die Sonne verschwand. Wind sprang umher. Einmal brummte der Triebwagen nach Celle vorbei. Ich war zwar müde, mußte aber Material für mein verwünschtes Buch sammeln : Beleuchtungen, Gegenstände, idiomatische Wendungen, Herr mach uns frei.

10. Also raus. : Saß das Geschöpf nicht schon wieder im Freien ? ! Saß. Bummelte düster vor mir her. Sperrte Weg und Fabel. Riß ein Blatt vom wilden Wein und kaute daran; warf's weg und fummelte am Schuhband (groß war sie, meinetwegen; aber dürr). / Als sie im Schloßhof raffiniert=sinnlos eine Diagonale abschritt, hielt ich's nicht länger aus ! :

11. »Sagen Sie : sind Sie etwa auch Schriftstellerin ?« (‹rin› : als ob ich eine wäre !). Verstört : »Nein : Malerin.« Sogleich sah ich sie wohlwollender an : ?

12. Ihr Geständnis : »Ich hab meinen ersten Auftrag. Von der Naturforschenden Gesellschaft in Bremen : 20 Aquarelle über Schloßamtshausundumgebung.« Nach einer windigen Pause; im Ringelreihen von Licht und Schatten : »50 Mark für jedes Blatt; 1.000 im Ganzen.« Die kartoffelblütenblaue Bluse flatterte; sie schlug die Hand vor die junge Stirn : »Wie soll ich bloß 20 Themen zusammen kriegen ? : ‹Das Schloß von Norden her gesehen.› Von Westen : von Nordwesten ? : ?«. Durchs aschblonde Strähnengitter (so blies es der Wind hin und her); verzweifelt : »Es ist doch mein erster *Auf*trag !« (und der Vater war Oberbaurat in Rotenburg). / Ich nahm die Flatternde beim Oberarm; ich berichtete ihr nachsichtig vom Schloß. Gab ihr 30 Themen für Historienmalerei aus dem Stegreif an. Sie zitterte und vergaß vor Entzücken einen Vorwurf nach dem anderen : Jansen und Massenbach; Schröter und Harding; Nanne und Blumenhagen. (Wozu hab' ich schließlich monatelang in Archiven gesessen ?).

13. Oh Du mein Abendbrot : sie saß fiebernd neben mir; begierig, kein Wort zu verlieren. Und ich aß würdig vom Kartoffelsalat (orderte auch noch 2 Paar Würstchen mehr pro Kopf); mein Mund ging wie eine Mitrailleuse. Sie schluckte erlöst am Bier, nickte, und wollte immer notieren – ich hielt jedesmal die jungfräulich=knochige Hand fest : erstmal den *ganzen* Komplex erledigen; *dann* Motive suchen ! (21 Jahre war sie).

14. »Frau Wirtin ? –« : sie war eine gesalzene Frau, rund und weltkun-

dig; auch schon gescheitert und oft überfahren. Sie lauschte hinter drallem Backenfleisch; ihre Augen gingen zwischen Petra und mir hin und her. Die Kuckucksuhr hoch über uns holte aus; sie schob den rüstigen Mund vor und nickte : einmal muß es jede Frau lernen. (Und warum nicht bei einem arbeitsamen Mann, der 4 Wochen im voraus bezahlt hat ? – Noch einmal kurze Kopfgeste : Bon.)

15. Petra in meinem Zimmer : wir schrieben und nickten uns zu. Asbach und Zigaretten. Sie atmete befreit in eine Zukunft, und legte sich dankbar zurück. Ließ auch meinen Arm herum. Und meine Hand Fug treiben. »Mm.«

16. Ihr leeres Kleid im Arm : hatte es nicht genau die Farbe des Kartoffelblütentraumes ? ! (Sie war schon ganz rosa, und lachte glück=schläfrig, als ich ihr's erzählte). Der ewig Ertrinkende in der Wasserleitung stieß noch einmal säufern auf.

AM ZAUN.

I

Der Überflug war viel zu anstrengend gewesen; ich kann nicht schlafen, so in einem trüb erleuchteten Korridor unterm Himmel aufgehängt. (Dazu all die Rudel von Gedanken : a) Wie würde das Abendland, jetzt nach zwanzig Jahren, dreinblicken ? b) Ob Petra noch irgendwo lebte ? – Nicht, daß ich nachforschen wollte; bewahre ! c) Daß ich die drei Hörspiele nur geschlossen abgeben dürfte : macht zehntausend. d) Und natürlich all das Kleinzeug : Die Hochzeit unseres Funkers auf Tristan da Cunha, Nasen wie Schnabeltiere, die Braut hatte sich zur Feier eine neue Brille gekauft. / Was ist ‹Rias› ? : die Endung der zweiten Person Singular, I. Konditional, Indikativ Aktiv, im Spanischen. / In Berlin würde ich mir zur Erhöhung des genialen Eindrucks irgend etwas ausdenken müssen : wie wär's, wenn ich mir vor jeder Äußerung dekorativ die Hand an den Hinterkopf schlüge ? Dann ist gleich die interessante Anekdote fertig; und so ein bißchen Unsterblichkeit ziert ja den ganzen Menschen ! / Achundsoweiter.)

II

Über Klein=Europa lag der Ausdruck schwerster Versimpelung (der auch dadurch nicht gemildert wurde, daß mein trierer Hotelier laut Inserat im zweiten Stock eine Kapelle angelegt hatte, ‹Zur Bequemlichkeit der durchreisenden Herren Geistlichen›). / Auf der Autobahn bei Frankfurt ein Motorradfahrer mit weißlackiertem Sturzhelm; hinten auf den Rükken hatte er einen Rettungsring geschnallt ! : »Ist das Vorschrift ?« (Ich gab meiner Frage absichtlich das englische ‹r›; er antwortete scheu aus rotmarmorierten Dickbacken – *und* ahmte sofort meine Aussprache nach ! – »Ish weiß nisht.«) / Vor Bebra : Weiden stürmten heran, Säbelbüschel über den Wirrköpfen; der Himmel runzelte den grauen Eierschädel (und regnete dann mechanisch, dürr, unerfreulich; die Straßen funkelten wie geschliffen).

88

III

Zonenübergang (*mir* kann nichts passieren; ich bin seit 34 englischer Staatsbürger !); aber int'ressant, int'ressant ! Goldblatt=, Brilliantnadel=, Glacéhandschuhmäßig : Gestalten und Gestalten und Gestalten ! / Im neuen Autobus war ich völlig verwirrt; erst hinter Erfurt merkte ich, daß ich in einen Ausflug des ‹Vereins der Taubstummen e. V.› geraten war : so gingen die Hände ! Sie steckten den Daumen ins Taschenmaul, zerrten's breit – und das hieß irgendwas. Einer machte den rechten Kleinfinger schlapp, spielte verächtlich mit dem linken Zeigefinger dran, und wies auf eine bunte Rosa : ! ! (ihr Mann *konnte* also nicht mehr, oder ?). / Gelblicht kam schon gekreuzigt durchs Fenster und machte widerlich auf die Wand. (Wenn man mal *zufällig* n sechzigjährigen Freund trifft – das mag allenfalls noch angehn: abern ganzer Verein solcher Mumien an Stöcken!?).

IV

Stadtbahn Westberlin : Einer erzählte dem Mitangestellten, wie sie mit dem Moped nach Italien wollten, und über die Alpen schieben mußten – der Motor ‹ermachte's› nicht; ja, steigt aus. / Atem kam lang und weiß aus ihr. Grauer Rock (mit vielen schwarzen Punkten im Schoß); schwarzer Anorak mit angeschnittener Kappe; ein sandblondes Fell, blaue kühne Augen; der Mund nicht rot bestrichen. (‹In den weißen Bergen› : ihrer Brust; ‹Tale of the White Mountains›, I'm in love with moistness). / Fahrkarte vorzeigen ? : sie zerrte sich's aus der Tasche; und ging dann gleich nach vorn, zur rotgelben Schiebetür. Ich bückte mich, und hob die paar Zettel auf. / Im Hotel (neben der Kloschale das eingekachelte Bücherschränkchen, Magazine und ähnliches Geschwänztes : das nenne ich Aufmerksamkeit !). – In meinem Zimmer setzte ich mich aufs Bett und las :

V

Gerd Schäfer; Koblenz, den 10. 5. 1956; an Fräulein Erna Sanders, Ostberlin :
    »Du; hier im Westen ist es viel besser ! Ich habe sofort Arbeit bekommen, beim Kasernenbau, und verdiene 350 im Monat. Die Lebensmittel sind sämtlich ohne Marken. Kein Mensch marschiert hier gemeinsam zur

Wahlurne. Sobald Du kommst, können wir heiraten; ich bekomme eine Wohnung – hundert Mark Miete, dreitausendfünfhundert Baukostenzuschuß – von einem Sudetendeutschen. Wir können uns dann auch eine ‹Isetta› kaufen : das ist ein Kleinstauto für Pärchen, und fährt 70 Kilometer.«

Ich trat ans Fenster des Hotels für Britische Staatsbürger. Der weiche Vorhang; in der Hand die Flasche mit Schlaftabletten. (‹Eine halbe Stunde vorm Zubettgehen zu nehmen›; morgen früh elektrisch rasieren). Straßenbeleuchtung : Parade von Plesiosaurierhälsen; die Leiber selbst anscheinend eingegraben, tangiert mich also nicht, das grüne Gestarre. Ein Radfahrer unsicherte rundlichen Tritts, ein Klosett auf dem Gepäckträger.

VI

Erna Sanders; Ostberlin, den 20. 5. 1956; an Herrn Gerd Schäfer, Koblenz; ein Schreibmaschinendurchschlag :

»Ich wünsche viel Glück zur westdeutschen Allgemeinen Wehrpflicht, und zum Ami=Soldaten : schieß nur recht bald auf mich und meinen Bruder Paul ! Wenn Du von Freiheit sprichst, besagt das wohl, daß Du jetzt zu Gott und Adenauer beten darfst ? : ich leiste kommenden Monat jeden Abend eine Sonderschicht gegen die Verräter an unsern sozialen Errungenschaften. Lieber ärmlich, und mehr arbeiten, *und* abends in der Wohnlaube in unserer Kolonie draußen ! Gemeinsame Aufmärsche ? : Du nimmst jetzt wohl teil an der Springprozession zu Echternach ? Westliche Freiheit ? : heißt das, daß Abgeordnete straflos gekauft werden dürfen ? (*Und* die Geldspender können's noch von der Steuer absetzen !). Kleinstautos ? : *Wir* bauen nur große, geräumige Wagen. Paul hat im Schachturnier den zweiten Platz belegt; und eine Zweizimmerwohnung für uns kostete hier 35 Mark Miete. Ich lerne jetzt schießen, mit der Maschinenpistole.«

Ich trat in die Badenische; nackt. Ich repetierte mir unsere fünf herrlichen Inseln : Tristan, Inaccessible, Nightingale; Middle and Stoltenkoff (‹and›, nicht ‹und› !). Wenn ich auch früher Deutscher gewesen war – das war längst überwunden; ich beschrieb nur noch.

VII

Nackt das letzte Stück :
Paul Sanders; Grenzübergang Marienborn, den 30. 5. 1956; an Fräu-
lein Erna Sanders, Ostberlin :
»Schwester! Gestern wurde, beim Versuch, erneut die Zonengrenze
zu überschreiten, von Posten meiner Volkspolizei Einheit der Schweißer
Gerd Schäfer aus Westdeutschland erschossen. Ich weiß, er liebte Dich.
Aber, freue Dich, Genossin : er war ein Verräter an unserer Deutschen
Demokratischen Republik!«
Etwas Langes, Hartes, Blauäugiges, schritt beständig im Planeta-
rium meines Schädels. Ich schob die drei Briefe in einen großen
Umschlag, adressierte ihn an Erna, und klingelte dem Boy.
(Dann begannen die Tabletten zu wirken. Ich runzelte die Stirn,
schon im Bett, und drapierte mich sorgfältig auf die rechte Seite; nur so
kann ich einschlafen).

GESCHICHTE EINES DICKEN MANNES

Heute ist es mir selber lächerlich, aber damals war ich oft verdrießlich genug. Ich hatte von frühester Kindheit die Anlage, einen Bauch zu kriegen; seit ich denken kann, ist mir beim Bücken das Blut ins Gesicht gestiegen; woraus sich ja von selbst ergibt, daß ich kein großer Fußgänger bin.

Da liegt hinten in Franken ein finsteres Nest, Wunsiedel mit Namen; es soll einmal auch ein vielbändiger Literatus dort geboren sein. Eine Meile davon sind im Buschwerk die wunderlichsten, tollsten Felsmassen über= und durcheinandergeworfen, wie man sich's nur im Traume vorstellen kann : da mußte ich nun mit meinem Freunde hin, springen und kriechen, klettern und stöhnen, um nur das Wunderwerk in Augenschein zu nehmen. Der höchste und verwirrteste Punkt dieser Gegend, wo man gleich verrückt werden möchte, heißt ‹Die Luchsburg›; von hier sieht man aus der schwärzesten Tanneneinsamkeit rund umher in die Zerstörung hinaus, von allen Seiten nur Wälder und wilde Steinklumpen unter sich, Waldrauschen und Vogelgeschrei, alles zum Entsetzen. Da war mein Freund nun glücklich und wie betrunken vor Freude. Gleich mußten wir weiter, um auf den Gipfel des Gebirges zu gelangen, den sie da den ‹Ochsenkopf› nennen; und er wußte meine Ambition so in Tätigkeit zu setzen, daß ich richtig mitging (noch den Abend vorher hatte ich geschworen, es nicht zu tun !).

Es ging gleich in den dicksten Wald neben großen Steinwänden, Eichen und Tannen vorbei; er hatte sich den Weg genau beschreiben lassen, und sagte, es könne nicht fehlen. Aber nachdem wir einige Stunden bergauf gewandert waren, hatten wir jede Spur eines Pfades verloren.

Nach vielem Hin= und Hertappen gerieten wir endlich auf eine Art Knütteldamm über morastigem Boden; hier war es Kunst, zu wandern. An vielen Stellen fehlten die Bohlen ganz, und wir mußten zum Springen unsere Zuflucht nehmen, wobei ich mehrmals tief in den Sumpf hineinfiel. Ich heulte und weinte, aber der böse Mensch war so weit voraus, daß er es nicht einmal hören konnte. Als dieser vermaledeite Weg zu Ende war, hatten wir zwar festen Boden unter uns; waren deshalb aber noch um nichts gebessert; sondern mußten uns bequemen, auf schlüpfrigen Treppen hinan zu klimmen, die wohl einst Wildwässer aus den Felsen gerissen hatten. Das dauerte wieder einige Stunden, und immer steiler; oft waren die Felsblöcke so hoch, daß mein Verführer sich mir unterstemmen mußte, nur um mich hinaufzukriegen. Die Geier in den himmlischen Lüften mögen über unsere Wanderung verwundert gewesen sein!

Schon fing es an Abend zu werden, und wir hatten bei unsern Strapazen seit dem frühesten Morgen nichts genossen. Endlich endigte sich unsere Wanderung: aber wie!!

Auf einem kleinen runden Wiesenfleck, den von allen Seiten erst hohe dichte Bäume, und hinter diesen die steilsten Felswände umschlossen! Kein Ausgang war zu entdecken; wir waren wie in einer verzauberten Gegend eingefangen, gerade indem die Sonne unterging. Jeder Fußtritt, jedes leise Aufstoßen mit dem Stock, schallte in der Einsamkeit furchtbarlich wieder. Ich fing in der Verzweiflung an, das kurze, nicht saftige Gras zu kosten!

Als es finster wurde, fing der unglückliche Mensch an, mir, wie er sagte, ‹zum Zeitvertrieb› die allerfürchterlichsten Gespenstergeschichten zu erzählen; und dazu heulte der Wind (oder was es sonst war), in den Klüften so entsetzlich. In der oberen Luft war manchmal ein Geschwirre und Krachen. Die Bäume schüttelten sich oft ganz unvermittelt; und in der zunehmenden Schwärze sahen die Felsenköpfe mit so widerlichen Schnauzen und Bärten zu uns herüber, daß ich den Verstand zu verlieren glaubte.

Seine Schilderungen waren auch so grausenhaft, daß ich mich sogar, wenn der Mond hinter eine Wolke trat, der Schauder nicht erwehren konnte. So mochte es Mitternacht geworden sein, als wir noch einmal in den Eingang unseres Talkessels hinausstiegen: die Gegend war ganz einsam, kein Dorf in der Nähe; ganz weit drüben schienen einige Hütten zu liegen, doch mochten es auch wieder nur Steine sein, denn nichts war im rätselhaften Schimmer des Mondlichts zu unterscheiden.

Plötzlich hörten wir ein seltsames Rascheln oder Rauschen; und es war nicht anders, als wenn Jemand eine große Tonne mit Wasser schüttelt, um sie auszuspülen. Wir trauten uns weiter zwischen die mondgrauen Buschgestalten – und sahen mitten in der Einöde eine ziemlich beleibte aber kleine menschliche Figur, die mit der größten Behendigkeit ein großes Faß hin= und herbewegte. Hier im einsamen Gebirge; in der steilen Mitternacht; kein Ort, keine irdische Behausung in der Nähe!

Mein Begleiter faßte ein Herz, und grüßte durch die bleiche Luft: »Gute Nacht, Herr!«. – Worauf das Männlein, ohne sich in seiner Beschäftigung irgend irren zu lassen, mit einer näselnden, fast quäkenden Stimme antwortete: »Zur guten Nacht, mein Freund!«.

Wir gingen stumm weiter, schneller, sahen uns nach einigen hundert

Schritten bei einer Felsenecke um – und, indem wieder eine Wolke sich über den Mond neigte, war alles verschwunden. »Hast Du ihn gesehen?« fragte mein Freund nach langer Zeit. Er nannte auch späterhin den nächtlichen Arbeiter immer nur »ihn«, und schien sich viel dabei zu denken.

Ich war natürlich in schwerem Schweiß (ich sagte wohl schon, daß ich von jung auf unbeholfen bin); und weiß noch heute nicht, was das bedeutet haben mag. Bin auch in der dortigen Gegend seitdem nicht mehr gewesen.

GESCHICHTEN VON DER INSEL MAN.

Nachts : da ist der Betonmischer vor unserem Neubau endlich still; die Anstreicher im Hausflur haben aufgehört zu pfeifen (*und* zu niesen; die Buben müssen Bronchien aus Gußeisen haben !). Die Autos auf der Heinrichstraße werden schon seltener. Und nochmals mühsam zu rasieren braucht man sich zum Spazieren im Dunkeln auch nicht.

Heute kam nun noch ein Sondergrund hinzu : meine Nachbarin, alte alleinstehende Dame, züchtige Walkürenfigur, hatte mir von Fenster zu Fenster ihr Leid gesagt : Ihre Enkelin, Studentin im ersten Semester, käme mit dem Zuge, nachts um halb Drei. Völlig fremd hier; und dazu ausgerechnet Sonnabend (wo bekanntlich alle Laster losgelassen sind. Sie wies mit dem steinern=schockierten Blick der viktorianischen Tochter nach drüben, wo's vorbeistelzte, ganz Bein, am Hinterkopf die Skalplocke, alle nackten Arme akimbo). Nein, ihre Enkelin wäre *so* ein anständiges Mädchen; Neuphilologin; und käme für 14 Tage. Sie selbst könnte ja nicht, wegen ihrem Fuß. Sie bewegte, alles ablehnend, die athletische weiße Frisur, und stöhnte wieder baßdunkler.

Darum also zog ich heut länger als sonst Schlingen um den Ostbahnhof : ich hatte mir gutmütig vorgenommen, der alten Frau eine Freude zu machen – unbeauftragt, versteht sich – und das Weibkind sicher heim zu geleiten. In Versuchung gerät man in meinem Alter nur noch mit Mühe, und erledigt den Fall dann grundsätzlich in der Fantasie – außerdem bestand dazu keinerlei Wahrscheinlichkeit, bei *der* Abstammung ! Aber sie würde Gepäck mithaben, und schon deswegen froh sein.

2 Uhr 40 : hinten=unten wurde die Juninacht schon wieder hell. Ich stellte mich nahe der Sperre auf (nahm auch ein Notizbuch zur Hand, als schriebe ich mir Züge heraus : da *muß* ich einfach unverdächtig=unbesoffen sein !). Ah : es grollte heran ! Ein greiser Schaffner schlich larvenhaft=bewußtlos in seine Holzschale; nur die glitzernde Zangenspitze ragte lauernd hervor – – : Da ! : sie versuchte, in die Hand eines Opfers zu beißen, erwischte aber nur den Pappköder, und kappte enttäuscht mit dem Stahlgebiß.

Und dann war schon die höfliche kleine Stimme neben mir : »Ohverzeihung; könnten Sie mir vielleicht . . . ?« Ich besah mir kurz die Fragerin : hochgeschlossen, adrett, gewiß; aber im Blondhaar doch schon ein Schwups. Und, hier, die lange Familiennase ! Aber während sie dort nur würdig hackte, zeigte sie hier an der netten Vorderfront hinunter, also eher Wegweiser : Hier; und hier. (Sehr apart !).

»Ich muß selbst durch die ‹Inselstraße›« erklärte ich frostig=solide : »wenn es Ihnen also recht ist ?«. Es war ihr recht (und das Köfferchen angenehm leicht; also waren auch kleine Umwege nicht ausgeschlossen; in ihr'm gesegneten Alter wird man ja überhaupt noch nicht müde !).

Schon nach kürzester Frist ließ ich mir einen englischen Ausdruck entschlüpfen; sie respondierte stolz, voll kleiner Gelehrsamkeit, lachte frisch über winzig=ehrsame Scherze, und kostete die fremde starke Morgenluft. »Wenn Sie sogar Keltisch mitnehmen, wird es Sie interessieren, daß ich längere Zeit auf der Insel Man gewesen bin.« Sie flammte begeistert auf, und fragte derart intensiv, daß ich sofort einen neuen Abweg einschlagen mußte. Und erzählen :

»Die Bevölkerung glaubt noch heute unentwegt an die ‹Kleinen Leute›, Feen und Kobolde. Der gilt als unvorsichtig und verdächtig, der sich mit seiner Familie abends zur Ruhe legt, ohne zuvor eine Bütte mit klarem Wasser an die Hintertür gestellt zu haben, wo ‹Die Gäste› sich baden können. – Mein Hauswirt in Killabraggan« (sie murmelte hingerissen den Namen nach !) »vertraute mir allen Ernstes, wie er einst eines regnerischen und windigen Nachmittags übers Moor ging. Alles war mit einem trüben Dufte überzogen, nur ab und zu kam Stein oder Strauch in Sicht : da hörte er eine Weise, wie von mehreren Musikanten gespielt. Er konnte den süßen und eintönigen Klängen, zumal des einen Hornes, nicht widerstehen, und folgte ihnen mehrere Meilen über Heide und Wildwuchs; bis auf eine große Schafweide, wo viele sehr kleine Leute mit aschgrauen Gesichtern, aber lustig, um lange Tische saßen. Sie aßen und tranken und luden meinen Wirt dazu ein. Dem war es längst gewesen, als kenne er einige von den Gesichtchen; aber er nahm vorsichtshalber keine Notiz von ihnen. Bis einer davon ihn, eben als er die angebotene Silbertasse an den Mund setzen wollte, verstohlen am Ärmel zupfte, und ihm zuflüsterte : ja nichts zu trinken; sonst würde er werden wie er, der Sprecher, und nie mehr zu seiner Familie zurückkehren ! Der Arme, maßlos erschrocken, beschloß dem Rat Folge zu leisten; es gelang ihm, den Inhalt mit guter Manier ungetrunken auszugießen – worauf die Musik abbrach, und alles verschwand. Ausgenommen der Becher; den trug er, müde und zerschlagen, nach Hause, und zeigte ihn am nächsten Tage dem Priester : der ihm natürlich riet, das Stück der Kirche zu stiften, nur die könne mit dergleichen fertig werden. Und dieser Becher ist derselbe, der laufend in Kirk-Merlugh beim Abendmahl gebraucht wird ! Ich habe ihn mir selbst angesehen.« – Sie nickte eifrig, und war anscheinend noch aufnahmefähig.

Unter der Gaslaterne vorm Sportplatz parkte das Auto einer Bausparkasse, mit Häusermodellen rundherum hinter den Scheiben; das gab eine so nette kleine Ausstellung, daß wir uns Jeder eins wählen mußten. (Sie das kleinste, simpelste; und die lange Nase zeigte vergnüglich : hier. Und hier erst !). Im Weitergehen :

»Manche Familien scheinen besonders anfällig dafür : eine Frau aus Orrisdale – die mir wöchentlich die Butter brachte; eine Meile nördlich von Ballasalli« (fügte ich nachlässig hinzu : dergleichen macht jede Anekdote unwiderlegbar !) »beklagte sich, wie ihre Kinder darunter zu leiden hätten. Ich war Zeuge, wie ihre fünfjährige Tochter eines Mittags heulend nach Hause kam. Sie hatte für den Vater ein Päckchen Tabak aus dem Dorf holen sollen; und war auf einer buschigen Anhöhe plötzlich von kleinen Männern umringt worden, von denen sogleich einer rief : sie müßte jetzt mit ihnen gehen ! Ein anderer schien mehr Mitleid zu haben – hier wisperte das Mädchen der Mutter lange ins Ohr – und legte sich ins Mittel; wodurch sich die andern endlich auch umstimmen ließen, jedoch so wütend über den unschuldigen Anlaß ihres Zwistes waren, daß sie der Kleinen das Röckchen hochzogen, und ihr eine Tracht Prügel verabreichten. Die Klagende hielt uns als Beleg ihr Hinterteil hin; es war seltsam genug : man sah darauf die deutlichen Spuren winziger derber Händchen !«

Sie zuckte nicht im geringsten (war sie nun so kindlich, oder freien unprüden Geistes ? Die Alte hätte 4 Wochen lang nicht mehr mit mir gesprochen !). Sie hatte aber gut aufgepaßt, und fragte gespannt : »Haben Sie erfahren, was die Kleine ihrer Mutter ins Ohr sagte ?«

Ich nickte langsam und eindrucksvoll. »Ja; später erfuhr ich's. Auf Umwegen. – : Der, der ihr geholfen hatte, war ihrem ältesten Bruder wie aus dem Gesicht geschnitten gewesen – ihrem Bruder, der vor zwei Jahren beim Schafehüten verschwand !«

Da blieb sie aber doch stehen (und schüttelte sich ein wenig). Drüben, aus dem einsamen Stadtbad krochen zwei lange Jungen in schwarzen Dreieckshosen; sahen sich gröhlend vor Lachen nach uns um, und rannten lautlos dürr in die Ferne. Wir schüttelten entrüstet die Köpfe, und bogen um die letzte Ecke : ja, dies war die Inselstraße !

»Und hier schon Nummer 38 – also vermutlich eines der nächsten Häuser.« Ich stellte ihr den Koffer vor die großen Mädchenfüße. Wir dankten einander. Und ich sah ihr gedankenvoll nach, wie sie da so an den zementenen Felsen hinstöckelte : wenn sie mich nun morgen am Fenster wiedersieht – ist das dann pikant; oder bloß albern ?

SELTSAME TAGE.

: »Es gibt merkwürdige Tage : da geht die Sonne schon auf eine eigene Art auf; laue Wolken ziehen tief; der Wind haucht verdächtig aus allen Weltgegenden. Düsenjäger machen Hexenschlingen am Himmel; alle Gläubiger bekommen Lust ihre Außenstände einzufordern; man hört von Leuten, die plötzlich davongelaufen sind.«

An solchen Tagen tut man gut, nichts zu unternehmen – obwohl natürlich auch gerade das wieder falsch sein kann ! Wer weiß denn, ob es richtig ist, wenn man die Klingel abstellt, die Fenster verhängt, und sich auf der Couch in der Zimmerecke tot stellt ? Lesen ist gar nicht zu empfehlen : auf einmal fällt aus dem verschollenen Roman von 1800 ein Brief in uralt vergilbter Handschrift, dazu der Schattenriß eines jungen Mädchens in der Tracht der napoleonischen Kriege, und man kann nur von Glück sagen, wenn auf dem Umschlag nicht der eigene Name steht – es gibt eigentümliche Tage !

Nun, der heutige war wohl wieder einmal glücklich vorüber. Gewiß, ein Herr in schwarzem Anzug war da gewesen, und hatte mich zum Mormonismus bekehren wollen. Von einem Unbekannten war ein langer Brief aus Spanien eingetroffen – wie sich im letzten Absatz herausstellte, gar nicht an mich gerichtet. Der übliche eisgraue Stromer hatte auch geklingelt : er sei Student; und Rasierklingen angeboten, garantiert erst einmal gebraucht.

Am Telefon hatte mir eine fremde englische Frau zwischen Vorwürfen und Verabredungen diese Anekdote von ihrer Weltreise erzählt : auf der Insel Tristan da Cunha – 120 Einwohner, kein Pfarrer, kein Magistrat – hatten Zwei heiraten wollen. Da die einzige Person, die fließend lesen konnte, die Eheschließung mißbilligte, hatte sie sich diesmal geweigert, die Trauformel abzulesen. Es war nichts übrig geblieben, als den nächst Gelehrten herbeizuholen : der hatte sie dann buchstabiert ! (Was unter Analphabeten die feierliche Stimmung nur erhöht haben dürfte – aber ich muß mir das dann immer gleich so intensiv vorstellen : wie der Kerl da am Tisch steht, den Finger auf die Zeile gepreßt und visiert; bei schwierigen Stellen popelt er vor Verzweiflung.)

Nun, wie gesagt, das alles war überstanden. Selbst der kesse, rot und

blau karierte Abend war hinunter gedreht worden : einen Nachtspaziergang konnte man doch sicher unternehmen ? –

Im schwarzen Felsen des Nachbarhauses stand im Erdgeschoß die
erleuchtete Balkontür offen; sie schallplattelten unentwegt; Mädchen
stampften und grölten an Schlagernem, schüttelten die farbigen Locken,
und klatschten wieder in die Fußsohlen : nur schnell vorbei ! (Über den
Gehsteig her fuhr auch gleich ein Radfahrer auf mich zu, als sei meine
Stelle leer, und ich schon nicht mehr auf Erden vorhanden !).

Am Stadtrand, wo die Gaslaternen noch nicht durch Bogenlampen
ersetzt sind, war es dann fast still und einsam. Mondboje, schräg verankert im Wolkenstrom. Katzen gingen tüchtig und selbstbewußt unbekannten Geschäften nach. Nur einmal bremste die grüne Isetta neben
mir : 2 Polizisten stiegen sofort heraus, und verglichen mich mit einer
maschinengeschriebenen Liste. Nun ist ja jeder Mensch irgendwie ‹schuldig› (nach Schopenhauer sogar grundsätzlich hängenswert); hielt ich also
geduldig still, und einige Sachen von früher fielen mir auch ein (nicht
‹Lustmorde›, oder so – bloß Kleinigkeiten; spielt keine Rolle). »Linke
Hand ?!« – erst als ich daran die vorschriftsmäßigen 5 Finger hatte, schien
ich für diesmal gerettet. Sie entschuldigten sich militärisch; und ich ging
an den Neubauten entlang, zurück – es war heute doch wohl besser,
umzukehren.

Um die Rasenanlagen U-förmig die haushohen Fronten; auch über
der Straße der gleiche zementene Westwall, nur noch gelbe Kleinquadrate
darin. Die riesige Bronzeente neben mir, versuchte mir ins Gesicht zu
spucken.

Und blieb entgeistert stehen – : ganz oben in der Wand saß die blaue
Riesin ! Unbeweglich am Tisch; sie mußte mindestens 4 Meter groß sein !
Und jetzt sah ich auch den Fensterrahmen drum herum, richtig, denen in
den unteren Stockwerken entsprechend : man sah also lediglich in ein
Zimmer : erleichtert.

(Aber das war doch unmöglich ! Ein weibliches Wesen, groß
wie . . . . . ich schloß die Augen; schüttelte blind den Kopf; wer weiß, was
ich gesehen hatte; vielleicht war sie ja weg, wenn ich . . . . .)

: Ja ! Sie war weg ! – Ruhig und grau, ohne Plakate und also fast
schön, stand die Hauswand in der Nacht. Ich hätte demnach aufatmen
können – aber was war dann mit meinem Gehirn los ?! Gewiß, zugegeben, ich gehöre zu den Menschen, die zur Selbstbeobachtung neigen,
und war mir schon lange verdächtig gewesen. Ich beschloß eiligst, den
Hut tiefer ins Gesicht zu ziehen (beziehungsweise in Ermangelung eines
solchen die Stirn zu senken), und alles einfach auf den merkwürdigen Tag

zu schieben : was ich gesehen hatte, hatte ich nicht gesehen; und nun nichts wie heim! Im Sturmschritt! Nur einmal noch zuckte mein undiszipliniertes linkes Auge über die mächtige Tafel . . . . . ?

: Und blieb wiederum stehen, ein geschlagener Mann! : Dort oben, wo vorhin die Gigantin gelümmelt hatte, blühte jetzt ein Steingarten. Die mattgrünen Fettpflanzen, scharfe gelbe Blumensterne, ein Plattenweg wies streng vor sich hin : auf diesen Liegestuhl! Einsamkeit : der Vogel auf dem Wasserbecken war völlig erstarrt.

Dunkelheit wischte wie eine Hand darüber – und sofort ein neues Bild : Fräulein Riesin in einer Wasserfläche. Die starke Flüssigkeit lag eng an wie ein blaues Lendentuch; das Gesicht war ihr aufgegangen, das grobe Blondhaar saß völlig schief, ganz auf einer Seite. (Und schon wieder weg : schade!)

Also wurden oben Farbaufnahmen vorgeführt?! Hatten die Leinwand vors Fenster gehängt, und nicht dran gedacht? : Da wählte ich mir behaglich den günstigeren Blickpunkt, und kreuzte zur Ausdauer die Arme über der Brust.

Städte ruckten vorbei (fast wie Hamburg, eh?); ein Gemüsemarkt (und die roten Tomaten glänzten *so* dekorativ!). Autos an langen Straßen. Das Zelt auf der Düne : ihr bekapptes Gesicht durchs Strandhafergitter aufgenommen. So stand ich lange in der heiteren Nacht. Manchmal ging ein Pärchen vorbei, sah kichernd mit hoch, hatte aber dann doch Wichtigeres zu tun, und wandelte intensiv weiter. Einmal wurde neben der Haustür die Lampe hell : ein Angetrunkener balancierte, 2 lange Gladiolen geschultert, heraus, und schnurstracks von mir weg, auf sehr selbstständigen Beinen.

Man hätte hingehen können, auf den Knopf der Haussprechanlage drücken, und ganz einfach sagen : »Sind Sie das Fräulein in Blau auf den Bildern oben? : Dann liebe ich Sie!«. Sie würde ihrerseits das Fenster öffnen, und amüsiert heruntersehen... (Wahrscheinlicher kämen aber schon Sekunden später zwei untersetzte Männer hergesprungen, mit vielvielen Ohrfeigen in den muskulösen Händen!). Vielleicht war es ja auch eine Frau aus fernem Land, die man doch nie sehen würde; höchstens ihre Adresse.

Vielleicht hatten die oben die Kassette mit den Diapositiven gar nur gefunden. Oder die Fotofirma hatte die Anschriften verwechselt, und sie besahen jetzt neugierig das fremde Schicksal – an solchen Tagen war ja alles möglich!

Oder eine tote Freundin, deren Andenken man sich wehmütig auffrischte – und da trat ich doch vorsichtshalber ein paar Schritte weiter

zurück; für solche Komplikationen bin ich nicht mehr jung und
unempfindlich genug !

Ich winkte lieber mit beiden Händen ab; ging feige=entschlossen zu
mir hinauf; Mitternacht war gottlob vorüber – und morgen hoffentlich
wieder alles normal.

ZÄHLERGESANG.

Im allgemeinen bin ich am liebsten allein; ein Wesenszug, den meine wenigen Bekannten ohne Zögern bestätigen werden; das ist ja immer das Schönste, dieses »Ni Dieu, ni maître«. Folglich kommt es auch selten vor – beinahe wäre ich der Epidemie erlegen und hätte »relativ selten« getippt; man muß ja *zu* vorsichtig sein ! – daß ich mich in größere Menschenansammlungen begebe, und die sind dann stets von ganz besonderer Art.

Früher waren es die Wartesäle kleiner Bahnhöfe (wobei der Akzent auf »klein« liegt; große sind da viel zu charakterlos : da weiß man nie, ob man nicht im Hotel sitzt, oder im Speisesaal der ‹Queen Mary›; es fehlt die beständige unverwechselbare Untermalung durch diesen ganz spezifischen Begriff ‹Eisenbahn› !); auch abendliche Bahnsteige, auf denen neben ihren gelben Koffern die Menschen wie Schaufensterpuppen herumstehen; gelbe Uhrenmonde guillotinieren ruckweise die Zeit; Abschiede zwischen niedrigen Eisenbäumen mit schwarzer nietenköpfiger Rinde.

Das allerdings ist mir versagt, seitdem ich zu Rheumatismus tendiere. Da stelle ich mich denn nun zum Ersatz in Warenhäuser, neben die Rolltreppe, (solange, bis die Verkäuferinnen einander argwöhnische Augenwinkel zuheben); da läuft ebenfalls die Gesichter= und Stimmenbrause; da sieht man, wie der Mann sich drückt, wenn die Frau an die billigen Pullover gerät : Verheiratete müssen ihre Freiheit wohl pausenlos durch Zehnmarkscheine erkaufen (und Vorwürfe bekommen sie anschließend doch noch).

Es war also Abend geworden – Abend muß es sein; da geht alles schwarzgelber und lockerer; (die lästigen Morgenenergien sind verbraucht); wer jetzt durch die Straßen bummelt, mit schon geglättetem Gefieder, nickt auch den altmodischen Gaslaternen anerkennend zu (wenn man das Ohr neigt, und die Stirn nur ein bißchen kraust, kann man auch das einförmige Zischen der 4 Flämmchen hören; (und sich sagen : das zischt da immerfort; auch während Du schläfst : *sehr* merkwürdig !); und wer gar einmal hoch lugt, in die schwarze Eisenkappe hinein, sieht vielleicht zu seinem Erstaunen, daß diese Gaslaternen alle Nummern haben, ‹911›, und die nächste, nachdenklicherweise, dann ‹1515 a› : schon fängt man verantwortlich, ganz Mitarbeiter an unserer Demokratie, an, zu grübeln : welches System solcher Numerierung wohl zugrunde liegen möge ?).

Als ich, von einem Gange solcher Art heimkehrend, in ‹meine› Haustür einbiegen wollte, bemerkte ich befremdet, daß an diesem Winterabend gegen 17 Uhr gleichzeitig 4 Möbelwagen vor dem Nachbarhaus hielten. Richtig ! : der Neubau war eben fertig geworden, noch wirtschafteten Handwerker in allen Gängen, Eimerchen mit lustigen Farben machten Tuschkastenaugen, Rohrleger hingen an Leitungen. Es hupte mächtig hinter=neben mir, und ein neuer Lastzug, mit schräger braunschweiger Firma, wühlte sein Bärenhaupt zwischen die kreuz und quer wartenden Vorgänger.

»Es war eine Lust . . .«; »So prächtig hauruckten die Packer . . .«; (solche unverbindlichen Satzbruchstücke erschienen unverzüglich in meinem Oberstübchen); daß mich die Lust überkam, zwischen all den aufgeregten Hosenbeinen und Mädchenschöpfen mitzumachen. Holte ich mir also meinen alten blauen Monteuranzug aus dem Schrank; dazu die fesch= beige Baskenmütze – halt ! : den Zollstock noch in die Hand; und ein Endchen Rohr – und mischte mich wohlgemut ins Getümmel.

Da riß es mich in eine laute und aufgeregte Welt : ein Schrankgigant kippte gleich auf mich zu; hünenhafte Tapezierer legten Balatumlanzen gegen mich ein; Elektriker mit Ampeltropfen in den Händen turnten leiternhoch (dennoch sah ich so zünftig=amtlich aus – aus der Brusttasche ragte mir gekonnt, gut lesbar, die letzte Zählerrechnung der AEG ! – daß niemand mich nicht nur nicht aufzuhalten wagte : im Gegenteil : ich war allerorten der Gast, der geehrte Gast; der Herr über 20 Tarife; dessen Wohlwollen man sich versichern mußte ! Also besah ich mir in aller Muße abwechselnd die Beine der Möbel und der Frauen – (beide erschienen öfters aus Versehen für Minuten in den falschen Wohnungen); und lauschte dem, was man höflicherweise das ‹Gespräch› nennt; d. h. dem Gemisch aus dirigierenden Schreien; ehemännerlichen Flüchen (dem Dialekt nach alles Flüchtlinge), Kinder hielten ihren Spielpanzer vor die bestrickte Brust gepreßt; Frauenlippen zählten lautlos nach. Eine gefiel mir sehr !; ein dünnes kindliches Gesicht, spöttisch und schwermütig, sehr weiß, unter der schiefen feuerroten Mütze.

Also nähern ! Ich drang zielbewußt in die dazugehörige Wohnung ein : eine besorgte Mutter zauderte zwischen Kisten (deren Inhalte augenscheinlich unbekannt waren); ein kleiner derber Vater in Breeches; (das Bruderkind verschwand unter dem darübergestülpten Papierkorb, quantité négligeable).

Ich nahm gleich den Zähler im Korridor in die Hand (und wurde ehrerbietig betrachtet, wie ich da, die Zungenspitze fachmännisch heraus, maß und murmelte !). »Ach, Sie komm' aus Pommern ?«; und der Hausherr bejahte bereitwillig; das ist das einzig Gute unserer Zeit, daß man sich leicht unterhält : »Sie sind auch vertrieben ? ! Wie war bei euch der Russe ?«.

Oh weh; und alles winkte ab. (Ich half dafür auch die Möbel mit gerade rücken; hatte mich als schicksalsgenössischen Schlesier zu erkennen gegeben.) Also von den ganzen, »leidlich« milderen Jahren mal abgesehen (und ich wünschte jedem unserer Politiker solche »milderen« Jahre : *die* würden Augen machen !); beim Einmarsch war es schlimm. (Und jetzt wurde es schwierig für mich : ich mußte dreierlei gleichzeitig tun : dem Zählergesang lauschen (ich weiß nicht, ob Sie's schon mal versucht haben : wenn man sich nachts, alle anderen müssen schlafen, das eigene Gehirn ist ausgelaufen beim Studium von Schröter, oder Lamartines ‹Geschichte der Girondisten›, vor den Elektrozähler stellt : da singt es drin, ferne Stimmen, wie wenn man manchmal die Kurzwelle einstellt und Radio Surabaja wispert einem ins Geöhr); also dem mußte ich lauschen. Dann dem Gerolle der Bagage draußen : Rückzug der menschlichen Armee vor dem Feind Leben. Und schließlich (und wichtigstens) der Erzählung von Dittmanns.

Als der Russe kam, flohen sie in die Wälder. Das Haus zu halten war unmöglich für die Frauen, wegen der vielen Vergewaltigungen (»Wenn die Besoffenen dann ankamen, und die Mädchen verlangten, bin *ich* immer mit raufgegangen,« mitteilte tönern die untersetzte Mutter). Und ich hob den Zollstock wieder wütender an die Leitungen : die Lumpen; ob Ost ob West.

Dann Verstecken in den Wäldern. (Am Tage mußten sie auf ihrem früheren Eigentum arbeiten !) Zu vierzig schliefen sie in der Holzfällerhütte, als der Tyfus ausbrach. (Gemischt mit Ruhr – *und* 1 Eimer für Alle : *das* ergab Szenen, die jenes ruchloseste aller Worte illustrieren : »Und siehe : es war alles gut ! !«).

»Von 40 kriegten 39 den Tyfus – und ausgerechnet mein Junge, der zwischen uns lag, nicht : das ist doch seltsam !«. »Und die Haare sind uns ausgefallen : vollkommen : wir wußten gar nicht, was wir machen sollten !«

Eben kam die Kleine (was heißt hier ‹Kleine› : so 18 mochte sie sein ! Einmal hatte ich gehört, wie sie zu einer Bekannten äußerte : »Du, wir haben ein' Elektriker oben : der iss nett !«) mit einem Karton die Treppe heraufgepustet. Wir lachten einander an; à la ich wollte es wäre Nacht. Sie rief, raffiniert=gleichgültig, einer Freundin etwas zurück. Und ich ging einen Stock tiefer, auf diese neue Schwarzgelockte zu.

»Entschuldigen Sie...« (und was man weiter so sagt). Dann bei denen messen und schätzen. : »Sagen Sie, wie heißt eigentlich die junge Dame oben ?..... Dittmann, gewiß; aber wie weiter ?«

Sie machte ein bedenklich=pausbackiges Gesicht (und es stand ihr sehr gut zu den silbrigen Augenkernen); wiegte auch hochbedenklich den Kopf : »Wissen Sie denn nicht ?....«. Ich wußte natürlich nicht; und sie erklärte es mir : »Können Sie sich's nicht denken, warum Lise immer diese Mütze trägt ? : Die hat kein einziges Haar mehr auf'm Kopf ! Kahl wie ne Kniescheibe. Die kriegt nie mehr n Mann !«.

Zwar gelang es mir, beherrscht, nur »Aha« zu machen; aber innerlich wölkte es doch ständig weiter; wenn man so ein Mädchen bei sich hätte – in fortgeschrittener Stimmung – und dann auf einmal der atheistenkahle Eierschädel ? ! Da schob ich doch bedenklich die Unterlippe vor !

(Gewiß, ja; bei Dauthendey, »8 Gesichter am Biwa=See«, kam ein ähnliches Thema mal vor. Aber das war ja Japan, weit weg, und also eigentlich mehr zum Lachen. Wogegen hier....).

Ich riß mich los, aus dem schwarzlockigen Getümmel; versprach noch rasch neue, gütigere Tarife; und flüchtete mich in meine Junggesellenwohnung.

Erst noch ein bißchen in den Geschichten aus der französischen Revolution blättern; Carlyle, Thiers, Aulard und Kropotkin : damals waren ja auch tolle Sachen vorgekommen !

(Beim Schlafengehen auf das weiße Kopfkissen starren : nee. Einen Frauenkopf wie ein Straußenei ?.... : Nee !!).

Der Lichtschalter war in Zählernähe, richtig : er sang wieder; ganz nichteuklidisch weltraumhaft, und »Hüahüaho«. Noch einmal den Kopf schütteln : Nee. Es stört doch maßlos : so *ganz* ohne Haare ?........

AM FERNROHR.

Wenn man erst einmal über 50 ist, kann man in den frühen Nachmittags-
stunden nicht mehr denken, (arbeiten, ja; das schon; das ist ein anderes);
so gegen 5 dann – oder, wie es jetzt Mode ist, 17 Uhr : dabei ist es seit 30
Jahren amtlich eingeführt; was sind wir Menschen doch schwerfällig,
oder, vornehmer ausgedrückt; ‹konservativ› : es ist zum Weinen! – gegen
5 also, durch den vorhergegangenen Maschinenzustand erquickt, wird
man wieder leidlich normal. (17, 18, 19 : *das* sind die Jahre !). (Aber auch
wieder nicht : sofort muß man zum Militär; Geld hat man nie; die Ange-
betete heiratet grundsätzlich einen ‹reichen Alten›, wie man grollend
flucht – das heißt in Wirklichkeit, einen gutsituierten jungen Mann von
28. Was hilfts, daß man Gedichte schreibt, wie Rilke und Hofmannsthal
zusammengenommen – und das ist wörtlich zu nehmen; denn es handelt
sich lediglich um eine Art Abschrift – : nee : also doch lieber nicht !).

Aber an Sommertagen scheint auch um 5 noch die Sonne; Straßen-
bäume stehen würdig in staubgrauen Perücken (und wenn ein leichter
Wind geht, stoßen sie sich an, sobald man vorüber ist : »Guck ma den
Dicken da«). Oder feuerrote Kinder auf Rollschuhen rudern ebenso über
die Asfaltflüsse. Dann höre ich auch gern Schreibmaschinen trippeln (und
denke mir die entsprechende mythologische Figur hinzu : eine überschlanke Stenotypistin; die spinnenhaft hastenden Finger vergessen wir,
und setzen dafür zierliche Hufe; ein endlos durch die Stille gezogener
Reißverschluß befreit sie aus kontorner Hülle; und sie trippelt davon,
durch weite wirre Staubwälder, listig und züchtig den Blick über die sub-
tile Schulter zu mir zurück – doch ! : 17 müßte man nochmal sein ! – Das
heißt : jetzt muß man's eben in der Fantasie erledigen; das geht auch; vielleicht noch besser. Und dahinter doch lieber noch ein Fragezeichen;
so : ?).

Im Hausflur war es dann stockstill und lau; eine Treppe hoch; und bei
Eduard klingeln. Ruhig warten. Dann noch zweimal : so schnell bekam er
nicht die Füße aus seinem Traumkraut los. –

: »Nanu ? !« (ich; erstaunt).

Denn es gibt ja Leute, die die Fähigkeit besitzen, beim Türe=öffnen
den Besucher so abwesend und befremdet=verständnislos anzusehen, daß
man sich sofort niedrig vorkommt; ein Mittelding aus Hausierer und

Fechtbruder; am liebsten möchte man die Hand vors Gesicht schlagen und davon stürmen, treppunter; arbeitsscheu kommt man sich vor, Bummler, Aufdringling, sarcoptes minor – oh, bloß weg!!

Bei Eduard allerdings war es der ‹normale› Gesichtsausdruck; ich kannte ihn eigentlich nicht anders. Wir waren zusammen zur Schule gegangen : schon damals hatte er so ausgesehen. Unfähig auf mündliche Fragen zu antworten (im Schriftlichen dagegen soll der erst noch geboren werden, der ihm an Tiefsinn und Wissen gleichkam); glücklicherweise hatten die 2 ausschlaggebenden Lehrer seinen Typ erkannt, und schütz-ten=ehrten ihn demgemäß; folglich bestanden wir das Abitur, er mit Mühe; ich mit Mühe : 18 müßte man nochmal sein.

Bibliothek unverändert; da hielt er strenge Ordnung (was aber auch letzten Endes ein Zeichen von Schwäche ist; etwa gleich dem Ordnungs-zwang der Hirnverletzten, die jedem Einbruch der Außenwelt durch Kal-ligrafie wehren müssen. Edgar Poe vergleichbar, der die schauerlichsten Geschichten mit wahrer Kupferstecherschrift zu Papier brachte : Schutz-wehr gegen Orkan & Orkus !). Der Schreibtisch mit den Lieblingsbü-chern umzäunt : wieder derselbe Begriff des »Hages«.

»Ah –« : dort auf dem Fensterbrett, neben seinem Stuhl, auf einem zierlichen Dreibein ein Fernrohr : »Hast Du's endlich geschafft ?«

»Ja;« murmelte er behaglich : »Meine Großtante hat mal wieder . . .« (Das war seine ständige Erklärung auf fürwitzige Fragen oder Andeutun-gen über größere Geldeingänge. Auch Bücherkäufe – ich erinnere mich noch genau, wie er endlich die langersehnte, 32=bändige Dünndruckaus-gabe der ‹Encyclopaedia Britannica› von 1926 erhielt (und sie stand 2 Monate bei ihm auf dem Schreibtisch; ich fürchte, er hat während der ganzen Zeit nichts getan, als mit gefalteten Händen davor zu sitzen, und einzelne Lieblingsartikel nachzuschlagen : über das Buch Mormon; die Insel Tristan da Cunha; Horrox aus Hoole – der 1639 aus Versehen einen Venusdurchgang auf der Sonnenscheibe beobachtet hatte, und er konnte richtig *aufgeregt* werden, wenn er auf das Thema zu sprechen kam) : kurzum, er war so liebenswürdig, wie nur je einer der ‹Helden› Adalbert Stifters, ETA Hoffmanns, oder wie diese verschollenen Schmäucher alle heißen mögen; ich bin Textilkaufmann, und *kann* mir das nicht alles merken).

»40 mal 60« erklärte er das schwarz=chagrinierte Rohr (das wußte ich auch noch : 40 war die Vergrößerung, 60 der Objektivdurchmesser in Millimetern); das gleichermaßen schwarze Stativ starrte auf spitzen Alu-minium=Weißfüßchen; (in Roten Gummischlappen).

»Sieh mal, da !« : ich blickte hindurch : ein leerer zementener Balkon

in sengender Augustsonne; umzäunt mit Brettern; von unten her
gezählt : 2 weiß, ein rot, ein weiß. In der Ecke ein Marktfrauenschirm,
hellgrün mit gelben Tupfen; ein leerer Liegestuhl; über der Brüstung
hing eine Zeitung. – »Nein : Du mußt an dem Ring stellen !« – Stellte
ich also an dem Ring; noch mal; (er war stark astigmatisch, und das
nützte mir nichts) : »Ah !« : jetzt konnte man tatsächlich fast die einzelnen Überschriften der Leitartikel entziffern.

»Es zeigt natürlich die Jupitermonde. Mars war während seiner
Opposition scharmant zu sehen. Der Mond : wundervoll ! : Du weißt,
ich arbeite über Schröter«.

Zweifellos, ein schönes Stück; das Bild war heller, als das Original. Er sah in einer sorgfältig angelegten Tabelle nach, und schwenkte
das Instrument gekonnt; schürzte den breiten Mund : da !

Ein Mädchen. Ich maß erst die ‹wirkliche› Entfernung mit den
Augen : schätzungsweise – na – zweihundert Meter (also in diesem
Fernrohr rund 5 nur). Und es war tatsächlich frappant : da saß das dün-
ne bunte Geschöpf, die braunen Schenkelstengel übereinander gewin-
kelt; der eine Finger stocherte in Buchseiten (popelte auch manch-
mal; à la nil humani); das Profil einer Indianerin, der Busen karg : ?
(Und Eduard nickte leuchtenden Auges; also Liebe auf 200 Meter
Distanz).

Gewiß; er zeigte mir noch nacheinander dieses : eine Katze auf
dem Zaunpfahl des Friedhofsgärtners, weiß und grau gefleckt; einmal
blickte sie mitleidig=verächtlich auf einen Dackel hinab, der, ganz hetzender Schwanzstachel, unten im Sandweg brüllte. Auf der ‹Nachtweide› einen jungen Mann, der ein Flugzeugmodell aus freier Hand
startete; nur man hörte das Schnurren nicht, das den Vorgang ‹sonst›
zu begleiten pflegt : sehr merkwürdig… Eine dunkelgrüne Isetta, die
von einem fleißigen Pärchen geputzt wurde – jetzt gaben sie sich, hok-
kend, einen langen Kuß…. immer noch…. und ‹Er› vergoß, vergessen, inzwischen aus einer schwefelblauen Flasche das gute=teure Fen-
sterputzmittel (: 18 !). Aber zum Schluß schwenkte Eduard doch
wieder, nach einem kurzen Blick in die Tabelle, auf jenes dürre Schul-
mädchen zurück.

(Anscheinend war bei ihm eben die alte große französische Revolution von 1789 an der Reihe : da lag der Lamartine; Carlyle, Thiers;
aber auch Mercier, der unzuverlässig=fleißige Journalist; und Kropotkin benebst Louis Blanc und Aulard. Auf einem Notizzettel standen
diese 2 Worte : ‹Dieskau› und ‹Suresne› : kein flacher Kopf das).

»Also sieh Dir das an !« – Sah ich mir also ‹das› an : rechts neben dem Schokoladenmädchen war soeben eine ‹Mutter› erschienen; man zankte – unhörbar für uns – nur die Arme gingen; in den Mundmasken bewegte sich's.

»Eltern« sagte er denkend zu mir. Und wir nickten beide : ist allerdings ein Thema !

»Eltern« : »Bei den Korjäken Nordkamtschatkas werden die unnützen Eltern flugs getötet.« / Eskimos ? : »Erstechen die kranken=schwachen Ahnherren; und reisen hurtig über den ewigen Schnee davon«. / Er brachte noch den neuesten afrikanischen Entdeckerschinken an : »Bei den Lobis wird kein Jüngling als vollwertig angesehen, ehe er nicht Vater oder Mutter getötet hat ! Und das hat möglichst frühzeitig zu geschehen; sobald der junge Mann einen unvorsichtigen Tadel als unbegründeten Vorwurf gegen seine Mannheit empfindet. Erst dann wird er aufs höchste von Verwandten und Bekannten geachtet; einschließlich der Verlobten, die nur darauf gewartet hat, um endlich seine Vollbraut zu werden. Die Freunde bringen ihm Gratulationsgaben; man tanzt entsprechend und singt : »also diese Eltern sollen bloß vorsichtig sein !«

»Dem Zeugnis der Naturvölker nach, wäre also dieses idealisierte Eltern=Kinder=Verhältnis wesentlich nüchterner zu nehmen ?«

Er hatte längst die lederne Gesichtsmaske – borstig war sie; unrasiert=weißdornig – wieder gespannt. Das rechte Augenlid hing ihm wie paralysiert herunter; er spähte und mundspitzte feldmessern nach seiner kupfernen Drahtplastik hinüber; die Rechte gebot mir Halt, wie nur je ein Verkehrsschutzmann.

»Hoffmann, ‹Des Vetters Eckfenster›« flüsterte er : »von dem Hauff dann seine ‹Freien Stunden am Fenster› stahl. « – Pause. –

»Nein, « flüsterte er : »Nachts sind Sternbilder an ihrer Reihe. Tagsüber . . . . « (er verstummte und stellte wieder schärfer – : !). Ich nickte dem achtlos=grauen Rücken neidisch zu; der hat Zeit zu so was : Voyage autour de ma chambre, und weit darüber hinaus. Mit vierzigfacher Vergrößerung.

Dann ging ich allein durch seinen schwarzgoldnen Korridor; stieß mich an einer Nähmaschine (wozu hatte der Kerl *die* wohl ? !); und stelzte dann wieder hinaus, ins Sonnenlicht : Baconberkeleylockeandhume : wieso leben wir eigentlich so ?

SCHULAUSFLUG.

Ans Fenster treten. (Nicht die Stirn an die Scheibe drücken; das kommt höchstens in starkgebärdigen Schundromanen vor; in Wahrheit erlaubt das die Zentralheizung gar nicht, oder das lang=schmale Kacheltischchen; und der besagte Körperteil wird auch bloß rot gedrückt und schmutzig).

Spatzengeschrei machte feine Schlitze in den Rundumkrach des Verkehrs. Wind raffte aus allerhand Abfall einen Staubkerl zusammen, der mußte walzen (bis das nächste Auto ihn lang zog und zu Tode schleifte; samt seinem einen Papier). In meiner Höhe dann rote Kastanienblüten; auf hundert Balkons ringsum Liegestühle voller Geschöpfe, die ‹braun werden› wollten; ältere, klügere, richteten Riesenschirme gegen die sengende Maiensonne, marktweibergroße, und von einer Farbigkeit, daß einem die Augen gellten : waren also auch nicht klüger; bloß älter.

Älter : und mein Bein tat mir wieder weh ! Kann es denn sein, daß Mitte Vierzig das Fußgewölbe eben einfach nachgibt ? Daß man sich eines schönen Abends unversehens als glücklichen Besitzer eines Paars derber Plattfüße wiederfindet ? ‹Life begins at forty›; und bitter nicken.

Freilich, wenn man Geld hätte . . . . . . Ich wüßte es jetzt schon richtig anzuwenden : ein winziges Häuschen in der Heide (achttausend höchstens; nicht wie diese Bausparkassen, die mit Zwanzigtausend um sich werfen, als wär's ein bloßer Silbenfall); im Ställchen eine Isetta; Eintausend erlesene Bücher : einmal in aller Ruhe die ‹Insel Felsenburg› durchgehen können, den ‹Nachsommer›, oder Lessing von A bis Z; zur Nacht ein richtiges Bett zum Drinniederlegen (nicht mehr dieses dürre indianerrote Gestelle von Schlafcouch !); nichts mehr ums liebe Brot schreiben zu brauchen, keine ‹experimentelle Prosa› mehr, keine feinsinnigen ‹Essays›, keine ‹Nachtprogramme›; an Uhren werden nur die lautlosen geduldet, die mit Sand und Sonne, oder höchstens im Korridor eine alte Standuhr, die alle Ewigkeiten, nachdem man vieles und vielfältiges gedacht hat, vor sich hin ‹Mnja› sagen. Den Mond untergehen sehen, über Wieseneinsamkeiten, ganz rot würde das silberne Wesen geworden sein, wenn es einsank in Dunstband und Kiefernborte . . .

Ein Motorradfahrer explodierte vorüber – das sind die allerschlimmsten ! – : das Papier war ihm aufgegangen, und er zeigte wütend=ergeben mit der blanken Salami die neue Richtung. Auch fuhren amerikanische LKWs viel Atommunition vorbei, und es stank unnachahmlich nach Benzin, nach Straßenschweiß, nach Niveacreme, was weiß ich.

16 Uhr 30 ? Da hätte Fräulein Mülhäuser dasein sollen, meine einzige ‹Schülerin›. (Ich hatte mal inseriert : ‹Wollen Sie berühmt sein ? Schriftsteller werden ? Unterricht auf allen Gebieten schriftstellerischer Tätigkeit erteilt / Otto Lautenschläger›.)

Und was hatte ich für Pech gehabt mit meinen Aspiranten ! Die meisten waren total behämmert, und schrieben einen Stil wie Frenssens ‹Sandgräfin› – also Edelkitsch; ein Reporter war darunter gewesen, der nur gekommen war, um einen (allerdings gut gemeinten) Artikel über meine Häuslichkeit zu veröffentlichen; ein Anderer hatte mich vor Gericht verklagt, weil er in meinem nächsten Buch ‹seine Ideen› zu erkennen vermeinte – dabei hätte ein wirkliches neues Talent doch wahrlich niemand ekstatischer begrüßt als ich. Das hatte ich während meiner literarischen Laufbahn ja nun doch auch immerhin gelernt : das Gute als solches zu erkennen (wenn man es vielleicht auch nicht öffentlich anerkennen durfte : der Markt war ja so überfüllt, die Konkurrenz so groß; der Selbsterhaltungstrieb verbot einem, Leute, die nach 1870 geboren waren, zu rühmen !).

Ah, da kam sie über die Straße ! Lang und knochig, Schritte wie ein Mann, die Arme ragten aus den Taschen des dunkelgrünen Ledermantels (das war auch so etwas Unergründliches : Einmal, in sehr vertrauter Stunde, ach es konnte Zwanzig Jahre her sein, hatte eine Frau mir anvertraut, daß solch ein Ledermantel – wir Männer wären freilich begeistert : Festigkeit, Glätte, Winddicht, Teuer & Solide – für eine Frau eine Strafe bedeute ! ‹Zum Ledermantel verurteilt› hatte das Abenteuer von einem Weibe es formuliert; eben weil das Stück nahezu unvergänglich wäre, ‹schier dreißig Jahre bistu alt›, wäre es ein Scheuel und Greuel in den Augen jeder mit der jährlich diversemal wechselnden Mode fortschreitenden Frau !). Und Ilse hier trug einen. Hm.

Klingeln – »Ja, bitte !«. – Und da stand sie in meinem Korridor, rothaarig und leicht sommersprossig; so groß wie ich; gelbgerändete Brillengläser ritten über dem Irokesenprofil; da der Vater Direktor dreier hiesiger Textilfabriken war, half ich ihr aus dem schweren Ding.

Nach einem Jahr Unterricht (Stunde à drei Mark) wußte sie den Weg ins Paradezimmer. (Meine Wohnung bestand aus eben diesem – mit eindrucksvollen Bücherregalen an den Wänden; einem Rollschränkchen voller Leitzordner; einer Sitzecke – und außerdem einer verbotenen Zwergenküche, in der auch die dickbesagte Schlafcouch stand, alles arm-

selig genug, was will man machen ?). Ich rief ihr nach – absichtlich beiläufig; während des Mantelaufdenbügelhängens – »Sehen Sie sich mal die
neuste Nummer der ‹Kalebasse› an !« (Der mir befreundete Redakteur
hatte nämlich endlich zwei von ihren Gedichten abgedruckt; die ich durch
den anderen befreundeten Redakteur einer zweiten Zeitschrift sehr wohlwollend hatte besprechen lassen – was will man machen ? : täglich drei
Stunden à drei Mark, das sind rund Zweihundertfünfzig im Monat : wer's
über's Herz bringt, werfe den ersten Stein !). Blieb ich also diskret lange
draußen; während sie drinnen gierig mit den Zeitschriften raschelte.
»Nehmen Sie sich die Exemplare mit, selbstverständlich.« gewährte ich
großzügig.

    »Obwohl !« und sah ihr streng in die selig=sommersprossige
Gesichtsscheibe : »Zumindest die eine Wendung, ‹Lautlos, wie die Araber, / ihr Zelt falten zur Nacht›, von Longfellow expropriiert sein dürfte :
‹. . . . shall fold their tents like the Arabs, / and as silently shall steal away
. . .› !« Sie errötete bis fast zu Tränen, und gab's zu. »Aber die Übersetzung
ist so gut,« fuhr ich, ihr zum Trost fort, »daß es für diesmal durchgehen
mag. – Da gibt es ganz andere Fälle : was meinen Sie, was Adalbert Stifter
alles gestohlen hat ? Sein ‹Hochwald› ist bis in die Einzelheiten der Handlung aus Coopers ‹Deerslayer› entlehnt. Das ‹Alte Siegel› haben Sie, wie
ich Ihnen aufgab, gelesen ?«. Sie hatte es, gehorsam und fleißig wie stets.
»Da nehmen Sie sich jetzt mal den dicken blauen da heraus – jawohl,
den ! – und vergleichen Sie den Anfang von Fouqué's ‹Zauberring› damit :
sogar die Namen ‹Hugh› und ‹Hugo› sind dieselben : es ist eine rechte
Schande !«

    Und wir gingen gemeinsam durch, wie man so etwas macht – plagi-
ieren nämlich; oh, sie lernte schon etwas bei mir ! Wir arbeiteten zusammen nützliche Bücher durch, etwa Wielands ‹Aristipp›, aus denen sie die
Technik des Briefromans studieren konnte. Sie las die Korrekturen meiner Bücher mit. Wir gingen gemeinsam in Bibliotheken, wo ich sie die
Standardnachschlagewerke kennen lehrte, die ‹Allgemeine Deutsche
Biographie›, die ‹Encyclopädia Britannica›, ‹Schlichtegrolls Nekrolog›;
und wie man den ‹Auswärtigen Leihverkehr› benutzt. Ins Funkhaus
nahm ich sie mit, wenn ich, wie selten einmal, Geschichten vorlas, daß sie
auch das aus dem Grunde erfuhr. Übersetzungen schrieb sie mir ins Reine
(obwohl man mir da natürlich schon den Vorwurf machen konnte, ich
benützte sie – auch bei Erledigung der Korrespondenz – als zahlende
Sekretärin; hm).

    Wieder Klingeln. – »Nanu ? Ist das schon der andere Schüler ? . . . .«
Und ging zur Tür (ich hielt es für gut, diese Fiktion der ‹anderen Schüler›

ihr gegenüber aufrecht zu erhalten. Und *was* ich schon für Tricks an-
gewandt hatte, um vor ihr zu verbergen, daß ich keinen Radioapparat
besaß ! Feinsinnigste Argumente hatte ich ins Feld geführt : daß ein Schaf-
fender seine alten Arbeiten nicht mehr hören dürfe; sonst entstünde
nichts Neues. Und all solchen Blödsinn. Aber sie hörte getreulich jede
Rundfunksendung ab; und berichtete am nächsten Morgen darüber).
Diesmal war ' es aber nur der Postbote; ein Eilbrief : die Übersetzung
müßte spätestens in 14 Tagen abgeliefert werden, weil der Schmarren
verfilmt würde ! Ich legte ihr resigniert den Wisch hin, und sie studierte
ihn besorgt : »Ja, ob wir das fertig kriegen ? . . . . . .«

Rasch noch ihre Schulaufgaben durchsehen : »Also, Fräulein Mülhäuser, was heißt das ‹Der Wortschatz des vom Hai um die Mitte Gepack-
ten› ? : der macht doch höchstens noch ‹Gacks !› – wohltönender Unsinn
ist das !« (Natürlich alles psychologisch interessant; ihre Geschichte vom
‹Weiterträumen›, von der Frau, die nicht mehr zu träumen aufhören kann,
so die Brackwässer von Ilses Nacht & Tag; und andere Einfälle von ausgezeichneter Unbrauchbarkeit, das heißt solche, die sie mit ihren 24 Jahren
noch gar nicht bewältigen konnte). Heute war Sonnabend – also noch
rasch die Aufgabe für Montag : »Schreiben Sie einen Essay – zumindest
das Gerüst eines solchen – über ‹Die Großhauswelten›; das wird für die
nächsten Wochen und Monate unser Thema sein.« Und ist ja auch eine,
formal überhaupt noch nicht bewältigte Erscheinung unserer modernen
Zivilisation : typisch für die Menschheit sind diese beiden geworden, das
Einfamilienhaus und das Großhaus, das dem technischen Produkt und
seiner Verwaltung gewidmete, also Fabrik, Kaufhaus, Bank, Postamt;
andererseits die, aus der Stammesunterkunft der Primitiven weiterent-
wickelte Drillanstalt, à la Schule, Kaserne, Funkhaus, Parlament wo die
Ältesten Palaver machen; Rummelplätze . . . . .

(‹Rede zum Richtfest eines Atommeilers› fiel mir ein : »Mit Vergunst . . . . . .« – *denen* würde ich was erzählen ! !).

Was war das Letzte gewesen ? : Rummel. Ich tappte mit der Handfläche auf den Tisch; ich sagte : »Fräulein Mülhäuser, es dämmert bereits :
kommen Sie mit auf den Messplatz; Sie wissen ja, ‹Greift nur hinein ins
volle Menschenleben›; übersetzen kann ich auch noch nach Mitternacht –
nehmen Sie den Notizblock mit, wir machen Studien, wir gehen auf Bil-
derjagd : Schulausflug !«. Sie errötete; sie stotterte : »Wir haben eigentlich
Besuch; mein Bruder, der Theologe . . . .«. »Ah, natürlich. – Also lassen
wir's,« sagte ich ernüchtert (ich hab ja auch gar kein Geld; war ohnehin
unvorsichtig, sie einzuladen; da muß ich dann als Kavalier bezahlen; ich :
der Direktorstochter !). Aber sie errötete schon wieder so lieb, und arbei-

tete mit den großen Händen : »Ach nein, ich komm' ja gern mit; ich ruf' nur schnell zu Hause an ......«

Dämmerung durch die Straßen. Der volle Mond schräg verankert im Wolkenstrom : »Heute Nacht findet überdem eine totale Mondfinsternis statt, sehen Sie sich die an; die nächste ist erst wieder in vier Jahren.« Und geleitete sie zur nächsten Telefonzelle.

(Seltsam so draußen zu stehen : das gelbe Eisengerippe, mit Glastafeln ausgefüllt; drinnen hantiert die Lange, am Ohr das schwarze Gerät; dreht sich her, als spräche sie von mir; schweigt zehnsekundenlang; am andern Ende mag eine Villa liegen, zwanzig Zimmer, eine distinguierte Mutter hebt die Brauen, im Hintergrund grunzt ein dicker kurzer Vater) : »Na ?!« Und sie strahlte mich grausam an : »In Ordnung !«.

Schon wurde der Krach lauter, die Häusermauern flackerbunter. Oben flog ein kleiner dicker Zeppelin, unten der Mann am Scheinwerfer hatte genug zu tun, ihn anzustrahlen. Und Schlangenmenschen, Sektmarken, Tänzerinnen machten Reifen aus ihren Armen und drehten sich selig darunter; Bratwürste sprühten Fettfunken; ‹Mach mal Pause› im Lichterwald; dreitausend Menschenmädchen machten dünnlange Beine; rotlöchrige Gesichter; Burschen überschlugen sich in Schiffsschaukeln; Arme drängelten, Bänder sprudelten, Gürteln natternbillig; dicke Schützen brummten hinter Wangen, Teddies kauerten sklavenbunt.

»Ach, da; mein Bruder !« Sie verschluckte den letzten Wurstzipfel beinahe, und zeigte mit den Augen auf den langen Studenten, der, wie aus schwarzen Röhren erbaut, eben auf uns zu kam; mit hohem steifen Kragen und kirchenpräsidentenem Gesichtsausdruck. »Mein Bruder Gerhardt....« stellte sie leicht beklommen vor; und ich erkannte an dem ‹steinern› sein sollenden, aber wie gekocht wirkenden Austernauge nicht nur den habituellen Brillenträger, sondern auch den korrekten Akademiker, der sich durch Autopsie überzeugen will, wer dieser ‹Lehrer› seiner Schwester eigentlich ist. »Ich kenne einige Ihrer Bücher,« ergänzte er undurchdringlich (hoffentlich nicht die ganz frühen, den ‹Sataspes› oder das ‹Haus in der Holetschkagasse› !). »Und Sie sind bei Ihrer Doktorarbeit ? Darf ich fragen ?« Er nickte gemessen von seinen sieben Fuß Größe herunter : ich durfte fragen. »Das Buch Henoch« erklärte er kurz und abweisend, à la : kennt ja doch Niemand außer mir.

»Henoch« sagte ich nachdenklich : »Das hab' ich früher immer gern gelesen.« (Und starkes Nicken in Erinnerungen hinein). Er drehte mir das gerunzelte Gesicht zu, mit dem man Konkurrenten wittert; auf der andern Seite begann Ilses Antlitz zu strahlen – sie kannte mich und meine bemerkenswerte Lektur; sie war auf alles gefaßt. »Ich kenne natürlich nur die Übersetzung beim Kautzsch,« sagte ich kalt; »während Sie ja sicher koptisch können –« (er bestätigte, ruckartig aus den Hüften heraus) »– aber mich hat die danteske Art zu schildern – genauer sollte man natürlich sagen : Dantes henochoide Art – immer sehr interessiert; zumal, wenn man im Besitz des Schlüssels, der kosmologischen Anschauungsweise ist, dann gibt es ja nichts Aparteres.« »Die babylonische Ziggurat« bestätigte er hochmütig, »obwohl auch da natürlich vieles noch unklar bleibt; wer wird denn auch eine Apokalypse bis ins Letzte verstehen wollen !«. »Was meinen Sie jetzt speziell mit ‹unklaren Stellen› ?« fragte ich. »Babylon natürlich; davon wissen wir viel zu wenig; aber es ist ja ein ganz anderes, alles erläuterndes Weltbild da.« »Nun« sagte er geduldig, »zum Beispiel die Wesen, die Henoch auf seiner Reise durch den Himmel antrifft; und die er bald als Mensch, bald als Feuerflamme sieht.« »Na, das ist ja nun noch das einfachste,« (ich formulierte es boshafterweise so !) : »das sind die Sterne bzw. ihre Führer um den Berg des Nordens.« »Berg des Nordens ?« wiederholte er befremdet; und ich mußte ihm erst das Weltbild Kosmas' des Indikopleustes erklären – »Sie wissen ja, daß das Buch Henoch langelange in der griechischen Kirche ‹gegolten› hat; und Kosmas *ist* in Äthiopien gewesen, man vergleiche sein Monumentum Adulitanum.« Also skizzierte ich es ihm rasch auf die Budenwand : »Das ganze Mittelalter zehrte davon; Dante; Joinville; auch noch Kolumbus, der am Orinokodelta das Paradies und einen Berg entdeckt haben wollte, der bis in die Mondsphäre ragte, gestaltet wie die Knospe einer Frauenbrust –« (er zuckte sichtlich, und sah verwirrt zu Ilse hin; die errötete raschlieb; aber es war ja *zu* interessant) »Nebenbei : auf dem Umschlag der ältesten Ausgabe von Karl Mays Roman ‹Und Friede auf Erden› hat Sascha Schneider unbewußt einen Engel als Sternenführer dargestellt – Sie können ihn morgen bei mir sehen.«

Er reckte sich ekstatisch; er fragte : »Steht der Kosmas beim Migne ? Mein Vater hat mir die Serie zu Weihnachten geschenkt.« »Ja, auch da.« »Oh, damußichdochgleich… nachsehengehen« murmelte er aufgeregt=abwesend; auch : »Kommstu mal mit zum Wagen, Ilse ?« (Sie bat mit Hand und Mund um einen Augenblick : bitte.)

Warten. Männer in engen schwarzen Schutzanzügen bückten sich allenthalben umher, und legten schon die Zündschnuren fürs abschließende Feuerwerk. (Das muß man sich mal vorstellen : der ‹Migne›, das heißt die 400-bändige Serie der Kirchenväter, wird zur Zeit garantiert mit 10.000 Mark gehandelt : und so was schenkt man sich bei Mülhäusers zu Weihnachten ! Ob ich nicht doch das Stundengeld um 50 Pfennig erhöhe ??). Aber da kam sie schon wieder hastig durchs Plebejergedränge gestakt : »Mein Bruder ist *auch* ganz begeistert von Ihnen« gestand sie atemlos. (‹auch› ?).

Dröhnend verkündete der Ansager neben uns : »Letzte Fahrt des Riesenrades für diese Saison ! Wer will noch mal ! Wer . . .« Schon hatte ich 2 Billets erstanden; schon Ilse bei der sommersprossigen Hand genommen; schon saßen wir nebeneinander in der Gondel, die unter angemessener Sambabegleitung nach oben zu steigen begann.

Hoch; ja höher. Oben allein. Und untertauchen in Krach und Helligkeit (wie sagt Sir Thomas Browne im ‹Religio Medici› ? : And even that tavern-music, which makes one man merry, another mad, in me strikes a deep fit of devotion.« And so on). Neuerdings aufstiegen wir. Sanken wieder auf den Grund des Lichterteiches : in die korallenbunten Gerüste; Knaben ritten auf Seepferdchen; langbeinige Wasserjungfern quälten Würste mit spitzen Fingern, mit Zähnen . . . . .

Aber Ilses Gesicht : ? : ? ? : Ihr wurde schlecht ! ! Ich schnipste dem Mann am Dynamo eine D-Mark hin, und er ließ uns schnell aussteigen (d. h. ich zerrte meine riesige Begleiterin möglichst rasch aus der Gondel). »Kommen Sie : schnell 'n Magenbitter !«.

Und schon wieder vor dieser Bude : die schwarze erfahrene Kellnerin schenkte uns ein (auf einen schlauen Augenklaps von mir hin Ilse immer das doppelte). Und allmählich wurde ihr (sommersprossiger ?) Magen besser. Sie bekam wieder Farbe, und stöhnte ein paarmal erleichtert. – Und fuhr erschrocken herum, als auf einmal die Lichter erloschen. Ich legte ihr beschwichtigend den Arm um die große Schulter; wir traten etwas an den Rand (wo das Finanzamt ist; ich drohte dem Sandsteingebäude erst noch heimlich mit der Faust : ! !).

Und schon zerkeilten die Lichthiebe unsere Fronten bis zur Unkenntlichkeit; bunte Klingen häckselten uns; ein Feuerriese ließ sein Blumengehirn übertrüffeln; und wir hatten zweifarbige Gesichter : die rechte Hälfte grün, die linke wolkiges Braun. Ein Lichtseil loopte wahnsinnige Kurven am Himmel; und rechts wieder Bonbonrot, links tiefes Taumelviolett. Ein Kanonenschlag machte uns Kleider aus feuerfarbenem Taft, (und viele hitzige Rosengesichter), bis der schwarze Donner die Erde unter uns wegzog wie ein Sprungtuch. Wir traten vorsichtshalber dichter aneinander, und sahen zu, wie sich dort, im Phlegeton, die Schatten zischend kielholten (aber das war alles nichts, gegen die röhrigen Bässe, die aus den Lichtfudern befahlen, und zaunhohe Flammenzähne zeigten).

»Komm' Sie lieber mit« nahm ich das Magenbittergesicht untern Arm; und zurück durch die Stadt, über angestrahlte Straßen hinweg, und

Plätze, an deren Rändern helle Geschäftshöhlen lungerten : Katarakte von Hüten; schwarze Frauen knixten mit grobem Silberhaar, manche hatten Federköpfe wie Vogelmenschen. So eine Lederjacke müßte man sich kaufen können.

Sie hing schwerer in meinem Arm, murmelte ein Lachen, und stöhnte wohlig (waren 4 Magenbitter etwa zuviel gewesen ? !). Sie blieb tiefsinnig vor einem Schaufenster stehen – eine schwarze Siebenachtelhose schritt weitgebärdig über Blusenbusen; gelbe magere Handschuhe tasteten lüstern an Mädchenwäsche – sie war offensichtlich angeheitert. »Trinken Sie eigentlich sonst ?« : »Achneinnie !« summte sie selig, und lachte und zeigte. Und wurde wieder ernst; und umklammerte meinen Arm fester : »Ich hab mir – obwohl's verboten ist – Ihr ‹Anderes Zimmer› angesehen : Ochch !« Und stellte sich vor mir auf (die dunkle Passage am Weißen Turm war günstig). »Und ich hab' aufgepaßt : es kommen gar keine ‹Anderen Schüler› ! – Und die ‹Holetschkagasse› ist doch *so wunderbar ! !* – Die dünne Schlafcouch hab' ich gestreichelt, immerzu !«. Sie legte mir beide mächtigen Hände um die Oberarme; nahm sie aber, wohlerzogen, gleich wieder weg, und wir gingen weiter durch die dunkler werdenden Vorstadtstraßen.

Bäume, in schwarzgelben Perücken, begannen zu rauschen; die Abstände zwischen den Villen wurden schon größer, vornehmer. Auf einer Bank, in Schattenwirbeln, verrankte sich ein Pärchen. »Und meinem Bruder würde es ja so sehr helfen, Ihr ‹Kosmas› – er will doch später Superintendent werden !«

Bogen wir also noch um die Kirchhofsmauer; und sofort weiter den Trampelpfad über die Nachtweide; ist billiger als ein Cafébesuch.

»Aaaach !« und da hing er, ein Kupfergong, sehr niedrig im Äther : der verfinsterte Mond. Über dürren Kiefernwitwen. Ein paar Fußballtore standen, völliger Autismus, im Gelände herum. Sie sah mich an, und sagte gelehrig das zuständige Wort : »Oppolzer !«. »Oppolzer«, wiederholte ich, und drückte ihren Armknochen fester : was ich schon so an Mondmetaphern ersonnen habe; es wäre nicht mehr als recht und billig, einen Mondkrater nach mir zu benennen !

Also stehen. Auf dem umliegenden Wiesenland bildete sich sacht der Tau. Spitzgliedrige Sternbilder hockten zitternd an allen Horizonten. Zeit wäre es, sich nach einem sicheren Hafen umzusehen. Der Vater Direktor dreier Textilfabriken. Und ich träumte von Karteien; von anständiger, regelmäßig=rechtwinkliger Arbeit; Kinder könnte man haben, 3 Stück, groß und rothaarig, nicht bloß immer ‹Schüler› ! –

Vor ihrer Villa; 14 Zimmer; oben im Dachgeschoß war noch Licht.

»Und jetzt hör ich Ihr Nachtprogramm; bei meinem Bruder im Zimmer – ach« gestand sie. Rührend und abgründig tiefsinnig war dieses »Ach!«; lieber nicht drüber nachdenken. Oder doch? – ?

Ich nahm ihre schweren Armknochen; und legte sie mir um den Hals. Meine um ihren Brustkorb. Lange. Und wir hakten die brilligen Gesichter übereinander. Lange.

Mondfinsternisrummelfeuerwerkhenoch! –

»Und jetzt hör' ich Ihr . . . . . : Dein Nachtprogramm!«. Sie montierte sich mühsam von mir los. Und kam immer wieder heran.

»Und morgen kommen wir beide zu Dir : Gerhardt und ich.« – Sie legte die große Hand auf mein Herz. Fing mein Gesicht mit dem ihrigen. Und also kann man ja noch weiter leben.

ROLLENDE NACHT.

Selbst der kleinste Bahnhof henkerte uns mit Bogenlampen; zackige Schwerterbündel rannten an uns hoch; jedem flossen Messingsägen durchs Gesicht; so also sah ein Bundeswehrsoldat ohne Kopf aus. Denn drüben in der Ecke schlief einer. Zuerst hatte er lange eine Illustrierte besehen : auf dem doppelseitigen Bild ging es furchtbar her ! Irgendein Vesuv stand mitten auf dem Papier und wirtschaftete erschrecklich nach allen Seiten hin. Er warf nicht nur Rapilli, sondern ganze Berge aus, und der Feuerstrom aus seinem Gipfel war wie der Ganges. Der Ort an seinem Fuß, der gerade pompejisiert wurde, hatte Kuppeln wie der Kreml von Darmstadt. Aus dem Fenster jedes Wohnhauses starrten ein paar zum Himmel gestreckter Arme hervor; aber die Unterschrift konnte ich nicht entziffern, da sie so sehr Kopf stand. Wahrscheinlich hatte ein linientreuer Pressezeichner sich keinen andern Rat mehr gewußt, die Sowjetunion zu erledigen; einmal war mirs, als könnte ich ‹Kljutschefskoj› lesen. (‹Dollar› ist ja noch zahm; das kommt von ‹Taler›. Aber ‹Rubel› ? : der erste wurde von einer runden Silberstange mit dem Beil abgehauen; denn ‹rubjit› heißt abhacken : Wer kann wider Gott und Nowgorod ?).

Es sauste unaufhörlich. Wieder machte es uns gestreifte Rümpfe. Ehernes Gestänge tummelte sich insektig vorbei. Der Mann mit der Lederjacke gegenüber bewegte demonstrierend den Arm in der Schlinge, und erklärte ihn :

Er hatte schon 164 Kirchen mit goldenen Kreuzen versehen. Sechsmal war er dabei vom Dache gefallen; einmal hatte er sich ‹unterwegs› mit Händen und Zähnen festhalten wollen, dabei aber 3 Schneidezähne eingebüßt, die im Blei der Dachrinne stecken blieben. Das Letztemal war ihm der rechte Unterarm zerbrochen; er hätte jedoch inzwischen mit der Linken bereits wieder 4 Kreuze vergoldet, und Bestellungen auf weitere 10 : das ist unvermeidlich heutzutage, daß man in solch endlosen Schnellzugnächten das Selbstbiogramm der meisten Mitreisenden zu hören bekommt. (Und belastend ist es auch; zumal, wenn man einen Überschuß an Fantasie besitzt, und sich dann anschließend tagelang mit all den Schicksalen auseinandersetzen muß !).

Wie spät ? Die Frage der alten Dame (die aber eine leichtfertig=violette Kopfbedeckung trug, für die ich keinen Namen wußte) ergab eine schlaffe Diskussion über den Wert zweier Uhren, von denen die eine eine Viertelstunde vor, die andere ebensoviel nach ging : wenn sie immer beisammen wären, wär's kein Problem, das bißchen arithmetische Mittel.

Und die Dame war aus dem Osten; hatte an der Oder ein Häuschen besessen (wie die meisten Flüchtlinge; ganz selten hört man von Einem, daß er zur Miete gewohnt habe); und erzählte länger von Schlesien und seinem uralt=deutschen Boden, als ihr nach den ungeschriebenen Gesetzen einer Schnellzugnacht zukam. Also unterbrach ich sie, als sie zum zweitenmal den ‹Breslauer Ring› beschreiben wollte, mit der Frage nach der Provenienz dieses Wortes. »Nu, Ring, Ring« sagte sie ungnädig, und zeichnete einen mit dem Finger vor ihre seidengrau überspannte Brust : »Der Platz eben; ums Rathaus rum.« »So viel ich weiß, kommt das aber vom polnischen ‹Rynek›« wandte ich verbindlich ein : »das heißt nämlich ‹Markt›«.

Sie setzte die Zähne aufeinander und atmete schwer aus; es klang wie »Du Kabire !«. »Selbst wenn – was ich bezweifle – es so sein s o l l t e« sagte sie giftig : »wäre es bei der augenblicklichen politischen Lage völlig unangebracht, das zu wissen.« »Sehr richtig !« versetzte prompt ein so furchtbarer Baß, daß ich vorsichtshalber die Abteiltür ein Stückchen aufschob. Auch für den Rest der Fahrt zu schweigen beschloß; einsam wie ein Kätzchen im leeren Waschkessel, mit dem Deckel drauf. Aber sie rettete mich selbst, als ihr Blick zufällig aus dem Fenster fiel : »Also wie ein Feenpalast !«. Die Fabrik war nämlich schon jetzt, um halb Sechs, über und über erleuchtet, sah aus ihrer ernsten Front hundertäugig in die Winternacht, und ich dachte – dachte : ich mußte ja vorsichtig sein ! – wie es wohl in einem Kopf aussehen möge, dem beim Anblick eines Textilwerkes das Wort ‹Feenpalast› einfiel : so eine darf nun auch wählen !

»Altenbeken !«. Sämtliche D=Züge hatten hier zehn Minuten Aufenthalt; denn es war einer jener raren Riesenbahnhöfe ohne Ort, wo sich diverse Hauptlinien kreuzen. Wie seinerzeit Kohlfurt bei Görlitz : an solchen merkwürdigen Plätzen hatte ich als Kind immer erwartet, irgend ein technoides Wunder zu sehen, einen fliegenden Menschen, oder einen versteinerten, oder so etwas. Ich entschloß mich, auf den Bahnsteig zu gehen; Füße etwas vertreten, und die Feindschaft im Abteil abklingen lassen.

Der flache Steindamm draußen war bereift, grau und grobfasrig. (Ob man in dem matt erleuchteten Bauwerkchen hinten wohl schon einen Kognak kriegte ? Wohl kaum. Und nachher war's bloß der Raum des Fahrdienstleiters.)

»Ach, entschuldigen Sie –« das war der schlanke Herr, der die ganze

Zeit, zart und verlebt, neben mir gesessen hatte : »Sie sind Slawist ? – Ä=Studienratdoktor Zeller mein Name : Englisch, Französisch.« Um nachher wenigstens einen Verbündeten drinnen zu haben, erhöhte ich mich feige selbst, graduierte und nobilitierte : »Doktor von Ende.« Er nickte müde und zufrieden; und wir besahen zusammen eine zeitlang den mageren Mond, der sich im weißgestrickten Gewölk eins fror. »Könnten Sie mal bei Walter Scott, im Original, nachsehen«, fiel mir als weitere Bestechung für ihn ein : »Da kommt im ‹Herzen von Midlothian› das Phänomen vor, daß ‹der volle Mond breit im Nordwesten› aufsteigt.« Er hatte mir lässig das verbrauchte Halbprofil hingehalten, und fragte jetzt vornehm erschöpft : »Warum ? Gibt's das nicht ?« (Man ist also doch letzten Endes allein !). »Nein,« sagte ich bitter; und wir erklommen vorsichtshalber wieder das Trittbrett, obwohl noch ein paar Minuten Zeit gewesen wäre.

Gegen Morgen wurde unsere Fahrt reißender. Kiefernkrüppel tauchten aus weißen Mooren; Pfützen rannten auf Schlangenwegen vorbei; viele leere Birken schwebten hinten durch die Haide. Am Kreuzweg hielt ein Fremder mit beiden Handschuhen sein starres Rad. Reifige Plankenzäune galoppierten noch einmal ein Stück mit. Dann riefen die Wälder wieder Amok über uns.

N.

(Eine Geschichte in Briefen
an das österreichische Bundesamt für Verfassungsschutz)

1.

Linz, den 16. 2. 1959

Sehr geehrte Herren!

Da haben Sie freilich recht: ich, als Witwe kann die Beihilfe zur Miete sehr gut gebrauchen. Mein seliger Mann hat auch nur schlecht verdient (obwohl er immer christlich gewählt hat, immer!); und bei meinen 127 Schilling 85 kommten mir Ihre 30 doch sehr zugut. Nun sitz ich eben da, mit den drei Zimmern, und muß froh sein, wenn mir Jemand hilft. Die Stadt könnte doch etwas nachlassen, wo wir die Zinsen regelmäßig bezahlt haben; und das Wassergeld ist auch erst wieder erhöht worden. Ich bin doch wirklich sparsam; aber ich frage das Wohnungsamt: Muß das sein?! –

Ich will Ihnen gern Alles schreiben, was ich weiß; aber ich weiß nicht, ob das von Wert für Sie sein wird?

Interessiert es Sie, daß er sich heute Reis auf der Kaffeemühle durchgemahlen hat; den dann mit einem Löffel gegessen; und dabei behauptet, »Ohropax hätte schon Odysseus verwendet«?

Was auf den Zetteln im Papierkorb steht, kann ich nicht alles lesen; der ist ja übercandidelt. Auf dem einen stand: »Das flirrende Rad der Nacht« / »Scheffels ‹Enderle von Ketsch› = Ulrich v. Werdum (bei Arend, S. 441, Fußnote) / ‹Mucedorus›, pseudoshakespearianisches Stück, als Katzenname verwenden / »Regennadeln spießen handhoch aus dem Pflaster«. –

(Nein; er ist nicht verheiratet.)

Hochachtungsvoll,
Berta Voss, verw. Kuhlmann;
geb. Irle

2.

Linz, den 24. 2. 1959

Sehr geehrte Herren!

Nein : Köln oder Trier hört er nie.

Immer erst Frankfurt (am Main, glaube ich; das, behauptet er, wäre noch »gut rot« – aber das ist doch das an der Oder, wie ?). Und dann, gegen 8, höre ich immer (im Nebenzimmer; ich bin ja gut katholisch!) wie es sagt :

»Deutscher Freiheitssender Neunhundertvier :
doitscher Fraihaitssender Neunhundertvier!«

(Die Stimme klingt *sehr* häßlich; mein Mann hat nie so geredet. Höchstens, wenn er mal bei Niemeyers war; beim Gastwirt). (Er behauptet, das Pausenzeichen wäre »Freude, schöner Götterfunken; Tochter aus, Sie wissen schon«; und man hätte das in Mällbörn immer gespielt; es kommt zwischen 12 und 15 Mal). (Zwischen dem ‹S› und ‹E› von BRÜSSEL; im Mai hat er s das erstemal gehört, das weiß ich noch genau, weil da mein Geburtstag war, und er mir die kleine Blockschokolade brachte. Die Welle ist 331 Komma 9 Meter; ungefähr ab 20 Uhr; und dann wurde's lauter. Nach dem Achten.)

Auf den bewußten Zetteln stand heute

1.) »Pamjatnik, russisch; gleich ‹Souvenirs›.«

2.) »Frisé : ein ‹Musilmann› (Var. : Musilmänner ? Musilmanen ?)«

3.) »Heldenfriedhöfe ‹auf Vorrat› anlegen ...« / »Und das Porträt des Bundespräsidenten auf dem Briefumschlag befestigen«. / »1 gipserner Zenit; 10 alte Bücher.«

(Das ‹10› war später durchstrichen; und eine ‹1000 ?› daraus gemacht.)

3.

Linz, den 28. 2. 1959

Gottes Segen für die Dreißig Schillinge. –

Ja, da haben Sie wohl recht : der Herr wird ihn schon strafen!

Gestern standen wir zusammen am Fenster – ich hatte gerade Staub gewischt (und erst die 50 Stanniolbänder unten an den Erbsen befestigt : da wär er bald ausgezogen; er behauptete, das ewige Flirren und Flattern machte ihn verrückt. Dabei sinds doch extra vier verschiedene Farben; ich wollte, es gäbe keine Spatzen mehr auf der Welt!); da sahen wir, wie einer von den zwei Halbstarken drüben einen halb gegessenen Mohrenkopf an die Auslage der Heimatzeitung schmetterte. Und dann den Mädchen hinterherbrüllte (wie wenn er ihnen nachmachen wollte) : »Laß mich; ich hab' heut meine Tage !« Und die kicherten Alle; und er kicherte auch (dabei hat er selbst immer ne ganze Steinsammlung im Hosenumschlag !), und sagte : »Des Morgens bei dem Abendmahl, / des Mittags bei dem Bier; / des Abends bei Herrn Jesus / im Nachtquartier.« (Das soll von einem gewissen Gottfried Keller sein; der auch nichts geglaubt hat, sagte er; genau wie Theodor Storm – Sie werden schon wissen, wen er meint.)

* * *

Auf den Zetteln stand heute : ».... Wenn Allah wieder einmal besonders groß ist : Krakatau......« / »Krünitz, J. G., 1728–96, Lexikograf, starb über dem Artikel ‹Leiche›« / »Blochmann : aus Lauban : wie ich auch : unbedingt weiter verfolgen !!« / »Potz Dittografie & Homöoteleuton !« / »Haben sich die Apostel einen Schauspieler als ‹auferstehenden Christus› gemietet ??«

Ich verbleibe inzwischen, mit bestem Dank für ihre Bemühungen.

4.

Linz, den 2. 3. 1959

Nein; das darf ich wohl behaupten. –

Er hat nur eine Freundin; namens Gudrun Heimann (vom Bäcker, Ecke Kiesstraße). Sie ist noch ganz jung; höchstens 16 (ist das nicht eigentlich verboten ?? – Das heißt, wenn man aufs Vermieten angewiesen ist, kann man als Wirtin nicht allzuviel sagen). Sie kommt immer rauf; und neulich hab ich zugehört :

Sie sagte : »Och. Mensch.«

Er sagte : »Komm. Trink den Angostura. Um des Namens willen.« (Das ist eine dicke Brühe; aus Zimmt und Pfeffer; und schmeckt abscheulich; das kann ich wohl sagen.).

Dann sagte sie : »Vorhin hat mich ein Haarmensch aufgefordert; mit Ballonmütze und kurzem Fleischermesser.«

Und er fügte hinzu : »Mit Antoniusring, was ?« (Er meint Schlagringe; er hat mir mal erklärt : die wären in Bayern erfunden, und hätten kleine Platten mit dem Bild des heiligen Antonius auf den Knöcheln gehabt. Ursprünglich, mein' ich.)

Auf seinen Leitz=Ordnern im offenen Rollschrank (d. h. der hat gar keine Tür mehr drin; mein seliger Mann hat die Stäbe mal durchgetreten. Er wurde manchmal so merkwürdig wild mit mir) steht : »Leserbriefe / Entziehung von Führerscheinen / Prozesse.« Das ist gewißlich wahr !

5.

Linz, 10. 3. 1959

»Aus einem umbarteten Mund könnte keine Wahrheit kommen,« behauptete er heute (das ist natürlich falsch; denn mein Mann hatte sehr wohl einen Spitzbart ! So ein Lump !).

(Er trinkt aber auch immer ‹Doppeleiche› und ‹Simson›; alle 8 Tage. Der Lump !).

Er empfängt sein Geld von der ‹Anderen Zeitung› in Hamburg (ist die denn noch nicht verboten ? !), und vom ‹Stuttgarter Sender›; neulich hat er wieder tausend Schillinge gekriegt, es ist eine Schande.

Auf Zettel schrieb er gestern : »Ulrich : dumpf; geistermäßig; verzaubert; – John Donne; oder Burke's Works; vgl. Tristram Shandy : ‹Namen›.« Und unter ein Bild von seinem Freund ‹Stoffs genug› : das soll nun 'n Titel sein. / (Und Kaffee hat er, und Konserven hat er : alles Marke ‹Brand›. (Ist denn das eine Deutsche ?)

6.

Linz, 14. 3. 1959

»Auf die Sterne soll man nicht mit Fingern zeigen; in den Schnee nicht schreiben; beim Donner die Erde berühren.« hat er eben behauptet : wenn das unser Bundeskanzler wüßte !

Auch zeigte er mir, wie ihm eben der Bleistift so aus der Hand gefallen wäre, daß er senkrecht zwischen den Schreibmaschinentasten steckte – hoffentlich, sagte er, erschöpfe sich sein Glück nicht mit solchem Zufall. Und hinter der Anschlagssäule müßte unbedingt sein Mädchen auf ihn warten : man sah auch ab & zu einen dunkelblauen Mantelzipfel – bis ich merkte, daß lediglich ein Plakat losgegangen war, und andauernd flatterte. Und dann zeigte er mir in seinem alten ‹Meyer› die Tafel zum Artikel ‹Pilzblumen› : das sah aber wirklich komisch aus; was es da alles so in der Natur gibt; man weiß gar nicht, ob das nun Pilze oder Blumen sind, und manche röchen auch nach Rettich, sagte er. (Demnächst will er sich das Priemen angewöhnen : das sei die ‹Männliche Art, Tabak zu genießen› – aber in meiner Wohnung nicht. Da würde ich ihm aber doch kündigen !)

7.

Linz, 20. 3. 1959

Die Dachpappe der Wohnlaube, gegenüber hatte sich geworfen; die Kämme ihrer Pappwellen waren weiß vor Reif; und steif; das sah eigentlich gut aus, zu dem Grünkohl (und hinten, der Weemann, hatte sogar rote Rippelmarken drauf!).

Unser Herrgott wäre »ein selbstbewußtes Nichts« hat er eben behauptet; und gleich danach : »Weiß wie Schmidt (Nehru?) / rot wie Pieck / Schwarz wie Adenauer!«.

8.

Linz, den 23. 3. 59

Eben hat er mir vorgemacht, wie's bei Foto=Hauschildt war : der farbige Student, der vor jedem Satz die Hände vors Gesicht schlug. Zog sie bebend herunter und sagte : »2 Abzüge von jedem.« Bebte. Zog sie herunter; und sagte : »Ich möchte sie bald.« Beinah wär' ich erschrocken; aber mir fiel ein, daß es ja doch wieder nur eine Geschichte wäre. (»Kuck= Kuck : ein belehrender Ruf.« hatte ich ja eben erst auf einem weggeworfenen Zettel gelesen; vom »Rosa Springbrunnen eines Tamarix«; und »das blaugraue Fenster, wo man fernsieht« : der fängt mich nicht mehr! Gestern hat er im Hausflur sich mit Fronzek unterhalten, über : wenn man einem Nachbar eine geschwärzte 2=Zentimeter=Flak unter die Kohlen einschmuggelte – der ist ja garantiert verrückt!).

9.

Linz, den 28. 3. 59

Aber natürlich!

Der Herr hätte die Marke doch gar nicht vorzuzeigen brauchen; ich weiß doch Bescheid, wenn ich den Adler seh! Hoffentlich hat er was ausfindig gemacht (ich bin ja schließlich nur Witwe; aber was ich kann, das tu ich schon!). –

Bezüglich des Herrn Bundeskanzlers kann ich mich eigentlich nur erinnern, daß er gesagt hat : den und Heinrich Mann sollte man nie an einem Tage gleichzeitig nennen. Und Eisenhower wäre . . . . . – ja; nu weiß ich nicht mehr, hat er ihn mit Hindenburg verglichen; oder ewentwell was von ‹homo heidelbergensis› gesagt? (Aber neulich, in der Eisenbahn, hätt er Lust gehabt, dem Mann neben ihm in die Stulle zu beißen : grenzt das nicht an Feixtanz?! Und ein Pastor wäre im Zuge auf & ab gegangen, und hätte Traktätchen verteilt; und er hätte ihn bloß gefragt, ob über sämtlichen Kirchen nicht die Inschrift »Nanu?!« stehen sollte : das ist ein schlechter Mensch!)

10.

Linz, den 2. 4. 1959

Gestern hat er neunhundert Mark gekriegt; vom Sender Stuttgart; und bloß, wie er sagte, weil er ‹Skvlptvr› so geschickt=unwiderstehlich mit zwei »v« geschrieben hätte; dafür wären die Kunsthistoriker heute maaßlos anfällig, sagte er; in einer Zeit, wo sich Schriftsteller im ‹Spiegel› nackt als Bogenspanner abbilden ließen – er nannte auch den Namen; aber ich konnte mir ihn nicht merken; ich bin eine alte Frau – und er macht direkt ein System daraus : auf Briefe an Leute, die er nicht leiden kann, klebt er grundsätzlich den Herrn Bundespräsidenten oder den Freiherrn von Stein; na, wenn das nur gut geht.

Von seiner Gudrun hat er neulich geschwärmt : ihr Haar wäre wie flüssiges Ebenholz. Und ihre geschnürten Halbschuhe äugelten ihn verdächtig schnurrbärtig an (er ist wohl eifersüchtig. Wir standen neulich am Fenster und er schluckte, und unten plapperten ihre Absätze, und er murmelte was von »abreitsamem Mädchen« (oder »arbeitsamem«?) und wie schön danach ein »Tablettenschlaf« wäre; und ob ich wüßte, daß von den zwischen 1780 und 1840 gefundenen 5 Planeten 4 von gebürtigen Hannoveranern entdeckt worden wären?)

Ich antwortete, »Nein!«; wir hätten doch jetzt eine christliche Regierung; und warum er beständig ein Gesicht schnitte, wie Adenauer, wenn man von Anerkennung der DDR spricht? Aber er sagte nur, er hätte heut Nacht von einer Schwedin in rotem Kleid geträumt, und einem nassen, gelbgrünem Weg; und daß, wir möchten uns stellen wie wir wollten, unser Wort »Droschke« vom russischen »Doroschka« käme, und das hieße »Fuhrwerk« : ich denke, das genügt nun doch wohl!

11.

Linz, den 8. 4. 59

Aber warum haben Sie Herrn N. gleich abgeholt? Es ist gar nicht so leicht, hier in Linz einen so ordentlichen Mieter zu bekommen. Aber könnten Sie mir nicht wenigstens einen Ersatzmann stellen? (Das Zimmer kostet, *inclusiewe* Säuberungen, 40 Schilling im Monat, Bezahlung im Voraus.)

In der Erwartung keine Fehlbitte getan zu haben, verbleibe ich,

hochachtungsvoll, Ihre
Berta Voss, verw. Kuhlmann,
geborene Irle

Ich selbst hab' ja nichts erlebt – was mir übrigens gar nichts ausmacht; ich bin nicht Narrs genug, einen Weltreisenden zu beneiden, dazu hab' ich zuviel im Seydlitz gelesen oder im Großen Brehm. Und was heißt schon New York? Großstadt ist Großstadt; ich war oft genug in Hannover; ich kenn's, wenn morgens tausend Henkelmänner mit ihren Kännchen aus dem Hauptbahnhof geschwindschreiten, in Fächerformation, hinein ins Vergoldete Zeitalter. Einer hat'n Gang, als käm'n Dackel hinter ihm her. Backsteinfarbene Geschöpfe mischen sich ein, Schirmpfeile in den blutigen Händen, (oder auch in totschwarzen; gleich werden ihre Schreibmaschinen hell wie Wachtelschlag erklingen. Alle die Weckergeweckten. Schon räuspert sich das Auto neben mir strafend; dabei bin ich doch wirklich, schon rein äußerlich, nicht mehr in dem Alter, daß man mich im Verdacht haben könnte, der Anblick zweier Milchdrüsen vermöchte mich noch zum Trottel zu machen !).

Also das Alles nicht. Aber Abends und Nachts spazieren geh' ich ganz gern – man beachte das dreifach=gaumige ‹g›, mir ist es eben auch unangenehm aufgefallen, (‹warum› will ich aber nicht wissen; ich halte nichts mehr von ‹psychologischen Befunden›, seitdem ich mich einmal unter der Hand nach der Bedeutung solcher=meiner nächtlichen Gänge erkundigt habe. Ein Gutachten sagte klipp & klar, ich sei hyänenhaft=feige und eine potentielle Verbrechernatur; das sind die Meisten von uns, sicher. Das andere behauptete, ich wäre ein Mutfänomen – ach, Du lieber Gott ! Es wurde mir jedenfalls sehr rasch zu viel, auch zu teuer. Ich hab' dann selbst längere Zeit darüber nachgedacht; der eigentliche Grund dürfte sein, daß ich so schlecht sehe, und es mir am Tage zu hell und zu heiß ist.)

Jedenfalls gehe ich immer erst eine rundliche Stunde – ich hätte gebräuchlicher ‹runde› schreiben sollen, ich weiß; aber das hätte sich dann auf ‹Stunde› gereimt, und ich mag Gedichte nicht – da sieht man allerlei, und braucht sich nicht als ‹voyeur› vorzukommen, also ‹schuldig› oder gar ‹sündig› : den Meisten=von=Uns vergeht das Leben damit, die in der Jugend verkehrt eingestellten Maßstäbe mühsam wieder zu adjustieren.

Die Jahreszeit spielt dabei keine Rolle – ich kann durchaus einen winterlichen Neubau würdigen, früh um 5; und die Handwerker tauen die eingefrorene Pumpe des schon fertigen Nachbars mit lodernden Tapetenresten auf. Es darf ein Sommermeteor sein, der gegen Mitternacht seinen Nylonfaden durch die Giraffe zieht, und über der DDR zerspringt; (ich wohn' so dicht am Zonengrenzübergang. Und erkenne also vorsichtshalber die DDR an.) Es darf ein Spätherbstabend sein, wo man stehen bleibt und horcht : was war das Geräusch eben ? Eine nahe Grille; oder ein meilenferner Traktor ? (Zum Frühling fällt mir im Augenblick nichts ein, und ich bin nicht Pedant genug, mich deswegen irgendwie zu forcieren; der Herbst ist mir jedenfalls die liebste unter den Jahreszeiten.)

Anschließend gehe ich dann grundsätzlich noch in die Fernfahrerkneipe; und das kann eventuell lange dauern, denn da sitzen ja dann lauter Leute, die ‹etwas erlebt› haben, beziehungsweise Alle noch mitten im Erleben drin sind, und zwar heftig.

Allein die ganze Atmosfäre dort : das hochoptische Gemisch aus nacktem Kunstlicht und kurz & klein gehackten Schatten. Die fleckigen Tischplatten (Decken haben davon nur die 2, links vom Eingang, wo die überwachten Vornehmen sitzen, in dünnen Fingerspiralen Eisglaskelche, auf denen Schlipsschleifen aus Zitronenschalen schwimmen : ER mit jener für öffentliche Ämter so unschätzbaren würdevollen Fadheit und leeren Ernsthaftigkeit, (dabei so doof, daß er nicht mal in der Hölle Eiskrem verkaufen könnte, wenn er selbstständig sein müßte !); SIE von der Sorte, die auf Camping=Plätzen gleich Blümchen vors Zelt pflanzt und einen Tannenzapfen daneben legt.)

Die Ernstzunehmenden sind natürlich die Anderen, Männer wie Weiber. Meist breit, mit energisch=fleischverhangenen Gesichtern, die Fahrer; sämtlich fähig, 'ne abstrakte Kleinplastik notfalls als Büchsenöffner zu verwenden; (ich bin nicht für's Moderne; man hat es vielleicht schon gemerkt). Die Frauen meist ‹Lieschen›, mit leicht gezerrtem Defensor virginitatis, aber handfest : weder ist die Brust, vorn, Tarn & Tara, noch hinten die Porta Nigra.

Die betreffende breitschultrige Fünfzigerin hatte ich übrigens schon öfter hier gesehen; stets leicht be=bowlt, so daß die Stimme ein entzückend hoher heiserer Baß wurde. Eben erklärte sie vermittelst desselben : »Mein Vater war Trommler beim Zaren : bei mir ist Alles Natur !«. (Eine Logik, die mir zwar gewagt, ihrem heutigen Partner jedoch anscheinend legitim vorkam, denn er nickte eifrig. Seinen Beruf erkannte ich, als er dann gleich alleine abfuhr : er machte seinen Weekendausflug im Leichenauto. Und ich stellte mir das 1 Minute lang illustriert vor. Bis ich kichern mußte.)

Meine 2 Nachbarn auf der andern Seite bestellten sich erst »'ne Schachtel Zie'retten«, (der Eine noch zusätzlich »Fefferminzbruch«); und dann machten sie Folgendes : Jeder tat in sein leeres Glas 2 gehäufte Teelöffel Nescafé, und goß dann frisches Coca=Cola drüber : das schäumte hoch; dick & gelbbraun; Alles schien sich aufgelöst zu haben; sie schlürften und lächelten technoid. (Das muß ja auch toll aufpulvern ! Ma'probier'n.) Mit solchem Trank im Leibe hatten sie dann freilich gut ketzern lästern & erzählen :

von dem Kehlkopfoperierten, dem die Russen die silberne Kanüle aus dem Halse geklaut hatten; (dabei hatte er noch ‹Wilke› geheißen, was ja bekanntlich vom slawischen ‹Wlk›, gleich ‹Wolf›, kommt : es hatte alles nichts genützt !).

»Wat hat sich 'ne Hausanjeschtellte vadient, die 60 Jahre in een= und derselbn Famielje jearbeit' hat ?« : »'ne Urkunde von'n Landrat,« entschied der Andere pomadig. / Auch wollten sie, relata refero, Deutschland neutralisieren & entwaffnen; und dann noch 'ne solid=lose Konföderation ‹zwischen Bonn und der DDR›; und ihre Begründung war, wie immer bei Fernfahrern, so dumm gar nicht. Sie gingen nämlich von der 5 %=Klausel aus, und einem künftigen Weltstaat : in dessen Parlament wäre ‹Bonn› dann nämlich mit nichten vertreten ! »Denn fümf Prozent von drei Milljarden, det mußte Dir ma' ausrechnen, det sind hundertfuffzich Milljon' !«. (Und der Andere nickte, vorgeschobenen Untergelipps, à la ‹Ja bei uns schtimmt e'em ooch nich Alles›.) / »Mensch, Du liest noch Karlmay ? ! Bei dem kommt doch nich een Auto vor ! Da reiten se doch noch uff Ferden rum, wie beim Ollen Fritzen – *det* hat doch keene Zukumft !« / (Und endlich fing er an, von ‹Erlebtem› zu erzählen – darauf hatte ich gewartet; darauf warte ich immer; ich warte ja überhaupt auf nichts anderes. Schon kam ich mir wieder vor, wie bei Homers : los : skin the goat !)

: der Betreffende – (Ich will ihn, geheimnisvoll, ‹Den Betreffenden› nennen. Das paßt für Viele : Dürre in Niedersachsen; dafür Überschwemmungen in Salzburg ? : ‹Der Betreffende hat wieder mal falsch disponiert !›) – war ‹im Westen› zu Besuch gewesen, Jubeltrubelheiterkeit; und hatte, da seines Zeichens Omnibusunternehmer, auch hiesige Tankstellen und Autohändler frequentiert. Neidisch die besterhaltenen Gebrauchtwagen gemustert – auf einmal blitzte sein Blauauge : war das nicht dort derselbe Autobus wie ‹seiner› ? Natürlich nur viel fescher, und fast wie neu. – : »Den müßte man haben !«

Handelseinig wurde man relativ rasch; denn der Betreffende war im Nebenberuf auch noch HO=Leiter, und da fällt ja bekanntlich immer

Einiges ab. Nur hatte ‹seiner› hinten noch 2 ovale Fenster drinne : ? : »Die schneiden wa rein !«

»Fuffzehntausend ? Na ?«. – »Ja. Aber zahlbar erst nach Empfang !« (Und wie das Ding über die diversen Zonengrenzen kriegen; es war ja schließlich ein Objekt, das man sich nicht in den Ärmel schnipsen kann !).

: »Und denn haa'ck'n rüber jebracht !«. (Jetzt lehnte auch die Nachfahrin des Zarentrommlers ihre machtvollen Reize interessiert näher. Also zumindest ein Teil war bestimmt Natur.)

: »Erst ha'm se noch det janze Verdeck innen vabrannt«; nämlich beim Einschneiden der, zur Tarnung unerläßlichen, beiden neuen Rückfenster. Bis aus Lüneburg mußte man einen Sattler ranholen : »und ick schtand wie uff Kohln ! Und et wurde Neune« (und zwar P. M.; das dauert jetzt schon 30 Jahre, und die 24=Stunden=Zählung ist immer noch nicht volkstümlich geworden); »und et wurde Zehne : endlich, um Elwe, konnt'ick los !«

Und war eine finstere Nacht gewesen : der Regen goß in Strömen; von den Wetterfähnlein der Kirchentürme kreischte es herunter, wenn er, seinen Leviathan hinter sich, durch die schlafenden Dörfer spritzte; Paul Revere war ein Waisenknabe; bis Helmstedt.

: »Den een' Zollfritzen kenn'ick, der saacht : ‹Kieck ma det Pärchen; die warten ooch schonn seit drei Taachen, det se Eener mitnimmt. Die sind beschtimmt durchjebrannt, und wolln jetz wieda zu Muttien.› Finster sahn se ja aus. « (Kunststück : 3 Tage warten; wahrscheinlich ungewaschen; ohne Geld; und dann bei dem Wetter. Jedenfalls hatte er sie, der Bus war ja ganz leer, dann um Gottes willen bis auf die Höhe von Lehnin mitgenommen. Begreiflicherweise auch den Rückspiegel so eingestellt, daß er vorsichtshalber die beiden Zerknitterten beobachten konnte. Beschrieb auch deren intimere Evolutionen; wozu unsere ältliche Hörerin, fachfraulich gepreßten Mundes, mehrfach billigend nickte. Einmal allerdings stieß sie verächtlich Nasenluft aus : Anfänger !).

: »Hinta Braunschweig hatt'ick schonn ma'ne Weiße Maus hinter mir jehabt«, (so nennt man in solcher Umgebung, unehrerbietig, einen einzelnen Verkehrspolizisten auf seinem Motorrad); in Westberlin aber war es dann gar ein »Peterwagen« (also ein ganzes Polizeiauto) gewesen, das ihn an den Straßenrand gedrückt, und seine Papiere kontrolliert hatte : die waren auf DBR & Westberlin via Zone ausgestellt gewesen, und ergo unanfechtbar; hier lag ja auch gar nicht die Schwierigkeit; aber

: »nu schteh ick in Berlin=Schalottenburch, und der Betreffende kommt an : mit *sonner* Aktentasche ! Alles Fuffzijer und Hunderter. « Da wurde einem, beiden Teilen bekannten und ehrwürdigen, neutralen Dritten die Kaufsumme übergeben; der schrieb im Schweiße seines Angesichtes 15 Postanweisungen à tausend Mark aus, und gab erst mal 7 davon auf bei der Post – in Berlin wundert man sich über gar nichts mehr.

: »Haste de Nummernschilder ? !« Nämlich von des Betreffenden »alter ostzonaler Schaukel« : die mußten erst passend gemacht werden; das heißt, die Schraubenlöcher genau aufeinander, sämtliche Muttern geölt. Und dann als erstes wirkliches Risiko

: »durchs Brandenburger Tor : und det *war* vielleicht enge, Mensch, wie bei 'ner Jungfrau : ‹Kieck Du links raus; ich rechts.› «; so waren sie, die Wände beinahe streifend, durch jenes nicht=marmorne deutsche Wahrzeichen gesteuert; und drüben harrte schon der Volkspolizist.

Nun braucht man im inner=berlinischen Verkehr weiter keine Papiere – aber daß sich Einer zur Besichtigung des Ostsektors ausgerechnet einen leeren Omnibus wählt, befremdete den Blanken, und mit Recht, doch ein wenig. Der Dicke aber, eiserner Stirnen rundherum übervoll, hatte solange auf seine besichtigungslustige Korpulenz, und den 1 Freund, verwiesen, bis der Beamte endlich achselzuckend sagte : »Et kost' ja *Ihr* Benzien.« Und ihn weiterließ.

: »aber nu kam de eijentliche Schwierichkeit«; und das war der Übergang aus Ostberlin in die ‹Zone›, also, disons le mot, die DDR : »Da hatt' ick nu schonn vorher meine Bekannten mobilisiert jehabt : ‹Sucht ma'n janz einsam Grenzüberjang raus› « – er hielt den Zeigefinger effektvoll 3 Zentimeter vor die dicken Cäsarenlippen, und funkelte uns Lauschende majestätisch an (und geschmeichelt auch. Die Gebärden der Erzähler hier sind mannigfaltig.)

: »und zwar in Richtung Ludwigslust. – Ick fah da also immer an'n Kanal lank. Vor uns Keener, hinter uns Keener; et iss ja ooch bloß'n halber Feldwêch.« Steuerbord voraus kam der Kontrollposten in Sicht : eine simple Bretterbude, ganz einfältig. Bis auf 300 Meter fuhren sie ran

: »dann wir runter. Ick saache : ‹De Schilder her : ick vorne, Du hinten !› Und de Muttern bloß so mit de Finger anjezogen. Rinn in'n Kanal mit de alten Schilder; und immer noch keen Aas in Sicht. Und ick richt' ma uff. Und ick dreh ma um. Und ick saache bloß : ‹Hier haste Dein' Omnibus.› « (Und wir nickten Alle im neidischen Takt : es gibt schon noch Männer !).

: »Der konnte det jaa nich'jlooben ! Det er nu'n neuet Auto hatte.« Hatte nur immer strahlend das neu auf West lackierte Ungetüm betrachtet, der Betreffende. Und dann wieder den mutig=Dicken. Hatte sich selig ans Steuer geschwungen; ihm noch »Hundert Ost : für't Mittachessen !« in die Hand hinuntergedrückt; und war dann abgebrummt.

: »ick seh ma det noch so an, wie er an det Wach=Häuseken da ran jondelt. Da kiekt een=Eenzjer raus, mi'm Kopp. Und winkt bloß so mit de Hand« – so schwach und schläfrig winkte die seine nach, wie ich, in a long and misspent life, noch nie zuvor gesehen hatte – »und der winkt wieder – : und da iss er ooch schonn durch. Keene Kontrolle. Nischt. . . . . . .«. Und breitete, leicht kopfschüttelnd, die Hände; und ließ sie wieder auf die Tischplatte sinken : geritzt.

Wir waren verpflichtet, wiederum zu nicken. Taten es auch gern. Der Andere bot ihm vor Anerkennung einen Stumpen.

»Det haa'ck übrijens ooch noch nich jewußt, det=det Brand'nburjer Tor nich massiv iß. Ick hab' immer jedacht, wenichstens Jranitt oder so.« Aber der Erzähler schüttelte nur ablehnend den kundigen Kopf : nichts; gar nichts : »Überall blättert de Tünche ab.«

»Bei *mir* ist Alles Natur,« sagte die Walküre, und lehnte sich voller zurück : »Mein Vater war Trommler beim Zaren!«

NEBENMOND UND ROSA AUGEN.

(Nr. 24 aus der Faust=Serie des Verfassers)

I

Die Nacht war still; der abnehmende Mond erhellte die Straße; wir ritten auf
unseren Fahrrädern dahin. (‹Teerdecke›, das ist eine nützlichere Erfindung, als.) / (Daß die Dämonin ausgerechnet wieder ein karminrotes
haben mußte, die Rohrköpfe gelb=geflammt & wie mit Rauchfloren
umwickelt, hatte ich ihr vergebens verwiesen; sie rausredete : im ‹Vorhof›
hätte's kein anderes gehabt. Je nun; ich hab mich ihr nun einmal verschrieben.)

   Als plötzlich, gegen 3½ Uhr, im Westen eine schwarz graue Wolke sich
zeigte; und, kaum von uns gesehen, von heftigen Böen begleitet, pfeil-
schnell unserem Zenith zu eilte; (‹mein› Zenith – ich wäre also Zenithbe-
sitzer ? ‹Wer kauft Azimute ?› : »Nadire feil !«).

   Wir sahen es einmal nur stark blitzen, hörten aber keinen Donner, zwischen Görlitz und Lauban; (wenn es die DDR nicht gäbe : sollte man sie
erfinden ?). / Der schwarzhakige Wald chausseete langsam neben uns entlang; Dorédornen öffneten gefällig Krallenfächerchen, (wenn man 1
abbrach, seufzte er womöglich, der Wald an der Chaussee; und litt dann
weiter an Oktoberstarre.) / ((In dem Gehöft=zuvor, wo wir Milch
getrunken hatten – ‹Milch›; das muß sich Einer ma vorstellen ! Wir taten
es aber auch aus reiner Bosheit. (Und meine Teufelin brachte dabei die
Brust *so* vor, daß Mann gleich hätte unsinnig werden mögen.) – hatte der
Hahn lange in die Fahrradlampe gestarrt, the Snake & the Serpent; und
dann zu krähen begonnen : The Sun does arise, & makes happy the skies.
Auch war noch bemerkenswert gewesen, daß eine junge Katze, die, laut
Aussage jener Klütenpedder, sonst wenig Elektrizität zeigte, in den vor-
hergehenden kalten Tagen, vom 23. bis 27. Oktober, bei dem leisesten
Streicheln starke Funken sprühte; besonders lange kamen, mit lautem
Geknister, aus den Spitzen der Ohren. Meine Dämonin – oder bin ich
‹ihrer› ? – trank, wie gesagt, währenddessen immer Milch; aus feuerroten
Handflächen; mit sichtlichem Genuß.)) / Uns stand jedenfalls einer der
großen Zyklenwinter bevor.

   Es wurde so dunkel, daß wir die Straße nicht mehr zu sehen vermochten ! (Oder nein; weg das Ausrufungszeichen : so stenografenhaft schnell

erfolgte der Vorgang doch nicht ganz; man sagt mir ohnehin nach, daß ich mit einer Handtasche voller Ausrufungs= und Fragezeichen, also voller Geschrei, reise : es ist nicht wahr ! !). / Wenige Sekunden darauf fing es an zu hageln, und es fielen Schloßen, wovon einige die Dicke einer Wallnuß hatten. Der Wind wehte furchtbar; so daß die Räder ihm nicht zu widerstehen vermochten, sondern seitwärts getrieben wurden. Einzelne Hagelkörner, welche ‹es› auf die Klingeln und in die (leeren) Handgriffe der Lenkstangen drängte, leuchteten; (und in demselben Augenblick sah ich auch ihre Ohrenspitzen glimmen ! Sonst aber nichts weiter; keinen fingerzipfligen Teil irgend an uns, noch an den umgebenden Gehölzen, nichts.)

Selbst meiner Dämonessa wurde unheimlich. (*Vielleicht* auch nur angeblich : Wer, der im Kürschner steht, weiß schon noch Bescheid mit Dämonen ? Die, die's behaupten, sicher nicht. Und ‹Leser› ? – achduliebergott. ‹Leser›, das sind Diejenigen, die zeitlebens ‹Schirm› zu dem sagen, wobei einem Schriftsteller ‹ein Stock im Petticoat› einfällt !). / Sie erinnerte mich diskret an 1 ‹längeres Gedankenspiel›, das ich, als sehr junger Mensch, damals, hier im Nonnenbusch lokalisiert hatte : ? – Ich runzelte die sehr= behagelte Stirn (da jetzt sogar der obere Rand meines (geklauten) Rückspiegels zu fosforeszieren begann). Wir einigten uns kurz; durch Wimpernbedenken, Wortstücke, Lippenperispomenen, Handgaukeleien. Und bogen ergo links ab; (sie ließ mich raffinierterweise ‹führen› – also ‹Erinnerungen wecken›; die sind ja *zu* abgefeimt.); den Hang=Lehmweg, meingottdasgeglitsche, hinunter : kann man das BrettübereinenBach ‹Steg› nennen ? . . .

Der Hagel wurde jedenfalls geradezu lebensgefährlich ! (Ich & viele Pferde jener Gebiete hatten am nächsten Tag Beulen & blaue Flecken.) / Wir köpften uns in ein Fichticht. Hockten unter das barbije Weir (= knochiges Drahthaar) der unten=Erstorbenen. Und warteten eben. –.

. –. / – –. / : *Pause. Der Hagel* massierte die allesduldenden Zweige dichtüberuns. Die Dämonin zählte ihr Papiergeld unter (und mit) der Hakennase. Rechnete; und debattierte einmal, kurz & ungehalten, mit ihren Montessori=Fingern. / Die Schloßen rappelten, als lebten wir in Packpapier; (eine Zellstoffwelt; wir wehren uns mit Armen, halberstickten. Der Tod kommt schneeweiß : auch 'ne Möglichkeit. – Die Nerven der Meistenvonuns würden ‹weiß & lautlos› vermutlich viel schlechter ertragen, als dantesk=aufgeregte Höllen.) / Sie lächelte befriedigt, da es kein Ende nehmen wollte. Bat um Erlaubnis & erhieltsie. Zog eine Rolle aus dem (feurig beflaumten) Busen. . . .

. . . *ich barg, was ich an Ohren hatte,* in Schiband & Nadelstreu; befahl

ihr, ja leise zu sprechen; und das Subjekt (?) las tatsächlich auch. Frisch
gesammeltes Material aus Westdeutschland. (Und, Moment : wenn Die
also, bei Satans, die ‹Spaltung› offiziell anerkennen ? – : dann tut Unsereins doch wohl gut, sich ebenfalls darauf ‹einzustellen›, wie ?) –

2

(GESCHICHTE DER TEUFELIN)

Ich verbrachte meinen Urlaub in der Nähe von, sagen wir, Kirchhellen;
als männlicher Zeichner. Saß 1 Tages und skizzierte, in der Nähe meines
Gasthauses. – / – : 1 offenes Auto kommt vorbei; darin 1 Herr & 1 junge
Dame, (am Steuer). / Schönes Wetter; Hochdruck 770 Millimeter, (so
recht für Teufel !); ich zeichne also am nächsten Tage weiter. (Eine Erlen-
gruppe übrigens, am Bach; dazu, als Staffage, 1 badende Fünfzehnjährige,
mit großäugigsten Brüsten : raffiniert !). / Wieder kommt das Auto vorbei. Hält. Fährt weiter. – (Jetzt war ich meiner Sache sicher. Zeichnete
also rüstijer=fürder.)

Beim dritten Mal steigt der bessere=ältere Herr aus, und stellt sich
vor : – (irgend 1 Zechenbaron; Kunstliebhaber; Besitzer der großen
Villa=drüben) : »Sie haben sie vielleicht schon gesehen ?«. (Auch große
Güter im Hannoverschen; wo er aber, aus familiären Gründen, zur Zeit
nicht wohnen möchte.) : »Wär' mir 1 Ehre & 1 Vergnügen, wenn Sie
morgen bei mir essen könnten – ?«

((Natürlich hatte meine Diabolessa angenommen : Now the pole=star
's red & burning, and the witch'e's spindle's turning. – Ich fing, in gespielter Gleichgültigkeit, an, meinen Hosenumschlag auszuräumen – da
findet man nicht selten die nachdenklichsten Sachen drin : Sand, klar;
Steinchen; Haare, (auch von Pflanzen); kleine Schlüssel. Während sie weiter von der verrückten Gesellschaft erzählte.))

: Ich gehe also; und treffe dort die Gesellschaft. / Er : akademisch
gebildet; total verwahrlost, und lästerlich reich; glänzende Einfälle zu
Literatur & deren Geschichte. Die first Lady, eine Mätresse, 25, bild-
hübsch : halb Burne=Jones halb Rubens, und also wahnsinnig aufre-
gend !, soff sich Kehle & Magen ab. Eine greis=energische Haushälterin,
die aber ihren Grimm in sich hinein fraß; (einmal war sie schon geflogen;
der Besitzer war kalt in der Hinsicht; und nur auf jahrelanges Bitten wieder eingestellt worden : jetzt wußte sie's besser !) : sie wohnte in einem der
Klo's, schlief in der Badewanne, und aß, aus fanatischer Sparsamkeit,

137

nichts als kalte Kartoffeln; sie war von Adel. – Außerdem 2 andere Gäste : der Eine ein Atheist; der, einen hellroten seidenen Strumpf in der Brusttasche – sein Geld war darin; und 1 Zahnbürste – in der großen Bibliothek saß, und mit giftigem Lächeln CANDIDE las : 1 von Voltaire eigenhändig signiertes Exemplar !

Der Andere ? – : 1 Studienfreund des Besitzers. Jetzt ruiniert, und so durstig, daß er regelmäßig nachts um 3 aufstand, ins Eßzimmer hinunterklomm; und dort sämtliche Reste austrank. / Ich blieb im Ganzen 6 Monate dort. (‹Mit Genehmigung› natürlich.) : Ich habe während dieser Zeit kein Trinkwasser gesehen ! Es gab nur Bier, Champagner, Asbach. Morgens ein, wohl aus Ironie so genanntes, ‹Bauernfrühstück› : nischt wie Makkaroni, Kartoffeln, Corned Beef, Eier, saure Gurken, Undsoweiter, durcheinander gebraten; (– *den* Bauern möcht'ich sehen, der dergleichen frühstückte ! : Die verhungern ja lieber; mit'm Brot unter'm Arm.); Getränke : Bier, Champagner, Asbach. Mittags Hammelkeule, (o. ä.); Getränke : Asbach, Champagner, Bier. Abends Schwedenplatten, groß wie Klosettdeckel; Getränke : Champagner, Bier, Asbach. / 6 Monate; wie gesagt.

Eines Tages erschien die Tochter; 13 Jahre alt; und von der geschiedenen Mutter – um den Vater zu ärgern – in jedem, nur vorstellbaren Laster erzogen. Weißblond mit rosa Augen, trank sie wie Bacchus=persönlich; (oder Joyce; oder Reuter. »Er frisset fürchterlich« : Jean Paul über Goethe.) Ich sah sie zum ersten Mal als die Schaukelnde & ihr Schatten. Sie entdeckte mich, wie ich an einem Schreibtisch saß – das war gar kein Schreibtisch; das war ein hölzerner See !. Sie nahm mich einfach mit auf ihr Zimmer – also so ein Zimmer hasDu noch nicht gesehen !

: 8 Fenster, umgeben von rauschenden Bäumen : an den Pfeilern, zwischen den Fenstern, Riesenspiegel, in denen sich jene Pappeln vervielfachten – das rieselte & raschelte, daß ein Heiliger nervös geworden wäre ! / (*Wieviel* Zimmer die Villa enthielt, und *Wer* sie bewohnte, wußte übrigens Niemand mehr; nicht einmal die Gewährsfrau, die Wirtschafterin.)

Dabei 1 begabtes Kind ! : »Die Oberflächen der Dinge sind wichtiger als ihr ‹Wesen› « behauptete sie; machte aus ‹Nofretete› ein ‹n' offre tête›; warf sich auf den kleinen Rücken, und wir zuckten 1 zeitlang, (und die Sperlinge delirierten dazu. Und das rote wimpernlose Tigerauge des Elektro=Boilers nachher.) Aus dem Badezimmerfenster sah ich den Besitzer, wie er seinen Gutshof fegte : eine Mütze mit weißrotem Band auf, (wie städtische Müllabfuhren); die Mätresse lümmelte daneben, in lauter Hederich, Melde und Franzosenkraut; Potz Ekhel & Ingrim; sie bestand ja nur noch aus Mittagsschläfchen, Früh=Stückungen & Suff.

– so ein Leben habe selbst ich selten geführt! 4 Autos, vom dieselnd-
sten Mercedes, bis zu 1 JANUS – das ganze Haus war rundherum ‹Janus›. /
Er verschenkte aus Bosheit, um präsumtive ‹Erben› zu ärgern, von den
kostbarsten ‹Gesammelten Werken› die Bände einzeln=treuherzig : »7 & 8
kriegt Erna; 3 bis 5 Heinz. Ein paar werfen wir weg.« / (Und dabei immer
diese fantastischen Einfälle! : Das 13jährige Geschöpf sollte einen Schul-
aufsatz über Romantik schreiben, und bezeichnete Hoffmanns ‹Egelprin-
zen› aus dem MEISTER FLOH auf der Stelle als ‹fallisches Sümbol›). / Die,
amerikanisch geschulte, Mätresse, dissertierte über die Stellen, wo Frauen
‹Schweißblätter› tragen – »Halt's Maul!« durfte man zu ihr nicht sagen;
»Halt Dein Dotter=Maul!« ja; das wiederholte sie mentaliter, stutzte,
‹much wampum for little word› : so dankte sie, mit Herzenmundundhän-
den. Gott geb'ihr 1 höllische Nacht.

Der Grandseigneur war imstande, aufs geistreichste die Beziehungen Stifters und Leopold Schefers zu analysieren; – (»Tant mieux« sagte
der Atheist, der Stifter nicht ausstehen konnte.) / Der ‹Studienfreund›
behauptete prahlerisch : »Wo ich küsse, bleibt ein blauer Fleck!« – dabei
konnte er gar nicht mehr; (mißbrauchte aber Sternschnuppen zu eroti-
schen Wünschen.) / ((1 der tollsten Unterhaltungen – aber das ist eine
Erzählung für sich – war, als wir, an offener Tafel, in Gegenwart und hit-
zigster Mitwirkung der Damen, freimütig erörterten : ‹Wo eine Frau, vorausgesetzt, daß sie wählen könne, ihre Pickel, Warzen & Runzeln würde
haben wollen?›))

(Dann noch der ‹Ausflug ins Grüne› – präziser ‹Blaue›! – wo, immer
abwechselnd, rechts die Mätresse, und links die Tochter aus dem Auto
fielen; man hatte diesmal das NASH=Cabriolett gewählt.)

Zum Schluß legte sich die Mätresse auf ein Sofa, und begann zu sterben. Warf unsichtbare Messer in die Luft, und fing sie, mörderisch, wieder auf; (wollte auch Jemandem ‹das Herz aus dem Leibe schneiden› –
WEM, ist nie bekannt geworden.) / Endlich starb sie. Wurde beerdigt. /
Und nach dem Leichenbegängnis ging die Gesellschaft auseinander.

3

1 *Viertelstunde etwa* mochte ihre Vorlesung gedauert haben. (Die ‹Pointe›
übrigens sah ich nicht ein. Es sei denn, als ‹Sittenbild›? – Sie nickte bestätigend. Wirtschaftswunderlich.) / Dann heiterte der Himmel sich eben-
soschnell wieder auf, als er zuvor getrübt und verfinstert worden war.
Wir ergriffen unsere Fahrräder; (nachdem sie noch gelobt hatte, wie wür-

devoll ich die Geschichte eines Anderen ertragen hätte : das kann nich Jeder !). / Wir schoben die Gestänge vor uns her. Erst über die übliche, waldtextilene Bodenbindung aus Lichtgräten & Schatten, Potz Elsner & Tiepolt. Dann über'n Bach, der lehmig zu brausen versuchte (und sukzedierte : hochdenhang !).

Am ‹Schützenhaus› vorbei : ob die Polen jetzt=hier=noch üben ? – Als ganzjunger Kerl war ich oft, den Gepäckträger voller Träume, da vorüber geschusselt. –

Aufderchausseewieder : wir waren sehr überrascht, das Bild des Mondes doppelt zu sehen ! / Wir riefen uns sofort gegenseitig an : er stand ungefähr im letzten Viertel, etwa 50 Grad über dem Horizont, in Südwest zu West. Und hatte, gegen West, ungefähr in 45 Grad Neigung, gegen den Horizont, 1 an Größe ihm völlig gleiches, nur nicht ganz so helles, Nebenbild ! Die Ränder beider Scheiben berührten sich. Der Himmel war jetzt ganz mit dünnem Florgewölk überzogen; und ich glaubte deutlich wahrzunehmen, daß bei vorüberziehendem dichterem Gewölke das Nebenbild nicht in eben dem Grade an Licht verlor, als der Mond selbst. (Was mir für die Entstehung des Bildes in den niedrigsten Wolkenschichten zu sprechen schien : ?). / Meine Teufelin wunderte sich über gar nischt mehr. Murmelte nur etwas à la ‹WASERWOHLWIEDERVORHÄTTE ?›. – Ich ermahnte sie, unwillig, sich zu wundern ! – Sie wunderte sich.) –

Also ließen wir die Räder wieder laufen. / (Gespräche über AFANASJEW : ‹Die zoomorfen Gottheiten der Slawen›. Auch, als der Scheunenrand Laubans näher kam, über den, am ganzen Leibe behaarten, DOMOWOJ.)

Eine Fabrik ? : »Da drin liegen die Uniform'm, in denen Wir=dann, nächste Woche, ‹polnische Attachés›, als ‹Beobachter› an den Manövern teilnehmen.« (Wir feixtn, Beide, bei der Vorstellung : wie FAUST die bonner Bundeswehr besichtigt. Womöglich den ‹Jahrgang 22›. Mußt'n dann aber stark Rücktritt nehm'm. – : noch mehr. –). –

Glomm 1 Licht im ersten Haus ? / – (war doch erst halb Vier ! : ?) – / –

: 1 Henkelmann, mit Blechkännchen trat aus kwarrender Gartentür : warmer Kaffee : in linker Hand !. / (Er summte – : »Was ?«. – Und Dämona, zu meiner Rechten, übersetzte's gefällig)

: ‹Kde dommow muj ?› : Wo steht mein Vaterhaus ? . . .

GEDICHTE

SCHRITTE IN DER NACHTSTILLE

I   *Das stürmende Lied*

O du Schöne
da komme ich atemlos vom Windfang
und bringe dir mein Herz
ich trage dir all meine Sterne zu
atemlos vom Herzen der Nacht
verwühlt in die Glieder des Sturmes
beblickt von dir, goldäugige Schlankschenklige
schön bereit zum Liebeskrieg
alles verwirrst du
das Haar der Berenice verstummt vor deinen Flechten
da zerbricht mein getürmter Stolz
da lächle ich verzehrt
lächle wehmütig und listig
in dein Augenmeer.

II   *Schritte in der Nachtstille*

Da eine Geige weinte um Mitternacht
hat mich mein Rausch in mondhelle Gassen gebracht
leis tönt mein Schritt in der Nacht.

Lampiges Fenster weht auf
Stimmen und Wolkenzug
Brunnengeliebte am Markt spendet aus steinernem Krug
herbstliches Wasser trank ich in stummem Zug.

Wind im Gehölz, Wanderwind striegelt mein Haar
Kammer in der du schläfst füllt er dir wunderbar
Mond auf den Kissen küßt dich schon manches Jahr.

Da alle Wolken reisen um Mitternacht
Habe auch ich den Weg zu deinem Fenster gemacht
Flüstert mein Lied in der Nacht.

III   Du lehnst behutsam an erfülltem Wind
und läßt den jungen Mond zur Barke werden
mit eifervollen schmiegsamen Gebärden
die noch Symbol und ganz verschwiegen sind.

In schmalen Händen hälst du streichelnd Nacht
dein Lächeln hat die Form von schweren Weinen
die ungeküßt in flachen Schalen schweben.

Du bist den Nachtgetroffnen aller Sinn
bist Hyazinthe, Tier und nicht allein
gelassnes Werden – auch der Schrei darin.

IV   *Herbstliche Nacht*

Nun, da die Abende vor Herbst verstummen
Durchsegeln Wolken unsre kühlen Nächte
– Verschwunden sind die heißen Sommerprächte –
Wie sanfte Bienen, die im Mondlicht summen.

Das ganze Land ist überspannt von Farben
Die Sterne frösteln hinter roten Zweigen
Der blasse Wind spielt auf den trüben Geigen
Der kalten Hölzer und der feuchten Garben.

Mit herben unversieglichen Gebärden
Vergeben wir die Lieder an das Land.
Ein Schnitter schreitet hinter müden Pferden
Ergriffen durch die goldverschalte Wand
Der meisterlich gewölbten Sternenkammer,
die letzte Aster in der reifen Hand.

V   Im welken Licht beginnt mein zarter Pfad
mit Rebenranken und Geläut verbrämt
und alle Lieder die der Tag gezähmt
sind mir planetenschön und leicht gemacht.

Der Mond begegnet mir auf Schlangenwegen
gelächterhaft und wie ein schlanker Knabe
mit Sternen in den Händen. Keine Gabe
kann noch wie diese bis ins Blut erregen.

Ich liebe manchen Stern wie eine Braut
ich breche lachend durch die Dornenhecken
und bin den Schwelgerwinden angetraut

VI   [...]
Du stehst gereckt und schlank ein schönes Tier
berückend jung und schmal vor Zärtlichkeit
versinkt der Mond im Nachtmeer und in dir.

VII   *Gassenhauer vom Lügner Jambulos*

War einst ein Lügner Jambulos
he holla he
durchfuhr das Meer mit Schiff und Floß
sah nichts als Wind und See

Doch als er in die Heimat kam
die Lüge er zu Hilfe nahm
schlug alle Welt in Bann
und was er angeblich erschaut
das sei euch lächelnd anvertraut.
Nun staunet wie er klug gebaut
[...]

VIII   *Gadir*

Goldmond brennt auf am Festungsturm
in Märchenfernen reist ein Sturm
zaust und zaubert

Ich trage Krüge weinbelaubt
der Wein schwatzt innen laut
Mond reitet an mit Söldnerstern
das rasche Heer verbirgt sich gern
hoch in Wolken

Die wilde Wolkeninsel steht
mit Pässen, die kein Mensch begeht
und schroffen Silberklippen
Mond landet im Wacholdermeer
die kleine Stadt schläft hell und leer
hoch im Bergland

Ich steige leicht wie Wind empor
zum Wolkenwald durch Wolkentor
weiß nicht wie meine Spur verlor
Ich wandre mit der Wolke.

IX Der Mond steht blaß, ein Kupfergong
sehr hoch im Äther
auf gläsernen Stengeln
wiegen sich Tulpen
im Winde der Wiesen
durch die warme Abendluft
kommen Schritte
Mandolinenspiel im Dämmerschein.

Nun kehre ich ein
bei Kräutern und Riesen

X Als der Gott Râ zum Greise wurde
sterbend Namen und Gestalt tauschte
hob er am fernen Arm der ewigen Waage
die schöne Lampe Šin den Zecherliebling.
Aug in Aug standen sich beide
huldvoll überstrahlte ihr Haar das zwiefarbne Land
[...]

BELIEVE, DEAD POETS ARE NOT ALWAYS DEAD:

– Believe, dead poets are not always dead :
once, in a wintry night, when storm has ceased
and in each constellation sleeky clauds
are resting, white and solemn ebon-rimmed –
ore when at noon the cricket drones its tune :
small voice in sommer-meadows – mainly when
a tricksy woman, whose fine joints thou hast
beloved with glittering senses, burning eyes,
a food to fires unknown, hopes to derite
thee in some fat fool's arms – : Then they will come,
with candles in their hands, serenity
in every crystal air : a transp'rent voice,
whose glassy clearness frozes mortal-ones. –

VERWORRENHEIT

Wohl ist es oft, als könnten unsre Hände
die Bilder formen, die sich zu uns drängen,
als könnten wir des Geistes Fessel sprengen
und eingehn in die Zeiten großer Wende.

Dann stürmen wir bestürzt durch das Gelände
und suchen Wolken hinter Hügelhängen
und frühen Mond. Doch allen unsern Gängen
bestimmt das Schicksal stets ein wirres Ende.

Du wilder Weg, wir geh'n in harten Schuh'n
die Felder flüstern Wind fährt durch die Nacht
wir rufen auf und wollen nimmer ruh'n

doch schon sind unsrer Schöpfung Schauer weit.
Wir taumeln, lächeln traurig ohne Macht
und sinken wieder in Verworrenheit

VERBRÜDERUNG.

Blutbruder Gras, ich liebe dich;
dein Wasserglanz stürzt über mich
wie eine Schale Tau.
Ich hebe meine Hände her
und streichle dich so süß und schwer
und mehr und immer, immer mehr
wie die geliebte Frau.
Die Himmelsschale blau
vergießt ihr schmetternd goldnes Licht
über mein sinkendes Gesicht;
ich wehre nicht und streite nicht;
der Wind, der weiße Wolken flicht,
kommt herrisch und geht lau.
Die Wolke steht und sieht mich an,
der Bach läuft blau und blank heran
auf seinen Silberfüßen;
der Mittag geht, die Dämmrung geht,
der Abend voller Feuer steht
und weiße Sterne sprießen.
Ich singe unverletzt und laut
an Wasser, das aus Teichen blaut,
Windsbraut ist meine wilde Braut –
einst hatt ich eine andre –.
Die lacht und schwatzt nicht halb so schön
wie Räder, die in Bächen gehn,
in weißen, weißen Wässern gehn,
indes ich rufend wandre.

TRUNKNER IM DUNKEL.

Da eine Geige flüstert um Mitternacht,
hat mich mein Rausch in mondhelle Gassen gebracht;
leicht tönt mein Schritt in der Nacht.

Lampiges Fenster weht auf, Stimmen und Wolkenzug;
Brunnengeliebte am Markt spendet aus steinernem Krug.
Herbstliches Wasser trank ich in stummem Zug.

Wind im Gehölz, Wanderwind striegelt mein Haar;
Kammer in der Du schläfst, füllt er dir wunderbar,
Mond auf den Kissen küßt dich schon manches Jahr.

Da alle Wolken reisen um Mitternacht,
habe auch ich den Weg zu deinem Fenster gemacht :
flüstert mein Lied in der Nacht . . . . .

DIE WOLKENLAMPE.

Wind rüttelt mich aus tiefer Nacht.

Goldmond brennt auf am steilen Turm;
in Märchenfernen reist ein Sturm,
zaust und zaubert.

Ich trage Krüge weinbelaubt,
der Wein schwatzt innen laut.

Mond reitet an mit Söldnerstern,
das rasche Heer verbirgt sich gern
hoch in Wolken.

Die wilde Wolkeninsel steht
mit Pässen, die kein Mensch begeht,
und schroffen Silberklippen.

Mond landet im Wacholdermeer;
die kleine Stadt schläft hell und leer
hoch im Bergland.

Ich steige weiß wie Wind empor
zum Wolkenwald durch Wolkentor,
weiß nicht, wie meine Spur verlor :

Ich wandre mit der Wolke.

BÜRGERLICHER ABEND.

1 Wir gehn wie Wind bei Nacht in Gassen um;
der Winter wiegt sich in den dunklen Bäumen.
Wie unterm hellen Mond die Wolken schäumen !
Von fern dringt Ruf und der Musik Gesumm.

Die Plätze liegen weiss und schauern sehr.
Die Blätter rascheln auf den kalten Fliesen;
im Dunkeln kommt der Wind aus fahlen Wiesen
und treibt sie klug und seltsam hin und her.

Nun tritt der Mond aus einer breiten Wolke :
von dannen gaukelt die astrale Landschaft –
er zeigt sie schnell uns unglücklichem Volke.

Wir stehn, die Hände in den Manteltaschen,
und freun uns ob der zaubrischen Gesandschaft,
indes die Schatten um uns Blätter haschen.

2 Fast will der Wolkenzauber niemals enden.
Auf stillgewordnem Platze steh' ich lange
und lehne mich an eine Gitterstange
und streichle sie mechanisch mit den Händen.

Der Schnee schwebt goldig leicht um die Laternen;
doch schon teilt Wind die hellen Wolkenschollen,
die glitzernd unterm Mond von dannen tollen :
wie seltsam laufen Wolken zwischen Sternen !

Der Mond taucht auf und ab im hellen Schwarme,
erfroren steht der blanke Brunnen da :
Nun geh auch du, und rege deine Arme !

Und jeder Schritt singt auf wie Schlittenkufen.
Vor Schenken sind Geschrei und Lampen nah',
und fröhlich hör ich manche Stimme rufen.

3   Vergilbt vom Tag, und dem Büro entronnen
hock' ich am Ofen, nahe bei der Glut,
die wie ein Tier mit rotem Fellchen ruht;
ich lausch dem Winde, schweigend und versonnen.

Verstohlen nehme ich ein Blatt Papier
und falte Schiffchen, die dann schnell verbrennen;
ich kann die Glut »das rote Meer« benennen,
und eine Zaubermannschaft fährt mit mir.

Der Wind saust schrill und wunderlich ums Haus,
und hellgrün brennt der Mond um Mitternacht.
Die stille Glut löst bunte Träume aus.

Und während lautlos ich zum Fenster schreite,
so musiziert mein Radio sehr sacht :
das Zimmer flüstert; strahlend schweigt die Weite.

JUPITER, DER GUTE HIRTE.

Durch die Wiesen, feuchte Felder,
stets begleitet mich der Stern.

Will mich im Gebüsch verstecken,
will in dunklen Gassenecken
spielerisch mich mit ihm necken :
Lächelnd steht er wieder da !

Liege ich in meinem Bette
stiehlt er sich um Hausesecken
tief in den mondhellen Hof.
In dem weissen kurzen Mantel
und den weissen Schnallenschuhen
lehnt er schweigend sich ins Fenster.

Wolken, weisse Wolken ziehen . . . .

Schliesse ich die müden Augen,
tappt er leicht in meinen Traum.

DAS ‹ZIMTFRAGMENT›

1.) Bötet ihr im Pantheone
    einen Platz bei Göttern mir,
    und ich sollt vom Cinnamone
    scheiden – lieber bleib ich hier.

2.) Fürsten, Grafen und Barone,
    Allen sei ihr Gold geschenkt –
    sitz ich nur beim Cinnamone
    leicht mit Zucker untermengt

3.) Elbe, Weser, Maas und Rhone
    rollen stolz zum Meere hin :
    laß mich nur beim Cinnamone,
    nicht hinaus steht dann mein Sinn

4.) Daß er schnödem Goldstaub frohne
    müht sich Arm und Reich gebückt. –
    Gönnt mir Staub vom Cinnamone
    und ich preise ihn entzückt.

5.) Bot dem Sänger man zum Lohne
    einst im flutenden Pokal
    roten Wein – vom Cinnamone
    heisch ich einzig mir ein Mahl.

6.) Mohren, singt im vollen Tone –
    und ihr, Sphären, fallt mit ein –
    mir das Lob vom Cinnamone :
    mög' er ewig bei uns sein !

7.) Hurtig keimt im Beet die Bohne,
    grüne Lauben wölbt der Mai;
    und ich träum' vom Cinnamone –
    waldher lockt ein Kuckucksschrei

8.) Laßt Euch nur der Schöpfung Krone,
   weitgemäulte Toren, schelten;
   nur der Duft vom Cinnamone
   kann mir als vollkommen gelten.

9.) Formt Euch Götzen nur aus Tone,
   Marmor, Silber, Erz, Platin –
   Vor dem einz'gen Cinnamone
   sollte meine Andacht knien.

10.) Fragt ihr, was denn würdig wäre
    einer höhren Dimension,
    werd' ich stumm zur tin Euch weisen :
    Ruch und Schmack vom Cinnamon !

11.) Mögen Plinien und Strabone
    melden uns von Fabelküsten –
    ich werd' – froh beim Cinnamone –
    nicht zum Periplus mich rüsten

12.) Bötet ihr mir Reiche, Throne
    unter der Bedingung an,
    daß ich ließ vom Cinnamone –
    sucht Euch einen Dümmren dann.

13.) Steuerte zur duft'gen Zone
    Weihrauchflotten der Lateiner;
    im Besitz vom Cinnamone
    bringt vom Mühlenhof mich keiner

14.) Years have passed and kingdoms gone
    Greece and Rome declined and fell –
    give me only cinnamon
    and the globe may go to hell.

15.) Opfert, tanzet, räuchert, fleht zu
    Fufluns, Zeus, Merkurium –
    wir, in frommem Mohrensinne
    baun ein Cin-Ammonium

16.) Was dem Landmann Karst und Spaten,
dem Soldaten die Patron',
was dem Wechsler der Dukaten
ist dem Mohr der Cinnamon

17.) Frag des nahen Haines Echo
ich, geruht am Silberbronn,
nach dem König der Gewürze
säuselt's englisch : Cinnamon

18.) Frag ich das geschlossne Weltall
die Myriaden Mond und Sonn'
nach dem König der Gewürze
dröhnt's betäubend : Cinnamon

19.) Auf der Kugel der Kanone
ritt Münchhausen tollkühn weg
auf der tin vom Cinnamone
reit' ich, trotz' ich Allem keck.

20.) Daß er Punien unerbittlich
haßte rühmt man an Catonen;
gleich beharrlich soll mein Lied stets
preisend schall'n von Cinnamonen.

21.) August, bester der Cäsaren :
legtest eine Garnison
zum Hydreuma des Apollon –
nur zum Schutz des Cinnamon.

22.) Rühmt nur Götter, Fraun und Helden,
schnörkelt Epen und Kanzone;
wuchtig, in gedrängter Vierzeil'
singe ich vom Cinnamone

23.) Fortunat' aus Famagusta,
glücklich bald, bald Glückes Hohn –
hättst du weise dich beschieden
doch wie wir beim Cinnamon

24.) Länder teilt man in Provinzen
(nur die Schweiz hat den Kanton)
Also teil' ich die Arom' in
andres Zeug – und : Cinnamon !

25.) Was der Phyllis ist ihr Damis
    was dem Bjerknes die Zyklon',
    Eratosthenes die Chlamys,
    ist dem Mohr der Cinnamon

26.) Shakespeare hat Mac–Beth verherrlicht,
    Hamlet, Cäsar und Sir John
    Falstaff – – wußt er nichts Erhabners?
    Kannt' er *nicht* den Cinnamon?!

27.) Letzthin kam vom Wunderlande
    ein Paket voll von Bacon –
    dennoch forschten meine Augen
    drin bestürzt nach Cinnamon

28.) Vielfach schätzt man Mus und Printen
    estimiert auch den Bonbon –
    ich hingegen weiß nichts Höhres
    mir als Zuck' und Cinnamon

29.) 1796
    stand Fouqué am Ems=Kordon –
    1949
    stehe ich vorm Cinnamon

30.) Hüte sieht man voll Agraffen,
    rot vom Schuh wippt der Pompon;
    Mohren sieht man rastlos schaffen
    fern – beim Reis – beim Cinnamon

31.) »Pi-Pi-Pö« ertönt's aus Linden,
    dort bei Vehlows düngt man schon,
    und auch mich faßt mäulig Sehnen –
    träum'risch flüst'r ich : Cinnamon

32.) Dieser prunkt mit leeren Titeln,
    Jener nennt sich »Graf« und »von« –
    ruft mich »Er« – gebt mir *[unleserlich]* :
    aber laßt mir Zinnamon

33.) Was den Christen ihre Götzen :
    Vater, heilger Geist und Sohn –
    soll uns Mohren voll ersetzen
    diese tin mit Cinnamon

34.) Ein gewisses Volk im Süden
schätzt sich, sagt man, Makkaron'
und Musik vor allen Dingen
just wie wir – den Cinnamon.

35.)

[Fragment]

DER GOLDGETRÄNKTE HIMMEL ÜBER MIR

Der goldgetränkte Himmel über mir
und das mänadische Gesöff in mir. –
Denn man zünde seine Kerze an beiden Enden an,
und werfe eine Handvoll Salz in den Wasserkrug,
oder steige früh um 4 in unbekannten Mietshäusern :
so ist das Leben !
Nachts schlitzen goldene Messer im Himmel;
Regen trabt, trollt, trabt. Dann wieder :
Maschensilber der Gestirne;
hakiger Mond verfangen im nachlässig hängenden.
Gegen 5 johlt der Zug durch Cordingen.
(Amtlich Bemützte und schwenken die Schranken.)
(Wenn Sprenkmann Bücher nimmt, reichts wieder Wochen.)
Verbreitet am Morgen Brandmale der Wolken :
wieder versah sich der Äther am Irdenen. Oder auch :
riemenschmal in olivne Himmelshaut gepeitscht.
Rauch beginnt krautig und wachsgelb : aus jenem Dach !
Der Mond erscheint ernst und blechern
in Gestalt eines Menschenauges
im Kalkblauen über Stellichte. Schwarzweiße Kühe.
Wir
hantieren nach Beeren und Pilzen im dampfenden Wald,
Champignonweg, Täublingslichtung, Kleinhaide, Ostermoor :
»Wollen wir noch bis zur Schneise gehen,
Alice ?«

LILLIS SONETTENKRANZ

I A rmeen stampfen zwischen Feuerwänden;
L autlos im Rund Millionen Frauen weinen;
I ndes die Diplomaten frech erscheinen,
C ontracte in den glatten Heuchelhänden.

E s kommt ein Tag, der wird dies alles enden;
E s kommt die Zeit, da wieder über Hainen
M ond und Gestirne weiß aus Wolken scheinen,
U nd jed' Gerät entfällt den wilden Händen.

R ast draußen auch die Welt im tollen Toben,
A efft auch die Träger selbst der bill'ge Flimmer :
W ir wollen still die alten Dichter loben,

S ie abends lesen im belampten Zimmer;
K lein unsre Welt; jedoch wir bleiben oben :
I ohannestag zumal erfreut uns immer !

II Armeen stampfen zwischen Feuerwänden,
und blutigrot erscheint die wilde Nacht.
Ein Idiot (Ernst Jünger) hieß die Schlacht
»das Stahlgewitter« einst – er mög' verenden !

Denn wer tät schaudernd nicht die Blicke wenden,
wo kunstvoll langsam, ja mit Vorbedacht,
die neuste Bombensorte mordend kracht ?
Der Leviathan will sich selbst vollenden !

Vollend es denn ! Zerstäub den eklen Ruch !
Zerbrich die Form ! Zerschmelz die starren Tiegel !
Stürz das Gerät und sprich den großen Fluch !

Die Welt hat ohnedies den letzten Riegel
seit langem schon gesprengt. Es steht im Buch;
und irr ich nicht, so heißt dies »Schwarze Spiegel«.

III Lautlos im Rund Millionen Frauen weinen,
wenn doch die erste Nylonmasche fällt;
der Mann gab nur das schnöde bare Geld;
doch sie, gewohnt das Herz dem Tand zu einen,

sehn traurig nach den schönen schlanken Beinen. –
So ist es immer ja auf dieser Welt :
wem fehlt wohl unterm krausen Himmelszelt
zum Glücke nichts ? ! Das wollte ich wohl meinen.

Wir tun am besten, wenn solch kleiner Dreck
wie Maschenlaufen, Tellersturz und Scherben,
uns nicht den munteren Humor verderben :

wir schieben es nur ganz gelassen weg.
(Von uns soll ohnehin kein Mensch was erben !)
Wir kaufen Wurst und knuspern bunten Speck !

IV Indes die Diplomaten frech erscheinen,
und Adenauer sich in Rom ergetzt –
indes im Osten man sich blind verhetzt,
und »junge Pioniere« wirklich meinen,

sie gründeten ihr Deutschland mit den Beinen –
indes ein Muff den anderen verpetzt,
und Ost und West das große Messer wetzt,
daß ringsum sorglich murmeln alle Kleinen :

indessen arbeiten wir still in Mainz;
ein Tandem trägt uns über Tal und Hügel :
der kleine Driver vorne lacht sich eins :

und munter gehts, als wüchsen uns schon Flügel :
»Dies Mädchen« sag ich immer : »oder keins !«
(denn selbst bergab gebraucht sie nicht den Zügel !)

V Contracte in den glatten Heuchelhänden
der feisten Schurken vom Rowohlt Verlage,
sie wurden uns schon oft zur grimmen Plage. –
Wenn wir nur einmal Mäzenaten fänden !

Auch Zehnmarkscheine könnten wir verwenden :
wie schön vergoldet unsre stillen Tage
der trübe 50-Pfennig-Wein. – Die Waage
des Schicksals, scheint es, will sich langsam wenden.

Vielleicht kommt gar der »Schwarze Spiegel« bald;
vielleicht in einem Bande mit »Brands Haide« :
die beiden Sachen werden nimmer alt.

Tut nur ein neuer Krieg uns nichts zu leide,
spazieren wir vergnügt im grünen Wald :
in Höseln Nödel : Lill im Rosenkleide.

VI   Es kommt ein Tag, der wird dies alles enden;
doch wie der aussieht, weiß man nicht genau :
der Eine nennt ihn schwarz, der Andre grau;
vielleicht will Einer sogar weiß dran wenden.

Es scheint am sichersten, wenn aller Enden
man grade nur dem nächsten Tag vertrau.
Bald regnet es, bald ist der Himmel blau,
und jede Stund' kann Geld, kann Prügel spenden.

Schon einmal, Lilli, ging uns alles flöten :
wie saßen wir betrübt am Straßenrand,
und sahn uns an in unsern großen Nöten !

Dies eine bleibt gewiß ? s'ist alles Tand !
Laß sich die Andern nur vor Gier ertöten :
wir schlängeln uns so gut es geht durchs Land.

VII   Es kommt die Zeit, da wieder über Hainen
der Regen klirrt und rote Blätter stieben :
dann, Lilli, ist es fast zu kalt zum Lieben
(ich brauche nicht zu sagen, was wir meinen).

So laß uns jetzt denn in den Sonnenscheinen
genug tun allen schönen wilden Trieben !
Und ob die Nachbarn sich die Ohren rieben,
laß sie ob ihrer Impotenz nur weinen !

Noch sind wir jung und stark; doch naht die Zeit,
wo kühl das Blut sich durch die Adern schleicht,
man sich Konfortative hoffend reicht :

dann tut es uns wohl um Versäumtes leid;
dann rinnt das laue Lebensbächlein seicht –
drum, Lilli : Komm ! Noch ist es nicht soweit ! !

VIII Mond und Gestirne weiß aus Wolken scheinen;
am Bahnhof knipsen sie das Licht schon an,
und vor der Post erscheint Herr Zimmermann;
Holunderblüten warten über Zäunen.

Manch Mohrenkätzchen klettert auf den Steinen
bewußt und tüchtig. Auch das Heinzchen spann
(Doch hat er bitterböse Krallen dran :
erst heut versetzte er dem Nödel einen !)

Das heilge Lämpchen glimmt vorm Christusbild;
an 70/71 mahnt ein Spruch :
damals war alles nur erst halb so wild.

Von nahen Feldern spürt man den Geruch
wie um die Bauern ihre Jauche quillt :
»Nimm, Lilli, vor die Nase Dir ein Tuch !«

IX Und jed Gerät entfällt den wilden Händen,
wenns plötzlich schallend »Lilliburtstag« ruft !
Vom Zwergenküchel hebt sich schon der Duft
der Würzen; Mohren seh ich Braten wenden.

Rothöslig' stürzt's herbei von allen Enden;
von Zuckersand erstiebt die wicht'ge Luft;
das wilde Fett im Tiegel zuckt und pufft;
und »Wein herbei !« hört man Befehle senden.

Da rollen sich Pasteten rund und braun;
da formt aus Kokosspänchen sich Konfekt;
da mag der Wandrer staunend Fasch beschaun.

Nur sparsam wird vom süßen Teig geleckt,
nur selten sieht man ein Rosinchen kaun :
denn morgen wird der große Tisch gedeckt !

x Rast draußen auch die Welt im tollen Toben,
   stärkt der Nachmittagsbutz doch still den Kenner.
   Zwar schilt manch Hauswirt uns unnütze Penner;
   doch sind wir über solch Gewäsch erhoben.

   Wer möchte wohl euch Wühlmaschinen loben?!
   Bedarf der Ruhe doch der flinkste Renner,
   der lüsternste Tourist, der rüst'ge Senner,
   Fürstinnen selbst in ihren weiten Roben!

   Nein, nein: wir halten fromm an unsern Sitten.
   Mag der Weinbauer unten immer schelten:
   die habens leicht in ihrer Braten Mitten!

   So laßt doch auch die Dichter einmal gelten!
   Sie wandeln um euch nur mit leisen Tritten,
   und sind doch wirklich noch erträglich selten!

xi Äfft auch die Träger selbst der billge Flimmer,
   wir wollen ihnen schon die Federn zausen,
   die Literaten und Soldaten lausen:
   bald hört man allerseits ihr Wutgewimmer.

   Vor uns besteht ja nur der beste Schwimmer
   im Meer der Dichtung. Gerne wolln wir hausen
   wo Worte wie Musik zusammenbrausen:
   so was gefällt dem Rezensenten immer.

   Singt auch der Buli süß von Fräulein Loni,
   und daß sie immer wär sein Ideal,
   denn sie bereitete ihm jedesmal

   die schönsten fetten gelben Makkaroni:
   Wir werfen alle Stümper aus dem Saal
   (Dies gilt besonders auch für Herrn Badoni).

xii Wir wollen still die alten Dichter lesen,
   so aus der Zeit von Hoffmann und Fouqué;
   laß auch die ganze andre haute volee
   uns nutzlos nennen, albern und verschroben.

Und wird es gar zu bunt, kommt auf die Groben
ein gröbrer Keil. Dann schrein sie Ach und Weh;
und wollen lieber nicht erwähnt im Le
viathan sein; dann fang' sie an zu toben.

Ich denke mir, wir kaufen billgen Wein
und trinken ihn vergnügt in unsern Seßchen :
vielleicht auch legen wir zum Herbst uns ein

von diesem Prachtgetränk ein ganzes Fäßchen ?
Und dieses hier mag wohl ein Schinken sein :
schon wetzen alle Leckerkerlchen Meßchen !

XIII Sie abends lesen im belampten Zimmer
den Alzeyer Beobachter so gern;
daneben hängt ein bunter Druck des Herrn
und auch das Kruzifixlein mangelt nimmer.

Und ich behaupte : der hat keinen Schimmer,
und der kennt unser Volk noch nicht von ferne,
und der weiß nichts von diesem Narrensterne,
der die noch lobt. Denn Kunst und Geist war immer

ein Fremdling nur in diesen stumpfen Reichen.
Wer »Kunst dem Volke« schreit, ist Idiot.
Denn wegen denen könnt sogleich entweichen

was man nicht direkt braucht zum Konsumbrot.
Wer wollte auch mit solchen Geistesleichen
sich unterhalten. – Macht sie lieber tot !

XIV Klein unsre Welt : jedoch wir bleiben oben ! –
Solang Miss Kiesler derb Pakete schickt,
und uns der Mokkaumsatz immer glückt,
solange wollen wir das Schicksal loben.

Was hülf' es auch, mit dicken Fäusten toben ?
Die ganze Menschheit ist nun mal verrückt;
und viele Hoffnung wird im Keim erstickt :
jedoch deswegen keck die Stirn erhoben !

Vielleicht glückts uns im Spiel als Millionär. –
Ein Fund von 68 Fünfmarkscheinen,
ob das nicht eigentlich was für uns wär ?

Wir setzen uns und baumeln mit den Beinen :
ihr Bauern trabt nur stinkig hin und her,
indes wir wandeln klug in Fliederhainen.

xv Iohannestag zumal erfreut uns immer !
Wenn Nachtigalln am alten Friedhof girren,
Leuchtkäfer aus der Büsche Dunkel schwirren,
spazieren wir gemach im Abendschimmer.

Es ist ja oben viel zu heiß im Zimmer :
laß lieber uns durch bunte Gärtchen irren;
auch Venus will sich im Gewölk verwirren;
erst spät erscheint des Mondes Silbertrümmer.

Gleich naht sich eine Deputation
von Mohren (Dreie sinds in einer Reih),
und auch das Quarkgebäck genießt man schon.

Gemächlich fließt der längste Tag vorbei,
beginnt und schließt mit Gratulation
(spät liest man von der kleinen Gackelei).

JA : ÜBERNÄCHTIGT!

Ja : übernächtigt!
Im hohlen Hausmund
hing alles voll grauer Weiber;
renkten an Fensterkreuzen; eine kam mit
über alle Treppen, geschwänzten Ganges.
Weiterarbeiten. Das Dachfenster;
der fahle gefurchte Morgen; nachher die Sonne
strömte aus grauen Wolkenschluchten,
wäßrig durch Bleiernes.
Wissen Sie : dieses Buch ist für
Werner Murawski;
geboren den 29. 11. 1924
in Wiesa bei Greiffenberg am Gebirge;
gefallen am 17. 11. 43 vor Smolensk;
wie unschwer zu errechnen
noch nicht 19 Jahr alt. Und er
der einzige Bruder meiner Frau,
der Letzte,
mit dem zusammen ich jung war : Oh :
auf der Flußscheib entstand
Schwatz und Gelächter; Himmel mit Wolken beschrieben;
zart prahlte Schlagergesang aus dem treibenden Boot.
Heimweg : Señor Abendwind; hinten der spitze Mond,
und wir 3 umeinander : Du ach, Alice und ich –
Siebenundzwanzig wäre er heute. –
Und bereits wieder schwatzt jede Parte
von gemeiner Wehrpflicht : Was?!! – Kammerknechte :
Kobold und Eule :
was krallt ihr die Pocher nicht fort :
Werner schläft.

DER WOLKEN IRREGANG.

1. Der Wolken Irregang.
   Grauhaarige Gärten. Sehnige Straßengewinde.
   Häuser. Entlang.
   (Der Daumen friert mir an der Hand).

2. Worte dommeln
   im Röhricht meines Hirns; Danken fliegen auf,
   manchmal ganze Ketten epi dia skop :

3. Im Garten : rannten alle Blätter
   wild durcheinander; Zweige wichen hastig
   Unsichtbarem aus; Äste schaukelten und knurrten;
   dann kams an mich und stemmte an meiner Brust,
   segelte im Mantel und machte mirs Haar lebendig.
   (Der braune Leichnam
   klebte lange und traurig beim Handrücken;
   die Wolke preßte sich am Dach und
   Düsterwasser
   schlenkerte wild draus her.
   Gedankenspiel unter Büschen, mürrisch, außer den Wegen).

4. Der Nebelbach
   glitt über die Bodenwelle,
   hatte mich erreicht, rann ums Tannenufer,
   und zerging in einen streifigen Teich (der noch lange
   federgraute und verbebte).
   Hagerer Mond fror
   in unzureichendem Gewölk, ging auch bald wieder,
   krumm; aus altem Löschpapier gestanzt. Der Nebelteich
   füllte sich mehr und stieg,
   kam durchs schlafe Gras und hob.
   In Floßschuhen.
   Windgelall im Wald. Kalt. Die
   Büsche mümmelten blattlos,
   und fochten miteinander; unter schlappen Wolken.

5. Eulen
   pfiffen sich altklug,
   und dann ihr stoßendes Gelächter.

6. Der blaue Wolkenflamberg
   hatte den Mond zerspellt
   in zwei leichige Stücke. (Spitze Leichen ?)
   Wind zog zögernd hierhin und dorthin.
   Die lange Birkin
   fror hinter mir und flüsterte mechanisch Klagen;
   schwarze Büsche bettelten aufmerksam
   am Sandweg.

7. Noch später: der Himmel
   lag voller Wolken und mattem Sternenschutt,
   silbernes Gerümpel,
   und zerfetzte Wischlappen;
   Oper und Pfandhaus.

8. (Novembernes für
   Dr. Martin Walser, Stuttgart).

ICH HABE MICH DEM LEBEN NIE ENTZOGEN;

1. Ich habe mich dem Leben nie entzogen;
   nicht den rotgelben Notwendigkeiten der Liebe,
   nicht senkrechten Büchern,
   nicht Kriegsgorillen noch der Magenratte Hunger,
   nicht dem verlegenen Lächeln des Untergebenen,
   oder wohlgespielter Würdigkeit.
   Bin mit Cooper hudsonaufwärts gefahren,
   habe Jupiterorte gerechnet, Katzen gestreichelt,
   geraucht und gesoffen; und gehe soeben
   im Warenhaus :

2. (III. Stock). Hände kläffen bunte Stoffe
   Kiefer böttchern Augen stöbern
   Ferne summen Bitte sagen
   Truhen dösen Sessel siedeln
   Kleiderdickicht Mäntelwälder
   Bänder sprudeln Arme drängeln
   Knöpfe äugen Socken bergen
   Zeige fingern D-Mark-Stücke
   Schenkel stehen vom Popo.

3. Sekundenliebe wird versucht zum schwarzen Tituskopf,
   und während sie dann, Tücher lungern um andere Hälse, listig,
   rauschend den Stoff zerreißt, daß die
   mittelgroßen Brüste einmal aufspringen,
   ihr Gesicht dreieckig oben im Keilspalt grinst, und
   die greise Abteilungsleiterin schon beobachtet,
   warte ich,
   im Nylonröhricht massiver Frauenbeine.

4. (II. Stock). Schmale preisen zeigen heben
   Teller scheiben Vasen Kerzen
   Dicke brummen hinter Wangen
   Ampeln kabeln bügeleisern
   Spiegel wundern Gürtel nattern
   Bälle kauern sklavenbunt
   Münder stolpern Wortprothesen
   Waden letzen Hüften schamen
   kasse Rufe Stummelaugen
   Zähne gaffen schnappen gattern
   Nasen fortzen hirnig aus.

5. Rocksäume umschleichen Freundinnen (Primanerinnen);
   Teppichrecken, stumm von hausen Frauen umbetet
   (wachstuchene Seelen, Leiber wie Einkaufstaschen);
   Platten schallen sanft für uns Tonabnehmer,
   weibliche Lehrlinge in Schwarzkitteln schleppen pappkartonene
   Felsen herum,
   Rolltreppe feierlich mit Statuen bestellt, und gleich daneben
   Schilder blocken auf kratzen Kokosmatten :
   Nur Eins Fünfzig ! Du ! Kunde ! Und wieder
   Rindsledernes, Batterien, Rauchgaretten,
   sämisch geht die Welt zugrunde.

6. (I. Stock und Erdgeschoß) Büchsen schallen Kaffee dünen
   Lippen krümmen biegen glucken
   Worte traben wellen trollen
   Würstchen tropfen bronznen Senf
   Waagen tatzen Zeiger klügeln
   Gelbe Kleine zeig dich dicker
   Schmöker geilen Fotos schunden
   Mäntel ehrbarn Treppen schweifen
   rosa knorpeln Ohren Nacken
   rückenwürdig Matriarchen
   Ernste tadeln Koffer boxen
   Türen prügeln hinten nach.

7. (Wortmontage für
   Professor Max Bense, Stuttgart).

HAUSHOCH

Haushoch
kam der Windriese
die Schneise herunter galoppt :
seine Glasfüße wühlten kahnige Tritte ins Gras,
oben sein brausendes Haar toste die Kiefernzinnen auseinander,
und er sprang donnernd näher, breitschärpig, aufmichein :
! ! ! –
(Dann war er aber schon hinter mir,
und ich sah ihn in der ganzen Front seiner Luftgenossen
über die Felder toben; bis Alle
im steifen blauen Waldsaum drüben verschwanden.)
Die Gegend war überhaupt voll der riesigen Glaswesen;
überall regten sie sich :
krochen in rostigem plumpem Laub;
ohrfeigten dickköpfige Eichen mit flachen Händen;
stäubten Trollwalzer hoch;
hantierten mit Unterhölzern; (oben mit weißem Wolkenzeug);
Einer bewarf mich aus Ebereschenblättern
mit alten roten Beeren : war demnach eine Sie,
und ich ersann sekundenschnell
durchsichtige Armmuskeln und Kuppeln, luftiges Kraushaar,
und mehr cellophanene Seligkeiten;
dann spritzte sie eine Zeitlang mit feinem grauem Wasser,
bis ich die Zeltbahn drüber hochzog und
Augenschluß.
(Umringt also von titanischer Nacktheit; Kristalline;
in Deiner athletischen Glashut; haushohe Sylphen –
und ich richtete mich mit einem Schwung auf :
das also sind eigentlich die Sylphen ? ! : Aha !
: wieder was gelernt.)
(Auf rechts 35.40205, hoch 58.65535 am waldrandliegen;
für Alfred Andersch.)

GRAUQUALMENDE NEBEL UMFEUCHTEN

Grauqualmende Nebel umfeuchten
das Pfahlbaudörfchen im See,
und über der Schilfwildnis leuchten
die Dammer Berge im Schnee.

Der Steinzeitmensch fühlt an die Backe :
die Backe ist dick, denn es zieht !
Er schnitzt an der Hirschhornhacke
und brummelt mürrisch sein Lied :

>>Was nützen mir urige Stiere,
was Elch, Bär, und Rohrdommellaut;
ich ginge viel lieber zum Biere :
ach, es wird noch keines gebraut !

Der Dümmer wird auch immer kleiner,
die prächtige Hunte wird schmal;
ums Rheuma beneidet uns Keiner,
vielleicht um den Räucheraal.

Heut Abend bohr ich das Beil aus,
mein altes ist doch ziemlich schlecht;
dann paddl' ich zum Nachbarpfahlhaus :
die Kleine da wär' mir schon recht ! –<<

da schnupperte plötzlich ein Bär dicht –
dem Sänger verschlugs seinen Ton –
er sprang, husch, wie ein Fisch ins Geröhricht,
und kraulte fluchend davon.

–

Und der dieses Lied hat gesungen,
hat selbst in den Funden gewühlt,
hat Schomakers Sammlung gewürdigt,
und sich als Kulturmensch gefühlt.

NOTEN AUF ROTEM GRUND

1. Noten auf rotem Grund = Blätter in Telefondrähten.
   Und die Grillen, ausgestorbenen Gesichts, pfiffen ratlos
   Vorgeschriebenes.

2. Am Himmel entstand auch eine Heide.
   Ampferte still rot und grau.
   Wolken zogen ferne Waldstreifen. Man rosmarinte.
   Ein Licht krügerte ohne Haus. Äthan hexte; mal Lila.
   (Radfahren in verblühenden Kleidern durch flache Trockenpflanzen).

3. Ihre runde eisige Hand gespensterte mir im Genick;
   vom verschnürten Busen hatte man auch nicht viel;
   öffnete den Mund zu einem Wölkchen kreisförmiger Laute,
   und abwechselnd goldene Zentimeterzähne (wenn
   die Kugelblitze der Motorfahrer unwillig brodelten).

4. Musiker
   führten zuckend messingne Fragezeichen zum Mund
   rüttelten verwildert an tönenden Gittern
   Einer wand sich lustvoll
   in den Schlingen der funkelnden Anakonda
   (und biß der Riesin noch die Schwanzspitze,
   daß sie flußpferdig brunstete. – Höhere Töchter
   mit Pferdeschwanz; Nebelwitwen in Kohlenstoffen;
   Stuhlgestrüppe. Junges männert. Ruppig. Fliegen, auf dem Tischtuch,
   laufen, ziellos wie Hühner, impotente Winkel).

5. Wir zeigen uns den papierenen Mond.

6. Nachts schwellen Stimmen vorbei.
   Wuppen Gummirufe. Kichern storchelt. Jauche
   wispert abwesend. Winde müssen suchen.

7. Raus : ein Tisch
trat mir steifbeinig in den Weg und floh sofort beiseite.
War nur noch ein tinkelnder Handreim auf Formloses.
(Mädchen, Weißkehlchen, sitzen auf meinem Ast).
(Themistokles hat vor Salamis Perser geopfert,
das Schwein; edle Einfalt stille Größe).

8. Eine schwarze Übelkeit stieß aus der Decke,
flatterte vorne rum, (auch von der Kante gesehen),
kam wolkenbreit
und
schob schnell ihren Waggon um mich;
(da drin sah es seltsam nicht aus :
adrige Geräusche hingen an Wänden;
Tentakeln; Ohren säuseln Filigrane; Blutdrücke fächeln;
Klemmungen, ich entweiche nach allen Seiten).

9. (8 Herbstpromille. Für
Professor Max Bense)

HUNDSTAGSSPAZIERGANG :

1) Auf Kankerstelzen aus Licht
der kleingeschnürte Sonnenleib
über der Landschaft : »Du mußt nicht jedes Arschloch
grüßen, Liebste.« (Zur weiteren Begründung :
»Über dem schleimigreglosen Mund
hätte er auch besser n Zwickel getragen :
warum wird sowas nich von staatswegen verordnet ? :
‹Daß ab 60 Jeder
ne Maske zu tragen hat› ? Würde doch ganze Industriezweige
neu schaffen !« / Bei Gelegenheit mal weiter ausbauen).

2) Zu einer Schnecke ohne Haus : »Na Schneck ? !«;
zu einer Schnecke mit Haus : »Nun, Herr Schneck ?«
(Das Wurmpaar ihrer Lippen, fuchsrot, krümmte
sich mehrmals über seinen weißen Platz).

3) Im Fenster am Weg :
a) 1 hakiges Gesicht; raucht
ein’ Zigarrenpflock in der Pfeife.
b) Ostzonensender : zarte Kinderstimmen
singen : ‹Den Hetzern die Faust ins Gesicht›.
c) Unsere ersten Wehrgesetze beschlossen :
»’t will make a holiday in hell !«.

4) Säbelbüschel über den Wirrköpfen : noch
harrten die Weiden des Startblitz’
(Christen beten bei Gewitter zum Großen Kapitain).
(Wenn Pflanzen schreien könnten,
wär’ alles voller Geheul : also hat Gott
auch das wieder weise eingerichtet : was’n großer Mann ! !)

5) Gigerl, junge; Geckinnen; Stücke von Traktorenreifen unter den Sohlen;
an jedem Gesicht
nur der Latz des Halses. (Sonst der Körper
ganz in Pflanzenfarben und =formen verkleidet,
Korbblütler und feiste Stämme; die Fransen der Hände; zu weit weg :
Kästchen der Füße=Schuhe. – : »Warstú
früher im Wandervogel ?« : »Pas si bête.«)

6) Erstarren. Ein Rotausgespanntes.
Am Baum. »Eichhorn« – : Rascheldarin.

7) Sie eilte gekonnt voraus, und ließ
einen Fortz von widerwärtigem Klang; (dennoch klebte
auf dem Seifenstück heute früh
ein langes Haar ihre Hexenschlinge.
Sie spülte
meinen Schweiß von den Läppchen ihrer Brust). Jetzt
war der Himmel schon ganz schwarz.

8) (Als Gedicht geschrieben – obwohl
es nur ordentliche Prosa ist – :
weil es dann mehr einbringt ! Schmidt.).

NICHT NUR

Nicht nur
die allerorten, bei jeder Gelegenheit,
begierig wiederholte Dezimierung der Intelligenz
durch Staat & Kirchen (nur *eine* Wolke, aber sie reicht von Pol zu Pol :
Heißa, wie tanzen die Rüstungsbosse !).
(Wir, zwischen roten Geysern der Pappeln,
eine Körperseite desgleichen entzündet. 30
Abendminuten später : stapfen,
gesenkten Schädels, durch Nebelmassen).

Wehe, die wankenden Reihen des Geistes ! :
Brecht stirbt; Benn ist tot; macht ein Kreuz
hinter Riegel. (Und feiner wütender Regen. –
die Andern, Schafe in grauen Perücken,
sitzen natürlich amtlich behürdet. Oder
in blutigen : vorne ein Spielmannszug;
hinten, rachlustig, die Stümpfe Versehrter.
Oder auch Flüchtlinge).

Im Finstern : Wir
treten auf Alles !
Die stummen Kurven (dritten Grades)
der Regenwürmer. Duldendes Büschelgras :
was ficht's mich an, aus wessen Totenmund's sprießt ?
Denn Reihen von Elefantenrüsseln
strecken die Bäume dicht über mich : stampft Ihn ! : so recht ! :
Adenauer regiert !

Die Stunde : impotent außen zahnlos
klatscht unser Regen, widerlich diskret,
‹vom Monteton, Monteton : Ba=ron=demonteton›
(sicher also ein General. Ich kann bei dem Uhrmacherladen nicht denken).

Und müßte's doch ! Denn wer heute schweigt,
verdient das große (Dank für die Warnung : vorm Fenster auftrommeln
rasch und nervös 1000 Fingerspitzen). (Oder sind's Füße ? –
– : Tip und toe, der Regentoe; tiptiptip und toetoetoe –
aber sofort auch dazwischen
plattfüßig und Ohnetrittmarsch; womit
wir wieder beim Thema wären) :

Militarismus, Bumm, Katholizismus,
o ewige Spaltung ! Ewig, das heißt :
bis zum nächsten Kriege, den – wer wohl ? – vom Zaun bricht :
Si monumentum
quaeris, oh, circumspice, Boche, Michel und Njemski ! – Auf aller Erde
sind sie vielleicht die Dummen beim Kriege :
Einer jedoch bestimmt – und die Regenmaschine
tippt's denunzierend mit – : oh, circumspice
doch, Boche ! Und Michel ! Und Njemski ! –

‹Ruhe wäre
die erste Bürgerpflicht› ? : Dann gratulier' ich
Pflichtvergeßner
Euch zur ewigen Ruh ! (Höchstens Tip & Toe
treten noch sacht hinter'nander her). (Gemurre
einer baldigen Leiche im Regen. Für Wilhelm Michels).

AUF ARNO SCHMIDT'S ‹ROSEN & PORREE›

1.) *Seelandschaft mit Pocahontas:*
Venus in eigner Person hat mehrfach Modell Dir gesessen – :
sahst Du denn prinzipiell nur die Pudenda von ihr ?

2.) *Die Umsiedler:*
Warum hast Du Katrin amputiert ? Um das Sprüchwort zu strafen
‹Ehe sei mehr noch als nur *vier* nackte Beine im Bett› ?

3.) *Alexander:*
Strabon und Mannert erkannt'ich, und Ehrenstein und Karl May auch,
(schweigen wir ganz von Fouqué !) – : sage, was ist denn von Dir ?

4.) *Kosmas:*
Nett ist Agraule, das Biest, (auch kokett). – Und ich erfuhr endlich,
wie auf Griechisch der Lady ‹Selbstbefriediger› heißt.

5.) *Berechnungen:*
Daß Iskandér – siehe oben – den Gordischen Knoten uns raubte,
scheint mir geringer Verlust, seitdem ich das hier gesehn !

D. Martin Ochs

JUVENILIA

DIE INSEL.

»Tust du doch als ob da drinnen
ganze Weltenräume wären;
Wald und Wiese, Bäche, Seen;
welche Märchen spinnst du ab!« –
»Allerdings ihr Unerfahrnen!
Das sind unerforschte Tiefen :
Saal an Sälen, Hof an Höfen,
diese spürt ich sinnend aus.« –
    Faust, II. Teil, 3. Akt, 3. Szene.

EINLEITUNG.

Das vorliegende Manuskript enthält im Folgenden die Aufzeichnungen eines mir Unbekannten, der mir jedoch durch sein Buch seltsam und fast brüderlich vertraut geworden ist, obwohl mich ein Jahrhundert von ihm und seinen krausen, vergilbten Schriftzügen trennt. Phantastisch und wunderlich ist seine Erzählung; und, wie durch eine Art untrennbar dem Buch anhaftenden Schicksals, ist auch der Weg wunderlich, wie es in meinen Besitz gelangte.

Bei einem der Besuche, den ich der grossen Antiquariatsbuchhandlung unserer Nachbarstadt wie immer um Weihnachten machte, war ich ein wenig später als üblich zu dem älteren, freundlichen Manne gelangt, der mich bei meinen Einkäufen stets väterlich beriet. Auch heute lächelte er mir erfreut zu, wie immer, wenn ein Mensch seinen Laden betrat, von dem er wusste, dass er seine altväterischen Folianten aus Leder und Gold pflegen und behüten würde. Zugleich mit mir fuhr ein kalter Windstoss in den Laden und einige Schneeflocken huschten in kurzem, eleganten Bogen mit hinein, glänzten silbern und vergingen; gleich bei meinem Eintritt fasste mich der ewige Zauber der Bücher, jene fast krankhafte, unwiderstehliche Sucht, die jeder Bibliophile kennt; die Lust, alle diese zahllosen Werke zu sehen, zu riechen – ja, zu riechen, geniesserisch die Einbände in der Handfläche zu fühlen und mit den Fingerspitzen der Blindpressung des Rückens nachzugehen, griechisch zu lesen und Latein, bedächtig das alte, gelbfleckige Papier zu wenden, und vom erlesenen seltenen Text zu kosten, hier und dort, bis man berauscht ist, wie ein weiser Trinker. Edelster Rausch, mit ehrfürchtig feinen Händen ein Buch zu halten, und beim Umherschauen zu sehen, wie die Bände in den nahen Regalen noch einzeln und deutlich um dich herumstehen, bis sie sich in den alten Gewölben oben verlieren wie ein Gewölk von Braun und Gold und du nur noch sie in ihrer Gesamtheit fühlst wie sternenhelle leidenschaftliche Musik.

Ich gab mich ganz dem Zauber hin; blätterte hier ein wenig, betrachte[te] dort einen alten Stich des grossen Piranesi, und sah voll Entzücken einen Atlas aus der Homannschen Offizin vom Jahre 1752 durch. Allmählich sammelte sich wie immer zu meiner Rechten unter der grossen schaukelnden Lampe ein kleiner Stoss der Bücher, die ich, wenn irgend möglich, zu kaufen gedachte, und in meine Wohnung zu ihren anderen, sicher sehnsüchtig wartenden, Gefährten führen wollte.

Die Stunden verrannen unmerklich, und noch immer schritt ich mit hungrigen Augen prüfend von Regal zu Regal, als ich in einer Ecke einige grosse, eben erst geöffnete Kisten erblickte und bei ihnen den Buchhändler, wie er sorgsam Band um Band heraushob, aus der Papierhülle befreite, aufmerksam die für seine Kataloge erforderlichen Angaben notierte und nach kurzer, von langjähriger Übung zeugender Überlegung, rasch und sicher neben jedes Buch seiner Liste den Preis setzte. Ich trat hinzu und fragte nach Herkunft und Inhalt der Sendung; worauf er mir, mich mit den alten klugen Augen ansehend, vertraulich und wie einem Eingeweihten seine Auskunft erteilte. Die Bücher kamen aus Upsala und enthielten in bunter Reihenfolge Werke von Holberg und Sars, seltene Nachdrucke älterer deutscher Dichter wie Fouqué und Wieland und ganze Reihen von Öhlenschläger Ausgaben und Übersetzungen. Ich griff nach dem nächsten Stapel und sah eine Ausgabe der Werke von E. T. A. Hoffmann in 10 Bänden, Berlin, 1827–28 in entzückenden grünen Einbänden mit goldenem Rückenschildchen; ich hatte zufällig den Band herausgegriffen der die »Prinzessin Brambilla« enthielt mit ihren Kupfern nach Jacques Callot, den phantastischen Masken und ihren seltsamen Tänzen, und dachte der Stunden, da ich zuerst bei sommerlichem Lampenschein die Erzählungen des Kammergerichtsrates las und in ihm den grossen Zauberer und Dichter verehren lernte. Ich durchblätterte, lächelnd im Banne der Erinnerung, alle die kleinen blinkenden Bücher, den »Kater Murr« und den »Klein Zaches«, den »Meister Floh« und das Märchen vom Nussknacker; fast zögernd nahm ich den letzten Band in die Hände, der den »goldenen Topf« enthalten musste und las den Namen Heerbrandt, als ich plötzlich entdeckte, dass nach Seite 11 der Druck aufhörte und einer zierlichen Schrift Platz machte. Sie füllte das ganze Buch, das, wie ich jetzt erst sah, wesentlich stärker war, als die folgenden alle und lief mit ihren krausen verblassten Zügen über etwa 800 Seiten, bis sie eben so unvermittelt wieder dem Druck Raum gab. Im Blättern las ich fliegend einzelne Worte, wie »5° 31′; Kopenhagen; Alice; Murmeln der Brandung.....«, die, wie ich sicher wusste, im ganzen Hoffmann nicht vorkamen; eine Karte erschien, äusserst sorgfältig gezeichnet und mit klingenden seltsamen Namen beschriftet, in einer Zahl erkannte ich den Logarithmus von 2 wieder, und einmal entzifferte ich einige Zeilen eines Gedichtes:

»..... lampiges Fenster weht auf,
Stimmen und Wolkenzug;
Brunnengeliebte am Markt
spendet aus steinernem Krug.....« –

ich atmete hastig und erregt und dachte nach; sicher enthielt das Buch das
Schicksal eines Menschen. Klug musste er gewesen sein, Wissenschaftler
und Dichter, und alt war die Schrift, bestimmt 100 Jahre; vielleicht war
ich auf dem Wege zu einer grossen Entdeckung, ich dachte an die
Anagramme des Christian Huygens oder Galileis – als sich der Alte neugierig nach mir umwandte. Er sah das Buch in meiner Hand, griff danach
mit der ruhigen leidenschaftslosen Hand des Besitzers und prüfte es sorgfältig, wobei sich seine Brauen forschend zusammenzogen; er hob den
Kopf und wollte zu sprechen beginnen, als er aber in mein Gesicht sah
hielt er inne. Ich errötete ein wenig, hielt aber seinem Blick tapfer stand,
so dass er in meinen Augen lesen konnte, was ich nicht aussprach – den
zitternden, erregten Wunsch zu besitzen, mit funkelnden Augen zu lesen,
mit bebender Hand zu blättern. Lange sah er mich an, dann begann er zu
lächeln, gütig und wissend und ein wenig spöttisch; dann hielt er mir das
Buch hin : »Weihnachten« sagte er kurz, und fügte, während seine Augen
tief und voll grosser Fremdheit wurden, mit leiser aber fast befehlender
Stimme hinzu : »erwecken Sie die Toten !« Ich fühlte, wie das Buch in
meine Hand glitt, zahlte wie im Traume meine geringe Rechnung und
verliess den Laden.

Als ich vor die Tür trat, war es schon tiefe Nacht geworden und die
Laternen schienen hell auf die Gassen herab; ein scharfer Wind kam durch
den kahlen Park und trieb den feinen silbernen Schnee in breiten Vorhän-
gen durch die Strassen. Trotz der späten Stunde war die Stadt voll von
hastenden Menschen, bunte Lichtreklamen glänzten, Autos und Stras-
senbahnen lärmten und Kinder standen selig vor den hellen Schaufen-
stern. Ich schritt weit aus zum nahen Bahnhofe, warf mich in meinen
Zug, und während er leuchtend in die kalte Nacht vorstiess, zog ich ein
kleines grünes Buch aus meiner Tasche und begann mit fiebrigen Augen
zu lesen – lange ist es her, es war in meiner Jugend. –

Jetzt, während ich dieses schreibe, kenne ich das Manuskript seit etwa 15 Jahren, das heisst, ich kenne es fast auswendig; dennoch müsste ich,
über mein Urteil befragt, gestehen, dass es mir mit jedem Jahre dunkler
und unverständlicher, aber auch anziehender und geheimnisvoller wird.
Schon sein äusseres Gepräge macht einen verwirrenden Eindruck, mit
seiner alten Schrift, in der, wie im Englischen oder den meisten anderen

Sprachen, alle Worte klein geschrieben sind; mit seinen vielen, eingelegten Zetteln, die offensichtlich in grösster Hast mit fliegender Hand aufgezeichnet wurden, mit den eingestreuten Kärtchen von Inseln und Küsten, die ich in keinem Atlas wiederfand, und den schönen aber schwermütigen und dunklen Versen.

Vom Inhalt will ich nur soviel sagen, dass ich nicht entscheiden kann, ob es sich um die geniale Hypothese eines Naturforschers oder den Traum eines Dichters handelt; es kann auch sein, dass das ganze Werk symbolisch oder allegorisch gemeint ist, wie man vor allem auf Grund des 5. Teiles annehmen möchte. Andererseits steht es fest, dass das Buch in den Jahren um 1840 niedergeschrieben wurde, – eine Zeit, die man aus den angeführten Ereignissen und Namen noch genauer würde festlegen können – und dennoch viele wissenschaftliche Ergebnisse enthält, die zum Teil erst viel später bekannt wurden, zum Teil auch selbst heute noch unbekannt sind, wie zum Beispiel die geniale Theorie über die hochstelligen Logarithmentafeln, die meines Erachtens geeignet wäre, die ganze Rechenkunst zu revolutionieren, oder seine Untersuchungen über den Periplus des Sataspes, der z. B. das Bündnis des Xerxes mit den Karthagern, über das Mommsen noch zweifelhaft ist, ungemein wahrscheinlich und fast sicher macht. Gerade diese erwähnten seltsamen Tatsachen, scheinen aber auf das kaum vorstellbare hinzuweisen, dass es sich lediglich um einen einfachen wahrheitsgetreuen Bericht handelt.

Ich selbst bin, um die Wahrheit festzustellen, nach Frederikshald gereist, und habe die vielen Höhlen untersucht, von denen etwa 2 auf die, wie mir scheint, absichtlich ungenaue und flüchtige, Schilderung passen. In eine von ihnen bin ich weit, etwa 800 Meter, eingedrungen, wurde aber von immer dichterem und ungangbarerem Geröll verhindert, weiter zu forschen, obwohl diese Höhle sicher die erwähnte ist. Es scheint aber, dass ein Einsturz oder Bergrutsch in den endlosen Weitungen erfolgt ist, und den ferneren Weg verschlossen hat. Von den umwohnenden Bauern erfuhr ich, was ebenfalls als Bestätigung dienen kann, dass im Jahre 1702 im nahen Distrikt Rake ein ganzer Bauernhof mit den dazugehörigen Ländereien versunken sei, und dass das benachbarte Felsengebirge Öffnungen enthalte, die zu unergründbar tiefen Räumen führen, welche sich in unzugänglichen Abgründen fortsetzten und dem Wanderer meist nur als das obere Geschoss, der grossen, damit zusammenhängenden Räume erscheinen, die ihm die Tiefe verbirgt.

Mir selbst wird es daher immer wahrscheinlicher, dass der Bericht wahrheitsgemäss und einwandfrei ist, und daher ausser dem rein menschlichen Interesse auch einen einzigartigen wissenschaftlichen Wert hat, zumal der Weg durch die Höhle scheinbar für lange Zeit verschlossen ist.

Ich werde deshalb hier versuchen die vielen Zettel in den Inhalt einzufügen, obwohl es mitunter grosse Schwierigkeiten bereiten dürfte; ich werde das Original bis ins Kleinste genau kopieren, auch die seltsame Schrift beibehalten und die zuweilen leicht fehlerhafte Interpunktion. Eine Abschrift erscheint mir um so notwendiger, als das alte Buch bereits schadhaft ist, das Papier brüchig und die Schriftzüge an manchen Stellen bereits beginnen, ins Unlesbare zu vergilben. – »Nur dem Sehnsüchtigen vernehmbar . . .« wie der Unbekannte sagt.

Lauban, 1937. Arno Schmidt.

I. TEIL

DAS SCHLOSS IN BÖHMEN.

1.)

Als wir in Friedland einfuhren, war es schon Nacht geworden, eine kühle klare Spätsommernacht; die dünne scharfe Mondsichel begann immer weisser und heller aus den Bergwäldern zu steigen, und bei ihrem unsicheren Schein suchte der Postillion leise wetternd seinen Weg durch die engen holperigen Strassen zum »silbernen Löwen« am Marktplatz. Die Mitinsassen der Kutsche packten schon, hin und hergeschleudert von den Stössen, ihre Bündel und Reisetaschen ein, und auch ich sah zum engen Fenster hinaus nach meiner Bücherkiste auf dem Kutschdache und griff nach meiner kleinen tragbaren Weidentruhe, in der meine wenigen Kleider und die übrigen Kleinigkeiten lagen, die ich mir als wertvoll und unentbehrlich erstanden hatte. Da ich, ausser als Kind, nie eine feste Heimat gehabt hatte, und auch meine Anstellung als Bibliothekar häufig gewechselt hatte, waren meine Habseligkeiten allmählich auf das allernotwendigste reduziert worden, und so klug ausgewählt, dass ein Stück das andere ergänzte und zugleich einen möglichst geringen Raum einnahm. So hatte ich in meinem Leben doch stets einige Gegenstände, die mich immer begleiteten und mir ein gewisses Gefühl des Zuhause, wo ich auch weilte, vermittelten.

Zumal galt dies von meiner, mit äusserster Sorgfalt gewählten Bibliothek; ich hatte durch meinen Beruf viele Tausende von Büchern kennengelernt und diese 83 Bände waren die Quintessenz dessen, was ich zu meinen wissenschaftlichen Interessen und spärlicher Unterhaltung nicht entbehren konnte.

Der hagere finster blickende Tscheche stand schon bereit an der Tür, während der Wagen noch langsam ausrollte; zu mir als Einzigem nickte er einen kurzen Gruss, weil wir wenigsten[s] in Einem, dem Interesse für den Waldstein, übereingestimmt hatten; dann sprang er hinaus und war rasch in der Dunkelheit verschwunden. Vor der Wirtshaustür stand in dem hellen Lichtkreise der beiden alten Laternen der kleine, schmächtige Wirt und dienerte ängstlich uns drei übrigen entgegen. Der Postillion half mir, meine schwere Kiste vom Kutschendach heben, lachte freundlich und fuhr peitschenknallend in den Hof, um die Pferde auszuspannen. Da es zu spät war, heute noch auf dem Schloss mich vorzustellen, beschloss ich, ein Zimmer für eine Nacht zu mieten, und am morgigen Vormittag dem Grafen meine Aufwartung zu machen. Die beiden jungen Glasbläser nicht sonderlich beachtend, führte der Wirt mich, den er für den immerhin Vornehmsten hielt, in ein sauberes kleines Zimmerchen, und begann, während er sich unter allerlei Vorwänden in den Schubladen oder an den Fenstern zu schaffen machte, mich auszuforschen. Als er hörte, dass ich der Schlossbibliothekar des Grafen Clam-Gallas, von Hamburg hierher berufen, sei, wurde sein Benehmen doppelt freundlich und voller Ergebenheit. Ich nahm die Gelegenheit wahr, ihn, während wir zum Abendessen in die Wirtsstube hinuntergingen, über meinen neuen Herrn, die Bewohner des Schlosses, Land und Leute zu fragen.

Die Gaststube war ein grosser, ringsum bis zur halben Höhe mit altem dunklem Holz getäfelter Raum; Neben dem Kachelofen, vor einer alten, ein Stück der Wände umziehenden Bank, stand ein sauberer weissgescheuerter Tisch mit einigen schön gemaserten Tellern aus verschiedenen Hölzern darauf. Der Eine meiner mitreisenden schlief schon, da sie wahrscheinlich zu arm waren, ein zimmer zu mieten, auf der bank, unter dem knabenhaften wuschelkopf sein dünnes bündel. Der andre sass da und starrte in den rauch seiner billigen zigarre, die er gleichwohl nur behutsam, wie eine kostbarkeit in den fingern hielt; auch er noch jung und offenbar das erste mal von zu hause fort.

Wir setzten uns um den Tisch und, während wir gemächlich zu essen begannen, fuhren wir in dem begonnenen Gespräch fort. Ich erfuhr, dass Graf Christian Christoph von Clam-Gallas etwa 68 Jahre alt sei, und dass sein sohn, graf Eduard im österreichischen heere diente und gewiss noch eine glänzende laufbahn vor sich habe. Auch nach England weise eine Linie der Clam-Gallas hinüber und des öfteren käme ein besuch aus dem fernen seereiche in das winzige böhmische Städtchen.

Mein Herr, der alte graf, musste nach den erzählungen meines Wirtes ein seltsamer mensch, fast ein sonderling sein. Kunstliebend und -fördernd war er, das hatte ich gehört; aber aus dem munde des eifrigen männchens neben mir hörte ich teils anziehende, teils wunderliche einzelheiten. So hatte ihm sein guter freund, der postillon, erzählt, dass er allwöchentlich einen Brief des herrn grafen mitnehme, der nach Indien addressiert sei. Einmal hatte er den geheimnisvollen Brief auch gesehen : »Sir John Cochrane, Kalkutta« stand darauf. Diese letzte bemerkung interessierte mich aufs lebhafteste; Cochrane, ein name, der jedem schachspieler geläufig war, wie das alphabet; ich sebst hatte vor einigen Jahren einigemale dem, wie ich glaube, auch jetzt noch besten spieler der welt, Charles de la Bourdonnais, in Paris gegenübergesessen, als ich die Bibliotheken des Louvre durchstöberte. Zwar hatte ich viermal verloren, aber eine partie doch unentschieden halten können; so fesselte mich, den guten schachspieler, diese andeutung des wirtes sehr, da ich hoffen durfte, auf dieser grundlage gleich gute beziehungen zu meinem künftigen Brotherrn herstellen zu können. Sonst musste graf Christian ein ungeselliger, nur den wissenschaften und künsten und deren förderung lebender Mann sein, der höchst ungern glänzende gesellschaften gab oder sonst irgendwie repräsentierte. Mit abgöttischer Liebe hing er an seinem sohne Eduard, der binnen kurzem oberst werden sollte.

Wir hatten das essen beendigt und da ich noch, von dem ungewohnt schweren dunklen Biere ein wenig erhitzt, einen kleinen spaziergang durch die schlafende Stadt machen wollte, verliess ich die mit freundlichem gelbem Licht gefüllte Stube und ging an den nun fest schlafenden jungen Burschen vorbei ins Freie.

Der marktplatz lag hell und leer im mondlichte vor mir; ich ging mit hallenden schritten – das pflaster machte ein leises gehen unmöglich – an den arkaden des rathauses vorüber und schlug den weg nach dem nahen schloss ein. Nur wenige menschen begegneten mir noch ausser dem verschlafenen nachtwächter; eine zeitlang schritt ein alter weisshaariger Mann vor mir her, mit einer wunderlich flachen mütze, leise flüsternd und singend, bis er sich taumelnd in einem der scharfen Schatten in den Seitengässchen verlor. An der grell vom mondlicht beleuchteten Mauer eines hohen fensterlosen Hauses wiegte sich im nachthauche eine seltsame, brennend rote blume, gläsern und grün schlängelte sich der Stengel im bläulichen geisterhaften schein, gläsern und grün schwangen die dünnen blätter. Ich blieb wie gebannt stehen; es war unmöglich an diesen nachtkräutern vorüber zu gehen; zierlich und dünn wob eine spinne an der hauswand, lautlos klomm der wilde wein in der nahen Allee, schleierdünn schäumte eine weisse gefiederte Wolke über den dächern dahin – wenn auch die menschen schlafbetäubt lagen in ihren verhangenen schwarzen kammern – das bergland war gefüllt mit geisterhaft unwirklichem leben. Einen augenblick lang hörte ich im schreiten das hastige strudeln der wittig, dann stieg ich durch ein wisperndes, wäldchen den schlossberg hinan und gelangte bald auf einen freien platz, dicht bei der burgmauer, von wo sich eine unsäglich schöne und schwermütige rundsicht bot.

Ich war mitten im böhmischen bergland; soweit mein auge reichte, sah es nur die bleichen wälder alle höhen und weiten überziehen, endlos und sehnsüchtig. Der Mond stand scharf und sehr hell allein am sternenlosen himmel; nur eine dünne langgestreckte Wolke flog nach norden über den kamm, und irgendwo in der Unermesslichkeit, nur dem sehnsüchtigen hörbar, drang der ton eines posthorns aus den weiten wirren wäldern.

Oh, ich bereute es nicht, dass ich jetzt um mitternacht, anstatt gut bürgerlich zu schlafen, einsam in der verzauberten nacht lief; lange, das wusste ich, würde ich ihre bilder in mir tragen, und immer wieder würden sie einmal aufglänzen, sehnsüchtig und menschenfremd. Ich schlug meinen kurzen mantelkragen um mich, und schritt eilig den berg hinab, meinem Wirtshause zu, das totenstill und mit verschlossenen spiegelnden fenster[n] dastand. Erst als ich in meinem zimmer stand, fühlte ich, wie müde ich nach der tagelangen, anstrengenden fahrt in der postkutsche war; ich warf rasch meine kleider ab, unordentlich wie immer, und sah kurz vor dem einschlafen noch einmal das blasse gesicht bourdonnais', wie er mit ringgeschmücktem finger einen springer berührte und seltsam lächelnd flüsterte: j'adoube – »ich ordne« – gleich darauf lag ich in tiefem schlaf.

2.)

Ich erwachte erst, als es schon voller tag war, und das geratter der nach süden weitereilenden postkutsche ein schlafen unmöglich machte; ich wusch mich rasch in herrlichem eiskalten Wasser, fuhr in meine kleider und sprang ans fenster.

Der morgen trieb schneeweisse frische wolkenblüten, eine lerche lärmte unsichtbar im hohen blau, und hinter der dunklen, goldgesäumten silhouette von schloss Friedland erhoben sich die zacken des himmelhohen Iser- und Riesenkammes. Ich lief eilig hinunter in die wirtsstube, frühstückte ein wenig milch und weisses lindes brot, und machte mich dann sofort auf den weg, um mich beim grafen vorzustellen. Das schloss war gar nicht zu verfehlen; von seinem hohen, spitzen felsen herunter beherrschte es die ganze winzige stadt, und bald stand ich wieder vor dem grossen gewundenen steinweg, der zum schweren aus altem holz und eisen gefügten tore mich hinführte. Ich ergriff den schönen, bronzenen klopfer – eine fein ziselierte weltkugel mit der jahreszahl 1621 – und liess ihn, im bewusstsein einen neuen lebensabschnitt zu beginnen, auf die dröhnende eisenplatte niederfallen. Ein kleines schiebefenster neben dem tor öffnete sich, und ein rotes, volles gesicht sah aus der wohnlich eingerichten stube eines unsichtbaren, hinter der hohen mauer verschwindenden pförtnerhauses heraus. Beim ersten blick hätte ich es für das antlitz eines ältlichen mönches gehalten, so rundlich, salbungsvoll und doch verschmitzt sah es auf mich nieder (später erfuhr ich, dass meine vermutung zum Teil richtig war); ich sagte ihm, dass ich der neue bibliothekarius sei und also sein künftiger hausgenosse. Da nickte er wohlwollend und vertraulich, wie ein treuherziger gelehrter den anderen begrüsst, und sprach feierlich : »Salve confrater ! So ihr auskunft über das schloss oder alte sagen braucht, oder gar zuweilen einen sekretarius benötigt. .«, er liess den satz unvollendet, rundete ihn nur mit einer geheimnisvollen handbewegung ab und erhob sich, leise keuchend. Als das tor nach innen schwang, sah ich ihn ganz; ein mittelgrosser, dicker mann, gegen ende der 50, mit einem spärlichen grauen haarkranz und klugen äuglein, die an mir auf und ab spazierten. »Ihr trefft es gut«, sagte er, nachdem er mir einen zufriedenen blick geschenkt hatte : »der herr graf sitzen im studio und sind bereit, besuche zu empfangen.« Wir gingen seite an seite über den kleinen, winkligen hof, bereits vertraut plaudernd und scherzend, schritten eine kleine treppe empor und betraten einen nach dem schlosshof zu offenen bogengang, der nach etwa 20 schritten eine scharfe biegung machte und uns in eine sehr grosse, in den ecken mit sesseln, tischen und bildern wohnlich eingerichtete halle führte. Ich musste dem pförtner meinen namen nennen, wobei er bei dem titel doktor erfreut und anerkennend nickte; dann verschwand er in einer der breiten türen an der Querwand der halle. Sekunden nur stand ich in den hohen schönen gewölben allein, dann öffnete sie sich wieder, mein rundlicher führer wurde sichtbar und winkte mir einladend zu; ich fuhr noch einmal blitzschnell über meinen anzug, fältelte mein halstuch und trat ein. Hinter mir schloss sich leise die tür.

Ich verneigte mich tief und blieb einen augenblick an der tür stehen; darauf sah ich den grafen ruhig an, der hinter einem breiten schreibtisch mit zwei kleinen, darauf gestellten bücherrepositorien sass. Er neigte höflich den grauen, hageren kopf gegen mich und bat mich, ihm gegenüber platz zu nehmen. Während ich mich anständig, doch ungezwungen niederliess, drehte er sich nach rückwärts und bat einen Mann im hintergrunde ihm mein bewerbungsschreiben, meinen lebenslauf, herüberzugeben. Erst jetzt bemerkte ich, dass an einem der grossen fenster ein zweiter, kleinerer schreibtisch stand, von dem sich ein junger grau gekleideter mann erhob, der mich mit stechenden augen musterte, in einem kleinen wandschränkchen suchte, und dem grafen das verlangte schriftstück übergab, wortlos aber höflich und korrekt. »Mein archivar« sagte der graf, auf ihn weisend, »Boleslaw Czernek« Der junge mann machte mir eine kurze verbeugung, wobei er mich finster und durchdringend ansah, und zog sich, stumm wie eine auster, wieder hinter seinen tisch zurück, wo er seine feder, wie spielend, die langen kolonnen einer rechnung auf und niederrücken liess.

Der graf, durcheilte das schreiben von meiner hand und begann dann, darin blätternd eine unterhaltung mit mir, fragte mich über meine vorbildung aus, die universitäten, die ich besucht hatte, meine reisen, frühere tätigkeiten und ähnliche dinge, denen er aufmerksam zuhörte. Ab und zu lauschte er dem klang meiner stimme nach, sah mich prüfend an, und brachte wie zufällig, doch immer an unser augenblickliches thema anknüpfend, fragen aus allen wissensgebieten und war sichtlich erfreut über die erschöpfenden antworten, die ich ihm geben konnte. Dabei war er sehr menschlich und liess nie fühlen, dass von ihm meine anstellung abhing, oder dass er der herr, ich der untergebene war. Nach fast einer Stunde lehnte er sich zurück und sagte : »Gut, herr doktor; wenn sie unter den abgemachten bedingungen in meinen dienst treten wollen – seien sie mir willkommen. Ihre arbeit wird umfangreich und ziemlich schwierig sein, da die etwa 30 000 bände meiner bibliothek so gut wie ganz ungeordnet in verschiedenen zimmern und kammern herumliegen, aber ich glaube, dass sie manchen seltenen fund machen werden. Übrigens müssen auch die Handschriften und Einzelblätter katalogisiert werden –« er brach ab – »nun, dass werden wir in den nächsten Tagen besprechen. Ihr Gepäck – ?« Er sah mich fragend an, und auf meine Auskunft, es liege noch beim wirt im gasthause, läutete er nach einem Diener, dem er den befehl gab, es noch heute heraufzuholen. Dann wandte er sich nach dem fenster : »Boleslaw ! ? –« der junge mann erhob sich – »der doktor bekommt das zimmer im turm neben dem deinen; gehe mit ihm und zeige es ihm.« Dann reichte er mir abschiednehmend die hand und vertiefte sich in einen brief – eine grosse, wie mit dem pinsel hingefegte schrift. Am ende der seite erhaschte ich zwei worte, die frei im weissen raume standen : j'adoube – ich ordne.

Es war der 12. august 1837.

3.)

Czernek führte mich einen langen dunklen Gang von beträchtlicher breite von der grossen zentralhalle aus bis in mein zimmer – einen zwar kleinen, aber freundlichen raum, der noch eine zweite tür besass, welche geradeswegs auf die breite burgmauer führte. Man konnte auf ihr entlang gehen und hatte dann auf der einen seite die schlosswand; auf der anderen fiel die mauer etwa 3 meter tief ab und war gesäumt von einem schmalen, grasbestandenen fussweg, jenseits dessen wieder dichter wald begann, der sich unermesslich weit nach norden zog, bis tief nach deutschland hinein. Während ich noch diese untersuchungen anstellte, klopfte es bereits wieder – der archivar war schon längst mit stummem kopfnicken gegangen – und auf meinen ruf trat ein jüngerer diener herein, der schwer atmend meine bücherkiste absetzte und mir meine weidene truhe zur tür hineinschob. Vorhänge hatte man bereits an den tiefnischigen fenstern befestigt, ein bett aufgestellt und stühle, einen tisch und schrank und allerlei anderen kleine gegenstände hineingeräumt. Ich begann sofort, meine spärlichen kleidungsstücke in den schrank zu hängen, ordnete meine bücher in ein schweres, eichenes regal ein, stellte mir den unvermeidlichen tabak auf den tisch und hatte nach kaum einer stunde mein zimmerchen so einladend hergerichtet, dass ich meinem sicherlich langen Aufenthalte im schloss zuversichtlich entgegensah.

Da es fast mittag geworden war, wollte ich hinausgehen und mich nach der hausordnung erkundigen, als eine dicke, ältliche Frau mit einem jungen, vielleicht 15jährigen mädchen, das einen grossen korb trug, herein kam; und schnell und geschickt begann, den tisch zu decken. Ich sprach sie in tschechischer sprache an, worauf sie zutraulich wurden und, nachdem sie die speisen aufgetragen hatten, sich mit tiefen knixen entfernten.

Es war mir sehr lieb, dass scheinbar jeder auf seinem zimmer ass; denn es ist ein zeichen von hoher kultur, wenn man menschen nicht, wie die tiere, zugleich in grossen herden abfüttert. Denn essen ist eine arbeit und eine physische verrichtung, welche nicht in gesellschaft vorgenommen werden sollte. Zugleich stieg meine achtung für den feinen takt des alten grafen, der damit wohl auch die peinliche festlegung einer sogenannten tischordnung; d. h. einer bewussten und brutal zum ausdruck gebrachten rangeinschätzung seiner hausgenossen vermeiden wollte. Ich bin auf diesem lächerlichen planeten mehr anmassenden dummköpfen begegnet, als ich erwarten durfte; und schätzte mich daher glücklich, in diesem schönen lande unter einem klugen herrn arbeiten und leben zu dürfen.

Nachdem ich gegessen hatte – wie immer in fliegender hast – erschienen wieder die beiden tschechinnen und trugen alles gerät hinaus; so dass ich mich, da die anstrengungen der reisetage mir noch immer in den gliedern sassen, angekleidet auf das weiche bett streckte und bald einschlief.

Als ich erwachte, wob schon die dämmerung im gemach, so dass ich mich hastig erhob, mir die augen ein wenig auswusch und dann den breiten, jetzt durch grosse laternen erhellten gang nach der mächtigen wohnhalle schritt.

Auch hier brannten viele, ja sehr viele grosse wachskerzen, so dass der ganze gewölbte raum in einem warmen, gelben lichte dalag. In einer Ecke sass der herr graf mit Czernek zusammen; in der anderen eine ältere frau, in der ich meine bedienstete vom mittag wiedererkannte; augenscheinlich die schaffnerin oder haushälterin mit ihrer jungen tochter.

Ich schritt zum grafen und bot ihm höflich einen guten abend, als ich sah, dass er und der archivar ein schachbrett vor sich liegen hatten, auf dem augenscheinlich ein endspiel aufgebaut war. Er nickte mir freundlich zu und wollte sich wieder zum spiel wenden, fragte mich aber beiläufig, ob ich auch spiele. Als ich bejahte, sah er mich rasch und gross an und wiegte zweifelnd den kopf; dann sagte er : »Nun, es wäre schön ! Boleslaw, hier, ist ein ganz ausgezeichneter spieler – er ist ja ein grosser mathematiker – und auch ich gebe ihm fast nichts nach; denn von 10 partien gewinnt er nur 6. Wir können ja sehen; Boleslaw, spiele einmal mit dem doktor !« Ich setzte mich mit gespieltem zögern dem archivar gegenüber und sah, während wir die schönen grossen figuren aufstellten, wie der graf mich tollkühnen belustigt, wenn auch kaum merkbar, anlächelte. Ich hatte weiss gewählt, und also den ersten Zug zu tun.

Die ganze Umgebung war danach angetan, uns gut spielen zu machen; reichliches goldiges licht im schön getäfelten raum, auf dem runden, nicht zu grossen tisch eine weisse, strahlende Atlasdecke mit spitzen, seidig funkelnden mustern, und mitten darauf unsere kleine, abgeschlossene Welt des grossen brettes und der geschnitzten elfenbeinernen figuren. Wir sassen auf einem breiten, weichen ecksofa, und aus dem gegenüberliegenden winkel der halle drang nur zuweilen leises sprechen zu uns herüber.

Czerneks gesicht war kalt und unbeweglich, aber seine augen stachen, wahrscheinlich wollte er, der fanatische slawe über den deutschen triumphieren. Er wartete. Und ich rief mir ins gedächtnis zurück, was mir Walker in Edinburgh und der grosse de la bourdonnais gesagt hatten : »es gibt nicht zu viele, die sie zu fürchten hätten;« und nach dem system des meisters begann ich mich zu konzentrieren. Zuerst glitt mein blick über die umgebung, bis er von dem weissen rund des tisches eingefangen wurde; nun sah ich nur noch das brett und wurde hellwach und aufmerksam; ich hob die hand und zog :

Weiss	Schwarz.
e2 – e4	e7 – e5
Sg1 – f3	Sb8 – c6
d2 – d4	

Ich sah, wie er sich zurücklehnte und, die unterlippe nachdenklich vorschiebend, überlegte. Diese Eröffnung, wurde erst einige jahre später genauer untersucht, anlässlich einiger wettkämpfe zwischen den schachgesellschaften von London und Edinburgh; ich hatte sie jedoch öfters mit bourdonnais durchgesprochen und kannte ihre varianten ziemlich gut. Nach kurzem überlegen griff seine hand nach dem springer :

	Sc6 × d4
Sf3 × e5	Sd4 – e6
Lf1 – c4	c7 – c6
0 – 0	Sg8 – f6

Nun machte ich eine pause und verfiel in tiefes nachdenken; er spielte gut, vielleicht besser als ich; ausserdem schien er eine besondere Stärke in der verteidigung zu haben. Sollte ich eine schwierige opferkombination beginnen ? Ich sah ihn fest an und begann :

Se5 × f7	Ke8 × f7
Lc4 × e6 +	

Mit dem bauern auf d7 konnte er den läufer nicht nehmen, da sonst seine dame fiel; so musste denn sein könig einschlagen. Er tat es; jedoch bemerkte ich, wie sich sein gesicht verfinsterte, da er erkannte, dass der könig auf e6 gefährlichen Angriffen ausgesetzt war :

	Kf7 × e6
e4 – e5	Sf6 – d5
c2 – c4	Sd5 – b6
Kg1 – h1	h7 – h5

Das war nicht sein bester zug; ich hätte Lf8 – c5 für eine stärkere spielweise gehalten.

f2 – f4	g7 – g6
f4 – f5 +	

Nehmen durfte er diesen Bauern nicht wegen Dd1 – f3.

	Ke6 × e5
Lc1 – f4 +	

Damit war das spiel entschieden; er dachte lange nach. dann sagte er leise : »ich gebe auf«, aber es war zu sehen, wie schwer ihn diese worte ankamen. Es sei vorausgeschickt, dass er in wahrheit zumindest ebensogut spielte, wie ich; aber die ungewohnte eröffnung und mein figurenopfer hatten ihn hingerissen, zu unvorsichtig zu ziehen. Der graf hatte mit gespanntester teilnahme uns zugesehen und bei manchen zügen des archivars zweifelnd gebrummt; ein zeichen, das[s] er auch vorzüglich spielte, und jetzt, nach meinem siege nickte er beifällig und sagte : »Exzellent, doktor ! So ein dritter partner hat uns noch gefehlt, was boleslaw ? Wir werden klassische kämpfe austragen.« Obgleich mich Czernek hasserfüllt ansah, zwang er sich doch eine verbeugung der zustimmung ab; es war ganz ersichtlich, wie es ihn, den bisher besten spieler wurmte, gegen mich, den deutschen und neuling zu unterliegen. Wenn ich jetzt, nach jahren, darüber nachdenke, ist es mir völlig erklärlich, warum er, der mich doch wahrlich nicht liebte, obgleich unser verhältnis späterhin bedeutend besser wurde, meine flucht nicht nur geheimhielt, sondern sogar förderte; denn er räumte ja dadurch seinen vermeintlichen nebenbuhler in der gunst des grafen für immer aus dem wege.

Am selben abend noch, erzählte mir der graf kurz die geschichte der grossen, seit dem jahre 1500 unablässig zusammengetragenen bibliothek, und gab mir seine wünsche und richtlinien an, nach denen ich das gewaltige büchermaterial ordnen sollte. Gleich am nächsten morgen musste ich beginnen; denn binnen etwa jahresfrist, sollte ein generalkatalog mit allen nötigen angaben fertig sein, und vor allem auch die 30 000 bände geordnet in ihren zimmerreihen stehen. Bald darauf verabschiedete er sich und liess uns allein, mich und den archivar; jedoch auch wir schritten nach kurzer frist den gang zu unseren zimmern hinauf – wir waren ja nachbarn – nickten einander frostig zu und gleich darauf lag schloss friedland in tiefem schlaf. Nur der bach rauschte fernher durchs sommerlich geöffnete fenster und ein merkwürdig scharfer strahl des mondes fiel in mein zimmer. Heuduft war in der luft und lässige wärme. Noch war sommer – noch war sommer.

4.)

Am nächsten Morgen begann ich meine tätigkeit in der »alten bibliothek«, die mich für jahresfrist in anspruch nehmen sollte. Ich war zeitig aufgestanden, und während ich weit drunten her aus friedland das posthorn tönen hörte, stand ich schon in den mit büchern bis an die decke gefüllten räumen und sah mich kritisch um.

Sechs zimmer, deren türen besonders hoch und schön geschnitzt waren, nahm die bücherei ein; in jedem standen 6–7 regale von 2 metern breite und etwa 4 metern höhe, sodass also jedes regal etwa 800–900 bände fassen mochte. Ich veranschlagte nach ungefährer schätzung ihre zahl auf etwa 27000 und hatte also, wenn ich 300 tage zeit für die bestandsaufnahme ansetzte, pro tag 90–100 bände zu katalogisieren, während die übrigen 2 monate meines aufenthaltes der neuordnung und umräumung in die neuen eichenholzregale vorbehalten sein mochten.

Ich nahm schreibmaterial, eine lupe und pinzette und liess mir eine hohe, feste leiter bringen, auf deren oberster stufe ich sass und schrieb, und bald wieder vom zauber der bücher erfasst wurde. Die regale waren fingerdick verstaubt und die bände in ihnen lagen aufeinander; zuweilen steckten hinter der ersten sichtbaren reihe noch andere, achtlos dahintergerutschte kleinformatige bücher, die im staub fast verschwanden, sodass ich es für geraten hielt, erst einmal alle fenster zu öffnen, ehe ich mit grossen Pinseln den moder der jahrhunderte aus den regalen entfernte. Dicke wolken stäubte der langhaarige, weiche pinsel los und manche alte vergoldung, mancher schön marmorierte schnitt wurde sichtbar. Ich pfiff leise aus e. t. a. hoffmanns »undine« vor mich hin, und gedachte der merkwürdigen aufführung in berlin, wo gegen den willen fouqué's in der vom könig befohlenen szene huldbrand und undine auf dem throne erscheinen; die morgensonne schien rein durchs offene fenster, der blaue frische wind trug in feinen stössen den heuduft vom vergangenen abend wiederum ins zimmer hinein.

Die bücher waren von sehr ungleichem werte, und vor allem ihre seltsame, oft abgeschmackte zusammenstellung grenzte fast an lästerung. Nachdem ich in wenigen stunden die ersten 120 bände genau aufgenommen hatte, verschaffte ich mir zunächst einen überblick über die nicht sehr zahlreichen, wertvolleren stücke von ihnen. Ein alter foliant vom jahre 1610, pausanias mit griechischem text und lateinischer übersetzung verdiente erwähnung, die gesammelten werke des grossen Christian Huygens mit anmerkungen von alter hand, und eine schmale im staube nur halb sichtbar gewesene mappe, die das vom heutigen tage wertvollste enthielt, nämlich etwa 25 briefe der astronomen de la caille und de la lande an den grossvater des jetzigen schlossherrn und von dem ersteren besonders noch eine ziemlich saubere skizze der Isle de France mit schwer zu entziffernden angaben.

Der schlossherr, dem ich am nachmittage meinen fund vorlegte, war erfreut über die interessanten stücke und auch boleslaw czernek erschien, um im verein mit uns die mathematischen und astronomischen details zu

besprechen, wobei wir die entdeckung machten, dass de la caille zur herausgabe seiner logarithmentafel ein material zur verfügung gehabt haben
musste, das dem von callet's grosser tafel nicht nachstand. Auch teilte mir
der graf mit, dass sein grossvater einige manuskripte hinterlassen habe,
die früchte seiner mathematischen und astronomischen arbeiten, die
jedoch mit einer ausnahme noch nicht gefunden worden wären und vielleicht noch in der bibliothek ständen. Es war ein schöner und anregender
nachmittag, bei dem ich besonders gelegenheit fand, czerneks mathematische kenntnisse zu bestaunen, die in vielen fällen die meinigen weit
übertrafen, obwohl ich in einigen zweigen dieser wissenschaft – logarithmen, feldmesskunst, astronomie – durchaus mit ihm wetteifern konnte.

Die briefe wurden ins familienarchiv, das unter czerneks obhut
stand, übergeführt und anschliessend sprachen der archivar und ich noch
ein wenig über logarithmentafeln und rechenwerke und einigten uns über
die einrichtung einer besonderen physikalisch-mathematischen abteilung
der bibliothek, welche dem kleinen observatorium angegliedert werden
sollte.

Bei solchen gesprächen legte er sein finsteres mürrisches wesen ab
und wurde wesentlich umgänglicher, wenn auch ein gewisser hass bis
zuletzt in ihm geblieben sein mag. Ich achtete nicht weiter darauf und war
zufrieden und ruhig in meinem neuen pflichtenkreis, der mir tag für tag
neue kleine freuden und überraschungen brachte. In schönen mondnächten stieg ich in die schmalen, mit blitzenden bächen durchzogenen täler
und hörte in den unermesslichen wäldern das hifthorn der jagenden
magnaten tönen und viele verse schrieb ich in ein kleines, in goldbraunes
leder gebundenes buch – noch wusste ich nicht für wen.

5.

Etwa 4 wochen waren so vergangen und ich hatte in dieser zeit fast 3400
bände katalogisiert. Zum grössten teil waren es ziemlich wertlose objekte
gewesen, gesammelte schriften von Langbein und lafontaine, wie denn in
den ersten regalen überhaupt die neuere literatur überwog. Dann aber
war ich in die naturwissenschaftliche bücherei des verstorbenen grafen
geraten und hatte manch seltenen fund gemacht, manuskripte älterer,
zumal französischer gelehrter, schiffsjournale von grossem geographischem Wert mit seltenen küstenprofilen und kärtchen von untiefen und
fernen inseln, in deren manchen noch die »aurora-inseln« als sicherer fund
eingetragen waren.

Nach diesem ersten monat gestattete ich mir einen erholungstag, den ich in völliger musse verbrachte. Am vormittag las ich ein wenig und sah mit besorgnis, wie die sonne sich mit einem grau-goldenen ring von wölkchen umgab; aber gegen 3 uhr nachmittags klärte sich der himmel auf und die landschaft füllte sich mit warmem gelben spätsommerlicht – »indian summer« hatten sie in schottland zu diesen schönen, schon ein wenig müden tagen gesagt, wenn die feinen spinnenfäden durch die stummen wälder segelten, und die kühlen abendwiesen am waldrande im letzten sonnendufte in die unendlichkeit zogen. Ich kleidete mich an und machte mich zu einer grösseren wanderung bereit; denn erst bei mondenschein wollte ich wieder in schloss friedland einziehen. Nach einer stunde schon war ich mitten allein in den bergwäldern, die sich nach mitternacht zu hunderte von kilometern weit hinzogen, nur unterbrochen durch den dampfenden meiler eines köhlers oder durch den tritt der schmuggler im hochlande. Mir gegenüber, durch ein tiefes tal getrennt, lag die hohe tafelfichte, mit dichtem tannwald überzogen; nach westen und osten erstreckte sich, unübersehbar weit der wellige iser- und riesenkamm. Es war sehr still; nur die vögel suchten schweigend in den ästen herum, und ein ferner wassersturz rauschte in den beginnenden abend. Am himmel zog ein grauer keil von wildgänsen nach süden, nach italien vielleicht; und meine gedanken wanderten mit ihnen nach rom, in die malerisch-öde Campagna und nach pompeji zum unsterblichen mosaik in der casa del fauno –. Ein halber mond stieg hellfunkelnd wie stahl am seidenblauen himmel auf, und wie es dunkler wurde, stand das weite bergland in silbernem scheine; verträumte felsengruppen standen wie verzauberte riesen, und aus den weiten grasflächen an den hängen geisterten dünne nebel auf.

Die nacht war lau und machte den heimweg zu einer wohligen wanderung, langsam schritt ich die einsamen, kaum erkennbaren waldpfade nieder und war nur allzubald vor dem schlosstore, das trotz der späten stunde noch offen stand. Auf dem hofe hielten zwei schwerfällige reisekutschen, mit windlichtern auf dem bock und am schlage und die dienerschaft lief eilfertig hin und her. Allem Anscheine nach waren gäste gekommen, auch sah ich ein wappen an der wagentür, nahm mir aber nicht die mühe es näher zu betrachten. Als ich den gang zu meinem zimmer hinaufschritt, lehnte czernek mit einem fernrohr in der fensterwölbung und beobachtete eifrig den unteren mondrand. Als ich ihn fragte, wer gekommen sei, nahm er, unwillig über die unterbrechung, das teleskop vom auge und erklärte mir hastig, dass es die englische verwandschaft des grafen sei. Irgend einer seiner vorfahren, habe eine tochter des irischen Lord Guilford geheiratet und jetzt sei eine alte Lady mit ihrer jungen nichte zu einem längeren aufenthalte in schloss friedland eingetroffen.

Ich nahm das gespräch, anknüpfend an seine beobachtungen, wieder auf, und wir berieten eine zeitlang über die beste art, die librationen des mondes in länge und breite kartographisch festzuhalten und über die möglichkeit, die so erhaltenen kartenbilder zu entzerren, bis fast zum anderen morgen. erst dann gingen wir zu bett. Auch sonst hätten wir vor dem lärm und getriebe der diener kaum schlafen können.

Am nächsten Tage ging ich wieder meiner Arbeit nach und arbeite[te] ruhig und ungestört den ganzen vormittag hindurch. Als ich am nachmittag noch einmal in die bibliothek wollte, traf ich auf dem gange ein junges mädchen, in dunklem, einfachem kleide. Sie ging rasch an mir vorüber, sodass ich ihr gesicht nicht deutlich erkennen konnte, nickte mir ein wenig befangen auf meinen tiefen gruss hin zu und ging schnell weiter. Ich bemerkte nur noch, dass sie eine hand herabhängend in den falten des rockes trug und ihr dunkles haar im nacken zu einer doppelrolle frisiert hatte. Sie mochte etwa 20 jahre alt sein und war also sicher gräfin alice, die junge nichte der alten lady guilford.

Am abend sah ich sie noch einmal in der grossen halle, als ich mit czernek in der anderen ecke schach spielte. Ich wurde ihr vorgestellt, wenn auch flüchtig, küsste ein kleines kaltes händchen, sah in ein paar tiefe einfache augen und war entlassen. Wir spielten remis durch ein ziemlich plattes dauerschach von meiner Seite, nach einem höchst erbitterten und spannenden kampfe, in dem vor allem czernek durch geniale kombinationen glänzte, sodass ich mich nur mit mühe gegen ihn hielt.

Aus der unterhaltung in der anderen ecke entnahmen wir, dass am morgigen abend ein kleineres fest auf friedland stattfinden sollte, zu dem der landadel der umgebung geladen worden war. Da wir ohnehin nicht daran teilgenommen hätten, kümmerte uns das wenig, und wir waren im gegenteile froh, dass wir also die oberen schlossräume ruhig und ungestört für uns haben würden, da der ball in der grossen halle stattfinden sollte.

6.)

Der nächste Tag verging wie immer; wieder sah ich etwas über 100 Bände durch, registrierte das Format, die Art des Einbandes, die Seitenzahl, das Druckjahr und prüfte alle Beschädigungen beim Durchblättern, legte unter die Risse feines aber zähes, durchsichtiges Papier und nahm die Werke, die neu gebunden werden mussten heraus. Eine Seltenheit hohen Ranges fand ich heute und rief sogleich czernek herbei, denn es handelte sich um die 1633 zu London erschienenen »Two tables of Logarithmes« des Nathaniel Roe aus Suffolk. Das Buch in oktav ist deswegen interessant weil Roe hier zuerst die idee der modernen einrichtung der logarithmentafeln gegeben hat. Wir betrachteten leuchtenden auges unseren fund mit der doppelten teilnahme des mathematikers und des antiquars; durch dieses werk wurde unsere sammlung von rechentafeln auf die runde zahl von 30 gebracht.

Gegen 4 uhr nachmittags kamen die ersten gäste, und bald wurde es ziemlich geräuschvoll im schlosse; denn kutsche nach kutsche, alle wappengeschmückt, traf ein.

Ich ging auf mein zimmer und nahm mir aus meiner kleinen bücherei, auf deren näheren bestand ich noch zu sprechen kommen werde, einen dicken band öhlenschläger heraus und las einige stunden in der geschichte seines lebens. Es ist eine seltsame beschäftigung, dem leben der toten dichter zu folgen; durch die stille, vielfach ärmliche jugend, das brausende jünglingsalter mit all seinen übertreibungen und wunderlichkeiten und dann plötzlich überwältigt vor der fülle von geisteskraft zu stehen, die aus der mannheit und dem klugen alter hervorbricht. Ich sass und rauchte, griff hier und da einen band heraus und genoss und fühlte all meine kleinen, im laufe eines lebens zusammengeholten kostbarkeiten und heimlichkeiten, – stunden lang.

Flüchtig trat ich ans fenster, und sah die silberweissen wolkeninseln neben dem strahlenden monde stehen; lautlos schwirrten sternschnuppen über die uralte, verzauberte landschaft. Flüchtig tauchte ein gedanke an ein paar dunkle fragende augen in mir auf, und plötzlich ging ich zum tisch, nahm ein blatt papier aus einer lade und schrieb :

Wind rüttelt mich aus tiefer nacht.

Goldmond brennt auf am steilen turm,
in märchenfernen reist ein sturm,
zaust und zaubert.

Ich trage krüge weinbelaubt :
der wein schwatzt innen laut.

Mond reitet an mit söldnerstern;
das rasche heer verbirgt sich gern
hoch in wolken.

Die wilde wolkeninsel steht
mit pässen, die kein mensch begeht
und schroffen silberklippen.

Mond landet im wacholdermeer;
die kleine stadt schläft hell und leer
hoch im bergland.

Ich steige leicht wie wind empor;
zum wolkenwald durch wolkentor :
weiss nicht wie meine spur verlor.

Ich wandre mit der wolke !

Ich habe mich höchstens in meinen verstiegenen jünglingsjahren für einen dichter gehalten; aber selbst, seitdem ich dies wusste, freute mich die entstehung solcher kleiner versgebilde noch immer. Denn aufs neue wusste ich nun, dass ich fähig war, die dichter zu verstehen und mit ihnen zu fühlen; es war ein strahl der jugend und des tiefen wissens, dass diese erde nicht nur flach und schmutzig war, wie wohl manche meinten. – Nun, gleichviel, es machte mich froh und leicht wie ein junger bescheidener wein.

Als ich auf die uhr sah war es schon 10 geworden und mir fiel ein, dass ich meine bestandsaufnahme von heute morgen noch im 2. bibliothekszimmer hatte liegen lassen; ich wollte sie holen und verliess hastig meine kleine stube. Als ich die tür öffnete, schlug mir die musik von unten entgegen, und ich zögerte einen augenblick, da ich möglichst nicht bemerkt werden wollte, aber dann entschloss ich mich doch und ging durch die strahlend hell erleuchteten gänge und zimmer in die bibliothek hinunter. Hier schallte die musik noch näher; die geigen flöteten zärtlich, ein piano trillerte hell dazwischen, dann war stille. Ich lehnte an dem grossen tisch, in der mitte des zimmers und sah lächelnd zu meinen freunden, den büchern auf. Schön war die wolkeninsel gewesen, schön war es hier vor den schätzen der weisheit und dichtung zu stehen, die golden und lederbraun die wände umzogen, als kostbarste tapete.

Ich stand noch und sann, als ich schnelle, leichte schritte hinter mir hörte, und als ich mich wandte, stand eine schlanke mädchengestalt im türrahmen, in einem einfachen weissen kleidchen[.] Das haar fiel ihr in zwei langen dunkelblonden locken über die schultern und zwei augen sahen mich ernsthaft an. Ich verneigte mich stumm und wollte mich zurückziehen, aber da bewegte sich die eine hand, die, wie neulich, in den falten des rockes verborgen hing und sie sagte : »Oh, nein ! Lassen sie sich nicht stören !« So musste auch ich mich zu einigen worten entschliessen und bemerkte, dass sehr zahlreiche gäste dem herrn grafen die ehre gegeben hätten. »Ja, leider« sagte sie hastig, und fügte dann wie erklärend hinzu »ich liebe viele menschen nicht; es ist viel schöner allein.« Ich glaubte ihr jetzt, nach ihrem wesen, dass sie lieber für sich geblieben wäre; denn sie sprach zu mir, wie ein mensch, der scheu und ein wenig hilflos der schar seiner bedränger entwichen ist. Und ich erriet, dass sie, wie ich, zu jenen naturen gehörte, die höchsten[s] unter vier augen ein wenig aus sich herausgehen und auch dann sich später dieser scheinbaren schwäche schämen.

Und es dauerte auch wirklich nicht lange, da waren wir in einer richtigen kleinen unterhaltung begriffen, über bücher und dichter, von denen sie zum teil gute kenntnisse hatte. Wenn ich etwas erklärte, so hörte sie ernsthaft und aufmerksam zu und sah mich mit den märchenaugen klug und verstehend an. Aus ihren äusserung[en] ging dann hervor, dass sie über das gehörte wirklich nachgedacht hatte und es in die lücken ihres wissens einzuordnen versuchte. Und als sie nach etwa 10 minuten gegangen war, schritt ich nachdenklich in mein zimmer hinauf und sprach in gedanken weiter mit der zierlichen gestalt; ich muss gestehen, dass ich in diesen erdachten gesprächen alle meine kenntnisse aufbot um wirklich gewichtiges und tiefes zu sagen, lauschte aufmerksam den ersehnten antworten und fand nicht eher ruhe, als bis ich mich in wielands grossen roman vom Aristippos aus Kyrene verloren hatte.

Als ich um mitternacht mich entkleidete und mein einfaches bett aufsuchte dachte ich wieder an die gestalt, die so leicht und wunderlich in die tür getreten war.

Ich schloss die Augen.

Ich sah sie noch immer.

7.

Als ich am nächsten Vormittag meine Arbeit wieder aufgenommen hatte, wurde ich nach wenigen stunden überrascht durch den besuch des grafen. Es war heute das zweite mal, dass er sich nach dem fortschritt meiner tätigkeit erkundigte; doch kam er nicht allein – neben ihm stand die junge lady Alice und sah sich schon in den hohen regalen um. Der graf begrüsste mich und sagte dann lächelnd : »doktor, meine grossnichte hat sich in ihr köpfchen gesetzt, ein wenig in meiner bibliothek zu stöbern und sich literarisch weiter zu bilden. Wenn es ihnen keine zu grosse mühe macht, gehen sie ihr vielleicht, wenn nötig, zur Hand.« Ich stimmte höflich zu, scheinbar ruhig und ein wenig verwundert; aber in meinem inneren jubilierte ich und dankte allen göttern, dass ich mein prinzesschen öfter sehen durfte und, wenn auch nur wenige stunden, um sie sein konnte.

Der graf ging, und ich war mit lady Alice allein. Ich fragte sie sogleich, in welcher richtung ihr interesse läge, um ihr die fragliche spezialliteratur sogleich zu beschaffen; aber sie sagte mir, dass sie ein wenig bei der einrichtung der bücherei helfen wollte, schon, weil sie dadurch mehr kenntnisse bekommen würde, als bei eigenem studium. So hatte ich denn eine sekretärin, der ich von meiner hohen leiter herab ansagen konnte, was ich fand und feststellte. Ernsthaft schrieb sie, ernsthaft sah sie zu mir auf, bis ich, um in ihre nähe zu kommen, fast jedes buch ihr zur einsichtnahme vorlegte. Dann sassen wir über bunten kupferstichen und landkarten, und während ich erklärungen abgab oder geschichtliche kleinigkeiten anführte, geschah es wohl, dass ich in den anblick ihres dunklen mädchenhaares versunken still schwieg.

Ich merkte bald, dass sie zu gesprächen über die christliche religion hinneigte und glaube und unglaube in ihr kämpften; so sprachen wir oft über den nazarener über wahrheit und lüge, über philosophie und naturwissenschaft, und ich fühlte oft, wie ich, der gute heide, immer heftigere zweifel an den »christlichen wahrheiten« in ihr weckte.

Durch ihre erziehung war sie ein selbständiges, aussergewöhnlich ungeselliges mädchen geworden, das am liebsten einsam in wäldern und bibliotheken ihr leben verbracht hätte und deshalb zogen wir uns mächtig an. Tag für tag kamen wir uns näher und allmählich erschien die zeit, wo ich sie jeden morgen ungeduldig zu erwarten begann.

Eines abends – es ging schon weit in den oktober hinein – , als das ganze land tief im abendsonnenlicht vor uns lag und der mond wie eine dünne schale in den goldenen wolken stand, lehnten wir am fenster und genossen den unvergleichlichen anblick. Wir sprachen nur halblaut und selten miteinander, während ein sternenfeuer nach dem anderen im himmel entfacht wurde. Längst hatten wir zu schweigen begonnen, ein schweigen, das voll von süssigkeit und sehnsucht war; da drang, weit aus den unsäglich fernen wäldern der ton eines posthornes herüber, nur dem sehnsüchtigen hörbar. Ich sah sie seltsam lächelnd an : »Wollen wir reisen ?« fragte ich in schwermütigem scherz, durch den sie wohl das wissen um die unerfüllbarkeit meiner frage herausgehört haben mag; denn ihre märchenaugen blieben ganz ernst und im scheine des jungen mondes sah ich, wie ihre lippen ein wenig zitterten und sich lautlos bewegten, sodass ich es wagte ihre kleine hand hastig und scheu zu streicheln.

So standen wir, bis ich erwachte und sie bat, mir noch ein wenig zu helfen, worein sie mit langsamen kopfnicken willigte. Ich schloss das fenster; denn es wurde kühl und die nebel geisterten aus den wäldern auf, und entzündete die Lampen, bis wir ganz im strahlenden Licht sassen. Ich griff noch ein paar bücher heraus, gab rasch ihren inhalt und die anderen notwendigen angaben an und wollte wieder die genugtuung haben, noch heute ein regal zu beendigen. Nun war auch dieses zu ende, auch dieser abend mit ihr ging zur neige; ich wollte noch einmal ein gespräch mit ihr beginnen, aber die armseligen worte blieben mir in der kehle stecken. Mit fliegenden, nutzlosen händen griff ich noch einmal ins leere regal, und stiess wirklich ganz hinten in der ecke noch auf einen, im staub und moder halb vergrabenen band. »Hier ist noch einer«, rief ich freudig aus, dass ich sie noch einige minuten länger bei mir behalten sollte. Ich staubte den Band ab, und sah zu meinem grossen erstaunen ein unikum vor mir, einen band von unschätzbarem wert; das »Campi Elysii liber secundus« des Olof Rudbeck. Es sind von diesem, 1701 erschienenen riesigen botanischen Werke noch etwa 15 exemplare bekannt, da alle anderen 1702 durch eine feuersbrunst zerstört wurden. Ich zeigte meinem prinzesschen das einzige buch, welches selbst ich bisher nur in ganz knappen auszügen gekannt hatte und wir blätterten darin wie zwei glückliche kinder und staunten die sauberen, teilweise illuminierten 11000 holzschnitte an. Manche davon waren eine ganze folioseite gross und stellten kleine landschaften dar, mit üppigem pflanzenwuchs; so waren wir fast bis an das ende des riesigen bandes gekommen, als ich zwei seiten erblickte, die nicht mehr, die mir bekannten pflanzen darstellten, sondern eine flussszenerie wiedergaben, mit riesigen Palmfarnen und seltsam geschuppten bäumen, mit dichotom geteilten zweigen. Es sah aus, als wäre hier eine tertiärlandschaft abgebildet worden, aber wie war das möglich im Jahre 1701 ? Je mehr ich darüber nachsann, desto rätselhafter wurde mir der tatbestand, zumal da das bild einige botanische eigenschaften der lepidodendren und sigillarien wiedergab, die wir heute noch nicht einmal kannten. Lady alice, hatte mein erstaunen bemerkt und drehte und wandte die blätter auch ihrerseits hin und her, und sagte zu mir, nachdem sie die rückseite des zweiten blattes geprüft hatte: »Hier steht etwas geschrieben, aber ich kann es nicht lesen, sehen sie ? !« Ich sah gespannt hin, und erblickte eine seite voll griechischer buchstaben, die aber unlesbar waren in ihrem zusammenhange.

Es waren keine griechischen worte, sondern bei der transkription ergaben sich unverständliche buchstabenzusammenstellungen, die ab und zu durch runenzeichnen des futhark-alphabetes getrennt wurden.

Es ging gegen 8 uhr abends und ich wollte die untersuchung des seltsamen textes beginnen, als mir einfiel, dass lady Alice ja sicher fort müsste. Und als wenn sie meine gedanken erraten hätte, hob sie eifrig den kopf und sagte : »mein onkel ist heut und in den nächsten wochen beim grafen schaffgotsch zur jagd; ich komme in einer halben stunde wieder und wir wollen dann zusammen sehen, was das heisst !« Sie nickte mir zu, und ging dann rasch hinaus.

Ich blieb allein und während ich abwesend ins gelbe kerzenlicht blickte, gingen mir die absurdesten gedanken durch den kopf.

Was konnte ich, der arme bibliothekar diesem prinzesschen bieten ? Nichts; es sei denn, dass sie mir folgen würde, auch in das ärmlichste dasein. Konnte ich es denn verantworten, wenn ich noch länger in diese augen sah ?

Ich stiess mit der hand unwillkürlich an das buch und meine gedanken nahmen eine andere richtung. Lange betrachtete ich die beiden sternfremden landschaften mit ihren vor jahrmillionen vermoderten bäumen und dem heissen, glühenden licht darüber. Wunderlich, woher sie stammen mochten; denn sie waren alt, zumindest wie das buch selbst.

Da hörte ich hinter mir einen leisen schritt : sie kam. Sie !

8.)

Hell brannten die lichter im behaglichen raume, matt schimmerte das alte braune getäfel der nur selten zwischen den regalen sichtbaren wand. Sie sass am tisch und auch ich rückte mir einen stuhl herbei und nahm allen meinen scharfsinn zusammen. Halblaut sagte ich : »Zuerst müssen wir sehen, von wem diese Schrift stammt; sicher hat einer der besitzer sie aufgezeichnet und wird dann auch nicht verfehlt haben, seinen Namen im buch niederzuschreiben. Suchen wir also !« Wir beugten uns über den folianten und begannen langsam zu blättern; schon beim dritten blatt aber rief lady alice aus : »Hier steht etwas !«

Es waren wenige feste züge, mit der gleichen, längst gebräunten tinte geschrieben und nur in den feinen aufstrichen schon unsichtbar geworden. Ein name war es : ‹Olof Rudbeck› entzifferten wir. Wir hatten also eine niederschrift des grossen polyhistors selbst vor uns.

Jetzt bekam die angelegenheit ein ganz neues, gewichtiges aussehen; es war wahrscheinlich, ja fast sicher, dass der gelehrte irgendeine bedeutende entdeckung, hier, wie es in seiner zeit oft geschah, in einem kryptogramm niedergelegt hatte.

Ich bat lady alice, zunächst alle buchstaben in deutscher schrift nach meinem diktat niederzuschreiben; glücklicherweise war der text fast noch vollständig lesbar und nur an einigen stellen musste ich meine lupe zu hilfe nehmen, um aus den kratzern der feder im papier ihre richtung und somit den buchstaben fest zustellen.

Als unsere arbeit beendet war, beugten wir unsere köpfe über die transkription und sahen uns aufs neue getäuscht : noch immer war die buchstabenfolge unleserlich.

Da es nun vor allem darauf ankam, die sprache, in der diese nieder-schrift erfolgt war, zu bestimmen, beschloss ich, die vokale und konso-nanten zählen zu lassen um aus ihrem verhältnis annähernde schlüsse zie-hen zu können. Unsere zählung ergab 789 konsonanten und 518 vokale. »Dies«, sagte ich, »ist ungefähr das lautverhältnis der mittelmeerspra-chen, wie ich es vermutete. Und wenn wir olof rudbecks erziehung in anschlag bringen, kann es nur jenes idiom sein, dessen sich die gelehrten seiner zeit fast ausschliesslich bedienten : das lateinische ! Weiterhin steht nun fest, dass dieser erste lateinische text, welcher unserem kryptogramm zu grunde liegt, nach bestimmten mathematischen gesetzen verdreht und, um seine lesbarkeit noch fernerhin zu erschweren, in griechischen buchstaben niedergeschrieben wurde. Die erste, zum verständnis not-wendige operation haben wir bereits ausgeführt, und müssen jetzt versu-chen, noch weiter nach rückwärts zu gehen, und die verdrehungsgesetze aufzufinden. «

Eine ferne uhr schlug 9; es war ganz still um uns, nur aus dem erdge-schoss drangen die stimmen der haushälterin und ihrer tochter, und ein-mal hörten wir czernek auf dem gange vorbei gehen. Sie sass ganz dicht neben mir und atmete leicht; als sie mein stillschweigen bemerkte wandte sie langsam den kopf zu mir, und sah mich an. Ich fasste nach ihrer hand; dann sassen wir und schwiegen. Eine zeile aus der commedia divina blitzte mir durch den kopf »quel giorno piu non vi leggemmo avante«, das ewige gleiche schicksal der liebenden. Lange sahen wir uns an, bis ich endlich heiser ein »Du !« flüsterte. Sie nahm meine hand in die ihrigen und sah unruhig umher, dann lächelte sie mich an und ich legte ihren kopf an meine schulter. Sie schloss die augen und drückte sich ein wenig scheu an mich, ganz leicht und noch mit rührender unbeholfenheit. Erst nach eini-gen minuten wagte ich hastig ihren mund zu küssen : es war der erste mädchenmund, den ich fühlte; die lippen meiner prinzessin. Sie schlug ein wenig verwundert die augen auf und sah mich ernsthaft an, ernst und ganz verloren. »Ja, du !« sagte sie und drückte meine hände.

Lange sassen wir so, bis unsere blicke auf das buch fielen und die jagdleidenschaft von neuem in uns erwachte. Aber bei jedem »Du« lächelten wir uns bezaubert an und eine kleine hand lag immer in der meinen versteckt und spielte mit ihr scheue und liebliche spiele.

Wir stellten nun die buchstaben nach verschiedenen grundsätzen um, bis ich endlich auf den einfall kam, die pausenlose zeichenschlange in kolonnen von je elf buchstaben abzuteilen – so viel hat der name olof rudbeck und dann den ersten jeder kolonne, dann den 2. 3. u. s. w. zu verbinden. Kaum erprobten wir diese anordnung, als sich sofort lesbare lateinische Worte ergaben, und so gross war unsere erregung, dass wir erst nach einer pause unsere arbeit fortsetzen konnten. Ich ging im zimmer auf und ab, während alice die buchstaben zusammenstellte, und ballte die fäuste in nervöser erregung und erwartung des kommenden.

Endlich strahlte sie mich an »Fertig, Du !« sagte sie und wies mir erwartungsvoll das blatt.

Ich schloss die augen.

Als ich sie wieder nach einigen sekunden mit zusammengebissenen zähnen öffnete, lag um mich unverändert das zimmer; die kerzen strahlten und alice stand vor mir : auch ihre augen schienen wie lichter hinter seide.

Ich ergriff das blatt und las bis zu ende; ich las es zum zweitenmale, strich mir über die stirn und zog mechanisch einen stuhl an den tisch. Sie setzte sich neben mich, ihr händchen schlich sich in meins, dann bat sie erwartungsvoll : »Lies. «

Ich sagte : »Ich weiss nicht, was ich hiervon denken soll; aber wenn ich die umstände erwäge unter denen wir dies gefunden haben, dazu die seltsamen zeichnungen auf den vorhergehenden blättern, so muss ich fast...« Ich stockte und fuhr fort : »zunächst höre, zessilein; der text heisst so.

‹Steige in die höhle des distriktes rake, welche den grossen see enthält; so wirst du hinter dem wasserschleier des kataraktes einen gang finden, kühner wanderer. Folge ihm, und du wirst nach 40 tagen ein land im innern der erde erblicken, aus dem die zwei tafeln stammen. Unermesslich sind diese leuchtenden weitungen mit ihren bewohnern. Das ende erfand ich nicht; olof rudbeck.›

Dann folgen noch die worte :

‹Dies ist »Atland eller Manheim«›

Erst jetzt fiel mir das zweite kleinere werk rudbecks ein, in dem er nachzuweisen versucht, das[s] schweden des platon »Atlantis« sei, und wieder war es ein weiterer beweis für die wahrheit der worte rudbecks, die so seltsam klangen.

Alice hatte gespannt gelauscht; als ich fertig war, bemerkte ich, dass ihr gesicht den ausdruck angestrengtesten nachdenkens trug, und ihre kleinen zähne sich in die unterlippe drückten. Scheinbar ruhig wandte sie sich zu mir und fragte leise : »Kannst du feststellen, ob er die wahrheit spricht? Wenn ja, dann . . .« »Was dann?« fragte ich. Aber sie wehrte ab : »nachher, dann sage ich's.« Und ich begann, ihr meine ansichten auseinander zu setzen.

Rudbeck hatte die geheimschrift verfasst; dass war unzweifelhaft. Auch frappierend war der hinweis auf sein zweites werk von der »Atlantis«, das nun erst den rechten sinn bekam. Ausschlaggebend aber waren die beiden landschaften; im jahre 1701 wusste niemand etwas näheres von den verflossenen erdzeitaltern; nur einzelne ‹naturalienkabinette› existierten, aber unmöglich war damals auf rein wissenschaftlicher grundlage eine solche getreue zeichnung möglich, die selbst über unsere kenntnisse in einzelheiten weit hinausging. So wundersam also auch der inhalt des kryptogramms war, so musste man doch nach strengster prüfung ihn für gesichert und wahrscheinlich halten.

Sie schwieg ein weilchen; dann sah sie mich lächelnd an und sagte leise : »Wollen wir reisen?« Nichts weiter. Da begriff ich sie und sprang auf.

Zuerst konnte ich nichts sagen; zu wild rasten die gedanken. Bald erschien mir ihr plan widersinnig, bald klug und gut. Endlich fragte ich wie traumbefangen : »Weisst du, was du auf dich nehmen willst? Es kann eine mystifikation sein; und selbst wenn es keine ist : willst du den weiten und gefahrvollen weg gehen, in das fremdeste aller länder, in die einsamkeit, nur mit mir allein ? Du musst ja auf alles verzichten, an was du gewöhnt bist . .« Mir gingen die Worte aus, soviel hätte jetzt gesagt werden müssen, aber alice kam auf mich zu : »Ja !« sagte sie. Auch sie wolle weg von den menschen und wolle in die einsamkeit – sie lächelte – mit mir !

Immer wieder versuchte ich, sie umzustimmen, aber allmählich wurde ich überzeugt, dass es ihr voller, wohlüberlegter Ernst sei. So beschlossen wir denn, zusammen zu wandern, in »unser« Land, wie sie schon glücklich lachend sagte. Ich sollte die vorbereitungen treffen; denn wir mussten die zeit der abwesenheit des alten grafen nützen. Schon in wenigen tagen, in einer dunklen nacht wollten wir fliehen. Alice, meine prinzessin und ich.

Als ich am nächsten morgen erwachte, lag ein frischer, kalter strahl der oktobersonne auf dem buche neben mir; lange sah ich darauf, während meine gedanken rasch und sicher noch einmal den gestrigen abend durchgingen. Geträumt hatte ich nicht; denn der lederband lag neben mir und schon hatte ich ihn aufgeschlagen und sah mit klaren, eisigen, prüfenden augen die zwei tafeln an. Gewiss; hier wuchsen die bäume und büsche einer zeit, die am meisten ähnlichkeit mit dem tertiär hatte, aber auch ältere formen mit schuppenbäumen und sigillarien waren vertreten. Allerdings arten, die wir sicher nicht kannten.

Während ich mich ankleidete, begann ich, mich mit all diesen seltsamkeiten vertraut zu machen und geriet dabei in eine fremde erregung. Ich trat einen augenblick auf den gang hinaus, um zerstreut in den schlosshof zu sehen, als ich hinter mir ein leises rauschen hörte; sie sah mich ganz verloren an und ihre hand schlüpfte scheu in die meine hinein. Hastig sah sie sich um; dann fragte sie : »Hast du schon einige vorbereitungen getroffen ?« Da um die biegung des ganges schritte hörbar wurden, huschte sie schnell davon und auch ich fuhr wie ein ertappter in mein zimmer zurück.

Die vorbereitungen – nun ja; das abenteuer begann also; aber es musste mehr als ein abenteuer sein, denn sie war ja mit mir, und es war meine grösste aufgabe ihr ein gesichertes leben zu schaffen.

Ich entwarf also zunächst den plan dessen, was wir an geräten, instrumenten, lebensmitteln mitzuführen hätten; freilich würden wir das meiste erst an ort und stelle kaufen müssen, denn unsre flucht musste leicht und unbehindert ausgeführt werden und blieb auch so noch schwierig genug. Das wichtigste war zunächst geld; ich besass etwa 600 Taler, meine einzigen ersparnisse, aber damit würden wir nötigenfalls alles bestreiten können.

Ausserdem wollte ich, wenn möglich, doch einiges von meinen büchern und instrumenten mitnehmen; das war ein schwieriges kapitel, denn von meiner bibliothek misste ich ungern etwas und doch war es selbstverständlich, dass ich nur 4 oder 5 bände würde mitnehmen können. Jedes pfund, was die bücher wogen, würden wir an lebensmitteln weniger mitnehmen können und diese waren ungleich wichtiger als alles andre. Ich trat vor mein regal und begann systematisch die durchsicht; etwa 75 bände waren vorhanden, 70 davon mussten fort. Es schien hoffnungslos, aber ich ging mutig daran; denn es war ja für alice, für uns beide ! Manch bitteres abschiednehmen brach an, manchmal zögerte meine hand; aber schliesslich war nur noch eine ganz kleine anzahl übrig. Homeros nahm ich mit mir; eine einbändige, kleine halblederne ausgabe in der unvergleichlichen übersetzung des trefflichen voss. Der »Faust«, beide teile in einem bande war das zweite stück; meine 6 logarithmentafeln hatte ich mir zusammengelegt, und da die schmalste, eine vierstellige zur voraussichtlichen genauigkeit meiner etwaigen beobachtungen völlig genügte, sie auch eine sehr gute formelsammlung enthielt, unterwarf ich sie einer genauen durchsicht. Die überflüssigen seiten schnitt ich sorgfältig heraus und ersetzte sie aus den anderen Tafeln durch bessere, interessantere. Callet musste seine 61stelligen logarithmen hergeben – nur wenige wertvolle seiten – aus meinen mathematischen werken legte ich die interessantesten blätter ein; und ich erhielt den dritten band mit etwa 200 seiten stärke. Noch zwei bücher wollte ich mit hinüberretten; doch nun wurde mir die auswahl blutschwer. Wielands grosser roman vom »aristipp« wurde noch aufgenommen – ein ansehnlicher band, gottlob nur von kleinem format, wenn auch dick. Und beim 5. bande verfiel ich auf den ausweg, den ich so glücklich bei meinen tafeln angewendet hatte. Am selben tage und im verlaufe des nächsten, band ich mir selbst einen kleinen oktanten voll der seltsamsten dinge. Fouqué's »undine« kam hinein und hoffmann's »klein zaches«; stifters »hochwald« und hauffs ersten buch vom »lichtenstein«; einige gedichte von goethe, einige englische poeme; poe's »gordon pym« und schopenhauers »vierfache wurzel«; wenige seiten aus dem »nibelungenlied« aus herodot und meister gottfried's tristan und endlich das wenige, was ich über paläontologie besass. Vieles musste ich zurücklassen, bitter weh kam es mir an; aber viel hatte ich mir gerettet, eine kleine schar funkelnder welten trug ich mit mir.

Ich legte noch zwei starke notizbücher und wenige gute bleistifte hinzu, um material für notwendige rechnungen, zeichnungen und niederschriften von beobachtungen und erlebnissen zu haben.

Nun kamen die instrumente an die reihe; ich besass einen vorzüglichen theodolithen, der sich besonders dadurch empfahl, dass horizontal und vertikalkreis nur einen durchmesser von je 12 cm hatten und das ganze instrument zerlegbar war. Ich kannte es sehr gut und wusste, dass ich jederzeit die nach dem zusammensetzen notwendigen korrekturen selbst vornehmen konnte. Das beste daran war jedoch sein fernrohr; ein beachtenswertes optisches gerät von 20 cm länge und 70 mm objektivdurchmesser, welches eine 72fache vergrösserung ergab. Es war sehr gut achromatisiert und fast völlig aplanatisch; ausserdem konnte man das okular system mit seinen in einer kurzen aluminiumröhre montierten linsen herausnehmen und als starke etwa 20fach vergrössernde lupe verwenden. Im innern befanden sich zwei verstellbare fadenkreuze. Am horizontalkreise, der sich mit hülfe einer feinen libelle genau einstellen liess, konnte ich mit zwei nonien ablesungen bis auf eine bis zwei bogensekunden genau vornehmen; auch eine magnetnadel war eingelassen.

Waffen und die anderen instrumente, thermometer und ein überdruckmanometer würde ich in Hamburg kaufen auch zimmermannsgeräte, seile, nägel, haken, messer, schuhe, bergmannslampen und die vielen anderen nötigen dinge, die ich erst jetzt bei der zusammenstellung gewahr wurde.

Ich packte meine wenigen bücher mit dem theodolithen sorgfältig in einen winzigen koffer steckte mein geld zu mir und kaufte in der stadt, die ich heute seit langem wieder einmal betrat einen herrenanzug aus sehr gutem stoff und von besonderer zierlichkeit. Der schneider musste mir den kleinsten hervorsuchen »ein geschenk für meinen neffen« erklärte ich kühl, und bald war ich wieder im schloss.

Ich schickte die tochter der schaffnerin mit dem paket zu alice, und gab ihr auf, auszurichten: »ich hätte die bücher herausgesucht, hoffentlich seien es die richtigen.«

Si kam schon nach einer viertelstunde wieder und brachte mir die nachricht, dass die junge gräfin zufrieden sei. Ich hatte das glück, alice am abend im parke zu treffen; wir setzten uns in ein versteck unter niedrigen tannenzweigen, obwohl es kalt und trübe war, und nachdem sie ganz dicht unter meine jacke gekrochen war, teilte ich ihr mit, dass wir morgen abend fliehen würden. Die genaue zeit allerdings lag noch nicht fest; ich musste erst im nachbardorfe einen wagen und einen zuverlässigen kutscher ausfindig machen. Jedenfalls sollte sie sich bereithalten und mir um mittag eine gelegenheit verschaffen, ihr das letzte zu sagen.

Si legte den kopf an meine schulter und sah in den sinkenden nebligen abend hinaus, die kühlen büsche um uns rauschten einförmig und trübe und die tiefe Herbstschwermut fasste uns. Lange sassen wir so und hielten uns fest an den händen, ganz fest; und ich küsste ihre lippen und ihre augen und wurde wirr und verzaubert vor glück; und auch sie liebte mich so sehr –.

Morgen werden wir in den nebel und in die grosse einsamkeit zusammen fahren.

10

Am nächsten tage erhob ich mich sehr früh; ass hastig einige bissen von den resten des gestrigen abendbrotes und traf dann meine letzten vorbereitungen. Ich hinterliess dem grafen einen brief, worin ich ihm kurz mitteilte, dass ein unvorhergesehenes ereigniss mich zur augenblicklichen abreise zwänge. Ich legte ihm den bereits vollendeten teil des kataloges bei und die richtlinien und vorarbeiten für den rest der arbeit. Dann verschloss ich mein zimmer und ging in das benachbarte dorf, um einen wagen und einen tüchtigen kutscher zu mieten. Ich trat auf gut glück in das erste beste gehöft ein; von der tenne her klang der einförmige Takt der dreschflegel, das hühnervolk suchte im gelben grase herum und ein kleiner brauner hund lief hurtig vor mir her in den sandbestreuten hausflur. Ein alter bauer trat heraus und sah mich misstrauisch an, aber gleich erkannte er mich und nahm langsam das schwarze käppchen ab; denn ich war ja »einer vom schloss«.

Ich grüsste ihn in tschechischer sprache und fragte ob er nicht jemanden wüsste, der mich noch heute nacht nach ostritz oder wenn möglich bis görlitz bringen könnte; in dresden sei ein verwandter von mir plötzlich gestorben und ich müsste so bald nur irgend möglich dort eintreffen. Er schwieg geraume zeit und sah mich unter seinen dünnen augenbrauen her forschend an; aus der küche her kam klappern von tellern und kannen und eine dünne mädchenstimme begann zu singen: »Kje domov muj . .«, brach aber nach ein paar Takten wieder ab. In der stube summten einige späte fliegen im letzten herbstsonnenscheine, der sich wie ein dünnes blasses goldfädchen zum kachelofen zog; es war sehr friedlich und wohlhabend hier.

Endlich sagte er, den weissen kopf wiegend : »Es würde sich schon ein fuhrmann finden, aber in der nacht – und der weg ist weit –« er stockte und ich merkte, dass er aus einem bestimmten grunde schwieg. »Wieviel verlangt ihr ?« fragte ich kurz; er zog einen augenblick die luft ein, dann stiess er fast flüsternd hervor : »zwei taler !« Sein altes bauernherz hing am gelde und er sagte sich wohl, dass zum weniger fordern noch immer zeit sei. Ich willigte aber sofort ein und er versprach mir heute abend um 9 uhr seinen sohn mit einem leichten zweisitzigen wagen und zwei guten pferden nach der brücke über die wittig zu schicken, die fast 20 minuten oberhalb des schlosses lag. Von dort konnte er auf dem kürzesten wege die bergstrasse an der tafelfichte vorbei nach ostritz und damit nach schlesien hinein erreichen. Wir machten aus, dass ich das geld zahlen würde, nachdem wir ostritz erreicht hätten und ich ging wieder aus dem gehöft den weg durch die wiesen nach dem schlosse zurück.

Ich erreichte mein zimmer eine gute stunde vor mittag und ging sofort in die bibliothek, um, wie verabredet alice zu treffen. Sie stand am fenster und hielt scheinbar lesend ein buch in der hand, aber an der art, wie sie den kopf neigte, sah ich, dass sie auf jeden schritt im gange horchte. Ich machte drei blitzschnelle schritte zu ihr hinein und nahm ihren kopf in beide hände, als ich schon wieder tritte vernahm; ich konnte ihr gerade noch zuflüstern : »um 8^{20} auf dem gange in der nähe meiner tür,« und dann schnell eine leiter emporfahren, als auch schon czernek eintrat. Sein auge ging scheinbar unauffällig zwischen uns hin und her, er grüsste kurz und fragte mich, ob ich irgendwo in der bibliothek maupertuis briefe und berichte während seiner gradmessung 1736 in tornea gesehen hätte. Ich konnte mich jedoch nicht besinnen und er ging brummend hinaus, kam aber gleich wieder und rückte sich gar einen stuhl an den tisch, sodass ein längeres bleiben nutzlos erschien. Ich stieg deshalb entschlossen wieder von meiner leiter herunter und ging, indem ich ein buch mitnahm auf mein zimmer. Hier ging ich noch einmal das buch rudbecks sorgfältig durch, fand aber nichts mehr von belang; dann löste ich vorsichtig die beiden schnitte mit dem text auf der rückseite heraus, faltete sie und steckte sie sorgfältig in meine brieftasche, wo ich unsre urkunden, mein geld und andere wichtige schriftstücke verwahrt hielt. Dann packte ich meinen mantelsack mit den büchern, ganz wenig kleidung und dem theodolithen, sorgfältig und methodisch, so dass alles auf möglichst geringem raume sicher und ohne gefahr der beschädigung zusammen lag.

Nun konnte ich nicht mehr tun, als warten.

Das essen kam und ich zwang mich etwas davon zu verzehren und dann legte ich mich ein wenig nieder und versuchte zu schlafen, und kaum lag ich auf dem sofa, als ich auch schon einschlummerte.

Da ich stets deutlich träume, so blieb mir auch die bilderfolge dieses nachmittagsschlummers im gedächtnisse. Ich stand wieder in Paris auf dem Champ de Mars und sah den exerzierenden soldaten zu, und wieder kam das bild, wie ein tückischer hagerer hauptmann einen der Chasseurs ins gesicht schlug und dann den armen menschen sich auf und niederwerfen liess – unzählige male. Und wieder, wie damals, sahen mich aus dem gesichte des einfachen soldaten die augen an, müde und gequält und verzweifelt und voll ergebener ruhe, während er sich wie ein graues tier im staube hin und herwand.

Menschenwürde, freiheit und adel der persönlichkeit – solche und ähnliche gedanken stiegen mir auf, und ich lachte grimmig wie damals, als ich die schönste und beste der welten leibhaft vor mir verkörpert sah[.]

»Und siehe, es war alles gut !«

Auch dieser traum hatte mir geholfen, auch er hatte mir noch einmal gezeigt, dass es nicht schade war, dieser welt den rücken zu kehren; dass das leben nur da lebenswert sei, wo man allein war mit der geliebten und den grossen toten aller zeiten und völker. Leicht und befreit erhob ich mich, leicht und befreit tat ich ein paar schritte durch mein zimmer und reckte die arme.

Als ich auf die Uhr sah, war schon 6 uhr abends und die sonne bereits untergegangen; der himmel war klar, nur hier und das schwammen einige wölkchen im fahlen blau. Der wind fuhr kalt und klagend um die ecken und riss laub von den bäumen, und peitschte die letzten dahlien und astern im parke. Auf dem kleinen teiche trieben schaukelnd die wasserlinsen; alle schwäne waren schon fortgezogen und nur der kühle abendwind tanzte noch über die bunten pfade.

Ich legte meinen mantelsack nahe zur tür und wartete mit unruhe und klopfendem herzen, während der zeiger der uhr langsam zur 7 schlich – eine stunde noch ! Eine ganze stunde ! Ich öffnete vorsichtig die zweite kleine tür, welche auf die burgmauer führte, der wind fuhr mich schneidend an und unten auf dem kleinen fusswege, fast 3 meter unter mir glänzten von den schauern der vergangenen herbstnächte her noch einzelne lachen, in denen sich das schwindende hastige blau des abendhimmels noch einmal spiegelte und schnell erlosch. Von dem fernen dorfe herüber klang die pfeife des gänsehirten und drunten im tale blitzten lichter auf. In dämmernden lauben mochten dort menschen sitzen, bauern beim landwein, die das scheidende jahr redlich und ernsthaft besprachen; oder zechende freunde, die das glas gegen den jungen mond hoben, dass er bleich und zart auf dem goldenen spiegel stehe.

Freude der jugend : diese kühlen wehenden abende zu durchlaufen und beim raschen schreiten seltsame lieder in die ziehende luft zu singen, viel zu schön um sie aufzuschreiben – –

Aber es war nicht gut, dass der fast volle mond so klar über dem weit ins land schlängelnden silberfaden der wittig aufstieg; hoffentlich würde es nicht zu hell werden.

Ich trat wieder zurück und sah auf die uhr, wobei ich die schwere tür wieder hinter mir zuzog. 7^{50} – also keine halbe stunde mehr; noch einmal flammte das licht in meinem zimmer auf, noch einmal überprüfte ich mit fliegenden händen all mein gepäck, zog noch einmal die wichtigsten papiere und das geld aus der brusttasche – dann zwang ich mich zur ruhe.

Die minuten rannen unter meinem angestrengten lauschen, noch waren es zehn, da konnte ich nicht mehr und öffnete die tür zum gange. Einige herzschläge lang horchte ich in die stille und wollte wieder zurücktreten – da kam es mit leichtem tritt um die ecke geflogen. Alice, die ich beinahe nicht erkannt hätte, so seltsam und vornehm sah sie aus in ihrem dunklen herrenanzuge, aus dessen weiten ärmeln ihre winzigen händchen weiss und schlank hervorkamen, auch sie trug ein kleines täschchen, das sie fallen liess, als sie auf mich zu lief. Ich fing sie rasch auf und wollte sie in mein zimmer ziehen, als von einer nische des ganges der schein einer blendlaterne auf uns fiel und uns versteinerte.

Czernek hatte wie gewöhnlich sein langes fernrohr am fenster aufgestellt und, unbemerkt von uns alles mit angesehen; er kam jetzt, die laterne in der hand langsam auf uns zugeschritten und blieb einig[e] meter vor uns stehen.

Zuerst schien er die lage nicht zu erfassen, aber dann verzog er höhnisch und überlegen den mund und las alles restliche von unseren gesichtern ab. Ich sah, wie es in seinen zügen arbeitete, triumph und hohn. Er schien seinen endlichen sieg auszukosten und mit uns zu spielen. Aber auf einmal runzelte er die stirn und ich sah, wie ihm ein anderer gedanke kam und sein blick listig und berechnend wurde. Wir hatten keiner ein wort gesprochen, nun aber nahm er seine laterne in die andere hand, nickte mir wie gleichgültig und abwesend zu und schritt wieder in seine nische, wo er die beobachtung umständlich aufs neue unternahm, so dass ich alice am arm in mein zimmer ziehen konnte; der schlüssel flog herum und nun war uns der weg frei.

Jetzt war ich felsenfest davon überzeugt, dass czernek schweigen würde; wenn ich blieb, wäre es möglich gewesen, etwa mit alices hilfe den grafen umzustimmen oder doch das schlimmste abzuwenden, während meine flucht für immer mich von ihm trennen würde, und so der nebenbuhler um des grafen gunst mit absoluter sicherheit sich selbst ausschaltete.

Ich ergriff in fliegender hast ihr täschchen und schob es in meinen mantelsack, die tür nach der mauer schlug auf und wir beide standen auf dem schmalen sims. Während sie sich an die mauer lehnte, liess ich mich mit beiden händen daran herunter und stiess mich dann ab. Da ich ziemlich gross bin, war es nicht mehr weit bis zum erdboden. Ich schlug mich gar nicht und bat alice, mir den mantelsack zuzuwerfen. Ich fing ihn und legte ihn auf einen trockenen baumstumpf; dann trat ich ein wenig näher und hielt ihr beide hände hin, sodass sie hineintreten konnte. Dann liess ich sie leicht zu boden.

Geräuschlos huschten wir nun beide den engen weg entlang; der mond stand hoch zwischen hellen, schnell treibenden wolkenschollen und warf sein weisses licht auf den ein wenig feuchten, federnden waldpfad. Wenige minuten schlüpften wir durch ein kleines tannengehölz und hörten den bach über die glitzernden steine strudeln, aber bald kamen wir auf die weite, mondhelle lichtung, an deren anderer seite uns der wagen erwartete. Da wir querfeldein über die wiese mussten, wurden unsre schuhe feucht; wir gingen engumschlungen durch den mondschein, und die grasbüschel rauschten unter unseren füssen. Quer durch die wiese floss die wittig, breit aber kaum 10 zentimeter tief, wie alle gebirgsflüsse hier. Ich zog an ihrem rande alice die schuhe und strümpfe von den füssen und fuhr liebkosend mit der hand über die weissen zierlichen zehen, während sie sich mit ängstlichem eifer an meinen haaren festhielt und mich zärtlich zauste.

Als wir in den flachen, glitzernden sand des ufers traten, fühlten wir die kälte noch nicht besonders, aber im durchsichtigen wasser schienen unsere füsse fast zu erstarren. Es blinkte im monde wie kristall und schmiegte sich rein und eisig um die knöchel, doch hatten wir uns bald daran gewöhnt, ja, schritten sogar noch ein stückchen aufwärts im bache. Am anderen ufer trocknete ich sorgfältig alice's füsse mit meinem taschentuche und half ihr, sich ankleiden; dann hatten wir nur noch einige hundert schritte zu tun und standen vor unserem wagen. Der fuhrmann, ein schlanker hübscher bauernbursche half uns, in den wagen einzusteigen, der bequemer war, als ich erwartet hatte; denn es war eine art landauer mit halbverdeck unter dem wir sicher und behütet sassen. Ich hüllte alice in eine der dicken wagendecken ein und gab das zeichen zur abfahrt.

Wir rollten schnell dahin und vergassen über den stummen händedrücken die ganze welt um uns.

2. TEIL.

UNSERE REISE NACH FREDERIKSHALD.

1.)

Alice war bald beim leichten rollen des wagens eingeschlafen; ihr kopf war zurückgesunken aber ihr händchen lag noch in meinem, gelöst und locker.

Die strasse lag weiss und fremd im marmornen gewölk des mondes vor uns; schweigende kühle wiesen zogen lautlos an uns vorüber in denen die nebel woben, von kleinen bächen durchronnen. Wild trat stumm aus den tiefen wäldern und schritt federnd zum wasser.

Aber die nacht war kühl; bald begann ich zu frösteln, schlug noch eine Decke um Alice und hüllte mich selbst ein wenig wärmer ein; dann schlief auch ich, während die grauen wolken mit den silbernen rändern über den mond zogen wie seidenfahnen.

Kurz nach mitternacht erwachte ich vom gerassel des wagens, der jetzt über steinpflaster fuhr. Wir waren in ostritz; ich zahlte dem fuhrmann die zwei taler und vermochte ihn zu bewegen, dass er uns weiter nach görlitz bringen möge. Er fütterte und tränkte rasch die rosse und nach kaum einer halben stunde ging es weiter nach norden.

Wenn wir in einer solchen geschwindigkeit entflohen, war es kaum möglich, uns noch einzuholen, zumal wir mindestens 12 stunden, wenn nicht noch mehr, vorsprung hatten. Ausserdem war es sehr fraglich, ob man, d. h. unsere etwaigen verfolger, ohne weiteres die richtung unserer flucht feststellen können würden. Ehe der alte graf nicht zurückkehrte, also in etwa 2–3 tagen, konnte kaum etwas ernstliches geschehen.

Unter solchen tröstlichen überlegungen war auch ich wieder eingeschlummert und wir erwachten nicht vor dem nächsten morgen, als der wagen über die neissebrücke rollte, dem nahen görlitz entgegen. Wir verabschiedeten unseren fuhrmann in einem wäldchen vor dem tore, entlohnten ihn reichlich; denn er hatte es sich redlich verdient, und schritten unbefangen in die stadt hinein.

Der torwächter tat nur einen flüchtigen blick in meinen reisepass und einen tieferen in seinen bierkrug, so dass wir hier sicher waren.

Während wir in ein gasthaus traten und ein kräftiges mal zu uns nahmen, berieten wir, was nun weiter zu tun sei; da Alice sich nicht im min-

desten angegriffen fühlte, beschlossen wir, auf der postmeisterei am ober-
markte extrapost zu nehmen und sofort weiter nach Dresden zu eilen.
Erst dort wollten wir uns einen längeren Aufenthalt gestatten.

Der novembermorgen war frisch und blau; wir schritten langsam
über das holprige pflaster der engen strassen, in welche fast überall der
basaltkegel der landeskrone hineinblickte. Es war markttag, und die
plätze mit einer schreienden bunten menge gefüllt, die sich lärmend vor
den buden drängte. Zwischendurch sprangen die schüler des gymna-
siums – die kleineren versteht sich – in ihrer altmodischen tracht, die krähen flatterten und stelzten mit den tauben umher.

Erst am obermarkt, wo die amtsgebäude lagen, wurde es ruhiger;
wir traten in das zimmer, wo der postmeister grämlich zwischen seinen
akten hockte und forderten eine extrapost nach dresden, abgehend in
einer viertelstunde. Die unterhandlungen mit dem brummigen manne
gingen erst dann schneller, als ich die 50 taler ohne zögern im voraus
bezahlte, auch als ein kleines douceur ihm einen fünftalerschein zuschob.

Bald hörten wir im hofe die pferde scharren und wiehern und 10
minuten später flogen wir, wie der wind von den schäumenden vier rappen gezogen, um den markt durch die lachend auseinanderstiebende
menge und waren im nu ausserhalb der kleinen stadt.

2.)

Der morgen war frisch und blau gewesen, aber als am horizonte allmählich die schweren weissen Mittagswolken heraufschwammen und der
wind anfing über die scharfen stoppeln zu pfeifen, fanden alice und ich
sich langsam in die wirklichkeit zurück. Ich zog wieder und wieder das
seltsame dokument aus der brieftasche, und aneinandergelehnt besprachen wir aufs neue den inhalt und die möglichkeiten für und wider.

Ab und zu wurden wir aus unseren gesprächen aufgestört durch die
verschlafenen zollbeamten, die den schlagbaum hochdrehten, auch
manchmal unsere pässe verlangten, verdrossen hinein sahen, bis sie ein
taler davon überzeugte, dass wir doch nur unverfängliche reisende seien.

Ich zeigte alice meine reduzierte Bibliothek und sie sagte nachdenklich : »Es muss nicht leicht für dich gewesen sein, dich von ihnen zu trennen.« Aber ich flüsterte ihr zu : »Was hättest du gewählt : mich oder die
bücher ?« Sie wurde ein wenig rot und schüttelte die langen locken nach
hinten, so dass sie wie die paganinis um ihr gesichtchen flogen, dann kam
statt aller antwort ihr händchen eilfertig angekrochen und schlüpfte in die

meine. Dann wurden wir wieder ernsthaft und begannen ein genaues verzeichnis der gegenstände anzulegen, die wir brauchen würden. Es waren viele, so viele, dass mir ernsthafte befürchtungen aufstiegen. Wie sollten wir zwei menschen, lasten von einigen zentnern auf einem vielleicht äusserst schwierigen und gefahrvollen wege längere zeit, möglicherweise wochen oder gar monate lang fortbewegen? Hier lag eine grosse, wahrscheinlich die grösste schwierigkeit für uns; denn es galt ja sich nicht nur für kurze zeit, sondern für ein ganzes leben einzurichten.

Aber alles wurde von dem gedanken besiegt, dass wenigstens wir zwei immer zusammen sein würden, und befreit von den anderen menschen. Ich biss die zähne zusammen und fasste alices hand fester; wir würden ja sehen! Zunächst galt es, so schnell wie möglich nach Frederikshald zu kommen, unsere ausrüstung zu beschaffen und lautlos den menschen zu entkommen.

Während ich noch rechnete und mein verzeichnis der werkzeuge und lebensmittel und all der anderen dinge zu verbessern fortfuhr, hatten uns weite, düstere kiefernwälder aufgenommen. Der Himmel hatte sich grau und kalt umzogen und ein nadelfeiner regen begann zu fallen, sodass wir die fenster des wagens schlossen. Wir mussten seit heute morgen ein gutes stück weges zurückgelegt haben; zweimal waren die pferde gewechselt worden und die strassen waren in vorzüglichem zustande gewesen. Jetzt ging es schon gegen abend, ab und zu tauchten auf weiten bleichen, nebligen wiesenflächen kleine träumende teiche auf, eine welt für sich, mit kleinen kühlen fischen belebt; an ihren rändern wuchsen seit jahrhunderten riedgras und kräuter – der zauber der einsamkeit war um sie gebreitet. Wieder nahm uns der wald auf, der feine regen rann eisig über die kiefernzweige und der wind pfiff klagend aus der ferne.

Der postillion fuhr langsamer und bog dann rechts von der strasse aus, auf einen freien platz hin, auf welchem ein grosses haus, halb aus ziegelsteinen, halb fachwerk stand, wieder eine posthalterstelle, wieder musste pferdewechsel vorgenommen werden. Als der wagen hielt, stieg ich heraus, um mir ein wenig die beine zu vertreten und für mich und alice ein glas glühwein zu beschaffen. Eine behende rundliche frau brachte es uns an den schlag und alice trank und wärmte sich an dem grossen glase die ein wenig klammen händchen. Ich fragte, wie weit noch bis Dresden sei und erfuhr, dass wir in zwei bis drei stunden, also gegen mitternacht, dort eintreffen würden. Da es jetzt schon dunkel war, wurden die laternen entzündet, ein neuer postillion schwang sich auf den bock und wieder sausten wir die strasse entlang, dass der wagen hin und her flog.

Da wir beide von der tagelangen reise jetzt doch begannen uns müde und angegriffen zu fühlen, beschlossen wir, in Dresden einen tag der erholung zu widmen und in der folgenden nacht mit möglichster geschwindigkeit ohne aufenthalt bis nach berlin durchzufahren. Nach nochmals einem tage wollten wir dann bis nach Stettin weiterreisen, von dort nach malmö übersetzen und dann erst durften wir uns als ganz sicher betrachten. Wenn auch dann noch von Malmö über Halmstad, Göteborg bis Frederikshald noch fast 500 km vor uns lagen, so waren wir doch dann bestimmt keiner verfolgung mehr ausgesetzt. Schon jetzt erschien es mir unwahrscheinlich, dass, in Abwesenheit des alten grafen, die dazu notwendigen massnahmen kräftig genug getroffen werden würden; und es zeigte sich, dass ich recht hatte, denn wir hörten nichts mehr von verfolgern oder auch nur von irgendwelchen nachrichten.

Unter solchen gesprächen hatte ich zuweilen schon in der ferne lichter aufblitzen sehen, und nach kaum einer halben stunde hielten wir am tore der alten königsstadt Dresden; die torwache machte uns keinerlei schwierigkeiten und auch ein gutes nachtquartier erhielten wir beim postmeister am schwarzen tore.

Anfänglich wollte er uns zwei fremden herren ein zimmer anbieten, aber ein funkelnder dukaten veranlasste ihn, uns seine zwei staatsstuben zur verfügung zu stellen. Wir eilten hinauf, denn wir waren sehr ermüdet, verstohlen küsste ich alice an der grossen durchgangstür, die von meinem raume in den ihrigen führte. Wir verabredeten, dass ich sie am nächsten morgen um 9 uhr wecken sollte.

3.)

Alice kannte Dresden noch nicht, und war über die schönheiten der alten stadt entzückt wie ein kind. Wir gingen durchs alte rathaustor und standen vor dem zwinger mit seiner heiteren barockarchitektur. Viele der gemälde in den weiten galerien waren ihr aus guten kopien von london her bekannt aber vor vielem standen wir bezaubert und nur selten gestört durch andere besucher. Claude Lorrain, die Madonna Sixtina und die Landschaften der alten niederländer waren die höhepunkte des genusses, zu denen wir immer wieder zurückkehrten.

Der tag war trüb und neblig, ein feiner regen übersilberte die pflastersteine und im freien war schlecht verweilen. So liefen wir schnell zur königlichen bibliothek, um uns ihr exemplar des rudbeck zur einsicht vorlegen zu lassen. Und wir beide hielten es atemlos in den händen und wurden bald in unserer ansicht von der echtheit des dokumentes bestärkt.

Denn wo im exemplare der friedländer bibliothek die geheimnisvollen seiten gelegen hatten, folgten hier ohne lücke die gewöhnlichen pflanzendarstellungen mitteleuropas. Sinnend schlug ich das titelblatt auf und betrachtete das bildnis des kühnen und seltsamen reisenden, während an meiner seite alice friedvoll und froh atmete.

»Alice, bist du froh ?« fragte ich beklommen. Sie sah mich ruhig an und flüsterte lächelnd »Ja, du !« Dann fuhr sie mit der hand über das bild und lehnte sich fester an mich.

Wir werden sehr glücklich sein. –

Vom übrigen tage ist ausser unserem Besuche in der grossen oper nichts erwähnenswert; nur, das[s] ich ein winziges Präzisionsthermometer mit einem kleinen feder- oder aneroidbarometer verbunden erstand.

Wir sahen am abend mozarts »don giovanni« und tranken die alte kühle musik wie wein; sternenhell und heiter war sie, wie ein alter park in einem reinen windigen abend, wenn der mond aus den tauigen wiesen herauf klimmt. Die bühne strahlte, und matt schimmerten im unwirklichen lichte die mit rotem samt verhangenen logen und irgendwo aus der tiefe geisterte die helle spöttische musik auf, leidenschaftslos und voll göttlichen gelächters.

Als wir aus dem theater traten stand der halbe mond über dem zwinger und kleidete die leeren strassen und plätze in grelles einsames weiss. Wir huschten durch den mondschein und plötzlich kamen mir verse in den sinn und ich flüsterte sie im laufen Alice ins ohr:

Wir hatten lange geplaudert	bei der lampe schein,
von geist geraunt und zukunft,	von wind, gewölk und hain.
Dein haar trug helle lichter	im glase perlte wein,
da glänzte plötzlich silbern	der mond zum fenster herein.

Wir traten aus dem Hause	und riefen »gute Nacht«;
da waren hoch im bergland	sternenzüge erwacht.
Ich hob die plumpen hände	und fasste deine sacht
und sagte laut und eifrig	»komm, gehn wir in die nacht«

Die hellen gassen lagen	um mitternacht schon leer;
wir liefen leicht und schleichend	im diebesschritt einher.
Über die hellen plätze	huschten wir kraus und quer,
und stets verstrahlte oben	der mond im wolkenmeer.

Lautlos wie die araber   ihr zelt falten zur nacht,
hat wind wolkenschwärme   über die stadt gebracht;
sie waren wirr und scheinend am ganzen himmel entfacht.
Flüstert der wind und knistert und wispert in der nacht.

Wir hatten lange geplaudert   bei der sterne schein,
von geist geraunt und zukunft, von wind, gewölk und hain.
schattig entquoll der fluss den brücken und dem rain
und immer wölkte marmorn   des mondes zauberschein. –

Ich riss ein blatt papier aus meiner tasche und schrieb hastig die ärmlichen
verse nieder; dann blieb ich traurig stehen und sah auf das weisse rechteck,
das im mondlicht fein und porzellanen leuchtete. Alice nahm es mir aus
der hand und drückte es liebkosend an ihr gesicht; aber noch während sie
so tat, wurden ihre augen nachdenklich und plötzlich flüsterte sie : » Wir
wollen es fortfliegen lassen; dass vielleicht ein einsamer wanderer im
gebirge nachdenklich es in den händen hält oder irgendwo im südlande
ein mädchen es findet – die letzte kunde von uns –. «

Wir standen auf der brühlschen terrasse; milchig und zierlich glänzte
im mondschein die steinerne brüstung, an die Alice auf den zehenspitzen
herantrat. Dünn und seltsam in ihrer herrenkleidung anzusehen stand sie
dort mit hochgerecktem arme; das blatt flatterte in dem leichten luftzuge,
sie öffnete die hand und es tanzte hell und klein über die elbe hin. Ich eilte
zu ihr und fasste ihre kalte hand während wir bestürzt sahen wie sich das
blatt dicht auf den dunklen strom senkte; plötzlich jedoch fuhr ein kalter
heftiger windstoss uns um den kopf, unter seinem druck begann das wasser sich zu kräuseln und unser blatt, noch ehe es die flut erreicht hatte,
begann tanzend zu steigen, hoch und immer höher in den bleichen himmel hinein, jetzt wiegte es sich schon über den schlössern am anderen ufer
und stieg noch immer, bis es, immer kleiner und ferner werdend vor dem
hintergrunde der hell daherschäumenden wolken unseren blicken entschwand.

Ich riss mich als erster aus der versunkenheit, mit der wir unseren
abschiedsgruss verfolgt hatten, und zog die uhr. Es war hohe zeit zur
abreise !

Wir eilten nach der postmeisterei, ich riss unser weniges gepäck aus
den schränken, warf den bedienten ein paar münzen hin, und während in
seltsamer beharrlichkeit des gehirns ich noch immer auf der terrasse
weilte, hatte ich schon alice in decken gehüllt, der postillion knallte mit
der peitsche und wieder umfing uns das einförmige geräusch des rollenden wagens.

4.)

Die nächsten tage unserer reise gingen im immer schwerer grauenden Herbste dahin; regen begleitete uns einförmig auf der langen fahrt auf den schlechten strassen, die meist meilenweit durch einsame kiefernwälder führten. Schön waren die morgen, wenn über den verschlafenen, von kalten bächen durchrieselten waldwiesen die nebel walten und das harte riedgras vor nässe schauerte. Auch Alice war an die einsamkeit gewöhnt und oft sassen wir stundenlang glücklich und hielten unsere hände, sahen in die graue, schwermütige nähe und ferne hinaus und schwiegen. Dann besprachen wir wieder alle einzelheiten unserer ausrüstung und ich war oftmals überrascht, mit welch durchdringendem verstande sie überflüssiges ausschaltete und neue vorschläge machte.

In Berlin konnten wir nur wenige stunden verweilen; denn ich erfuhr durch eine zeitung, dass in wenigen tagen ein schiff nach malmö abgehen sollte. Zwar ein frachtschiff, zum abholen schwedischer erze und hölzer bestimmt, aber auch einzelne passagiere konnte es mitnehmen. So kauften wir nur eine gute uhr und einige waffen. Es waren dies zwei jagdmesser aus bestem stahle, zwei doppelläufige pistolen mit je 500 schuss munition und eine lange englische »rifle«, mit 100 explosivkugeln. Die pistolen waren ziemlich schwer und grosskalibrig, aber wir hatten vorzügliche waffen an ihnen und Alice lernte sie bald ausgezeichnet handhaben. Diese waffen hatten mit munition ein gewicht von 30 pfund, so dass wir jetzt mit büchern und Instrumenten etwa 50 pfund gepäck mit uns führten. Alles übrige wollten wir erst in malmö und die lebensmittel natürlich fast alle erst in frederikshald erstehen. –

Als wir in stettin ankamen, war unser erster weg zum kleinen hafen, wo das schiff lag. Der kapitän, ein rundlicher kleiner mann sagte uns, dass wir diesmal die einzigen passagiere wären und nahm gleich das geld für die überfahrt in empfang. Wir holten sogleich unser gepäck und gingen an bord; denn das schiff sollte gegen abend, also in wenigen stunden, absegeln.

Unsere kabine – für welche der kapitän »zwei herren aus berlin« eingetragen hatte – war zwar klein, aber sehr wohnlich und mit allem notwendigen versehen. Zwei übereinander angebrachte betten, ein waschbecken, ein stühlchen, ein kleiner wandschrank, eine luftklappe, die sich als sehr nützlich zur zufuhr von frischluft erwies, waren die hauptsächlichen einrichtungsgegenstände. Wir brachten unsere habseligkeiten so gut wie möglich unter, wuschen uns ein wenig den reisestaub ab, und noch während wir zufrieden plauderten und uns kindlich erfreut in unserem kleinen reiche umsahen, fühlten wir, wie sich der schoner leicht auf eine seite überlegte und liefen rasch an deck um die abfahrt anzusehen.

Wir gingen, uns unseren weg zwischen kisten und taurollen suchend an die reeling und sahen, wie das land langsam in den schleiern des abends unseren blicken zu entschwinden begann. Wie weit lag das alles, Böhmen und das einsame schloss – und ich glaube, dass auch Alice dasselbe fühlte, denn ihre hand schloss sich fest um die meine und wir hielten einander und fuhren ins neue leben – wie würde es sein? Gut; denn sie war bei mir, und auch das Wort aus des codri urcei vita : »Wo ein gelehrter seinen sitz aufschlägt, da ist gute heimat«

Wir standen und sahen am horizonte einen kühlen weissen schein entstehen und wachsen und bald hob sich der mond aus den wellen, voll und mächtig. Der abend war klar geworden und kalt, wie denn beim mondwechsel oft das wetter umzuschlagen pflegt; ich holte uns zwei dekken aus der kabine und wir wickelten uns ein und setzten uns auf eine flache kiste, aneinandergelehnt und sahen in den mond, wie er fremd und marmorn aus den dünsten des horizontes emporschwebte.

Ich lehnte mich dichter an sie und flüsterte ihr die verse ins ohr, die ich einst für sie in friedland geschrieben hatte :

> Da eine geige flüstert um mitternacht,
> hat mich mein rausch in mondhelle gassen gebracht;
> leicht tönt mein schritt in der nacht.

> Lampiges fenster weht auf; stimmen und wolkenzug –
> brunnengeliebte am markt spendet aus steinernem krug;
> herbstliches wasser trank ich in stummem zug.

> Wind im gehölz, wanderwind striegelt mein haar;
> kammer in der du schläfst, füllt er dir wunderbar,
> mond auf den kissen küsst dich schon manches jahr –

> Da alle wolken reisen um mitternacht,
> habe auch ich den weg zu deinem fenster gemacht : –
> flüstert mein lied in der nacht –

Aus der matrosenkajüte kam gelächter und gesang, man hörte gläser klirren und die tür einmal zuschlagen; der wind fuhr leise aber schneidend übers deck und durch das tauwerk, silbern wölkte der mondschein auf den groben planken und weiss wie lack bläthten sich die segel im nachthauche. Zuweilen zog eine wolkeninsel heran mit unsäglichen schlössern und fernen eiszackigen berglandschaften, glitt lautlos vorüber und entschwand in der sternhellen nacht. Bilder aus meiner jugend fielen mir ein, vor allem das vom sataspes, wie er auf seine grosse reise geht um das heisse land afrika, bruchstücke aus den gesängen meiner jugend, welche das leben des seefahrers festhalten sollten, vom fiebergotte mit dem fuchsgesicht, vom melanchlänen boreas, von seiner jugend im fernen Babylon am schiffflusse.

Von all dem erzählte ich Alice, während sie sich immer dichter an mich drückte, nur in ihren augen standen die bilder, die ich ihr zeigte und die wir mit in den traum nahmen.

5.)

Als wir am nächsten Morgen an Deck liefen, wehte ein leichter, kalter wind aus südost, der auch die ganze nacht angehalten hatte, so dass wir ein gutes stück weg zurückgelegt haben mussten. Die luft war frisch und blau, die sonne schien, und in weiter ferne sanken himmel und meer ineinander. Während wir den horizont absuchten, schossen die möven schreiend um unser schiff; denn der koch schüttete gerade die essenabfälle von gestern über bord. Die weissen segel blähten sich hoch über uns, die rahen schlugen hin und her, taue knarrten, die pfeife des bootsmanns schrillte von zeit zu zeit auf dem vorderdeck und das schiff wiegte sich leicht in dem schönen blauen wasser.

Auf der steuerbordseite nur sahen wir, am sonst leeren horizont einen dünnen streifen land, sehr fern und fast schon in wind und licht verschwimmend; ich lief in die kajüte und holte das grosse fernrohr um die insel abzusuchen. Es war ein mir willkommener anlass, um die güte des instrumentes zu prüfen und ich war freudig überrascht, als ich im gesichtsfelde ein dörfchen mit puppenhaft kleinen häuschen liegen sah. Der kapitän war herangetreten und sagte uns, dass es die insel bornholm sei. Wir hatten also bereits die hälfte der reise zurückgelegt und konnten, wenn der wind anhielt, in der folgenden nacht oder doch am nächsten morgen schon in malmö eintreffen.

Leider wurde es im laufe des tages regnerisch und trübe, obwohl der gute wind sich hielt und späterhin sich sogar zu ziemlich steifen böen verstärkte, so dass wir nicht an deck bleiben konnten und uns zurückzogen um aufs neue unsere ausrüstung zu untersuchen und pläne zu schmieden. Vor allem war es mir während der letzten tage immer klarer geworden, dass wir eine grössere anzahl werkzeuge als bisher vorgesehen würden mit uns führen müssen; denn wenn es dort wasser und wald in menge gab, würden wir eine art blockhaus und flösse bauen müssen; äxte, sägen, stemmeisen in ausgewählten exemplaren sowie nägel und schrauben, vielleicht ein hobel, ein Schleifstein wären nützlich und wahrscheinlich unumgänglich. Fraglich war nur, ob das gewicht all dieser gegenstände mit unseren kräften und der gangbarkeit des voraussichtlich sehr mühsamen und schwierigen weges vereinbar sein würde – was, soweit es den weg anbetraf nicht in unsere berechnung einbezogen werden konnte. Wir beschlossen endlich, lieber zuviel als zuwenig mitzunehmen, da wir uns des entbehrlichen ja unterwegs immer noch würden entledigen können. Wir wurden heiss und erregt und obwohl wir ins ungewisse fuhren, beglückte uns doch der gedanke zusammen zu sein und der unerträglichen gesellschaft der menschen zu entfliehen; beides war unsäglich schön und fremdartig.

Wir packten noch an demselben abend all die kleinigkeiten, die wir auf der reise gebraucht hatten an ihren platz und trafen alle vorbereitungen um morgen von bord gehen zu können, so dass wir erst spät und mit heissen wangen unser lager aufsuchten.

Es war eine stickige luft in der kabine, da man, wie ich am nächsten morgen erfuhr, die lüftungsklappe geschlossen hatte, damit die wellen nicht hineinschlügen; ich schlief unruhig und träumte den »büchertraum« wie ich diese traumgruppe für mich genannt hatte. Es ist bezeichnend und seltsam genug, dass jeder mensch seine träume in gruppen einteilen kann, etwa den »flugtraum«, den »wäldertraum«, den »kammerntraum«, welcher den träumenden durch ein labyrinth endloser kammern führt. Jeder, der einmal ein »nachtbuch« geführt wird diese und noch viele rätselhafte und anziehende erscheinungen in seinem eigenen »nachtbewusstsein« feststellen. Ich erwachte eigentlich dadurch, dass mir im halbschlafe das fehlen jeglicher störender geräusche auffiel. Ich erhob mich geräuschlos und kleidete mich an, um Alice nicht zu stören, aber sie erwachte doch, als ich einmal unabsichtlich mit dem arm an die wand stiess. Sie sah mich glücklich an, so versunken und froh, dass ich ihren kopf in meine hände nehmen musste; während ich rasch nach draussen ging, kleidete sie sich hurtig an, in ihren männeranzug und wusch sich ein wenig mit dem spärlichen und schlechten wasser.

Ich hatte mich nicht getäuscht. Wir lagen schon im Öresund vor anker; das blaue wasser glitzerte in der sonne, der hafen wimmelte von kleinen ruderbooten und leichten segler[n] und vom lande herüber grüsste das alte schloss malmöhus. Ich musste an den vers des alten norwegischen liedes denken:

»Nie kann ich vergessen den glitzernden fjord,
wenn das kirchboot früh fährt am morgen . . «

Ich eilte rasch zurück und rief Alice zu mir, um sie bei mir zu haben und ihr das schöne schwedische land zu zeigen. Si kam, und wir freuten uns, an der reeling stehend wohl zwei stunden an dem erfrischenden bilde der schönen stadt, der seltsam hallenden sprache und den weissen segeln auf der blauen bucht.

Unser kapitän war zunächst noch nicht für uns zu sprechen; denn er hatte vollauf mit den anordnungen zum verladen seiner fracht zu tun. Da uns aber begreiflicher weise daran lag, sobald als möglich an land zu kommen, hielt ich ihn kurzerhand an und bat ihn, uns mitsamt unserem gepäck hinüber rudern zu lassen [.] Er brummte zwar über den aufenthalt, aber gab doch den befehl und nach einer halben stunde standen wir auf festem boden in fremdem land. –

Da es noch nicht mittag war, liessen wir uns rasch nach der nächsten Poststation am markt bringen und zahlten, nachdem wir hier unser geld eingewechselt hatten, im voraus den preis für die reise bis frederikshald. Wir mussten allerdings extrapost nehmen, was ziemlich teuer war, aber wir bekamen dafür die zusicherung, dass wir in weniger zeit, als wir angenommen hatten bequem, sicher und vor allem immer allein miteinander unsere sonst schwierige und anstrengende fahrt vollendet haben würden.

6.)

Wir assen in einem kleinen gasthause zu mittag, wo es das kräftige knäkkebrot und die köstliche schwedische butter zum nachtische gab. Dann gingen wir durch die strassen der stadt, die, nur am hafen lärmend und schmutzig, im innern schön und ruhig ist. Wir hatten eine wichtige arbeit vor uns; denn wir wollten anhand der entworfenen listen, werkzeuge, dauerproviant, festes schuhwerk, seile und viele andere wichtige ausrüstungsgegenstände erstehen; nicht zu vergessen warme dicke decken und wasserdichte stoffe für allerlei zwecke. Da wir rasch und methodisch vorgingen, fanden wir bald das gewünschte, und ein träger, den ich um ein billiges mietete, musste immer schwerer keuchen, ehe wir alles erworben, verpackt und in unserer schon bereitstehenden kutsche verstaut hatten. Als es Abend geworden war, entliessen wir ihn, speisten rasch und gingen noch einmal auf eigene faust auf entdeckungsreisen aus. Die reinlichen strassen waren hell erleuchtet, wie ich es schöner nicht in paris oder london gesehen hatte; und mancher laden funkelte und glitzerte im scheine der vielen kerzen und lampen.

Wir waren auch nicht lange gegangen, als wir an einem kleinen unscheinbaren schaufenster in drei sprachen das wort »bücher« lasen und eintraten; weniger um zu kaufen, als um noch einmal die unnachahmliche atmosphäre dieser geistigen kellereien zu geniessen.

Im laden selbst war es dämmerig und ein kleiner eiserner ofen flackerte unruhig. Wir standen wenige augenblicke allein in dem staubigen raume; der abend graute immer schwerer und die wolken flogen über malmö der stadt. Obwohl eine rostige glocke geläutet hatte, kam doch niemand und so begannen wir, auf eigene faust umherzusuchen in den geheimnisvollen schatten. Während Alice sich die grossen goldrückigen folianten anzusehen begann, bemerkte ich neben ihr ein hohes Eichenregal mit vielen kleinen kästchen und länglichen etuis gefüllt und sah, beim näheren herumstöbern, dass es alte waffen und silberne becher, armbänder, ringe und spangen waren. Während wir noch suchten und lächelnd im staube der alten vergangenen schwedischen herrlichkeit kramten, hustete es nebenan und eine alte, aber sehr rüstige frau trat mit einem einfachen leuchter ein und begrüsste uns. Da sie wie wir bald feststellten nicht ein wort deutsch, wir dagegen nur sehr unbeholfen schwedisch sprachen, konnten wir uns nur durch zeichen und gebärden verständigen.

Aber bald wurde es uns fast zuviel und nur, um die gutmütige alte nicht zu kränken, die freundlich lachte, und um bald wieder hinauszukommen, nahm ich eins der kleinsten kästchen aus dem regal, hielt es ihr hin und fragte nach dem preise. Sie sah kurz auf ein zettelchen, welches daran befestigt war und hob zwei finger in die höhe. Ich öffnete das kästchen schnell, nur um zu sehen, was ich eigentlich zu kaufen im begriffe stand und sah einen ring darin. Ich legte ihr zwei grosse deutsche silberstücke auf den tisch, und da sie damit zufrieden schien, nickten wir ihr zu und gingen hinaus in die menschenvolle strasse. Es war kalt geworden und ein scharfer wind wehte mir fast das kleine, samtgefütterte schächtelchen aus der hand, als ich alice unseren kauf zeigen wollte. Wir traten in das vornehmste hotel der stadt ein, welches am markt, gerade gegenüber unserer poststation lag, von der wir in zwei stunden aufbrechen sollten und besahen den ring bei einem glase heissen stahlpunsches.

Es war ein ziemlich breiter und starker reif, wahrscheinlich aus gold, der sich vorn zu einer platte verbreitete, die jedoch aus anderem stoffe gearbeitet schien. Auch sie hatte einen goldigen untergrund, jedoch schien es, als seien in das edle metall feine rote erz- oder gesteinsäderchen eingesprengt, so das[s] die oberfläche der platte wie marmor wirkte, aber marmor aus gold. Bei näherem hinsehen wurde es mir übrigens wieder zweifelhaft, ob die roten linien ein werk der natur oder der kunst seien; denn zuweilen erinnerten sie fast an alte griechische abbreviaturen, wie man sie in älteren drucken des 16. und 17. jahrhunderts verwendet findet. Ich behielt jedoch den gegenstand einer näheren betrachtung vor und legte ihn vorläufig wieder in das kästchen auf den weichen, schillernden samt und steckte alles sorgfältig in meinen kleinen geldbeutel.

Wir sassen behaglich an unserem tischchen beisammen und liessen den eleganten menschenstrom an uns vorüber sich drängen und schieben; was gingen uns diese hohlen selbstgefälligen gesichter an, mit ihren orden und bunten bändern. Wir waren glücklich allein, nur mit uns selbst und den grossen dichtern und wissenschaftlern aller zeiten; wir würden uns unser leben selbst zimmern mit unseren eigenen händen und unserem eigenen geiste – ein traum, wie ihn menschen schon oft, aber niemals schöner geträumt haben. Und wie selten mag er erfüllt worden sein, wie oft mögen selbst die sehnsüchtigen aus halbheit und schwachheit oder bequemlichkeit ihn unterdrückt oder gar verleugnet und verleumdet haben, obwohl er stets zu erfüllen war und sein wird, wenn es auch die grössten opfer kostet.

Schon der gedanke, mit meinen eigenen armen und händen uns ein haus zu bauen und stühle und tische, und für unser leben zu sorgen, auch in schweren zeiten, erfüllte mich mit seltsamem glück. Wie in jedem menschen lebte auch in mir eine robinson-natur, die sich allein und frei, nur auf sich selbst gestellt, entwickeln und die summe all ihrer kenntnisse und fertigkeiten ziehen wollte. Erst dann würden wir wahre menschen sein, fähig, uns, von keiner hastenden menge gestört, zu wirklicher geistiger freiheit emporzuarbeiten. Mein herz schwoll vor glück und liebe; ich fasste Alices hand und wir sprachen leise und sahen uns an.

Aber die zwei stunden vergingen nur zu rasch, und wir mussten uns fast zwingen, die wenigen schritte durch die eisige nachtluft über den markt zu tun. Es schien, als würde bald schnee fallen, wenn der frost ein wenig nachliesse. Heute hüllte ich Alice besonders warm ein, legte auch mir eine der neuen decken zurecht und überprüfte noch einmal, ob auch unser vollzähliges gepäck vorhanden wäre. Der Wind pfiff und sang um die ecken und drang bis ins mark, sodass ich erst noch den postillion bat, für alice und mich ein grosses glas glühwein zu holen und auch für ihn selbst ihm ein trinkgeld mitgab. Wir schlürften mit behagen das brennend heisse getränk, dessen würziger geschmack uns ungemein stärkte und ermunterte; dann stieg ich ein, wir verschlossen sorgfältig die fenster und während ich mich noch in meine decke wickelte, gab der postillion ein hornsignal zur abfahrt und die letzte etappe unserer oberirdischen reise hatte begonnen.

7.)

Zwar war das innere der postkutsche durch eine kleine, drahtumgitterte lampe erhellt, aber sie brannte so trübe, dass ich sie bald ausblies, zumal da der mond eisig und hell über der strahlenden landschaft stand. Seltsam war es durch die starren, schweigenden Silberwälder in unserem flüsternden kleinen raume zu rollen; glitzernd überreift standen die kirchen in den verschlafenen hellen dörfchen und nur der nachtwächter machte mit spiess und horn die runde, wenn wir über die leeren marktplätze rasselten.

Wir merkten nun doch allmählich, dass uns dieses ständige hetztempo anzugreifen begann, und fühlten uns wesentlich erleichtert, wenn wir daran dachten, dass nur wenige tagereisen noch uns von unserem ziele trennten.

Allerdings wurde mir klar, dass wir vor unserem eigentlichen aufbruche notwendigerweise erst eine ruhepause von 2 bis 3 wochen würden einschieben müssen; denn einmal hatten wir noch unser gepäck bis aufs letzte durchzusehen, und zweitens mussten wir im völligen besitze vor allem unserer körperlichen kräfte sein, ehe wir den sicherlich ungemein angreifenden abstieg begönnen.

Die ganzen 6 tage unserer reise bis götaborg hielt eine grimmige kälte an, aber mit dem mondwechsel schlug die witterung um, tauwetter trat ein, und als wir in der stadt eintrafen war der schnee schon zum grossen teile weggeschmolzen und eine fast frühlingshafte wärme herrschte in den strassen. Wir hatten hier wohl oder übel einen ganzen tag und eine nacht zu warten und freuten uns, wahrscheinlich zum letzten male, an den frischen schulkindern, die fröhlich umhersprangen und am hafen die fremden schiffe, zumal die ostindienfahrer, anstaunten. Aber es war keine reine freude, mit der wir suchend in diese noch offenen gesichter sahen; wie bald würden sie trocken werden und in lauer bürgerlicher luft ihr dasein verdämmern, ohne vom ungestümen geiste nur einmal angerührt zu werden – und doch brauchte die welt menschen mehr als je! Oh, wir taten gut daran, dass wir all dieser halbheit den rücken kehrten und durchbrachen in den reinen, einsamen raum, dorthin, wo das geld seinen zeitlichen wert verlor, und der titel seinen widerhall an hohlen köpfen; wo nur der mensch allein geltung behielt.

Nun, auch dieser tag ging vorüber, zwar war es schön in den weichen betten zu schlafen, aber das glück lag anderswo tief zu unseren füssen.

Die letzten vier reisetage vergingen im streit mit verdriesslichen wirten, dem ärger auf unergründlich verschlammten strassen und nicht zuletzt in den widerlichen auftritten, welche die habsucht der norwegischen zollbeamten heraufbeschwor. Ich konnte sie nur mit mühe davon abhalten stück für stück unserer ausrüstung zu betasten, abzuwiegen und nach verborgenen hohlräumen zu forschen. Erst nach erstattung eines angemessenen trinkgeldes liessen sie von uns ab und legten sich aufs neue in ihren hinterhalt, um ihre staatlich konzessionierte wegelagerei weiter zu betreiben.

Glücklicherweise liegt frederikshald nahe an der grenze, und nach kaum zwei stunden hielten wir vor dem besten gasthofe der kleinen stadt, dem nun endlich letzten. Der abend brach herein und die sonne sank; ihre letzten strahlen vergoldeten eine leichte hügelkette im osten der stadt, die sich weit ins hinterland hinzuziehen schien; nach meiner schätzung mussten dort die höhlen von borge liegen.

Ich wandte mich zu Alice : »Wie lange werden wir bis dorthin brauchen ?« sagte ich.

Sie sah mich lächelnd an und antwortete versunken : »Ja !«

Obwohl ihre antwort nicht zu meiner frage stimmte, fühlte ich doch, dass sie zutiefst bereit war, mit mir zu gehen, nach jenen leuchtenden hügeln; und ihr wort machte mich glücklicher als es die logischste bemerkung auf meine müssige frage getan hätte.

8.)

[Fragment]

Dichtergespräche im
Elysium

das sind
nachhaltige und bedeutende
Unterredungen
der
vornehmsten Dichter
aller
Zeiten und Völker
über Gegenstände der Literatur, zu denen
Kenner und Liebhaber derselben niemals
eingeladen sein müssen
sowie
vorzügliche Nachrichten
von ihrem derzeitigen Wandel und
mündliche Schreiben.
belauscht und aufgezeichnet von ihrem Schmidt

MDCCCCXL.

DICHTERGESPRÄCHE IM ELYSIUM

das sind
wahrhaftige und bedeutende
Unterredungen
der
vornehmsten Dichter
aller
Zeiten und Völker
über Gegenstände der Literatur, so dem
Kenner und Liebhaber derselben überaus
angelegen sein müssen
sowie
ergötzliche Nachrichten
von ihrem derzeitigen Stande und
neuerlichen Erlebnissen.
belauscht und aufgezeichnet von Arno Schmidt
MDCCCCXL.

An Alice!
Wir sind allein zusammen, ganz allein in unserer Welt – wie sollten wir
uns nicht Alles sagen?!

Wie oft sind wir zusammen in die alten geduckten Gäßchen gegangen, wo die Antiquariate ihr wunderliches dürftiges Dasein fristen; wie
oft haben wir miteinander in alten Bücherstößen gewühlt, und uns mit
heißen Gesichtern und blanken Augen die alten Stiche und lieblichen
bräunlichen Lettern gezeigt – oft noch wollen wir es tun und auch Hand
in Hand durch die Wälder gehen und die windigen kühlen Wiesen, oder
Abends beim gelben Lampenschein zusammensitzen und zaubern.

Da ich dieses Jahr arm bin und dir nicht soviel schenken kann, wie ich
möchte – und alles möchte ich dir schenken, du weißt es – will ich versuchen, Dir von Büchern und Dichtern zu erzählen. Vieles, vielleicht das
Meiste, habe ich Dir schon gesagt, manches wird neu sein. Es ist nur
wenig, aber wenn du andere Literaturgeschichten zur Hand nimmst, so
wirst Du einen Unterschied sehen: wir wollen ja auch keine Literaturgeschichte im üblichen Sinne »betreiben« (ein häßliches, hetzendes Wort!),
sondern nur die wenigen Namen nennen, die uns – uns, du Zessilein –
stets die Großen bleiben werden; denn wir sind wie sie.·

Dies ist nur ein Versuch; noch können Jahrzehnte hingehen, ehe ich
genug weiß, um wirklich etwas Bleibendes von Dichtern sagen zu können – aber du wirst mich verstehen und nur Du.

Gewiß: die Kleinen auch – und schon ersteht wieder um uns unsere
Welt: wie sollten wir uns nicht Alles sagen?!

Und nun komm; du wirst in guter Gesellschaft sein. Gut – weißt du,
was das ist?

Schwarz und Rot –

Siehst Du: Nur wir Beide – – – –

1940 im Dezember
Arno –

241

1. Gespräch :

VOM BÜCHERFREUNDE

Ort :
Ein herbstlicher Garten im Abend.

Personen :
Homer Poe Schopenhauer Tieck.

POE : Ja, du hast recht, Tieck. Ich habe stets den Herbst und die regnerischen, dunklen Abende mehr geliebt, als den Morgen und den steigenden Mittag; schon in meiner Jugend verzauberten mich Dämmerung
und Sturm –

TIECK : Oder du sie !

POE : Wir wollen uns hier nicht schmeicheln; du weißt, ich war immer ein
Freund der Wahrheit und habe auch nicht vergessen, daß ich trotz des
Vondervotteimittis und der black cat ins Elysium aufgenommen
wurde – man hatte mir viel nachzusehen –

SCHOPENHAUER : Du sagtest eben »Wahrheit« – aber wir wollen nicht disputieren.

POE : Nein; das heißt : ich will nicht, ob ich es gleich könnte. An diesem
Abend – sieh doch, wie die letzten grünen Wolken sich am klaren Himmel dehnen und nur im Westen erst die stummen grauen Schleier
emporsteigen. Ich muß meine Wange an die nassen kalten Blätter des
Fliederstrauches drücken – so kühl, so ewig frisch – – du solltest dich
freuen, daß du, wenn auch nur in deiner Jugend, Gedichte schriebst :
das rettete dich hierher ! *(lächelnd)* Selbst wenn du auch Harz und
schwarz aufeinander reimtest.

SCHOPENHAUER : Nun, nun ! Nur deswegen bin ich eben auch nicht hier !
Aber : mein Kompliment deiner Bosheit. Ich muß wirklich einmal eine
deiner unsterblichen Kurzgeschichten lesen.

TIECK : Alter Spötter ! Nur gut, daß wir uns alle kennen – Homer, wie
sagtest du vorhin, womit du schon eigentlich entschieden hast ?

HOMER : Hölderlin hat es gesagt : was bleibt aber stiften die Dichter. –
Werke der Wissenschaft kann sich die folgende Zeit doch wieder erar-
beiten, nicht aber die einmalige dichterische Leistung.

TIECK : Nur gut, daß Schopenhauer sich von Poe verführen ließ, auch einmal die Tropfen vom Gebüsch zu schütteln – es würde ihn gleich wieder stachlig machen wie einen Igel – wonach ja auch manches Igelgebüsch benannt sein mag, wenn auch beileibe nicht alle – Hier so kühl von Werken der Wissenschaft reden zu hören. Aber ich weiß, er war ja mehr als ein Philosoph – ha ha! ich will ihn rechtfertigen und nenne ihn dabei »mehr als einen Philosophen«, worauf er doch so stolz war! – Komm her, Schopenhauer, und sage mir auch etwas Liebes, zum Exempel über meine ersten Straußenfedern, und rupfe sie tüchtig: ich habe es verdient.

SCHOPENHAUER: Ja, der alte Nicolai hätte seine Druckerschwärze sparen sollen – aber da sie nun einmal da sind, können wir gern diese »einmalige dichterische Leistung« näher besprechen; oder noch besser die Taten der renommierten Kraft- und Kniffgenies –

TIECK: Oh, gib mir Lethe, Lethe – – –

POE: Jetzt fängt er auch noch mit Freiligrath an; noch ein Wort und du mußt uns zur Strafe das ganze Machwerk rezitieren – nebenbei, Machwerk: wann liest du uns wieder den gestiefelten Kater vor? –

TIECK: Wenn ich werde den Politian vergessen können. –

SCHOPENHAUER: *(lachend)*: Habet!

HOMER: Nur weiter, ich höre euch gern zu! Wie gut, daß sich Nicolai das Geld nicht reuen ließ; dieser Abend, das heißt unser Gespräch, rechtfertigt ihn. – Es war ein wundersamer Augenblick für mich, als ich mit Büchern bekannt wurde; ihr könnt das gar nicht so empfinden wie ich. –

POE: Ich glaube es dir gern. Es muß erstaunlich neu und reizvoll für dich gewesen sein, die gedächtnismäßig überlieferte Dichtung nun abgelöst zu sehen durch die regsame Starrheit des Buches.

SCHOPENHAUER: Aber war es nicht mehr ein Verlust? Anstatt sich treuem Gedächtnis ein ewiges Gedicht einzuprägen – wodurch man es erst wirklich besitzt –

TIECK: – Oder von ihm besessen wird –

SCHOPENHAUER: – sind wir nun der Frechheit aller eilfertigen Schmierer ausgeliefert, dem lächerlichen Aberwitz der literarischen Handlanger und Buchstabenkneter –

TIECK: Falls dir die Worte fehlen sollten, hole ich dir deine Schrift über die deutsche Sprachverhunzung –

SCHOPENHAUER: Es freut mich, daß du sie lesen mußtest! – Aber sei gerecht: kommt nicht auf ein lesenswertes Buch eine Myriade beschmutztes Papier, auf ein wahrhaft gutes Werk aber eine Myriade nur lesenswerte Bücher?

Tieck : I am in humour to justle a constable – ! Mußt du nicht zugeben, daß hier aber eine Art Selbstregulierung eintritt, die das wahrhaft Wertlose rasch verschwinden läßt ?

Schopenhauer : Es wäre der Fall, wenn nicht in endlos flacher Flut immer neue dieser Albinos des Geistes erschienen, die ebenso seicht, wie unerschöpflich sind.

Homer : Ich glaube, Tieck, Schopenhauer ist im Recht. Wenn nicht hier einmal eine weise Regierung eingreift, um dem sinnlos anschwellenden Druck Einhalt zu gebieten, so –

Poe : – sehe ich dennoch Rettung, ausgehend vom Einzelnen. Immer wird es Menschen geben, die, kaum beirrt vom modernen Geschwätz, stets aufs Neue uns mit staunenden Sinnen und ehrfürchtigen Händen entdecken. Wer das nicht mehr vermag, ist allerdings verloren, aber auch keines bedauernden Atemzuges wert.

Tieck : Wie lange wird dies aber noch möglich sein ? Zwar sehe ich noch immer mit tiefer Freude auf der Erde die Antiquariate blühen, diese wundersamen geistigen Kellereien – ewiger Genuß, wie ein weiser Trinker hier und da vom erlesenen Text zu kosten, mit feinen Fingern der Blindpressung des Rückens nachzugehen, bis sich im Rausche die Bände umher verlieren, ein gutes Gewölk von braun und gold, und man sie nur noch in ihrer Gesamtheit spürt, wie sternenklare Musik.

Poe : Ja, es sind hier viele Reize vereint, die bis ins höchste Alter treu bleiben, eher noch zunehmen. Der Zauber der alten Titel in ihrem roten und schwarzen Druck auf dem festen gelblichen Papier – wohin sind die Hände, die dieses Papier fertigten und den Einband mit heimlicher Liebe zähe und schön um die Seiten legten. –

Homer : Du sagst es, auch das historische Gefühl wird wundersam erregt durch die Begegnung mit den alten Bänden. Wir scheinen den heimlichen Weg in die ferne Zeit zu finden; wie sich ja überhaupt die Phantasie leicht und gern an Gegenstände anschließt.

Tieck : Und an was für Gegenstände ! Allein das Suchen irgend eines alten Bändchens, das sich womöglich jahrelang vor uns verbarg, bis man es endlich in zitternden Händen hält ! – Ich weiß nicht, wie ich damals auf den Gedanken kommen konnte, meine Bibliothek zu verkaufen; freilich, ich war alt, sehr alt, und hatte auch meine liebsten Bücher behalten – –

Schopenhauer : Wer die Hölle schon auf Erden kennen lernen will, verkauft seine Bibliothek – – wie viel hattest du denn vorher ?

Tieck : Es mögen gute 16000 gewesen sein – *(zu Poe)* – aber warum lachst du ? !

POE : 16 000 Bücher ! Und da soll man nicht lachen !

TIECK : Du meinst, es waren zu viele ? Ich verstehe schon – Überblickbarkeit – aber sie fanden sich so zusammen in ihren alten bunten Röckchen.

POE : Das mag den Sammler und Liebhaber Tieck entschuldigen; aber ich hätte nicht dein Erbe sein mögen. Denke einmal, wie Cervantes darin aufgeräumt hätte !

SCHOPENHAUER : Und mit Recht ! Wenn wir schon von der idealen Bücherei eines Privatmannes sprechen, so meine ich, daß mit 4 oder 500 Bänden alles getan ist – obwohl auch ich hier gesündigt habe.

POE : Ich hatte noch nicht einmal so viele. Aber es sei. Was müßten das nach deinem Dafürhalten für Bücher sein ?

SCHOPENHAUER : Die Hälfte etwa gute tüchtige Nachschlagewerke und Bücher aller Wissenschaften, die andere Hälfte Dichtung – House of Usher –

POE : »Das matte Haupt kann kaum den Lorbeer tragen – –«

HOMER : Schon eine solche Anzahl bereitet aber meist dem ärmeren Suchenden Schwierigkeit. Ich sage »ärmerer Suchender«, weil man leicht für praktische Dinge die Augen verliert, wenn man einmal zu uns fand. Und ich sage Schwierigkeit, nicht nur was Geldmittel, sondern was auch den nötigen Raum für 500 Bände anbetrifft.

POE : Ich habe selbst oft darüber nachgedacht, wie man den Umfang eines starken Buches ohne Textverlust reduzieren könnte, aber hier sind Grenzen gezogen, weil der Druck, ohne Unbehagen zu erregen, nicht unter eine bestimmte Größe sinken darf. – Ich sehe nur 2 Wege : entweder man muß eine neue, verkürzte Schrift einführen, oder man muß durch geeignete Apparate den Text verkleinern und – etwa durch Lupen – ihn wieder in seiner gewöhnlichen Größe sichtbar machen. Freilich, viel ließe sich schon jetzt ausrichten, wenn man im Format und nach Art der Lexikonbände druckte, man müßte zwar leider ein etwas unschöneres Schriftbild mit in Kauf nehmen –

TIECK : Oder wie wäre es mit dünnerem Papier ?

SCHOPENHAUER : Das dürfte sehr schnell seine mechanischen Grenzen haben; außerdem scheint meistens der Druck stark durch, was, zumal bei Lampenlicht, sehr unangenehm werden kann.

POE : Ich glaube fast, wir lassen dies beim alten; aber was mich am meisten schmerzt, ist die unleugbare Häßlichkeit der neuen Bücher. – Wäre doch meine Anregung des anastatischen Druckes damals durchgedrungen !

HOMER : Ja, sie wäre es auch, hätte sich jeder deiner Handschrift rühmen

können ! Aber du warst ja eine seltenste Ausnahme – das muß ich
sagen : ich hätte solch ein Buch von deiner Hand wohl besitzen
mögen !

TIECK : Es hätte schon sehr an die mittelalterlichen Handschriften erinnert, diese wahren Kunstwerke mit ihren sauberen Miniaturen; freilich hatte man damals noch Zeit und Liebe zur Sache, während jetzt
Barbarei und Roheit überhandnehmen.

SCHOPENHAUER : Ich kann es noch verstehen, wenn ein ehrlicher Mann
den Standpunkt annimmt : nur den reinen, gut lesbaren Text ohne
verführerisches Rankenwerk besitzen zu wollen. Aber welcher Kor-
rektor nimmt sich denn noch die Zeit, den Satz des Druckers mit
unermüdlicher Sorgfalt zu überwachen ! Viele verbessern gar den
Text ! – Ah, wenn ich an den Schuft denke, dem ich einmal zu viel
vertraut hatte – – – !

POE : Nun, laß nur : Frauenstädt hat ja seinen Lohn dahin – wie mein
Übersetzer, der Neumann. Ich glaube, im Verhältnisse zum Umfang
des Gordon Pym hat der noch mehr ausgelassen ! – Und die Fehler – –!!
Hab' ich doch erst neulich auch den Auswahlband, der die Novellen
enthält, in die Hand bekommen – es ist toll ! Meine schönsten
Geschichten – ihr wißt : nur Lumpen sind bescheiden – hat er natürlich weggelassen; und wie er den »Usher« mißhandelt hat : Satyrn
und Ögipane sind dem Bauernschlauen natürlich gleich Berg- und
Waldgeister, ohne daß die stumpfen Sinne spüren, wie damit die
lateinisch-volle Satzmelodie zerbrochen wird. Und habe ich über die
Verhunzung des »Haunted Palace« lachen müssen ! Gewiß : es ist für
sich betrachtet kein gutes Gedicht, aber im Zusammenhang doch
wohl klingend und unentbehrlich. Denkt Euch : mit den ‹two› lumi-
nous windows› hat er gar nichts anzufangen gewußt, warum es nun
gerade *zwei* sind und warum das Tor des Palastes mit »pearl and
ruby glowing« ist – freilich mag ihm in seinen biologischen Kompi-
lationen wohl noch kein »Palast der Gedanken« vorgekommen sein.
– Ob mich wohl einmal Einer gut und ehrfürchtig übersetzt ? –

TIECK : Ich schlage vor, wir setzen unser Gespräch im Hause fort – die
Nacht ist langsam und kühl heraufgestiegen und die Laternen schei-
nen hell auf die Gassen herab; der leichte Mond beginnt aus den
Wäldern zu steigen und alle Straßen glänzen feucht und sehnsüchtig.
– Ihr müßt doch noch Poe's Lesezimmer bewundern, mit den abge-
rundeten Ecken und den Leisten aus Rosenholz. –

POE : Immer noch besser als ein Irrgarten von 16 000 Bänden, Damasippus ! – aber es ehrt mich, daß du so vertraut mit der philosophy of furniture bist.

SCHOPENHAUER : Allmächtiger Kant ! Jetzt fangen schon die Möbel an zu philosophieren – aber ich will dir vergeben, wenn du uns den Dialog zwischen Monos und Una vorliesest.

POE : Wenn du mich auf der Flöte begleiten willst – –

TIECK : Nein, das Instrument laß den ruchlosen Optimisten; aber wir wollen Homer bitten, uns den Schiffskatalog vorzutragen : den höre ich für meine Unsterblichkeit gern !

SCHOPENHAUER : Diese Interpolation, diese trockene Aufzählung ? ! Die doch gar nicht von ihm –

POE : Du irrst, Schopenhauer ! Doch ist sie von ihm ! Denn er ist ein großer Dichter !

HOMER : Ich glaube, Poe, du weißt noch mehr als Burckhardt davon – – –

2. Gespräch :

VON LEBEN UND WERKEN DER DICHTER.

Ort :

Eine Bank an einem ländlichen Wege, der einem Kornfeld vorüberführt;
Mittag.

Personen :

Burckhardt   Hoffmann   Shakespeare   Wieland

WIELAND : Ich denke, wir rasten ein wenig in diesen grünen Schatten;
kann es einen schöneren Sommertag geben ? Festlich-weiße Wolken
im tiefen Himmel; im grellen Goldgetreide verstummender Wind, und
das schüchterne Bächlein in seiner winzigen grünen Wildnis am Wege –
nun, Hoffmann, sahst du je so Schönes bei Lutter und Wegener ?

HOFFMANN : Vielleicht sah ich es am Tage und hielt mir nur Abends ein
Zauberglas vor die Augen – freilich war Punsch darin, aber ich sah doch
mancherlei. – Auch hatte ich mir mein Osmantium selbst zu erdenken.

WIELAND : Oh, die schattigen Ufer der Ilm und der weite Park im Frühling und Sommer – –

SHAKESPEARE : – und Herbst und Winter !

WIELAND : Du hast recht; er war immer schön, und oft wirst du ihn wie-
derfinden –

BURCKHARDT : Auf Aegina, oder um die Villa Mamilia, oder noch im
Agathodämon ?

WIELAND : Ihr scharfäugigen Leute ! Natürlich ist es so, aber ich hoffe, es
verwundert euch nicht; eher wäre das Gegenteil erstaunlich.

BURCKHARDT : Gewiß; um einen Dichter recht zu kennen, bedarf es vieler
Dinge : viel Liebe, viel Wissen, viel geduldiges Suchen.

SHAKESPEARE : Und Verwandschaft des Geistes.

HOFFMANN : Das ist schwer bei dir ! – Aber wißt ihr, was ich schon immer
anregen wollte ? –

SHAKESPEARE : Und das ist, Theaterdirektor ?

HOFFMANN : Nichts sonderliches – Schauspieler ! – Nein, im Ernst : ich
habe, schon als Knabe, mich nach einer neuen Art meteorologischer
Werke gesehnt; nicht wissenschaftlich, sondern mehr vom Künstler
aus gesehen – als auch ein Mittel, um die Dichter besser zu verstehen !

SHAKESPEARE : Ah, ich begreife ! Normal=Null – Messias.

WIELAND : Shakespeare – der Sturm.

BURCKHARDT : Dauernd schön : Wieland !

HOFFMANN : Jetzt sorgt für eure nächsten Einfälle; ich werde jedes einzelne Wort davon festnageln – aber meint ihr nicht, daß Goethe das »Füllest wieder Busch und Tal –« in oder gleich nach einer schönen mondigen Nacht niederschrieb ? Ich möchte, daß sich einmal jemand die Mühe machte, derart über das Wetter ein Tagebuch zu führen.

WIELAND : Vielleicht würdest du danach auch feststellen müssen, daß gerade erst an den langen, heimlichen Winterabenden die Erinnerung des Sommers mit sehnsüchtiger Kraft hervorbricht !

BURCKHARDT : Auch möglich; Parallelismus oder Kontrast – Gesetze der seelischen Verzögerung – –

SHAKESPEARE : Aber es wäre immerhin ein artiges Beispiel dafür, wie ein guter Leser versuchte, von allen Seiten, selbst den scheinbar entlegensten her, sich seinem Dichter zu nähern !

HOFFMANN : Ich danke dir ! – Ja, ist denn nicht gerade die Erbärmlichkeit aller Lebensbeschreibungen durch ein ewiges Zuwenig bedingt ?

BURCKHARDT : Und Selbstbiographien ?

WIELAND : Die zählen wohl nicht mit zu dem, was Hoffmann meint. Zudem ist ja eine solche stets mehr ein Zurückschauen in wohliger Erinnerung. – »Ihr naht euch wieder – –«

SHAKESPEARE : Also zählen diese mehr zu den dichterischen Werken, wie ja umgekehrt jede Dichtung auch ein tüchtiges Stück Biographie ist.

HOFFMANN : Aber gerade bei dir sieht man doch, wie aus den Werken allein ein Leben nicht zu ergründen ist.

SHAKESPEARE : Und muß denn das sein ? – Sie haben viel an mir herumgerätselt, aber ich bin ihnen entkommen; nur meine Dramen stehen noch da – dies genügt !

BURCKHARDT : Nein, Shakespeare, dies genügt nicht. Immer wird beim Leser der Wunsch bestehen, auch die Persönlichkeit kennenzulernen; vom Buch zum Dichter vorzustoßen, um ihm noch näher, noch vertrauter zu werden. Um ein ganz wunderliches Freundschaftsverhältnis über die Jahrhunderte hinweg entstehen zu lassen : um diese Freude, diese Freunde, hast du dich gebracht !

WIELAND : Ja; es erfüllt mich stets auf's Neue mit tiefer seltsamer Freude, wenn ich aus dem Dunkel der Zukunft einen Menschen zurücksuchen sehe zu mir, und oft kann ich ihm helfen. Freilich kommen nur noch wenige nach Oßmannstädt, aber es sind die Besten !

HOFFMANN : Ich weiß, wen du meinst ! Aber die Beiden gehen auch den Weg zu mir – –

BURCKHARDT : Ihr Glücklichen ! – Nun, Shakespeare, glaubst du nicht, daß dir hier etwas fehlt ?

SHAKESPEARE : Es wäre möglich; aber sprecht weiter : wie soll ein Leser den Weg zurückfinden ?

WIELAND : Nun, das ist nicht allzu schwer, mit Hilfe alter Stiche und Landkarten; wenn möglich die Bibliothek des Dichters zusammen-bringen; die Städte und Häuser besuchen, wo er lebte –

SHAKESPEARE : Müßte er nicht auch möglichst viel Neues abwerfen ?

BURCKHARDT : Halt ! Soll er nicht eben wieder das Bildnis seines Dichters in die neue Zeit hineinstellen ? So muß er beides vereinigen : zum Suchen das Neue abwerfen, aber auch die Last wieder aufnehmen kön-nen.

HOFFMANN : Das alles dürfte aber nur der rein äußerliche Weg sein; die Hauptsache muß die Lesung der Dichtungen sein und bleiben. – Es wäre eine schöne Leistung, wenn ein Mensch einmal die Kraft auf-brächte, einige Jahre lang sich nur einem oder doch ganz wenigen Dichtern zu widmen. Freilich wäre auch eine umfangreiche philologi-sche Arbeit nötig; aber was nimmt ein Liebhaber nicht auf sich ?

BURCKHARDT : Wir müßten Darwin hier haben, daß er gleich seine Ent-wicklungstheorie etwa auf die Landschaften Stifters anwenden könnte – welch ein Weg vom Kondor zum Eisbruch – oder auf deine Männer-gestalten, Wieland, vom Don Sylvio zum Aristipp !

WIELAND : Und weiter hinauf in die Metahistorie, zu den »geistigen Ahnen« – Lucian, wie ?

SHAKESPEARE : Da du Lucian erwähnst : da haben wir das beste Beispiel ! War dir nicht oft, Wieland, wenn du ihn zur Hand nahmst, du läsest dich selbst ?

WIELAND : Wahr genug ! So scheint es denn als erste Voraussetzung nötig zu sein, den wirklichen Bruder im Geiste zu finden. Jede andere Bemü-hung wird stets zum Scheitern verdammt sein. Man erkennt diese fal-schen Freunde vor allem daran, daß sie mit ihren plumpen Händen vor-züglich unseren Briefwechsel ans Licht ziehen und meinen, sie hätten etwas getan.

HOFFMANN : Soweit es rein sachlicher Gedankenaustausch über künstle-rische und wissenschaftliche Fragen war, mag es zuweilen gut sein; aber wenn ich schon die modernen Briefausgaben von weitem sehe : »Liebesbriefe großer Deutscher« und so weiter – es ekelt mich !

BURCKHARDT : Ja, Hoffmann : du mußt nicht die Endabsicht verkennen !

Wie wohl wird dem Pöbel, wenn er lesen kann, daß auch Wieland einst geliebt habe – »genau wie ich !!« – denkt es über ihn hin und vergnüglich zuckt das grobe Pfund Hirn im drei Zoll dicken Schädel. – Freilich, ein Zeitalter, das Reitvorschriften für eine Geliebte und ähnlichen Unsinns mehr von sich gibt – –

HOFFMANN : Laß nur, mein Freund ! Noch kommen einige wunderliche Leute mit zarten Händen und voll ehrlicher Zuneigung zu uns. – Wie der Wind im Korn rauscht, und noch die fernsten Hänge wie mit Gold belegt erscheinen – Ja, ich will ihnen zukünftig Droßelmeier und die kleine Marie entgegensenden : die Mohren bringen sie ja selbst mit –

WIELAND : Und ich meinen Peregrinus Proteus und den Aristipp – Wunderlich, wie kräftig das Gras duftet – Nun, ihr Wanderer, noch eine Stunde der vollen Ruhe in den Mittagsschatten, wechselt das Licht über uns im leichten Winde, heiße Sonne : da schweigt der Bach, stumm blitzt der Stein, – und im kühlen Abend den Weg zum alten Voß vollendet – –

VON WUNDERLICHEN REISEN.

Ort :
Eine waldige Landschaft an einem morgendlichen Flußufer.

Personen :
Barthélemy Defoe Homer Holberg Poe.

DEFOE *(sich umwendend)* : Kommt doch hier herunter, über die kleine, noch morgengraue Wiese – aber hütet mir die zierlichen Halme mit den prächtigen Taukugeln – so, nun nur noch einige zehn Schritte, und – –

HOMER : Wahrlich, Defoe, das war es wert, noch vor der Sonne aufzustehen ! – Poe, sieh doch den Strom und die noch unbeweglichen Wälder zwischen denen er zieht; weit hinten langgestreckte Eilande, – wie das heilige Wasser um die reinlichen moosigen Ufer wallt und wirbelt, und die grünen Pflanzen feierlich in der Strömung wehen –

POE : – schweben auf, schweben ab, neigen sich, beugen sich – – wie der morgenkalte Sand glitzert !

DEFOE : Hoi – ho : vom Land weht der Wind und streicht leicht über den Strom – wie sich die geschmeidige Fläche zärtlich kräuselt und biegt – Freunde, wie er strömt, hinaus in die Unendlichkeit; sagt mir doch : lohnte es sich nicht, jetzt ein segelloses Boot zu besteigen, dem das Steuer auch fehlt, und sich dem mächtigen schicksalgleichen Fließen zu überlassen ? Kalt schlägt die Welle den Bug, Fische drehen sich darin im Tanz –

POE : Wie ähnlich bist du deinem Robin !

DEFOE : Hätte ich ihn sonst geschrieben ? – Aber euch alle ergreift wie mich die Weite Sicht und der Morgen, der noch alle Möglichkeiten birgt – wer möchte zu solcher Stunde nicht reisen – *(lächelnd zu Poe)* : und sei es selbst nach Tsalal ? !

POE : Laß doch die trüben Zeiten – fällt dir nichts anderes hier ein ? Kein Ruderschlag und kein Alalagmos der Krieger ?

BARTHÉLEMY : Ich dachte schon zuvor an die Stromfahrt des großen Alexander : wie hätte ihn der Fluß nicht locken sollen ? Ah, die Welt war jung; jung wie dieser Morgen –

HOLBERG : Darf ich dich daran erinnern, daß es ein zweites, gleich erregendes Beispiel gibt, zweitausend Jahre später ?

BARTHÉLEMY : Du meinst –

HOLBERG : Stanley, ganz recht ! – Wenn er auch das Himmelreich vorzog, – aber die große Kongofahrt kann und will selbst hier niemand verschweigen. Wenn du sie gelesen hast, mußt du mir zugestehen, daß hier noch einmal unberührte Welten große Augen aufschlagen, und ein ganz eigenes Gefühl dich mit sich durch das Buch führt.

POE : Ich will euch nicht widersprechen – aber hätte er nicht ein wenig besseres Englisch ohne religiösen Augenaufschlag schreiben können ? – Freilich; es ist auch so noch gut genug –

DEFOE : Alter Heide – kommen dir nicht genug »Soko-Zähne« darinnen vor ?

POE : Bezweifelst du etwa, daß meine Quellen ebenso historisch waren, wie die deinen ?

HOMER : Prahlt doch nicht so mit eurer Historie. – Seht unseren wackeren Holberg an; er hat doch auch auf metahistorischem Grunde ein tüchtiges Werk aufgeführt.

HOLBERG : Das war nach Athanasius Kircher und Whiston nicht allzu schwer.

BARTHÉLEMY : Schmälere dein Werk nicht; wenn nur alle so wenig ihren Vorgängern zu verdanken hätten, wie du ! Aber schön ist es zu sehen, wie dein mundus subterraneus – wahrlich, Homer, er fing schon mit der Nekyia an – so herrlich anregend gewirkt hat. Laßt sehen : Tieck's Runenberg –

POE : Hoffmann : Falun –

HOLBERG : Und vergeßt mir den Letzten nicht, der sich ja auch vom Pym erwecken ließ !

POE : Jules Verne – ja ! Sein Buch von der Reise zum Mittelpunkte der Erde ist ja auch bei weitem sein bestes; nur dies könnte allenfalls in dieser Reihe neben dem Niels Klim erwähnt werden.

HOMER : Vielleicht wird er auch in Zukunft neue Früchte treiben. – Aber ihr habt recht : die wissenschaftliche Phantasie gibt der dichterischen in nichts nach. Und wie hier mit der Reihe eurer Troglodyten, könnte man gleichfalls eine solche der Reisen in die Sterne aufzählen. Von den »Vögeln« bis zu Laßwitz ist auch ein weiter Weg.

POE : Nur schade, daß sich der Letztere nach diesem ersten, im Großen gelungenen, im Einzelnen freilich zuweilen etwas platten Buches, zu schnell in die luftigen Räume der Wolken verlor – die hatte Aristophanes doch besser gesehen !

DEFOE : Mich stört vor allem das Gewimmel seiner Menschenscharen, was freilich zum Bilde des Mars mit gehört; aber mir war doch immer am wohlsten allein, in der sonnigen Einsamkeit. Oder höchstens unter wenigen Gefährten, wie Odysseus.

HOMER : Nun, wir wollten beide doch etwas ganz Anderes. Ich sammelte alle kretischen punischen und griechischen Schiffermärchen um meinen Helden und spannte über ihm den ganzen weiten Raum des herrlichen Mittel-Meeres aus mit seinen Fabelküsten und Phäakeninseln – es war das Bild meiner Zeit –

POE : Wie stumpf sind die Kritiker doch alle gegen dich gewesen, Homer! Vom Aberwitz der Chorizonten zu schweigen – – hätten doch wenigstens die Späteren von Burckhardt lernen können, daß die Natur nie zwei solche Dichter hintereinander hervorbringt –

BARTHÉLEMY : Aber Goethe und Schiller –

POE : Noch ein solches »und«, und ich vergleiche dich mit Wieland ! – aber zu sehen, wie selbst Burckhardt noch tastend vom Schiffskatalog spricht und sein Dasein mit einer wunderlichen Lust der Griechen an Aufzählungen rechtfertigt! Und doch war er dem Geheimnis so nahe. – Ich spreche vom Reize der Andeutung ! –

HOMER : Das weißt du, Poe ? – Aber das weiß niemand ! –

POE : Aber viele fühlen es, Homer – Hätte ich es nicht aussprechen sollen ?

HOMER : Wie selten ist ein Auge wie deines ? – Ein sternenklarer Verstand über grausamteten Dämmerungen. Du hast als Einziger die Größe Fouqué's ausgesprochen mit dem unerbittlichen Wort : Fünfzig Molières für einen Fouqué ! Du hast als Einziger das beste Buch des Charles Dickens in der Geschichte der kleinen Nell erkannt – so sprich, und uns laß lauschen !

POE : Lieblich klingt Ruhm mir von dir, dem weitgerühmten Manne – !
Vom Reize der andeutenden Aufzählung :
ich brauche euch nur wenig zu sagen über den Zauber oft eines einzelnen Wortes – Nebelglanz, mondhell, Bergland, Hochwald – wie sie überfließen von der Fülle der schönsten Bilder; nimmt doch jeder aus seiner Erinnerung den unsäglichen Sonnenglanz auf den Wipfelnadeln der Tannen, das zärtliche Lachen des Kuckucks in der Tiefe der weiten Wälder, den Schritt des Rehes in dämmernden Wiesen, die schwirrenden Lichter im nächtlichen Gehölz über den Igelwegen, oder die kleine Stadt, hell und leer hoch im Bergland mit den Silberklippen der eisigen Wolkeninseln – so sammeln sich um den guten Leser die ewigen Bilder. Fügt noch den Zauber fernster Zeiten hinzu und sonniger Räume und lauscht dem einen Wort von der »taubenumflatterten Thisbe«

nach : wer sähe nicht die kleine festummauerte Stadt voll prangender Häuser und steigender Gassen, auf den freien Plätzen der Ölbaum und die Zypresse, in der seligen Öde des Himmels nur das helle Vogelgeschrei – könnt ihr noch zweifeln, wie der Hörer beglückt im schäumenden Bildersturz des Schiffskataloges ruhte, und ihn die nicht endenwollende Macht der Aufzählung zwang, wie im Rausche seine Bildkraft in himmlischer Verschwendung zu entfesseln ? – Der Schild des Achilleus – und nun laßt mich schweigen, denn ihr kennt ihn ja selbst !

HOLBERG : Du hast in Allem Recht, Poe ! Wie könnte man nun noch Fouqué seine bunten Friese vorwerfen : der gute Leser soll ja zur Plastik gezwungen werden. – Ich liebe den Zauberring sehr !

BARTHÉLEMY : Darf ich sagen, daß viele große Dichter, wie um recht mit Fingern auf diese von ihnen ersehnte Interpolation durch den Leser hinzuweisen, oft selbst größere Erzählungen eingeflochten haben ? Cervantes gibt im Don Quijote solche Hirtennovellen als Ausweitungen, Dickens auch an vielen Stellen – sie nehmen dem Leser zum Teil scheinbar diese schönste Arbeit ab, aber nur, um ihm schelmisch dadurch neue unzählige Andeutungen zu geben.

POE : Man kann – und das sind vielleicht die klügsten dieser lesenden Künstler – auch seiner Bilder-Zauber-Lust ein wissenschaftlich Mäntlein umhängen. Man kann Personen- und Sachregister anlegen und alle andeutenden Bemerkungen für jeden einzelnen der Helden oder Städte zusammenstellen, so daß man ein noch reicheres Material zum Fortträumen erhält. – Du hast es ja erfahren, Homer, wie sie sich über dich stürzten – und ich glaube, mancher war darunter, der äußerlich mit ehrbar gefalteter Miene sammelte, und im Herzen durch Neritons rauschende Wälder schritt. – Aber noch hat es Allen an Mut gefehlt, diese Methode auf die Bücher der reinen Dichtung zu übertragen – wendet sie an auf die Pickwickier, die Abderiten, den Zauberring, und ihr werdet genug zu sehen bekommen.

DEFOE : Und solch eines Lesers wie dich dürfen wir uns rühmen ! – Es müßte von nicht geringem Interesse sein, einmal eine solche umfangreiche Arbeit – das heißt Arbeit ist nicht die richtige Bezeichnung – zu lesen; noch anziehender aber, wenn von mehreren großen Dichtern einmal eine ganze Reihe von »Zauberring-Erweiterungen« oder =Anmerkungen oder wie ihr es nennen wollt, vorläge !

BARTHÉLEMY : Das ist ausgezeichnet ! So etwas würde mein altes französisches Enzyklopädisten- und Sammlerherz sattsam erfreuen; – welche Fülle von Möglichkeiten – –

DEFOE : Ja, auch mich erfaßt der Gedanke – weh mir ! Poe, ich lerne schon an mir selbst die Macht der Andeutungen kennen !

POE : Alter Zauberer ! Als wenn der Biograph des Robinson Crusoe das von mir hätte lernen müssen ! Ich hätte dir nicht über die Schulter sehen mögen, als du mit ihm in den Wäldern und seltsamen Gründen deiner Insel auf Entdeckungen gingst, und ihm scharfsinnig beim Bau des Landhäuschens halfest.

DEFOE : Es ist vergebens, sich vor dir verbergen zu wollen. – Ich gebe es zu : dies Letztere war für mich das eigentlich Mitreißende. Einmal die Summe seiner Kenntnisse zu ziehen; in der Wildnis mit dürftigsten Hilfsmitteln, nur auf sich selbst gestellt, sich eine Welt einzurichten. Wie weit könnte ich allein einen solchen neuen Kosmos erzeugen; das hat mich jahrelang beschäftigt, und oft habe ich stundenlang über den Bau eines Kanoes oder einer Bretterhütte nachgedacht – aber das versteht sich von allein.

HOLBERG : Ja, ich kenne es von mir selbst, und darf nur die Namen Potu und Martinia nennen – doch welch ein Schein, Homer, umstrahlt dein Gesicht ? –

DEFOE : Seht – die Sonne hebt sich über den Strom und den mächtigen tiefen Ton der Wälder – – !

HOMER : Laßt uns vom Wasser in unsere Becher schöpfen und sie ins Licht heben – – funkelnde Klarheit, – was wollen wir mehr ? –

BARTHÉLEMY : Diesen Trunk allen guten Namen, die wir heut in der Frühe nannten, – Allen !

HOLBERG : Und Marco Polo ! Und Herodot !

POE : Und Sataspes !

BARTHÉLEMY : Sataspes ? ! – Wer ist das ?

POE : Es ist nicht nötig mir zu winken, Homer; dies soll für heut noch unser Geheimnis bleiben – –

4. Gespräch :

VOM BILDNIS DES MENSCHEN.

Ort :
Eine Burg auf einer gewaltigen Felsnadel,
die aus einem weiten Bergtal hervorragt; ein Saal.

Personen :
Cervantes Dickens Fouqué Poe Stifter Ein Fremder

Poe : Mit welchen Gefühlen betrete ich diese Halle! Mußt du nicht auch an den Augenblick denken, Stifter, an dem du sie zum erstenmale sahst ?

Stifter : Oh ja, es war schwer, nicht verwirrt zu werden; so schön hätte ich mir selbst Witikos Burg nicht erdacht. –

Fouqué *(eintretend)* : Seid mir gegrüßt, Freunde, auf Schloß Wolkenstein – wie glücklich macht ihr mich ! Aber schelten muß ich, daß ihr so lange zögertet; fast eine Woche haben wir uns nicht gesehen !

Poe : Wie gut steht dir dies heitere Zürnen, Fouqué ! – Aber welch ein Blick aus den Fenstern dieses Saales –

Stifter : Eine weite Landschaft; die tiefen Wälder ziehen über alle Hänge und Kämme; wie die Sonne leicht auf den Wipfeln liegt –

Dickens : Das Silberschlänglein des Flußes zwischen hellen Wiesen und Hutweiden; die winzigen Dörfchen und dort – siehst du, Cervantes ! – zwischen den beiden spitzen Hügeln, die kleine Stadt ? ! – Der helle Fleck : das muß Homers Haus sein !

Cervantes : Meinst du ? – Laß sehen, – noch verschwimmt mir alles in Wind und Licht – ah, dort über dem Bogen des Stroms – du wirst recht haben ! *(zu Fouqué)* : Aber welch eine Burg ist dir geworden, Fouqué; hoch in der Halle des Himmels –

Poe : In der kühlen blauseidenen Luft – wie das spitze Vogelgeschrei in den sonnigen leeren Räumen vorbei schießt ! Und dieser Blick in Weite und Höhe – – Ach, Fouqué : wir werden uns wieder einmal für strahlende Tage ein Turmgemach erbitten, und einen Platz in dieser Halle.

Fouqué : Bitten ? Für uns alle baute ich den Wolkenstein und nie ward er mir schöner, als wenn ich euch sah !

Poe : Nun, für alle – das wollen wir eben nicht hoffen. – Weißt du noch, wie einst Poe in diese Halle trat ?

CERVANTES : Es war ein Winterabend, eisig und strahlend; und der Weg muß dir hart gewesen sein –

POE : Er war es ! – Du saßest gerade lesend in der Nische, dort, wo die drei Sessel stehen. Bei dem Burgherrn, der mich empfing, standen Lessing und Meister Gottfried und Hoffmann sprang neben dem Kamin auf –

FOUQUÉ : Die Entscheidung über dein Bleiben war nicht leicht – du weißt es; – aber als du den Raven sprachst und der Wind klirrend um die nächtlichen Fenster fuhr –

CERVANTES : – und Landors Cottage und Ulalume –

FOUQUÉ : Wie strahlten die Kerzen am weißen Tisch, als du Einer der Unseren wurdest – *(ihm die Hände auf die Schultern legend)* – Poe, welch ein Abend – wie Wenige sind seitdem gekommen – !

POE : Ja, Fouqué – ich bin sehr glücklich – – Tieck kam noch und Öhlenschläger und Stifter, und der alte Schopenhauer – wißt ihr noch die Regennacht, als der Greis mit der sturmzerpeitschten Fackel ans Tor trat ? –

CERVANTES : Und Freund Dickens hier und Storm, Burckhardt –

STIFTER : Wir alle mußten durch Burg Wolkenstein den schwersten Gang unseres Lebens tun. Unser Werk und Sein gewogen von Größeren – –

POE : Stifter, Stifter – wie schön wob der Herbst, als du eintratest –

FOUQUÉ : Wir wollen heut Abend den »Hochwald« lesen – kommt aber nun und seht die Handschriften, die Meister Gottfried jüngst mir schenkte.

DICKENS : Wie ? Hat er –

POE : Ja, er hat ! Nämlich den Tristan neu geschrieben ! Du wirst Augen machen : –
»– Lampiges Fenster weht auf,
Stimmen und Wolkenzug.
Brunnengeliebte am Markt
spendet aus steinernem Krug. –«
Und dann die liebliche Wildnis ! – – komm nur !

CERVANTES : Ich werde ihn tüchtig ausschelten – so ein Heimlichtuer ! Tut, als könne er nur bis 19552 zählen – – – – Was ist das ? !

FOUQUÉ : Der Hornruf des Wächters ! –

POE *(am Fenster)* : Ein Fremder ist aus dem Buschwerk getreten und hebt die Hand –

CERVANTES : Müde steht er im silbernen Getön –

FOUQUÉ *(nach kurzer Pause)* : Ihr wißt, was uns obliegt – Wer führt heut den Vorsitz ? – Poe ? –

POE : Es sei; aber selten ward es einem so gut, daß wir, unserer fünf, so verschieden geartet sind. – Cervantes, Stifter, Dickens : führt ihr das Gespräch; ich will lauschen und wägen.

FOUQUÉ : Auch ich will anwesend sein; aber ich, Herr auf dem Wolkenstein und Hüter des Tores rufe euch nach meiner Pflicht auf : Gedenket unseres Reiches ! – Mehr bedarf es nicht. – Vergebt, wenn ich mich auf kurze Zeit entferne : ich will ihn empfangen. – Nehmt unterdes eure Plätze ein. –

STIFTER : Endlich wieder einer !

CERVANTES : Schon viel, daß er bis hierher fand; – ich bin begierig, ihn zu hören.

POE : Gedenket des Reiches ! – Still; die Türflügel öffnen sich –

FOUQUÉ *(mit dem Fremden eintretend)* : – Du wirst einige liebe Freunde bei mir finden, Fremdling, die mich oft besuchen, und mir zu viel Schönem und Wahrem helfen. Sitz nieder und nimm an unserem Gespräch teil.

DER FREMDE : Ein seltsamer Saal – auf deinem Mantel ein Kreuz ? Bist du ein Tempelritter ? –

POE : Ein Ornament wie andere mehr – laß dich dadurch nicht stören; wir sahen schon viele Bilder.

DER FREMDE : Das Kreuz ein Ornament ? – Ihr seid – – wo bin ich hier und wer seid ihr ?

POE : Freunde der Dichtung. – Und auch du bist ein Dichter ?

DER FREMDE : Woher weißt du das ? – Ich habe einiges geschrieben, aber es war eine Qual, an der ich wahrlich schwer genug trug.

STIFTER : Komm doch und sieh diese sommerliche Welt – du bist müde, es wird dich erfreuen und stärken.

DER FREMDE : Ich habe auf dem Wege genug dieser »sommerlichen Welt« genossen; Staub war da und dichter Wald –

STIFTER : Nun, nun; im dichten Walde pflegt es eben nicht zu stauben; aber sahst du nicht auch emsiges Getier : die goldnen Käfer im Grase, die grüne Farnfeder auf der sonnigen Lichtung ?

DER FREMDE : Deine Augen leuchten verdächtig – du scheinst mir einer von den Naturschwärmern zu sein. Meiner Ansicht nach hat die Landschaftsschilderung keine Berechtigung in der Literatur !

STIFTER : Das betrübt mich. Es geschah mir oft, daß sich meine Menschen mir unter den Händen in der Landschaft verloren, bis nur noch Wald war und sich die Fluren um mich dehnten. – Aber warum ? – Oder warst du nur nicht dieses ewigen Gefühls mächtig ? Schmälst du aus Unvermögen ?

DER FREMDE *(ein wenig verlegen)* : Ich konnte es nicht, weil ich Höheres sah. Und Tieferes !

STIFTER : Du ertrugst dich also nicht in der Welt der Pflanzen und bunten Steine – oder war dir die Schönheit der Natur etwa nur durch den Umweg über den griechischen Mythos zugänglich ?

DER FREMDE : Ich weiß nicht, was ich dir antworten soll : ich bin Christ ! Und du wagst es von den albernen Fratzen zu sprechen ?

STIFTER : Wenn du nur alberne Fratzen darin siehst, so fehlt dir eine Stufe der Seele.

DICKENS : Und eine hohe !

DER FREMDE : Auch ein Naturfreund ? – Oder endlich einer, der in der Darstellung des Menschen, noch genauer seiner Seele und ihrer Abgründe die höchste, einzige Aufgabe sieht ?

DICKENS : Obwohl ich es nicht so schroff ausdrücken möchte, muß ich dir eingestehn, daß ich mit Vorliebe das Bild des Menschen zeichnete.

DER FREMDE : Das Bild ? Also : Kleidung, Benehmen, Sprache, Sitte ? – Du bist ein Reisender ?

DICKENS : Ich bin auch gereist; – aber meinst du nicht, daß man durch das Äußere einer Person sie sehr gut charakterisieren kann ? Außerdem hat dieses Verfahren den unschätzbaren formalen Vorzug der plastischen Bildlichkeit; sieht man dadurch nicht zugleich die Gestalt ? – Anregend für die Phantasie ! –

DER FREMDE : Ja, geht nur immer von den Äußerlichkeiten aus, ihr schreibenden Schneider; – ist es euch nie eingefallen, daß das Wesen eines Menschen nur von innen her erfaßbar ist ? Die äußerliche Handlung könnte ganz entfallen, oder nur einen schmalsten Rand um das gesetzlose Seelenmeer bilden !

DICKENS : Wie das ? – Bilderstürmer ? – Waren dir das Liebste verquälte Seelen im fahlen Gedämmer ?

DER FREMDE : Es scheint euch im Leben trefflich zu ergehen, daß ihr so leichtfertig über das entsetzliche Dasein urteilen mögt !

DICKENS : Ich will dir darauf nicht antworten; aber du scheinst mir an nicht geringer Selbstüberschätzung zu kranken. War dir dein Leiden so kostbar, daß du dich liebevoll hineinversenktest und damit selbst vor uns prahlst ? Wenn du auf weiter nichts stolz sein kannst –

DER FREMDE : Auch eine Art, sich mit der Qual der Welt abzufinden; sehr einfach, sehr elegant !

CERVANTES : Laß doch den noch unangebrachten Hohn ! Du sprichst immer von der »Welt« : sahst du nie, daß es viele Welten gibt ? Und daß aus dem Zusammenstoß dieser Welten sich noch etwas anderes als Leiden – –

DER FREMDE : Ich kenne nur noch eine andere ewige Welt; das Reich Gottes !

CERVANTES : Ah, interessant : du kennst es ? ! – Aber wir wollen nicht abschweifen. Ich sagte, daß sich aus der Gegenüberstellung mancher Arten zu sehen auch noch etwas anderes unwiderstehlich entwickelt : das erlösende Gelächter !

DER FREMDE : Meinst du mit platten Späßen dem seelischen Elend, dem Chaos des Geistes abzuhelfen ?

CERVANTES : Ich sprach vom Gelächter, nicht von platten Späßen ! – Und, Fremdling, sollte nicht deine Überheblichkeit daher rühren, daß du dich ein wenig zu ernst nahmst und behaglich dein »Leiden« pflegtest; du wolltest nicht genesen ! Hast du nie bedacht, daß es auch Menschen gibt, die mit anderen Augen begabt sind und dort, wo du die Summe kleinlicher Leiden ins Maßlose anschwellen sahst, sich lachend über die Ungereimtheit deiner Welt hinwegsetzten ? Du nahmst als Ausgangspunkt eben an : ich leide, die Welt verquält sich in Mord und Dämonen, – du hättest sagen sollen : meine Welt ! Allerdings, dein Verfahren war sehr einfach, sehr elegant – du siehst, daß auch wir höhnen können !

DER FREMDE : Das ist eine erbärmliche Auffassung; alle Menschen sehen die Welt gleich ! Du greifst nur zu einem Betäubungsmittel, dich über das Sein hinwegzutäuschen ! Meinst du –

POE : Still doch. *(Ein fernes sommerliches Harfenspiel wird aus der Höhe hörbar)*

DER FREMDE : Meinst du denn – –

POE : Still doch ! – Das Mittagslied des Wächters – – Wie Goldkugeln steigen die Töne in die stille Luft.

STIMME VOM TURM :

Alle Landschaften haben
sich mit Blau erfüllt;
alle Büsche und Bäume des Stromes,
der weit in den Süden schwillt. –
Weite Geschwader Wolken,
weiße Segel dicht –
die Gestade des Himmels dahinter
verschwimmen in Wind und Licht – –

DER FREMDE *(aufspringend)* : Das halte ich nicht länger aus; wie ihr euch zurücklehnt und genießerisch die Augen schließt vor dem Geklimper – Komödianten –

POE : Die feierliche Stunde des Mittags ist uns heilig, wo selbst der Wald schweigt und die heißen Lichtungen lautlos werden. Pan schläft im Geträum der glühen Kräuter – wußtest du das nicht, Fremdling ? Was störst du den Ruf des Wächters ? Wird die Unrast und Heftigkeit deiner Gebärden nie still ? – Hast du nie von etwas gehört, was den Künstler vom Pöbel scheidet ? – Es heißt Form und Maß – du schweigst ? ! Hast du nie gehört, was den Weisen vom Pöbel scheidet : Es heißt Wissen – du schweigst ? !

DER FREMDE : Ah, darauf bist du stolz ! Was wißt ihr denn, ihr Bernards ! Ist nicht euer Wissensgeflunker erbärmlichstes Stückwerk ?

POE : Meinst du, daß der von sich sagen darf, er habe die Wahrheit gesucht, der, schon ehe er anfing, wußte, was zu finden sei ? Nur der darf es, der alles weg warf und neu begann; der auch im Kreuz festen Auges nur ein Stück Holz sehen kann. Du, der im beschränktesten Christentum haftet, der Mensch ohne Renaissance, das heißt ohne Maß, ohne Wissen, ohne gutes Heidentum, im halbtierischen Haß gegen alles Schöne : du darfst uns Unwissen vorwerfen ? Krämpfe einer fanatisch christlichen Seele sind noch nicht das erschütterndste Schauspiel; und die Abgründe der Primitiven, das Chaos der Pöbel-Gefühle, das du so meisterhaft schildertest sind noch nicht letzte Erkenntnisse.

Nur der Wissende leidet !

DER FREMDE : Ihr teuflischen Dämonen, vom tausendjährigen Abgrund ausgespien : hier ! Seht ihr das Kreuz und verstummt nicht in eurer gotteslästerlichen Raserei – – – weh mir !

Die Luft wird wie Kristall – –

Auf deiner Schulter der Rabe, was will der ? – –

Türflügel schlagen auf ? !
(hinausstürzend):
In mondlose Abgründe, ihr Larven ! ! –

DIE STIMME VOM TURME :
    – – Weiße Segel dicht –
    die Gestade des Himmels dahinter
    verschwimmen in Wind und Licht – –
    versänken auch Erde und Himmel :
    blau strömt die Luft und rein
    ewig über die Zinnen
    von Burg Wolkenstein – –

CERVANTES *(nach kurzem Schweigen)* : Also so steht es um die Welt da draußen ? ! –

FOUQUÉ : Ich schäme mich, daß auch ich in manchem Buch meine frommen Ritter ausreiten ließ. – Wer möchte noch Christ sein, der diesen sah?

STIFTER : Genug, Freunde! Laßt uns den herrlichsten Tag nicht ungenützt verstreichen. – Wißt ihr, was ihm gefehlt haben mag : der Anblick Goethes!

POE : Der da würde wohl lieber Gott geschaut haben.

DICKENS : Ich fürchte, ja! – Gehen wir ins Turmgemach, zu den Handschriften Meister Gottfrieds. – *(zu Poe)*: Von diesem Besuch müssen wir morgen Homer erzählen; er wird nicht schlecht den Kopf schütteln – –

5. Gespräch:

VOM ZAUBER DER ZEITEN.

Ort:
Ein abendlicher, von Bäumen umstandener Marktplatz.

Personen:
Fouqué   Mommsen   Storm   Wieland

FOUQUÉ : Langsam verdämmert der Tag über unserer kleinen Stadt; nun wird es heimlich und friedlich hier auf dem Markt. Lichtschimmer stehlen sich aus den Häusern; umwogt vom Gesumse spielender Kinder rauscht der schöne Brunnen in der Mitte –

WIELAND : Es verspricht, eine klare Nacht zu werden; gut für unser agorazein im Sternenlichte.

MOMMSEN : Ein wundersam trefflicher Einfall war es, der euch die guten Leser hier in unserem Eilysion ansiedeln hieß !

STORM : Sie sind besser, als die neuen Dichter – wenn ich nur daran denke, was mir Poe neulich erzählte ! Du warst ja selbst dabei, Fouqué.

FOUQUÉ : Freut euch, daß die Leser hier sind. Die Kunst gut zu lesen ist vielleicht noch seltener als die, gut zu schreiben; und sie pflegen und dichten unsere Werke weiter fort und schmecken oft Dinge heraus, die noch kein Kritiker sah.

WIELAND : Ihr könnt euch nicht denken, wie selig sie sind, hier unter ihren Göttern und Freunden, unsterblich wie wir[.] Und es steht ihnen frei, sich in der Stadt oder den wenigen Dörfchen ein Haus zu bauen, oder auch bei ihrem Lieblingsdichter die Bücherei zu pflegen oder den Garten –

FOUQUÉ : Vergiß nicht die Wächter und das Ingesinde auf Burg Wolkenstein –

MOMMSEN : Aber habt ihr auch alle guten Leser so belohnt; es scheinen mir so wenige – ?

STORM : Alle, Mommsen ! Es gab ihrer wirklich nicht mehr. Und in neuerer Zeit sind sie so selten geworden, seltener noch als die Dichter.

WIELAND : Ich weiß noch zwei, die gewiß kommen werden – wohin, mögen sie selbst entscheiden.

FOUQUÉ : Die kenne ich auch; und Hoffmann erst ! Der freut sich jetzt schon –

MOMMSEN : Aber prächtig ist es, sie in ihren alten und neuen Gewändern hier zu sehen, an Markttagen oder an Homers Geburtstag. Hier kann man noch eine lebendige Anschauung von der Geschichte bekommen, und griechisch sprechen – es ist eine Lust!

WIELAND : Es muß für dich, den fast Nur-Historiker, äußerst anziehend sein. Aber siehst du nun ein, daß Geschichte erst durch die Anschauung lebendig wird, und auch damals, als du Rom zu beleben suchtest, dein Weg nicht der beste war?

MOMMSEN : Aber wie soll man streng wissenschaftlich Historie anders darstellen? Ich sehe speziell hierzu nur drei Möglichkeiten : die Realenzyklopädie, das Handbuch, das wissenschaftliche Werk.

FOUQUÉ : Und den historischen Roman!

MOMMSEN : Vergiß nicht, daß ich von der streng wissenschaftlichen Darstellung der Historie sprach.

WIELAND : Wir wollen untersuchen, ob der Roman nicht doch hinein gehört. Geschichte will doch dem Leser das Bild einer entschwundenen Zeit – natürlich möglichst getreu – nahe bringen. Wer das Schlagwort vom pragmatischen Studium erfand war ein Rechner und kalter Narr; hier handelt es sich um Versenkungen zu weit höherem Zweck. – Die Realenzyklopädie mit ihrer unsäglichen Zerstückelung des Stoffes kann nie ein geschlossenes farbiges Bild erzeugen. Sie ist notwendig als Nachschlagewerk, als Quelle ersten Ranges, aber nur *dem* Geiste könnte sie nützen, der die winzigen Steinchen zu vereinigen verstünde – was unmöglich sein dürfte.

MOMMSEN : Aber machen nicht Einzelheiten den Zauber aus? – Ihr spracht einmal vom Reize der Aufzählung und Andeutung; – freilich verstehe ich dich : in der Enzyklopädie stehen sie wild durcheinander. –

STORM : Das ist zwar im Handbuch oder im wissenschaftlichen Werke schon viel besser, aber wirkt es darum mehr? Der Leser will die Geschichte ja eben bewußt nicht als Vergangenheit, sondern als hohe Gegenwart erleben –

FOUQUÉ : Nein; es ist ungefähr so, aber doch noch ein wenig verwickelter : Die Geschichte soll Gegenwart nicht werden, sondern der Leser soll Vergangenheit sein. – Versteht ihr mich? Es handelt sich darum, Leser und Historie in die gleiche Erlebnisebene zu bringen; das muß dadurch geschehen, daß der Leser zurückgeht, nicht, daß er die Geschichte zu sich heranzerrt – modernisiert, wie man sagt. Die Historiker vergrößern, schon durch das Formale ihrer Werke, nur den Abstand. – Es ist etwa das Gleiche, am anderen Beispiele gezeigt, warum eine alte gleichzeitige Übersetzung des Robinson Crusoe immer besser ist, als eine moderne, wenn auch ein wenig korrektere. –

WIELAND : Das dachte ich längst. – Kein abstraktes Werk über griechische Mythologie wirkt so, wie wenn wir eine Mutter, mit ihren Kindern an Hermen oder heiligen Bäumen vorbeigehend, sie diesen anekdotenhaft die alten Mythen erzählen lassen. Es ist ein Unterschied, ob wir einen antiken Webstuhl zergliedernd beschreiben hören oder ihn in Tätigkeit sehen. – Mit allem diesem ist die Arbeit des Wissenschaftlers nicht entwertet, sondern sie wird nur auf ihr eigenstes Gebiet der Materialgebung zurückgeführt.

MOMMSEN : Hm, also das, was man bisher unter dem Geschichtsschreiber verstand, war eigentlich nur die Tätigkeit des Suchens und Findens; der Anweisung und Korrektur des Dichters in Einzelheiten.

FOUQUÉ : Ich glaube, es ist so. Dann erst setzt die Tätigkeit des historischen Poeten ein, nach gründlichster wissenschaftlicher Vorbereitung. – Ich habe es selbst erlebt, als mir im Zauberring das historische Zitat in der Glut der Phantasie zerschmolz und identische Gestalten, wenn auch nicht geschichtlich individualisierte, entstanden.

STORM : Du hattest auch ein poetischstes Zeitalter erwählt. Durch die Vereinsamung der Herrenburgen und kleinen Höfe traten die dazwischen liegenden Nebelwälder und unwegsamen Einöden um so stärker hervor. In diesen »Kulturspitzen«, an die sich schimmernd, eine Welt für sich, alles anschloß, was damals Kultur hieß, war ja schon im rein Äußerlichen die dichterische Konzentration und Erhöhung der »Gralsburgen« vorbereitet.

FOUQUÉ : Sehr gut ! Aber eben daraus ergab sich auch ein deutlich hervortretender Mangel an Naturgefühl, eben weil fast alles außerhalb dieser Kulturspitzen Wildnis und störende Öde war. Es ließe sich noch viel darüber sagen; warum einzig Meister Gottfried die Schönheit der Natur preist, wie sich auch letzten Endes das kurze epische Versmaß aus der Zeit herleiten läßt.

MOMMSEN : Aber besteht nicht die Gefahr, daß die Phantasie die Wissenschaft überwältigt – die größte Versuchung für einen Dichter ?

WIELAND : Sie ist groß, zugegeben. Doch kann man sich auch fast zu eng anschließen. Denke an Stifters Witiko, der, auf den ersten siebenhundert Seiten ein herrliches Buch, am Ende in bloßen Chronikenton hinein versandet.

MOMMSEN : Das meinte ich nicht speziell. Ich dachte auch daran, daß für Manche Geschichte eine schwere seelische Belastung bedeuten kann; sich mit fremdem Schicksal beladen. – Unter dem unerträglichen

Gefühl der Vergänglichkeit können die Gestalten beginnen sich zu verschatten und nur noch liebliche Trauer oder düstere Klage erwekken. – Ich dachte an dich, Storm, der du zuweilen erlegen bist.

STORM : In den meisten Fällen konnte ich diese Wirkung wo nicht aufheben, so doch mildern durch die Hineinstellung der ewigen Landschaft, der plastischen Treue im Gegenständlichen. Ich wollte ja auch nie bewußt historische Novellen schreiben.

WIELAND : Ich ja, das heißt Romane. Vergeßt auch nicht, daß der Dichter und Wissenschaftler ebenfalls die Aufgabe hat, begangenes Unrecht wieder gut zu machen, fälschlich Verleumdete zu rechtfertigen oder doch zu entlasten. – Aber bleiben wir bei der Form der geschichtlichen Darstellung. Hier läßt sich auch rein technisch noch größere Gegenwartsnähe erzielen, nämlich beispielsweise durch die Briefform oder das Gespräch oder die Tagebuchform, die uns noch unmittelbarer berühren als die stetig fortlaufende Erzählung. Es sind nicht nur absonderliche Einfälle und die Sucht nach Originalität, die uns Alte diese Formen brauchen ließen, sondern wohldurchdachte Erwägung.

MOMMSEN : Das läßt sich aber nur bei nicht allzu großem Umfange des Werkes anwenden. Schon Barthélemy, der einen Versuch ganz großen Stiles machte, mußte, um ganz Griechenland schildern zu können die Form einer Reise wählen.

STORM : Um einen Faden zu haben, an dem er sich stets forthelfen konnte; aber es war noch die geschickteste, vielleicht einzig mögliche Form, die ein Gelingen versprach.

FOUQUÉ : Zumal, da ein gewaltiger Reiz dort entsteht, wo Reise und Historie zusammentreffen : denkt nur an Marco Polo ! –

WIELAND : Zumindest scheint es auch mir, daß Historie meist die reine Romanform sprengen würde, zumal, wo es sich um die Bewältigung größter Massen handelt. Homer – Aber noch gibt es keine völlig gelungene Arbeit in der erstrebten Richtung, die wir heut Abend kennzeichneten.

MOMMSEN : Du erwähnst Homer – eben sehe ich, wie verwandt der Witiko mit der Ilias ist. Das gleiche epische Völkermeer; auch die Technik ist oft homerisch, Aufzählung und eherne Wiederholung. – Ich muß gleich mit ihm darüber sprechen ! –

FOUQUÉ : Ja, wir müssen uns für heut trennen. Ich bin bei Hauff zu Gaste geladen, auch Hoffmann wird da sein; – er geht immer mit seinem Laternchen über den Tyß-Platz, und muß gleich kommen. – Lebt wohl ! –

WIELAND : Mommsen, begleitest du mich zu meinem Landgut hinaus ?
Ich brauche deinen Rat in einigen Dingen – – die – –
MOMMSEN : Willst du etwa den Versuch machen ? Ich dächte, der Aristipp
wäre ein Buch, das noch auf lange Zeit keiner erreichen wird ! Aber –
ich komme mit. Eine Bedingung – du bringst im Laufe des Abends
Burckhardt auf die niedere griechische Mythologie zu sprechen; da
kann man nur lernen ! – – –

6. *Gespräch* :

EIN ZWISCHENSPIEL

Ort :

Vor dem Büchergewölbe Manesse's am Marktplatze;
ein sonniger Vormittag.

Personen :

Hauff   Öhlenschläger   Rüdiger Manesse: *Buchhändler*
Jakob Brucker: *Stadtschreiber*   Bürger   Kinder, u. s. w.

BRUCKER : Ei, ei : hochedler Herr Manesse, so früh schon vor eurem
Gaden ? – Submissester Diener; ich wünsche euch einen recht guten
Morgen ! – Ein prächtiger Vormittag, kühl und ungemein lieblich –
wie die weißen Tauben über dem Markt schwärmen –

MANESSE : Seid mir gegrüßt, Herr Stadtschreiber – ja, es ist wie ihr sagt; ich
habe zwar meine Schaube vom feinsten flandrischen Tuch umgehängt,
weil noch die schönen klaren Morgenschatten vor meinem Hause liegen,
und der fröhliche Wind sonst ein wenig kühl läßt. Aber es ist schon so : ein
hoher blauseidner Himmel über unserer kleinen Stadt. – Ei, seht doch,
wie die Buben um den Brunnen lärmen; haben ihre kleinen Bücher-
taschen abgelegt und bespritzen sich mit dem blanken Wasser – nun,
wartet nur : Passow wird euch schon die Konjugation auf μι beibringen ! –

BRUCKER : Da ihr den Magister erwähnt : denkt euch nur, da haben wir
uns doch über die Stelle im Aristoteles noch immer nicht einigen können ! Ich bleibe dabei : »autoi gar eisi nomos«, und wenn er mir noch so
sehr den Stephanus unter die Nase hält –

MANESSE : Was sagt denn Meister Schopenhauer dazu; – er ist doch noch
bei euch ?

BRUCKER : Ja, ja ! Er macht doch schon eifrig Auszüge, um den Anschluß
an meine philosophische Historie herzustellen. Wir haben uns soweit
geeinigt : er fängt eben bei Kant an und ich bearbeite die Zeit vorher –
unter uns gesagt, ein feiner Kopf der Schopenhauer; spricht deutlich
und kann entzückend grob werden –

MANESSE : Kurz, ihr versteht euch – nun, das ist schön ! Aber beginnt ihr
bald mit der Niederschrift eures Werkes ? Ich würde euch gleich zwei
Schreiber freistellen können.

269

BRUCKER : Wo denkt ihr hin ! Ich habe zwar tüchtig Material gesammelt in den 150 Jahren, aber es ist noch viel zu tun, sehr viel – so an die 53 Bände würde es freilich schon füllen –

MANESSE : Wo seid ihr denn angelangt, wenn man fragen darf ? Scholastiker ? Kabbala ?

BRUCKER : Ihr scherzt ! Aber ich bin nicht müßig gewesen; ich kann wohl sagen, daß ich mich Herakleitos von Ephesos bereits zu nähern beginne –

MANESSE : Und 53 Bände ? ! – Da werde ich neues Pergament anschaffen müssen. – 53 Bände ! – Und Herakleitos ! !

BRUCKER : Scheint es euch zuviel, Herr Manesse ? Sagt es nur immer frei heraus : sind euch etwa auch schon die leichtsinnigen Pfuscher lieb geworden, die in 30 oder 40 Bänden die ganze Philosophie erschöpfen zu können glauben ? – Überdem : sammelt ihr doch auch Bücher in größter Anzahl bei euch – suum cuique ! –

MANESSE : Freund, das ist ein Anderes ! Bücher sammeln ist gleichsam – – – ein – – – ein Anderes !

BRUCKER : Nun denn ! Lassen wir das. – Aber sagt doch; was war in dem Wagen, der gestern Abend peitschenknallend durchs Stadttor bis zu euch rollte ? Ich habe zwar, Kraft meines Amtes, mir sofort den Passierschein vorlegen lassen, aber es stand eben nur darauf : Bücher ! – Nicht daß mich Neugier triebe – darf ich euch eine Prise anbieten ? – aber wenn etwa einige Philosophika dabei wären, – ältere, ihr versteht – außerdem ist Schopenhauer gerade einige Tage in meiner Bibliothek eingeschlossen –

MANESSE : Eingeschlossen ! – Aber –

BRUCKER : Als ich aus dem Erker den Wagen kommen sah, legte ich ihm den Folianten des Aristoteles mit dessen eigenhändigen Anmerkungen das erste Mal zum Studium vor, unter der Bedingung, daß er den Raum nicht verläßt. Er verborgt ja auch keine Bücher ! – Darauf bot er mir an, ich solle ihn damit einschließen, was ich tat – und nun komme ich gleich zu euch – sonst ist er wieder eher da, als ich !

MANESSE : Ihr seid ein feiner Kopf, Herr Brucker ! – Nun, wartet nur, ich werde gleich die Liste – (in das Gewölbe rufend) : Goedecke, – Goedecke : reich er mir doch die Rolle der gestern eingetroffenen Bände ! Oder doch wenigstens die ersten Bogen – Ihr seht, Herr Stadtschreiber, daß wir noch nicht ganz fertig sind – vielleicht in einigen Tagen –

BRUCKER : Herr Manesse; mir bricht das Herz ! – (seufzend) : da muß ich ihm eben auch noch den Platon vorwerfen – Aber gebt immerhin den ersten Bogen; ich danke euch – – – hm !

MANESSE : Ja, ja ! Nicht wahr, der Poggio hat wieder gar treffliche Dinge
geholt ? – Was die Erde des also Schönen birgt, daß die Menschen nicht
mehr würdig sind, sich daran zu freuen, das findet seinen Platz hier bei
uns. Zwar wir schreiben alles, was hier erscheint, mit der Hand : würdig, schön, zierlich. – Ei, Herr Brucker, schaut nur : die Meister Hauff
und Öhlenschläger kommen die Lichtensteinerstraße herunter, biegen
ein – ja, sie kommen zu mir ! – Welche Ehre, ihr Herren ! –

HAUFF : Seid mir gegrüßt, Herr Manesse – und ihr, wackerer Brucker !
Nun, etwas Neues ? Habt ihr eine neue Sendung Bücher erhalten ?
Zeigt doch her, Herr Rotularius.

BRUCKER : Gewiß, Meister Hauff – aber ihr werdet enttäuscht sein, nichts
Sonderliches – Mathematik –

ÖHLENSCHLÄGER : Ach, von der Erde ? ! – Das wollen wir nicht; da nehmt
euer Blatt nur immer wieder hin. Nein, ist hier von unseren Meistern
nichts erschienen ?

MANESSE : Hm ! – Da ist Vossens Übersetzung des Apollonius – gewiß
schon bekannt ? – dachte mir's – Ja, und dann noch etwas ganz Rares :
Meister Darwin hat nach siebzig Jahren eifriger Arbeit nun endlich sein
neuestes botanisches Werk, den »Grundriß zur Systematik und verglei-
chenden Biologie der Eisblumen« herausgegeben. In 7 Bänden und
einem Zusatzband mit 1104 Kupfertafeln und einem Porträt des Meisters. – Das ist ein Werk – –

HAUFF : Über Eisblumen – (sinnend) : Das ist groß ! Das ist erstaunlich !
Welch ein tiefsinniger Gedanke, des größten Dichters und Malers würdig; auch eines Naturphilosophen. – Hört, Manesse, schickt mir das
Werk heute noch hinüber; es ist doch möglich ? – Wo ist denn Öhlenschläger ?

BRUCKER : Da drüben steht der Meister, mitten auf dem Marktplatze vor
einer weißen Taube –

HAUFF : Nun seht doch, da machen die Beiden gravitätisch und putzig
eine Verbeugung nach der anderen voreinander – da, wieder eine ! –
Husch – nun ist sie weg ! – Aber lebendig ist's heute auf dem Markt.
Alles lärmt und ruft – (die Augen mit der Hand beschattend) : ist dort drüben am Unterbau der Halle nicht wieder ein Stück fertig geworden ? –

EIN WASSERVERKÄUFER : Wasser ! Eisfrisches klares Wasser ! Eben erst
geschöpft ! –

EINE HÄNDLERIN : Kommt doch, hierher ! Und begießt mir ein wenig den
Efeu im Topfe hier; aber vorsichtig ! – Er stammt von Wielands Garten ! – – Danke schönstens !

1. BÜRGER (vorbeigehend) : Was ich euch sage, Herr Nachbar, kommt mir

der Junge nach Hause und will um jeden Preis einmal auf den Wolkenstein zu Fouqué, als Wächter oder als – was weiß ich. Nun sind wir
anderen alle seit fünf Generationen bei unserem gnädigen Meister
Wolfram tätig – ihr wißt ja, ich poliere jeden Morgen seine Waffen-
sammlung – und nun schlägt der Junge aus der Art. Zwar, Meister
Fouqué – alle Achtung, ein großer Herr. Ich lese ihn selbst gern an den
langen Winterabenden, und wenn der Junge eben nicht anders will –
ich sage euch, er ist wie verzaubert! –

2. BÜRGER : Wie meine Tochter; sie sind ja auch beide zusammen in die
gleiche Schule gegangen – hm! –

3. BÜRGER : Seht dort drüben! Vor dem Gewölbe des wohledlen Herrn
Manesse stehen die Meister Öhlenschläger und Hauff – Laßt uns sie
grüßen *(die drei verneigen sich)* – Kennt ihr den Aladdin? Ich sage euch –
(gehen vorüber)

ÖHLENSCHLÄGER : Nun seht euch den Hauff an, Herr Manesse! Schilt erst
über mich, und nun : sitzt er nicht mitten in dem Haufen der Kleinen
dort auf dem Steine – wie die Blondköpfe andächtig lauschen! Was
erzählt er denn?

HAUFF : – – und nun war er schon stundenlang hungrig durch die fremden Straßen gelaufen, als sich plötzlich oben im Hause ein Fenster
öffnete, eine alte Frau herausschaute und mit singender Stimme rief :
    Herbei, herbei!
    Gekocht ist der Brei!
    den Tisch ließ ich decken – –

ÖHLENSCHLÄGER : Da haben wir's : der kleine Muck! – »Wohnst in einem
großen Haus!« –

MANESSE : Ich bitte die Herren um Entschuldigung, ich muß doch wieder
dem Goedecke auf die Finger sehen – *(er geht in sein Gewölbe zurück.)*

BRUCKER : Auch ich bitte Abschied nehmen zu dürfen, Meister Öhlenschläger; seit der Torwächter das neue Horn bekommen hat, übt er von
Morgens bis Abends; zwar leise, aber ich muß nur immer zusehen, daß
er unter dem Blasen die Wache nicht vergißt – und ich habe doch, weiß
Schopenhauer, keine Zeit! Wenn ich nur an die Philosophie denke –
(selig lächelnd zu Öhlenschläger) : Meister : das ist ein gar herrliches Studium! –

ÖHLENSCHLÄGER : Nun, da wünsche ich euch viel Erfolg, Brucker, und
funkelnagelneue Entdeckungen; das ist schön, daß ihr so glücklich seid
– Lebt wohl! – – Hauff! Holla Hauff!

HAUFF : Ich komme ja schon! Ich mußte doch erst das Märchen vom Kleinen zu Ende erzählen! – Kommt ihr mit, die Halle wieder einmal zu

besehen ? – *(sie gehen quer über den Platz auf das Bauwerk zu, an dem zahl-reiche Handwerker arbeiten)* – Ah, dort an der Nordseite der Fouqué-Fries –

ÖHLENSCHLÄGER : Jetzt sieht man doch schon Herrn Otto von Trautwan-gen heran sprengen – schade, dort vorn schläft noch alles im Stein – Thorwaldsen, das wird euer schönstes Werk ! –

THORWALDSEN : Ich bin noch längst nicht zufrieden ! – Laßt nur; ihr seht die Fehler doch nicht so wie ich – *(zu einem Handwerker)* : – gib mir doch noch einmal den Hohlmeißel; – nein, nicht den ! den Schweren ! – *(er hämmert weiter)*

HAUFF : Der Brave ! – Habt ihr schon gehört, daß Preller drinnen zum drittenmale die Homer-Fresken malt ? Dies Mal nimmt er die Ilias mit dazu; ich habe ganz flüchtig in seinem Hause die Entwürfe sehen kön-nen, ohne daß er es wußte – seine Kraft nimmt immer mehr zu – aber wir dürfen doch nicht hinein !

ÖHLENSCHLÄGER : Er will zu Homers dreitausendstem Geburtstag auch alles fertig haben; die ganze Halle soll ja dann vollendet sein. Man sieht hier nur das Stückchen an der Nordseite; alles Fertige ist ja schon wie-der mit großen weißen Tüchern verhangen. *(Sich umsehend –)* : Wun-dersam klar ist die Luft heute; dort hinten über dem Erker am Hause der Brüder Preller sieht man in großer Ferne selbst den Wolkenstein ! – Ganz deutlich !

HAUFF : Ja ! Und wie dort auf dem Balkone die Rosen blühen ! – Kommst du auch heute Abend zu Poe; du weißt doch, sein Gärtner, der den prächtigen Fliederbusch zog, hat sich an die Blumenverkäuferin aus dem nahen Dörfchen verloren; Da schmücken sie heute ihr Heim, ein Häuschen in seinem Garten, und haben den Meister bescheiden und glücklich zu Gaste geladen. – Ach, Öhlenschläger, wie freue ich mich, daß Poe seine junge schöne Frau hier bei uns wieder gefunden hat – schreitet er nicht wie ein Halbgott ! – wie glücklich sind wir, ach Öhlenschläger : in alle Ewigkeit ! ! – –

7. Gespräch

VON MANCHERLEI WELTEN

Ort :

Ein Landgut an einem weiten See; die Sonne sinkt.

Personen :

Cervantes   Dickens   Hoffmann   Voß.

HOFFMANN : Hier in der umrankten Laube sitzen wir, alter Frachtschiffer aus der antiken Welt! Laß nur die Gläser hier herbringen; nichts Schöneres als ein Trunk in abendlicher Kühle.

CERVANTES : Oder in alten Gewölben mit Devrient, wie? – Aber wahr ist es, Voß; ein herrlich ländliches Stück Eilysion.

DICKENS : Der leichte Windhauch raschelt im Röhricht, und die Sonne vergoldet in breiter Bahn See und Ufer. Hier wirst du Eutin nicht vermissen.

VOSS : Gern sitze ich nach der wackeren Tagesarbeit neben euch; heute Mittag hättet ihr mich begleiten sollen, als ich auf's Feld ging – der Gesang der Mäher und Schnitterinnen im goldenen Gewölke der Ähren, der lockende Schlag der Wachtel am Rain –

DICKENS : Wie mußte ein solches Bild tätig tüchtiger Kraft dein homerisches Bauernherz erfreuen; dachtest du nicht an den Schild Achills?

VOSS : Ob ich daran dachte! – Übrigens da bin ich zu einer prächtigen Stelle im Deinokrates gelangt; wartet, morgen werde ich euch wieder einen Gesang vorlesen können – er hat erstaunliche Dinge zu sagen; die Einleitung :

Dem Wächter stob vom schnellen Horn,
vom silberhellen Mondeshorn
hetzender Schrei und Ruf – verworrn
antwortete die Stadt.
Das wache Wild trat scheu und sacht
weit aus der feuervollen Nacht –
– er schildert die Belagerung von Orchomenos, ihr wißt ja –
sie liefen auf den Mauerkranz
aus frohem Spiel, von Schlaf und Tanz
in Pelzbarett und Seidenglanz

274

und standen wach und schmal:
im dunklen Land wuchs stumm ein Brand,
wucherte rot im weißen Sand,
es flammte hier, es brannte dort,
es lohte überall –
schon das Versmaß ist seltsam, eigentlich ungriechisch –

HOFFMANN : Das ist gut, daß du ihn endlich übersetzest; wer sollte es sonst übernehmen.

VOSS : Fürwahr, ein seliges Leben, Freunde; wäre es doch manchem der Erdenbürger so gut.

CERVANTES : Jeder nach seiner Art; es gibt viele Wege zu leben, und mancher ist gut.

DICKENS : Ich lobe mir die entzückende Häuslichkeit und die emsige Geschäftigkeit der kleinen Leute; mögen andere in ihren Büchern nur von Königen und Grafen erzählen – ich sah, wie das Alles hohl und läppisch ist, in jeder Hinsicht, verglichen mit der wahrhaften Lebenskunst dieser einfachen Welt.

CERVANTES : Auch gut, Humphrey !

DICKENS : Danke, Quijote.

VOSS : Da einmal der Name deines närrischen Ritters fällt, Cervantes, sage mir doch, war die subjektive Welt in ihm so stark, daß sie wirklich der realen das Gleichgewicht hielt ?

CERVANTES : Da sieh einmal ! Du nimmst von Anfang an einen ganz falschen Standpunkt ein, wenn du hier zwischen der subjektiven und der realen Welt unterscheidest. Schon durch diese Formulierung deiner Frage setzt du nämlich als unumstößlich gewiß voraus, daß *jeder* diese deine »reale Welt« sieht wie du, und nun sich daneben in eine Selbsttäuschung flüchtet, die er krampfhaft festzuhalten versucht ! – Ein Irrtum ! Für jeden gibt es nur eine Welt; die, welche er eben sieht und diese allein ist für ihn wirklich. Nun kommt es freilich ganz auf die Augen an.

HOFFMANN : Dein Wohl, Cervantes. Nun laß mich hin zu fügen, daß manche dieser Welten, zum Beispiel die deines irrenden Ritters –

CERVANTES : – und die der kleinen Marie –

HOFFMANN : Das kommt noch ! – Also daß manche dieser Welten viel poetischer und schöner sind, als die sogenannte reale.

CERVANTES : Und aus dem Zusammenprall, der Gegenüberstellung dieser Welten entwickelt sich nun unwiderstehlich gleich ein anderes Element : der Humor ! Denn wo der Eine eine gemeine Schenke sieht, steht für den anderen das prächtigste Kastell.

HOFFMANN : Ein Beweis für die tiefe Ironie, welche die Natur in alles irdische Treiben legte –

VOSS : Da ihr es sagt, muß es so sein – aber wunderbar genug bleibt es immerhin ! – Seht, nun berührt die Sonne die Fläche des Sees, die Hügel erglühen rötlich und rein – sagt mir doch, seht ihr nicht dies wie ich ?

DICKENS : Doch, doch, Voß ! – Cervantes, ich darf für euch antworten ? – Soweit ich alles verstand, liegt der Unterschied auch hier darin, daß jeder durch sein Leben und seine Gedanken es ganz anders empfindet. Du, Voß, denkst daran, daß Morgen ein schöner Erntetag sein wird, und erinnerst dich an die Abende am Eutiner See. – Ich denke an die kleine Nell auf dem abendlichen Dorffriedhof – und so jeder anders; – habe ich recht, Cervantes ?

CERVANTES : Auch eine Erklärung. Man könnte in dieser, deiner Art sogar noch weiter gehen und vom rein Körperlichen her – etwa vom verschiedenen Bau des Auges, Sehschärfe, Farbentüchtigkeit und so fort – beweisen, daß schon die reine Bildwirkung, von der seelischen Verarbeitung einmal ganz abgesehen, ganz verschieden ausfällt.

HOFFMANN : Nicht zu materialistisch werden, Cervantes ! Hier genügt allein die Veränderung der Welt vom Geiste her. Ich habe oft Kinder zu meinen Lieblingsgestalten gemacht, weil an ihnen am deutlichsten wird, wie der Geist die Welt verzaubert und umformt in schönster Phantastik – wir wollen das Geheimnis nicht zerreden –

CERVANTES : – Von Dingen sprechend, drob zu schweigen schön ist – ich verstehe dich, Hoffmann. Was geht auch die grobe Welt das große Geheimnis an ? ! Sie dreht sich plump und schwer weiter oder redet gar in mühsamer Anstrengung, uns zu verstehen, von *Flucht* in die Welt der Dichtung, von Selbsttäuschung um das Leben ertragen zu können – Wie fern stehen wir diesen Tölpeln – unsere einzigen Waffen sind der Humor und die Ironie, und oft müssen wir das Tiefste unter groteskem Gelächter sagen, schon daß man uns nicht erkennt. Denn ein bloßes Erkennen würde uns so sehr beschämen in unserer kindlichen Einfalt –

HOFFMANN *(heimlich)* : Komm heut zu mir und laß uns lesen, mich vom ewigen Don Quijote und du sollst den Nußknacker haben. – Ich habe auch die Treppe wiedergefunden im Ärmel, und die Mohren warten schon und klaspern ungeduldig ! –

DICKENS : Ihr steckt die Köpfe zusammen, ihr alten Zauberer ? Was für Beschwörungen flüstert ihr ?

VOSS : Laß nur ! Wenn nur dabei wieder ein Buch wie der Meister Martin herauskommt, so soll es ihnen vergeben sein.

HOFFMANN : Ihr irrt euch : wir sprachen eben davon, daß wir Fouqué zu seinem Geburtstage eine Gesamtausgabe seiner Werke schenken wollen; zierlich gemalt, mit bunten Ranken und breitem Rande, daß er nach Belieben die schönsten Erweiterungen notieren kann. Auf Erden drucken sie nichts mehr von ihm, die Narren – da wollen wir für die guten Leser sorgen.

CERVANTES : Alter Fuchs ! – Sie haben nichts gemerkt – aber es ist auch wirklich noch ein Einfall ! – –

8. Gespräch :

VON DER FORM.

Ort :
Eine festliche Halle auf dem Wolkenstein;
strahlende Kerzen auf einer langen, weiß gedeckten Tafel.

Personen :
Cervantes   Fouqué   Goethe   Homer   Poe   Shakespeare   Wieland

SHAKESPEARE *(vom Fenster kommend)* : Eine schöne Nacht; einzelne Sterne am wehenden Himmel; kühl und feucht tanzt der Wind auf den sehnsüchtigen Straßen, weithin zwischen rauschenden Gehölzen – Freunde, es hat sich gelohnt zu sterben –

CERVANTES : Alter Schäker ! Wenn nur alles so unsterblich wäre wie wir, wir werden sogar den ewigen Juden überleben, was ihn nicht wenig ärgern dürfte. – Sieh nur Homer an; der hat schon ganze Rudel von Göttern überstanden.

GOETHE : Nun, um die Griechischen war es noch schade, aber die Neueren – ich muß noch oft an die Geschichte denken, wie sie mich abholen wollten – –

CERVANTES : Mich schmerzen jetzt noch die Wangen vor Lachen, obwohl es gute hundert Jahre her sind –

WIELAND : Erzählt doch; ich glaube, Poe hat die Anekdote noch gar nicht gehört –

CERVANTES : Also denkt euch : Wir – das heißt, Homer, Shakespeare und ich – gingen Goethe entgegen –

FOUQUÉ : – Schon tagelang hatte der Himmel blau und unsäglich tief über den Wäldern gestanden; am Vorabende waren die Adler vom Wolkenstein aufgeflogen und wie Wolken nach Süden gestürmt, ihm entgegen, und alle Straßen donnerten, als ritte ich selbst darüber –

CERVANTES : Wir wußten wer kam ! – Aber als wir an der Wegkreuzung anlangten, ihr wißt : wo der Weg hinüber führt ! – da standen schon seit Stunden Schiller und Stolberg mit Kreuzen und Dante hatten sie auch noch mitgebracht.

SHAKESPEARE : Wir setzten uns auf einen Stein und genossen den schönen Tag und schwiegen lächelnd, während die drüben ständig mit Seitenblicken vom Satan und seinen Geschöpfen debattierten; und 's machte einen schönen Effekt, wie sie dabei bis zu den Knöcheln im dürren Sande standen und charmant ihre Kreuze handhabten.

CERVANTES : Wir hatten nicht lange zu warten ! Er kam; ruhevoll und unermüdet den Weg herauf und wandte, nachdem er Homer erkannt hatte, nicht einmal mehr den Kopf zu den Heiligen; wie sie auch schrien und lärmten –

SHAKESPEARE : Bis ich vor Lachen nicht mehr konnte und zu rezitieren begann : »Meine Minna geht vorüber, meine Minna kennt mich nicht[«] – und wir alle in die heiterste Laune gerieten.

GOETHE : Ja, es tat mir leid um Schiller, aber er hat es nicht anders gewollt. Auch seh' ich seine Fehler jetzt, wo ich unter euch bin – – auch die meinigen ! *(das Glas hebend)* : Auf dich, Poe ! Und dich, Fouqué, und unseren Freund Hoffmann ! Es ist noch viel gut zu machen. – Aber noch einmal auf die Kreuzfahrer zu kommen : Als ich Dante und Stolberg so hinter dem Ding lauern sah – – Armer Schiller !

HOMER : Warum nennst du ihn arm ? Alle die hier sind, sind und können mehr als er. Nur gut, daß dein Mitleid lediglich von eurer Erdbekanntschaft her datiert – sonst : als Dichter ? ! –

POE : Laß nur ! Es wird nie heißen : »Goethe war ein Zeitgenosse Schillers . . .« sondern stets : »Außer den im Vorstehenden genannten hatte noch ein gewisser Schiller die unverständliche Ehre für seinen Freund zu gelten – –« Ich gebe ihm höchstens noch 400 Jahre, dann vielleicht noch ebensoviel in den Literaturgeschichten – – aus ! !

FOUQUÉ : Laßt ihm doch die paar Jährchen – wir sitzen hier so lieblich in der strahlend weißen Runde – *(zu einem Diener)* : Bring uns noch sieben Flaschen von dem Oßmannstädter !

WIELAND : Hast du ihn solange aufgehoben ? – Noch in der Erinnerung freut es mich, wie ich ihn aufzog an der strudelnden Ilm, im sonnigen Garten und im Park mit den steinernen Vasen um die weite Brunnenschale; dort, wo jetzt mein Obelisk steht –

SHAKESPEARE : Die Stelle wird wohl nur noch Wenigen bekannt sein –

WIELAND *(lächelnd)* : Es sind noch keine zwei Jahre her, daß ich eine große gelbe Blume auf dem Steine liegend fand. Sie war am Ufer der Ilm gewachsen, und Beide drängte es, mir ihre Liebe zu zeigen. Sie hatten nichts weiter und sahen mit schon fast betrübten Augen den gelben Kelch; den holten sie vorsichtig, und pilgerten wieder zum grauen Steine zurück. Legten mit ehrfürchtigen Händen ihre kleine Gabe, die ihnen so ärmlich schien, nieder – – die Lieben ! –

GOETHE : So habe ich mich doch damals geirrt, als ich das Gitter um dein

Grab schon nach hundert Jahren eingeschmolzen sah – ob wohl ein wenig Neid mit dabei war, das hat Eckermann nicht mit überliefert – *(zu Fouqué)* : aber warum läßt du so heimlich eine Kerze nach der anderen löschen ?

FOUQUÉ : Erst auf dunklem Grunde leuchten die Farben recht – darf ich euch bitten, mir dort in den Hintergrund zu folgen ? Ich habe Sessel aufstellen lassen; nehmt Platz und schaut –

POE : Hast du wieder eine Überraschung vor ? Oder sollen wir nur – wie der Kaiser in Faust – den großen Wandteppich betrachten ?

(eine fremdartige klare Musik wird hörbar)

CERVANTES : Alle Lichter verlöschen – aber der Teppich rollt sich, schwindet zur Seite – nun sieh' einmal an ! –

HOMER : Schön – die abendliche Burg, Täler dahinter, in der Ferne rauschende Gehege –

POE : Klar verdämmernde Farben; reinste, langsam verfunkelnde Luft –

GOETHE : Aber – – das ist doch Burg Misitra; 's ist seltsam –

WIELAND : Wie hell und leer das Bergland liegt; schon steht der dünne Mond scharf und strahlend im hellgrünen Himmel über den fernen umbüschten Wiesen –

POE : Ein, zwei dunkle Häuser stehn; Mandolinenspiel im Dämmerschein – auch Schritte ? !

GOETHE : Ein Mädchen schreitet über den trockenen herbstlichen Weg, einen Krug auf dem Haupte, eine schöne straffe Gestalt –

(Ein kühler klarer Gesang ertönt) :

> Wind rüttelt mich aus junger Nacht.
> Goldmond brennt auf am nahen Turm,
> in Märchenfernen reist ein Sturm,
> zaust und zaubert.
> Ich trage Krüge weinbelaubt,
> der Wein schwatzt innen laut.
> Mond reitet an mit Söldnerstern;
> das rasche Heer verbirgt sich gern
> hoch in Wolken.
> Die weiße Wolkeninsel steht
> mit Pässen, die kein Mensch begeht
> und schroffen Silberklippen.
> Mond landet im Wacholdermeer;
> die kleine Stadt schläft hell und leer
> hoch im Bergland.
> Ich steige leicht wie Wind empor

zum Wolkenwald durch Wolkentor;
weiß nicht, wie meine Spur verlor :
ich wandre mit der Wolke.

CERVANTES : Oh, schade : ein leichter Dunst wallt empor, dichter – nun ist schon alles verwogt im luftigen Gedränge und Geschiebe –

GOETHE : Die Lichter werden wieder angezündet – ich will noch ein wenig die Augen schließen, um das Bild nicht zu verlieren! *(zu Fouqué)*: war es nicht Misitra ? So mußte es ausgesehen haben! Zumindest hast du Burgen und herrliche Bilder zu sehen gelernt; ich möchte wohl für ein Stündchen deine Augen haben. –

FOUQUÉ : Die Augen allein machens noch nicht, Goethe; man muß auch eine Art Ritter sein, um Burgen zu sehen.

HOMER : Mich hat vor allem die klare Schönheit deines Bildes erfreut. War es nicht, als sei die gewaltige Mauer des Wolkensteins durchsichtig geworden ? – Wir haben dir zu danken.

WIELAND : Ich denke mir, daß ein guter Leser so etwas sehen dürfte, wenn er den Zauberring in der Hand hat. Ich möchte wohl ein so vollkommenes Bild vom Landgut zu Ägina schauen. –

GOETHE : Ich sehe immer mehr, daß ich euch Romantiker zu wenig gewürdigt habe – aber, bedenkt, mein Leben war nur kurz! Ich muß jetzt erst alles nachholen, wovon ich mich damals, Autokrat und Heros, bewußt ausschloß. Je besser man dich kennenlernt Fouqué, umso größer erscheinst du; du und Hoffmann.

FOUQUÉ : Es hat mich damals gekränkt, als du für die Undine nur das Wort »allerliebst« fandest, und den Zauberring nicht einmal anfangen mochtest. Dein Urteil Eckermann gegenüber war verständnislos und hart, aber *(lächelnd)*: es beirrte mich nicht; ich zauberte weiter und war glücklich dabei, wenn ich auch der immer betriebsamer werdenden Zeit entschwand –

POE : Dafür gingst du in die Unsterblichkeit ein – ich wollte, ich hätte nur einen solchen Ritterroman schreiben können wie du !

FOUQUÉ : Warum betonst du das Wort Roman so – ach ja, du hast diese Form nie gebraucht, oder doch nur einmal versucht im Gordon –

POE *(ihn unterbrechend)* : Verunglückt, ich weiß –

SHAKESPEARE : Es ist doch recht nachdenklich, daß man sich als Dichter erst schwer, manchmal nie, zu der wesensgemäßen äußeren Arbeitsform durchringt.

CERVANTES : Ebenso, wie sich meist der Pöbel nicht darüber klar ist, daß jedem Stoff, von einem bestimmten Gesichtspunkte ausgesehen, nur eine Form angemessen ist.

WIELAND : Nicht nur der Pöbel ! Haben doch manche Dichter, zumal russische, auch »Gedichte in Prosa« geschrieben –

CERVANTES : russische Dichter – schwarze Schimmel !

GOETHE : Als Beispiel hierfür seien auch noch die Volksbücher zu nennen, die Prosabearbeitungen vom »hürnenen Siegfried« oder »Faust«. Wissenschaftlich mögen diese Umformungen anziehend genug sein, aber wie unzulänglich einfältig sie im künstlerischen waren, bezeugt schon die Tatsache, daß spätere Zeiten mit mehr Formgefühl die plumpe Prosafassung wieder in das zierlich lebendige Arabeskenwerk des Oktavian oder der Genoveva auflösten.

POE : Vor allem fehlte jenen unbeholfenen Büchern die Konzentration; ich möchte fast sagen : je kürzer eine Erzählung, desto schwieriger ist schon die bloße Wortwahl; von der Mühe, wie nun auf 20 oder 30 Seiten alles zu sagen, noch ganz zu schweigen.

WIELAND : Ein gefährliches Unternehmen ; immer sind die Klippen der Dürftigkeit oder des nur Anekdotenhaften nicht zu umgehen. – Man will doch als Dichter im Leser vor Allem die Gegenwart der Vorstellungen wachrufen; das erfordert eine gewisse Zeit. Man kann nun ja auch durch die Form allein Grade der Gegenwart erzwingen; am unmittelbarsten wirkt das Gespräch, selbst bei historischen Stoffen; die nächste Stufe ist das Tagebuch, dann die Briefform und dann erst folgt in weitem Abstande die fortlaufende Erzählung.

POE : Du hast durchaus recht; dabei findet nun eine ganz seltsame Durchdringung der Zeiten statt, die man einmal psychologisch untersuchen müßte. Ich denke nur an deinen Peregrinus Proteus, wo sich drei, eigentlich 4 »Zeitgefühle« im Leser mischen. Erstens die unmittelbare Gegenwart des Gespräches mit Luzian; zum anderen das Wissen, daß Peregrinus seinen Lebenslauf erzählt – erste Form der Vergangenheit; drittens das Bewußtsein, daß sich nun dieses Leben wieder, vor 1900 Jahren abspielte – zweite Vergangenheit. Hinzu kommt noch beim Leser das Gefühl der eigenen Existenz, die absolute Gegenwartsform; dann die Bildkraft der Seele, die ebenfalls mehrere Bildbereiche in einander mischt : eigene Erlebnisse, die Versuche, nach den Worten des Dichters eine Vision zu erzeugen; vielleicht noch Erinnerungen an wissenschaftliche Rekonstruktionen –

SHAKESPEARE : Du darfst das nicht so zerlegen – aber was ihr auch sagen mögt : ich bleibe dabei, daß nur meine Form, das Bühnenspiel, im Leser das Empfinden der Gegenwart erzeugen kann – wenn ihr schon darauf den Schwerpunkt legt !

WIELAND : Im Leser ? – Ah, du stutzest; du verstehst schon ? ! – Vielleicht dort, wo die Möglichkeit guter bühnenmäßiger Darstellung vorliegt! Aber wie selten ist das möglich?! – Du begreifst : Auf das Vierteldutzend erträglicher, ungetrübter Schauspiele, das ein Mensch in seinem Leben sehen kann, kommen tausende von Büchern, die er liest. Auch bezweifle ich, daß die beste Bühne die Bildkraft einer Seele erreicht, die sorgfältig auf einen Stoff ausgerichtet wurde.

POE : Auch sind die inneren Räume größer, die Gestalten beweglicher, alle Möglichkeiten umspannend – Wieland hat recht, Shakespeare; für den bloßen Leser ist das Bühnenspiel die zerhackteste und am schwierigsten zu vereinigende Form, die am wenigsten geistigen Gehalt fassen kann, die weit vom Roman und Epos übertroffen wird. – Höchstens ein lyrisches Schauspiel wie der Aladdin, oder die höchste Bildlichkeit des 2. Faust – Hm! – auch noch nicht –

HOMER : Das Epos mag dem heutigen Leser weit fremdartiger wirken als ein Roman – zu meiner Zeit war es die einzige Form, die man überhaupt kannte und wollte. Hallend und herrisch.

GOETHE : Seine Zeit wird wieder kommen; ich muß sagen, ich warte schon gespannt darauf, wenn die heutigen Deutschen im Epos endlich »ihre« Form erkennen werden – Glück zu!

CERVANTES : Ich möchte wohl wissen, was sie zu uns altmodischen Leuten sagen –

WIELAND : Das weißt du nicht? Komm her, neige dein Ohr zu mir : *(er flüstert ihm etwas zu)* –

CERVANTES *(auflachend)* : Das ist ausgezeichnet; hast du gehört, Goethe?!

(zu Wieland) : Das hättest du in die Abderiten aufnehmen sollen! – –

9. Gespräch:

VOM MASSE.

Ort :
Eine waldige, von einem Bach durchströmte Schlucht,
über die in großer Höhe die Hochstraße zum Wolkenstein führt.

Personen :
Burckhardt Hölderlin Homer Nibelung S. Taylor Coleridge

NIBELUNG : Hier war ich noch nie ! Was für Schönheiten doch unser Eilysion birgt. – Diese Brücke über dem himmelhoch klaffenden Felsenriß
– eine heroische Landschaft; solches schwebte mir vor, als ich Siegfried
ausreiten ließ. –

COLERIDGE : Und im versöhnenden Gegensatze dazu das heimliche Tal
hier unten mit seinen rauschegrünen Büschen und dem hohen weichen
Grase; der weiße Bach mit dem klaren eiskalten Sande : Homer kann
sich gar nicht von ihm trennen. – Was mag ihn bewegen, daß er ruhevoll in die springenden Wässer schaut ?

HÖLDERLIN : Ein Neues, das fühle ich. Nein, – ich weiß es.

NIBELUNG : Er ist erst seit einigen Wochen so, seitdem ihr drei –

BURCKHARDT : Ja, auch ich gedenke des Tages noch immer; es war ja das
erstemal, daß ich daran teilnehmen durfte.

COLERIDGE : Wir feierten unterdes in der Stadt das Fest der glückseligen
Inseln, wie alle zehn Jahre : wo aber weiltet ihr ?

HÖLDERLIN : Wir waren auf Leuke. – Es ging schon zur Nacht; nur aus
fernen Gärten tönte noch Saitenspiel und die duftenden Brunnen
rauschten am kühlen Beet, als uns Homer aus dem leichten Schlummer
weckte; er gebot uns zu folgen, und wir schritten schweigend durch die
stille Stadt, von wenigen gesehen zum Ufer des Stromes.

BURCKHARDT : Ein Nachen lag bereit, zwei Ruder darin, und nachdem
wir vom Lande gestoßen waren, schlugen wir das ruhevolle Wasser
mit Macht, während der hohe Greis am Bug in die steigende Nacht
spähte. Die Stunden zogen, der Morgen graute auf –

HÖLDERLIN : Kühl erwachten die rauhen Wiesen; die Wälder schwiegen,
Wild trat lautlos zum Strom und wirbelte vor uns zurück. – Die Ufer
dehnten sich weiter und weiter zu beiden Seiten, bis sie in der Glut des

jungen Vormittages an den Horizonten verzitterten. Schon hoben sich die ersten weitaufrauschenden Wogen des Ozeans um uns – da kam es! – Ein heller Punkt schien es zuerst verwehend in Mittagsglast und glühender Luft –

BURCKHARDT : Ein weißes Felsgebirge, so sahen wir, zum Teil mit überhängenden Wänden, steigt aus dem Meere auf. Scharen heller Vögel umschweben stumm die Klippen, die stillen Talschluchten und den flachen Sand. Keine menschliche Wohnung. – Lautlos, ein wallendes Feuer, sengte die Sonne im Zenith; lautlos schwang unser Kiel auf den Strand. Wir wagten nicht zu sprechen, als er sich erhob und ans Land schritt, den Krug in der Rechten, sonst einem Manne zu schwer. Den füllte er mit dem heilig nüchternen Wasser und trug ihn mühelos zu einer Felstafel, auf der eine weite flache Goldschale stand. –

HÖLDERLIN : Wir fragten nicht und sahen voll Staunen, wie er den Krug leerte, ein leichter Dunst der schier glühenden Schale entschwebte und, stets dünner und leichter, ein zartes Gewölk, in den schmetternd goldenen Himmel wogte. Aus reinstem Gefäß das reinste Opfer –

NIBELUNG : Ein Opfer ? – Für wen ? !

BURCKHARDT : Nenn ihn Apollon, wenn du willst, den Gott des Gesanges ! Oder denke, daß wir das große Gestirn ehrten, das all unsere Freude schafft, ob es am Morgen aufstrahlt, oder am Abend in feinem Wolkenschleier sinkt und noch unser ärmster Schnitter mit goldener Sichel mäht – ich weiß es selbst nicht, und es ist auch belanglos : ehrt doch jeder von uns seine Heimlichen. – Aber nie kann ich vergessen die strahlende Einsamkeit der weißen Felsen und die ewige Brandung; auf dem Sande nur die Spuren von Vogelfüßen. –

HÖLDERLIN : Erst als wir am Abend die Heimfahrt antraten, begann er zu sprechen, während wir in sinkender Dämmerung Leuke langsam aus den Blicken verloren : da hob er an von dem Neuen zu sagen, das ihm seit Jahrhunderten aus der Seele schweben wolle; wieder versuche er Großes –

COLERIDGE : Müssen wir wieder mit Göttern in die Bahn treten, – wir wollen es versuchen; denn schon unter seinen Augen zu kämpfen ist schön. – –

HOMER : Nun, sagt, was ihr spracht, dieweil mich der Wassergott neckte ? !

BURCKHARDT : Wir handelten von alten Dingen, und wie sich wohl altem Maße ein neuer Stoff fügen möge.

HOMER : Zweifelst du daran ? Denke an die Italiener, die jeden Stoff in die Form des Sonnettes zwangen.

NIBELUNG : Oder an den Hexameter, in den die Griechen verliebt waren!

HOMER : Gut; – ich nehme den Handschuh auf! Du weißt, daß jedes Wort sein Maß, jeder Satz seinen Takt hat, schon in der Prosa – aber von der wollen wir noch schweigen. Laß uns also an die schwerste dieser Fragen herangehen : An das Versmaß des Epos.

HÖLDERLIN : Und schon erhebt sich das Problem, ob man sich dem Reim, dem Gedankenzwinger, unterwerfen will oder nicht.

COLERIDGE : Du nennst ihn einen Zwang ? – So mußt du auch nie die Süßigkeit der Musik gefühlt haben; nie den melodischen Tropfenfall oder den klirrenden Schritt gelungener Reime. – Ich will noch ganz unerwähnt lassen : die leichtere Einprägsamkeit, und die größere Sorgfalt in der Wortwahl, zu welcher sich der Dichter erziehen muß. –

HOMER : Das muß er auch, wenn die Zeile nur durch das Versmaß gebändigt wird; aber meinst du nicht auch, daß unbedingt jeder Reim dem freien Lauf der Gedanken Gewalt antut ?

NIBELUNG : Ich glaube nicht so sehr, Homer ! Freilich, wenn du an das Folterbett der Terzinen denkst ! – Aber Maß und Form, die wir Dichter des Mittelalters schufen, gaben uns zum ungezwungenen Fluß der Verse auch leicht den Reim.

HÖLDERLIN : Eure Sprache war noch klangvoller, wenn auch härter als das Neuhochdeutsche. Vergiß das nie !

BURCKHARDT : Aber doch wohl nicht schöner als das Griechische – das beweist noch nichts, Nibelung.

NIBELUNG : So wollen wir es anders angehen : Nimm unsere alten deutschen Volkslieder, die auf den schönen abendlichen Marktplätzen des Mittelalters gesungen wurden oder in stillen umbüschten Tälern zum Rauschen der Mühlräder : – haben sie nicht alle den Reim ? ! Gewiß, es waren keine reinen Kunstformen; aber oft noch stehen wir heute staunend vor der unbewußten Genialität der Schöpfer, die sich, zumal in den wundersamen Gedankensprüngen, ergreifend kund gibt.

HOMER : Es sei; unsere beiden Völker mögen hier wesentlich verschieden gewesen sein. – Wir Griechen kannten und wollten den Reim nicht; dafür spannten wir über alle Dinge den weiten silbernen Bogen des Hexameters.

COLERIDGE : Es gehörte eine gebändigste Seele und eine erhabene Hand dazu, alles in diesen Rahmen zu fassen; wenn die Stille über uns kam, war sie starrer und tiefer und folgte nicht deinem mächtigen immer gleich bewegten Strome.

BURCKHARDT : Der Winter, Coleridge, – ja, ihm verdanken wir manches; er hat unserer Seele ein Gefühl mehr gegeben, als der klare Süden es

tut : der kennt nicht den frost at midnight – das bleibt dein schönstes
Gedicht neben Christabel und dem ancient mariner –

NIBELUNG : Es mag sein, daß wir schon anders im Takte der Jahreszeiten
schwingen. Drum laßt uns das kurze Maß – wir haben manches damit
vermocht.

HOMER : Aber gestehen müßt ihr mir noch, daß der Daktylos, mächtig
und recht gesprochen, alles sich bewegende schildern kann : rauschende Wälder und wogende Gräser, bis hinter dem goldenen Vorhang des Maßes noch der Ruderschlag des Odysseus verklingt, der singende Schrei der Sirenen und die stampfenden Rosse des Achilleus.

BURCKHARDT : – Still ! – Hört ihr ? –

(Ein Geräusch wird in der Ferne hörbar)

COLERIDGE : Es wogt heran – und schwillt –

HÖLDERLIN : Wie's näher kommt – und braust –

NIBELUNG : – und schmetternd hallt und donnernd wächst und saust –

BURCKHARDT : Ein Reiter fliegt über die dröhnende Hochstraße zum Wol-
kenstein – Ha, da ! Er kommt : Poe ! – Auf schwarzem stürmendem
Rappen; nicht toller fliegt die Mähne des Rosses, als ihm sein wildes
Haar um das bleiche Gesicht –

NIBELUNG *(für sich murmelnd)* : Do reit von Tronege Hagene z'aller vor-
derôst – –

COLERIDGE : Schon schwingt er um die biegenden Felsen –

NIBELUNG : Nun, Homer : finde mir hierfür das Maß !

HOMER *(ihn fest ansehend)* : Meinst du, daß Achill ein Roß nicht bändigte
wie Hagen von Tronje. – Sieh : *(er hebt einen flachen Stein vom Boden und
schreibt in den Sand)* :

```
/ – – /
/ – – / – – /
/ – – /
/ – – / – – / – – / – – /
/ – – / – – /
/ – – / – – /
/ – – /
/ – – / – – / – – / – – /
/ – – / – – /   / – – / – – /
/ – – / – – /   / – – / – – /
/ – – / – – / – – / – – /
/ – – / – – / – – / – – /
/ – – / – – / – – / – – /
```

```
/ – – /  / – – / – – /
/ – – /
/ – – / – – / – – / – – /
/ – – / – – /
/ – – / – – /
/ – – /
```

BURCKHARDT *(aufspringend)* : Wer gibt uns die Worte ?

HOMER : Die will ich euch – doch nein : dieses mögt ihr selbst versuchen – –

NIBELUNG *(heimlich zu Coleridge)* : Nun sag mir nur : waren das Daktylen ?

COLERIDGE *(ebenso)* : Doch, doch; oder – – du hast Recht ! – Seltsames Maß : nun werde ich selbst daran irre ! – Aber wundersam gelungen – – –

10. Gespräch.

EIN ZWISCHENSPIEL

Ort :
Ein mit dunkelbraunem Holze getäfelter behaglicher Raum
im »Zukkertoppen«; eine wunderliche Gesellschaft.

Personen :
Herodot   Fischart   Marco Polo   Paracelsus

HERODOT : Glaubt mir, Marco ! Die Sonne stand schon am Westhimmel –
ein klarer Tag, sage ich euch – ich habe es selbst mit meinen eigenen
Augen gesehen, und kann mich noch wohl daran erinnern ob ich gleich
erst sechs Jahre alt war.

MARCO POLO : Das mag schon gut und recht sein; aber steht es denn fest,
daß er wirklich so weit gekommen ist ? Zwar sein Bericht von den
»kleinen Leuten« . . . . .

PARACELSUS : Da habt ihr's ja ! Woher hätte er das sonst wissen sollen ?
Nein, nein; für mich ist die Sache sonnenklar und wundersam poetisch
dazu – unter uns : ich glaube fast, Homer hat sich des Stoffes bemächtigt; er hat sich erst neulich wieder so lange beim Herrn Manesse aufge-
halten und mancherlei darüber nachgeschlagen.

FISCHART *(eintretend)* : Submissester Diener ! – mit Vergunst, ihr Herren,
ist es erlaubt ?

MARCO POLO : So eine Frage : legt nur schnell eure Schaube ab und nehmt
Platz – aber naß seid ihr : ist euch die Regentrude begegnet ?

PARACELSUS : Holla, Herr Wirt ! – Ein Glas für den hochedlen Herrn ! –
Das ist ein gar fürtreffliches Werk, die Regentrude – ach, die Elemen-
targeister; was hat die Dichtung ihnen nicht schon alles zu verdanken.
Das funkelndste und schönste : Denkt nur an Hoffmann, an die
Undine; auch an den Faust. – Seht doch, wie der Wein in meinem Glase
strahlt : rötlich und rein, wie edle Steine, in denen ja auch die seltenen
Durdalen und Diämeen wohnen –

FISCHART : Recht habt ihr, Herr Paracelsus; sie sollten nur mehr die alten
Bücher über Alchemie und Kabbala studieren, die Herren Dichter;
könnten schon vom wackeren Brucker vieles lernen. Aber da laufen sie
wie dumm und blind herum, selbst wenn sie wissen, woher die Undine
auftauchte !

HERODOT : Poe wird es ihnen schon ins rechte Licht setzen ! Habt ihr seine neue Untersuchung on imagination gelesen ? – Eine Geschichte der Bildkraft der Seele, wie nur er sie schreiben konnte ! Das Vorwort ist von Burckhardt. Neben Darwins »Eisblumen« ist es die wissenschaftliche Sensation dieses Jahres im Eilysion. Das ist etwas für euch, Paracelsus; der weiß noch über Alchimisten etwas zu sagen !

MARCO POLO : Ich habe erst den Abschnitt von den »versunkenen Völkern« gelesen und den vom »Gartengott«, wovon die ‹Domain of Arnheim› und ‹Landors Cottage› ja nur abgerissene Bruchstücke waren. Es *ist* prachtvoll !

FISCHART : Und alles mit der Hand geschrieben ! – Ich weiß nicht, ich übe jetzt schon allwöchentlich an die 298 Jahre, aber das bringe ich doch nicht fertig. Er muß mit Hoffmann im Bunde stehen; der fängt jetzt auch an, seine eigenen Werke zu illustrieren. Er hat bei Piranesi den Kupferstich erlernt und zaubert jetzt jeden Abend die wunderherrlichsten Bilder. – Paracelsus, ihr dürft auch nicht nur Aquamarine und Topase machen; Herodot : füllt euch denn die Arbeit an der Chronik des Eilysions, so schön sie ist, völlig aus ? Wir müssen auch wieder einmal zeigen, daß wir etwas können. – Zwar Marco Polo hat neulich verdächtig viel Pergament beim Manesse gekauft –

MARCO POLO : Woher wißt ihr denn das schon wieder ?

FISCHART : Wohne ich nicht euch gegenüber und kann euch in die Fenster sehen; – geschnitten und rastriert ist es auch schon – ich kann es euch ja verraten : Ich bin nebenan zum Magister Johannes Kepler gegangen und habe durch den großen Refraktor geguckt ! –

PARACELSUS : Habt ihr das Instrument gesehen ? – Ich weiß nicht, er muß etwas ganz absonderlich großes vorhaben. Ständig steckt er heimlich mit Gauß, Bessel und Bremiker zusammen, und neulich kam er zu mir und bat mich, ich solle ihm doch, wenn möglich, einen Goldtopas von mindestens sechs Zentimetern Durchmesser suchen; er wolle »nur« eine Linse daraus schleifen lassen. Von Fraunhofer natürlich. – Ich habe mir sagen lassen, er hat eine Vorrichtung erfunden, womit man die Leute im Mond und Mars sehen kann !

HERODOT : Ich glaube kein Wort davon ! – Aber schön wärs schon; denkt euch nur, was für neue Stoffe für den Historiker, und für die Dichter und Maler und Darwin und – ach ! –

MARCO POLO : Das ist so echt Herodot; erst glaubt er's nicht, und dann erzählt er als Erster die prächtigsten Geschichten. Aber ich fürchte auch, es wird auf einem Mißverständnis beruhen, Paracelsus. – Freilich kommt es ganz auf die Augen an, wie Hoffmann immer sagt. Wer weiß – –

HERODOT : Da hat man's : Millione, du solltest mir keine Vorwürfe machen !

FISCHART : Das sollte auch gar kein Vorwurf sein, höchstens ein wenig Neid – nicht doch, ich scherze nur ! – Aber ich möchte auch wohl in eine Marsstadt schauen können –

PARACELSUS : Gelbe spitze Hüte sollen sie tragen und weite rote Mäntel –

MARCO POLO : Das hat euch Jules Verne eingeredet; stimmt's ? – Dacht ich's doch; seitdem Darwin die ‹Reise zum Mittelpunkt der Erde› als Lehrbuch für Paläontologie in seine Schulklasse eingeführt hat, denkt er, es werde ihm mit der Astronomie ebenso glücken; aber den Kosmotheoros wird er nicht verdrängen und die Mehrheit der Welten.

HERODOT : Gut, daß ihr die Universität erwähnt. Es sind diesen Winter wieder überaus treffliche Kollege zu hören; ich habe mich schon beim Morphy eingeschrieben.

FISCHART : Ich weiß; ‹über die skandinavische Eröffnung, für die Jugend an abschreckenden Beispielen erläutert› – Ich weiß noch nicht, ob ich hingehe, ich habe doch erst von Philidor Schachspielen gelernt. Ob ich da mitkomme ?

MARCO POLO : 140 Jahre erst ? Ts, ts – wenig ! Aber versucht es nur; es ist zu interessant. Vor 3 Jahren hatte er mit Poe einen scharfen Zusammenstoß, der dahin ging, ob man, wenn einem nur die Züge des Weißen gegeben sind, die des Schwarzen, also das ganze Spiel, finden kann. Es dauerte eine ganze Zeit, bis wir nur die ungeheuerlichen Schwierigkeiten begriffen hatten; aber Poe hat's gemacht. Sogar Morphy hat gestaunt, obwohl er natürlich besser spielt.

PARACELSUS : Ich gehe doch lieber zum Hoffmann, wenn er über die »historischen und geographischen Grundlagen des Meister Floh und des Nußknacker und Mausekönig« spricht; es ist prächtig : er ist der größte Zauberer im ganzen Eilysion. – Aber es muß schon spät sein; der Wächter geht durch die Stadt : welche Stunde ruft er ?

(er öffnet das Fenster hinter seinem Stuhle)

GESANG DES WÄCHTERS :

> Hört ihr Herrn und laßt euch sagen :
> unsre Uhr hat zehn geschlagen.
> Stehn 10 Bänd' in einer Reih,
> so ist Homeros wohl dabei
> und Hoffmann und Fouqué . . .

(er tappt weiter durch die kühle Nacht)

FISCHART *(am Fenster)* : Schön ist's draußen und sternenklar geworden, alles funkelt und flimmert. Drüben, über Hoffmanns Hause stehen die drei Mohren ganz deutlich in einer Reihe; natürlich : der zweite ! – Holla; eine Sternschnuppe fährt leuchtend über den ganzen Himmel –

HERODOT : Die Unsterblichen haben schnelle Rosse –

MARCO POLO : Ich möchte mit ihnen durch die Räume reiten –

FISCHART : Nun, nun, warum gleich so poetisch; es leuchtete und blitzte ja gewaltig, aber –

PARACELSUS : Pfui, Fischart; du müßtest wieder einmal Tieck's »Vogel-scheuche« lesen, worin auch diese Erscheinungen ausführlich und tief-sinnig abgehandelt werden. – Seht, nur bei Hoffmann brennt noch Licht; das einzige in der Runde.

HERODOT : Wie der Mondschein über dem weiten Lande silbert; lautlos klimmt der Efeu in der nahen Allee und die Nachtkräuter wiegen sich im leichten kalten Winde. – Kommt, Polo, wir wollen noch einen Gang durch die Nacht tun. –

FISCHART : Ich werde zur Ruhe gehen : Lebt wohl, ihr Herren ! Möge euch noch viel überraschen.

PARACELSUS : Lebt wohl ! – *(allein)* : Nein, noch sind alle Sinne hellwach; ich will noch einmal zu Kepler gehen, Zwiesprache mit ihm und den Sternen zu halten. – Der schöne kalte Nachtwind ! – Und dann zu mei-nen leuchtenden Steinen; ich will heute den großen Smaragd nehmen : vielleicht sehe ich die Waldleute wieder auf der sonnigen Lich-tung – – –

11. *Gespräch*

VON DER VERSÖHNUNG.

Ort :
Eine kleine umrankte Veranda
über einem abendlich verdämmernden Garten.

Personen :
Darwin   Hoffmann   Holberg   Paracelsus

HOFFMANN : Wie schön ist es, mit euch zu schweigen, ihr Freunde; in der warmen klaren Dämmerung, in welche die einzelnen Worte wie kühle schwere Tropfen fallen – und wieder Stille. –

PARACELSUS : Nur das seltsame abendliche Rauschen der dunklen Bäume und Büsche, wie Laute einer nahen unbekannten Sprache; das sanfte Rascheln der Gräser, das zierliche Tosen der klaren Pappeln : meine Waldleute, ihr ! – *(zu Holberg)* : – oder dachtest du an Potu ? –

HOLBERG : Ich dachte auch an Potu; auch an die grünen wehenden Abende in den Wäldern um Kopenhagen; – auch an den Sternentau. –

DARWIN : Wollt ihr schon wieder der dunklen Magie verfallen ? Möge euch das Schicksal des Faust eine Warnung sein ! Zwar, euch wird keine Himmelskönigin die Hand zum Gnadenkuß reichen –

PARACELSUS : Der dunklen Magie – was das für Ausdrücke sind ! Mußt du selbst in die leichten Gestalten meiner Elementargeister die grob menschliche Bewertung von gut und böse legen ?

DARWIN : Ich kenne nur wenige Elementargeister, und sie heißen bei mir : natürliche und geschlechtliche Zuchtwahl, Kampf ums Dasein, Anpassungen an Umweltverhältnisse und dergleichen mehr. –

HOLBERG : Sei froh, daß du von uns gelernt hast, über Eisblumen zu schreiben : willst du den hellen kalten Gärten und Silberblüten schon wieder untreu werden ? – Pfui, des groben Rückfalls !

DARWIN : Ja, ich habe viel gelernt; aber, vergebt mir; wenn ich *nur* von Alchemie und Kabbala reden höre; dann muß ich den Schild heben !

HOFFMANN : So fasse ihn nur fest; denn der nächste Schlag wird scharf fallen ! – Was hast du eigentlich dagegen anzuführen ? Ich will mir die Freiheit nehmen und dir einige Fragen vorlegen, die zu beantworten du immerhin versuchen magst.

293

DARWIN : Nur zu; ich bin bereit.

HOFFMANN : Weißt du denn, wieviel der schönsten poetischen Anregungen hier verborgen liegen ? Aus welchem Boden die »Pflanzensymbolik« des ‹Meister Floh› oder des ‹Klein Zaches› erwuchs ? Aus welchen verborgenen klingenden Strömen die ‹Undine› auftauchte ? – Du, als alter Geologe, müßtest doch wissen, daß die mächtigsten Ströme unter der Erde fließen. –

HOLBERG : Oder wie willst du die Werke des jüngeren Wieland verstehen; den »Don Sylvio« und die »Natur der Dinge«, oder den »Faust«. – Oder willst du das gar nicht ?

DARWIN : Ich gebe zu, daß hier viele der alten Andeutungen ausgewertet sind, vieles zitiert, auf manches angespielt wird. – Aber das würde nur heißen, daß man alle diese Bücher, die wir im Laufe unseres Gespräches der Einfachheit halber als »alchimistische« bezeichnen wollen, nur kennen sollte, um festzustellen, was die erwähnten Dichter davon gekannt und gebraucht haben. Dann würde alle Alchimie aber nur Mittel sein; Mittel zu dem Zweck, die Bücher anderer besser zu verstehen. Also niemals Zweck an sich selbst !

HOFFMANN : Und würde nicht schon dieses der Mühe lohnen ? Daß man dadurch seinen geliebten Dichtern wiederum um ein Stück näher kommt ?

HOLBERG : Ich möchte von hier aus vor allem noch auf Eins hinweisen. – Wir haben oft über die rätselhafte Lücke in der deutschen Dichtung, auch in der anderer Völker, gesprochen, die in den Jahren von 1250 bis 1750 klafft : Meinst du wirklich, Darwin, daß hier einmal ein völliges Versagen aller dichterischen Kraft vorliegt; daß in diesem ungeheuren Zeitraum kein Einziger = Einzelner, von Wort und Logos gedrängt, hohe Kunstwerke geschaffen hätte ?

DARWIN : Es erscheint unglaublich – natura non facit saltus. –

HOFFMANN : Nein, sie macht auch keinen ! Weißt du, wo die wahre poetische Leistung dieser Zeiten beschlossen liegt und noch völlig auf ihre Entdeckung harrt ? – Hier in der Welt der »alchimistischen« Bücher ! – Und nicht, wie uns alle Literaturhistoriker einreden wollen, in der Reihe von etwa Sachs, Fischart, Hoffmannswaldau, Lohenstein : – den Allen fehlte fast völlig jene tiefste utopienbildende Kraft, die selbst dem großen Goethe erst spät und langsam zuwuchs.

DARWIN : – Jene tiefste utopienbildende Kraft ? – Warum dieses hintergründige Wort ? –

PARACELSUS : Du verstehst ihn noch nicht ? – – Laß mich aber an dieser Stelle ein Anderes einfügen : Auch als kulturell bedeutsamste Epoche ist die »Alchimie« noch gar nicht recht begriffen worden, als eigentliches Ergebnis der Renaissance ! ! Hier in dieser zweiten großen ‹Gnosis›, welche die erste, die alexandrinische, an Umfang und Bedeutung weit übertrifft, wurden wieder ein mal im »Krater«, im großen goldenen Mischkruge, viele Kulturen legiert und verschmolzen : Die sogenannten »niederen« griechischen und nordischen Mythologien; diese mit den erwachenden Naturwissenschaften, dem Zeitalter der Entdekkungen; mit den philosophischen Systemen der Alten und der Scholastiker, mit den über die Mauren eindringenden Kulturen All-Orients und dem absinkenden Christentum. – Ein kulturgeschichtliches Ereignis ersten Ranges; der Beginn einer neuen Mythologie, Dichtung und Wissenschaft ! –

DARWIN : Ganz recht : der Beginn ! Ist aber nicht erst später die endliche reinliche Scheidung zwischen Dichtung und Wissenschaft eingetreten ?

HOFFMANN : Die endliche reinliche Scheidung ? ! – Oh ! – Ich bin erregt, Darwin, du kennst mich ! – Siehst du denn nicht ein, daß hier in der Alchimie endlich einmal das Größte getan, daß hier die Synthesis von Dichtung und Wissenschaft vollzogen war : Das ist die Aufgabe ! ! ! – Willst du nicht begreifen, wie erbärmlich es ist, wenn man nur Wissenschaftler *oder* Dichter sein will; wenn man nicht das Tiefste, Gelehrteste *und* Schönste zugleich sagen will ? Aber hier war es einmal, zum ersten Male im größten Maßstabe, getan !

DARWIN : Beweis ?

HOLBERG : Oho ! Du brauchst noch Beweise ? – Nun, so höre denn. Nimm Huygens : Kosmotheoros : Astronomie und Dichtung ! Nimm Whistons ‹Kometenbuch› : Geologie und Dichtung, Paracelsus' Bücher : Heilkunde und Dichtung. Den ‹Sonnenstaat› des Thomas Campanella : Staatsphilosophie und Dichtung. –

HOFFMANN : Nimm doch gleich ganze Reihen : Ramsay, Wieland, Barthélemy : Geschichte und Dichtung ! Setze zum Huygens den Kepler, Fontenelle, Flammarion und Laßwitz. Zum Whiston den Kircher, Alexander ab Alexandro und Holberg und Jules Verne. Und den mächtigen Sir Thomas Browne mit seinem Religio Medici. –

DARWIN : Das ist allerdings höchst seltsam ! – Doch nein ! – Ich will euch all dies zugeben ! Ihr habt recht. Aber war diese Zusammenfassung nicht nur bei den erst *erwachenden* Naturwissenschaften möglich ?

PARACELSUS : Du vergißt, das wir auch Geisteswissenschaften nannten, die längst in voller Ausbildung standen ! Außerdem widerlegtest du dich selbst, als du den Jules Verne als guten Inbegriff des Lehrbuches für Biologie, Geologie und Hilfswissenschaften erkanntest.

HOFFMANN : Auch das ! – Aber verstehst du nun, Darwin, warum ich vorhin sagte : jene tiefste utopienbildende Kraft ? ! Die den Niels Klim genau so hebt und trägt wie den Robin Crusoe, Klopstocks Gelehrtenrepublik und die Reise zum Mittelpunkte der Erde ! – Denn in fast allen der erwähnten Bücher ist als die einzig mögliche Form die der Utopie erkannt worden, der in sich geschlossenen, eigensten Welt. Dies ist das Höchste und Letzte, was zu sagen war ! –

PARACELSUS : – Seht doch ! – ein Glühwürmchen kommt zu uns; grünes strahlendes Licht; – und die Grillen geigen in den weiten Wiesen – alles drängt sich zu dir und will hörbar werden, Hoffmann. – Wer das Tiefste gedacht, liebt das Lebendigste –

HOLBERG : Schon treten einzelne Sterne aus der tieferen Bläue des Himmels – du sagst es, Hoffmann, Utopia, die schöne gerundete Welt, der klingende goldene Ball. – Die tiefste Kraft. –

DARWIN : Schön scheint es nun auch mir, mit euch zu schweigen, ihr Freunde; in der warmen klaren Dämmerung, in welche die einzelnen Worte wie kühle schwere Tropfen fallen. – Und wieder Stille – – – –

12. *Gespräch*

VON TOD UND LEBEN.

Ort :
Ein Platz am Stadttor.

Personen :
Poe Stifter Volk.

STIFTER : – Aber sieh doch, welch ein festliches Gedränge! – Scheint es doch,
als wolle sich heute unser ganzes altes Städtchen hier versammeln. –
POE : So ist es auch.
STIFTER : Noch wimmelt alles auf dem weiten Platz durcheinander. Fröhliches Stimmengewirr und das glockige helle Lachen der weißgeklei-
deten Mädchen. – Da ! – Es scheint sich langsam zu ordnen – die
Menge weicht zurück – eine weite Gasse wird frei, mit dem Silbersaum
der Jungfrauen, die Rosenketten in den Händen halten. – Tragen sie
nicht Kränze aus edlem Laube ? – – Eine Hochzeit ? ? –
POE *(seltsam lächelnd)* : – Eine Hochzeit ! –
STIFTER : Nein, sage doch : was ist das ? ! – Noch nie sah ich Solches, ob ich
gleich mehr als ein Jahrhundert unter Euch weilte. –
POE : Das mag wohl sein ! – *(Langsam)*: Ich selbst *sehe* es nun so zum
ersten Male, – obwohl ich es zum zweiten Male *erlebe* –
STIFTER : Wie ? – Was meinst du damit ? ! – Was funkelt in deinem Auge ? –
POE : Keine Träne, du Ungläubiger – : das silberne Dach des Wolken-
steins, auf dem die frische Morgensonne tanzt ! – Junger Wind springt
auf den getäfelten Wiesen. – Du wolltest wissen was geschieht, Stif-
ter ? – : Das Eilysion erwartet heut einen neuen Bürger, – genauer : eine
Bürgerin ! –
STIFTER : Sieh doch; am Ende des freien Raumes, allein in der Mitte der
Gasse, lehnt ein Mann am Brunnen – auch er im weißen fließenden
Kleide : – ach, nun begreife ich ! Er wartet. ? !
POE : Unbeweglich steht er vor den schäumend aufsteigenden Wasser-
schleiern; nur seine Hände umkrampfen den Rand der steinernen
Schale hinter ihm.
STIFTER : Eine hohe, schlanke Gestalt. – Wie die Augen brennen in dem
verschlossenen Gesicht.

297

POE : Ich kenne ihn wohl ! – *(leise für sich)*: – Nur Geduld, du – Bruder !
Bald öffnet sich das Tor –

STIFTER : Vergib, wenn ich weiter frage – – *(er verstummt)*

POE : Komm, stelle dich zu mir auf diese erhöhte schwarze Steintafel. – –
In kurzer Zeit wird er seine Frau wieder in die Arme schließen dürfen –
seltenstes Glück ! Nach manchem Jahr. Sie hielt ihm und dem Eilysion
die Treue. –

STIFTER : Nach manchem Jahr ? – Hätte sie ihm nicht gleich freiwillig folgen können ?

POE : Freund, man *fliegt* nicht ins Eilysion ! – Erst wenn du deinen Pflichtenkreis prüfend umschritten hast ‹kann ich noch dem Eilysion im
Erdenleben nützen ?›, sei es durch Verbreitung der Dichter, sei es durch
eigene Arbeiten, sei es um einer seelenverkrüppelnden Schmach oder
geistestrübendem Schmerz zu entkommen – und dein Gewissen gibt
dich frei ! – : dann magst du gehen !

STIFTER : Du hast recht wie immer – vergib mir meine gedankenlose
Frage – ich selbst warf ja das alte drückende Kleid – und spät ! – ab. – –
Gehen die Leser den gleichen Weg zum Eilysion, wie wir ?

POE : Der Weg ? – Was für Erinnerungen rufst du wach ? – Jetzt ! ?

STIFTER : Schon oft wollte ich dich bitten, mir zu erzählen, wie du hierher-
gelangtest – ich weiß nicht, was mich jetzt kühn macht –

POE : Vielleicht ist es so, daß du in diesem Augenblick die Überwindung
und Verklärung der düsteren Vergangenheit siehst : – machte dich *dies*
mutig ? – Aber es sei. –

(nach einer Pause) :

– Du weißt, daß ich seit acht Stunden mit fiebrigen Augen auf der lär-
menden regenglitzernden Straße gelegen hatte, als man mich aufhob
und in ein ärmliches Spital brachte; das Letzte, was ich mit eisiger Klarheit erblickte, war das schmutzige gelbe Eisengitter am Fußende des
dürftigen Bettes, und ein gleichmütig verhärtetes Gesicht im grellen
Lampenstrahl. – Dann war es schon, als wischten viele farbige Hände
alles Licht aus; noch einmal schlug mein Kopf auf die harte Streu. Dann
versank ich. –

Vieles bewegte sich um mich, aber ich begriff es nicht mehr mit Wissen;
Steinzauber war in mich getan. Denn wie der Stein nur noch die tiefste,
allgemeinste Stufe des Geistes, die Schwerkraft, besitzt, der er folgt und
die er ausübt, so empfand ich Strömungen im Gravitationsfelde meines
Körpers; ich maß die Zeit an den Kreisen der fernsten Sterne, die an mir
zerrten, und die auch ich aus ihren Bahnen zog. So lag ich wirkend im
Raum, und gab meinen Leib den Elementen. –

Auch an meinem Geist rissen düstere Bande; denn wie alle Quellen der Erde aus den zusammenhängenden Grundwässern der Berge rieseln, in welches sie beim Austrocknen wieder zurückgenommen werden, so sollte auch ich zurück ins Überindividuelle – nenne es Gesamtbewußtsein oder Summe des Gattungsgedächtnisses; – aber ich war zu mächtig gewesen ! Ein schäumender Strom riß ich mich aus dem gestaltlosen Urweltmeer : – ich war frei und drang aus der Endlichkeit düsterer Kreisläufe in die Unendlichkeit des Gestalteten. Ewig, und den Zurückbleibenden zum goldenen geformten Bilde, zur »Idee« geworden. –

Als ich wieder die Augen aufschlug, befand ich mich auf einer weiten öden Straße, an derem Rande blattlose graue Bäumchen ihre dünnen Zweige reckten. Ein herbstlicher kalter Wind fuhr über die trüben Heiden, die sich bis an den Gesichtskreis dehnten. Ich schritt finster in meinen Mantel geschlagen, als ich merkte, daß ich nicht allein war. Eine schattenhafte unübersehbare Menge drängte sich schweigend und getrieben dem Horizonte zu, mit verschwimmenden Gesichtern, als zöge ein Nebelstreifen um mich und mit mir.

Mich ekelte des schlaffen mutlosen Dahinströmens; ich sprang, meine Nachbarn beiseite drängend, auf den Straßenrain, und schaute noch einmal mit abwehrendem Staunen auf den verdämmernden Zug. Wohl schnob der Wind hier lauter und kälter, und mein schwarzer Mantel bäumte sich schlagend um mich; aber ich war allein und frei. Ich wandte den Verwehenden den Rücken, und schritt, den breiten Hut in die Stirn drückend, seitwärts über die abendliche Heide, über die schwere graue Wolken zogen. Regen peitschte mich nadelfein, am Morgen hing dünnes Eis an den fahlen Kräutern, frierend zitterten die blassen Frühwolken im Osten, am Abend stierte ein bleicher Mond aus Nebelwänden.

Am Morgen des zehnten Tages begann die Heide einem finsteren Walde zu weichen. Harte Tannen drangen in Reihen aus dem wilden Forst, unwegsames Gehügel sperrte den Pfad. Aber zuweilen sickerte ein Wasserfaden durch das wintrige Moos – schwermütig und herb waren die Nächte im Tann. Und ich wanderte allein und frei; wohl klirrte der Regen zuweilen um die knarrenden Wipfel, aber im knisternden Nadelbett ruhte sich's warm und seltsam.

Hochland tat sich auf. Felsblöcke schrofften an steilen Gründen, schon hing Schnee im Geklüft, wohl war Windzeit, Wolfszeit.

Oft saß ich am spärlichen Feuer, aus seltenem trocknem Gesträuch entfacht, und schaute stumm in die winzigen knisternden Flammen. Oft hatte ich so als Kind an den Gestaden des glühenden Bildermeeres gesessen; oft hatte ich in der Schule am ernsten Gesichte des Lehrers vorbei in die webende Glut gestarrt, bis der Wind stiebenden Schnee an die Fenster warf, und mich aus tiefen Träumen rüttelte.

So war ich lange im düsteren Hochland gewandert, als eines Morgens sieghaft die Sonne hervorbrach, und goldene Zackenpfeile über mich schoß.

Warm wogte Wind, lind lief die Luft, und an einem der letzten schönen Herbstabende schritt ich in die tiefen leicht steigenden Lichtungen eines weiten Laubwaldes hinein. Vögel hüpften tappend auf den Zweigen, blitzende Bäche eilten der hinter mir liegenden Wildnis zu, und in den klaren Nächten stand der schimmernde Mond über den wiegenden Wäldern.

Und in einer Nacht geschah es mir, daß ich, noch ein wenig mit den marmornen Wolkeninseln wandernd, wie gebannt stehen blieb.

In einem stillen umbüschten Talgrund, von Eschen und Ulmen umflüstert, trat aus den Tiefen der Wälder eine Schar heiliger weißer Hengste, ein stummes Bild unschuldiger Schönheit; lange sah ich ihren kraftvollen Spielen zu, bis mich selige Müdigkeit überwältigte.

Nur wenige Tage der Wanderung noch – nun war der Winter doch eingebrochen – und ich überschritt den höchsten Kamm des Gebirges. Da sah ich drüben, silbern im silbernen Schnee, einen stürzenden Abgrund zwischen uns, den Wolkenstein ragen, und hörte den Ruf des Wächters. –

Nicht ist mehr zu sagen ! –

STIFTER *(aufatmend)* : Wir fanden den Weg; aber müssen ihn auch diese gehn ? –

POE : Welcher Pfad es auch sei, an nebligen Abgründen oder durch die Pfadlosigkeit vergrauender Wälder : Freund, ich sagte es schon : keiner *fliegt* ins Eilision. – Nur fehlt ihnen der Weg durch den Wolkenstein; wenn sie der Stadt genaht sind, nimmt sie ein lichtes Gehölz auf mit murmelnden Bächen und kühlen Büschen im Abendwind. Hier empfangen sie von unseren Mädchen oder Jünglingen den hochzeitlichen Schmuck, das weiße Gewand und die – – Still ! ! – Es beginnt ! –

(Ein feierlicher klarer Gesang von Mädchenstimmen ertönt.)

STIFTER *(zitternd)* : – Das Tor öffnet sich langsam – eine weiße Gestalt tritt lieblich und scheu herein – nun heben die Mädchen singend die Rosenranken über das Haupt – was trägt sie so sorglich an die Brust gepreßt : ein Kästchen ? –

POE *(flüsternd)* : Wer weiß, was sie kindlich und treu an Winzigem hütete.

– Still –

(Lautlose Stille tritt ein.)

STIFTER : Da ! – Ein markerschütternder Schrei vom Brunnen ! – : Du !! –

(Die Menge beugt das Knie und senkt ehrfürchtig das Haupt.)

POE *(sich neigend)* : Tue desgleichen. – – Nun halten sie sich wohl in den Armen : das Glück ! – das Glück !! – Laß uns, wie die Anderen, stumm und abgewandten Gesichtes davongehen.

STIFTER : Ja. – – ja ! – Aber sollten sie nicht sehen, daß wir teilnehmen an ihrer Freude – ?

Was lachst du : hallend und selig ? ! –

POE : Freund : Glück weht über das Eilysion ! – Nun kreisen wohl tage-lang Fackeltanz und liebliche Feste, vom tauigen Morgen bis zur mon-digen Mitternacht ! – Wie sollte ich nicht lachen : hallend und selig. – Ewig blüht unser Reich ! ! –

DER JUNGE HERR SIEBOLD

*Eine Erzählung
aus der alten
Zeit*

Als die Flüssigkeit über der Flamme, von unerbittlicher Hitze geschüttelt, zu klirren begann, nahm er mit ruhiger Hand das bauchige Glas herunter, und goß den Inhalt in einen großen Kolben, in welchem sich das erregte Element rasch beruhigte, und wie ein riesiger Smaragd mit seinem Scheine die ganze Zimmerecke erhellte.

Oleum veneris – frischer kühler Morgen war in dem waldigen Licht, goldgrüne Farne auf der Lichtung, tauiges feines Gras stand wie winzige Riesenkiefern.

Er nickte bedächtig und ging zum kleinen, baldachinüberragten Schreibpult zurück, griff mechanisch nach dem Paracelsus und begann nach kurzem Blättern noch einmal die Anweisung Wort für Wort zu prüfen. Lächelnd sah er dabei auf die Wand neben der Tür, wo die grosse Weltkarte des Ortelius hing; seltsam war der Mensch, wenn er ein Wissenschaftler wurde. Aber war es nicht das Ziel, Wissenschaft und Poesie zu verbinden? Das ‹Theorein› der Alten, bezeichnete es nicht nur die Tätigkeit der uferlosen göttlichen Phantasie? Denn wie das Meer noch die entferntesten Inseln miteinander verbindet – ob die eine auch unter sengender Sonne liegen mag mit überhängenden steilen Felswänden, und die andere im starrenden Nebel und unwegbarem Eis – so sind auch im Gedankenmeere alle Dinge einander heimlich nahe.

‹Agressi sunt mare tenebrarum, quid in eo esset exploraturi› fiel es ihm ein, und da noch dazu draußen die Abendglocke von St. Peter zu hallen begann, runzelte er leicht die Stirn und wandte sich wieder dem Text zu. »Aziabel ist ein Fürst der Gewässer und unterirdischen Schätze; er erscheint gewöhnlich mit einer Perlenkrone auf dem Haupte, und kann reiches Wissen mitteilen . . . .« Er lauschte und sann; dann schüttelte er leicht den Kopf; so einfach war es wohl nicht, wie der gute Paracelsus im fernen Kolmar sich das gedacht hatte. Über sich selbst lächelnd, sprach er den Namen des Geistes rufend aus, und neigte ironisch horchend den Kopf.

Aus der Stube nebenan hörte er, wie seine junge Frau hantierte und seine Augen wurden glücklich; leise klangen die Zinnteller, leise gongte der große Kupferkessel dazwischen.

Er drückte das Fenster neben sich auf, und ließ die warme Juniluft herein, in der Lindenblütenduft und das Nicken stattlicher Kastanienkerzen war. Über den abendlich gelben Platz kam Gelächter und das Gesumse spielender Kinder; schon stahlen sich die ersten Lichtschimmer aus den nahen Häusern und die Dächer verdämmerten in zartester Buntheit. Das ferne Gebirge lag waldüberlaufen mit seinen ernsten Schluchten und silbernen Wasserstürzen in großen, schon undeutlichen Massen da.

Er lehnte die Arme auf das tiefe Fensterbrett und ließ die dämmrige klare Luft um sein Gesicht fließen. Überall vor den Haustüren und am rauschenden Brunnen standen in Gruppen die Bürger und Mädchen, und plauderten in den schönen Abend hinein. So heimlich und still war es hier.

Er schrak vor einem Klopfen an der Tür zusammen, und wandte, unwillig über die alte Schwäche, den Kopf. »Tretet ein« sagte er nach kurzem Schweigen, und begann erst freudiger zu blicken, als mit gemessener Verbeugung der Kaufherr Johannes Leubelfing ins Zimmer trat. Jahrelange Freundschaft hielt beide fest zusammen und mancher Abend, mit denkwürdigen Disputationen, hatte sie einander fast unentbehrlich gemacht. Fernste Wissenschaften und Künste trieben beide mit scharfem Geiste, und im königlichen Schachzabelspiel hielt ihnen keiner stand.

Er erhob sich und trat mit ausgestreckter Hand auf den kleinen zierlichen Herrn in der dunkelgrauen Samtschaube zu, als er bemerkte, daß noch ein zweiter Gast mit hereingekommen war.

»Entschuldige doch bitte, Friedrich« sagte schuldbewußt der Kleine, : »ich habe noch jemanden mitgebracht – Herr Siebold, der Plinius und Platon unserer Stadt – Herr van der Meer, mir zur Abwicklung wichtiger Geschäfte von Utrecht zugesandt –« stellte er Friedrich den Fremden vor, und fügte beschwörend hinzu : »Herr van der Meer ist ein gar weit gereister Mann, der Zipangu und das Südmeer mit eigenen Augen sah, und herrliche Dinge mitgebracht hat. Du wirst noch mehr Freude daran haben, als ich, Friedrich. Ich wollte nicht eher gewisse geographische Einzelheiten weiter verfolgen, ehe ich nicht Dein Urteil vernommen hätte !« Und, zu dem Fremden gewandt, setzte er entschuldigend hinzu : »Mein Freund ist gar sonderlich und stets bedeutend allein; aber ich hoffe, dass seine profunden Kenntnisse ihnen mehr als einen nur genußvollen Abend verschaffen werden. Vielleicht können wir gemeinsam einige Kuriosa erörtern, und ihre Sammlungen dabei mustern ?«

Der Fremde verneigte sich höflich und sagte mit klangvoller Stimme : »Ich wüßte nicht, was einen weisen Mann besser zierte als Zurückhaltung; nur Wertloses ist jedem zugänglich.«

Friedrich rückte jedem einen Stuhl zurecht, und alle drei setzten sich

schweigend nieder, wobei er verstohlen aber eindringlich den Fremden
musterte. Dieser war von ungewöhnlich hoher und schlanker Gestalt,
sodaß er selbst Friedrich zu überragen schien; aber sie mochten von gleicher Größe sein, nur daß der Fremde nicht den mächtigen Schulterbau
und die breite Brust des sonst gleichfalls sehnigen und schlanken Gelehrten aufwies. Er war ganz in schwarzen gerissenen Samt gekleidet; seinen
Hals umgab eine breite, wie aus feinstem Silberdraht geflochtene,
gesteifte Krause, deren zierliche gefiederte Falten wie zarter Wasser-
schaum um sein langes, schmales, von fernster Sonne vergilbtes Gesicht
wogten. An seinem breitrandigen, gleichfalls schwarzen Holländerhut
trug er eine goldene Agraffe mit einer ungewöhnlich großen weißblau
schimmernden Perle. Die Schuhe waren nach der Sitte der Zeit in langen
Schnäbeln nach oben gebogen, aber diese von mäßiger Größe, und ohne
den kindischen Schmuck eines Glöckchens oder klirrenden Stäbchens,
wie es die jungen Gecken der Stadt trugen. Sein Alter entzog sich der
genauen Schätzung, doch mochte er wohl an die 40 Jahre zählen.

Der Fremde unterbrach zuerst das Schweigen und sagte, indem er
sich höflich mit freier ernster Ehrerbietung umschaute: »Herr Leubelfing
hatte die Güte, mir von der fürtrefflichen Bibliothek des Herrn zu erzählen, und es scheint mir, daß er nicht übertrieben hat. Selbst die mappa
mundi des grossen Ortelius überrascht mich; es ist eines der seltenen
Exemplare, von seiner eigenen Hand koloriert – ?«

»Der Herr haben scharfe Augen« erwiderte Friedrich anerkennend, :
»ich empfing sie von ihm selbst, da ich ihm die Längen von Java minor
und major berechnen half oder besser erraten; denn leider mangelt es
noch sehr an auch nur annähernd genauen Messungen in jenen Weltorten.
Und des Ortelius Hauptfehler war es, daß er zu wenig die Schriften der
Alten befragte, ein Verfahren, über das wir uns einmal fast ernsthaft ent-
zweit hätten. Pomponius Mela und Kosmas der Indikopleustes und
Herodot sind auch heute noch wahre Fundgruben – doch das führt uns
wohl zu weit –« brach er einlenkend ab, und fügte fragend hinzu : »Ihr
habt selbst jene fernen Landstriche schauen dürfen ? !«

Hier griff Leubelfing ein, der unruhig auf seinem Stuhle hin- und
hergerückt war : »Friedrich« sagte er voller Wärme, der man die Freude
anmerkte, seinem Freunde und sich selbst solch einzigartige Gelegenheit
verschafft zu haben : »Friedrich, Herr van der Meer hat viele Jahre lang die
Weltmeere befahren, und wird uns gern einige Auskünfte erteilen. Aber
sieh doch erst einmal an, was er dir mitgebracht hat. – bitte !« wandte er
sich zu dem artig zuhörenden Fremden, der ernsthaft nickte, und zwei
Gegenstände aus der Tasche holte, die er Friedrich mit einigen freund-

lichen Worten als Geschenk anzunehmen bat, und auf dessen erstauntes und abweisendes Gesicht hin bittend hinzufügte : »Ich werde nicht ärmer dadurch, Herr Siebold, und außerdem habe ich die Gewähr, daß in dieser Umgebung –« wieder ließ er seine Augen langsam durch den Raum wandern – »der beste Gebrauch davon gemacht wird. Ich, als einfacher Laie, freue mich, wenn meine Sammlungen der Wissenschaft nützen, und vielleicht neue Kenntnisse verbreiten helfen.«

»Ich weiß doch nicht –« begann Friedrich erstaunt, und wie es schien peinlich überrascht, aber schon hatte Freund Leubelfing die schützenden Hüllen aus fremdartigem gelbem Papier entfernt und legte die Gegenstände mit der Zärtlichkeit des Sammlers auf das Schreibpult. Es war eine große seltsame Nuß mit krauser Rinde, und ein Buch in weiße Seide gebunden mit darauf getuschten Charakteren, die jedem der Beiden unbekannt waren.

Jan van der Meer ergriff als erster das Wort und begann erklärend : »Dies ist eine Meernuß – Sie wissen ? !–« wandte er sich zu Friedrich, und fügte lächelnd hinzu : »ein Kuriosum von reinem Liebhaberwert. – Das Andere ist ein Stück Weisheit der östlichen Welt : des Sinesers Liä-Dsi Buch von den guten und bösen Träumen.« Und während Friedrich das Blockbuch aufzuschlagen begann, fuhr er mit gleichgültiger Stimme fort : »Es ist dem sinesischen Text eine italienische Übersetzung von alter Hand hinzugefügt, von sehr alter Hand – es ist aus dem Besitze der Familie Poli in Venezia.«

Friedrich riß den Kopf herum und starrte ihn an, der seine langen gepflegten Fingernägel betrachtete und leidenschaftslos nickte : »Ich weiß, was Sie denken, Herr Siebold – ja. Es muß von der eigenen Hand des großen Marco Polo selbst sein. Denn weder sein Vater Niccoló, noch Maffeo der Oheim, hatten ein anderes als nur geschäftliches Interesse am östlichen Blütenlande.«

Leubelfing nickte eifrig und beglückt und bat : »Friedrich, Du kennst doch die Sprache von Italia : was ist eigentlich an dem Inhalt ? – ‹Weisheit› sagte Herr van der Meer : da bin ich begierig, ob man dort an unseren Platon oder Aristoteles oder Campanella herankommt –«

Auch Friedrich hatte nun seine volle Beherrschung wiedergewonnen und versuchte überlegen und ungläubig zu lächeln, indem er wie leichthin sagte : »Wenn es nur keine Fälschung ist, Herr van der Meer – und Weisheit ? –« Er wiegte zweifelnd den Kopf während er seine Augen bereits über den italienischen Text gleiten ließ.

Die Dämmerung war schon hereingebrochen und die Laternen schienen warm auf die Gassen hinab; die fernen Gärten erfüllten sich mit

Stimmen und schwirrendem Saitenspiel. Auf den Straßen selbst war es still geworden, und das Zimmer lag im tiefen Abendgrau mit weichen guten Schatten. Nur in der Ecke glomm ein grünes klares Licht – oleum veneris – glatt lag die Sonne über dem grünen Meer, schnalzend sprang ein Fisch auf, und zur Linken dehnte sich die mit zierlichen Häusern und geschwungenen roten Lackbrücken geschmückte Küste von Kathai. –

Friedrich zog die Brauen zusammen und wurde kalt und klar; raschelnd fuhr seine Hand über die kühle Seide des Einbandes mit den knorrigen schwarzen Zeichen. Fernster Zauber wollte von dem Buche ausgehen; da kam aus der Dämmerung tief und klangvoll die Stimme des Fremden : »Östliche Weisheit – so sagte ich –« und wurde spöttisch und biegsam wie ein Florett : »Hat die westliche Weisheit Furcht – ?« »Nein,« erwiderte Friedrich hart, als spräche er mit jemandem außerhalb des Zimmers, »aber ich dachte an die Magie der Dinge; wie dieses Buch eine Brücke –« er brach ab und sagte ruhig und geschäftsmäßig : »Wir wollen prüfen; ich lese einen beliebigen Abschnitt –« Er übersetzte nach kurzer Pause langsam, aber ohne Schwierigkeiten :

‹Liä-Dsi träumte an einem bunten Abend, als der Mond auf der Spitze des Berges Wang-schan schwebte, daß er eine der Chrysanthemen vor seinem Fenster sei; eine gelbe nickende Chrysantheme, die wuchs und blühte und glücklich war und nichts wußte von Liä-Dsi, stundenlang. Als er aber erwachte, siehe, da war er wieder Liä-Dsi und noch immer schwebte der Mond auf der Spitze des Berges Wang-schan.

Nun weiß ich nicht, ob Liä-Dsi geträumt hat, daß er eine Chrysantheme sei, oder ob die Chrysantheme geträumt hat, daß sie Liä-Dsi sei, oder ob beide nur gaukelnde Schatten waren im bunten Abend –›

Die Stille rauschte im Zimmer; in träumenden Gärten quoll kühler Flieder. Man konnte die Schuhe ausziehen und mit den bloßen Füßen durch tauige Wiesen gehen, weit in die kühle Nacht hinein, an umbüschten Bächen entlang, derem Lauf silbrige Nebel folgten; Eichkätzchen flogen wie schimmernde Schatten über den Weg; es war wie im Traum.

Leubelfing unterbrach als erster das Schweigen, mit gepresster Stimme, die erst nach manchem Worte freier wurde : »Nun, Herr van der Meer, Sie sehen uns überrascht; seltsam –« und mit dem Versuch eines Scherzes : »birgt auch die Meernuß dergleichen Philosophien? – Aber es ist erstaunlich; was sagst Du, Friedrich ?!«

Doch ehe jener noch antworten konnte, hatte sich Jan van der Meer

bereits erhoben und sprach gewandt und glatt : »Ich denke, Herr Leubelfing, wir lassen unseren werten Gastgeber für heute allein; ich kenne
wohl auch noch die Lust, eifrigen Herzens Neues zu entdecken. Schon
kommt die Nacht, und der Brunnen am Markt rauscht schier vernehmlich zu uns herauf – ich hoffe jedoch bald wieder die Ehre zu haben; denn
viel könnte ich berichten, auch von der mappa mundi –«

Er trat, sich höflich verneigend, mit Leubelfing an das Fenster, an
welchem Friedrich lehnte, und stand im Begriffe, ihm die Hand zum
Abschied zu bieten, als Leubelfing plötzlich einen erstaunten Ausruf
hören ließ : »Sehen Sie doch, Herr – – sieh doch, Friedrich – !« Er wies
mit der Hand nach Westen, dorthin, wo die Ebene sich erstreckte. Am
Horizont lag an einer Stelle ein trüber rötlicher Schein, dumpf und
bedrückend wie geronnenes Blut. Auch die beiden Anderen neigten sich
aus dem Fenster. »Feuer !« sagte Jan van der Meer kurz, und sog prüfend
die Luft ein, während seine Augen scharf auf das Lichthäufchen spähten,
»wohl fünf Meilen weit –« und fragend zu Friedrich : »Was ist das ? Ist
Krieg im Lande ? Oder – ? !«

»Krieg wohl eben nicht, « entgegnete Friedrich finster »aber es sollen
sich seit einigen Monden Geißlerhorden im Lande herumtreiben, besesse-
nes Pack, die Alles, was sich ihnen nicht anschließt, oder den irren Reigen
mittanzt, vernichten wollen. « Er ballte die Faust, und seine Gestalt reckte
sich, bis sie fast den oberen Rand des Fensters erreichte : »Christengesin-
del« murmelte er vor sich hin, »wann wird der Fluch von der Erde weichen ? !«

»Oh !« machte der Fremde aufmerksam und überrascht, »– sed a
gentilitate non differentum ! –« »Ich habe große Lust, « fuhr er dann, auf
die Butzenscheiben trommelnd, fort, »hier zu bleiben; und im gegebenen
Falle – wenn sie kommen, werdet Ihr wohl jede Faust brauchen können,
Ihr Herren ? –« wandte er sich in fragendem Ton an Leubelfing, der ernst
und dankend bejahte. Auch Friedrich drückte ihm die Hand : »Ihr tut ein
gutes Werk, Herr. « sagte er; und fügte, indem er wohlgefällig die hohe
Gestalt seines Gegenübers musterte, hinzu : »Wir wissen ja, für was wir
kämpfen, und werden den Mordbrennern schon das Handwerk legen ! –«

»Feuer kann man löschen !« lachte es noch von der Türe her; dann
verklangen die Schritte. Er hörte sie die knarrenden Stiegen hinunterpoltern; die Haustür schwang auf, und noch einmal hallten die Tritte der Beiden auf dem holprigen Pflaster.

Friedrich schloß das Fenster und entzündete langsam das Öllämpchen an der Wand, ein halb scheuer Blick streifte den leichten weißen Sei-
denband auf dem dunklen Eichenholz.

Er nahm den Folianten, in dem er zuvor gelesen hatte, vom Studierpult, und schritt mit ihm auf das schwere Wandregal zu, um ihn an den gehörigen Ort zu stellen. Als er das Buch zuklappte, fiel sein Auge noch einmal flüchtig auf die aufgeschlagene Stelle . . . ‹er erscheint gewöhnlich mit einer Perlenkrone auf dem Haupte . . . . .›, aber schon wandte er den Blick begehrlich zu dem Buche auf seinem Platz. Er warf den Kopf in den Nacken und strich sich mit leuchtenden Augen über das Haar.

Dann ging er raschen Schrittes zur Tür, öffnete, und rief mit unsäglich heiterer Stimme : »Puck – ? !«

Ein leichter Schritt kam den Flur entlang; ein vom Kochen erhitztes Gesichtchen glühte über der weißen, hausmütterlichen Schürze : die junge Frau flog in seine Arme : »Friedrich ! –« sagte sie glücklich; dann öffnete sie einladend und mit lieber Wichtigkeit die Tür des Nebenzimmers, wo auf einem weißgedeckten Tische mit grauem schönen Zinngerät darauf, die Abendmahlzeit wartete.

2.)

Der folgende Tag war gleich schön und trocken gewesen, wie der vorhergehende. Am Morgen wölbte sich ein tiefer Himmel über dem lachenden Land; das Flüßchen lief blau und blank heran auf seinen Silberfüßen. Gegen Mittag standen die schweren weißen Wolkenberge schier regungslos über den kaum wogenden Kornfeldern der Ebene, und aus den weiten wirren Bergwäldern stieg in großer Ferne ein feiner Rauchfaden senkrecht in die flimmernde Luft. Ein Köhler oder ein Jäger mochte irgendwo unter den luftigen schattigen Gewölben sein Mittagsmahl halten. Am Nachmittag hatte ein leichter Wind die Wolken fortgeschoben, und der unerschütterliche Äther stand wieder glänzend und rein über der Stadt; nur an den Bergkämmen hingen noch weiße krause Wölkchen, wie Schaum vom gelinden Wogenschlage des Luftmeeres.

Friedrich stand an seinem Arbeitsplatz im Kontor des Hauses Leubelfing und schrieb sorgsam und gemessen den letzten Brief des heutigen Tages an den Einkäufer in Frankreich . . . . . . ‹flandrisches Tuch, und roter burgundischer Samt, mindestens zweihundert Ellen› . . . schrieb er, und griff mit mechanisch spielenden Fingern zum Sandfaß, wobei er sich ertappte, daß er darüber nachdachte, warum er es zur Hand genommen hatte, und die Lösung darin fand, daß die Sonne begann, auf einer der Ecken zu glitzern und so ‹unwillkürlich› die Hand zu sich hinzog. ‹Freiheit des Willens !› dachte er lächelnd, und sah zum Fenster hinaus, an dem eben die beiden Brüder Koppe, Glasschleifer und Seiler, eilig vorbeigingen. – Sollte die Ratssitzung doch stattfinden ?

Aber ehe er noch den Gedanken ganz zu Ende gebracht hatte, trat Klaus Jensen, der Fuhrmann, mit dem schweren, immer noch seemännisch wiegenden Schritt zu ihm, und fragte ihn in seiner geraden unbeholfenen Manier, ob er heut abend noch nach der sechs Tagereisen entfernten Stadt fahren sollte, um den grünen Samt und die gesponnene Seide abzuliefern; denn, setzte er hinzu, sich bedenklich den schweren Kopf kratzend : »Wenn die verrückten Geißler noch die Straßen unsicher machen, dann heißt es wohl manchmal ‹Ruder hart Backbord› und hinein in den Wald, wenn sie mich freilich nicht schon eher erwischt haben !« Friedrich, der den Alten gut leiden mochte, und sich oft von ihm seine düsteren wilden Seefahrergeschichten erzählen ließ – ein alter Walfänger, der auch mit dem großen Willem Barents gefahren war –, sah ihm nachdenklich in das breite faltige Gesicht, in das Meerwind und Salzwasser tausend kleine Fältchen gegraben hatte, und erwiderte bedächtig : »Ich rate Euch, Jensen, verzieht noch einen Tag oder zwei. Bis dahin ist entweder Alles wieder ruhig oder aber wir werden hier eure Handspake brauchen können, wenn sie die Stadt angreifen sollten. «

Der Alte lachte lautlos, bis ihm die dicken Messingringe in den Ohren tanzten und eine Strähne des noch vollen weißen Haares über der Stirn schwankte; aber es war kein gutes Lachen, es mochten wohl alte Erinnerungen an manche Meuterei auf Deck in ihm auftauchen. »Oh ja, Herr –« hub er an, aber er konnte den Satz nicht vollenden; denn im Hausflure wurden Stimmen laut, und durch die schwere schön geschnitzte Eichentür traten in eifrigem Gespräch Herr Leubelfing und Jan van der Meer.

Leubelfing hatte die Hände auf den Rücken gelegt – ein Zeichen, daß er erregt war – und sprach hastig auf den Fremden ein, der ihm gelassen zuhörte. Friedrich, der ihn begrüßen wollte, legte verabschiedend dem Alten die Hand auf die Schulter und sagte freundlich : »Also wartet besser noch, Jensen !« Aber schon während er sprach, fiel ihm ein eigentümlicher Zug im Gesicht des Harpuniers auf, wie er ihn gleich seltsam noch nie an demselben beobachtet hatte. Betroffen fragte er ihn, der den Kopf schwerfällig zur Tür gewandt hatte : »Was ist Euch ?« als er bemerkte, daß Jensen unverwandt Herrn van der Meer anstarrte, mit abwesendem Blick, und auf Friedrichs Frage nur Unverständliches murmelte.

Als er, mit Mühe wie es schien, sich wieder Friedrich zuwandte, und dieser erneut ihn anrief, fuhr er mit der Hand über die Stirn, und, sich immer wieder halb umsehend, brummte er verlegen : »Ja, ja, Herr ! So bleibe ich denn noch zunächst an Land.« Und im Fortschreiten hörte Friedrich ihn vor sich hinraunen : »Wer war denn das ? Ich kenne doch . . . .« An der Tür blieb er noch einmal stehen, und man hätte denken mögen, er wolle den Fremden ansprechen; jedoch stülpte er sich mit einem derben Ruck den alten Hut auf den breiten Schädel, und trabte mit einer linkischen Verbeugung hinaus, ohne jedoch eine Sekunde den scharfen, nachdenklichen Blick von dem schlanken Manne zu lassen.

Friedrich trat hinter dem hohen Pult hervor, und begrüßte die Beiden mit Handschlag; Leubelfing war jedoch so erregt, daß er keinen Geschäftsbericht hören wollte, und winkte Alles von sich. »Friedrich,« sagte er, »sie kommen ! – Was gestern Abend brannte war Sichelsheim, und heute Mittag sollen sie schon den Fluß überschritten haben. Man schätzt ihre Zahl auf achthundert bis tausend. Wir werden Mühe haben, sie abzuweisen, und der Dirigens – du kennst unsern dicken Herrn Böttcher ja –« er lachte grimmig, – »er hatte nicht übel Lust, die Anknüpfung von Verhandlungen vorzuschlagen, aber er wurde, Gottlob, fast einmütig überstimmt.« Und nach einer kurzen Pause, in der er Atem schöpfte, und vor Anspannung schluckte, fügte er hinzu : »Also den Helm aufs Haupt, Friedrich, und wenn Alle so ihren Mann stehen wie wir, wird der grause Tanz bald ein Ende gefunden haben. – Du kommst doch mit, durch die Stadt, daß wir die Posten und die Mauerabschnitte verteilen ? !«

Friedrich nahm schon sein Barett vom Nagel, und die Drei gingen einträchtig durch das Lager, wo Ballen gewälzt wurden, und im Halbdunkel die großen Waagen standen. Leubelfing rief den Hausverwalter beiseite, und gebot ihm, an alle Männer Waffen auszuteilen, und in einer Stunde mit ihnen am alten Tor zu erscheinen. Dann schritten sie in den Nachmittag hinaus.

Die ganze Stadt summte heute wie ein Bienenschwarm; die Schmiede, Schwertfeger und Spängler hatten alle Hände voll zu tun, alte Schwerter und Brustharnische auszubessern; wie Glöckchen klingelten die Hämmer, und das flinke Feuer züngelte in der Esse.

Auf dem Anger zwischen der Scharfrichterei und der Stadtmauer übten die Jüngeren schon Speerwurf und Bogenschuß, Reiter tummelten sich auf den schweren Wagenpferden der Händler, und an einer Seite des grünen Planes marschierte in Keilform die ältere Bürgerschaft mit langen starrenden Lanzen unter der Führung des alten Weinhändlers Köcher, der in jungen Jahren noch an den Schlachten des schmalkaldischen Krieges teilgenommen hatte. Auch der Bürgermeister war anwesend und ritt mit Mühe das alte falbe Rößlein des Nachbars, das bei dem Geschrei und Rufen noch gar zierlich den Kopf warf und munter hin- und hertrabte.

Als die Drei erschienen, trat der Kriegsrat zusammen, und jedem der Herren wurde ein Teil des Mauerkranzes zu Bewachung und Verteidigung zugewiesen. Leubelfing erhielt die Strecke vom Flüßchen, die zwar eben dadurch geschützter, aber auch länger und nicht mehr im besten Verteidigungszustande war. Friedrich wurde das Sichelsheimer Tor und dessen nähere Umgebung zugeteilt, wo man den Angriff am ehesten erwarten konnte, und der Bürgermeister betrachtete voll Neid die Wucht, mit der jener einen Bihänder ergriff und pfeifend die Luft damit schlug.

Jan van der Meer, der gleichmütig zugehört hatte, sprach jetzt einige Worte mit dem Stadtoberhaupt, und erbat sich von ihm nur zwei Mauer-armbrüste, und die Vergunst an der Seite Friedrichs kämpfen zu dürfen; anderer Waffen bedürfe er nicht weiter, fügte er nachlässig hinzu, das Wichtigste habe er in seiner Wohnung, und außerdem sei er der schweren deutschen Schwerter zu ungewohnt, um derartige Brechstangen führen zu können. Mit diesen Worten trat er leise lächelnd auf einen Haufen alter mächtiger Säbel, Morgensterne und Keulen zu, aus dem sich die ärmeren Unbewaffneten nach Belieben wählen konnten. Der Kreis, der den statt-lichen Berg umgab, öffnete sich ehrerbietig, und man sah den alten Klaus Jensen, der, eine fremdartig geformte Harpune über dem Rücken, sich mit düsterem Behagen die größte und zackigste der Keulen herauszog und mit seinen schweren Händen wie ein Stäbchen schwang. Als er des Fremden gewahr wurde, trat er einen raschen Schritt zurück, und wieder trat in sein Gesicht jener seltsame Ausdruck des Suchens, den Friedrich schon vorhin an ihm mit Staunen bemerkt hatte.

Leubelfings Gereiztheit war angesichts des fröhlichen kriegerischen Treibens einer gemütlicheren Stimmung gewichen, und wohlgefällig Jan van der Meer musternd, sprach er zu Friedrich: »Ein trefflich Exemplum, wie die legendenbildende Phantasie unserer guten Bürger arbeitet, muß ich dir doch noch berichten. Du weißt ja, daß Herr van der Meer in das schon seit undenklicher Zeit leerstehende Haus des verstorbenen Apothe-kers Dressler ‹zum Meerwunder› eingezogen ist. Das war Anlaß genug für unsere wackeren sieben weisen Meister. Hielt mich doch heut Vor-mittag mit dieser Historia unser alter Nachtwächter an, der aber unzuver-lässig und meist betrunken ist; ja, auch schon einmal belauscht haben will, wie zur Nacht aus deinem Hause drei winzige putzige Mohren herausge-klaspert kamen, und, ohne ihn zu beachten, auf ein weißes Kätzchen im gewölbten Torweg deines Nachbars, des Gewürzkrämers, zugelaufen seien.

So will er auch gestern Nacht, als der Mond hell hinter Sankt Peter stand und der Markt voll winkliger Schatten und silbriger Lichter lag, gesehen haben, wie Herr van der Meer am Brunnen gelehnt und sich lange mit der klobigen häßlichen Brunnenfratze unterhalten habe, während er langsam und spielerisch das klare Wasser durch die langen feinen Finger perlen ließ. Er selbst habe im Schatten des Rathauses gestanden und sich nicht gerührt; aber aller Mühe ungeachtet kein Wort verstehen können, auch sei es wohl fremde Sprache gewesen; aber er habe deutlich beobachten können, wie das moosige Steinmaul sich schwerfällig verzogen und langsam geantwortet habe. Es sei ein seltsam Bild gewesen, wie der hohe schlanke Fremde nachlässig auf der steinernen Einfassung gesessen, und das glitzernde Wasser habe in der schönen Nacht gar artig geklungen und geschwatzt, lange Zeit hindurch. Bis endlich der Fremde sich auflachend erhoben, der grämlichen Maske einen wahren Sprühregen klarster Tropfen ins Gesicht geworfen habe, und dann mit leichtem schleifendem Diebesschritt quer über den verschlafenen Markt durch den marmorn wölkenden Mondschein geschlendert sei, und die wunderlichen Schatten der Giebel hätten wie mit langnäsigen Gesichtern hinter ihm her gekichert.«

Herr van der Meer, der, wiederum hinzugetreten, den letzten Teil der Erzählung mit angehört haben mochte, begann frei und hellklingend zu lachen. »Freilich bin ich ein Nachtschwärmer,« sagte er verbindlich, »und kann in klaren Mondnächten stundenlang durch die winkligen Gäßchen laufen, immer meinem langen, seltsamlich verzogenen Schatten nach. Auch wird dann mancherlei laut, was am Tage im grellen Lichte schweigen muß. – Aber,« fügte er ernster werdend hinzu, »in der nächsten Zeit werden diese meine Spaziergänge wohl unterbleiben müssen. Schon ziehen die Wachen auf; flüchtende Bauern haben schon den ganzen Tag Zuflucht in der Stadt gesucht, und ich würde den Herren empfehlen, sich eines zeitigen und gesunden Schlafes zu befleißigen; denn es kann sein, daß die Nacht gar kurz und schwer wird!«

»Ihr habt Recht,« entgegnete Leubelfing mit Sorgenfalten auf der sonst so klaren Stirn, »ich will noch einmal meine Wachen anweisen und ihnen höchste Vorsicht einschärfen.«

»Auch meiner Mannschaft darf der Führer nicht fehlen,« sagte Friedrich, sich ernst verneigend, »und falls es zum Kampfe kommen sollte – wir werden die Brandung schon eindämmen, Herr van der Meer, nicht wahr?!« »Eine Brandung eindämmen?« lachte der Fremde zurück, »man merkt, daß ihr kein Seefahrer seid, Herr, sonst würdet ihr euch davor wohl hüten. Aber wir werden dennoch gut zusammen fechten gegen die heiligen Mordbrenner und -senger. – Es wird ein Gewitter geben –« fügte er ablenkend hinzu, und wies auf den Himmel, der bleiern und in der Ferne schon voll unheimlich dünstender Schwärze sich über sie wälzte.

Plötzlich zogen sich seine Augenbrauen zusammen, und die Unterlippe schob sich in angespanntester Aufmerksamkeit vor. »Seltsam,« hörte Friedrich ihn vor sich hinmurmeln, »Es kommt aus ihrer Anmarschrichtung her !« Ein schwerer Tropfen fiel auf seine prüfend emporgehobene Hand; er betrachtete ihn genau, während seine Lippen noch immer unverständliche Worte formten, und hob das feine aber sehnige Gelenk ans Ohr. Als er die Hand wieder sinken ließ, trug sein Gesicht den Ausdruck so eisiger Entschlossenheit und Wildheit, daß Friedrich ihn nicht näher zu fragen wagte, was er vorhin mit seinen Worten gemeint habe.

Er verabschiedete sich und ging, nachdem er noch einige kräftig ermunternde Worte zu seiner ihm begeistert folgenden Mannschaft gesprochen hatte, seinem Hause zu.

3.)

Als er die Stiegen des Hauses emporschritt, die Hand nachdenklich auf dem breiten Eisengeländer mit den schön geschnitzten Froschköpfen darauf, hörte er schon oben die Tür gehen und sprang rasch die letzten Stufen empor. Seine Frau stand vor ihm mit rührender Sorge in dem jungen Gesicht und sah ihn mit unruhig spielenden Fingern an : »Friedrich,« sagte sie leise, »mußt du mit ? – Ach ! –« Er nahm sie in seine Arme und küßte sie, bis sie, unter Tränen lächelnd, wie verloren und vertan den Kopf glücklich an seine breite Brust drückte. Er strich ihr über das dunkle Haar und sagte, während er abwesend zu dem Leuchtermännchen, das, im leisen Luftzug langsam sich drehend, aus der hohen dunklen Decke des Hausflures herabhing – ein bärtiger Triton mit schuppigem Fischschwanz, einen Schilfkranz im krausen Haar und in den Händen die tönerne Ölschale, aus derem Schnabel der Docht heraushing – aufsah : »Ja, Wichtel, sie kommen ! – Aber es muß sein : du weißt ja, für was wir kämpfen müssen, für unsere liebliche wunderliche Welt. Und ich außerdem noch für dich, daß dir nie ein Leid geschehen möge ! –« Sie sah ihn traurig mit überströmenden Augen an : »Und du, Friedrich, wenn dir etwas geschieht – ?«

Er atmete tief ein und reckte die breiten Schultern, so daß er doppelt riesenhaft vor ihrer zierlichen mädchenhaften Gestalt stand; dann nahm er sie wie ein Kind auf seine Arme und trug sie leicht über den dämmrigen

Flur in die Wohnstube. »Du, wenn uns jemand sieht –« flüsterte sie ängstlich und stolz, und gab sich doch schon wiegend ganz in seine starken Arme. Als er sie drinnen behutsam auf den Boden stellte, faßte sie ihn aber mit beiden Händchen wieder fest an, und sagte ernsthaft und eindringlich : »Friedrich, aber du bist vorsichtig – ja ? !« Er nickte ihr lächelnd zu und schloß die offen gebliebene Tür.

Als sie beim Abendessen zusammen saßen, und ihre kleinen Schüsselchen fast geleert hatten, wobei Friedrichs Blick sich unbemerkt immer nachdenklicher auf den blinkenden stählernen Helm an der Wand richtete, fragte sie ihn nach dem Fremden, den sie heute hatte über den Markt gehen und ein Netz voll köstlicher lebender Fische kaufen sehen, das ein alter krausbärtiger Diener ihm nachtrug. »Weißt du,« fügte sie mit komischer Wichtigkeit nickend hinzu : »der sah fast aus, wie unser altes Leuchterherrchen draußen; nur daß er ein Paar kurzer stämmiger Beinchen hatte, mit denen er gar unbeholfen seinem Herrn nachstapfte, unbekümmert um die neckenden Zurufe der Buben auf dem Markt. – Wie ist sein Herr denn eigentlich – er war doch neulich mit St. Johannes bei dir ?«

Beide mußten über den Zunamen lächeln; denn Herr Leubelfing führte abwechselnd bei ihnen die Namen ‹St. Johannes› und ‹Graumännchen›, weil Grau seine Lieblingsfarbe war. Übrigens lag in den Namen nichts Kränkendes oder gar Geringschätziges; sie hatten sich nur daran gewöhnt, Alles mit anderen, nur ihnen beiden vertrauten Worten zu bezeichnen, und es darin so ergötzlich weit gebracht, daß ein Fremder wohl schwerlich ihre übrigens meist äußerst treffenden obwohl auf den ersten Blick wunderlichen Namen erraten hätte. Außerdem war die kindliche, seltsame Frau mit scharfem Geiste begabt, und ihrem Mann oft eine wertvolle Helferin selbst in schwierigeren Fragen der Literatur und Wissenschaft.

Friedrich antwortete nicht gleich und wiegte zweifelnd den Kopf; er war gewöhnt, keine Geheimnisse vor seiner Frau zu haben, aber er war sich selbst nicht im Klaren über Herrn van der Meer. So teilte er ihr Alles mit, was er von ihm bis jetzt erfahren hatte, setzte aber hinzu : »Wir wollen vorsichtig sein; mir wird noch nicht recht wohl in seiner Nähe, obgleich er fesselnd und belehrend zu erzählen verstehen mag. Ich muß erst sehen –« er brach ab, und sie nickte aufmerksam und verstehend. Dann trat die einzige alte Magd des Hauses mit dem klirrenden Schlüsselbund am Gürtel ein, und räumte leise das Geschirr von dem weiß gedeckten Tisch.

Erst als sie sich in dem eigens für diesen Zweck angefertigten doppelsitzigen Sessel mit S-förmig geschwungener Lehne, – so daß einer dem anderen nahe gegenüber und man doch traulich nebeneinander saß – niedergelassen hatten, kam ihnen wieder der traurige Ernst der Stunde ins Gedächtnis zurück und sie saßen eine Zeitlang schweigend beisammen, bis Friedrich sich endlich erhob und wie üblich ein Buch zum abendlichen Vorlesen zu wählen begann. – »Amadis ?« fragte er über die Schulter und nahm, da sie schweigend nickte, den sechsten Band der schwerfälligen, in dieser Vollständigkeit seltenen vierundzwanzigbändigen Quartausgabe aus dem Regal, und begann, von den phantastischen Zügen der Ritter der runden Tafel vorzulesen. Er las gut und mit wohltuendem Verständnis, wie sie denn Beide oft von den großen Dichtern bis zu Tränen gerührt wurden, aber heut mochte wohl nicht die rechte Stimmung Raum gewinnen können; er spürte beim Lesen, wie sich ein warmes Händchen verstohlen in die seine schlich aber hin und wieder unruhig zuckte und heimliche Spiele mit seinen Fingern zu treiben versuchte. Auch seine Unruhe nahm immer mehr zu, so daß er endlich nach einer Stunde das Buch beiseite räumte – ohne sich die Stelle anzumerken, bei der er den Text unterbrach; denn als Mann von festem Gedächtnis haßte er Lesezeichen, und pflegte trotz der lächelnden sprudelnden Entrüstung seiner Frau aus allen Büchern die blauen oder roten Bändchen herauszuschneiden – und beide sich zur Ruhe zu gehen entschlossen, nachdem Friedrich noch sorgsam seine Waffen, Helm, Brustharnisch und das breite, flächig glitzernde Schwert auf ein Tischchen gehäuft hatte.

Es war ihm anfangs nicht möglich, einzuschlafen; durch die halb geöffneten Fensterläden zuckte ab und zu ein lautloses Wetterleuchten, in dem die wilden, wunderlich gezackten Wolkenumrisse, vom Winde verschlungen und gequält – in der Höhe mochte schon der Sturm jagen – ab und zu geisterhaft für Sekunden rötlich und bleich am Himmel standen. Er zwang sich, ruhig zu atmen, um seiner Frau Sicherheit und Unbekümmertheit vorzutäuschen, aber er drückte vergeblich die Augen zu. Zuweilen strich der fahle Schein hinter den Giebeln der Häuser auf der gegenüberliegenden Marktseite herauf, und Friedrich konnte deutlich die schwarzen schönen Schattenrisse gegen das dahinter stehende Wolkenfeuer erkennen. Das Rathaus mit seinem durchbrochenen Turm, das Haus des Seilermeisters Koppe; daneben rötlich leuchtend im unwirklichen Licht das des verstorbenen Apothekers, das nunmehr Herr van der Meer bewohnen sollte.

Allmählich schien das Gewitter heraufzuziehen; schon konnte man fernen Donner zu hören glauben, und häufiger stand das Zimmer im rieselnden Halbdunkel. Es drohte erstickend heiß zu werden, und Friedrich erhob sich lautlos und öffnete das Fenster. Draußen stand die Luft drükkend und klar wie Schwarzglas, nicht der leiseste Hauch war spürbar, und ein Haar, zwischen den Fingern gehalten, zeigte nicht die geringste Bewegung. Er legte sich wieder nieder, und verfiel endlich in eine Art trüben Halbschlummers, in den die stummen Lichtzeichen oft unheimlich hineinleuchteten.

Schwere Träume zogen über dem sich unruhig Hin- und Herwerfenden auf. Erst war es, wie stets zu Beginn des Schlafes, eine düstere Bilderflucht, endlose Friese voll dämmriger Pracht; schwermütige Triumphzüge und nicht endenwollende Reihen stumpfer graugesichtiger Krieger, ein Strom von Gesichtern, die alle stumm und getrieben einem unbekannten Ziele entgegenzogen.

Dann wurde es allmählich klarer, und Friedrich fand sich in einer unendlichen Halle, deren strenges Gewölbe sich in dämmriger Höhe verlor; auf dem steinernen Boden standen ihm unbekannte Maschinen von unerhörten Ausmaßen, die alle Kraft der Welt in sich aufgespeichert zu tragen schienen, ungeheure Hebel reckten sich, schwere Schwungräder starrten, armdicke Seile wanden sich um fremdartige Walzen. Er stand regungslos in dem rätselhaften Schimmer und sah, erst durch ein leises Geräusch zu seiner Rechten aufmerksam gemacht, einen riesigen Strebepfeiler, um den sich ein Stück Treppe wand, die seltsamerweise unvermittelt abbrach, und einen Mann, der mit leisem Keuchen emporstieg. Plötzlich erkannte er seinen Freund Leubelfing in ihm, und wollte ihm eben freudig zurufen, als er den Ausdruck unsäglicher Verzweiflung in dessen Gesicht erkannte. Unwillkürlich richtete er den Blick nach oben, und sah das neue, gleich kurze Stück einer Treppe, auf dem er wiederum eine Gestalt entdeckte, die sich mit verängsteten Augen nach ihm umsah, und wieder war es sein Freund. Er blickte noch höher, und sah eine dritte Reihe von Stufen, auf welcher der Unselige noch weiter emporklomm und jetzt schon am Rande des Abgrundes stand. Wieder höher und wieder höher, bis sich die höhnischen Stiegen und der ächzende Leubelfing im strengen Dämmer der unermeßlichen Wölbungen verloren.

Friedrich fuhr empor und schlug in die Luft, aber wieder überwältigte ihn ein dumpfes Gefühl der Betäubung, wieder sank er zurück.

Graue schweigende Wälder tauchten auf, mit verzerrten hageren Bäumen, deren Wurzeln in grundlosen Lachen steckten; nur die knarrenden Flügelschläge unheimlich großer steinäugiger Libellen unterbrachen die verzweifelte Stille. Er mußte von Wurzel zu Wurzel springen, mit krampfenden Händen, und kein Fehltritt durfte geschehen. Unergründlich stand der Sumpf und dünstete; ekle Ungeheuer mochten sich tief drunten in widerlichen Knäueln langsam regen, fahlgesichtige Molche und geschwollene Schlangen, und schon begann das graue Wasser an einer Stelle träge und listig zu quirlen, es hatte ja Zeit, und voll grauser Behaglichkeit fing sich der ölige Strudel Friedrich zu nähern an, ganz langsam und mit blinzelndem Gähnen. –

Von einem Rütteln an der Schulter erwachte Friedrich mit schwerem Stöhnen, und sah, daß seine Frau ängstlich zum Fenster schaute. Von draußen her kam durch die stickige Luft der Ruf eines Wächterhorns und wieder einer und zum Drittenmale. Friedrich schüttelte das Grauen der ungewohnten Träume von sich, und sprang entschlossen auf. »Sie kommen!« sagte er, während er mit hastigen Griffen seine Kleider umwarf und schon im Vorzimmer den Brustharnisch umschnallte. Seine Frau half ihm mit zitternden Händen und nassen Augen; er drückte sie an sich, und nahm den schweren Helm zur Hand, gürtete das breite Schwert um und tat ein paar prüfende Bewegungen, ob auch die Rüstung bequem säße und ihn nicht behindere.

Ein Lichtschein fiel von draußen ins Zimmer, und Beide eilten für einen Augenblick ans Fenster. Die Tür von Herrn van der Meer's Hause war weit geöffnet, und der Diener stand mit einer seltsam geformten Lampe in der hoch erhobenen Hand auf der Schwelle. Es war ein Delphin, der aus einer schäumenden Wooge aufzuspringen schien, aus dessem Maule der Docht mit dem bleichen aber durchdringend leuchtenden Flämmchen hing.

Eben trat der Fremde aus dem Hause; er schien ganz wie gewöhnlich gekleidet, mit dem breiten Hut, nur daß er einen dunklen weiten Mantel um sich geschlagen hatte, unter dem die gleißende Spitze eines zierlichen Degens hervorsah.

Friedrich wandte sich seiner Frau zu : »Es muß sein!« sagte er ernst und sah ihr in die schimmernden Märchenaugen, aus denen er ein Paar Tränen wegzuküssen suchte, aber sie rollten immer rascher und rascher hervor, so daß er sich endlich mit Gewalt losreißen mußte. Unten an der Treppe blieb er noch einmal stehen und wandte sich um; ein trauriges weißes Händchen schloß sich oben ein paarmal langsam und krampfhaft, aber es wurde kein fröhliches Winken daraus. »Liebste!« rief er hinauf; »Du!« kam es schluchzend zurück, aber er mußte hinaus.

4.)

Die Nacht war stark finster und kalt geworden; ein pfeifender Wind strich durch die leeren Straßen, die sich eben erst mit Stimmengewirr und stolpernden Tritten zu erfüllen begannen. Die beiden Männer schritten hastig nebeneinander her, der Fremde den Hut tief ins Gesicht gedrückt. Oben am Himmel war ein unablässiges Dröhnen, wie wenn erzene Wagen unaufhörlich über stählernes Pflaster rollten, und die zuckenden Blitze folgten sich pausenlos. Je näher sie ihrem Ziele kamen, desto rascher schritten Beide aus, und sprangen endlich aufatmend die letzten Stufen zum Mauerkranze empor.

Ein Teil von Friedrichs Mannen war bereits versammelt und scharte sich begrüßend und wie erlöst um die hohe Gestalt des Führers. Alle Augenblicke wurden neue Tritte auf der Stiege laut, die Schar wuchs, und auch Klaus Jensens Stimme brummte schon schwerfällig aus der Tiefe herauf. Jan van der Meer prüfte unterdes sorgfältig seine beiden riesigen Armbrüste, die, wie verabredet, dicht am Tor aufgestellt waren, und legte dann die Hand über die Augen. In demselben Augenblick tönte vom Torturm wieder das ungefüge Blasen des Wächters und seine rauhe Stimme rief: »Sie kommen!«

Alle Augen wandten sich der Heerstraße zu, die hinter einem lichten Gehölze um eine sanft gehügelte Anhöhe herum, auf das Stadttor zu lief.

Ein trüber roter Schein quoll dahinter auf, immer näher und drohender, und schon hörte man Fetzen eines seltsamen Liedes im schrillen Wind aufklingen; als der Zug um die Biegung der Straße herumzuziehen begann, war er schon so nahe, daß man fast die Gesichter der Einzelnen erkennen konnte.

Es waren wilde, unheimlich zerlumpte Scharen, die stöhnend und johlend da in langer Reihe heranmarschierten; die ersten Beiden hatten breite blutrote Fahnen in den Händen, die lang und widerlich an den Seiten des Zuges hinströmten. Der taktmässige Schlag von schweren, mit Stacheln besetzten Geißeln klatschte plump und roh über die zerrissenen, meist blutigen nackten Rücken der Verwilderten, und in den knochigen Gesichtern brannten die Augen in irrer, fanatischer Glut. Einige tanzten in wahnwitzigen unheimlichen Sprüngen mit schaumbedecktem Munde in der Mitte des Zuges und kreischten aus versagender Brust, bis sie zusammenbrachen, und der wurmhaft widrige Zug sich steinern über sie hinweg wand.

Zwischen den beiden Fahnenträgern schritt ein wüster Riese, mit verfilztem rotem Haar über dem spitzen Fuchsgesicht, und von so ungefügem Gliederbau, wie Friedrich noch nie zuvor gesehen hatte; ein zerfetzter rauchblauer Kittel hing um seine Schultern, und in dem Strick, den er statt eines Gürtels trug, stak ein kurzes, grell geflammtes Schwert. Der breite, fast lippenlose Mund ließ beständig die starken, gelben Zähne sehen, was dem vertierten Gesicht den Anschein eines unaufhörlichen teuflischen Lachens gab.

Friedrich sah noch mit kurzem Seitenblick, wie Herr van der Meer, als er des Anführers ansichtig geworden war, zurückzuckte und sich in den Mauerwinkel am Tore drückte, wo er aus den schmalen Schießscharten einen freien Überblick hatte, ohne selbst gesehen zu werden.

Doch blieb ihm keine Zeit, sich über des Holländers sonderbares Betragen weitere Gedanken zu machen; er riß einem der neben ihm Stehenden eine Fackel aus der Hand, entzündete sie und trat, sie ums Haupt schwingend, auf die breite Brüstung, so daß er weithin sichtbar im Widerscheine des Brandes wie ein kupfernes Standbild in seiner spiegelnden Rüstung stand.

»Halt!« rief er mit hallender Stimme dem Anführer zu, »was begehrt ihr?!« – Der Zug hielt einen Augenblick inne, und der stiernackige Führer trat blinzelnd auf den halb ausgetrockneten Graben zu, wobei sein dürres rotes Haar gar seltsam über der niedrigen tückischen Stirn schwankte, als lecke eine durstige Flamme an ausgedörrtem Gesträpp. »Einlaß!!« heulte er hinauf, während die blutigen Banner sich hinter ihm wie Schlangen wanden, »sonst – –!« Und in der unendlichen Rotte brunsteten bereits Schreie auf, und knochige schreckliche Arme peitschten in die jagende Luft.

»Zieht weiter, und laßt euer eitles Dräuen,« rief Friedrich wiederum dagegen, »wir heischen nichts von euch, und –« aber er hatte noch nicht zu Ende gesprochen, als der Riese mit wutgurgelndem Schrei beide Arme hob und vorwärts zu rennen begann, unter dem aufbrandenden Schrei und Andrängen der ganzen Horde. Friedrich hatte kaum noch Zeit, von der Zinne hinunter zu springen, und die Fackel in das trübe Wasser des Grabens zu schleudern, wo sie mit unwilligem Zischen blitzschnell erlosch. Sofort trat fast völlige Dunkelheit ein, nur kurz und dann desto mehr erschreckend unterbrochen durch das unheimlich geisternde Gewitter.

»Zielt sorgfältig; kein Schuß oder Stoß darf vergebens sein!« schrie Friedrich seinen Mannen zu, und wie mit einem Schlage begann der Mauerkranz Pfeile und Lanzen zu speien, so daß mancher der Angreifer noch ehe er den Graben erreichte, brüllend zusammenbrach. Aber in der unsichtigen Schwärze war besonnenes Zielen unmöglich; wie viele auch den Kopf klar behielten und ihre Geschosse nur in den Sekunden zitternder Helle versandten, dennoch schoben sich bereits an vielen Stellen die häßlich verzerrten Gesichter der Angreifer über den Rand der Mauer. »Die Schwerter heraus und dreingehauen!« rief Friedrich in das schrillende Getümmel und trat zugleich wieder hinaus auf die Brüstung; den Ersten der Angreifenden, der, schon mit halbem Leibe emporgeklommen, ihm geifernd die Zähne entgegen bleckte, stieß er mit dem Knauf des Schwertes hinab, und, durch sein Beispiel angefeuert, stürzten auch die anderen Verteidiger hervor und schlugen nach Kräften drein.

Schon füllte sich der Graben mit den Körpern der Toten und Schwerverletzten, die sich ächzend wie Gewürm mit zerschmetterten Gliedern durcheinander wanden, aber auch neben sich vernahm Friedrich manchen schweren Fall. Da schob sich unter ihm mit unwiderstehlichen Rukken eine Riesengestalt aus der Tiefe, und stand, ehe Friedrich das Schwert erhoben hatte, mit wieherndem Gebrüll vor ihm auf der Mauer, und von allen Seiten begann aufs Neue mit grellen Schreien und erhöhter Wildheit der Ansturm.

Friedrich, von dem Hünen vor die Brust gestoßen, taumelte einen Schritt zurück, aber er fing sich sofort wieder, und mit leiser Stimme den Namen seiner Frau vor sich hinflüsternd, warf er sich mit gezücktem Schwert dem Eindringling entgegen. Ein furchtbares Ringen begann auf der Stelle, wo die Beiden, schier Brust an Brust, standen. Immer wieder und wieder riß sich Friedrich zum Angriff vor, aber der Anführer der frommen Teufel durchschlug mit Riesenkraft die schmetterndsten Schläge, und mehr als einmal bewahrte nur der fast berstende Harnisch ihn vor dem sicheren Tode. Friedrich fühlte, wie sein Arm zu erlahmen begann, und mit letzter Kraft hob er noch einmal den Bihänder zum Vernichtungsschlage, aber der Fremde hieb zischend die breite Klinge beiseite und setzte eben zum tödlichen Sprunge auf den von der Wucht des Hiebes taumelnden Friedrich an, als durch das Pfeifen der Klingen mit unwiderstehlicher Wucht der dröhnende Schlag einer schweren Keule kam, und den Fremden vor die Brust traf, daß er nach einem Augenblick vergeblichen Versuchens mit rudernden Armen rückwärts von der Mauer in den Graben rollte. Neben Friedrich stand der alte Klaus Jensen, die Keule noch halb erhoben, wie ein Drescher auf der Tenne, und lachte dumpf dem Stürzenden nach; sein alter Hut war ihm vom Kopfe gefallen und das graue Haar schien im Winde zu klirren.

Friedrich trat keuchend auf ihn zu, und legte dem wie Erstarrten die beerzte Hand schwer auf die Schulter : »Das kam zur rechten Zeit, Jensen!« sagte er schwer atmend, aber der schüttelte nur den Kopf und lachte heiser auf : »Der wird wohl noch oft heut Nacht wiederkommen, Herr!« Und kaum waren die Worte aus seinem Munde, da kam aus einiger Entfernung wieder der grausig dröhnende Schrei des roten Recken, die Geißler sammelten sich aufs Neue und schienen Rat zu halten.

Kaum waren einige Minuten vergangen, als Friedrich auf seinem nun wieder eingenommenen Beobachtungsposten sah, wie sich aus der Nacht glimmende Fünkchen lösten und heller und immer heller auflohend, zischend über sie hinweg in die Stadt flogen. »Brandpfeile!« schrie eine verstörte Stimme : »Die Buben legen Feuer an unsere Häuser!«

Friedrich sah sich entsetzt um; da in den letzten Wochen kaum ein Tropfen Regens gefallen war, mußten Dächer und Balken wie Zunder sein und die kleinste Flamme gierig aufnehmen. Verzweiflungsvoll irrte sein Blick umher, über die kaum erkennbaren Giebel der nächsten Häuser, und schon begann aus einem Dache eine kriechende rauchige Flamme zu quellen. »Löscht den Brand!« – »Unsre Frauen und Kinder! –« rief verzweifelt eine ferne Stimme, und ein Teil wandte sich aufschreiend der Stadt zu. Vergebens stemmte sich Friedrich gegen den reißenden Strom, vergebens drohte und schalt er mit mächtigem Rufen in die Fliehenden hinein – wohl die Hälfte der Verteidiger suchte in hilflosem Bemühen dem Brande Einhalt zu tun, während von draußen Hohngelächter und neue wilde Schreie kamen.

Friedrichs Hand krampfte sich um sein Schwert, als er mit rauher Stimme das arg verminderte Häuflein der Verteidiger neu um die Mauern verteilte, und sein Mund schloß sich bitter; als plötzlich eine leise Stimme neben ihm zwischen den Zähnen sagte : »Ein feiner Kopf, unser Freund Feuermann, aber es könnte sein, daß er sich verrechnet hat.« An der Seite Friedrichs stand wie aus dem Boden gewachsen die schlanke spähend gebogene Gestalt des Herrn van der Meer, und sein weiter Mantel flatterte wie eine dunkle Wolke um ihn her. Er hob die Hand, wie um die Windrichtung zu prüfen, und, während Friedrich in verzweifelter Abwesenheit auf einen dämmerig leuchtenden großen Perlenring am Ringfinger des nur schattenhaft Erkennbaren starrte, begann mit einem Schlage der lang entbehrte Regen so heftig hernieder zu stürzen, daß man kaum noch eine Handbreit vor den Augen sehen konnte.

Das Wutgeschrei der enttäuschten Angreifer klang jedoch von allen Seiten schon wieder so nahe, daß Friedrich nur noch vorstürzen konnte, um den Ersten der katzenhaft Heraufklimmenden abzufangen und ihn mit einer schweren Schulterwunde in den Graben zu senden. An so vielen Stellen begannen sich nun Gesichter mit hellen Zähnen, dem einzig Wahrnehmbaren in der Schwärze, zu zeigen, daß er, nur noch den Verzweiflungskampf fechtend, mit letzter Kraft seine gute Klinge schwirren ließ.

Der Mond brach aus den jagenden Wolken hervor und erleichterte sowohl Angriff als Abwehr; und wiederum brüllte es unter Friedrich auf,

wie aus den Tiefen der Erde, und wiederum stand mit einem Tiger-
sprunge der grinsende Rote vor ihm, stieß den sich dazwischenwerfenden
Klaus Jensen wie ein Kind zur Seite, und stürzte sich auf Friedrich. Den
ersten Hieb fing dieser noch mit der stählernen Parierstange ab; der zweite
schlug ihm schmetternd mit solcher Kraft über den Helm, daß er, nur
mühsam noch das Schwert erhebend, in die Knie taumelte; noch einmal
blitzte vor ihm das Bild seiner jungen Frau auf, daß er, zähneknirschend,
sich halb erhob, aber aufs Neue holte der kekkernde Riese zum letzten
Schlage aus.

Da war es plötzlich, als sei vor Friedrichs Augen ein blitzender Vorhang in die Höhe gezogen, und so unvermittelt kam die Erscheinung, daß
er, zurücksinkend, einen Herzschlag lang die Augen schloß; dann öffnete
er sie, aufspringend, wieder, und sah, wie Jan van der Meer zwischen ihn
und den Tod gesprungen war, und seine schmale funkelnde Klinge wie
eine rasende Kaskade um sich warf. Der Perlenhut war ihm vom Kopfe
gefallen, der Mantel lag hinter ihm auf der Erde, und so spöttisch und
zierlich schien er den Degen zu führen, daß Friedrich beschämt heran-
sprang, und mit einer schnellen Bewegung hinter den Anführer zu stehen
kam.

Der hatte wie betäubt einen Augenblick verharrt, ehe er sich, nun
seltsam stumm und gefährlich, gegen den Fremden warf. Aber als er mit
dem kurzen geflammten Schwert ausholte, schlug ihm Friedrich mit neu
erwachter Kraft tief in die Schulter, daß das rauchende rote Blut hervor-
sprang. Der Rote fuhr herum wie ein Sturmwind und eine singende
Flamme, und schrie ihm mit entsetzlicher Stimme zu : »Menschlein ! –
Was – –« Weiter kam er nicht, denn Jan van der Meer hatte ihm mit unbegreiflicher Gewandtheit eine silberne Schnur von hinten um den Hals
geworfen, und sie, rückwärts springend, zugezogen, daß der Riese
röchelnd zu Boden stürzte.

Während dem halb Benommenen Klaus Jensen Hände und Füße fesselte, hörte Friedrich, wie mit hallendem Schrei und klirrendem Schritt
neue Mannschaft auf den Mauerkranz stürmte, und sich mit frischer Kraft
auf die wenigen Angreifer warf, die, durch den unerwarteten neuen
Widerstand gelähmt, sich vergebens zu retten versuchten. Es war Leubelfing, der den größten Teil seiner Truppen zum Entsatz herangeführt
hatte, und Friedrich mit überströmender Freude in die Arme schloß.

Im feierlich rauschenden Regen, der gar ernst auf den Helmen und
Harnischen klirrte, flohen die wenigen Überlebenden der Geißler, auch
diese meist mit schweren Wunden, in hastigen Sätzen waldein.

Der Morgen brach tauig und frisch an; über den saftig grünen Wiesen schwamm noch eine Zeitlang das wogende Gedüft wallender Nebel, aber als die Sonne höher stieg, zerflossen die zarten Schleier, bis die funkelnde Landschaft hell und lachend den neuen Tag begrüßte.

Nur wenige Wachen hatte man noch auf den Mauern zurückgelassen, eben so viele, als nötig schien; die Anderen hatten im Grau der Dämmerung schon begonnen, lange und tiefe Gruben vor den Stadtmauern zu schaufeln und trugen dann die toten Geißler hinein, wobei man erst die schier unglaublichen Verluste überschauen konnte, mit denen sie ihren tollwütigen Ansturm hatten bezahlen müssen. Nur ganz Wenige konnten entkommen sein, und versuchen, in den tiefen umgebenden Wäldern noch einige Tage ihr Leben zu fristen; denn schon war beschlossen, bewaffnete Streifen von je etwa 10 Mann abzusenden, die mit Hilfe der anwohnenden Bauern binnen Kurzem der Landplage ein völliges Ende gemacht haben würden. Die eigenen Schwerverwundeten, deren nur wenige waren, obwohl die Zahl der Leichtverletzten erstaunlich groß schien, waren bereits in der sorgfältigsten Pflege, und die Nachricht des vollkommenen Sieges wirkte besser als jede Arznei, ihre Heilung zu vervollständigen.

Nach einem letzten Rundgange schritten Friedrich und Herr Leubelfing die Stufen der Mauer hinab – Jan van der Meer hatte sich schon zuvor, sich lachend dem Dank der Freunde entziehend, in seine Wohnung begeben – und sahen mit neu erwachter Lebenslust das alte Städtchen vor sich, mit den von der Sonne vergoldeten Giebeln, den erwachenden Straßen und den freudig winkenden und grüßenden Nachbarn.

Der Markt lag noch morgendlich leer, aber aus dem Hause des Meisters Bäcker wirbelte schon der lustige schöne Rauch, der Brunnen sprang rasch und glitzernd in die blaue frische Luft, und während sich Friedrich mit festem Handschlag von Leubelfing verabschiedete, schwang oben in seinem Hause ein Fenster auf, gleich darauf flog ein leichter Schritt die Treppe herab, das schwere Tor öffnete sich ächzend, und Friedrich, mit wenigen Sprüngen herbei geeilt, schloß seine halb lachende und weinende Frau in die Arme.

Als sie, immer noch zuweilen wie träumend anhaltend, und glücklich wie Kinder lächelnd, langsam durch den Hausflur gingen, blieb Friedrich stehen und sagte ernsthaft: »Aber höre, wir haben Herrn van der Meer Unrecht getan; er hat mir heute Nacht das Leben gerettet, und obwohl ich nicht weiß, ob dies nun eben nur meinetwegen geschah, bin ich – sind wir – ihm doch großen Dank schuldig. « Und, während er sich an den Tisch setzte, den die junge Frau in hilfloser Freude mit allem Eßbaren, was sich im Hause vorfand, belud, zog er sie neben sich, und begann noch einmal, die Schrecken der Nacht in ernsten Schilderungen vor seinem Gedächtnisse erstehen zu lassen, wobei sie schaudernd und sich fest an ihn schmiegend lauschte, und mehr als einmal ihr Gesicht in seine Hände drückte. » Aber nun ist es vorbei – ?« fragte sie in noch halb zweifelnder Furcht, und als er aufatmend nickend ihren Kopf in beide Hände nahm, sah er, wie noch einmal Tränen der Erleichterung aus ihren Augen flossen; dann schlug sie die Arme um seinen Hals und sie hielten sich lange und schweigend.

Dann erhob er sich und sagte auflachend : »So, nur wenige Stunden der Ruhe, und wir können wieder sicher unser liebes, heimliches Leben fortsetzen, « und nach kurzen Minuten lag er in festem Schlaf.

Es war ihm, als blättere er in alten Büchern mit schönen kolorierten Kupfern, und verfolgte liebevoll die feinen gefiederten Schattierungen der breitrandigen Blätter; lächelnd kostete er hier vom guten Text und bestaunte in anderen Bänden fremde, nie gesehene Schrift. Ein Wort blitzte auf, fufluns, rankte sich traumgeschwind über die ganze Seite, fufluns, versteckte sich, kaum noch erkennbar, in zärtliche Rätselranken, fufluns, bis er endlich die Seite umschlagend das neckende Buchstabenspiel zerbrach. Allmählich wurden die Bilder bunter in vollen, gemäldeartigen Farben, auf großen Bogen, die er sorgsam mit beiden Händen wandte, bis er endlich, unter einem reichen fremden Glücksgefühl seiner strömenden Seele, das letzte der vollen sinnschweren Nachtbilder aufschlug, und, sich darüber beugend, es lange betrachtete.

Er sah in eine klare schöne Landschaft, deren Beleuchtung eben aus dem späten Nachmittag in den Abend übergehen mochte. Auf einer Wiese, deren volles kurzes Gras eben erst geschnitten sein konnte, stand im Freien ein einfach und stark gefügter Eichentisch, an dem ein Mann, sich von wenigen Papieren aufrichtend, über die reine dunkelnde Landfläche hinsah. Er hatte ein schönes, nachdenkliches Gesicht mit hoher Stirn und edel geformtem Munde, und Friedrich wußte, daß es ein schwedischer Dichter sein müsse. Er sah nach dem Titel des Bildes und las am unteren weißen Rande ‹Der Abend des Dalkarln›, dann richtete er wieder den Blick auf den sinnenden Mann, und sah, wie hinter ihm, zwischen einer zierlich tosenden Pappelreihe und dem rauschenden Strome viele seltsame Gestalten hervortraten, meistens einfaches Landvolk, Knechte und Mägde, in ihren mildfarbigen fließenden Gewändern, und dem Herrn Geschenke darboten. Reife schlanke Garben und gerippte dunkelrote Früchte, einen Zweig mit silbergrauem schwirrendem Laube und eine federnde tiefgrüne Kugel tropfender Wasserpflanzen. Besonders fiel Friedrich ein ältlicher Knecht in weichem gelbem Lederkittel auf, der in den Händen einen silbernen gekrümmten Fisch hob, der sich schnalzend bog und nach dem nahen Fluß verlangte. Nur einige schmale fest umrissene Wolken zogen langsam im tief verblauenden Himmel, und erleuchteten mit ihrem Widerschein das schön versunkene Gesicht des also Erntenden.

Lange sah Friedrich in die brüderlich nahen und vertrauten Züge des Sinnenden, während die Farben in der fließenden Dämmerung immer tiefer und reicher funkelten, bis die Nebel über den Strom zu ziehen begannen und ein guter grauer Schleier alle Umrisse verwogte.

Als er die Augen aufschlug, stand seine Frau über ihn gebeugt, und spielte ganz verloren und hingegeben mit seinem langen blonden Haar, während sie halblaut eines ihrer kindlichen wunderseltsamen Lieder dazu sang. Als sie merkte, daß er erwacht war, drückte sie das erglühende Gesicht an seine Brust und seufzte glücklich und behaglich. Auf seine Frage, wie spät es denn sei, erwiderte sie vorwurfsvoll : »Eben hat es elf Uhr geschlagen; kaum vier Stunden hast du geschlafen!« Aber Friedrich, der sich wundersam erquickt und gestärkt fühlte, sprang empor, und stand nach wenigen Minuten vor dem geschmückten Tische.

Sie aßen nur wenig; denn Friedrich wollte noch einmal die weiteren Maßnahmen gegen die Zersprengten des Geißlerhaufens mitberaten, und dann Herrn van der Meer aufsuchen, um ihm seinen Dank auszusprechen und ihn für den Abend zu sich zu laden.

Während sie noch sprachen, vernahmen sie von draußen, in der schon wallenden und zitternden Mittagshitze, ein dünnes silbernes Geigenspiel, das aus einem der benachbarten Gärten zu kommen schien. So fein und zirpend zog der singende Ton über die bunten Windenblüten im Fenstergärtlein, daß man hätte meinen können, die übermäßige Glut sei vernehmbar geworden, und klinge gar süß und einförmig im Ohre.

»Ich will einmal mit bei ihm vorbeigehen,« sagte Friedrich, »da kann ich am Bache entlang schreiten, wo es ohnehin heute kühler sein mag. – Also sei fein artig, und wenn die Bücher ankommen sollten, sieh sie dir getrost schon an und versteck' sie nicht wieder zu gut – etwa in der Uhr –.« Und beide lachten; denn einmal hatte sie ein neu eingetroffenes Duodezbändchen, um sich an seinem Suchen zu weiden, in die große und schön schlagende Uhr versteckt, und ihm, als er eintrat, mit trutzigem Stimmchen befohlen : »So, nun such deinen Pomponius Mela!« Aber sie hatte damals kaum ausgesprochen, als die Uhr so wehmütig und ächzend zu schlagen begann, als wolle sie sich über das den Klöppel hemmende Päckchen beklagen. So daß er mit unbeweglichem Gesicht an der entsetzt Lauschenden vorüberschritt, und mit ruhigem Griff das lederne Büchelchen herausholte, bis sich ihre Verstörung über diesen unerwarteten Verrat in eine Kaskade klingenden Gelächters auflöste, und die Geschichte nach einer, immer aufs neue von Lachen unterbrochenen weisen Disputation über die Tücke der Dinge feierlich in die Familiengeschichte aufgenommen wurde.

Er stieg die schmale Hintertreppe hinab und trat aus der grünen kühlen Dämmerung in die strahlende Glut des vollen Mittags.

Von den Glimmerstückchen in der Mauer prallten lautlos sprühende Funken; die weißen kiesbestreuten Gartenwegelchen brannten vor Hitze durch die Sohlen der Schuhe. Friedrich griff mit beiden Händen in das feuchtwarme dichte Gras und ließ es in seltsam heidnischer Lust durch die Finger gleiten. Die lackbunten Blumen standen starr in der glühenden klaren Luft, die höchsten Spitzen der Ulmen nur wogten leise hin und her, und stahlblaue Fliegen hingen unbeweglich in der heißesten Sonne.

Er schritt rasch hinunter bis zum Bächlein, das eilig, aber auch wie schweigend über den klaren bunten Sandboden sprang, und schritt leicht, seinem Laufe folgend, fort. Nach wenigen Minuten Weges durch das hohe sommerlich duftende Gras, an den Hintergärten der Bürgerhäuser entlang, trat er, links abbiegend, durch ein knarrendes Holzpförtlein auf einen kleinen verwilderten Rasenplatz mit wenigen umbuschten Beeten, die nachlässig angelegt und mit schönen wilden Blumen fast überwachsen waren.

Hier saß, im gegitterten Schatten eines verwachsenen Wacholdergebüsches, der Geigenspieler, dem sie vorhin gelauscht hatten. Es war ein alter kräftiger Mann mit noch vollem weißem Haar, dessen Gesicht einen harten, gebietenden Ausdruck zeigte, wie der eines Menschen, der viel befohlen hat und an Gehorsam gewöhnt ist.

Als er die Schritte Friedrichs vernahm, hob er das durchdringende Auge und spähte unter seinen buschigen Brauen unwillig nach der Tür, aber als er den Nahenden erkannte, hob er mit spöttischem Winken die Hand und rief ihm entgegen : »Nun, Einhorn, was gibt's ? – Was treibt euch zu solcher Stunde durch diese ländlichen Schatten – ?«

Friedrich bot ihm lächelnd die Hand und sprach neckend : »Nichts, o blauer Ritter, von Nympholepsie oder tellurischen Attraktionen; ich hörte von fern euer Geigenspiel, und erinnerte mich voller Bestürzung, daß ich schon mehr des Wolkenzaubers versäumt habe, als erlaubt sei.« Und der Alte nickte gewichtig und erwiderte ernst : »Ihr werdet erstaunen, Herr, ich habe vor drei Tagen das 6000. Blatt vollendet, und hoffe, wie Ihr wißt, auch das zehntausendste zu erleben. – Ihr sollt sogleich die neuen Denkmäler sehen. «

Er erhob sich mühsam, indem er sich auf den derben Seitenlehnen des Sessels hochstützte, um nach einem silbernen Pfeifchen auf dem Tische greifen zu können, und erst jetzt sah man, daß der Alte gelähmt war.

Herr Windhold – so hieß er, der sich nach dem Namen seines Hauses gern den blauen Ritter nennen hörte, so wie Friedrich nach dem des seinen das Einhorn gerufen wurde – war der Sohn des reichsten Kaufmannes der Stadt gewesen und hatte, nach mancher prunkvoll verlebten Nacht mit den anderen Patriziersöhnen, einstens das Unglück gehabt, mit seinem feurigen Pferde zu stürzen; halb zerschmettert und bewußtlos trug man den schönen Jüngling in das Haus seiner Eltern, wo er nach langem Krankenlager genas, aber nie den Gebrauch seiner Glieder wieder völlig erlangte.

Er wurde ein finsterer harter Mann, der weit und breit als unbarmherzig und geldgierig verschrien war, und von dem niemand ein gutes Wort sprach, zumal er als Sonderling galt, und es mit den Jahren soweit kam, daß ihn von Gesicht zu Gesicht kaum noch einer der älteren Einwohner kannte. Sein Umgang mit Friedrich rührte von einem seltsamen Zufall her, dessen sich beide noch zuweilen lächelnd erinnerten.

Er hatte einst mit seinem Freunde Leubelfing in dessen angrenzendem Garten – zum Türken – beim Schachzabelspiele gesessen, und war mit ihm in einen scharfen Streit über eine wichtige Variante der sogenannten ‹spanischen Eröffnung› geraten. Friedrich hatte endlich ein Blatt aus seiner Brieftasche genommen, und auf der Rückseite Zug für Zug niedergeschrieben und mit Beispielen am Brett verteidigt, bis Leubelfing, obzwar nicht völlig gewonnen, doch allmählich von der Spielbarkeit des Zuges überzeugt, nachgegeben hatte. Ein aufkommender Windstoß hatte dann das Blatt wirbelnd entführt, ohne daß einer der Männer darauf geachtet hätte.

Einige Wochen später erhielt Friedrich einen knurrigen kurzen Brief, der in wenigen Worten eine Einladung zum Herrn Windhold enthielt, aber in seiner Knappheit mehr einem verlegenen Befehle glich. Er war belustigt gegangen, und hatte, nachdem mehr als einmal hart Persönlichkeit gegen Persönlichkeit gestoßen war, sich das Zutrauen des Einsamen erworben.

Auch heute konnte Windhold nicht von den Anspielungen lassen; denn nachdem auf seinen kurzen Pfiff hin ein Diener erschienen war, und sich eilig mit dem erhaltenen Auftrage wieder davon gemacht hatte, machte er mit zwinkernden Augen eine weite Armbewegung und sprach feierlich : »Ein schöner Mittag; wie sagt doch der Dichter im Pergament des Bundes –« – er meinte das verwehte Blatt, auf dessen Rückseite ein Gedicht Friedrichs gestanden hatte – :

‹. . Die Wolke fliegt wie heller Rauch
über die klirrenden Seen . . . . .›
‹. . . den Bach entlang, wie quirlt er blank.
Gras schwellt und federt meinen Gang . .›
‹. . . Glutmittag steht im Kräuterwald. –
Pan schlief auf ferner Lichtung ein;
nun schweigt der Bach, stumm blitzt der Stein,
und auch mein Herz muß stille sein :
wer weiß, was mir geschieht – ?
Ein Märchen, ich vergaß es bald,
sagt, der wird toll im Mittagswald,
der eine Nymphe sieht. –
Im Bächlein flirrt der goldne Sand,
ich geh' und kühle meine Hand. –
Was huscht herein und leert den Krug,
und müht sich, schwach und zart genug,
mit dünnen Silberarmen ?
Sie schüttet in den Bach hinein
farbige Muscheln, bunten Stein,
und trägt auch Tang und Fische ein. –
»Ich liebe dich ! – Sprich, liebst du mich ? !«
Bleibt süß und traurig ihr Gesicht . . . .›

Aber Friedrich entgegnete ihm nur : »– und der Sänger des Bundes beglei-tet das Lied auf der Sommergeige dazu, nicht wahr ?« Und der Alte schlug ihm die Hand lachend auf die Schulter, und nickte in grimmiger Verschämtheit vor dem Jüngeren, der so gut das gläserne Spiel zu deuten gewußt hatte.

Dann kam der Diener und brachte eine riesige Ledermappe mit tiefer dunkelbrauner Prägung, schier einem Manne zu schwer.

Nachdem er die blanken Messingschnallen geöffnet hatte, wandte sich Windhold zu Friedrich und fragte blätternd : »– Das letzte war 5989 gewesen, ja ? !« Und auf Friedrichs Nicken hin nahm er das folgende Blatt und legte es vor ihm auf den Tisch hin. Friedrich runzelte gespannt die Brauen und nickte verständnisvoll zu den kurzen Erläuterungen : »6 Uhr

34 Abends,« murmelte er dann und blickte den Alten fragend an : »Richtung der Mittelachse zum ‹Türken› ? – Gut; sehr gut! – Habt Ihr die Höhe messen können ?« »Nein,« erwiderte Windhold bedauernd : »Es war zu kurze Zeit um den Faulpelz von Diener zu verständigen. Ich schätze aber 4 bis 4 ½.«

Friedrich sah schweigend auf das große schöne Blatt, auf dem mit peinlichster Genauigkeit und erstaunlicher Meisterschaft eine Wolkenlandschaft mit ihren reinen verdämmernden Farben und winzigsten Fäserchen dargestellt war. Zärtlich kräuselte sich eine geschwungene Wolkenfeder über dem Dache von Leubelfings Hause; hoch darüber schwebte eine feine wie gegitterte Dunstschicht im höchsten Äther. Kühl und fremd lag die Abendluft dazwischen, und auf einer rötlichen Wolkentafel stand der dünne Mond wie eine flache Schale.

Auch die folgenden Blätter zeigten das Wolkenspiel der letzten Tage : düstere derbe Ballen unter denen zottiges Grau hing; weiße sommerlich reife Fuder, die wie auf unsichtbaren Erntewagen über den fröhlichen Himmel gefahren wurden; glühende Traumküsten mit vorgelagerten Inselkuppen im Abend und weite goldsäumige Bergketten hinter denen selige Länder lachend herwinken mochten.

Das war die Arbeit, welcher Windhold sich seit nunmehr fast zwanzig Jahren verschrieben hatte. Nach langwieriger mühevoller Schulung der Hand und des Auges war er soweit gelangt, daß er in wenigen Minuten, ehe noch der Luftzauber zerfloß – dislimned –, ihn in Augenblicken höchster Konzentration festzuhalten vermochte. Oft schon hatte er Friedrich damit überrascht, wie tief und genau er in Sekundenschnelle Einzelheiten erfaßte, die jedem anderen Beobachter entgingen, und, gepaart mit seinem noch immer erzenen Gedächtnisse, konnte ihm diese Fähigkeit bei einfachen Menschen unschwer den Ruf der Allwissenheit verschaffen.

Auf dem flachen Dache seines Hauses hatte er sich einen kleinen, nach allen Seiten hin offenen Pavillon errichten lassen, in welchem er, von seinen Geräten und Farben umgeben, seine Beobachtungen anstellte. Außer einigen Instrumenten, mit welchen er die Wärme der Luft, die Richtung und Stärke des Windes, die Bläue des Himmels und gar die Nebeldichte zu messen versuchte, war das Hauptstück der große Visierapparat – ein drehbarer starker hölzerner Rahmen, mit horizontal und vertikal darin ausgespannten Schnüren, mit deren Hilfe er die scheinbare Größe der Wolken zu messen und auf dem ebenso eingeteilten Papier genau wiederzugeben vermochte.

Ein unermeßliches wissenschaftliches Material schlummerte in diesen Mappen, unschätzbar dem Wetterkundigen, jedes Blatt von Notizen über Änderung und Wirkungen der meteorologischen Erscheinungen begleitet. Aber mindestens gleich groß waren der künstlerische Wert und das Glück für den Träumer, der das ewige Spiel der Luftgeister so vollkommen festgehalten schauen durfte; und der Alte, der wußte wie Friedrich jeder der Bedingungen gerecht werden würde, wollte nach seinem Tode ihn zum Erben seines wissenschaftlich-künstlerischen Nachlasses machen.

Mit innigem Behagen sah er, wie Friedrich scharf jedes der Aquarelle prüfte, und beantwortete mit größtem Eifer jede der von wohltuendem Verständnis zeugenden Fragen. Sein Traum von heute Morgen kam Friedrich in den Sinn, wie er so die Bogen einen nach dem anderen umwandte, und er hielt befremdet einen Augenblick inne. – Hatte das nur halb vernommene ferne Geigenspiel des Alten den Traum erzeugt, oder hatte das Nachtgesicht unbewußt den Wunsch zum Besuche Windholds aufgerufen und verstärkt – ein Bild huschte an seinem Geiste vorüber : ein weißes Buch mit alten italienischen Lettern unter rankendem Gebälk sinnschwerer Zeichen ‹ . . . . . nun weiß ich nicht, ob Liä-Dsi geträumt hat, daß er eine Chrysantheme sei . . . . . ›. »Seltsame tiefe Welt; wo Ursache, wo Wirkung – –« dachte es in ihm, während er sinnend das letzte Blatt aufschlug.

Noch sah er nicht den gespannten Blick des Alten, aber er stieß einen halblauten Ruf der Überraschung aus. »Nicht wahr ? !« fragte Windhold mit der gerührten stolzen Stimme des Liebhabers, »Das lohnte die Unterbrechung der paar Stunden Pflanzendaseins !« Friedrich antwortete nicht, sondern sah, während der Alte weitersprechend die näheren Umstände erläuterte, unverwandt in die schöne Nacht, die sich vor ihm auftat. Eine silberne Wolke, schlank und gebogen wie ein Götterschiff, stand über den verschnörkelten Giebeln, lautlos aus fernen Marmorländern herangeschäumt. Der blitzende Mond hing, ein schlanker lampiger Tropfen, am Heck, und zwischen den seltenen aber prächtig funkelnden Sternen standen gekrümmte schuppige Wölkchen wie springende Fische. So unvermittelt und leuchtend schwebte das Himmelszeichen in der frischen Kühle, daß Friedrich nur mit halbem Ohre hörte, wie kurz nach Mitternacht Herr Windhold auf ein Klopfen an seinem Fenster hin erwacht sei, und, sich aufrichtend, den Nachtwächter gesehen habe, den er für allwöchentlich einen Silbergroschen verpflichtet habe, ihn bei ungewöhnlicher Wolkenbildung oder allen anderen sonstigen astralen Kuriosa zu wecken. Ohne sich um das verworrene Murmeln und Fuchteln des alten Menschen weiter zu kümmern, habe er sich von seinen Dienern sofort auf das Dach tragen lassen und dort im schönsten Entzücken das herrliche Bild vollendet. Auch habe sich die Erscheinung selbst für eine Nachtwolke ungewöhnlich lange fast unverändert gehalten. Der Nachtwächter habe unterdessen gewartet, bis er wieder herabgekommen, und habe ihm eine gar unklare Historie von Stimmengewirr und schwarzen hageren Männern erzählt, von welcher wahrscheinlich nur das Eine wahr sei, daß Herr van der Meer sich ebenfalls gerade auf dem Dache seines Hauses ergangen habe.

Friedrich blickte auf die Daten am Rande und fügte lächelnd hinzu : »Wie ich sehe, hat das Eidolon ja auch gerade über dem Dache des ‹Meerwunders› gestanden !« Der Alte sah ihn rasch von der Seite an, aber sagte nichts zu dieser Anmerkung, und Friedrich, der durch die Erwähnung des Holländers wieder an den eigentlichen Zweck seines Ganges erinnert wurde, nahm das Schweigen wahr, um sich rasch zu verabschieden. Der Alte reichte ihm die Hand und sah abwesend in den flimmernden Mittag hinaus : »Möchte mit Euch gehen können,« sagte er knurrig; »müßte sich gar artig in dem klaren kalten Wasser des Bächleins auf- und abschlendern lassen ! Denkt nur,« rief er dem Zurückwinkenden nach, »die schönen reinlichen Pflanzen in den kühlen Wirbeln......«

6.)

Und wieder schritt Friedrich durch die starre Mittagshitze und die unbeweglichen Gräser den Bach entlang, der fast einen Halbkreis um die Stadt beschrieb und dann erst bei der neuen Mühle strudelnd seinen Weg in die Ebene suchte. Einmal blieb er einen Herzschlag lang lauschend stehen; denn von dem Kirchturme schlug es dünn und zitternd zwölfmal, dann raunte wieder die glastende Stille. Er verdoppelte seine ohnehin langen Schritte, um recht bald wieder zu seiner Frau zurückzukehren, und fast mißmutig tadelte er sich, was er doch für ein Herumtreiber geworden sei, da er in gewöhnlichen Zeitläufen sonst monatelang außer den unbedingt nötigen Geschäftsgängen nicht das Haus verließ.

Hurtig sprang er, um den Weg abzukürzen, an einer flachen Stelle über das weiße, winzige Funken sprühende Sandufer des Bächleins, und stand nach wenigen Schritten an der Tür zum uralt verwilderten Garten des ‹Meerwunders›. Er öffnete das schwerfällig in den Angeln kreischen[de] Pförtchen und schritt betroffen langsam über den schmalen schier völlig verwachsenen Kiesweg. Es mochten wohl an die hundert Jahre sein, daß ein Menschenfuß die zierlichen Kräuter und flüsternden Halme aufgestört hatte, und Friedrich blickte mit einem seltsamen Gefühl der Scheu auf die stummen Gewächse, die wie in Urzeiten der Erde ganz sich selbst überlassen waren, sich aussäten und vergingen, und eine tiefe Trauer ob seiner Fremdheit zu den Lieblingen überkam ihn.

Er hatte sich unterdessen dem alten Hause genähert und sah auf der Terrasse die hohe Gestalt van der Meer's, der sich aufrichtete und ihm die wenigen Stufen hinab entgegenschritt. Sie traten zusammen aus der prallen Sonne in die klaren Schatten der großen Diele, und Friedrich verharrte einen Augenblick, durch den plötzlichen Wechsel geblendet. Herr van der Meer hatte sich in dem alten schwerfälligen Hausrat wohnlich genug eingerichtet. Einige große Atlanten lagen aufgeschlagen auf dem Tische, ein Buch mit Kupferstichen neben der Delphin-Lampe, die Friedrich schon in der vergangenen Nacht gesehen hatte, und für einen Augenblick wollten die trüben Bilder der letzten Stunden sich gewaltsam in seine Erinnerung drängen, aber er wollte sie vergessen und es gelang ihm wie stets, sie zu unterdrücken.

Herr van der Meer hielt ein paar schwarze von grünlichen Kupferfäden durchzogene Schiefergesteine in der Hand und legte sie Friedrich auf dessen höfliche Frage hin vor; es waren Abdrücke von zierlichen, wie Weidenzweige herabhängenden Pflanzen darauf, und auf dem größten das deutliche Abbild eines seltsam geformten großschuppigen Fisches mit unsymmetrischer Schwanzflosse und rundem Kopfschild.

»Man findet dergleichen Figurensteine oft in den Schieferbrüchen der Gegend,« sagte Friedrich lebhaft, »ich besitze ebenfalls einige recht schöne Stücke davon. Es bestehen ja viele merkwürdige Meinungen über ihre Entstehung unter den Gelehrten, aber meiner Ansicht nach ist doch wohl die einfachste, daß eben vor Zeiten in dieser Gegend ein Meer oder ein See sich ausdehnten, nach dessen Verschwinden – durch Verdunsten oder Austrocknen oder Abfließen – die Tiere und Pflanzen des Geklippes und Seegrundes im zurückbleibenden Schlamme erhärteten.« Herr van der Meer lächelte nachsichtig und antwortete nach einigem Zögern : »Gewiß habt ihr Recht, aber so einfach liegt die Sache nicht. Bedenkt vor allem, daß die Steine auch auf den Spitzen der höchsten Berge gefunden werden, und weiterhin, daß der Körperbau z. B. dieses Fisches so sehr von den aller jetzt Lebenden abweicht, daß man dann auch eine Umbildung der Formen der Geschöpfe annehmen muß – – also auch des Menschen –« fügte er nach einer bedeutenden Pause hinzu. Friedrich sah ihn mit seltsamem Blick an, dann erwiderte er langsam : »Ich verstehe, was Sie Alles damit sagen wollen, Herr van der Meer, aber es wäre ein Studium wohl eines Lebens wert. Zumal es auch philosophisch die bedeutsamsten Folgen hätte. – Aber wo hier anfangen, wo enden; wir wissen noch nichts von den Naturreichen, da Dank der zerstörenden und verdummenden

Tätigkeit der Kirche der gute Grund, den die Alten gelegt hatten, längst verschüttet ist. Aber einst wird kommen der Tag –«. Er brach ab, da er das belustigte Lächeln des Holländers sah und fügte nur noch unwillig hinzu : »Fremdeste Welten würden sich auftun – aber Ihr lacht ? ! – Habe ich Unrecht oder beginnt man draußen doch schon, sich mehr diesen Studia zuzuwenden ?« »Nichts von Alledem, « erwiderte gelassen Herr van der Meer, »aber wie viele Millionen der gelehrtesten Männer, meinen Sie wohl, müßten in jahrhundertelanger Arbeit die Grundlagen schaffen zu einer Wissenschaft der Natur, die alles Existierende von Sonnenstäubchen bis zum fernsten Stern umfaßte ? Wohl gibt es außer der suchenden bescheidenen Kleinarbeit noch andere Wege –« er brach ab und erhob sich. Auch Friedrich stand von seinem Stuhle auf, und, obwohl ihm das allwissende Wesen des Fremden gar nicht gefallen wollte, brachte er doch seine Einladung für den heutigen Abend vor. Er war, trotz des Dankes, den er ihm schuldete, wie erlöst, als der Hausherr, nun liebenswürdig auflachend, ihm die Hand auf die Schulter legte, und ihn fragte, ob er denn ganz vergessen habe, daß doch heute die Stadt den Sieg feiern müsse und er selbst leider seit Stunden an Leubelfing versagt sei ?

Friedrich, der wirklich noch nichts von einer solchen Veranstaltung vernommen hatte, atmete erleichtert auf, und die Beiden schritten nebeneinander wiederum den Weg zum Pförtchen hinunter.

Am Bache blieben sie noch einmal stehen und sahen in die flirrende Luft und den unsäglichen Glanz der Sonnenstrahlen auf den Wellchen. Friedrich, dem der Wunsch Windholds, im Bache zu waten, ins Gedächtnis zurückkam, erzählte, nun ebenfalls lächelnd, seinem Begleiter davon, der aufmerksam zuhörte, und ohne zu lachen flüsternd sagte : »Ich kenne ihn wohl – er kann es auch anders gemeint haben !« Friedrich, durch den plötzlichen Ernst überrascht, sah ihm voll in's Gesicht und bemerkte, wie ihn der Fremde mit scharfem Blick prüfend musterte und voll gutmütiger List etwas zu überlegen schien.

Plötzlich sagte er verbindlich : »Aber – Sie entschuldigen mich doch, Herr Siebold ! – Vergesse ich nicht der einfachsten Pflichten eines Gastgebers ! –« Und ehe Friedrich noch fragen konnte, schlug er klingend in die Hände und rief dem auftauchenden Diener in wohllautender fremder Sprache ein paar Worte zu. Dieser verneigte sich gespreizt, und, wie es Friedrich schien, mit verstecktem Grinsen in dem breiten Faunengesicht; dann lief er mit seinen stämmigen Beinen ins Haus und kehrte nach erstaunlich kurzer Zeit mit einer einfachen silbernen Platte zurück, auf der zwei kugelige, mit einer leicht beweglichen bläulichen Flüssigkeit gefüllte Gläser standen.

Herr van der Meer ergriff den einen der so ungebräuchlich geformten Pokale, nötigte Friedrich mit freundlicher Bitte, den anderen zu erheben, und hielt sein Glas gegen das schmetternd goldene Licht des strahlenden Himmels; wie eine zierliche kühle Kugel wogte der seltsame
Liquor in der stummen Luft : Während sie das Glas leerten, begann wieder das leise zitternde Glöckchen von St. Peter seinen alten zerbrechlichen
Schlag, und Friedrich, der den Kelch dankend auf die ehrerbietig dargereichte Platte niederstellte, zählte lauschend das dünne Läuten mit. Eins –
über den roten Ziegeldächern schien die Mittagsglut flimmernd mit dem
hellen wirbelnden Rauche zu tanzen; Gedüft über glühenden Wiesen.

Er fühlte wiederum die kühle Hand des Fremden auf seiner Schulter,
und sah in demselben Augenblick, wie eine leichte lichtgrüne Brandung
lautlos vom Boden her um ihn aufzuspringen schien.

7.)

Er tat verwirrt einige Schritte vorwärts und stand neben einem noch nie
gesehenen Baume, dessen riesiger flacher Stamm von armlangen gold-
braunen Stacheln starrte. Die Farbe der glatten Rinde war ein tiefes schönes Grün, an manchen Stellen durch volle perlende Wasserkugeln schimmernd. Ein leises Lachen ließ ihn herumfahren, und er sah zu seiner Rechten Herrn van der Meer an dem runden, säulenähnlich tief kannelierten
Stamme eines anderen Baumriesen lehnen, dessen Krone sich in schier
unglaublicher Höhe im zierlichen grünen Rauche des regungslosen Wip-
felmeeres verlor, und so dicht war das Laubdach, daß man nur selten ein
Stück des blauen Himmels wahrnehmen konnte. Friedrich klomm rasch
über den mit verworrenem Geäst bestreuten Boden, und sprang aufatmend neben den lächelnden Fremden, der noch einmal wie liebkosend
mit der Hand durch das lichte weiße Pelzwerk des Stammes fuhr; dann
aber Friedrich winkte, ihm zu folgen, und behende durch den wie es
schien noch nie betretenen Urwald voranschritt. Nach wenigen Minuten
traten sie auf eine weite Lichtung, über der sengend die Sonne stand. Ein
furchtbarer Wirbelsturm mußte unwiderstehlich die gigantischen Stämme geknickt und nach allen Seiten wild auseinander geworfen haben. Sie
schritten behutsam am Rande entlang, und Herr van der Meer reichte Friedrich häufig die Hand, um ihm über die gestürzten ineinandergeflochtenen
glatten Stämme hinwegzuhelfen. Oft mußten sie wie auf einer Brücke,
vorsichtig den gefährlichen Dornen ausweichend, einen tiefen Abgrund
überqueren und schon schien der Weg wie abgeschnitten, aber nach

kurzer Zeit wurde der Wald lichter, und die Beiden traten aufatmend aus den wunderlichen Schatten.

»Wo sind wir, Herr van der Meer,« fragte Friedrich erregt, »was ist denn geschehen ?« Er sah ihn hilflos an, aber der Fremde erwiderte laut lachend : »Herr Siebold, kommen sie nur. Wir haben nicht allzuviel Zeit, und der Weg scheint sie zu ermüden. – Aber erst wollen wir uns ein wenig gegen die Sonne schützen.« Er hob mit Mühe ein dickes gelbes Blatt von der Größe eines ausgewachsenen Mannes vom Boden, hieb mit seinem Messer zwei Stücke davon, und faltete mit großem Geschick ein Paar einfache gelbe Mützen, von denen er eine wohlgefällig aufsetzte und, Friedrich die andere darbietend, in das wüste weite Trümmerfeld voranschritt.

Zu beiden Seiten, soweit der Blick reichte, war der unerträglich grell blendende Boden mit großen, halb glasigen, halb rauchig geäderten Blöcken besät, über deren scharfe Kanten Friedrich oft empfindlich stolperte. Zuweilen mußten sie kletternd einen steilen bunten Felsen umgehen, der, mit zum Teil wild überhängenden Wänden, aus dem heißen Wüstenboden emporragte. Aber jetzt schien ein kühlerer Luftzug über ihre erhitzten Stirnen zu streichen, und nach einigen weiteren Schritten sah er vor sich den Lauf eines mächtigen Stromes, auf dessen fernem, kaum erkennbarem Ufer sich hinter einem schmalen Sandstreifen ein ähnlicher Wald, wie der eben durchschrittene, zu erheben schien.

Mit einigen leichten Sprüngen stand der Fremde am Ufer und zog Friedrich trotz seines Widerstandes mit in das schnell tiefer werdende strudelnde und schäumende Wasser hinein, das in lieblicher Klarheit die feinsten Einzelheiten des goldsandigen Grundes erkennen ließ. Während Friedrich sich noch verwundert fragte, was denn nun das wieder solle, tat Herr van der Meer, der seine Hand noch nicht losgelassen hatte, einen weiten Satz, und beide sanken wohl hundert Fuß tief in die hellen Wasserwirbel hinein. Zu seiner nicht geringen Verwunderung fiel Friedrich, der auf dem festen Boden des Flußbettes stand, das Atmen nicht im geringsten schwer, und den Druck der vorbeitollenden Strömung fühlte er wie einen schönen fröhlichen Wind um sich fahren, so daß er mit einer Hand seinen Spitzhut fester auf den Kopf drücken mußte.

Herr van der Meer kam eben aus den Zweigen eines riesigen auf und nieder wogenden Baumes herabgeklettert, von dem er Ausschau gehalten zu haben schien; geschickt ließ er sich an den starken schwankenden Ästen herab und sprang endlich, sich einen artigen Schwung gebend neben Friedrich zu Boden. Dieser trat dicht vor ihn hin und fragte ihn, seiner beinahe traumbefangenen Stimme möglichsten Ernst verleihend und doch an der Begreiflichkeit seiner jüngsten Abenteuer völlig verzweifelnd : »Nehmen Sie es mir nicht übel, Herr van der Meer, aber wir standen doch noch eben im Garten ihres Hauses – gewiß, gewiß : ich träume von einem fremden Erdteil, und doch –« er verstummte und sah mit einer hilflosen Handbewegung um sich.

Der Holländer winkte nur leichthin und erwiderte, während er eine kleine silberne Pfeife aus der Tasche holte : »Warum wollen Sie Erläuterungen; sehen Sie sich doch erst einmal recht um !« Er blies einen hellen, anmutig schallenden Ton, der lieblich in den nahen Wäldern und Gebüschen widerhallte, und sich in der Ferne mit leisem Klingeln verlor. Dann stand er wartend.

Ab und zu tanzten helle Streifen und Kringel über den bunten, mit feinstem reinlichem Sande bedeckten Boden, und die Baumgruppe, in deren schönen durchbrochenen Schatten sie standen, neigte sich rauschend mächtiger, daß die über mannsdicken hängenden Äste mit den äußersten fein gefiederten Spitzen fast den Kies streiften.

Zu beiden Seiten des weiten langgedehnten Tales erhoben sich gigantische Felswände, deren Zinnen sich in unermeßlicher Höhe in den Wolkenschleiern verloren, und wie die Mauern des Weltalls starrten. Friedrich trat staunend über die nie gesehene Landschaft an den Rand des nahen Gebüsches, fuhr aber sofort zurück und sprang zu dem Fremden, ihn mit sich in den Schutz der schwingenden Zweige ziehend : »Zwei Untiere« flüsterte er atemlos und behutsam durch das spielende Geranke spähend; »Gewiß, « erwiderte Herr van der Meer und fuhr schier unwillig fort : »es wird aber auch Zeit, daß sie kommen !« Mit diesen erstaunlichen Worten machte er sich gewaltsam los, und trat vor den grünen gegitterten Vorhang. Seltsam war es nun anzuschauen, wie er prüfend zu den beiden munteren Fischen trat, deren jeder zweimal so lang wie er selbst sein mochte. Erst jetzt sah Friedrich, daß jedes der Tiere einen schönen ziselierten silbernen Sattel und feines goldenes Zaumzeug trug, welches der Fremde eingehend und verständnisvoll musterte, und dann Friedrich heranwinkte, der nun entschlossen und sich der eigenen Furcht fast schämend herzutrat. Der Holländer hatte sich bereits elastisch in den Sattel geschwungen und rief ihm zu : »Nehmen Sie nur den Anderen mit den roten Tupfen; ein trefflich Tier und flink dazu !« Friedrich näherte sich dem zutraulich ihn ansehenden und langsam mit den zarten schleierartigen Flossen spielenden Fische und stieg, ihm mutig den schönen schuppigen Rücken klopfend, in den Bügel. Während er sich im Sattel zurechtsetzte und die Zügel ordnete, kreiste Herr van der Meer in kühnen Schwüngen und Kapriolen um ihn herum, wobei es sich ebenso wundersam wie zierlich ausnahm, wenn er, den Kopf nach unten, mitten durch den wehenden Wipfel des Baumes ritt. Erst nachdem er das feurige Tier tüchtig getummelt und zugeritten hatte, daß es die starke Hand des Meisters erkannte, kam er verwegen dicht neben Friedrich herangebraust und zügelte erst auf gleicher Höhe mit ihm seinen bläulichen Renner, daß das Wasser nur so wirbelte. Die entschlossene Haltung seines Begleiters wohlgefällig betrachtend, sprach er Beifall nickend : »Ein tüchtiger Ritt wird uns schneller vorwärts bringen, als vorhin die mühselige Wanderung durch die verworfelte Unbahn, und Sie können so wenigstens sagen, Sie haben auch ein Stückchen von der Welt gesehen. Folgen Sie mir nur getrost und auch kleine Abschweifungen auf eigene Faust seien Ihnen vergönnt; es geht nichts über Autopsie. «

So sprechend, spornte er leicht sein tänzelndes seltsames Reittier, und schoß, von dem staunenden Friedrich gefolgt, in leichtem Bogen aus den Schatten heraus, auf den nächsten der wolkenhohen Bergkämme zu. Friedrich hatte Mühe, sich bei dem sausenden Ritt im Sattel zu halten, zumal er sich erst an die Lenkungsweise gewöhnen mußte, um sein lustiges Reitfischchen nicht in Schleifen in die Höhe zu treiben, und sah voll ehrlicher Bewunderung auf seinen Begleiter, der nachlässig die Zügel in der Linken hielt und lebhaft auf ihn einsprach, wovon aber wegen des ziemlich heftigen Brausens und Strudelns kaum ein Wort zu verstehen war. Nach erstaunlich kurzer Zeit waren sie in die Nähe der zackigen Steilwand gelangt und Friedrich konnte nun, langsamer daran entlang reitend, ihren romantisch schönen Bau genauer bestaunen.

Zuweilen ragte der nackte Fels glimmernd oder von verzweigten farbigen Bändern durchzogen in unabsehbarer Höhe, oder es waren körnige graue Platten, die sich schuppig übereinanderschoben und an welchen das klare Wasser mit tiefem klangvollem Rauschen dahinströmte. Aus lieblichen, mit nie gesehenen großblättrigen Gebüschen umgebenen Grotten, hingen wie zarte fliegende Schleier die langen Ranken tiefgrüner feinfaseriger Gewächse, die anmutig um die rauhen Spitzen und Vorsprünge des Urgebirges wehten. An manchen Stellen war die Wand mit einem mannshohen schwankenden Teppich wie behangen, aus dessen wogendem Grunde winzige Fischchen herausschossen, flossenschlagend über oder neben den Reitern stehen blieben, und, das Köpfchen klug auf die Seite legend, sie vertraulich umspielten oder gar eine kleine Strecke weit begleiteten, bevor sie wieder ihre heimlichen blank durchstrudelten Wohnungen aufsuchten.

Herr van der Meer ergötzte sich eine Weile an dem Anblick des von Erstaunen und Entzücken hingerissenen Friedrich, bis er endlich, zu ihm heranlenkend, ihm in die Zügel griff und flüsterte : »Einen Augenblick,

Herr Siebold, kommen Sie doch einmal mit hinunter.« Worauf er, leicht mit der Zunge schnalzend, steil in die Tiefe schoß, und, auf den Sand hinabgesprungen, die Zügel seines Blaufisches lang um den biegsamen Stamm eines Baumes schlang, der statt der Äste nur tischgroße, sich spiralig in die Höhe windende Riesenblätter hatte. Nachdem Friedrich dem Beispiele seines Führers gefolgt war, schritten sie nebeneinander um einen Felsblock von abgeschliffenen runden Formen herum und standen vor einem haushohen gedrehten und mit prächtig verästelten schwarzen Zeichnungen, die sich aus der Ferne wie Charaktere einer rätselhaften Schrift ausnahmen, überzogenen Schneckenhause. Das riesige Tier schien zu schlafen; denn eine breite Spur, die es durch den Sand gefurcht hatte, brach hier unvermittelt ab.

Ehe Friedrich es verhindern konnte, schlug der Holländer mit wuchtiger Faust an das wunderlich hallende Gewölbe, daß ein dumpfer schollernder Ton nach allen Seiten zu fliehen schien; dazu rief er einige unverständliche Worte in die gähnende Mündung.

Friedrich, dessen Reittier sich losgemacht hatte und spielend den Kopf unter seinen Arm zu schieben versuchte, wollte eben näher treten, als zu seinem unaussprechlichen Entsetzen eine graue schleimige Masse aus der Öffnung zu quellen begann, zwei armdicke Schlangen schoben sich träge heraus, von derem Ende ein trübes tellergroßes Auge langsam den wie gelähmt Dastehenden anblinzelte. Der Traum der vergangenen Nacht befiel ihn mit unwiderstehlichem Grausen; mit verzweifelter Kraft schwang er sich in den Sattel und flog, die Sporen einsetzend, wie ein Pfeil nach oben. Vergebens schalt und lachte hinter ihm Jan van der Meer; er jagte unaufhaltsam aufwärts, bis er die Wasserfläche durchstieß und sein Fisch lustig über die blinkende Oberfläche aufsprang.

Friedrich arbeitete sich an das wüste Ufer und sprang mit einem Satze in den knirschenden Sand, während ihm noch das Lachen des Fremden in den Ohren schallte[.] Er wandte den Kopf zum Strande zurück, über den soeben Herr van der Meer heranschritt, und sah in demselben Augenblick, wie ein weites gelbes Gewand breit um ihn her niederzusinken schien.

8.)

Er trat einen Schritt vorwärts und sah mit weit offenen Augen, wie eben die Glocke von St. Peter zum zweiten Male nach rechts schwang und hörte ihr altjüngferliches Stimmchen in der glastenden Sonne verzittern;

und während der bärtige Diener sich unbeholfen aber feierlich verneigte, fühlte er eine schlanke kühle Hand auf seiner Schulter und eine lachende Stimme fragte : »Aber bester Herr Siebold, was haben Sie denn ? !« Er fuhr herum und sah in das halb erstaunt lachende halb ehrlich besorgte Gesicht seines Gastgebers, der, ihn mit verwunderter Bekümmernis musternd fortfuhr : »Sie haben sich nach der durchwachten und durch-kämpften Nacht zuviel zugemutet; jetzt die glühende Sonne – Sie sind doch nicht krank ?«

Friedrich, der allmählich seine Verstörung niederrang, murmelte verlegen etwas von einer sonst nicht gekannten Schwäche und einem selt-samen Traum, und schritt, von dem Fremden liebreich geleitet, zum Gar-tenpförtchen, das sich nach einem verabschiedenden Händedruck hinter ihm schloß. Er blieb, über sich selbst den Kopf schüttelnd stehen, und sah, wie der Holländer, die Hände auf dem Rücken gefaltet, nachdenklich sei-nem Hause zu ging; als er die Stufen emporschritt, leuchtete an dem breit-randigen schwarzen Hut die nußgroße bläuliche Perle noch einmal durch die Büsche.

Friedrich, mit sich selbst höchlichst unzufrieden, schalt sich weidlich über seine neueste Angewohnheit, am hellen lichten Tage mit offenen Augen zu träumen, aus. »Und vor allem so seltsame Dinge – nur gut, daß der spöttische, stets überlegen tuende Bursche nichts gemerkt zu haben scheint.« »Aber ich muß wirklich überanstrengt sein,« fuhr er fort, »eine solche karibische Landschaft hinzustellen; und auf Fischen reiten – das ist ja schlimmer als ein Feenmärchen ! –«

Er schritt, um nur der glühenden Mittagshitze zu entgehen, schneller aus, und betrat nach wenigen Minuten wieder den dämmrigen Flur seines Hauses.

Beim einfachen Mittagsmahl erzählte er von dem ungewöhnlichen Zufall, dergleichen ihm noch nie geschehen war, und hörte beschämt die liebevoll besorgten Strafreden mit an. Trotz seines Widerstrebens mußte er sich ein Stündchen niederlegen, und bettete seinen Kopf in den Schoß und die zärtlich zausenden Hände seiner Frau, die erst, als er zu seinem eigenen Erstaunen wirklich eingeschlummert war, sich geräuschlos erhob und nebenan, in der Küche, mit der Magd die Vorbereitungen für den nächsten Tag traf.

Als er neugestärkt erwachte, stand die Sonne bereits schräg über den Dächern und Giebeln, welche in ihrem gelben Lichte wie mit Messing beschlagen leuchteten. Ein leichter Wind hatte sich erhoben, und trieb kleine weiße Wölkchen vor sich her, über die rauschenden Gehölze und wogenden Kornfelder weg, dem unwegsamen Gebirge zu.

Friedrich trat an das Fenster der Studierstube, aber die verwirrenden Erlebnisse der letzten Tage waren noch nicht ruhige Erinnerung geworden, und er begann, rastlos auf- und abzuschreiten. Im Vorbeigehen fiel sein Blick auf die rätselvoll gekräuselte Rinde der Meernuß, und er wog sie gedankenlos in der Hand, ließ aber dadurch das Bild des undurchschaubaren Fremden immer stärker in sich werden. Was war das für ein wunderlich anziehender und zugleich abstoßender Mensch; überwog in ihm das Wertvolle oder das Boshafte. Er sann das Geheimnis nicht aus; dennoch stand er lange mit murmelnden Lippen im hin- und herwogenden Widerstreit ungeformter Gefühle, aus dem ihn erst ein leiser Schritt und das feine wispernde Rauschen eines seidenen Kleides weckten.

Seine Frau war eingetreten und sagte mit erstaunter Stimme : »Friedrich, da will der alte Klaus Jensen mit dir reden; er sieht ganz verstört aus – noch mehr als du –,« fügte sie lächelnd hinzu und fragte besorgt weiter : »aber wirklich, er ist gar nicht wiederzuerkennen und scheint wie abwesend zu sein. – Vielleicht kannst du ihm helfen ? –« Er hob verwundert den Kopf und wiederholte : »Klaus Jensen ? – Nun, wer weiß, was er auf dem Herzen hat. Er hat brav mit den Sieg erkämpfen helfen heute Nacht. – Hm !« Und zur Tür gehend, öffnete er sie und rief ermunternd : »Nun, Jensen, come alongside !«

Der Alte, der schüchtern am Fuße der Treppe gewartet hatte, stapfte hastig herauf und trat, verlegen seinen verwitterten Hut drehend, auf die Schwelle. Er machte einen unbeholfenen Kratzfuß und sah Friedrich hilflos an, der ihm lächelnd die Hand bot und ihn zu einem Stuhle neben dem großen Bücherregale schob. Jensen setzte sich schwerfällig, und Friedrich, der unterdes zwei lange Pfeifen gestopft hatte, von denen er eine dem Alten bot, während er selbst die andere entzündete, wollte es ihm erleichtern, sein Begehr vorzutragen, und begann : »Nun, das war eine schwere Nacht, die wir zu der Stadt Nutzen und Frommen hinter uns haben, wie ? !«

Der Alte sah ihn gedankenlos an und erwiderte : »Ja, ja, Herr ! Das mag wohl so sein.« Und verstummte wieder für eine Weile, während welcher Friedrich geduldig wartete. Nach geraumer Zeit hob Jensen den schweren Kopf und sagte mit gleichgültiger, wie beendender Stimme : »Ihr habt ihn ja auch gesehen, Herr !« – »Wen ? !« fragte Friedrich voll anscheinender Ruhe, aber in Wahrheit mit einem Schlage hellwach geworden; »ihr meint –« – »Nun ja,« entgegnete der Alte stumpf : »den Meergeist,« und als Friedrich etwas entgegnen wollte, winkte er mit wunderlich flatternden Händen ab und fuhr eilig fort : »Ich weiß nichts und ich habe nichts gesagt, nein, nichts. – Will auch nur eine Geschichte erzählen, Herr.« Und wiederholte immer aufs Neue mit einförmig murmelnder Stimme : »Eine Geschichte, ja, eine Geschichte !«

Friedrich stand auf und legte ihm begütigend die Hand auf die Schulter, obwohl ihn das Gebaren des Alten mit unheimlicher und doch auf seltsame Art befreiender Spannung erfüllte, als nähere er sich der Lösung eines Geheimnisses : »Jensen !« sagte er beruhigend : »erzählt nur. Vielleicht kann ich euch helfen !« – Er gebrauchte unbewußt die Worte seiner Frau, und der Alte sah dankbar zu ihm auf. »Ihr meint es gut, Herr, ich weiß. – Aber helfen –« er schüttelte wie in tiefe Gedanken verloren den Kopf : »Helfen –« hörte ihn Friedrich flüstern : »vielleicht wär's nicht einmal gut –.«

Endlich hob er gewaltsam den Blick und sagte entschlossen : »So hört denn; aber Ihr werdet euch entsetzen – es ist lange her, Herr !« fügte er wie entschuldigend hinzu. Da aber Friedrich nicht antwortete, begann er nach einer Weile zu erzählen, stockend und mit schweren Pausen, während die Sonne auf seinem Gesicht verglomm, bis es wie in düstern maskenhaften Schatten erstarrte.

»Es sind nun schon viele Jahre her, Herr, da saßen wir eines Abends in der reichen Hansestadt Hamburg in der Schenke; rot floß das Laternenlicht über den großen Tisch, an dem wir tranken und würfelten. Waren schlimme Gesellen, Herr, aber Geld hatten wir alle mitgebracht, weit aus Neu-Hispanien; kennt Ihr das Lied :

> . . . There is much gold
> as I am told
> on the banks of Sacramento . . .

Oh, ja; und das gelbe Fieber hatte uns wohl auch befallen, und wir bliesen aus tönernen Hollandsköpfen den Rauch des fremdartigen duftenden Krautes Nikotiana hier, und schlugen dröhnend auf die hölzerne Platte und schrieen und lachten knallend. Und gegen Mitternacht verlor sich einer der lustigen Burschen nach dem anderen, bis ich endlich murrend das letzte Glas an die Wand warf und fluchend hinauswankte.

Draußen war ein dicker bleicher Nebel aus dem Fluß und den sumpfigen Kanälen gedampft – so etwas kennt Ihr hier nicht, Herr, quallig und feucht – und nur manchmal blakte irgendwo in der Höhe ein trübes Licht. Die Scharwache tappte ein paar Mal dicht an mir vorbei, ohne mich zu erspähen; ich hörte ihre langen Hellebarden auf dem Pflaster klappen, aber gesehen haben sie mich nicht, sonst hätte ich wohl die Nacht im Stakhause verbracht, wonach ich weiter kein Verlangen trug.

Allmählich verlor auch ich jegliche Richtung in den schädlichen

Dünsten, und oftmals schallten mir meine eigenen Schritte unheimlich genug in den Ohren, als sei ich wahrhaftig ein Dieb oder sonst ein schlimmes Nachtgezücht, das in den leeren schollernden Gassen umherflieht. Vergeblich suchte ich einen Weg; auf einmal hörte ich auch meine Tritte nicht mehr, ich mochte wohl in die moorigen Wiesen geraten sein, denn manchmal gurgelte es wie Wasser unten im Unsichtbaren, und nun hätte ich gern den hohlen Klang wieder vernommen. Aber wie ich mich auch wendete und mit den Füßen voranfühlte, es war, als schluckte eine Watteschicht jeglichen Laut, und Grauen befiel mich, als schwebe ich schon, ein aufgeblasenes kugliges Gespenst, lautlos im nassen gasigen Nebelmeer.

Plötzlich glaubte ich vor mir ein baumelndes Licht zu sehen, wie eine der großen Hecklaternen unserer Koggen, und warf mich im gleichen Augenblick scharf zurück; denn eben hatte der Boden schnalzend und saugend unter meinem tastenden Fuß nachgegeben, und nun hörte ich auch den um mich gurgelnden abgründigen Strom, aus dessen Nachtgewässern eisige Kälte heranhauchte. Ich war zu Boden gestürzt und wagte mich nicht zu rühren, schrie aber mit aller Macht nach Hilfe und Rettung aus dem schluckenden Sumpf, der unter mir schmatzend quoll und federte. Aber kein Laut kam über den Strom; gegen die Dämpfe schrie man wie in dichte wollene Tücher, und auch den Lichtschein konnte ich kaum noch erkennen – Herr, glaubt mir, es mag wohl auch eine Nebel- und Wasserhölle geben, wie sie oben im höchsten Norden noch glauben. –

Da fuhr ich mit einmal herum; denn mir war's, als wese etwas neben mir, und ich sah zu meiner Rechten stocksteif und mit seltsam gerenktem Kopfe ein mageres gelbes Männchen sitzen, das mit boshaften Augen wie halb zu Tode erstarrt durch mich hindurch sah. Sein Gesicht war hager und verschrumpft und auf dem kahlen Schädel trug es eine dicke flämische Mütze, deren Troddel gespenstisch in die webenden Schwaden zerfloß. Ich war vor Entsetzen wie gelähmt und konnte kein Wort hervorbringen; so saßen wir schweigend nebeneinander, während das Wasser schon kalt an meinen Knien leckte, bis ich endlich ein »Hilfe!« herauswürgte. Erst jetzt schien er mich zu bemerken; er deutete schwächlich mit dem Kopfe nach dem gelben Fleck drüben und fragte wie erschöpft : »Willst du 'rüber?« – Ich winkte mit verklammertem Genick und konnte doch kein Auge von dem Unheimlichen verwenden, der mit boshaften Seitenblicken und spielender Nachlässigkeit umständlich eine kleine beinerne Pfeife aus der Tasche holte und widerlich quäkend darauf pfiff. »Wirst dein Glück machen!« stöhnte er grinsend, während ihm der Kopf schier wie gebrochen auf die Schulter herabhing und hob ein so grelles

Lachen an, daß ich mir die Hände vor die Augen hielt, um nur die schreckliche Erscheinung loszuwerden.

Nach wenigen Minuten hörte ich harte Ruderschläge und sah, wie ein schmutziger Lichtstreifen auf mich zukam. Ich schrie noch einmal und bald waren sie unmittelbar neben mir; ich tat einen Schritt, sank bis über die Hüften in das klatschende Wasser, aber bekam den Bootsrand zu pakken. Ein paar derbe Fäuste rissen mich hoch und in die Schaluppe hinein, die bald darauf wieder an der großen Hulk festmachte.

Ich klomm die schwankende Strickleiter hoch, fühlte ein Deck unter den Füßen und wurde vor den Bootsmann in die matt erleuchtete Kajüte geführt. Der hieß mich roh willkommen, aber wir kannten uns bald wieder, denn wir waren schon zusammen mit spanischen Kapern vor Trinidad gekreuzt. Zurück konnte ich nicht mehr; denn das Schiff sollte in zwei Stunden auslaufen. Also schlug ich ein, und der alte Pirat vertraute mir an, daß wir eine reiche Beute zu erwarten hätten; denn der Schiffsherr sei ein gutmütiger vornehmer Kauz, den er tüchtig zu prellen gedenke, wo nicht gar –. Ich war's zufrieden und er zog mich, nachdem ich Verschwiegenheit gelobt hatte, an eine Ritze der Wand, drehte lautlos einen rostigen Nagelkopf heraus, und ließ mich in ein breites bequemes Zimmer sehen mit schweren dunkelblauen Teppichen und einem schönen glatten Tisch in der Mitte, auf welchem allerlei Bücher und Karten lagen. Ein schlanker schwarz gekleideter Mann saß, uns den Rücken zukehrend, daran, und ein kleiner alter Diener ging mit kurzen Beinen seltsam unbeholfen von einem Schrank zum andern, in deren Fächern es blitzte und gleißte wie Gold und edle Steine, daß die Gier in mir hochstieg. Neben mir hatte der Bootsmann das Auge an die Bretterwand gedrückt und raunte heiser mit gefletschten Zähnen, daß er aussah wie Satan selbst : »Der muß fort . . . .« Ich riß ihn zitternd von der Wand weg und flüsterte, den Widerstrebenden festhaltend, ihm ins Ohr : »Hast du nicht gesehen, wie sich der Kleine blitzschnell umwandte und höhnisch zu uns herüberlachte –« Aber es mochte wohl Täuschung gewesen sein; denn als wir noch einmal hindurchlugten, wischte er wieder stumm mit einem weichen Tuch in den alten Wandschränken herum.

Wir verließen die Kajüte und stiegen aufs Deck, wo die Mannschaft im aufkommenden Morgenwind die Segel setzte und bald fuhren wir langsam auf dem noch immer nachtdunklen Wasser stromabwärts, während der Mond einen gelben breiten Streifen über die strömenden Fluten zu uns zog.

Ihr kennt ja die Geschichte von Friesland, Herr ? – Es war schon damals verschwunden; versunken sagte man. Wir fuhren nach Friesland.

Nach Norden über die glitzernd blaue See, mit dem frischen Wind im Rücken, und wir tranken und sangen, aber vergaßen nie unsere böse Absicht. There was a ship, that sailed upon the Lowland sea –. Und der Schiffsherr schien mir bald ein trüber Sonderling, bald ein großer Seefahrer; denn wenn er auf die Brücke trat und mit gleichmütiger Stimme seine Befehle rief, dann sahen wir Alle, daß er das Handwerk von Grund auf verstehen mochte.

Einmal auch, als wir wieder durch das alles duldende Holz unsere schlimmen Blicke sandten, war mir's, als höre ich neben mir ein Geräusch, und sah beim Umwenden den Gelben aus dem Nebelwuste neben mir auf dem Tische hocken. Da faßte mich kaltes Entsetzen und ich lief johlend die Leitern hinauf auf das Deck. Zuweilen war es, als begleiteten Herden von Walen uns auf dem Wege, im schwärzlichen Gewimmel der Riesenleiber; aber wir waren vor Goldgier wie taub und blind.

Von Nordwegen waren wir in die offenbare See gesteuert, und Tage lang schwebten wir allein auf der kristallklaren bläulichen Flut; bis einmal gegen Abend der Herr an Deck kam und uns mit gereßten Segeln beizudrehen gebot. Da begann ein seltsames Leben für uns, Tag und Nacht – es war nicht viel Unterschied da oben, Herr! – wiegten wir uns an der gleichen Stelle, und wenn es gegen Abend ging, überfiel die Mannschaft stets ein absonderlicher Schlaf, daß wir uns oft erst im hohen Morgen gähnend die Augen rieben, und verwundert zur Reling stolperten. Wir mochten uns mühen, wie wir wollten, nach dem Abendtrunke schlich die unbezwingliche Müdigkeit an, und wir mußten ihr folgen, bis ich eines Tages meinen Freund, den Bootsmann, beiseite zog, und ihm gebot, zur Nacht auf Nahrung und Trank zu verzichten; denn ich war sicher, daß man uns berauschende Mittel in die Speisen mischte.

So hoben wir wohl am Abend die Becher fleißig, aber schütteten den Trunk ungesehen zu Boden und verschmähten auch das Brot; als nun einer nach dem anderen in die Koje taumelte, gab ich den geheimen Wink, und wir trollten uns auf das Deck, wo wir unter die Segel krochen, doch den Blick frei behielten.

Die Stunden gingen; da war es uns, als hörten wir aus großer Tiefe den Klang einer Glocke, und uns fiel ein, daß wir über Friesland kreuzten; es scholl auch ein langsames feierliches Lied, und Furcht sprang uns an. Wir wollten zitternd die Köpfe ducken, da kamen Schritte die Kajütentreppe empor und wir vernahmen die Stimme des Patrons und seines Dieners, die in unverständlicher Zunge miteinander murmelten. Sie stiegen zusammen über die Reling, und da sie nicht wieder auftauchten, wagten wir, uns langsam hervorzuschieben und an den Schiffsrand zu schleichen.

Der Mond tauchte zuweilen aus den wild verworrenen Wolkenrit-
zen, und wir sahen, tief, oh, unsäglich tief in den stummen Wassern eine
weite Stadt, von deren umflossenen Türmen das tiefe fremde Geläut her-
aufscholl. Züge reich geputzter Menschen wogten durch die breiten Straßen; auf den Marktplätzen, über denen Fische wie Vögel spielten, boten
Händler ihre bunten Waren feil, trunkene Bäuerlein torkelten aus den
gewölbten Toreinfahrten der Wirtshäuser, und der Fronvogt schritt kalt
und finster im roten Mantel. Und, Herr, ihr mögt es mir glauben oder
nicht, mitten in dem lustigen Gewühl ging leicht der Fremde mit seinem
Diener auf und ab, handelte hier ein seltsames Buch ein und rollte dort ein
uraltes Pergament zusammen, auch ein spannenlanges erzenes Bild der
Nehalennia, von der man noch heute in Seeland raunt, eine schlanke Frau
in faltigem Gewande, mit drei langstieligen Wasserlilien in der feinen
Hand.

Wir standen und schauten in das heidnische Gedränge und der Nacht
uralten Zauber, und weckten hastig die Matrosen, daß sie es sähen und
den Teufel erschlügen, wenn er sich wieder an Bord wagte, aber es war
kaum die Hälfte in die Kleider gefahren, als die Beiden schon behende
emporklommen, und, als sei nichts geschehen, über das morgenkalte
leere Deck schritten.

Wir brachen brüllend aus dem Hinterhalt und wollten uns auf sie
stürzen; aber da war es, als sei ein blitzender Vorhang vor uns in die Höhe
gezogen, – was fahrt Ihr auf, Herr ? – Ja so, Ihr denkt an heute Nacht – so
stand er damals vor uns, den Perlenhut auf dem Kopfe und tat dann einen
Satz zurück an die Reling, wo der höhnende Diener lehnte. »Ihr Schurken !« schrie er uns noch zu : »nun seid ihr mein !« Dann winkte er noch
einmal spöttisch und zierlich und schnellte sich mit weitem Sprunge in
das glücklich aufwogende Wasser. Wir drängten an den Bord, aber nichts
tauchte mehr auf, nur daß die See langsam verebbte und dann glatt wie ein
unzerbrochener Spiegel dalag oder wie ausgespannte blaue Seide.

Wir verschwiegen dem Volk, was wir zuvor gesehen hatten, und ließen uns nur mit wildem Geschrei und trunkenem Johlen zu Herren des
Schiffes machen. Der Wein floß in Strömen, und bald lagen sie schnarchend auf Deck, während wir uns hinunterstahlen und die Tür des
Nebenzimmers erbrachen. Schon während wir in den Schränken wühlten, und nur wunderlich gedrehte und fein getupfte Muschelschalen fanden, hörte ich wieder das entsetzliche klappernde Hohnlachen um mich,
und mir fiel ein, daß wir doch wohl Unrecht getan hätten. Ich ging still
hinauf und setzte mich an den Bug des unbeweglich stehenden Schiffes,
und mir fiel ein, wie seltsam schön und rührend es doch wäre, daß die

armen Versunkenen für Stunden wieder ihr buntes flutendes Leben gewännen; denn süß mag es doch selbst für die Toten sein, die Sonne zu sehen. Und ich bedachte, daß es ja doch nur die Gier nach Reichtum gewesen sei; aber seltsam, schon als wieder diese Gedanken erwachten, trieb es mich erneut hinunter, daß der Andere mir nicht zuvorkäme.

Wir suchten bis zum Abend und fanden doch nichts als unverständliche Bücherhaufen und den fremden Meerestand. Als wir erschöpft wieder emporklommen, war es ganz windstill geworden, und ein Haar, zwischen den Fingern gehalten – warum schaut ihr so auf, Herr; es ist die alte Flautenprobe – rührte sich nicht; aber um den Horizont lag fahles Gewölk, das lautlos und drohend immer höher stieg.

Während wir noch standen und berieten, sah ich, von Süden heranlaufend, einen schnurgeraden schäumenden Streifen, und in Gedankenschnelle war das ganze Schiff schon in pfeifenden Schaum und jagenden Gischt bis an die Mastspitzen eingehüllt. Knatternd rißen die mächtigen Segel, kreischend sprang der Mast und vornübergeneigt, in blinder Angst, raste das Schiff dahin. Wir banden uns am Steuer fest und schrien wie taub in das hetzende Gesprüh, aber nur selten kroch einer von der Mannschaft vorbei, vom Sturm zu Boden gepreßt und zollweise sich vorwärtskämpfend. Die Brecher fluteten über das Deck, über unsere Köpfe weg, weiß schnob der Tag, schwarz raste die Nacht, und wir flogen mit unverminderter Schnelligkeit nach Norden – wie weit, das wußte keiner. –

Am vierten Tage legte sich der Sturm und gegen Abend führte nur noch ein stilles machtvolles Strömen und Ziehen das Schiff mit sich; da drangen wir in eine seltsam starre und hallende Welt ein. Stumm glitten wir auf den schwarzen spiegelnden Fluten dahin; auf den Masten und dem Bugspriet standen leichenstill bleiche handlange Flämmchen. Und es wurde wundersam kalt, daß uns der Atem starrte und das Meer selbst, das große Meer, sich, gefrierend, immer dichter um uns zusammenschob. Über den Himmel strich zuweilen ein heller grüner oder roter Schein, wie wenn man Bärlappmehl durch eine Flamme bläst; und aus dem weißlichen Gedämmer zur Seite lösten sich die riesigen Gestalten von Eisgebirgen.

Nur mit Mühe wichen wir ihnen aus; eisige Kälte wehte von ihnen uns an und eines Abends fanden wir uns von den gigantischen Massen völlig umringt, die himmelhoch ragten mit grausamen Zinnen und senkrechten Wänden. Da löste sich aus ihrer Mitte langsam und mit tödlicher Feierlichkeit der gewaltigste unter ihnen und kam auf uns zu, unfaßbar im grünlich schimmernden Licht mit tiefgrünen Schatten und vereisten

Smaragdzacken. Wir lagen wie tot auf dem fahlbeglänzten Deck, die Gesichter recht blaß in den zottigen Pelzkappen, als Einer gellend aufschrie und mit dem Arm nach der höchsten überstehenden Spitze des Meerwunders wies. Ich hob den Kopf und fiel gleich darauf wie tot zu Boden; denn dort oben, nachlässig an eine Eisnadel gelehnt, stand der Fremde und sah unbeweglich auf uns nieder. Da drückte ich das Gesicht fest in beide Hände und rührte mich nicht mehr, bis es unsere Nußschale knirschend zermalmte.

Als ich wieder erwachte, lag ich im Raum eines englischen Walfängers, der nach Süden steuerte.

Dann kam ich hierher; jahrelang tat ich meine Dienste und hatte fast vergessen. Doch in der letzten Nacht – aber das wißt ihr ja selbst. Ich lief ihm nach und sprach flehend mit ihm; er wich mir höflich aus und ich weiß, er kann mir nicht vergeben.

Da werde ich wohl mit ihm gehen müssen.«

Friedrich hatte schweigend am Fenster gesessen, und nun wob die Stille im Zimmer. Hinter den Bergen stand ein lichter Schein; der Mond würde bald aufgehen, und in der sommerlichen reifen Luft lieblich auf dem Kamm entlang rollen.

Er wandte sich mit Gewalt von den eigentümlich hinfließenden Gedanken ab, und sagte mit warmer Stimme zu dem verstummten Alten : »Nein, Jensen, ich werde mit ihm sprechen; wahrscheinlich kennt er euch wirklich nicht, und –.« Gelächter schepperte aus der grauen Dämmerung : »Ihr glaubt mir nicht, Herr ? – Vielleicht habe ich auch nur geträumt. – Aber laßt nur; es ist auch schön, wenn die See um den Bug klirrt, und vielleicht kommt einmal der Tag, da taucht eine grüne Küste auf, Palmen wiegen sich am weißen Strand – –« Die Stimme des Alten verlor sich in einem müden Murmeln.

Friedrich saß schweigend und in tiefem Sinnen, aus dem er erst auffuhr, als die Tür leise klappte und Tritte langsam die Treppe hinunterstapften.

9.)

Nach geraumer Zeit erhob er sich und trat an's Fenster. Es war Nacht geworden; ein leichter Lufthauch regte sich unter den Sternen, und aus dem Leubelfing'schen Hause schräg gegenüber kam Lichterglanz und fröhliches Jauchzen zur geigenden Musik. Da ging wiederum leise die Tür, und ehe er sich noch umsehen konnte, legte sich ein schlanker Arm um seinen Hals und das dunkle Köpfchen seiner Frau bettete sich wohlig und langsam an seine Schulter. So setzten sie sich schweigend ins Fenster und sahen ruhig atmend in das weite Land hinaus. Der Mond schien prächtig; weit in den tiefen Bergtälern mochten die Wälder in der stillen Nacht rauschen. In den fernen verstreuten Gehöften, die im silbrigen Duft des Mondscheines unter Bäumen schlummerten, schlugen träumende Hündlein an.

Der Marktplatz war ganz einsam, nur der Brunnen rauschte kühl und eintönig zu ihnen herauf. Sie saßen eng aneinandergeschmiegt und betrachteten glücklich den Himmel, wie da langsam die weißen Wolken durch den Mond zogen und manchmal weit hinter den Bergen ein Stern herunterfiel. So einsam und zufrieden waren sie hier in ihrem stillen Glück, daß sie sich ganz fest umfaßten, und sich verwirrt lächelnd in die Augen schauten.

Drüben in dem großen Patrizierhause hatte man die über mannshohen bis auf den Boden reichenden Fenster des Prunksaales aufgestoßen, und man konnte tief in den weiten funkelnden Raum hineinsehen.

Schön geputzte Herren und Damen schritten dort im Storchen- und Fackeltanz umeinander, Atlas und Seide wogte und raschelte. Sie nannten sich die Namen der töricht Hüpfenden und Friedrich streichelte still die winzige feine Hand, die wie ein Kätzchen in der seinen sprang und buckelte und sich putzig trippelnd immer wieder von ihm fangen ließ.

Einmal war es ihnen, als sähen sie Leubelfing am Fenster zu ihnen hinübersehen, aber sie konnten nichts sicher erkennen und dann hörten sie, wie er ein feines Schäferlied aus der »Astrée« sang, und dazu gar zierlich die Gitarre schlug. Auch die hohe Gestalt Herrn van der Meer's tauchte mehrfach im bunten Gewühl auf, höflich plaudernd und sich verneigend, aber es war, als horche er stets mit halbem Ohr zum Fenster hin.

Als Friedrich wieder des Seltsamen ansichtig wurde, faßte er die Hand der Geliebten fester, und begann, ihr getreulich All das Seltsame zu berichten, was sich seit dem ersten Erscheinen des Fremden in der Stadt zugetragen haben mochte, und schloß mit dem wundersamen Schiffermärchen des alten Jensen, welchem allen sie ernsthaft und aufmerksam lauschte. Sie waren bald im lebhaften Gespräch über die merkwürdigen Ereignisse und wieviel man wohl davon als Wahrheit annehmen könne oder nicht, als sich im Hause ‹zum Meerwunder› das altertümliche tief geschnitzte Haustor rasselnd öffnete und der heraustretende Diener mit allerlei Gerät beladen zu einem großen, im Schatten des Rathaustorweges fast versteckten Reisewagen trat, und die Gegenstände mit großer Sorgfalt in den Wagentaschen verpackte. Einigemale schritt er so hin und her; das letzte Mal erschien er im kurzen schwarzen Reisemäntelchen, einem dreispitzigen Hut auf dem Kopfe und eine Windlaterne in der Hand, mit der er gravitätisch über den Markt auf das Leubelfingsche Haus zuschritt, und nach kurzem Warten von seinem Herrn begleitet wieder heraustrat.

Der Fremde hatte den Hut tief ins Gesicht gedrückt und den breiten Wetterkragen fest um sich geschlagen. Stumm und den Kopf geneigt schritt er hinter dem voranleuchtenden Kleinen her. An dem beglänzten Brunnen angelangt, verweilte er für einen Augenblick und sah lange auf die hellen geschwungenen Giebel, die Türtreppchen und die alten gewölbten Laubengänge der kleinen Stadt. Langsam wanderte sein nachdenklicher Blick hin und her, bis er an Friedrichs geöffnetem Fenster haften blieb. Er richtete sich wie erstaunt auf, als er die beiden Gestalten dort in den anmutigen Schatten lehnen sah, und schritt dann schnell zu ihnen heran. Vor dem Fenster blieb er stehen, zog tief den breiten spitzen Hut und verneigte sich leicht. »Leider zwingen mich wichtigste Geschäfte, Abschied zu nehmen,« sagte er mit seiner tiefen klingenden Stimme, »und es ist nicht anzunehmen, daß ich noch einmal Aufenthalt in dieser Stadt nehmen kann. – Ich habe mir erlaubt, bei Freund Leubelfing ein Geschenk zu hinterlassen,« fuhr er langsam fort, »aber ich glaube, daß Ihr seiner nicht bedürfen werdet; ihr werdet ja sehen –.« Und als Friedrich, der in der schönen schimmernden Nacht sich seltsam von dem Fremden angezogen fühlte, ihm mit warmen Worten für seine Geschenke danken wollte, fügte er lächelnd und abwehrend den Kopf schüttelnd hinzu : »Ihr habt mir einen großen Dienst erwiesen in jener Nacht auf der Mauer, Herr Siebold, und tapferer gefochten, als ihr Euch denken könnt. – Lebt wohl, – und auch Ihr, edle Frau, – seid recht glücklich in Eurem Eilysion. – Bald tritt der Mond hinter dem Rathausturm hervor, wie Silber wallt der Brunnen in dem steinernen Rund – Lebt wohl!« Er verneigte sich noch einmal und schritt dann, ohne sich umzusehen unter den leicht aufrauschenden Wipfeln der Bäume dahin, dem wartenden Wagen zu. Der Diener schwang sich auf den Bock, und trieb mit leichtem Peitschenschlage die vier Pferde an; noch einmal winkte eine schlanke Hand aus dem Fenster des rollenden Wagens, dann verhallte das Rasseln der Räder langsam in der Ferne. –

Friedrich legte den Arm behutsam um die Schultern seiner Frau und trug die Lächelnde, die beide Hände hinter seinem Nacken verschlang, aus dem kühlen Zimmer, in dem noch lange die Fenster weit offen standen und der Mondschein verstohlen mit den alten schönen Büchern und dem lieben wunderlichen Hausgerät flimmernd spielte.

10.)

Als Friedrich am nächsten Vormittage – es war ein Sonntag – behaglich an seinem Schreibpulte saß, und mit vor Eifer leuchtendem Gesicht sich in lange mathematische Rechnungen vertieft hatte, hörte er draußen auf dem stillen Flure die Stimme seines Freundes Leubelfing und das klingende Lachen seiner Frau. Er öffnete freudig die Tür, da er sich auf dem Wege zu einer wichtigen Entdeckung glaubte, und sie dem kritischen Blick des erfahrenen Mathematikus vorzulegen gedachte.

Nach der ersten Begrüßung wollte er sogleich beginnen, als er mit Staunen sah, wie Leubelfing die Tür sorgfältig schloß und sich mit dem Rücken daran lehnte. Zugleich nahm er wahr, daß dessen sonst klares gespanntes Gesicht einen an ihm ungewohnten Ausdruck von Erregtheit und Unstetigkeit zeigte, den er vergeblich zu verbergen suchte.

Er zog einen kleinen in Papier geschlagenen Gegenstand aus der Tasche, den er mit abgewandtem Gesicht vor Friedrich hinlegte, der ihn beschwörend bei der Hand faßte und fragte : »Johannes, was ist denn ? Du siehst ja aus wie –« er verstummte; denn mit einem Gefühl der Bestürzung ertappte er sich dabei, daß er hatte fortfahren wollen – »wie damals im Traum !«

Leubelfing lachte gezwungen auf und setzte sich dann an den Tisch, wobei er mit gespielter Gleichmütigkeit bemerkte : »Sieh doch erst einmal nach, Friedrich.« Zögernd entrollte jener das Pergament und nahm ein winziges Fläschchen heraus, das aus einem hohlen Topas zu bestehen schien; er drehte es kopfschüttelnd in der Hand und sah dann auf das Papier, auf dem in steilen kräftigen Buchstaben geschrieben stand : »Herrn Siebold.« und kleiner darunter : »Der Trank verleiht einem Menschen ewige Jugend. «

Er riß den Kopf herum und bohrte den Blick in das Gesicht seines Freundes, wobei er nun mit Entsetzen in dessen Zügen die sich nicht mehr verbergen wollende Gier und fast schon verquälten Haß lesen konnte.

Sie sahen sich lange stumm mit nachtwandlerisch scharfsichtigen

Augen an, bis aus dem verzerrten Munde Leubelfings ein heiseres flüsterndes Lachen brach und eine verbissen raunende Stimme im Zimmer war : »Weißt du nun, was mich dieser Gang gekostet hat, du ? ! Kannst du es begreifen, was das heißt, der Überbringer eines solchen Geschenkes zu sein ?–« Er wandte scharf, mit versagender Selbstbeherrschung den Kopf ab, und starrte, immer noch lautlos die Lippen bewegend, auf die Bücherrücken an der hellen Wand.

Friedrich sah scheinbar unbeteiligt auf das goldig funkelnde Gestein in seiner wie ein Herz flatternden Hand, und niemand hätte aus seinem grau und verschlossen gewordenen Gesicht die rasenden Gedanken ablesen können. »Ewige Jugend« sprach es herrisch und ehern in ihm; er presste den Mund noch fester zusammen und zerknirschte es triumphierend zwischen den Zähnen : »Ewige Jugend !«

Er zwang sich zur Ruhe und nahm noch einmal den Zettel mechanisch zur Hand; seine Augen flogen über den Text, ohne dessen Sinn voll zu erfassen, und er wollte eben das müßige Spielzeug wieder auf sein Pult legen, als wie mit einem Schlage alle Worte verschwunden schienen, bis auf die zwei ‹. . . *einem* Menschen . . . .›

Es warf ihn kalt in den Schultern und seine Hand sank wie ein Stein herab; also nur *einem* Menschen. Und es wurde wieder klar vor seinen flimmernden Augen. Wie weit hatte er sich doch hinreißen lassen; und er dachte an seine junge Frau und tiefe Beschämung kam über ihn. Schon blühte erleichtert ein Lächeln auf seinem sich entspannenden Gesicht auf, gütig und voll spöttischer Weisheit, wie der Blick, den er auf seinen verstörten Freund warf.

Ein Sonnenstrahl fing sich in dem glitzernden Gold des Topases, und wieder ruhte Friedrichs Auge nachdenklich auf dem zierlichen Strahlengespiegel, das sich aus der innersten Tiefe des Kleinods wie ein blinkendes Netz spann. »Ewige Jugend« – dachte es noch einmal aus weiter Ferne, listig und schwermütig, und wie er das Wort aussprach, war die Zeit verwandelt :

Er schritt an der mächtigen Hand des Vaters aus den bläulichen Morgenschatten des gewölbten Hauseinganges in den klaren blitzenden Vormittag hinaus. Zunächst noch klappten ihre Schuhe lustig im Doppeltritt auf dem harten Pflaster, aber bald verloren sich die hohen Häuser zu beiden Seiten – die letzten standen gar verunglückt und einsam an den kahlen Vorstadtstraßen – und sie begannen über stille und sandige Wege hinaus zu dem kleinen Gärtchen zu schreiten, das fast stundenweit entfernt in sonniger Wildnis lag.

In der Ferne, hinter den schon jetzt in der erst steigenden Sonne schier unerträglich strahlenden Sandufern der Bille, lag noch ein einzelnes, ziegelrotes Gebäude. »Das ist eine Papiermühle;« sagte der Vater erklärend, und der Kleine nickte ehrfürchtig und überzeugt von nie Geahntem.

In dem weißen, oben trockenen, aber schon in Kleinfinger-Tiefe feucht werdenden Sande brachte jeder Griff viele schwarze Muschelschalen zu Tage und heiße helle Schneckengehäuse. Wenn man sie ans Ohr legte und die Augen schloß, hörte man noch immer aus großer Ferne das tiefe Singen versunkener Meere und das klangvolle Murmeln einer weißen Brandung. Jetzt rann der grüne umbuschte Fluß weitab von ihrem Pfade, der bald durch vornehme gepflegte Gärten anstieg; noch einmal lagen freundliche Landhäuschen am Wege, und man nannte es die Rudolfstraße. Aber zur Linken, am Berghange, stand hinter starrem Rotdorn ein hageres düsteres Bauwerk mit vergitterten Fenstern, um das zuweilen bleiche, ganz stille Kinder in fahlen Kitteln schlichen. Das war das ‹rauhe Haus›, aus dem man auch schrille Schreie und Toben hören konnte, sodaß der Vater mit strengem Blick vorbeischritt und auf die entsetzten Augen des Kleinen hin bedeutete, daß böse ungeratene Knaben und Mädchen dort erzogen würden. Es war am Besten, wenn man nicht erst hinüber sah, sondern eilig und stumm vorbeilief, um die blinzelnden Türme nicht zu wecken.

Schon nach einigen Schritten nahm das Land einen anderen Ausdruck an; kaum lag der graue, von Regen und Sonne gebleichte hohe Holzzaun des rauhen Hauses zurück, so öffnete sich zur Linken ein kleines rundes Tal, in dem viele alte hellgrün belaubte Weiden wohnten. Um die dicken, teilweise ausgehöhlten Stämme floß an den milden dünnen Ruten das sanft flüsternde Blattgerinsel. Sinnende Stille wob in dem lieblichen ernsten Rund, an dessen hohem Rand der Kleine staunend dahinging; aber nach kurzer Zeit begann auf der anderen Seite eine breite alte Holzwand von guter dunkelbrauner Farbe, durch deren handbreite Ritzen man mit angehaltenem Atem in ein Wunderreich spähte. Es war nur ein kleiner verwilderter Park; aber es gab eine Stelle, von der aus gesehen sich die starken wenigen Buchen so anordneten, daß man in einen tiefen Wald zu schauen vermeinen konnte, so grün und funkelnd reihte sich Lichtung an Lichtung. Und im Vordergrund lag ein weites einst ovales Beet, welches sich in jedem Frühjahr mit Blumen von nie wieder gesehener Röte und Fülle bedeckte, bis es wie ein leicht wogender Berg rauschroter Seide Auge und Herz verwirrte.

Aber der Vater rief schon von Weitem, und man mußte ihm folgen; um die halb verfallene Ziegelmauer eines Damenstiftes herum, auf einen

sonnigen schmalen Weg, der zwischen unzählig vielen kleinen Frucht-
und Blumengärtchen hindurchführte, die mit einer lebendigen Hecke
von Buschwindröschen eingezäunt waren.

Busch. –
Wind. –
Röschen. –

So bildvoll und rauschend war das Wort, daß das Herz im Anhören vor
Glück erstarb.

Nach einigen Minuten kam der Garten, in welchem der große Wal-
nußbaum stand; der einzige, den der Kleine kannte. Man konnte ihm
näher kommen, wenn er ein Blatt abwarf und man das Wirbelnde dankbar haschte; zerrieben strömte es einen herben und juchtigen Duft aus, der
ins kraus gezogene Näschen festeste Erinnerungen geprägt hatte. Noch
im ewig neuen Staunen des Jungen bog sich der Weg im weiten Bogen
nach links, an einer klappernden Wassermühle vorbei, die mit prallem
moosigem Grün und silbernem Gerausche wie verwunschen dalag.

Einmal hatte der Mond still über dem ruhigen Mühlteiche gestanden, Silberfunken stäubten vom feierlich rauschenden Rade, die Pappeln
am Wegrande schwatzten mit den winzigen Rauscheblättchen in der kühlen und windigen Nacht. Wasser glänzte gelblich im Monde, und von
fern aus den bleichen Wiesennebeln riefen glockig und gewölbt die
unendlichen Froschchöre in die kühl prickelnde Herbstnacht. –

Friedrich hob jäh den Kopf; Leubelfing hatte sich geräuschvoll erhoben und schritt steif und mit greisenhaft verzogenem Gesicht zur Tür,
nach deren Klinke er wie bewußtlos tastete, und dabei reibend mit der
Hand über das Holz strich.

»Bleib« sagte Friedrich leise, und betrachtete ihn nachdenklich. Leubelfing blieb lauschend stehen, und es war rührend zu sehen, wie er mit
kindlich halb geöffnetem Munde sich zu seinem Freunde wandte, und
seine Finger doch, wie losgelöst von ihm ein Dasein für sich führend, weiter sich um den Türrahmen rankten, in irrem zeitlosem Suchen.

»Höre,« fuhr Friedrich halblaut fort, »ich schenke es dir. Ich bin nicht
arm genug dazu. – Nimm es,« fuhr er tief und bedeutsam fort, »wenn du
es willst !!« –

Leubelfing sah ihn wie betäubt an und rührte sich nicht, endlich
schluckte er ein paarmal und trat mit geballten Fäusten einen Schritt auf
Friedrich zu, der ihm die Phiole bis an den Rand des Tisches entgegen-
schob. Er hob krampfig die schlanke blaugeäderte Hand, hielt sie wunderlich gespreizt einen Herzschlag lang in der Luft; dann sprang das

schmale gierige Organ wie eine Raubkatze zu. Er riß den winzigen Gegenstand in die Tasche und schloß die Faust, zitternd vor Anstrengung, fest darum. Dann begann er mit Blicken tödlicher Feindschaft rückwärts zu schreiten, den unheimlich drohenden Blick lauernd nicht von Friedrich lassend. Die Tür öffnete sich hinter ihm, während er daran lehnte, lautlos fast wie von selbst; einen Augenblick schien es, als wolle er dem regungslos Dasitzenden das Kleinod ins Gesicht schleudern, aber nur ein häßlicher keuchender Atemzug zitterte über seine bläulichen bebenden Lippen, er tat eine blitzschnelle Wendung rückwärts und schlug die schwere Tür krachend zu. Einige hetzende Sprünge, – dann wurde es wieder still.

Lange saß Friedrich ohne sich zu regen da, den Blick ins Leere gerichtet. Aber allmählich kam ein tiefes Glücksgefühl über den Sinnenden, und als er endlich den Kopf zur Tür wandte, lag ein wundersames Leuchten in seinen schlichten blauen Augen. Er erhob sich und tat ein paar weite Schritte in dem stillen Raum, während seine mächtige Gestalt sich tief atmend reckte.

Nein, er brauchte dieses Geschenk nicht; was hätte es ihnen auch genützt, da es nur einen in jenes unheimliche fragwürdige Licht gehoben hätte. Und auch sonst würde er es von sich gewiesen haben; denn er und seine ewige Geliebte bedurften nicht des erborgten Scheines. Immer würden sie in ihren Augen jung und schön sein; nie konnte Tristan von Isolde lassen.

Und auch des Zaubers bedurfte er nicht, wie Herr van der Meer es zur Nacht wissend und lächelnd ausgesprochen hatte : Auch ohne den Trank fand er den Weg zurück in die Jugend, und in die Bilderwelt aller Zeiten, deren es wohl viele gibt.

Er stand noch lächelnd und sinnend, als sich die Tür öffnete und seine Frau scheu und schlank hereintrat. Sie ging auf ihn zu, und legte beide Hände auf seine Schultern; er nahm behutsam ihren Kopf und sah ihr seltsam in die tiefen sehnsüchtigen Augen, die unter seinem Blick zu schimmern und leuchten begannen wie Waldseen im Abendgold.

11.)

Als der Herbst anbrach und der kalte Wind bläulichen Rauch um die rot knisternden Kartoffelfeuer wehte, stand Friedrich oft am Fenster und sah stumm in die grauen Wolken; bis er eines Abends unter seltsamen Gedanken die Meernuß zu sich steckte und in den schon kahlen Garten hinabging, wo er sie in der rasch ziehenden Dämmerung in die herbstlich kalte Erde senkte. Als er am nächsten Morgen nach der Stelle sah, hatte ein leichter Schneefall, der erste dieses Jahres, eine dünne Decke über den Boden gehaucht, so daß er kaum noch den Platz finden mochte. Oftmals, wenn er an den langen schönen Winterabenden seiner Frau vorlas oder in der einbrechenden weichen Dämmerung plaudernd mit ihr am Fenster stand, ging wohl sein Blick in den Garten hinab. Als aber im nächsten Frühling die Bäume zu treiben begannen, brach auch die dünne braune Rinde des Gärtchens, und ein kräftiges dunkelgrünes Pflänzchen hob sich ans Licht des neuen Jahres.

Friedrich pflanzte es mit Sorgfalt, und hatte die Freude, es nach wenigen Sommern zu einem kräftigen Bäumchen heranwachsen zu sehen, welches, mit gar absonderlichen Blättern und Astwerk, im zehnten Jahre schier das Haus überragte.

Oft saß er in späteren Zeiten mit seiner Frau darunter, das seltsame Buch des Fremden in der Hand, wohl auch bei hellem Mondschein, wenn die silbernen Wolkeninseln über den frierenden Dächern standen.

Sie blieben kinderlos, und erreichten zusammen die höchste Stufe des menschlichen Alters in ungeschwächtem ständig bewegtem Geiste. Und stets zogen die Alten und Jungen ehrerbietig die Hüte und Mützchen, wenn sie das glückliche Paar unter dem Baume sitzen sahen. Als selbst die ältesten Einwohner der Stadt sich nur noch mühselig aus ihren Kindheitstagen erinnern konnten, die Beiden stets so zusammen gesehen zu haben, blieben sie eines Tages aus. Das Haus wurde nicht mehr bewohnt.

Von Jensen und Leubelfing hat man nie mehr etwas vernommen.

DER REBELL.

I.)

Die Stube war nicht verschlossen; denn man konnte, obwohl es selten genug geschah, durch sie hindurchgehen, in der derben Dämmerung der häßlichen fleischfarbenen Vorhänge, auf den harten, körnigen Balkon, der wie eine kahle Steinkiste aus dem zweiten Stock des Mietshauses ragte. Er war so schwer und trübe mit seinen über handbreiten undurchbrochenen Seitenwänden, daß man ihn nur auf den Zehenspitzen betreten mochte, und stets noch das schnell zweifelnde Herz bekämpfen mußte, das zagend den freiwilligen Sprung in die felsige Tiefe vorschlug, um nicht zwischen den rauhen klobigen Lasten hinabzupoltern.

Zwar der lange grüne Blumenkasten vorn war anziehend genug; doch er stand am Rande. Mit der dürftigen Wildnis seiner winzigen Unkräuter, welche die sinnlosen Erwachsenen sorgfältig ausrissen, mit tauben Händen und ungestraft.

So wurde der »Balkon« zum Anfang seltsamer Flugträume, in denen man die gedämpft schreienden und scheltenden Eltern hinter sich ließ und mit wehenden Armen weit um die Häuserecken dicht über den menschenarmen nachtgrauen Straßen schräg nach unten glitt – nicht allzuweit; meist faßte man Fuß zwischen dem Kentzlers- und Louisenweg, und schritt dann schwebend unter den grauen locker geballten Wipfelkugeln der vormorgendlichen Allee dahin.

In der Stube selbst standen die Möbel still und gelassen längs an den Wänden; die wenigen gelockerteren hellbraunen Nußbaumsachen und die schweren fremddunklen Eichenmöbel, mit dem hohen Ausziehtisch in der Mitte, auf dem gewöhnlich eine knappe gestückelte Decke aus dem verblichenen dünnen Vorhangstoff lag, dessen hungrige fahle Rotheit dürftig und billig aussah. Doch mochte es wohl so sein müssen; denn außerdem daß er unheilvoll und berechtigt da war – so schien man etwas zu nennen, was alle Leute sehen – so konnte man ihn auch als den gewollten Gegensatz deuten zu einer anderen weißen und kostbaren Bedeckung, die er einmal, zu anderer Jahreszeit anlegte.

Zwar gab es mehr Jahreszeiten, als die Großen – die Beschäftigten – einem mechanisch und fließend aufzählten, wenn sie mit dürren Augen und sicherlich längst in viel zauberhaftere Dinge vertieft, einem die vier klappernden leeren Worthülsen zuwarfen. Am besten war es, wenn man große wißbegierige Augen zu ihnen erhob, und mit seiner hellen Kinderstimme möglichst gleich tonlos und rasch die merkwürdigen Lautfolgen, die irgendwer erfunden haben mochte, wiederholte. Besonderen Wert schien man auf das »und« zu legen; Alle flochten es ein. Einmal hatte der Kleine nach tagelangem Ringen und Grübeln gewagt – es war in der Dämmerstunde, als der Vater am Ofen saß und rauchte – unter prüfenden Seitenblicken vor sich hin zu sprechen : »Frühling, Sommer, Herbst – Winter«; dann hatte er kalt und wartend auf den Wasserhahn gegenüber geblickt, aus dem er erst nach einer Ewigkeit wieder den regelmäßigen Tropfenfall vernahm, und der Vater hatte aufmunternd und beifällig gebrummt. Der Kleine saß straff aufgerichtet und nickte leise vor sich hin : man konnte also das »und« weglassen ! –

Natürlich gab es vielmehr Jahreszeiten als diese vier; die Einteilung in zwölf Monate gefiel ihm schon besser; sie war feiner und tiefer und vielfältiger, voll bunter Einzelheiten.

Frühling war es im März, wenn ein unmündiger blühender Wind eilig über den hellblauen Himmel sprang, und es zuweilen noch dicken weichen Schnee aus ergrauenden Wolken blies oder schüttete. Frühling war es im hellgrünen Mai, dessen Name wie ein zärtlicher Schrei war, bei dem man an schlanke Leute in spitzen bebänderten Hüten denken mußte.

Juni und Juli klangen wie hohe dunkle Glocken aus heißem Schwarzerz; der Sand auf den Spielplätzen strahlte hell und erstickend, und Staubschleier wankten müde über dem trockenen Pflaster. Draußen auf »dem Lande« schlief das pralle grüne Gras an den glühenden Knicks, graue Erdbrocken bröckelte man in der Hand; über den dampfenden Niederungen stand die Hitze und dünstete lautlos.

Unmerklich kam der Herbst auf gläsernen Sohlen, braune und goldene Früchte raschelten im fliegenden zauberfarbenen Laube, und am Abend ging man auf den klaren Straßen staunend in die zartkalte Weite. Vereinzelte Garben standen wie aus nickendem Golddraht gebündelt auf den Feldern; zur Nacht strich der tönende Wind durch die roten Zweige, zwischen denen blitzende bläuliche Funken fröstelten. In langen Reihen zogen die Kinder, meist von den größeren Mädchen geordnet auf den stillen blanken Straßen, vor dem grün und gelben Himmel entlang mit den bunten Kugeln ihrer gerippten Papierlaternen, in denen schlanke Lichter schienen.

Einmal wurde der Abend fremd und eisscharf und so hoch, daß der Himmel, die schützende schöne Wölbung, verschwand. Teilnahmsloser als Stein waren die unzählbaren glitzernden Sterne, die miteinander flinke spöttische Strahlnadeln tauschten; warum wechselten sie zierliche und eiserne Blicke, wenn man mit gefrorenen Händchen am Laternenpfahl lehnte? Alles verfremdete sich. –

Silberblaue Kälte prallte vom Hochmond nieder, daß man horchend seinem eigenen Hallschritt nachlief.

Oben war die Küche warm und hellgelb und es gab heißen Tee, den der Junge am flachen eisernen Ofen trank, während bei den Anderen – den Erwachsenen – ruhiges Gespräch und matter Scherz wechselten. Es blieb immer seltsam genug, wie sie darüber hinwegsahen – mit diamantenen Seelen und sicheren großen warmen Händen – daß sie sich, um das Leben zu ertragen, von der Welt kleine enge Stücke – Stuben – abtrennten. Was war es, das ihnen diese entsetzliche Sicherheit, dies gespenstische Vergessen gab, daß sie nicht hörten, wie es im Ofen eilig und singend rief, wie draußen die edlen Bäume sich im fahrenden Eiswind kummervoll und sehnig nach rückwärts warfen, wie goldene Sternpfeile in herrlichem und tödlichem Bogen abschossen aus Nichts in Nichts.

Sie hatten Grenzen in sich und um sich gezogen; sie maßen und wogen. – Aber das Maßlose? Das nicht zu Wiegende?

(Da er keine Grenzen in sich fand, haßte er alles, was Grenze und Grenzpfahl war, und wer sie errichtet hatte; die Kugel mehr als die Fläche. Obwohl er in späteren Jahren ein eifriger Rechner wurde, war es doch bezeichnend, daß er nur die geheimnisvollen unendlichen Zahlen – Logarithmen – liebte, und im tiefsten Herzen stets der Erdscheibe der Griechen zugetan blieb.)

Nachdem er sorgfältig den dünnen Tee, der beim letzten Schluck einen winzigen spitzen Zuckergeschmack gab, ausgetrunken hatte, stellte er die Tasse auf den Kindertisch und sah in das spärliche Feuer, in dem sich ein länglicher Brikett aus einem stumpfschwarzen bedruckten Ziegel still in ein Anderes verwandelte. Feine rote Risse drangen von allen Seiten in ihn hinein, und darüber am Außenrand lag schon eine blättrige weiße Aschenschicht, aus der sich zuweilen noch lautlos winzige bläuliche Flämmchen mit hellgelber Spitze blähten, wenn aus dem dunklen unbekannten Berginneren des Steines die feinen Gasfäden strömten. Für einen Augenblick konnte man am Fuße der felshohen Wand stehen, und tief in die wilden stumm glühenden Klüfte hinein schauen; aber obwohl es noch verhältnismäßig früh war, wurde man, wie stets seit einiger Zeit, unterbrochen, und gebieterisch und lächelnd ins Bett geschickt.

So trollte der Kleine stumm über den schwarzen Korridor in sein dunkelbraunes großes Bett – früher hatte er lange Zeit in einem Gitterbettchen geschlafen – das bald darauf, weißbesegeltes Schiff, mit ihm von dannen zog in ein seidenkaltes Nachtmeer. –

Am nächsten Morgen konnte er ungewöhnlich lange schlafen; denn der 23. Dezember war der erste schulfreie Tag, den er dankbar begrüßte. Obwohl er erst dreiviertel Jahr lang zur Schule ging – fürchterlich waren die ersten Tage gewesen, da er den Grenzpfahl sah – hatte er doch genug darin erlebt, um sie um nichts besser zu finden, als die meisten anderen Einrichtungen, die man den Großen – den älteren Leuten – verdankte.

Nach dem Frühstück, das er in der jetzt ganz morgenhellen blanken Küche aß, stand er auf und setzte sich auf den Stuhl, der zwischen Schrank und Fenster stand – seinen Thron. Die große Sonne war rein gelb und rot aufgegangen und schien durch die gefrorenen Scheiben, auf denen sich, da die Küche noch nicht recht durchheizt war, ein wundersames Schauspiel entfaltete, dem er, sich freudig vergangener Tage erinnernd, staunend und erregt zusah.

Einmal wandte er den Kopf, und rief seine Mutter, die eifrig kochte und gelben süßen Teig in einer großen Schüssel drehte: »Du!«; dann wies er auf das Fenster, an dem die Eiskräuter schlank und gebogen in den silbernen Schatten standen. Sie kam hastig herbei – bis an den Grenzpfahl – und sah einen Augenblick in das kleine helle Gesicht, sagte schnell: »hm; Eisblumen,« und blickte dann wieder gespannt, einen Finger am Gashahn, in das wallende Wasser. Der Kleine sah es auch, wie es mit feinen heißen Blasen aus der unergründlichen verschleierten Tiefe des großen Topfes emporstieg, mit schraubigen Wellen von den Rändern nach der Mitte zu strömte und leise brausend wieder versank.

Dann ging er wieder in den bereiften Garten, unter den wie dünne Reifen gebogenen und mächtig gefiederten Blattwedeln entlang, einen engen weißen Pfad, der – man sah es ganz deutlich – bis ans flache Ufer eines weiten gefrorenen Sees führte, auf dessen Rand die rosige Sonne rollte.

Er hätte gern gewußt, wie die stolzen fremden Pflanzen hießen – nicht wie sie genannt wurden – das war etwas ganz Verschiedenes; denn er hatte wohl gemerkt, daß man manche Dinge richtig und manche falsch rief. »Eisblumen« war falsch; sicher hatte auch jede davon ihren eigenen Namen, aber recht wohl war ihm bei dieser Vermutung nicht, denn er erinnerte sich mit Schrecken daran, daß ja auch die Blumen, Gräser, selbst die hohen Bäume des Sommers, angeblich keine eigenen Namen hätten. Oft begegnete ihm im Treppenhaus ein großer leicht warziger Mann, mit einem lauten roten Gesicht, der Herr Pfeiffer hieß; warum hieß er Herr Pfeiffer, und warum hatten die sechs schlanken geliebten Pappeln am

Bauerberg mit ihren schwatzenden kleinen Blättern und den langen schönen Zweigen keine Namen ? Er wollte ihnen keine »geben«; er wollte nur ihre Richtigen hören !

Er sah wieder auf das Fenster und bemerkte mit Erstaunen, daß er nicht mehr in dem Garten herum lief, sondern wieder auf seinem Stuhle saß; steif und mattsilbern stand in der Ferne der Zauberpark und wartete.

Er rutschte von dem Stuhle herunter und begann ein behagliches untätiges Umherschlendern in der Wohnung : – frei ! – Er lief in die Schlafstube, in der noch die Betten wild übereinander lagen und das Fenster weit offen stand. Ein kalter eisfrischer Morgenwind kam herein und ließ ihn niesen, bis er lachte. Unten sah man den »Grund«, der jetzt hart gefroren und mit bläulichen reifigen Schatten dalag; die steilen fast fensterlosen Wände der Hinterhäuser standen wie schmutzige fleckige Tafeln, aber die blaue frische Luft war so klar, daß Alles jung und ganz neu erschien. Er hielt den kurzgeschorenen Kopf aus dem Fenster, so daß der Wind durch sein Gesicht hindurchwehte, als sei es aus Glas; er schmeckte wie reinstes unsichtbares Quellwasser, so kalt, daß man nicht wußte, ob man Tod oder Leben trank.

Mit einem plötzlichen Entschluß lief er zur Korridortür, rief aber, ehe er sie öffnete und ging, rasch in die Küche hinein : »Ich komme gleich wieder, Mama !«, hörte noch, wie die Mutter ärgerlich und ergötzt lachte und stieg dann leise, um niemandem zu begegnen, die hohen düstren Treppen hinunter.

Draußen rannte er rasch um's Haus, dorthin, wo an der anderen Seite der dürftige schmale Garten der »Kneipe« sich erstreckte. Er fühlte, daß dies ein häßliches Wort war, voll Geschrei und schwerer süßlicher Luft, aber er wußte nichts Anderes; der Vater gebrauchte es.

Er wich seinen Kameraden aus, unter denen er nur äußerlich heimisch war – später einmal wurde der Unterschied grell, als er sich mit zwölf Jahren eine kleine Eisenbahn zu Weihnachten gewünscht hatte, worüber sie und auch seine Eltern sinnlos lachten, was er beiden nie vergaß und sich gramvoll noch weiter in seine Seele zurückzog – und ging prüfend an dem dicken grünen Zaun entlang, den man auf eine etwa kniehohe gedunkelte Ziegelmauer gesetzt hatte. Das Holz war morsch und feucht, und fleißige Jungenhände hatten schon hunderte Späne herausgerissen. Viele winzige Höhlungen waren darin, mit feinem Holzpulver am Boden, in denen man gut heimisch werden konnte. Wenn man im Regen davor kauerte, konnte man zuweilen hineingehen, und ein weltfernes Einsiedlerleben in der milden Höhle führen, während draußen die Nebel durch die tropfenden Wälder schwammen.

Aber heute war Alles klar und frisch, selbst die schönen blauen Morgenschatten leuchteten; die ganze Welt war wie ein Bild; von guten Meisters Händen.

Der Laden des Schlachters Spalteholz war schwarz von Menschen; auch auf den Straßen wimmelten sie, mit Einkaufstaschen und voller Regsamkeit, so daß er sich vorsichtig wieder davonschlich. Er war am liebsten allein und mochte die Erwachsenen nicht, auch wenn sie lachten. Wenn die Götter lachen, weinen die Menschen.

Zu Mittag gab es eine fette gelb-grüne Nudelbrühe, wie sie der kräftige Vater so liebte, und der Kleine so haßte. Er sah mit grausendem Interesse, wie der dicke lärmende Mann neben ihm mehrere Teller aß, und schlang hastig die letzten quellenden Löffel hinunter.

Am Nachmittag saß er in einer dunklen Ecke und spielte mit einigen Würfeln und bunten springenden Zelluloidplättchen auf einem Stückchen Stoff; manches gesellte sich dazu, kriegerische Halmaheere und eine alte Pappschachtel mit tiefen Schluchten und fahnenrauschenden Zinnen, und vieles erlebte er bis zur Dämmerung, wohl wert zu beschreiben. Dann begann man Vorweihnachtslieder zu singen, mit denen man sich den nächsten Abend verdienen mußte, und die von merkwürdigen Dingen handelten, obwohl es viel schöner gewesen wäre, stumm dem flockenden Feuer zuzusehen und den Legenden des Windes zu lauschen. Der Tag verglomm unter dem ergrauenden Himmel; stampfend trat auf einige Minuten der Vater in Uniform herein und sagte, daß es ganz nach Schnee aussähe, aber vergeblich spähte der Junge aus dem schwarzspiegelnden Fenster : nichts begann wirbelnd zu wehen.

So ging er in tiefen Gedanken zu Bett, an der verschlossenen Tür vorbei, aus derem Schlüsselloch ein feiner Lichtstrahl kam und leises knisterndes Hantieren.

Morgen ! –

Als er erwachte, war es noch immer dämmerig im Zimmer, obwohl er sehr lange geschlafen zu haben glaubte; aber schon kam die Mutter herein und sagte beim Aufräumen befriedigt : »Na, das schneit aber tüchtig !« So sprang er mit einem Satze heraus und tappte in seinem geflickten dicken Nachthemdchen ans Fenster, vor dem draußen unablässig ein lichtgrauer silbergestickter Vorhang niederzusinken schien. Schon lagen die Schneeflocken handhoch auf der Fensterkehle, die Laute der Großstadtstraßen kamen gedämpft durch das wollige Wirbeln, und es schien, als lege sich eine versteckende Schicht um alles Rohe und Schreiende.

Der Vormittag verging im Anstaunen der unerschöpflich neuen Lufterscheinung; emsig und übermütig tollten die Weißröckchen durcheinander, und setzten sich mit baumelnden Silberbeinchen auf die winzigsten Ecken und Vorsprünge, bis man wirblig und sehnsüchtig wurde und sinnlos erregt vor hoffnungsloser Liebe zu den zierlichen Fremdchen. Es war nur gut, daß es heute nach alter Sitte kein Mittagessen gab. Nur ein paar dicke Schnitten mit Butter und Käse, die man im Stehen essen konnte; aber als schon im frühen Nachmittag unendlich langsam die zarte Schneedämmerung begann, verwirrte der flinke Tanz draußen, daß man Anderes auf sich zukommen ließ.

Er rückte sich den niedrigen Kindertisch ans Fenster und das kleine Holzstühlchen; dann ging er noch fast unlustig zum Küchenschrank, wo in einer Ecke neben Quirlen und Holzlöffeln seine Spielsachen standen und sah unentschlossen eine Zeitlang hinein, bis er den großen Baukasten vom vergangenen Weihnachten herauszog und mühsam auf sein Tischchen hob.

Es war ein prächtiger Baukasten mit weiß lackierten Hölzern und Klötzchen, mit abgeschrägten grellroten Dächern und dunkelgrün gemalten Fenstersteinchen. Alle Bauklötzer waren nach einer strengen, auf Kastenboden und -deckel vorgezeichneten Ordnung eingelegt; denn sonst hätte man die hundert Einzelteile gar nicht mehr hineinbekommen. Oben auf lag eine Menge farbiger Vorlagen und grünschraffierter Grundrisse, aber der Junge hatte sich schon von ihrem Zwange frei gemacht und baute lieber für sich.

So nahm er auch heute zögernd ein Steinchen heraus und legte es vor sich hin; nach einer Weile schob er es ein Stückchen fort und setzte ein spitzes rotes Dächelchen darauf : das blinkte artig in der feinen silbrigen Dämmerung.

Er sah sich behutsam nach seiner Mutter um, die am Ofen saß und langsam und mit feiertäglichen Pausen strickte; dann zog er vorsichtig aus der Schublade – nicht aus der Hosentasche, denn er hatte keine, da seine Mutter ihm selbst seine kleinen Sachen nähte, und noch stets erfolglos mit dieser Schwierigkeit gekämpft hatte – den alten grünspanigen Griff einer Türklinke, die der Vater auf dem Lande gefunden hatte. Sie wäre alt, hatte er entschieden gesagt, und in der Tat sah sie heimisch und altmodisch genug aus, mit ihrem fein ziselierten Linienmuster und der gutmütig häßlichen Maske am Knauf des Griffes.

Der Junge legte sie dicht vor das Haus, das nun eine Klinke hatte, und baute dann bedächtig aus einfachen Klötzchen und Dächern eine ganze winzige Stadt mit einem tiefen hallenden Tor, einem verschlafenen Marktplatz und so winkligen und putzig verworrenen Gäßchen, wie sie in keiner Baukastenvorlage standen; er ging mit den Augen in seiner

Stadt spazieren, und entdeckte bald die Post und ein freundliches Gasthaus, zu dem sicher zwei Stufen hinaufführten. Dann lehnte er sich ein
wenig zurück, ohne die ernsten Augen von den kleinen Häusern zu
lassen.

Es war schon fast dämmrig in der Stube geworden; die Mutter saß
mit leicht klingenden Nadeln in den Händen und zählte nur manchmal
flüsternd vor sich hin : ob sie wußte, wie alt die Klinke war ?

Draußen fiel der Schnee immer dichter, nur daß ein leichter Wind
mitunter die Kleinen spaßig umeinander trieb. Der Vater war noch einmal hinübergegangen in das verschlossene Zimmer, und die Schwester
schwärmte noch mit ihren altklugen Freundinnen unten in den glatten
schon weiß gestampften Straßen umher.

Der Kleine hob langsam die Hand in die graue Dämmerung und
legte sie um die alte Türklinke; kühl lag das alte feine Metall in den dünnen Fingern, die es scheu streichelten.

2.)

Er hob den Kopf und stand vor einem schmalen hohen Fachwerkhause
mit kleinen butzenscheibigen Fenstern, dessen Tür er vergeblich zu
öffnen versucht hatte. Er trat einen Schritt zurück und sah empor zum
geschnitzten Gesims und dem spitzen Dach, das, weit vorgeschoben, wie
ein winterliches Wichtelmützchen darauf saß.

Wohlig baumelte der Mond im wirbelnden Gestiebe, und der silber-
beladene Wind fuhr in munteren krausen Bogen um die verschnörkelten
Treppchen und vorgebauten Giebel. An dem zweistöckigen wunderlich
geschnitzten Erker an der Straßenecke hing die matt leuchtende große
geschmiedete Laterne und wiegte sich langsam und ehrbar in der lustigen
weihnachtlichen Luft; so spitze, schön gezogene Ranken hatte der Junge
noch nie gesehen, wie hier an dieser hohen hängenden Eisenblüte, mit
ihrem schmiegsamen Blattwerk. Kleine Leute liefen geschäftig am
unteren Rande hin und her, mit breiten Hüten und kurzen faltigen Mäntelchen; einer davon beugte sich mit einer dicken Schneeflocke in den
winzigen Fäustchen über den zierlichen Eisenkranz, und ließ sie dem Jungen kichernd auf das staunende Näschen fallen; dann kletterte er wichtig
an den gerollten Fiederblättchen einer Glockenblume in die Höhe, setzte
sich behaglich in den tiefen Kelch, und begann ihn eifrig mit dem Zipfel
seines Mäntelchens zu putzen, so daß der Junge wohl sah, warum der
kluge Schmied die Lampenleutchen dort hatte wohnen lassen.

Erregt lachend schüttelte er den Kopf und stapfte weiter durch den prickelnden Silberschaum.

Die Tür des behäbigen kleinen Gasthauses war weit offen, so daß sich breite gelbe Lichtbahnen auf den Schnee legten; oben stand breitbeinig der dicke Wirt in seinem blauen Wams und mit der hellen Pudelmütze : »Du, Junge –« sagte er mit seiner tiefen Stimme : » willst Du ein Glas Glühwein ? !«, und während noch der Kleine zweifelnd seine blaugefrorenen Händchen besah, rief er schon lachend und keuchend in den Flur, und gleich darauf kam die junge Magd in lustig klappernden Holzschuhen und gab dem Jungen das heiße funkelnde Glas in beide Fäuste. Das schmeckte süß und würzig. Dann machte er einen unbeholfenen Diener und der Wirt lachte schallend und rief munter : »Na, da lauf, Du Schneemann !«

Und der Kleine klasperte weiter, ein Gäßchen rechts, ein Gäßchen links, geradewegs auf den kleinen Markt, über welchen der Wind den Schnee klug und seltsam hin und her trieb. Der blanke Brunnen hing voll der wunderlichsten scheinenden Eiszapfen und tropfigem Geranke, so daß er wie mit Kristall besponnen dastand, wenn der Mond in den hellen Wolkenschollen auf- und abtauchte.

In einem der hohen spitzgegiebelten Häuser brannte noch Licht im Erdgeschoß; der Junge lief schnell darauf zu und drückte das Gesicht an die kalten Scheiben; wenn er auf den Zehenspitzen stand, konnte er ganz gut in die Stube hineinsehen. Sie war hoch und geräumig. Die Wände waren mannshoch mit einer wunderschönen braungepreßten Ledertapete überzogen, deren Vergoldung prächtig im Lampenlicht schimmerte. Goldiges rollendes Geranke wob sich durcheinander und umrahmte große bebilderte Flächen, auf denen breite vornehme Schiffe segelten und kleine Dörfer in leise wogenden Feldern schliefen. So etwas hatte der Kleine noch nie gesehen. Und Bücher standen an den Wänden in kleinen flachen Schränkchen oder lagen vor dem alten Manne, der am Tisch saß und langsam schrieb. Er hatte ein freundliches kluges Gesicht unter dem weiß bepuderten Haar, und der Kleine hätte ihn gar zu gerne gebeten, ihm zu öffnen, daß er sich alles besehen könnte.

Schade : nun beschlug die Scheibe von seinem warmen Atem.

Er drehte sich um, und fragte schüchtern einen stattlichen dicken Mann, der einen hohen Stock mit einer kristallenen Kugel als Knauf in der Hand hatte : »Bitte, wie heißt er ?« Der Herr sah ihn gewichtig mit hochgezogenen Brauen an und antwortete bedeutend : »Nun, kleiner Mann, das ist der . . . .«, aber in demselben Augenblick fuhr peitschenknallend und klingelnd ein Schlitten vorbei, mit singenden schleifenden Kufen, so daß der Junge den Namen nicht mehr verstand.

Einen Augenblick zögerte er noch, aber dann lief er auf die hohe, bogig geschnitzte Tür zu und legte die Hand um die Klinke; er versuchte vergeblich, sie herunterzudrücken, auch wurde der Wind stärker, und eine Stimme rief ihn beim Namen, so daß er sich hastig wendete. –

Sein Vater trat in die Küchentür, und hinter ihm stand ein zauberheller weiß und goldener Schein, daß dem Jungen die Klinke entglitt und er lachend zur Tür drängte, die den strahlenden festlichen Tisch freigab.

DAS KRAULEMÄNNCHEN.

1.)

Der Herbsttag war rauh und regnerisch gewesen; erstarrende Bäume hatten dem unwilligen Wind die letzten morschen Blätter hingeworfen, und die steinigen Straßen zogen leer und schwarzgrau durch den glatten reinen Regen, der glasig um die Laternenscheiben und Eckfenster klirrte.

Noch eine Woche vorher waren alle Wege mit sanftem weichem Blattgold belegt gewesen. Spaziergänger zogen durch die blanken Alleen, und eine klare blaßblaue Luft weitete schmerzhaft den Horizont. Weiße ruhige Villen lagen hinter abwehrend umgitterten Gärten an den kahlen Vorstadtstraßen; raschelnd wandelte man im kühlen Abendgold. Und wenn man eins der großen gelben Blätter am weichen kalten Stiel aufnahm, lag eine rote funkelnde Kastanie darunter. Ein klares, geschlossenes, fremdes Wesen, von dunkel glühenden Landschaften und unsäglich schönen Linienschwüngen überlaufen. Lag mit dem ruhigen schönen Rot ferner Hölzer kühl und gelassen auf dem herbstlich kalten Boden. Der schlanke Geist im roten Seidenmantel hatte ein edles Haus.

So hell und leer war die Welt mit großen Räumen und reinem kalten Farbenspiel. Von breiten hölzernen Brücken sah man hinab auf die Eisenbahngeleise, die in erregender Unerbittlichkeit schnurgerade auf den erbleichenden Himmel zu liefen; schollige Felder gingen in's fernste Blau; Mehlbeeren hingen wie traubiges Feuer in drahtstarren Dornenbüschen. Dann kam ein kurzer kalter Windstoß, der die schleifenden Blätter drehte, und man wußte, daß er ein Wesen für sich war, deren viele diesen großen, rauschenden Vorort bewohnen mußten.

Aber nun war es rasch anders geworden. Über den Himmel zog stetig und sicher die blasende, streifige oder flockig trübe Wolkenschicht; alle Bäume standen sprachlos mit erschütternd gewinkeltem Astwerk an den grauen Plätzen. Den ganzen Tag schien es Abend zu werden.

Der kleine Junge ging in dem hohen gewölbten Ziegeleingang des steilen Mietshauses zurück und stieg langsam die leicht gehöhlten Holztreppen empor. Hier war es dämmerig und voll knackender Stille; es war nicht gut, daran zu denken, daß das ganze Haus unterkellert war : Hohle, schlaffe Räume voll ummauernder Dunkelheit.

Sehr viele fahl grüne Türen standen glatt lackiert und steif an den Gängen; da war das lange schmale Messingschild, bei dem er stets mechanisch und ergeben daran denken mußte, ob er das i im Namen Voigt mitsprechen mußte oder nicht. So ging er lange und bedächtig bis in's zweite Stockwerk, in dem es noch ein wenig heller war, weil sich oben ein Lichtschacht befand, ein durchscheinendes gläsernes Giebelstück, von handbreiten Flacheisen durchzogen.

Darunter kam, das wußte er, nach atemausschöpfendem Steigen der Boden; endlose komplizierte Holzkammern von großer Höhe. Manchmal lag glänzendes Teer in langen Tropfen oder matten dicken Scheiben auf den Holzdielen, in verdämmernden Winkeln schwankten Spinnweben. Tickende Tierwelt im splittrigen, unnahbaren Holz.

Der Junge fühlte, daß beide gleich beklemmend und grau einhüllend waren, Keller und Boden.

Als er vor der Tür stand, wo seine Eltern wohnten, klappte er mehrere Male mühselig mit der gelben Briefklappe im unteren Teile der Tür; seine Mutter, eine schlanke, noch junge Frau mit gebauschtem Haar öffnete, und er tappte hindurch, über den auch am Tage dunklen Korridor, in die Küche.

Dies war ein langer schmaler Raum mit nur einem zweiteiligen Fenster am Ende der rechten Längswand. Von hier aus sah man, wenn man den Kopf sehr weit nach links wandte, ein Stückchen Himmel und darunter den »Grund«, ein noch unbebautes mit schmutzigem Abfall und trüben Wasserlachen bedecktes Stück Hofraum. Gegenüber dem Fenster, nur drei Meter entfernt, ragte steil und finster die fleckige wolkige Mauer des Nachbarhauses; rechts sah man, nach oben und unten ziehend, in einer noch näheren Wand eine lange Reihe kleiner, blasiger Speisekammerfenster.

Zwischen dem Fenster und dem einfachen grauen Küchenschrank, der, wenn der Kleine allein war, aus den rhombischen Glaseinsätzen seiner Fensterflügel Augen machte, stand der Bretterstuhl, auf dem er oft sein Kinderstühlchen zu bauen pflegte, und dann hoch wie auf einem Throne saß. Aber der Vater sah das nicht gern.

So ging er zu dem flachen eisernen Küchenherd, in dessen dunkler Ringöffnung ein paar Flämmchen woben, und wollte eben auf den Stuhl daneben klettern, um mit seinen schlichten ernsten Augen in das dürftige Feuerspiel zu sehen, – stundenlang konnte man so in roten felsigen Hochländern und funkelnden Sandwüsten wandern, oder behutsam winzige Papierschiffchen auf ein noch schwarzes Stück Kohle setzen, und mit vergehendem Herzen warten, bis das rote Meer lautlos an die verkohlenden

Planken schlug (aber die Zaubermannschaft rettete sich) – als er sah, daß seine Schwester neben der Mutter stand, und in einem alten staubigen Pappkarton kramte, der vom Boden geholt worden war.

Schnell lief er darauf zu, stieg auf das grau gerippte mottenzerfressene Sofa und sah zu, was da hervor kam. Alte matte Messingringe mit dunklen Stellen, bunte Flicken, ein paar stockfleckige Zeitungen, ein Stückchen Kaninchenfell, Knöpfe vom Uniformrock des Vaters; weiter war wohl nichts darin. Oh.

Der kleine Junge nahm das winzige Fellstückchen in die Hände und befühlte es bedächtig : mildes, dünnes Leder, einige Löcher darin und das weiche, teils graue, teils hell gespitzte Pelzwerk darauf.

Dann sagte er zur Mutter : »Kann ich es nicht kriegen ?«; und sah sie still und ernsthaft an. Noch ehe sie fragen konnte, was er denn damit wolle, mischte sich die Schwester ein und rief mit schriller, vornehm sein sollender Stimme : »Nein, ich will es – als Pelz !«. Sie war erst durch die Frage des Bruders darauf gekommen, dem vorher wertlosen Läppchen eine Bedeutung für sich zu geben. Und schon lehnte sie sich zu dem Kleinen hinüber und streckte damenhaft befehlend die Hand aus; aber er klomm langsam und nicht besiegt in die hinterste Ecke des leise knarrenden Sofas und versteckte sich, zu stolz, noch einmal zu fragen, und selbst noch nicht im Klaren über den Wert seines neuen Besitzes. Aber die Mutter sagte, unbewußt was sie gab, zu dem achtjährigen Mädchen : »Laß doch.«; flocht ihm, um es abzulenken, die Zöpfe neu, band ein Schnürband hinein und fügte lockend hinzu : »Schöne Haarschleifen hab' ich heute bei Struve gesehen !« Worauf die Unterhaltung sogleich lebhaft wurde, und der Junge seinen Schatz vor sich hin auf den Tisch zu legen wagte.

Selbst wenn er wie jetzt auf dem abgerissenen Polster kniete, hatte er den Tisch fast in Kinnhöhe; denn er war noch sehr klein. Wieder betrachtete er das Fellchen lange und aufmerksam, aber ohne es anzurühren; es war nicht größer als seine Hand, und ärmlich durchlöchert, mit vielen Ecken und Einrissen.

Die Schwester war noch einmal auf die Straße gegangen, mit ihren Freundinnen zu spielen; nur die Mutter wirtschaftete leise in der Küche.

Der Junge fuhr mit der ganzen Hand vorsichtig in das Fellchen hinein und fühlte zwischen den Fingern und an der Innenfläche der Hand die weichen Härchen. Er lauschte und sann. Dann zog er den Arm vorsichtig zurück und sah, wie sich die feinen Spitzen wieder aufrichteten, als sei nichts geschehen. Es schien, als wolle er das Spiel noch einmal wiederholen, aber er hielt inne; seine Hand begab sich eine Strecke weit von dem Pelzchen fort, und begann, sich langsam von ferne wieder zu nähern.

Die Dämmerung war eingebrochen, und das Feuer knisterte eifriger als zuvor; leise klirrten die Gläser, die die Mutter trocknete, und ein Windstoß warf trappelnden Regen an die grauen Scheiben.

Der kleine Junge sah mit stillen Augen auf seine Hand, die kaum merklich dem Fellchen zustrebte – – –

2.)

Plötzlich schrie der Reiter an der Spitze des Zuges heiser auf, hob sich noch einmal spähend in den Bügeln, und galoppierte, das Pferd herumreißend, wiegend nach hinten. »Endlich scheint das Waldland zu kommen,« sagte er müde zu dem straffen ältlichen Mann, der in der Mitte des Zuges auf seinen Gewehrträger einschalt, »– wie ein leichter Dunststreifen liegt es über der Steppe.«

Der kalte nadelfeine Regen peitschte die Leiber der Träger und rann in dünnen Bächen dem Alten vom Tropenhelm, der den Kirangosi aufmerksam anhörte und dann kurz fragte : »Wie lange noch, Francis ?« Der schob wägend die Unterlippe vor und schätzte : »Sechs Stunden. – Vielleicht auch zehn !«, worauf der Alte nur mit kaltem Kopfnicken antwortete »also vorwärts !« Und wieder kroch der endlose Zug durch die windpfeifende Savanne.

Auf einmal waren Lachen da, flach und vom Regen getupft, der Boden quoll und federte bei jedem Schritt. Aus einer breiten grauen Wolke fuhren gurgelnd Wind und Wasser, bis die nackten schmutzigen Rücken der Träger schauderten.

Erst nach Stunden schlich die Dämmerung ein; aber da sahen es alle : die finstere dichte Mauer am Horizont, dunkelgrün und massig. Das war das Waldland, von dem sie an der Küste gehört hatten. Nun erst begann eigentlich die Entdeckungsreise.

Lasten wurden abgeworfen, Gestrüpp und Buschwerk zusammengetragen und bald schwelten sieben, acht Lagerfeuer in der nassen Luft. Nun wurde es lebhafter; die platten schwarzen Gesichter begannen, weiße Zähne zu zeigen. Plappern lief rings um dampfende Kessel.

Ein fröstelnder Mond ging durch jagende Wolken, bleich lag die Steppe um die verknisternden Feuer. Eine einsame Wache tappte müde im Kreis. Die Nacht war still und verschlossen, wie eine alte graue Zinnschale. Plötzlich hielt die Wache inne und lauschte; zuerst war nur das

Wispern des eigenen Blutes im Ohr, wie süßes einförmiges Regenrau-
schen. Aber dann kam es wieder aus der Ferne, leise und nur dem Sehnsüchtigen hörbar : der tickende Schall einer Trommel. Ganz leise : tum,
tum, tum, tum . . . .

Meilenweit mochten sie sitzen, auf einem flachen Felsen im Wald,
beim umtanzten bunten Feuer, ein heller Fleck in der Schwärze.

Ganz leise : tum, tum, tum . . . .

3.)

Es war fast ganz dunkel geworden; aber die Mutter zündete aus Sparsamkeit erst spät das Gaslicht an, wenn der Vater vom »Dienst« kam. So
waren sie allein mit dem schönen Feuerschein; der kleine Junge sah die
breiten roten Lichtflächen sich an den Wänden hinaufschwingen und wieder ducken, als wische eine Hand darüber.

Auf den beiden Brettern über dem alten Kindertisch, dem Herd
gegenüber, standen die Teller in langer Reihe; einige mit spärlichen
blauen Blümchen, alle bestoßen und verschrammt. Er sah, wie sie mit
heilig unregelmäßigen Pausen als helle volle Scheiben in der leeren Luft
hingen und dann bis auf einige glimmende Pünktchen sich wieder in
Dämmerung auflösten.

Er lehnte sich für kurze Zeit zurück an den graubraunen Sofaüber-
zug, und blickte an der altmodisch hohen Rückenlehne hinauf und hinunter. Bei Gaslicht, wenn die kurzhaarige, an vielen Stellen abgeschabte
Plüschwand mit wilden Schatten dastand, nahm er manchmal zwei oder
drei Stecknadeln und ein kleinfingerlanges Endchen Zwirn, und begann,
unten, wo Sitz und Lehne zusammenstießen, anfangend, die Nadeln
emporwandern zu lassen. Bald war man mitten in der unsäglichen Berg-
welt verloren; im donnernden Geröll, unter überhängenden Wänden, an
denen klatschend das schwere Seil schwankte.

Wind ging mit Geschrei um das Haus, und im Herd sangen unbekannte hohe und tiefe Stimmen, die sich gelassen und schwermütig aus
den Tiefen der Nacht unverständliche Zeichen gaben. Es war von einer
erkältenden Einsamkeit, die völlige Fremdheit dieser höflichen und
undeutbaren Rufe zu hören, und zu wissen, daß nicht einmal Ablehnung
oder Verschlossenheit darin mitschwang, sondern daß man dem feierlich
hallenden Schrei dieser Wesen gleichgültig und ganz unbekannt war.

Über dem Stuhl am Ofen, auf dem die Mutter saß, begann die Uhr
ein leises Schnurren und schlug dann viele Male hintereinander; glitzernd

sank die leicht zitternde dünne Messingkette ein Stück nach unten; dann rauschte wieder die Stille.

Einmal hatte der Vater ein Stück Leuchtpappe mitgebracht, von dem jedes der Kinder ein Blättchen von Spielkartengröße erhalten hatte. Wenn man es lange ans Küchenfenster hielt, und dann schnell damit in den dunklen Korridor lief, strahlte das kleine Rechteck ein gleichmäßiges bläuliches Licht aus. Es war, als sei lautlos ein Fenster in kalte, mondbleiche Raumtiefen aufgegangen.

Daran dachte der Junge, als mit kurzen Unterbrechungen die gedehnten Rufe der Windleute wieder anhoben; das ganze Haus durchgingen sie geschäftig; die feuchte schwarze Luft schlugen sie wie Mäntel um sich –, und schritten eilig über die kühlen Dächer, schwangen sich durch die Kamine, stiegen auf und gingen an den dunklen Giebeln.

Der kleine Junge wachte angespannt; es war immer das gleiche Befremden, ob er diesem Schallen lauschte, oder vor der Wasserwelt seines winzigen Aquariums saß.

Eine Zeitlang hatte er so das gaukelnde Feuerspiel nicht beachtet; aber nun erhellte es minutenlang schon mit kräftigem Licht die Küche. Er richtete sich leise auf, und wieder lag vor ihm das Fellchen, von feinsten Schatten überhuscht, mit seinen gefiederten Küsten und zierlichen Seen, um die der Abendsonnenduft wob.

Die Mutter hatte sich das Haar gewaschen, und saß schläfrig am Herd, um es zu trocknen. Auch die Uhr schwenkte unhörbar das blinkende Pendel; es war ganz still geworden.

Da kam aus unsäglicher Ferne tief und schwingend noch einmal ein Ruf, wie das Lied des Wächters in der Windstadt.

Er mußte mit dem Kopf sehr dicht an das Fellchen herangehen – – –

4.)

Er war selbst schuld gewesen; warum hatte er sich von dem anderen Zuge getrennt, um auf eine mittagsheiße Waldlichtung hinauszusehen, in der ein paar runde Hütten standen.

Nun irrte er schon den zweiten Tag in der lieblichen Wildnis umher, durch Wald und säuselnde Büsche, und schon wieder begann es Abend zu werden. Die Sonne stand bereits tief hinter den Wäldern, und am hellen Himmel errötete weißes, zärtliches Gewölk. Der Wald war licht und schön geworden und die schlanken Stämme standen wie mit Kupfer beschlagen auf dem bebuschten Boden. Ein feiner Wind kam aus der zart getönten Höhe, und alle Sträucher und Kräuter zeigten spielerisch und fröhlich die silbergrauen Unterseiten ihrer Blätter. Es raschelte und rauschte überall wie behende Erlenblätter im windigen Park.

Er schritt über eine schon tauige kleine Wiese den leicht abfallenden Hang hinunter, bog um eine Waldecke, und blieb überrascht stehen. Vor ihm kräuselte sich im kalten Abendwinde das breite Band eines nach Westen ziehenden Stromes.

Zu seiner Rechten standen in geringer Entfernung die spitzen Giebel einer kleinen Fischersiedlung schwarz vor dem bunten Himmel, und zwischen den dunklen kühlen Büschen erfunkelte ein rotes, munteres Feuer.

Am Ufer lagen Nachen; elf, zwölf Stück. Er löste behutsam den kleinsten, stieg hinein, und ruderte kräftig der Mitte des Stromes zu. Hier zog er die Riemen ein, und lehnte sich zurück, während das Boot stetig weiter trieb.

Die Ufer lagen wie schwarze Streifen um das abendliche Lichterspiel in der weiten Wölbung des Himmels. Fern über der Flußscheibe entstand Schwatzen und gelbes Gelächter; noch einmal strahlte das Feuer wie ein Rubin in den Rauschebüschen am anderen Ufer.

Fische sprangen in der Abendkühle aus dem verfunkelnden Wasser, von Tropfen wie von silbernen Kugeln umspielt; ihre Leiber glänzten im Widerschein der sinkenden Sonne wie helles Gold und blasse grüne Seide; blau wie mit Schuppen aus Aquamarin, und hellrot wie alter kühler Wein.

Ein kaum spürbarer Duft kam aus dem wohlriechenden Holze des Nachens. Der Strom war ganz rein und nur von den winzigen Wellchen der tanzenden Fische geschmückt.

Unaufhaltsam und stetig zog der Kahn in dem immer reineren Farbenspiele des Abends. Seltsame Menschen traten, oft nach stundenlanger Einsamkeit, aus den Wäldern ans Ufer; ein Mädchen, das schweigend Wasser in seinen Krug schöpfte und stumm sich wieder verlor. Oder ein Fischer, der seine Netze in dem stillen goldblauen Wasser wusch.

Männer standen am Strom und bliesen auf gedrehten rosigen Muschelhörnern in die grüne klare Luft, Wild trat ans rasige Ufer und sah mit vergoldeten Augen, in denen der ganze Himmel sich spiegelte, dem Kahne nach.

Immer breiter wurde der Strom; immer wundersamer die Farben im Abend. Der Nachen trieb mitten auf die ins Meer sinkende Sonne zu, immer weiter und weiter, bis kein Menschenauge ihn mehr erreichte. –

Vor der Korridortür wurden Schritte laut, näherten sich, und hart schnarrte die alte blecherne Klingel; der Vater kam.

Der Kleine rutschte eilig vom Sofa herab und tappte der Türe zu; man erwartete es von ihm, das wußte er, daß er ihm öffnete, und so ging er gehorsam, obgleich der Vater ihm zu erwachsen und männlich war.

In der Tür saßen einfache trübe Scheiben aus Preßglas, aber wenn man das Auge ganz nahe daran brachte, sah man, daß das Licht im Hause unzählig viel kleine Strahlen hindurch schoß, so daß es war, als ginge man im Inneren eines hohlen Diamanten.

Er öffnete und machte eine seiner putzigen Verbeugungen, der Vater hob ihn hoch, und er lachte gefällig und zweifelnd. Drinnen, hörte er, zündete die Mutter das Gas an, und als sie eintraten, lag die Küche schon im harten unbarmherzigen Licht, mit scharfen Schatten, grell da.

Auch die Schwester fand sich zum Abendbrot ein. Der Vater erzählte von seinem Ärger im Polizeidienst, böse und schmutzige lächerliche Sachen, über die der Kleine höflich hinweghörte. Die Schwester plauderte vornehm und tat ganz erwachsen, so sehr, daß man lachen mußte. Aber der Kleine lachte nicht einmal : er liebte die Erwachsenen nicht; da war zum Beispiel der Vater, der sehr viel zauberhafte Dinge wußte, von feuerspeienden Bergen, von Chinesen und von Sternen. Einmal hatte er dem Jungen ein Märchenspiel vorgelesen, von einer bösen aber schönen Zauberprinzessin, und er hatte es dreimal lesen müssen, im erregten Atmen des Kleinen.

Aber da war immer etwas Störendes; er hätte es nicht genau benennen können, aber er fühlte es deutlich : man war allein. So aß er sein Stückchen Brot voller Unbehagen in dem lauten Kreise, und als ihm die Schwester mit der Schule drohte, in die er nächstes Jahr gehen mußte, tat er, als ob er ängstlich und ehrerbietig zuhöre und schwieg weiter. Das war Etwas, von dem er nichts wußte, aber sicher mußte es etwas sehr Störendes und Unangenehmes sein.

Er war froh, als er in sein weißes Drahtbettchen gebracht wurde. Hier war es dunkel und still, und er schlief bald seinen leichten, nur lose traumdurchwölkten Schlaf.

Als er am nächsten Morgen erwachte, hatte er das Fellchen vergessen. Auch hätte er es nicht mehr gefunden; denn es war von der ordnungsliebenden Mutter längst verräumt oder verbrannt worden.

Er dachte auch nicht weiter daran; denn hinter dem Ofen hatte er Etwas anderes entdeckt : –   *[Fragment]*

DAS HAUS
IN DER HOLETSCHKAGASSE.

1.)

Einen Augenblick blieben sie am Laden des Gewürzkrämers stehen, und atmeten traurig und genießerisch den fremdartigen Wohlgeruch ein, von dem der dämmrige alte Winkel schwer und ungemein aromatisch erfüllt war. Die großen ziselierten Messingscheiben, welche die kleine Auslage am Tage hell machten, schwankten leicht in der warmen Abendluft, und hinten im Gewölbe sah man bei einem Licht gebückt den alten Wendler mit seiner ewigen Zipfelmütze stehen; er führte aus einem grauen mit seltsamen schwarzen Lettern bedruckten Säckchen hüstelnd eine Probe zur Nase und lächelte dazu gar schlau.

»Schön –«, murmelte Swatek mit verträumtem Mund, »ich möchte wetten, es kommt aus Arabia, oder – ach, Arabia!–« Und im langsamen Weiterschreiten fragte er den gut einen Fuß größeren Gefährten, der bei dem vornehm und prächtig klingenden Namen wissend und hoffnungslos mit dem Blondkopf genickt hatte : » – Hast du den Galland wieder gelesen?–« Er wußte wohl, daß ihn der Andere fast noch besser kannte, aber man mußte ja ab und zu die geliebten Namen aussprechen. Er hob eine rhetorisch gespreizte Hand in Schulterhöhe und wollte just zu einer längeren Fantasia ausholen; aber drüben öffnete sich die Tür des Rathauses, und die verschnörkelte Treppe herunter kam, knurrig noch etwas dem buckelnden Männchen hineinrufend, die hohe breitschultrige Gestalt des Professors Rabensteiner. Als geschulter Studiosus hob Swatek die Rednerhand geistesgewärtig weiter zum Barett und zog es tief vor dem bärbeißigen Alten, der, die Hände auf den Rücken gelegt, leise vor sich hin brummend die Marktseite herab kam. Auch sein Freund zog mit sicherer Hand das malerisch getragene fadenscheinige Schulterkrägelchen in bürgerlich ehrsamere Falten, und bewegte seine bauschige Samthaube mit edlem Anstand.

Der Alte nahm ihren Gruß mit wohlabgewogenem Dank entgegen; Swatek nickte er grimmig und allwissend zu, als zöge er wiederum aus dessen ‹religio medici› die allzu gelungene Karikatur des Rector magnificus als Bakchos in höchst unakademischer Tracht. Der Begleiter erhielt einen scharfen Blick und ein verstecktes halb wohlwollendes halb spöttisches wunderliches Lächeln, während er schon wieder wie abwesend mehrmals mit dem mächtigen eisgrauen Kopf schüttelte, und murmelnd weiterstapfte.

Swatek sah seinen Freund stumm und resigniert von unten an, während seine Züge, denen er für einen Augenblick den wohlgelungenen Ausdruck kindlichen Tiefsinns und gekränkter Jugend verliehen hatte, langsam wieder die alte Beweglichkeit und Munterkeit gewannen. »Natürlich!« bemerkte er flüsternd, »Keinen Stock, keinen Hut. Wie immer keinen Zopf! – oh tempora, oh mores! – Aber, Peter,« fuhr er fort, »hast du gesehen, wie diese Hand das Barett führte: zierlich, leicht, hispanisch. – Und er....«

Er hielt inne; denn eben kam von der Ecke die hallende Stimme des Professors, der, wie sich an etwas erinnernd, den Kopf gedreht hatte, und nun noch einmal barsch und poltrig : »Öflin!« rief.

Mit wenigen leichten Sprüngen war der Student die Häuserfront entlang geeilt und stand tief atmend vor dem hohen Alten, der einige kurze Worte mit ihm wechselte, die Öflin unter bejahenden Verneigungen erwiderte. Dann kam er rasch zu dem wartenden Freunde zurück, der ihrem Treiben verdutzt zugesehen hatte.

»Nein, sage nur, Peter,« begann er kopfschüttelnd, als sie in die Seilerstraße einbogen, deren blanke Fenster lebhaft die schöne gelbe und rote Abendhelle widerspiegelten, »was wollte Boreas denn von dir; ihr seid doch nicht gar gut Freund miteinander?« und blickte ihn fragend und neugierig an. »Ich hatte wirklich nicht mehr daran gedacht, Jaromir,« versicherte Öflin entschuldigend, »auch glaubte ich eigentlich, es sei nur so eine Redensart des seltsamen Alten gewesen. Weißt du, bei seinem vorletzten Kolleg, als wir noch anschließend das heftige Colloquium hatten –.« »Ich weiß, ich weiß,« bestätigte der Kleine lachend und nickte putzig nachbrummend : »es ist alles Wind! – Die Welt als Wind und Lufterscheinung – und weiter?!«

»Nein, nein; spotte nicht,« erwiderte eifrig sein Begleiter, »glaube mir, der Alte ist durch und durch ein origineller, tiefdenkender Kopf, und hat gar artige Theoreme, die wundersam poetisch und seltsam anziehend dazu sind. – Nun gut; kurz, er fragte mich damals, ob ich nicht Lust habe, in der kommenden Vakanz einen Dienst in dem Hause zu nehmen, wo er wohnt –.«

»Einen Dienst?« unterbrach ihn der Kleine verwundert, »ich denke, er lebt ganz allein in dem alten Hause in der Holetschkagasse –?« »Es mag wohl meist so sein,« entgegnete ihm der Freund, »aber er setzte hinzu, er erwarte demnächst wiederum viele Gäste, unter denen nebenbei auch seine Tochter sein werde, – aber was hast du denn – ?« brach er erstaunt und schon lächelnd einen neuen sonderbaren Einfall Swateks ahnend, ab. »Er hat eine Tochter !«, sprach festlich und kühn der Kleine; dann rückte er sein Barett feierlich schiefer, zog die billigen dünnen Spitzen-manschetten seines abgeschabten Röckchens sorgfältig weiter hervor, und verneigte sich leicht und galant vor einigen geputzten Bürgermäd-chen, die kichernd dem Unbekannten dankten. »Es geschieht lediglich zu Übungszwecken,« erläuterte er dem Freunde mit sachlicher Miene. »Du weißt, Peter, der Alte ist mir nicht hold – er weiß meine Verdienste nicht zu würdigen; er ist mein Feind !« fuhr er mit umdüsterter Stirne fort, während er die Arme entschlossen über der entwürfereichen Brust kreuzte, und ein paarmal ausdrucksvoll mit den Beinchen stampfte, »– Ha, das ging prächtig, nicht wahr ? ! – – Aber nun ist er in meine Hand gegeben, Peter ! – Er hat eine Tochter – !« wiederholte er sinnend und schwärmerisch, nicht ohne mit Befriedigung das ergötzte Lachen Öflins entgegen zu nehmen.

»Nun ja !«, berichtete dieser endlich weiter, »was hätte ich auch sonst in den drei Monden beginnen sollen, Jaromir ? – Hätte ich mich wieder mit meinem Tischchen an's Tor setzen, und den Landleuten und Mädchen für ein paar arme Heller ihre kleinen Schreibereien erledigen sollen ? Erfroren bin ich ohnedem fast dabei – nebenbei, Jaromir – hast du Kohlen ?« fragte er freundschaftlich und bedrückt.

Der Kleine sah sich sorgfältig um; sie standen vor dem Hause, in dessen oberstem Dachgeschoß sein Studierzimmerchen lag. Er wartete mit eindrucksvoller Vorsicht, bis ein paar scheltende Bäuerlein vorbei waren, trat dann dicht an Öflin heran und flüsterte ihm, indem er sich mühsam zu dessen Ohr emporreckte, hinter der argwöhnisch gehöhlten Hand zu : »Ja ! –« Dann trat er, sich an der Überraschung des Freundes weidend, einen Schritt zurück und fügte gelassen hinzu : »Nicht wahr, Amice, das hattest du nicht erwartet ? !« »Ja – aber wie denn –« fragte Öflin verwirrt und erfreut zugleich. »Geld – ?« Der Kleine schüttelte verächtlich und wegwerfend den Kopf, daß der Haarbeutel nur so pen-delte; da zuckte Öflin ratlos mit den Schultern. Swatek hob den Blick zum Himmel und sprach mit allegorischem Tiefsinn : »Ein prächtiger lichter Abend – hm – wie dunkel muß es im Keller sein –.« »Im Keller des Seminars«, fragte ahnend der Freund, »aber den bewacht doch der Pedell, und überdem sieht er auch, selbst wenn er in seiner Loge am Ausgang sitzt, jeden, der mit einem größeren Bündel die Halle verläßt – oder hast du die Stücke einzeln – ?« »Ein Bündel wohl – leider –« ent-gegnete Swatek bekümmert, »aber ich bin noch im Besitz eines Violinkastens –,« er breitete lustig entschuldigend die Hände und hielt dem lachenden Freund eine unbeschreibliche Miene entgegen.

Dann reichte er ihm abschiednehmend die Hand, »ich muß noch arbeiten,« sagte er hastig, »meine lateinische Rede über die Logarithmen, die ich morgen zum Semesterabschluß halten soll, ist bei wohlwollender Schätzung erst zum Viertel fertig – und der Inhalt –« er stieß verzweifelt die Luft durch die Nase, »– die ‹Distel› braucht nur eine Frage zu stellen, oder mich zu unterbrechen, –« fügte er mit trostloser Gewißheit hinzu, »– und er tut es ja bestimmt – –! – Berg, Meere, Fels! : wer kann die Pein ertragen! – Ach, du weißt ja, meine Stärke liegt wesentlich mehr im Dramatischen!«

Er nickte seinem Begleiter noch einmal zu, und schlug den bronzenen Türklopfer an die dicke Platte.

Öflin rief ihm einen herzlichen Abschiedsgruß nach, und schritt dann weiter durch die kleine abendsummende Stadt.

Eine liebliche Dämmerung war eingebrochen und am fernen waldigen Horizont trat schon der Mond wie ein silbernes Reh aus einer tiefen Wolkenkluft, an deren Rändern milchiges Nebelgebäusch hing. Der Himmel war von klaren, langsam dunkelndem Blau, in dem nur gegen Sonnenuntergang ein paar lange funkelnde Abendwolken lagen.

Er schritt über die Moldaubrücke und lauschte, an die durchbrochene Steinbrüstung gelehnt, eine Zeitlang dem kühlen Strudeln des Flusses, wie er so klangvoll rauschend unter den alten Brückenbogen hervorströmte, und manchmal in der Ferne ein Fisch in die seidenbunte frische Abendluft sprang. Die Gärtchen der Bürger gingen bis zum Fluß hinunter; an manchem glatten Rasenbord schwamm ein zierlicher Nachen in der blauen kristallklaren Flut, und die feinen wehenden Gräser tunkten oft gar anmutig die Köpfchen in die kühle goldgesäumte Helle. Mandolinen- und Flötenspiel kam aus verdämmerten Lauben, in denen zuweilen schon bunte Papierlaternen im zierlichen Tosen des Weinlaubes hingen oder schlanke Lichter in mannshohen geschnitzten Holzleuchtern über den blühenden Beeten standen.

Nach kurzer Zeit hatte er das Städtchen hinter sich gelassen, und trat in ein luftiges rauschendes Gehölz, das sich weit vor den Toren der Stadt hinzog.

Nebel schlichen wie Schmuggler mit silbernem Gerät aus den stillen dämmrigen Wiesen; und das Bächlein glitzerte eilig an den schönen abendblauen Kräutern vorbei, durch großblättrige stille Teiche und das weite gluckernde Ried, aus dem ein Froschchor traurig und kunstvoll dem wehenden kühlen Abend ein glockiges und gewölbtes Lied sang.

»Whag fále gna-á-og . . . ?« klagte eine schöne Einzelstimme aus den breiten Blättern, und der Chor antwortete schwermütig und geschult : »Goag fáwe dóa mag nóug . . .«; »Njam quáme dog máong . . .« fragte es in formvollendeter Hoffnungslosigkeit; abendtraurig und gekonnt-verhallend kam es aus der Röhrichtoper : »Goág dong báog . . . .«

Am Ufer des kleinen Teiches blieb er stehen und sank lauschend ins duftige hohe Gras; der bräunliche reife Augustwind fuhr durch sein Haar, und erzählte mit streichelndem Schwelgermund von weiten goldenen Roggenfeldern und rötlichen Birnen im raschelnden Laube.

Allmählich wurde es dunkler; der Mond stieg wie ein narbiger Silberball schräg in die blaue Luft, und über den immer vernehmlicher rauschenden Wäldern traten einzelne Sterne hervor. Er saß, an den Stamm einer jungen Birke gelehnt, und fühlte, wie die munteren rieselnden Blättchen im Nachthauche seltsamlich flüsternd und wichtig tuschelnd über sein Gesicht streiften. Er dachte an sein enges ärmliches Zimmerchen, in dem er so oft bei der abendlichen Lampe gesessen hatte, während draußen über den veilchenschuppigen Dächern noch die Schwalben zwitschernd hin und her schossen und an seine winzigen Schätze : ein paar putzige alte Bücher in bunten ledernen Röckchen, die sich ihm immer dankbar und zutraulich öffneten mit ihren dünnen vergilbten Seiten und dem tiefen Braun der oft unbeholfenen oft zierlichen Kupfertäflein.

Durch den leichten wehenden Vorhang sah er, wie schimmernde feine Wölkchen unter dem Monde schwammen, und betrachtete lange und verloren die silberne Gaukelscheibe, hinter der bald blinkende lange Wolkenbänder flatterten, zwischen denen zuweilen blitzende Funken dahinfuhren.

Dann erhob er sich langsam und schlug behutsam das biegsame Gitter auseinander; noch einmal atmete er tief die erquickende Nachtluft ein und wollte sich schon zum Gehen wenden, als sein Blick unwillkürlich zum Firmament gezogen wurde. Mitten aus dem Gewirr der Sterne löste sich eine kleine runde Flamme, die mit jedem Herzschlag größer und heller wurde, und während er noch entzückt auf die zaubrische Lufterscheinung starrte, die wie ein schöner Mond über die Wiesen heranschoß, warf ihn schon die jagende Luft taumelnd zurück ins Gras; er sah nur noch den blendenden Schein wie von der brausenden Mähne eines heranrasenden Silberpferdes, hörte ein zerspringendes Knallen, und wie eine hohe Wassersäule langsam aus dem Weiher stieg und klingend wieder versank.

Er sprang augenblicklich empor und lief ein Stückchen in die Flut hinein, dorthin, wo nach seiner Schätzung der Meteor liegen mußte; das Wasser klang freudig und erregt um seine Knie, aber sein Fuß ertastete nur den feinen harten Sand oder verstrickte sich im biegsamen Dickicht frischer knirschender Wasserpflanzen, die zu zerreißen er nicht über's Herz bringen konnte.

Nach einer Weile gab er betrübt die Suche nach dem seltenen Mineral auf; er hatte gehofft, es seinem Lehrer, dem Professor Rabensteiner, bringen zu können, und nun blieb ihm nur die schwache Hoffnung, es am hellen Tage noch einmal zu suchen, wenn es nicht etwa gar über den Wassern zersprungen und zerstäubt war, wie wohl auch mehrere Gelehrte zu behaupten pflegten. Er watete langsam ans Ufer zurück, und schritt zur Birke, um sein Barett zu holen, das er in der Hast des Entdeckens dort liegen gelassen hatte. Er schob die kichernden Blättchen beiseite, und fuhr einen Schritt zurück.

An den Fuß des sich biegenden Bäumchens geschmiegt, sah er eine schlanke Mädchengestalt im Sternenlichte sitzen, die sich langsam erhob und aus dem Gebüsch hervortrat.

Er versuchte sich mühsam zu fassen und verneigte sich tief vor der einsamen Wandrerin, die, während er dem Meteor nachjagte, des Weges gekommen sein mochte. Aber es war schon spät und fast unmöglich, daß ein Mädchen allein durch den Hain lief; er näherte sich ehrerbietig der schlanken Gestalt, die unbefangen einen hellen nebeldünnen Mantel um ihre Schultern schlang, und ihn dann ruhig ansah.

»Vergeben Sie mir meine Kühnheit,« begann er stockend, »aber Sie wollen doch gewiß wieder zur Stadt zurück – wenn ich Ihnen meine arme Begleitung anbieten darf – ?« »Ja,« erwiderte die Fremde langsam mit lieblicher fremdartiger Stimme, welche die Worte erst wie die einer einst erlernten, lange nicht geübten Sprache zu finden schien. Dann schritt sie leicht aber vorsichtig voran über die Wiesen dem schmalen Fußsteige zu. Er hatte schnell sein Barett aufgerafft, und eilte, an ihre Seite zu kommen, wobei er mit Bewunderung bemerkte, wie schön und schwebend sie ging, ein Händchen in den Falten ihres fließenden Rockes verborgen, während die andere das glitzernde Tüchlein fester um sich zog.

Er nannte ihr schüchtern Namen und Stand und wartete bebend auf die schwingende schlichte Stimme, die gar seltsam zum leisen Rauschen der Bäume an der Moldau klang. Als sie über die Brücke schritten, trat der volle Mond langsam aus einer fahl schmelzenden Wolke und schien schier taghell auf die grauen Steine und den glitzernden Fluß. Sie blieb wie erinnernd stehen und fragte : »Nun kann es doch nicht mehr weit sein – ?«, und ohne eine Antwort abzuwarten, wand sie die schützende Hülle von den Schultern und warf sie über das Geländer in das wohlig ziehende Wasser. Wie ein feiner bläulicher Hauch schwebte das duftige Gewebe auf die Wellen nieder, und entschwand dem Blick, noch ehe es die Oberfläche erreicht hatte. Er wagte nicht, nach dem Grunde des seltsamen Beginnens zu forschen, sondern fragte nur schüchtern nach dem Hause, zu dem er sie geleiten dürfe. Sie sah sich um und faltete leicht die helle feine Stirne : »–Ich glaube, wir müssen zur Rechten gehen–«, sagte sie dann und huschte eilig voraus durch die Küferstraße und das Flickgäßchen, immer am Flusse entlang. Er hatte selbst mit seinen langen Schritten Mühe, sich bei ihr zu halten, und lief stumm und verzaubert neben dem zierlichen Mädchen her, das rasch um die Ecke bog, über einen kleinen hellen Platz sprang, und dann, immer sicherer werdend, in die Holetschkagasse einbog, wo sie aufatmend stehen blieb.

»Nun finde ich wohl allein weiter –,« sagte sie leichthin über die Schulter zu ihrem Begleiter, der, verwirrt und vergebens nach einigen wohlgesetzten Worten suchend, sein ärmliches Mützchen herabriß. In dem Augenblick brach auf einmal der Mond aus dem immer dichter gewordenen Gewölk hervor, und Öflin sah in ein blasses feines Gesicht, das ihm von wundersamer Schönheit schien. Lange dunkle Brauen lagen über den ernsten schwermütigen Augen, und der geschwungene rote Mund schien leise über seine rührende Unbeholfenheit zu lächeln. Er verneigte sich tief, und als er sich wieder aufrichtete, sah er die zierliche Gestalt rasch und bestimmt durch den wunderlich wölkenden Mondschein die Gasse hinuntergehen. Er trat in den winkligen Schatten des alten zweistöckigen Erkers am Eckhause zurück, von wo er fast die ganze verschlafene Häuserreihe übersehen konnte, und wartete mit klopfendem Herzen, wo die Fremde wohl eintreten würde. Sie ging an den ersten Fachwerkgiebeln vorbei und blieb dann vor einem ungewöhnlich hohen und schmalen Hause stehen, welches das älteste im ganzen Gäßchen zu sein schien. Der hölzerne dunkle Giebel ragte weit hervor und warf seltsame Schatten über die drei ausgehöhlten grünlichen Stufen, die neben dem Brunnentrog zur spitzbogigen reich verzierten Tür emporführten. Er hörte den Klopfer klingend anschlagen, und sah, wie sie sich langsam zu dem sprudelnden Wasserstrahl hinunterneigte und die Tropfen über ihre Hand rollen ließ. Neben der Tür wurde klirrend ein Fenster aufgestoßen, ein Mann lehnte in den Mondschein hinaus, Kopf und Schultern, und Öflin erkannte sofort an der Stimme und dem rollenden Grauhaar seinen Lehrer, den Professor Barnas; die Tür flog auf, das zierliche Wesen huschte auflachend hinein, und nach wenigen Herzschlägen lag die Holetschkagasse wieder hell und leer in der kühler werdenden Nacht.

Er lief hastig auf die andere Seite der Straße, in der vergeblichen Hoffnung, doch noch etwas zu erspähen, aber er hörte nur die Moldau gar unverständlich heraufrauschen, und in weiter Ferne den singenden Schrei des Nachtwächters. Die Erregung trieb ihn weiter, durch den schattigen Schiffsleutstaden, zum kleinen Marktplatz : sie wohnte in dem Hause des Professors, war vielleicht gar einer von dessen Gästen – ! – Er schüttelte glücklich lachend den Kopf, und tauchte, wie sie, die Hände in den artig schwatzenden Brunnen; auf dem breiten steinernen Rande lag eine messingen leuchtende Zitrone, wohl von einem der Händler aus den Kauflauben dort vergessen. Er ergriff sie übermütig, und ließ sie spielend in die Luft steigen, immer höher und höher, daß der gelbe Ball wie eine liebliche Sternenkugel auf- und niederschwebte.

Aus der Seilerstraße hörte er das Spießklappern und den schlürfenden Schritt des Nachtwächters, der gewichtig die zwölfte Stunde ausrief, und dann mit seinem Laternchen weiter unter den rauschenden Kastanien entlang auf die Moldaubrücke zu tappte.

In seinem Stübchen stand noch das Fenster offen; er zog sich den einzigen Stuhl heran, und sah mit den seltsamsten und schüchternsten Wünschen in den Mond, der wie eine Frucht mit schaumiger Seidenschale und schartigem Silberkern in den Weinranken hing. Dann warf er sich auf sein dürftiges Bettchen, konnte aber nicht einschlafen; denn er sah noch immer die schlanke Fremde vor sich, und mühte sich, ihr von allem Schönsten zu erzählen, das er wußte, und erfand immer neue, ihrer würdigere Worte, und rief sich jede ihrer Bewegungen ins Gedächtnis zurück, bis er endlich wieder aufsprang, und sich mit einem Buche ans Fenster setzte. Aber war es das wunderlich täuschende Licht oder seine Unruhe : die geschnörkelten Buchstäbchen verwirrten sich vor seinen Augen zu gar seltsamen Wortgebilden von fremdartigem und schönem Klange, so daß er es bald wieder beiseite legte, und aufs Neue in die lautlos geschäftige Helle sah.

Flatterndes Volk zog stundenlang auf marmornem Kreuzweg, hastig und stumm; dann wieder ragte der bläuliche Mondschein wie ein Fels aus der jagenden wilden Wolkensee, die sich aufschäumend um ihn brach, bis er endlich am offenen Fensterchen einschlief, und erst von den Strahlen des Frührotes und dem Ziehen der frischen blanken Morgenluft geweckt wurde.

2.)

Er sprang erstaunt von dem harten Stühlchen auf, und sah sich, erst langsam sich des vergangenen Abends entsinnend, kopfschüttelnd um. Schon begannen die Glocken der Abtei draußen im Klostervorgut zu klingeln; eine frühe Schwalbe flog schwirrend auf's Fensterbrett, und sah sich klug und nickend um.

Er nahm hastig sein schwarzes abgetragenes Mäntelchen vom Bett und begann, es sorgfältig auszubürsten, aber die glänzenden Stellen wollten nicht weichen. Noch einmal fuhr er polierend über seine langen spitzen Schuhe, drückte das dunkle Barett aufs Haupt, und sprang in hastigen Sätzen die steile knarrende Holztreppe hinab, um seinen Freund Swatek zur ehrwürdigen Semesterschluß-Feier in der Aula des Seminars abzuholen. Da die Uhr am Turm des winzigen Rathauses nur aufgemalt war und nicht ging, schätzte er nach der Länge der klaren blauen Morgenschatten und dem geschäftigen Treiben der Bürger die Zeit, und kam zu dem Ergebnis, daß er noch ein Viertelstündchen für sich habe, worauf er sich mit gespielter Unbefangenheit umwandte, und in der Richtung der Holetschkagasse weiterschritt.

Ein gelbes Wägelchen rasselte munter an ihm vorbei, Kinder liefen lärmend in die Frühschule, und vor manchem Laden stand der stattliche Besitzer und nickte seinen gemessenen Gruß zu den anderen Kaufgewölben hinüber.

Als Öflin schon um die Ecke des Flickgäßchens bog, hörte er aus einem kleinen halb versteckten Gaden heraus seinen Namen rufen, und drehte, unwillig über die Störung, den Kopf zurück. Aber seine Miene heiterte sich wieder auf, als er das winzige Männchen im kalmankenen Graurock erkannte, das heftig winkend um die Ecke sah. Damasius Franziskus Bonizil war der einzige Antiquitätenhändler der Stadt, und als solcher allen Studenten wohl bekannt, die hier für billige Kreuzer die häufigen Bücher, deren sie zu ihren Studien bedurften, kauften und verkauften, daß der Alte sie kommenden Geschlechtern weiter reichen möge. Aber eine besondere gemeinsame Zuneigung hatte ihn mit Öflin zusammen geführt, an dem er eine selten gewordene Kenntnis der großen und kleinen Altertümer und Kuriositäten gefunden hatte, als sie nach und nach näher miteinander ins Gespräch gekommen waren. Bonizil besaß erlesene Sammlungen von Büchern, Handschriften, Münzen, raren Miniaturen und allem, was alt und seltsam geworden war; aber er zeigte sie niemandem, da er mit rührender Liebe und fast dämonischer Besessenheit an jedem einzelnen Stücke hing, und es vor jedweder Entweihung, vor allem der durch neugierige Blicke, hütete. Nur mit Öflin ging er zuweilen durch die hohen Bücherregale, und öffnete die gläsernen Schaukästen, in denen die Dareiken und Gemmen auf dem dunkelfarbigen Samt schliefen. Oft hatten sie nächtelang streitend und rühmend über einem schweren Folianten oder einer seltsamen mappa mundi gesessen, bis der Alte und der Junge, entzückt und behutsam die alten ledernen Leutchen im Arme, in den hohen Sesseln eingeschlummert waren. Bonizil hatte ihm oft ein vergilbtes, seit hundert Jahren verschollenes Bändchen in die Rocktasche geschoben, aber nur, wenn er ein anderes, noch schöneres Exemplar davon besaß, und auch dann noch unter wehen Seufzern, und mit schier bösem Gewissen, daß er das alte Werkchen kränken könnte. Auch die Professoren bestellten durch ihn manches neuere Buch, und erschienen gravitätisch in dem dämmerndem mit absonderlichem Hausrat vollgestopften Büdchen des Händlers, der ihnen höflich und wie ein Gleichgestellter die neuesten Arbeiten des Herrn Leibnitz oder verstaubte Juristica vorlegte. Nur dem Professor Rabensteiner war er todfeind, da ihm Öflin einmal erzählt hatte, der grobe Alte habe zu ihm geäußert, für ein einziges Blättchen aus seiner Sammlung könne er einen ganzen Satz Bonizilschen Plunders kaufen, und als Öflin ihm bescheiden aber entschieden widersprochen und voller Wärme und Rührung sich selbst als begeisterten Liebhaber des erwähnten »Plunders« bekannt habe, hätte jener nur spöttisch gezwinkert und ihm zugeknurrt, er möge erst einmal etwas Rechtes kennen lernen und dann urteilen. Seitdem vermied Bonizil auch nur den Namen zu nennen, obwohl er aus nun leicht verständlichem Interesse jede Nachricht über den Rivalen begierig sammelte.

Heute lag ein verklärtes Lächeln auf dem pergamentenen Gesichtchen, und er zog, bedeutsam und effektvoll den Zeigefinger auf dem Munde, den jungen Studenten mit sich durch die kleinen, seltsam verworrenen Kämmerchen, bis er vor einem verschnörkelten rosenhölzernen Trühchen stehen blieb, und es geheimnisvoll hüstelnd aufschloß. In dem mit schönem goldbraunem Holze gefütterten Fach lagen drei alte, vor Staub fast unkenntlich gewordene Bücher, die erst vor wenigen Minuten zum ersten Male wieder seit wohl hundert Jahren von eines Menschen Hand berührt worden sein mochten. Noch lagen weiche Pinsel und ein Läppchen aus mildem gelbem Samt auf der Bank daneben, mit denen der Alte versunken die Ranken und geschwungenen Linien säubernd nachgezogen hatte.

Dann nahm er das erste der Bücher heraus und hielt es Öflin zur Untersuchung hin, der erst mit klugen prüfenden Fingern behutsam den rauhen dunklen Einband betastete, und dann das Titelblatt aufschlug. »Ah!« machte er anerkennend, »die seltene Folioausgabe des Amadis! – Dreispaltiger Text mit roten und blauen Initialen – 1594 – und wie frisch aus der Presse gekommen! – Ich beglückwünsche Euch, Bonizil!« Dann sah er noch einmal nach dem Besitzvermerk zurück, »– hm – Rob. Jasp.

van der Capellen –« er sann einen Augenblick nach, und legte die Hand an die Stirn; dann schüttelte er den Kopf und fragte den glücklich kichernden Alten : »Kennt Ihr diesen früheren Besitzer – gewiß ! ein Holländer ! – Aber weiter – ?« »Hm, noch nicht,« gab Bonizil zu, fügte jedoch hastig beruhigend hinzu, »aber ich werde ihn bald kennen ! Werde gleich nachher nachschlagen – oder schreiben, doch ungern. – Nun seht nur weiter, Peter, seht nur !« Er hob das spitze Näschen in die Luft und lachte dreimal so fein und putzig, daß auch Öflin lächelnd wieder in die Lade griff, und ein ungewöhnlich langes Buch heraushob, das dennoch von beträchtlicher Stärke war, die nur des seltsamen Formates wegen nicht in die Augen fiel. Es war eine alte Pergamenthandschrift mit schwer leserlichen kleinen Buchstaben und den prächtigsten Miniaturen, deren Farben noch so leuchtend bunt waren, als habe der Maler nur eben den Pinsel beiseite gelegt und sei still lächelnd hinausgegangen, und in einem alten längst verschollenen Deutsch geschrieben, das selbst den beiden Gelehrten nur zum Teil mühsam verständlich war. Die Köpfe darüber gebeugt, entzifferten sie stockend ein Stückchen und sahen sich nickend und mit glänzenden Augen an :

‹. . Die hellen Gassen lagen um Mitternacht schon leer;
sie liefen leicht und schleifend im Diebesschritt einher,
über die kleinen Plätze huschten sie kraus und quer . . .›

Dann fiel ein für jetzt unentzifferbares Zeilchen aus :

‹. . . Lautlos wie die Araber ihr Zelt falten zur Nacht
hat Wind Wolkenschwärme über die Stadt gebracht . . . .›

»Das Letzte noch,« drängte der Alte, und schob ihm in die Hände die zwei Oktavbändchen, die mit verschiedenen krausen Handschriften in dunklerer und verblaßterer Tinte erfüllt waren. »Es muß sich in einer Familie der Brauch fortgeerbt haben,« erläuterte er dabei, »daß jeder ein Geschichtchen oder ein Gedicht oder eine Dissertation hineingeschrieben und immer wieder so dem Sohn und Enkel weitergereicht hat. Ich habe noch gar nicht näher hineinsehen können, aber noch heute Abend soll es geschehen. – Ihr kommt doch her ? ! –« Und er sah ihn zustimmend an; aber Öflin, dem jetzt erst wieder die vorgerückte Stunde und die nahende Feierlichkeit einfielen, erklärte ihm hastig, daß er, um nur in der kommenden Vakanzzeit versorgt zu sein, eine Stellung im Hause des alten Rabensteiner angenommen habe – und er habe es auch gern getan, fügte er tapfer und leicht errötend hinzu. Bonizil legte listig und vertraulich den dünnen Zeigefinger an die Nase und sagte : »Nun, Peter, da wird man ja bald erfahren, was an den Schätzen dieses – dieses – hm – ist !« »Aber,« rief er selig und händereibend fort, »ich möchte ihm nur dieses eine mittelalterliche Manuskriptum unter die schnaubende Boreasnase halten – hihi – aber geht nur, geht, Öflin – macht mir ja die Augen auf, und wenn Ihr mir ab und zu Nachricht zukommen lassen könntet – es wäre doch recht interessant –,« murmelte er nachdenklich, indem er gebückt und dem jungen Freunde zunickend hinter einigen alten Schränkchen und seidenen Wandschirmen, die mit artigen Mohren und Chinesen bemalt waren, verschwand.

Öflin eilte aus dem Laden, dessen Tür er sorgfältig hinter sich zuzog, und schritt wacker aus, dem Seminar zu, auf dessen breiter stattlicher Steintreppe er schon viele Studenten plaudernd warten sah. Er sprang, sich nach Swatek umsehend, und flüchtig dem und jenem Bekannten zunickend, die Stufen empor, und sah den Freund mit einer mächtigen Rolle unter dem Arm an einer Säule lehnen. Der Kleine schüttelte ihm hastig und schwer atmend die Hand, und sah ihn mit der Miene stummer Verzweiflung an : »Peter !« flüsterte er ängstlich, »ich habe keine Ahnung, keine Ahnung – oh !« fügte er plötzlich überlaut hinzu, »Der anziehende reichhaltige Stoff hat mich höchlichst befriedigt, und gibt mir endlich die längst ersehnte Gelegenheit, mich ausführlich über die mir gelungenen Entdeckungen zu verbreiten !« Öflin folgte dem starren Blick Swateks, und sah nur noch den breiten Rücken Rabensteiners im Portal verschwinden; »Hast du das tyrannische Lachen gesehen ? !« stöhnte der Kleine und wischte sich erschöpft den Angstschweiß von der Stirn; dann sah er den Freund mit leeren Augen an : »Weißt du noch etwas, Peter ?« fragte er, aber er konnte keine Antwort mehr erhalten, denn der Pedell öffnete gemessen die breiten Türflügel, und die Studenten drängten in die schöne weite Halle, die morgenhell und von den bunten Lichtern der farbigen Glasfenster erfüllt war. Eine Weile währte das Schieben und Murmeln, bis alle in den tiefen geschnitzten Bänken Platz genommen hatten. Vorn, zur Rechten und Linken des Katheders, saßen in ihren breiten Stühlen die Professoren, gravitätisch und würdevoll einander zunickend; nur Rabensteiner hatte die Beine übereinandergeschlagen und tauschte spöttische Bemerkungen mit einem überlangen hageren Herrn, der mit wunderlich gesträubten Stachelhaaren neben ihm saß, und oft schrill und amüsiert dazu lachte und hastig mit dem kleinen Kopfe schüttelte. Es war der unzertrennliche Freund Boreas', von den Studenten ‹die Distel› genannt, weil er nicht nur im Äußeren ungemeine Ähnlichkeit mit dieser merkwürdigen Pflanzengattung hatte, sondern auch seine Bemerkungen und Urteile meist in scharfsinnigen Sticheleien schier übermenschlicher

Treffsicherheit und Bosheit ausklangen. Höchst bemerkenswert war nebenbei die Eigenheit, daß er seine Anzüglichkeiten und Vergleiche nur aus seinem Fachgebiet, der Botanik, entlehnte, aus dem er mit unvergleichlicher Kenntnis und einzigartigem Gedächtnis die bizarrsten und seltsamsten Anspielungen zu wählen wußte.

Allmählich wurde es stiller in dem weiten holzgetäfelten Saal, aus dem nur ab und zu ein aufgeregtes Hüsteln oder verhaltenes Flüstern kam. Boreas beugte sich, sich fragend nach beiden Seiten umschauend, vor, und trat dann mit seinem schweren unabhängigen Schritt auf's Katheder, auf welches er die Hände stützte, und sich scharf in dem festlichen Raume umsah.

»Seine Munifizenz, der Herr Rektor, sind erkrankt,« knurrte er gar vernehmlich über die Bänke hin, »und haben mich, als den ältesten der Dozenten, mit seiner Vertretung beauftragt.

Da die Absicht unserer Schlußfeier nicht ist, nur zu lauschen, sondern die Kenntnisse der Herren Studenten eindringlich und gewissenhaft zu prüfen, wollen wir ohne Verzug zur Sache selbst schreiten. Ich habe mit meinen Herren Kollegen, wie immer, eine Anzahl besonders prüfenswerter Scholaren ausgesucht –« sein Blick legte sich schwer und drückend auf Swatek, der mit letzter Kraft beifällig und applaudierend zu lächeln versuchte, und dabei einen so unbeschreiblichen Gesichtsausdruck zeigte, daß Öflin besorgt nach seiner Hand griff, und sie ermunternd drückte, wobei sein Blick zufällig in dessen breitgewickelte Rolle blütenweißen Schreibpapiers fiel, und er zu seiner unbeschreiblichen Verwirrung sah, daß es nur eine leere Weinflasche war, um die jener sorgfältig einen schönen Bogen, wahrscheinlich erborgt, geschlagen hatte. Der Kleine sah ihn dabei mit so abwesendem Blick an, daß Öflin sich fast des Lachens nicht enthalten konnte, und doch Mitleid mit dem geängsteten Schelm empfand. Aber er mußte wieder lauschen, denn oben sprach der Alte lächelnd und pausenlos weiter.

»– und habe sie nach altem Brauch einige ausgesuchte Themata bearbeiten lassen; aber nicht, um diese jetzt anzuhören: das gäbe ein ganz falsches Bild von den wirklich vorhandenen Kenntnissen und Fähigkeiten –« hier nickte Swatek mit beifälligem Nachdruck und voll schwacher Hoffnung –, »Deshalb wird jeder der nun aufgerufenen Herren bei mir ein Zettelchen abholen, auf welchem sein neues gewiß reizvolles Thema aufgezeichnet ist. Unsere kleine Kapelle wird vor und nach jedem Vortrage eine schickliche Komposition zu Gehör bringen, um allen Genuß und Entspannung oder Zeit zur Ausarbeitung zu geben. – Boidol; Obermüller; Korn –«

Drei erblaßte Jünglinge traten verlegen vor und nahmen mit tiefer Verbeugung die gefalteten Papiere entgegen; eine leise angenehme Musik von Streichinstrumenten setzte ein, und durch die Halle ging ein unterdrücktes Flüstern und Fragen.

Allgemein war man der Ansicht, daß dieser Bruch mit der alten Überlieferung eine grobe Tücke des Alten sei, und nur die Verständigsten billigten aus eigener Einsicht den neuen Standpunkt. Zu diesen Wenigen zählte Öflin und auch der wieder munterer gewordene Swatek, der mit gar tiefen Gründen und gewichtig nickend sich mit dem Professor völlig einverstanden erklärte, bis er einen ironischen Blick von vorn auffing und verstört von Neuem schwieg.

Nachdem die alte liebliche Kanzonette verklungen war, rief Rabensteiner den Ersten der drei Unseligen heran, der, hochrot vor Aufregung, sein bißchen Schulwissen von den Versteinerungen preisgab, und sich nach einem Viertelstündchen geschlagen zurückzog. Auch den Anderen erging es nicht besser; denn obwohl man ihnen scheinbar geläufige humanistische Themata gestellt hatte, war doch die Art der Behandlung so geschickt durch die Fragestellung vorgeschrieben, daß nur die Fleißigsten und Begabtesten der Zuhörer den tiefen Sinn der geforderten Zusammenhänge auch nur ahnend zu würdigen wußten.

So verging eine Stunde nach der anderen; die Sonne war schon hoch gestiegen, und die Luft im Saale schimmerte wie goldiges frisches Glas. Der grauhaarige Alte schlenderte genießerisch zum letzten Male zum Katheder, und kündigte die drei abschließenden Vorträge an. Lächelnd sah er sich um; lächelnd rief er durch erwartungsvolle bunte Stille : »Essl !« Ein derber vierschrötiger junger Mensch mit einem lauten roten Gesicht erhob sich schwerfällig und trabte verbissen nach vorn. Rabensteiner hob sich in den breiten Schultern und sah über die Reihen hinweg : »Öflin –« meinte er bedächtig und gleichmütig; dann fügte er mit, soweit ihm dies möglich war, weicher und liebenswürdiger Stimme hinzu : – »und Swatek !«

Öflin schritt ruhig nach vorn, den Freund halb am Ärmel mitziehend, und sah seinen Lehrer frei und gespannt an, der ihm stumm einen versiegelten Zettel hinhielt. Swatek besaß noch eben so viel Kraft um mit den Fingerspitzen das bleischwere Blättchen entgegen zu nehmen, wobei er den amüsiert ein Auge zukneifenden Alten wie ein Medusenhaupt anstarrte.

Im Takt einer zierlichen Flötenmusik schritten sie auf ihre Plätze zurück, wobei Swateks Gesicht den verdutzten Ausdruck eines unversehens zum Richtplatz Geführten trug, und zerbrachen mit fliegenden Fingern die rötlichen spröden Siegel. Auf Öflins Zettel stand »Über Logarithmen«, und er dachte einen Augenblick gespannt nach; dann legte er den Zettel aus der Hand, und stützte, während sein Mund schon unhörbare Worte formte, versonnen der alten kühlen Musik lauschend, den Kopf auf die Hand. Swatek, der minutenlang verständnislos auf das gelbliche Blatt mit den großen energischen schwarzen Schriftzeichen gestarrt und es kopfschüttelnd auch von hinten scharfsinnig betrachtet hatte, stieß seinen Freund behutsam an, so daß jener erstaunt den Kopf wandte, und legte ihm dann, zwischen unwiderstehlicher Komik und unheilvoller Ahnung schwankend, das Dokument in die Hand. »Über Sataspes den Achämeniden und Karchedons Teilnahme an den Perserkriegen« las Öflin und schob kritisch die Unterlippe vor. Dann nickte er anerkennend und flüsterte ohne den Mund zu bewegen : »– ein schönes Thema!« – Der Kleine sah ihn empört von der Seite an und bestätigte entrüstet und lautlos : »ein schönes Thema!!«. Dann überkam ihn wieder der Humor seiner Lage, und er fügte mit versonnenem Grinsen hinzu : »– aber ein feiner Witz vom Alten – !«; er ergriff mit sicherer Hand das Blatt, faltete ein artiges Schiffchen daraus und setzte es auf die Rückenlehne des Stuhles seines Vordermannes. Dann schloß er geschickt und genießerisch das linke Auge, wodurch er wenigstens dieser Gesichtshälfte eine weise Entspannung gewährte, während das rechte sorgenvoll und wachsam an der Länge der Stuhlschatten die Zeit abzuschätzen sich mühte, die letzte schwächliche Hoffnung, die ihm noch blieb.

Unterdessen war der junge Landedelmann dröhnend auf das Katheder gepoltert und tat mit stiermäßiger Unbefangenheit, die selbst Rabensteiner und der Distel auf einen Augenblick den Atem verschlug, brüllend sein bisheriges Verhältnis zum Stagiriten Aristoteles und dessen Hermeneia kund.

Dann war Öflin an der Reihe; er ging mit gesenktem Blick durch den breiten Mittelgang nach vorn, und nannte erst wie abwesend sein Thema. Dann begann er zu sprechen; am Anfang etwas zu leise und noch wie aus tiefen Gedanken heraus, aber allmählich immer freier werdend und sich fast mehr an Rabensteiner als an die Studenten wendend.

Er gab zunächst einen gedrängten historischen Abriß über Erfindung und Berechnung der Logarithmen, sprach über verschiedene Basen und Tafelanordnungen, wobei es das erste Mal still im Saale wurde, als er von den seltenen, zu wenig beachteten Größen S und T und ihren bisher noch völlig vernachlässigten Schwesterwerten σ und τ Gewichtiges vorbrachte, ging auf die Grenzen der praktischen Anwendbarkeit der Tafeln ein, wobei er der 7-stelligen den höchsten Rang einräumte, und begann dann mit der Schilderung einer idealen Tafel, eines Zahlenmeeres, die auch die für die rein zahlentheoretischen Arbeiten erforderlichen hochstelligen Logarithmen bringen müsse, wobei er oft tiefe mathematische Einsichten bewies.

Nur einmal wanderte sein Blick im Saale und blieb dabei an dem unseligen Swatek haften, der mit immer ängstlicherer Miene die langsam vertropfenden Sekunden zählte. »Wenn ich ihm doch helfen könnte,« dachte er erschreckt; dann legte sich ein leises Lächeln über sein Gesicht und er begann noch einmal den, wie er es nannte, wichtigsten Teil seines Vortrages, indem er auf die reine Form der Zahlen, den Schnitt der Typen, überging, und damit die höchste Aufmerksamkeit Aller erregte. Den meisten war diese Eigenschaft der Rechentafeln bisher als völlig bedeutungslos erschienen, und sie hörten staunend und ergriffen, wie der schlanke Jüngling auf dem Rednerpult über Ermüdung und Fehlablesungen, über optimale Größe in der Wechselbeziehung von Handlichkeit des Buches und Tafelerfordernis, über erleichternde Trennungslinien und farbige Akzentuierung wichtiger Rahmenwerte, über buntes Papier und den Eindruck Alles dessen auf den rechnenden Geist sprach. Wenn auch Manchem hier Vieles überfeinert schien, mußten sie doch die grundlegende Wichtigkeit und die bahnbrechende Anregung anerkennen, und als Öflin geendet hatte, erhob sich eine heftige Disputation unten im Saale, die selbst bis zu den Sesseln der Professoren drang, die nachdenklich oder abwehrend, aber alle lebhaft beschäftigt, die Köpfe zusammensteckten. Selbst Rabensteiner und die Distel waren in angeregtem Gespräch, aber Öflin konnte sie nicht verstehen, da es ihm, der noch immer wie ein Renner ganz auf das Ziel ausgerichtet war, wie lauter Latein und Griechisch durcheinander klang.

Endlich erhob sich Rabensteiner, und begann, indem er, Öflin derb die Hand schüttelnd, diesen vom Katheder herabschob, eine kurze Ansprache, in der er das eben Gehörte als das wohl Wertvollste des heutigen Tages bezeichnete, und dann hinzufügte, daß man wegen der fortgerückten Zeit nun mit dem Schlußakt der Feier beginnen müsse, womit gleichzeitig für drei Monate die Pforten der Hohen Schule sich hinter den Studenten schlössen.

Noch einmal ertönte ein wirbelnder festlicher Marsch; dann öffneten sich die alten braunen Türflügel und die Jünglinge traten in den hellen Sonnenschein, der leuchtend zur Tür hereinbrach. Im Gedränge fühlte sich Öflin am Ärmel gezupft, und sah in das glückliche Gesicht seines Freundes, der ihm dankbar in die Arme flog. »Nur dir habe ich das zu verdanken, Peter –«, schluchzte lachend der Kleine, »– oh, wie die Welt nun vor mir liegt, gold und rot bebändert – ach, Öflin –«, dann holte er tief Atem, setzte anmutig den linken Fuß vor, und rief dramatisch : »Auf in's neue Leben; das heißt : zum Hühneraugenschneider Diebermann, dem ich mich ab heute verschrieben habe – !« Öflin schwieg einen Augenblick verblüfft, dann mußte er hell auflachen und fragte kopfschüttelnd : »Ausgerechnet der ? ! – Und die Tochter Rabensteiners – ?«

»Vielleicht hat sie Hühneraugen.«, sprach der Kleine hoffnungsvoll und unbeirrt, »– und wenn ihr etwa dort im Hause einen geschickten Mann brauchtet – ach, Öflin, ich stecke voller Einfälle bis zum Rande, daß ich gar nicht Zeit genug habe, sie alle zu erhaschen – !«

Vor dem Brunnen blieben sie noch einmal stehen und schüttelten sich herzlich die Hände; »nun, Peter,« sagte der Kleine wehmütig und lächelnd zugleich, »im nächsten Vierteljahr werden wir uns also kaum sehen – aber wenn uns unsere Rollen auf dem großen Welttheater in dieser Zeit zusammenführen sollten – du wirst sehen, wie sich die Jugend staunend drängt, und die Alten, ehrerbietig die Hüte lüftend, flüstern ‹Dort geht Swatek, der König der Hühneraugenschneider›! Mütter heben wohl ihre Säuglinge auf den Arm, daß sie einst im Kreise der Enkel davon berichten mögen – hihi – leb wohl, Peter!« Damit riß er sich los, und Öflin sah ihm noch eine Zeitlang nach, wie er schon sinnend mit düster gekreuzten Armen durch den wallenden Sonnenschein ging und bereits fachmännisch die Füße der Begegnenden zu mustern begann.

Dann schritt auch er seines Weges fort.

3.)

Als der Nachmittag schon langsam in den Abend einmünden wollte, stand Öflin mit seinem winzigen Bündelchen in der Hand in seinem Zimmer, und sah sich noch einmal prüfend und ein wenig wehmütig Abschied nehmend um. Seine wenigen Bücher, ein paar weiße Kragen und Wäschestücke – Alles, was er besaß – hatte er kunstvoll in einen turbanähnlichen Knäuel gewickelt, den er nun in der linken herabhängenden Hand trug. Noch einmal sah er zu dem goldblauen Viereck des Fensters, an das der wilde, sich schon leicht rötende Wein sanft klopfte, und nickte resigniert. Dann zog er die Tür hinter sich zu, zahlte der mürrischen Wirtin den kärglichen Mietzins, und schritt dann seltsam unruhig in das abendliche Treiben der Straße hinaus. Über dem verdisputierten Vormittag war ihm die Gestalt der Fremden beinahe aus dem Sinn entschwunden, so daß er sich fast bestürzt der Untreue anklagte, und nun die Erinnerung mit all ihrer lieblichen Macht auf ihn, den Willigen und Wehrlosen, hereinbrach. Sein Herz schlug schwer und verwirrt, wenn er ihrer gedachte, und er schämte sich fast seines ärmlichen Eigentumes und des mürben fadenscheinigen Röckchens; denn er hätte selbst wie ein Prinz vor die Herrliche hintreten und ihr allen Reichtum der Welt zu Füßen legen können, und wäre sich noch verwirrt und schlecht und unwürdig vorgekommen. Er betrachtete schüchtern einen neuen Flicken auf seinem Hosenbein und beschloß, wenn sie ihn ansehen sollte, unauffällig die Hand darüber hängen zu lassen; dann versuchte er, sich eine schickliche und eindrucksvolle Begrüßung auszudenken, wobei ihn mehreremale der unerträgliche Einfall störte, sie könne nicht mehr anwesend sein, oder er habe sich überhaupt geirrt, worauf seine Schritte so verzweifelt rasch wurden, als könne er die Fliehende noch einholen. Dieser Gedanke gewann allmählich die größte Macht über ihn, so daß er fast rennend über die verholperten Plätze und durch die putzig geschnörkelten Gäßchen schoß, wobei er sich bemühte, selbst jetzt noch die Hand lässig über dem fatalen Fleck zu halten.

Als er durch die Morgenzeile lief, mußte er im Gedränge der schwatzenden Bürger einen Augenblick fast Schritt für Schritt gehen, so daß er sich schier haßvoll und verängstigt auf allen Seiten nach einem Entkommen umschaute, was ihm leicht fiel, da er gut einen Kopf größer war als die Meisten.

Auf einmal sah er einen mächtigen silbernen Schein unter seiner Nase, und fuhr vor dem breiten schweren Becken zurück, welches eine kleine zierliche Gestalt behende um ihn herumschweben ließ und es dann weiter gravitätisch einem dicken Manne in gelbseidenen Pluderhosen und mächtigem grünen Rock nachtrug. Er sah erzürnt auf das närrische Spiel, und wollte eben weitergehen, als er seinen Freund Swatek erkannte, der in der besten Laune der Welt und als vollendeter Komödiant die Rolle des Beckenträgers mit unnachahmlichem Vergnügen meisterhaft exerzierte. Genau in Haltung und Würde seinem neuen Herrn, dem Hühneraugenschneider, angepaßt, schritt er nun weiter, mit so tiefsinnigem Charlatangesicht, daß sich kaum einer der Begegnenden des Lachens enthalten konnte.

Aber nur einen Herzschlag lang hatte die muntere Begegnung gewährt, und Öflin flog weiter um die Ecken, an dem vergebens rufenden Bonizil vorbei, bis er aufatmend am Eingange der Holetschkagasse stehenblieb, und sich mühsam zu sammeln suchte. Dann schritt er in verzweifelter Tapferkeit an den ersten Häusern vorbei; zu seiner Rechten strömte die Moldau, nur durch ein klafterhohes moosiges Mäuerchen von ihm getrennt, zwischen den Häusern dahin. Sie war hier schmal und tief, aber so klar, daß man durch die zitternden Bilder der Häuser auf dem Wasserspiegel den bald schattig grünen, bald steinigen Grund des Flusses sehen konnte. An mehreren Stellen war die Mauer von engen Treppchen durchbrochen, die bis in das strudelnde Wasser hineinführten.

Sein Schritt wurde immer langsamer, je näher er dem alten dunklen Fachwerkhause kam, bis er endlich in süßer Verwirrung davor stehen blieb, und wie verloren dem springenden Brunnen zusah, und dem zitternden Wasser in dem alten Holztroge. Endlich faßte er sich ein Herz und schlug den Klopfer an; ein munterer Klang sprang wie ein Ball von der hallenden Platte, und vermurmelte gar anmutig an den Häusern über dem Wasser.

Er hörte einen wohlbekannten festen Schritt der Tür näher kommen, und als sie aufging, sah er den Professor Rabensteiner groß und derb auf der Schwelle stehen. »Recht pünktlich!« sprach er vergnügt und rieb sich, den jungen Mann hereinwinkend, die breiten Hände. Öflin nahm bescheiden sein Barett ab und trat hinter dem ungewöhnlich gut gelaunten Alten in den schmalen Hausflur, in dem eine prächtige braune Dämmerung mit klaren Lichtern und reinlichen Schatten wob.

»Kommen Sie nur mit herein,« rief Rabensteiner, indem er die erste Tür zur Linken aufstieß, aus der ein merkwürdig helles winterliches Licht zugleich mit einem Strom kalter Luft auf den Überraschten eindrang; aber es war wohl nur der plötzliche Wechsel von kaltem Licht und wohliger Dämmerung, der ihn den Unterschied so stark empfinden ließ; auch wurde wohl durch das offene Fenster der heftige Zugwind erregt, der sein bescheidenes Mäntelchen arg flattern ließ.

Der Professor warf sich wuchtig in einen alten knorrigen Eichenstuhl, und nun erst sah Öflin, daß er einen höchst ungebräuchlich zugeschnittenen weiten Anzug aus grobem grauem Wollenzeug mit dicken weißen Tupfen trug, zu dem sein strömendes wallendes Grauhaar über dem verwitterten Seemannsgesicht so prächtig paßte, daß der Student sich ihn auf einmal gar nicht mehr anders gekleidet denken mochte. Der Alte bemerkte mit ironischem Lächeln den bescheiden erstaunten Blick Öflins, und blies vergnügt die Luft durch die Nase, so daß es dem Studenten schon wieder kälter im Zimmer zu werden schien; dann knurrte er behaglich: »Zuvörderst einige kurze Erläuterungen, amice, ehe ich Sie rasch in Ihre Geschäfte einführe. Als erstes wünsche ich für die kommende Zeit «Rure» – was mein eigentlicher Name ist – genannt zu werden; nicht Rabensteiner – oder Boreas –« setzte er zwinkernd hinzu, so daß Öflin errötete und verstohlen zu Boden herab sah, – »obwohl eine

Verwandtschaft immerhin vorliegen mag. – Aber das führt wohl zu weit. – Es trifft sich gut, daß im Augenblick erst wenige meiner Gäste eingetroffen sind : einige Mo – ein paar Herren im Dachstübchen 16, und über mir wohnen einige – nun ja : einige Andere. Ich werde Sie überhaupt erst einmal durchs Haus führen, damit Sie auch darüber einen vorläufigen Überblick gewinnen. –« Er erhob sich behende und ging rasch voran, so daß Öflin mit dem Bündelchen in der Hand sich eilen mußte, um ihm zu folgen.

Schon als sie die breiten Treppen hinaufstiegen, mußte er sich über die nie gesehene Pracht der Möbel wundern, über das breite spiegelnde Geländer aus einem dunkelroten, rubinen geflammten Holze, über die tiefen Teppiche, deren fremdartige Muster in den verschiedensten milden oder frischen Färbungen blühten, und die wenigen aber trefflichen Bilder an den bald perlgrau, bald anders tapezierten Wänden, die in ihren schmalen silbergeschnitzten Rahmen so bunt leuchteten, als ständen helle schlanke Lichter dahinter.

Der Alte sah sich mit flinkem spöttischem Lächeln um und fragte : »Sie wundern sich, Öflin ? Nur immerzu; Sie werden sich noch über viel wundern müssen, junger Mann. – Ihr Menschen wundert Euch überhaupt viel zu wenig; aber Sie scheinen immerhin ganz leidliche Anlagen zu haben. – Hm !«

Sie waren unterdessen bis unter das Dach gestiegen, und standen auf einer kleinen, hell getäfelten Diele, von der aus mehrere Türen in die benachbarten Zimmer führen mochten. Rure schritt auf eine derselben zu, und trat, Öflin, der nur noch flüchtig den Anblick von drei bläulich weißen Türschildchen mit tiefschwarzen Lettern darauf erhaschte, mit sich ziehend, in das Zimmer hinein. Die Fenster waren schon geschlossen, obwohl er sich noch einer seidengelben schönen Helle am Abendhimmel erinnerte, und an der Decke hing an einem fast unsichtbaren Faden eine bleich aber durchdringend leuchtende Kugellampe, bei derem Schein drei Männer an einem flachen länglichen Tischchen saßen und ein unbekanntes Spiel mit viereckigen weißen und schwarzen Täfelchen betrieben. Bei dem Eintritt der Beiden erhoben sie sich überrascht und höflich von ihren dünnen biegsamen Rohrstühlchen, und sahen den Alten fragend an, der Öflin vor die Herren hinschob und vorstellte : »Herr Zeydenglantz –« Öflin sah an dem hageren höflichen Manne mit den schönen scheinenden Augen, der selbst ihn noch um Kopfeslänge überragte, empor, und nannte, sich verneigend, seinen Namen; dann reichte ihm der blasse Herr eine schmale feine Hand – »Herr Leilemun – und Herr Silverström –« fuhr schon Rabensteiner ungeduldig fort und zog ihn zu den beiden

Anderen hin, die sich still verneigten. Alle drei waren von ungewöhnlich hohem Wuchse, und trugen um die schmalen Schultern lange Mäntel aus weißblauem Samt, dessen Farbe in den Falten in prächtigen bläulichen und grünen Schattierungen spielte und auf den gar seltsame winklige tiefschwarze Muster genäht zu sein schienen; aber es war wohl nur das verwirrend täuschende Lampenlicht, welches die verwunderlichen Schatten entwarf, und Öflin hatte außerdem schon wieder auf die leise Stimme des Herrn Zeydenglantz zu lauschen, der in wohlgesetzten Worten seine Hoffnung ausdrückte, daß sich bald ein beiderseitiges ersprießliches Verhältnis anbahnen möge. Sanft setzte er hinzu, das Wichtigste sei, daß sie stets pünktlich zwei Stunden vor Mondaufgang geweckt würden, und daß Ihr Schuhwerk ständig in bestem Stande gehalten werde, wobei er wie entschuldigend einen langen schmalen Fuß vor den Studenten hinsetzte, welcher in einem enganliegenden Schuh aus feinkörnigem Silber steckte, der außer der ungemein feinen und zierlichen Arbeit nichts Sonderliches an sich trug; nur daß Öflin bemerken wollte, wie überall, wo er ihn niedersetzte, ein schöner mondweißer Tropfen zurückblieb, so daß die ganze Stube schon voll silberner Flecke lag. Aber es blieb ihm keine Weile, weiter über diese merkwürdige Erscheinung nachzudenken; denn der Alte nahm ihn schon wieder beim Arm, so daß er nur noch Zeit zu einer knappen Verbeugung fand und geleitete ihn lachend zur Tür zurück, wo an den blinkenden Haken drei breite samtige Schwarzhüte hingen, zwei mit drei und einer mit fünf silbernen Streifen an der rechten Seite.

»So,« sagte Rabensteiner befriedigt, während er die Tür hinter sich zuzog, und schon würdevoll auf die nächste zuschritt, »das waren die Ersten! –«, dann klopfte er lauschend an das leichte braune Holz, hinter dem Öflin viele kichernde Stimmchen zu vernehmen glaubte, und schob ihn vor sich her in den schneehell und wintergrau getünchten Raum hinein. Der Student tat erstaunt einen Schritt zurück, so daß der Alte ihm nur mit Mühe auswich, und sah sich fragend in der schneidend kalten Luft um, zumal gerade vor seiner Nase vom oberen breiten Türrande herab ein paar winzige silberne Beinchen baumelten, ohne daß er zunächst ihren Besitzer zu entdecken vermochte. Es war auch zu seltsam eingerichtet; aus den winterkalten Wänden ragten hier und dort schwärzliche Mauervorsprünge, wie sie wohl an alten steilen Häusern in der klaren Frostluft über dem knirschenden Schnee stehen; ein tüchtiger schwarzer Holzzaun zog sich durch das halbe Zimmer und in der einen Ecke raschelte ein breites kahles Gebüsch. Und auf allen diesen Gegenständen kletterten und sprangen und hüpften kaum handgroße Wesen in zackigen silbernen Röckchen herum oder liefen mit ihren Klasperbeinchen eilig und wichtig

hin und her. Als der Alte vortrat und in die Hände klatschte, rutschten sie
rasch von ihren Zäunen und Ästchen herab und kamen gar munter heran-
gesprungen, wobei sie so lustig und geschickt durcheinander rannten und
lärmten, daß Öflin vor dem anmutigen Geschwirre kein Wort verstehen
konnte. Endlich standen sie in einem blanken Ring um die Beiden herum,
und sahen erstaunt an dem Fremden hoch, während der Alte vergnügt
und mit schier verschneiter Stimme brummte : »Tire ! – und Heile !« Die
beiden Gerufenen traten ein Stückchen vor und legten gar trutzig die
Händchen auf den Rücken; dann sagte der Kleinere von Beiden: »Wir
möchten auch 'ne größere Eisbahn !«, was sich als Begrüßung ungemein
trefflich und selbstbewußt ausnahm. Der Alte schnob erheitert, daß gleich
vier der Winzigen umfielen und lachend wieder auf die Beinchen krabbel-
ten; dann sah er sich mit gespielter Strenge um und fragte : »– wo ist denn
Glibri – ? !« Aber er hatte noch nicht ausgesprochen, als es über der Tür so
hell und silbern lachte, als klingle ein kleiner schneegezuckerter Schlitten
durch eine Zwergenstadt; Rabensteiner fuhr herum und nickte verblüfft
hinauf, wo die kleinen klappernden Schühchen pendelten; dann blies er
vorsichtig schräg an den Rahmen, daß der strampelnde Wicht protestierend auf der Kante entlang zu rutschen begann, und endlich kopfüber,
wie ein frostsilbriges Blatt langsam schaukelnd, zur Erde tanzte. Der
Kleine rannte mit beiden Beinen zum Professor hin, tippte ihn mit aller
Macht an den grauen Schnallenschuh und rief anerkennend: »Du Ding !
Du kannst mal pusten ! –« Dann faßte er, immer noch lachend, mit beiden
Händchen sein kurzes Zackenröckchen, und hüpfte von einem Fuß auf
den anderen. »Also hört,« rief Rabensteiner und erhob eindringlich den
Finger dazu : »jeden Morgen legt ihr eure Röckchen und Schuhe fein artig
vor die Tür, wo sie dieser junge Mann hier auf das sorgfältigste putzen
und falten wird – so, und nun macht weiter ! –« Dann schritt er hinaus;
Öflin machte noch eine verstörte Verneigung, welche die Kleinen artig
erwiderten und im Chor mit ihren feinen Stimmchen sagten : »Wir danken auch schön !«; er ging zur Tür und sah nur noch über die Schulter, wie
sie lärmend und flink an dem Zaun emporkletterten, daß er nach wenigen
Augenblicken auf jedem Pfahl eine dicke weiße Schneemütze aufzuhaben
schien.

Draußen blieb Öflin tief atmend stehen und wagte es schüchtern,
Rabensteiner zu fragen, ob seine Gäste wohl recht seltsame Herren seien.
Der Alte sah ihn groß und unwirsch an und schüttelte scheinbar verständnislos den Kopf : »Kommen Sie nur weiter und sehen Sie sich lieber tüchtig um, Wertester,« bemerkte er trocken, »der Raum hier nebenan ist
ebenfalls noch bewohnt, und in den letzten dorthinten werden morgen

ebenfalls ein paar – hm – Gäste einziehen.« Er wollte eben die nächste Klinke erfassen, als sich die Tür von selbst öffnete und drei Herren und eine Dame in angeregtem Gespräch auf den Vorplatz traten. Alle Vier waren anständig in perlgraues Zeug gekleidet, und die Dame sowie zwei der Herren trugen zudem noch weite faltige Überwürfe aus dem gleichen weiß und grau gekörnten Tuch, die sich wehend und weit um sie bauschten.

»Oh, das ist gut, daß ich Sie noch antreffe !« sprach Rabensteiner erfreut und reichte allen die Hand : »sehen Sie hier den jungen Mann, der in der nächsten Zeit für ihr leibliches Wohl zu sorgen versuchen wird. – Herr Sizisso –«, wandte er sich zu dem Größten der Gesellschaft, die neugierig und unbefangen den verlegenen Studenten musterte; der Fremde trat blitzschnell vor, wobei sein weiter Mantel ein wenig zurück-flog, und Öflin sah, daß er darunter in ganz eng anliegende schwefel-gelbe Seide gekleidet war, wodurch er noch schlanker und biegsamer erschien; Herr Sizisso zuckte lächelnd zurück, und der dicke Graue neben ihm lachte so dumpf und rollend dazu, daß es schien, als wenn die umliegenden Türen leise dabei zitterten. »Halidaura !« schrie er dröh-nend und gönnerhaft, und reichte eine breite ballige Hand hin. Dann übernahm wieder Rabensteiner die weitere Vorstellung : »Fräulein Pheugma – Herr Gaza«, sagte er mit einer höflichen Verneigung zu dem schwermütig und stumm nickenden jungen Mädchen und dem feier-lichen grauen Herrn, während Öflin auf die Beiden zutrat und einen Herzschlag lang ein paar kühle fast feuchte Finger reglos in den seinen lagen. Dann schritten sie Alle die Treppe hinab, indem Rure über die Schulter zurückfragte : »Wollen Sie heute noch ausgehen ? – Es ist doch ein so schöner Abend –.« Sizisso antwortete etwas in einer dem Studen-ten völlig unbekannten Sprache und sein feister Freund lachte wiederum so flämisch dazu, daß die große bunt berankte Vase in der hohen Erker-nische bebend zu klirren begann. Unten im Flur hoben sie noch einmal grüßend die Hände zu den Hüten, wobei Öflin bemerkte, daß jeder einen oder mehrere Ringe mit trübweißen dicken Steinen trug, die ihn von allen Mineralien am meisten Ähnlichkeit mit derben Hagelkörnern zu haben schienen.

Die Gäste hatten zu ihrem Abendspaziergange die Tür hinter sich geschlossen, und Öflin stand mit dem tief denkenden Professor allein in dem dämmrigen Flur; »ach so !«, rief Rabensteiner endlich, indem er sich vor die Stirn schlug : »Das hätte ich ja beinahe vergessen !« Er öffnete nach kurzem Anklopfen die Tür neben seinem Zimmer, sah hin-ein und kam wieder zurück indem er murmelte »– wird im Garten sein –«. Dann ging er voran zu der breiten gläsernen Hintertür, und winkte Öflin stumm, ihm zu folgen.

Sie gingen drei Stufen hinab und standen in einem alten großen Garten, in welchem die Bäume und Büsche gar prächtig in dem kühlen und windigen Abend rauschten. Sie waren kaum wenige Schritte auf dem kiesbestreuten Wege gegangen, als der Student zurückfuhr und vor einer mannshohen lila blühenden Distel stehen blieb, die sich wohlig in der frischen dunkelblauen Abendluft drehte; er hatte noch nie ein solches herrliches Exemplar dieser Gattung gesehen und nahm unwillkürlich sein Barett vor dem Pflanzenwunder ab. Die Distel nickte ihm flüchtig und leutselig zu, während sie den Abendwind durch ihr breites violettes Krägelchen wehen ließ; dann legte sie ihm langsam anmutig ein leicht stachliges grünes Krautgewinde auf die Schulter und sagte herablassend : »Schon gut, schon gut, mon chèr – freut mich wirklich – aber wie Sie sehen, bin ich gerade im schönsten Blühen begriffen, und kann unmöglich davon abgehen –« Dann wiegte sie sich wieder selig und graziös auf ihrem hohen biegsamen Stengel, so daß Öflin fast von Sinnen kam, denn er erkannte an Stimme und Wesen deutlich den Dozenten der Botanik, der ihm noch heute morgen die Hand zum Abschied geschüttelt hatte.

Rabensteiner lachte lautlos, daß ihm die graue Mähne um das breite Gesicht tanzte; dann sagte er anerkennend : »Ja, ja : alle Achtung : Kanzi blüht wieder ganz exzellent – ein Teufelskerl ! – Aber nur weiter, Öflin, ich muß Sie doch noch meiner Tochter vorstellen, und Ihnen auch noch ihr Arbeitsgerät übergeben – Kommen Sie schon; Morgen ist auch noch ein Tag –« Darauf ging er rüstig vor dem schier taumelnden Studenten her, der sich immer wieder nach der wehenden Pflanze umsah und sorgfältig jedem Gräschen auswich. Bei ihrem Herannahen erhob sich von einer kleinen Rasenbank unter einem Haselgebüsch, an dem die Nüßchen wie hölzerne Glöckchen erklangen, eine schlanke weiße Gestalt, mit einer kleinen weinroten Glastafel in der Hand, und sah den Beiden ruhig entgegen. »Was liest du denn, Ecila – darf man sehen – ?« fragte wohlwollend der Professor, und tat einen kurzen Blick auf die schimmernde Fläche »– Gedichte – und vom Allerbesten ? ! – nun ja – hier stelle ich dir Herrn Peter Öflin vor, einen jungen Studenten, der unsere Gäste diesmal betreuen soll. Und falls du irgendwelche Aufträge hast, wird er sich gewiß ein Vergnügen daraus machen, sie zu erfüllen –« wandte er sich zu Peter. Das Mädchen ließ leicht ihren Blick an Öflin herabgleiten, der zitternd sein armseliges Bündelchen in den Händen drehte und ganz vergaß, den verräterischen Flicken zu verstecken; dann nickte sie höflich und gleichgültig und sagte, zu ihrem Vater gewandt : »Du wirst schon das

Rechte gewählt haben !–« Sie reichte dem Studenten flüchtig die Fingerspitzen, und ging leicht und schwebend durch die flüsternden Büsche, die
schon wie Scherenschnitte auf dem westhellen Grunde standen.

Der Professor sah noch ein Weilchen in den stillen Himmel, wo sich
im Norden und Osten nachtgraue gesprenkelte Wolken heranschoben,
und lachte gar einmal ergötzt in ein nahes traumrot flächenblitzendes
Wetterleuchten hinein.

»Öflin«, sagte er gönnerhaft, mit ihm in den Hausflur zurückschrei-
tend, »es wird Ihnen schon hier gefallen – aber hören Sie nun –« fuhr er
fort, während er einen der großen dunklen Schränke aufschloß und verschiedene Gegenstände herausnahm – »hier haben Sie als Erstes die große
Tauschale, die Sie jeden Morgen füllen müssen – dann die einzelnen
Tabletts – hier stehen die Wattebällchen und Pinsel für die Kleider und
Schuhe – hier Besen und Schaufeln – nun, Sie werden ja selbst sehen; ich
gebe Ihnen den Schlüssel. – Beginnen Sie gleich morgen in der Frühe Ihre
Tätigkeit; denn wie gesagt : am Nachmittag wird wohl Nummer 14
belegt werden. – Nebenbei; Ihr eigenes Zimmer ist hier neben der Tür auf
der anderen Seite, dem meinen gegenüber – natürlich können Sie es ganz
nach eigenem Belieben ausgestalten – schlafen Sie recht ruhig –«; damit
verschwand er in seiner Tür und ließ Öflin allein in dem ungewissen
flüsternden Dämmerlicht stehen.

Endlich entschloß er sich, und trat in sein Zimmerchen; es war lang
und schmal, mit einem Fensterchen an der Straßenseite, sodaß er auf die
Gasse und den Fluß schauen konnte. Ein schmales Bett und ein hoher
Schrank daneben, ein Tisch am Fenster mit einem weichen Sessel davor,
waren die ganze Einrichtung. Aber er würde es sich schon herrichten,
dachte er mutig; und hätte er auf den Steinen des Flures schlafen müssen,
oder vor der Haustüre, er hätte es freudig getan. Lächelnd und versonnen
stellte er seine Bücher auf das Tischchen, legte seine Kragen in ein Fach
des Schrankes, und war nur besorgt, am nächsten Morgen nicht zu spät zu
erwachen, um seine neue Arbeit nicht zu versäumen.

Während er sich ausstreckte und verwirrt über all die seltsamen
Bekanntschaften des heutigen Tages nachdachte, hörte er noch einmal ein
süßes Lachen in den stillen Gängen, und sah wieder das Bild des jungen
Mädchens vor sich.

»Ecila –!«

Er schloß die Augen.

Er sah es noch immer.

Er erwachte von einem leisen Klopfen an seinem Fenster und fuhr vertappt und verstört aus wunderlichen und schönen Träumen auf; in kürzester Zeit hatte er sich angekleidet und sah, ehe er zur Türe sprang, flüchtig aus dem Fenster. Aber draußen wachte nur der helle Mondschein auf der Gasse, und der Fluß strömte glitzernd und lautlos durch die Häuserschatten gegenüber. Dennoch tappte er so leicht er konnte, beide Hände vorgestreckt, in den Hausflur, drehte behutsam den mächtigen Schlüssel und trat in die zaubrische Helle hinaus. Während er, nun froh der Störung, glücklich atmend in die winkligen Schatten und schönen stillen Lichter sah, erhoben sich leise neben ihm von den Stufen drei höfliche hagere Gestalten, und Öflin erkannte, entsetzt verwirrte Entschuldigungen stammelnd, daß er fast Herrn Zeydenglantz auf den weiten Mantel getreten hätte, – »aber er habe ihn wirklich nicht erkannt – !« – »Nicht wahr, nicht wahr : es macht sich ausgezeichnet –«, bemerkte der Hagere erfreut, »obwohl mein Fachgebiet mehr tauige Wiesen oder ein schönes Röhricht sind – wenn wir nur bald ein paar tüchtige Nebel da hätten, dann könnte man doch richtig arbeiten. – Solch verworrene Winkel und Gäßchen sind recht eigentlich etwas für Freund Leilemun hier, während Silverström am liebsten an Gewässern, zumal strudelnden spazieren geht. – So hat jeder seine Liebhabereien – Ja, meine Herren,« brach er freundlich nickend ab, »es ist wohl gerade die richtige Zeit –«, und Öflin sah, während der Mond hinter dem verschnörkelten Giebel eines gar stattlichen Hauses versank, wie die Drei ihre Mäntel von den Schultern nahmen, und, geschickt sie wendend, wieder umwarfen, die Innenseite, welche tiefschwarz gefüttert war, nach Außen, so daß die Gasse im Nu in tiefer Finsternis dalag, worauf sie hintereinander, ihm halblaut einen recht guten Tag wünschend, an dem tappenden Öflin vorbei ins Haus schritten. Als er den Schlüssel sorgfältig drehte, hörte er, wie oben flüsterleise ihre Tür ins Schloß fiel.

Obwohl es erst gegen drei Uhr in der Frühe sein konnte, und die bräunlichen Stunden der Nacht noch nicht dem Morgengrau wichen, dachte er doch, daß er in den ersten Tagen, ehe er mit seiner Arbeit recht vertraut sei, wohl nicht zu früh anfangen könne. So kleidete er sich völlig an, streichelte noch einmal seine Bücherlein und ging auf leisen Sohlen in den Flur, wo er den Schrank aufschloß und sein Arbeitsgerät zur Hand nahm; dann stieg er die Treppe hinauf und begann die neue, am Anfang ein wenig ungewohnte Beschäftigung, die ihm aber bald flink von der Hand ging.

Erst reinigte er sorgfältig die fast unberührten Schuhe der drei

Mondscheinmänner und bestäubte sie achtsam mit dem feinkörnigen Silberpulver, welches ihm der Professor gestern Abend gezeigt hatte. Dann pinselte er lächelnd die blanken Zackenröckchen der Kleinen, die in einer artigen Reihe vor der Tür lagen, mit den winzigen Schühchen daneben und befühlte kopfschüttelnd und in tiefen Gedanken das ihm unbekannte Material.

Als er sich auf den Zehenspitzen zu dem Doppelzimmer wandte, in dessen einem die drei Perlgrauen, in dem anderen das einzelne Mädchen schlief, sah er zu seinem Erstaunen, daß jetzt sechs Paar Schuhe an der Wand standen und auch sechs Mäntel darüber hingen. Er bürstete vorsichtig den dicken flaumigen Wollstoff, wobei oft Wasserperlen in dem Gerät hängen blieben, und blieb dann musternd vor den beiden neuen Kleidungsstücken stehen. Die Schlupfschuhe waren aus einem dünnen nebelbleichen Stoff gefertigt, den er für Leinen hielt und die Mäntel hingen gar wie ein schöner nachtblauer Rauch fast gewichtslos an den breiten flachen Silberhaken. An der Tür waren unter den anderen vier zwei neue blasse Schildchen befestigt, und hinzutretend las er die Worte «Quasor» und «Gwundel», die er sich, auch die anderen seltsamen Namen neu wiederholend, sofort einprägte.

Er nahm seine blanken Eimerchen und das andere Gerät zur Hand, sah sich noch einmal prüfend um, und wollte eben von dem kleinen Vorplatz hinabsteigen, in das nächste Stockwerk, als er vor dem letzten, gestern Abend noch unbewohnten Zimmer, noch zwei Paar Schuhe, Mäntel und weite schöne Schlapphüte bemerkte. Er stellte alles rasch am Treppenabsatz nieder, und begab sich zur Tür, auf der die Namen «Tropeina» und «Aliomux» standen. Er zählte sich noch einmal die ganze Reihe an den Fingern vor, und nahm dann den ersten Mantel prüfend in die Hand; der weiche seidengeschmeidige Stoff schillerte selbst in dem schwachen schüchternen Morgengrau in allen Regenbogenfarben, fließendes träumerisches Grün, glitzerndes hastiges Rot und tiefes Taumelviolett, während in den glatten schimmernden Falten gelbe und bräunliche schlanke Lichtströme auf- und abstiegen. Das gleiche sinnverwirrende Farbenspiel zeigten auch die flachen breitrandigen Hüte und die spitzen gedrehten Schuhe, wobei es dem jungen Studenten bald zu Mute war, als schaue er in ein schweres blühendes Traumland hinein, an dessen Gartengittern flötende Mädchen lehnten, die alle Ecilas Gesicht hatten; bald, als fliehe er verfolgt durch alte weinblaue Geisterkeller in noch trübere gängewirre Tiefen, und er war froh, als er die gaukelnden Gewänder wieder an der Wand ordnen konnte.

Das erste Stockwerk war noch unbewohnt und rasch abgestaubt, ebenso der Hausflur, wo er so sehr eilte, zu den zierlichen Schuhen Ecilas zu kommen, daß es ihm nicht einmal auffiel, als er aus den halbhohen, mit Bärenfell gefütterten Stiefeln Rures eine ganze Anzahl klirrender Eiszapfen herausschüttelte. Andächtig nahm er den ersten Schuh in die Hand und wischte kniend die feine Sohle, bis er kein Stäubchen mehr auf der kühl geschwungenen Fläche erblicken konnte. Dann setzte er ihn ängstlich auf die schön geflochtene bläuliche Glasplatte, die vor der Tür lag, und streichelte ihn versunken und scheu, bis er aus dem Zimmer des Professors ein erwachendes Knurren zu hören glaubte, und wie ertappt mit einer Harke in den Garten flog; er lief, sich tief verneigend, an der blühenden Distel vorbei, die ihre Ranken gar geschmeidig eng und spiralig um den Stengel gewunden hatte, so daß sie wie ein erstaunliches Gewirr feinster Wendeltreppen um sie herumliefen, und zog hastig schöne gewellte Linien über die weiß und rötlichen Steinchen und Sandkörner der Kieswege, wobei er sorgfältig jedes Blättchen auflas und in eine silberne Büchse warf, die er zu diesem Zweck um die Schultern gehängt hatte. Dann lief er hurtig ins Haus hinein, und versuchte, zurückkehrend, mit dünnen elfenbeinernen Stäbchen den Tau von den Gräsern und Kräutern in die Schale zu streichen, was ihm über Erwarten gut gelang, so daß sie zu drei Vierteln mit der kristallklaren schwebenden Flüssigkeit gefüllt war, als er die knarrende Stimme des Professors nach sich rufen hörte.

Als er in das Zimmer des Alten trat, fand er ihn schon voll angekleidet, und stellte die schwere Schale nach seiner Anweisung auf den dunklen Eichentisch. »Bin eben durch's Haus gegangen,« sprach der Professor zufrieden mit dem Kopfe nickend, »und habe alles in leidlicher Ordnung gefunden. – Sie werden wohl schon gesehen haben, daß zwei weitere Herren und Damen gekommen sind –« er lächelte ironisch – »das eine Paar ist entfernt verwandt mit Herrn Gaza, so daß ich nichts weiter hinzuzufügen brauche. Mit dem Zimmer der beiden Anderen seien Sie vorsichtig, Öflin; nicht, daß es irgend gefährlich wäre, aber es ist alles Wind – nun, Sie werden ja selbst sehen ! – Nun verteilen Sie noch rasch das Frühstück auf die einzelnen Zimmer, daß heißt : stellen Sie es getrost vor die Türen, und dann sorgen Sie erst einmal ein Stündchen für sich selbst.« Er dachte einen Augenblick nach und fügte noch hinzu: »Es mag jetzt etwa 6 Uhr 31 Minuten und 56 Sekunden gewesen sein – gegen 8 Uhr gehen Sie auf den Markt, drei ausgesucht schöne Äpfel zu kaufen und eine nicht mindere Birne; dabei erläutern Sie Herrn Gaza, der Sie begleiten wird, wohl ein wenig die Stadt – das ist zunächst einmal Alles, das Weitere wird sich finden, wenn Sie zurückgekehrt sind. – Bin bis jetzt recht zufrieden mit Ihnen, Öflin, sollte mich freuen, wenn ich mich nicht getäuscht hätte – hm !« –

Als der junge Student ein wenig gefrühstückt und ein Kapitelchen seines alten spanischen Cervantes gelesen hatte, wobei die gelbe Morgensonne gar schöne goldene Triangel und Zacken auf das weiche Papier druckte, warf er sich das alte geschonte Schulterkrägelchen um, und wollte eben die Treppe hinaufspringen, als Herr Gaza schon lächelnd und sich langsam die seidengrauen schlanken Hände reibend durch die Hintertür des Gartens hereinkam, unaufhörlich plaudernd neben Öflin aus dem Hause trat, und sich aufmerksam, während sie dem Markte zuschritten, jede Einzelheit der Stadt besah. Seine besondere Teilnahme schienen die Dächer und Regenröhren zu erwecken, an die er oft kundig und prüfend klopfte, und oftmals wohlgefällig zu seinem staunenden Begleiter bemerkte: »Stellen Sie sich nur vor, wie klangvoll hier der Regen hindurchströmen müßte; an dieser Biegung könnte sich die graue Flut verschleiernd brechen, wo nicht gar perlend und in entzückendem Regelmaß heraustropfen – eine prächtige Stadt !« Einmal konnte er sich von einem nachlässig geflickten spitzen Dache kaum losreißen : »Nein, diese Rinnen und Risse –« hörte Öflin ihn träumerisch und glücklich murmeln, »und am First – doch ! – wahrhaftig ! – Es scheint fast eine ganze Schindel zu fehlen –«. Dann wandte er sich tief atmend dem Studenten zu und teilte ihm strahlend mit, daß dieses Krumau – nein, er müsse sich gleich die Nummer des Hauses notieren – fast eine ganze Schindel, und gerade am First – er schüttelte noch halb ungläubig und sich im Weitergehen immer wieder umwendend den schmalen hohen Kopf.

Auf dem Markt war bereits das bunteste, munterste Gedränge, Händler boten schreiend ihre Ware feil, und die Bürgerfrauen schritten gravitätisch und musternd zwischen den Ständen und Buden hin und her. Der Archivarius Behneken stand breitspurig vor dem schönsten Obststand und sah sich entrüstet und murrend um, als Herr Gaza neugierig neben ihn trat und ihm vertraulich zunickte; »Was glotzt Er ?! – « fragte er unwirsch den zuerst verdutzt zurücktretenden, bald aber hell auflachenden Grauen, der sofort gleichsam spielend in die Tasche griff und eine Handvoll der derbsten Hagelkörner hervorzog, die er dem groben Dicken mit so unglaublicher Genauigkeit mitten ins Gesicht und auf die Nase warf, daß jener blinzelnd die Augen schloß und hastig den Hut auf den Kopf drückte. »Es schloßt«, sagte er grämlich und lugte vorsichtig in den fröhlichen Himmel, wo eben ein schwacher grauer Schatten über die Sonne zu ziehen schien, sich aber bald wieder, höher steigend, im glänzenden Blau verlor. »Wo wohnt denn der Grobian ?« fragte Herr Gaza leise lächelnd, notierte sich zufrieden nickend die Anschrift des stattlichen Herrn, und erkundigte sich noch angelegentlich nach dem Zustande des betreffenden Daches und wann Behneken auszugehen pflege. Dann schritten sie einträchtig wieder heimwärts, während Öflin, in dessen weißem Spankorbe drei erstaunlich große duftende Äpfel und eine schöne bräunliche Birne lagen, ihm die ältesten und wichtigsten Gebäude erklärte, welchem allen Herr Gaza mit lebhaftester Teilnahme zuhörte.

Der Vormittag verging Öflin mit vielen kleinen Handreichungen und Arbeiten, die er alle fleißig und freudig ausführte; denn wenn er nur einmal auf dem Flure einen leichten Schritt hörte, oder die schlanke Gestalt lesend im Garten sitzen sah, flog er mit verdoppeltem Fleiß an die Arbeit, die ja auch für sie war.

Kurz vor der Mittagsstunde, als er eben den Kleinen ein hauchdünnes eisgekühltes Birnenscheibchen gebracht hatte, und sie alle artig schmausend und mit den Beinchen baumelnd ihr »Wir danken auch schön !« gedienert hatten, öffnete sich die Tür daneben und ein schlanker Herr trat lautlos auf die Schwelle; kaum hatte er Öflin gesehen, als er sich langsam verneigte und mit schwermütigem und listigem Lächeln bat : »Kommen Sie doch bitte einen Augenblick herein –«, worauf er so leicht und anmutig zur Seite wich, daß der Student über die Schönheit und Grazie des Fremden nicht wenig erstaunte. Er trat befangen ein und stand in einer seidigen Abendröte am Ufer eines schilfigen Teiches; aus einer fernen Baumgruppe ertönte eine zierliche geigende Musik über die leise flüsternden Büsche und das rieselnde Rohr daher, seltsame dunkelrote Wolken zogen um den Horizont, und aus einem fernen noch goldig erglänzenden Gebirge grüßte eine kleine Stadt mit prächtigen spitzen Türmen und schimmernden Dächern herüber. Ein schönes bleiches Mädchen kniete unweit im wehenden Grase und blies, nachdenklich den schmalen Kopf geneigt, so traurig und zärtlich auf der Schalmei, daß der arme Student sich wehmütig in die roten und gelben Blumen niedersetzte und leise »ach, Ecila« vor sich hin flüsterte. Plötzlich aber begann das sich immer drohender grau färbende Wasser häßlich zu gurgeln und blasig zu wallen, und aus der sumpfigen Tiefe schob sich tückisch der riesige Kopf eines drachigen Ungetüms, so daß das Mädchen entsetzt aufsprang und mit einem verwirrten Schrei ins Gebüsch floh. Brausend warfen sich die Wipfel der Bäume nach oben und schlugen die furchtbare Luft mit den peitschenden Zweigen. Ein Windstoß fauchte von Norden heran, dem Studenten ins Genick und wurde immer eisiger und kälter, so daß er endlich vor der schneidenden Schärfe herumfuhr und aufgerüttelt in das Gesicht Rabensteiners starrte, der soeben vorwurfsvoll mit dem Kopfe schüttelte,

und den Fremden und eine in schillernde Seide gekleidete hell lachende
Dame fragte : »Ihr solltet doch wirklich Nachts genug zu tun haben, Ihr
wunderlichen Komödianten –«. Die Dame trat schmeichelnd vor den
Alten hin und sagte, immer noch lachend : »Aber, Rure, er kann wirklich
so entzückend rührend und unschuldig träumen, daß ich ihn direkt zu
meinem Liebling machen könnte. – Manches war übrigens recht interessant, was er sagte –« fügte sie hinzu, Öflin mit so listigem Lächeln ansehend, daß er wie ein Knabe errötete, und sich verwirrt in dem einfachen
Zimmer umsah, an dem er nichts Sonderliches mehr fand, obwohl immer
noch matte bunte Bilder wechselnd über die Wände zu laufen schienen.
»Ach was«, sagte Rure fast verdrießlich, »es ist alles Wind – purer Wind
und Lufterscheinung – aber verwirrt mir den braven Öflin nicht noch einmal; denn er gehört gewissermaßen mit zu uns, wenn er hier den Haushalt führen soll, und laßt mir ihn künftig fein unverzaubert – !« »Oh –«
sagte der Herr mit den großen dunklen Augen höflich, »– das wußten wir
nicht – – Alianur –« fügte er, sich verneigend hinzu; und die Dame sank
lachend im tiefen traumzierlichen Hofknicks zusammen : »ich heiße Tro-
geina,« sagte sie mit schön klingender Stimme; dann griff sie wieder nach
einer seltsam geformten Ebenholzflöte und begann ein singendes einförmiges Lied, das bald hinter den beiden Hinaustretenden verklang. »Wie
gesagt,« brummte der Alte, »alles Wind – nun, Sie werden schon noch
dahinter kommen, Öflin – selbst die platonische Idee, das Objekt der
Kunst – doch das führt Alles zu weit, zu weit, zu weit ! – Also essen Sie,
und halten Sie sich dann bereit; lüften Sie die Räume im ersten Stock und
richten Sie dieselben nach bestem Vermögen her. Ich habe so das Gefühl
als könnte heute noch Allerlei geschehen.« Damit ging er brummend in
sein Zimmer hinein, und Öflin bemühte sich, den Weisungen des Professors so gut er vermochte nachzukommen.

Als er gegen 4 Uhr mit seiner Arbeit fertig geworden war, rückte er
sich in seinem Stübchen einen Stuhl ans Fenster und schaute, ehe er zu den
geliebten Büchern griff, ein wenig in den klaren Nachmittag hinaus. Zwischen den muschlig gebuckelten Giebeln zweier Häuser hindurch sah er
auf einem fernen goldgestachelten Hügel die Schnitter und Binderinnen
hurtig an den Hängen laufen, rasche weiße Wolken wischten fliegende
Schatten darüber, und die garbenvollen Wägelchen, an denen überall
blanke Fäden hingen, rollten munter über die vergoldeten Ränder der
flach gewölbten Talschale hinunter, hinter den Horizont, in ein fleißiges
Bauernland. Wie er noch sinnend an die waldigen Dörfchen dachte, in
denen geschäftige Hündlein wichtig bellend herumspringen mochten, an
den Zaun und zurück zum tropfenden Hofbrunnen, gewahrte er mit

einemmale erschreckt, wie ihn durch das Fenster ein so seltsames Gesicht anschaute, wie er noch nie gesehen zu haben vermeinte. Es war unglaublich lang und schmal und wie mit einer feinkörnigen Goldmaske überzogen; der starre und unheimliche Ausdruck der unbeweglichen ikonenhaften Züge wurde noch dadurch erhöht, daß die Gestalt auf dem Kopfe einen schmalen Reif trug, in dem armlange raschelnde Goldgrannen leise in der warmen Zugluft schwankten. Während der Student noch wie gebannt auf das rätselhafte Gesicht schaute, hob sich ein stockdünner zerbrechlicher Arm an das Fenster und pochte zaghaft daran. Öflin ermannte sich endlich und ging zögernd zur Tür, während der Fremde langsam nach rückwärts winkte, und dann, sich viele Male ruckartig verneigend, in den Hausflur trat. So dienerten sie eine Zeitlang stumm und schüchtern voreinander, bis Rure endlich den Kopf zur Tür herausstreckte, und, als er den Fremden erblickte, ganz hervortrat. »Ah, kommen Sie schon – ?« sagte er, dem übermäßig großen etwas gebeugten Manne leichthin die Hand schüttelnd, »ist draußen wohl schon zu kalt geworden in den Nächten, wie – und Sie dahinten, kommen Sie nur getrost herein; Ihr Kämmerchen ist schon fertig !–« rief er ihm über die Schulter, und Öflin sah erst jetzt, daß noch ein gleich gekleideter Herr, und zwei Mädchen scheu mit hereingetreten waren. Die Eine trug ein tiefblaues ausgezacktes Mäntelchen um die schmalen frierenden Schultern, welches bei der Anderen von brennend mohnroter Farbe war. »Öflin,« sprach Rure ermunternd, »führen Sie die Herrschaften hinauf, in das enge Kämmerchen, dessen Fenster auf den Garten hinausgehen – also bis morgen,« damit ging er den Flur entlang und verschwand durch die Hintertür in den duftenden Rabatten, während die vier Fremden flüsternd die nickenden Köpfe zusammensteckten, und dem ehrerbietig voranweisenden Öflin die Treppe hinauffolgten. Dann verteilte er rasch die duftende schmale Abendkost, indem er die flachen Schüsselchen und spitzen hohen Kelche klopfend vor alle Türen stellte, und ging wieder in sein Zimmer hinunter, ohne jedoch Ecila ein einziges Mal zu sehen, so daß er sich schier mißmutig aus dem geöffneten Fenster lehnte.

Der Abend war schon hereingebrochen, und die schwatzenden Bürger und Handwerker kamen seltener vorbeigegangen. Aus der reinen hellen Höhe wehte ein kickerkühler Wind und ließ ihn verdrießlich niesen; gegenüber, in einem schon erleuchteten Dachfenster lehnte ein krummer und nachdenklicher Schatten, der mit dem Schatten eines Bogens den singenden Schatten einer Geige strich, während die rieselnde Luft alle drei mit dem Vorhang gar wunderlich bog und verwandelte. Hinten auf der Moldaubrücke lief der dicke kurzsichtige Herr Behneken mit erschöpften fetten Schrittchen unter einem heftigen seltsam kreisrund begrenzten Regenstrahl, der ihm wie eine glitzernde mannsstarke Brause beharrlich zu folgen schien. Öflin mußte lachen; aber bald vergaß er das neckende Spiel vor seinen eigenen Sehnsüchten und Kümmernissen. Hinter den dunklen Hügeln drüben sah er einen schwachen leuchtenden Schein auftauchen, als wolle dort der Mond oder ein anderes abendbringendes Gestirn aufgehen, aber nach noch kaum einem Herzschlage sah er drei ungewöhnlich schöne Meteore lautlos in einer Reihe heranbrausen, über die schon verblauenden Waldhaufen auf den Randhügeln springen, und, goldiges Haargefunke hinter sich sprühend, über der Moldau erscheinen; der mittlere rein lilienweiß, die beiden an den Seiten rot wie glühendes Rubinglas. Über dem Fluß erloschen sie so plötzlich, daß in der entstehenden Finsternis fast nichts mehr zu sehen war.

Gleich darauf kamen drei Männer die Gasse herab.

5.)

Öflin hörte nur, wie drüben beim Professor krachend ein Stuhl umfiel, die Tür flog dröhnend auf, und halb lachend, halb gerührt lag der Alte dem Mittelsten in den Armen : »Liljestraal – ach, Liljestraal !« rief er immer wieder, und hieb dem hochgewachsenen Mann in dem weißen, wie eine strömende Wildflamme gebogenen Mantel, beide Hände auf die Schultern, »– alter Geselle, welch ein Tag – und Fracastjorm !«, er packte den roten Recken zur Rechten schüttelnd bei den Oberarmen, »– und du, Magmaton, Sternentänzer, den ich endlich wieder vor mir sehe –«, er stand lachend und redend im Halbkreise der Drei und schob sie endlich, immer noch erzählend und sich die Hände reibend, in den Hausflur. Der Student sah und hörte durch die halb offene Tür, wie der Weißmantel fragte : »– und, Rure, wie geht es meinem Nichtchen Ecila – ?« Der Alte klatschte in die Hände und rief den Namen schallend aus; die Tür nebenan öffnete sich leicht, das Mädchen kam wie ein Reh heraus geschlüpft und lief erstaunt in den Kreis der Männer, wo Liljestraal sie väterlich in die Arme schloß.

Draußen trieb die Moldau weiße zarte Nebelblüten; der Himmel lag voller Gewölk, silberhaarig und schwebend, und der arme Student lehnte am harten Tisch und wußte nicht, sei ihm sein Leben geträumt oder sei es wahr.

Die drei im Flur waren feierlich zurückgetreten, und Liljestraal hob gebietend die Hände : »Rure !« sprach er tief und hallend, »rüste das Haus, dem heut hohe Ehre widerfahren wird : in weniger als zwei Stunden wird unser Gebieter eintreffen, Alastor der Mächtige und Herr über 16 Planeten !« Rure trat überrascht und bestürzt einen Schritt zurück; dann sah er sich hilfesuchend um : »Liljestraal !« rief er, und legte die Hand einen Augenblick an die Stirn, »Öflin« schrie er hastig, an die Tür des Studenten hämmernd, »Öflin, hol Er sofort alle Gäste zusammen –«, und während jener schon die Treppe hinaufflog, wandte er sich zu den drei Kurier- und Leibmeteoren : »Wir führen doch nur ein gar geringes Haus, und sind auf solchen Besuch überhaupt nicht eingerichtet – gewiß, das große Zimmer im ersten Stockwerk ist ja noch frei, aber können wir denn unser dürftiges Gerät vor ihn hinstellen – ?« Er ging, immer noch die Hand an der Stirn, im Hausflur hin und her; dann rief er entschlossen dem schon wieder herabspringenden Öflin entgegen : »Sofort Nr. 4 aufs Sorgfältigste gereinigt, und nehmen Sie den großen Silberbesen; dann schließen Sie alle Fenster – Leilemun soll unterdessen schon immer die Haustür beleuchten – ja, und Kanzi soll sofort zu blühen aufhören und geschwind hereinkommen – flink, flink !«

Da kamen sie auch schon die Treppe heruntergestürzt, allen voran Sizisso, und drängten sich aufgeregt und neugierig um den Alten, der ungeduldig wartete, bis alle um ihn her standen; er wollte gerade anfangen zu sprechen, als sich von oben her ein paar lachende silberne Stimmchen vernehmen ließen, und in einer Reihe hintereinander Tire, Heile, Glibri und die zwölf anderen auf dem breiten glatten Geländer heruntergerutscht kamen. Tire schrie so entsetzt, als ob er im Sonnenschein spazierengehen müsse, und hielt ein Beinchen starr und ängstlich vor sich hin : »Mein Schühdel – äh !«, jammerte er unaufhörlich, »ich – ich – ich – jetzt verlier ich's gleich - nein, jetzt – !« Bis Öflin herzusprang und ihn vorsichtig herunterhob, worauf er sich sofort erschöpft auf dessen linken Fuß setzte und immer noch ganz verstört äußerte : »Wir danken auch schön !« –

Jetzt kam wieder Leben in den sinnenden Professor; er traf gewandt und behende seine Anordnungen, und nach wenigen Minuten wirbelte und schwirrte schon das ganze erste Stockwerk wie ein Bienenkorb. Dann winkte er wieder den Studenten zu sich : »Und Sie –«, sagte er überlegend, »ja – zeigen Sie rasch den drei Herren ihr Zimmer – dasjenige gerade über mir –«, hier wurde er von Fracastjorm, der den jungen Mann mißtrauisch beobachtet hatte, unterbrochen und am Arm gefaßt; dann fragte er Rure etwas in einer unbekannten leicht zischenden Sprache; Öflin merkte, daß es sich um ihn handeln müsse, aber der Alte schüttelte nur leichthin den Kopf und entgegnete ein Paar Sätze, von denen der Student nichts verstand; aber die drei nickten beruhigt und folgten ihm ohne Zaudern die Treppe hinauf. »Sind Sie schon lange hier?« fragte ihn der Kleinere der beiden Roten, der, wie er vorhin gehört hatte, Magmaton hieß, und legte ihm dabei interessiert eine breite sehnige Hand auf den Arm. »Leider erst kurze Zeit,« entgegnete schüchtern der Jüngling, aber gerade, als er fortfahren wollte, mußte er schon die Tür öffnen, und die drei schritten kräftig hinein. Dann war es Zeit, das nötige Gerät in das Zimmer zu bringen, und er sprang die Treppe herunter und wieder hinauf, und stand mit gerunzelter Stirn im Hausflur, sinnend, was noch zu tun sei, als er, mühsam und emsig noch immer an der untersten Stufe kletternd, Heile und zwei noch Kleinere der Silberröckchen sah. Rasch lief er hinzu, ließ alle drei in seine Hand schlüpfen, wo sie sich sofort an dem kleinen Finger festhielten, und trug sie sorgsam hinauf zu den Anderen, die ungemein wichtig mit herumrannten und helfen wollten. Daß!

Aber schon kam Rure mit Liljestraal und Zeydenglantz aus dem Keller herauf; der Student drückte sich bescheiden an die Wand, als sie vorbeikamen, und sah mit Erstaunen die seltsamen Geräte, die sie in den Händen trugen. Rure stellte vorsichtig ein flaches goldenes mit eingravierten Sternbildern geschmücktes Becken auf einen großen gläsernen Würfel in eine Zimmerecke, und rückte eine hohe kristallene Kanne, die mit einer bleichen bläulichen Flüssigkeit gefüllt war, daneben. Zeydenglantz besah verwundert ein Gerät, das aus vielen ineinander gelagerten Kristallkugelschalen zu bestehen schien, und schüttelte auf eine Erklärung Rures hin dennoch erstaunt den hageren Kopf; dann tippte er vorsichtig mit dem blassen Finger an die scheinende Wölbung, in der sich ein unirdisches leisen Klirren erhob und schüttelte wieder. Liljestraal, der als Letzter in tiefen Gedanken kam, wäre fast an Öflin angerannt, aber er fing sich noch am Geländer und sagte wie entschuldigend, indem er ihm die grüne geschliffene Glastafel hinzeigte: »Das ist Alles – freilich: ich weiß, was Sie denken! 163 Stellen sind nicht viel für eine Logarithmentafel; aber damit er wenigstens in gröbster Annäherung rechnen kann – gewiß; ich hätte doch meine mitnehmen sollen; aber man denkt auch nicht an Alles!« Damit ging er hastig um die Ecke in das glimmende Zimmer, und ließ den Studenten in einer Verwirrung zurück, die nicht geringer dadurch wurde, daß Ecila eben die Treppe herunterkam. Er konnte den Blick nicht von ihrem Gesicht lassen, um welches das dunkle Haar einen schweren geschwungenen Rahmen bildete; einen Augenblick blieb sie vor ihm stehen und fragte dann, ihn ernsthaft ansehend: »Nun, wie gefällt es Ihnen hier?« Er sah ihr seltsam lächelnd und schwermütig in die Märchenaugen: »Ja!«, sagte er leise, während seine Hand sich leicht und verschämt flatternd wie ein Blatt von der Wand löste, und unbeholfen auf das geflickte Knie legte. Sie sah es, und auch wie die dünne Hand unter ihrem Blick zu zittern und zu erröten begann, bis er sie in verzweifelter Ehrlichkeit losriß und hinter sich auf den Rücken legte. Ecila stand noch immer und sah stumm auf das abgetragene, ärmlich glänzende Tuch; dann ging sie hastig an dem wie erstarrt ins Leere Schauenden vorüber und er hörte nur noch, wie ihre Tür leise ins Schloß gezogen wurde.

»Nun dürfte es wohl aus sein –« sagte er höhnisch und verquält zu dem rötlichen geschwungenen Geländer »– nicht doch; was denn aus ? – Es hatte doch gar nichts angefangen ! – Haha ! –« Er fuhr auf, denn Rure hatte ihn am Arme gefaßt und fragte erstaunt : »Was ist Ihnen denn; hat Ihnen Tropeina wieder den Kopf verdreht – Kommen Sie : fegen Sie noch einmal die Treppe und gehen Sie dann in Ihr Zimmer. – Sie müssen natürlich die Tür offen lassen; wir wollen Alastor nichts verbergen –« Dann rief er Liljestraal hinunter und besprach vieles mit ihm, während Öflin mühsam dem Befehl nachkam und die Geräte wieder in den Schrank hängte, wobei ihm die Schaufel klirrend aus den Händen fiel. Dann schlich er in sein Stübchen, in dem es finster und einsam war.

Draußen war es stockdunkel geworden; schwarze Wolken zogen rauschend über den Himmel, und nur in der Tür schien ein blasses streifiges Licht zu liegen, in dessem unsicheren Schein er Herrn Leilemun erkannte, der eifrig in die Wolken spähte, aus denen zuweilen ein zuckendes Wetterleuchten brach. Aber es war wohl nur Sizisso, der am fernen Eingang der Gasse auf und ab ging, und dessen Mantel manchmal vor dem jagenden Wind auseinander flog.

Er hatte die Stirn in wunderlich fließenden Gedanken an die dunkle spiegelnde Scheibe gedrückt, und lauschte zerstreut dem leisen Rufen der Windnacht, als er neben sich im Schwarzspiegel des Fensters einen rötlichen Schein bemerkte, der immer breiter und stärker und funkelnder wurde. Er drehte den Kopf, so daß er den ganzen Hausflur überblicken konnte, und sah, daß sich an der Tür Rure aufgestellt hatte; am Fuße der Treppe stand der gewaltige Fracastjorm, den feuerfarbenen Mantel zurückgeschlagen und ausgebreitet, wie ein rotglühendes rubinenes Standbild, während Magmaton den oberen Rand der Treppe erleuchtete. Liljestraal stand ruhig und hochaufgerichtet mitten im Hausflur und wartete mit unbeweglichem Gesicht, über das nur zuweilen ein Lächeln huschte, wenn er Ecila, die schweigend am Türpfosten lehnte, zunickte. Auf dem oberen Flur hatten sich die anderen Gäste versammelt und bildeten flüsternd ein nickendes aufgeregtes Spalier für den hohen Gast. Auch Öflin trat langsam auf die Schwelle und mühte sich, ruhig zu sein; da zuckte ein kreisender Blitz blendend ums Haus, gefolgt von einem so gellenden Donnerschlag, daß er, obwohl beherrscht, zusammenfuhr. Durch die aufspringende Tür flogen Silber und wolkiges Geschatte, und Liljestraal, die weiße Flamme, bog mit selig leuchtenden Augen das Knie, während die anderen Alle ihm folgten. Als Öflin wieder den Kopf zu heben wagte, sah er einen schlanken Mann auf der Schwelle stehen, im wehenden schwarzen Mantel; Rure, der Dämon mit dem rollenden Grauhaar, trat langsam auf den Melanchlänen zu und sprach ein paar murmelnde klangvolle Worte, worauf er sich mit der Würde des Alters tief und ehrerbietig verneigte und wieder zurücktrat. Der Fremde strich den Hut vom Kopfe und Öflin sah in ein ernstes regelmäßiges Gesicht mit schönen sinnenden Zügen, von dem ein unsäglich reinblauer Glanz ausging; selbst die langen glatten Haare, die ihm bis auf die Schultern wallten waren tiefblau und von seidiger Feinheit. Er sah langsam in alle Gesichter, und schritt dann mit nachdenklich geneigtem Kopf durch die schweigenden Reihen; als er, geführt von Liljestraal, die Treppe emporstieg, wehte der Mantel um seine Gestalt zurück, daß ein traumblaues Licht das ganze Haus durchschimmerte. Stumm erhoben sich die anderen und gingen still in ihre Zimmer; längst hatten Liljestraal, Fracastjorm und Magmaton ihren Herrn allein gelassen, da lauschte Öflin nach Stunden auf: über ihm begann ein feines kreisendes Klingen in der Unendlichkeit, singend schwang die zweite Sphäre und zog die dunkel wogende dritte mit, bis ein neunfach unirdischer Klang durch das lauschende Haus geigte; sie alle saßen gebannt und horchten der Musik der Sphären, die der einsame Astralgeist ersann.

Als die Töne langsam verhallt waren, war es Öflin, als höre er ein leichtes Tappen an der Haustür. So ging er und öffnete; da stand vor ihm, in dem jetzt heftig rauschenden Regen, ein kaum schuhhohes graugekleidetes Männlein, mit einem gutmütigen bärtigen Gesichtchen, und einem kleinen irdenen Topf, an dem es gar schwer trug, in der einen, und einem winzigen Hämmerchen in der anderen Hand. Er war völlig durchnäßt und zitterte vor Kälte, und als der mitleidige Student ihn rasch hereinließ, schob er keuchend sein Töpflein vor sich her, und setzte sich erschöpft in den Hausflur darauf nieder. Aber er sprang gleich wieder auf, zog sein nasses Wollmützchen vom Kopf und nahm es, während er bescheiden und müde dienerte, in beide Fäustchen. Rure, von dem Türengeräusch erschreckt, streckte den Kopf hervor und schlug unwirsch den Zeigefinger auf die Lippen, aber als er den Kleinen sah, kam er auf den Zehenspitzen ganz hervor und kratzte sich verlegen die Ohren. »Ich heiße Tulin«, meinte das dienernde Wichtelmännchen schüchtern, »und bin ein Granitmännlein, wenns gestattet wäre. – Und, es ist so kalt draußen und regnet ungemein –.« Dann sah er hilflos an dem Alten hoch, der die Hand hob und sie verzweifelt wieder fallen ließ: »S'ist doch nun Alles voll, Öflin – 4, 5, 6, – 12, 13, 16 – ja – was machen wir denn da – ?!«, und nahm verdutzt das breite Kinn in die Hand. Der Kleine senkte den Kopf, beschämt, daß er überhaupt gefragt hatte, und steckte verlegen das Hämmerchen wieder in die kleine Rocktasche; »Da werde ich morgen noch einmal wieder kommen – « schlug er zaghaft lächelnd vor, um den beiden Großen, denen er so viel Arbeit gemacht hatte, rasch aus den Augen zu kommen; und meinte tapfer, mühsam sein Töpfchen wieder zur Tür rollend : »Es ist auch nicht so schlimm; vielleicht treff' ich auch unterwegs ein Kätzchen, das in der Nähe einen Pilz weiß –« Er nickte den Beiden tröstend zu, setzte sich sein nasses Wollmützchen auf, und hielt ihnen zum Abschied auf den Zehenspitzen ein verklammtes kaltes Händchen hin: »– und ich dank' auch schön.« Damit wollte er wieder hinaus, aber Öflin hielt ihn vorsichtig zurück, und meinte bittend zum Professor: »Kann ich ihn nicht mit auf mein Zimmer nehmen? – Bei mir kann er gern bleiben –«, und lächelte das Männlein ermutigend an. »Hm – ja – wenn Sie meinen, Öflin –« sagte Rure unschlüssig, »– na, gut : wenn Sie ihr Kämmerchen mit ihm teilen wollen, ich habe nichts dagegen. –« Damit zog er sich wieder brummend zurück, und der arme Student nahm den noch immer schaudernden Kleinen behutsam mit zwei Fingern bei der Hand, hob vorsichtig dessen Töpfchen hoch, und öffnete einladend seine Tür, aus welcher der matte Lichtschein einer mageren Unschlittkerze fiel. Das Männlein blieb schier verzagt auf der Schwelle stehen : »ach,« sagte er, ungläubig lächelnd und bedrückt zugleich, »ist das schön – so groß !« und nahm ehrfürchtig das kleine Mützchen ab. Öflin schloß leise die Tür und lachte ihm freundlich zu : »Ich heiße Peter –« sagte er; der Kleine nickte gläubig und überzeugt und sah sich verklärt um, während sein Jäckchen immer noch tropfte. Dann wurde er ganz aufgeregt : »Das da ist wohl ein Tisch ?« fragte er ehrerbietig, »du, ist das ein richtiger Tisch – ?«, und sah staunend an dem mächtigen Bauwerk hoch. »Ja, Tulin«, antwortete Öflin, »aber wie naß du bist – warte, ich werde dir ein Bett machen – wo legen wir es am besten hin –«. »Nein ! –« schrie der Kleine entzückt und rannte mit beiden Beinchen auf einen alten Filzschuh zu, auf dessen wolligem Rand er sich mit beiden Händchen stützte und tief atmend hineinsah. Dann wandte er sich nach seinem großen Freunde um, der schon lachend einen handbreiten Streifen von seiner Wolldecke abschnitt und ihn so in den Schuh hineinlegte, daß ein Teil als Unterbett mit eingerolltem Kopfpolster, der andere als Schlafdecke dienen konnte. »So, nun komm –«, sagte er mitleidig, und nahm dem Männlein vorsichtig das Mützchen und das Hämmerchen aus der Tasche, »ich werde ein wenig Feuer machen, daß deine Kleider trocknen, und du legst dich in dein neues Bett – und ein eigenes Licht bekommst du auch –« setzte er hinzu, indem er aus dem Schranke ein fingerlanges Kerzenstümpfchen holte, es anzündete, auf ein Eckchen Holz klebte und neben den Schuh hinstellte. Dann entzündete er rasch ein paar Scheite im Ofen, zog ein winziges Schnürchen als Leine davor und hing das Jäckchen und Höschen des zitternden Kleinen zum Trocknen darüber. Auf der eisernen Ofenplatte wärmte er eine Tasse mit Glühwein, und als das funkelnde feurige Getränk leise zu brodeln begann, nahm er es herab und brachte dem stillen Männlein ein Schlückchen, das ihn wohlig erwärmte. Bis zum Nasenspitzchen zugedeckt lag der Kleine im Bett; allmählich hörte das Zittern des Körperchens auf, und er rief schüchtern »Peter – ?« Öflin kam herbei und setzte sich auf den Fußboden neben den Schuh, aus dem der Kleine selig lächelnd herausschaute : »Ach, Peter –«, sagte er, »so gut wie es mir schon geht – so hab' ich noch nie gewohnt – aber blas' doch das Licht aus,« fügte er, es besorgt musternd, hinzu, »ich glaube, es ist schon kleiner geworden – einmal habe ich ja auch schon in einem Klümpchen Heu geschlafen, da war es fein und warm; und einmal mit 4 jungen Kätzchen in einem Korb, aber sonst meistens nur in Mauerritzen oder hinter einem Steinchen –« und das müde und glückliche Stimmchen plauderte immer leiser werdend von nächtlichen Abenteuern mit Bienen und bösen Leuten und Blumengeisterchen auf Waldwegen, und Öflin hörte aufmerksam zu, bis der Kleine endlich beide Fäustchen ans Gesicht zog und behaglich einschlief.

Der Student erhob sich langsam und wollte gerade beginnen, sich ebenfalls zu entkleiden, als Rures lachendes Gesicht zur Tür hereinsah; Öflin legte bittend den Finger auf den Mund und wies entschuldigend auf seinen Gast. Der Alte warf fröhlich nickend den Kopf und winkte ihn zur Tür : »Kommen Sie mit hinauf, Öflin«, sagte er, sich vergnügt die Hände reibend : »jetzt kommt die Zeit, wo Sie wieder einmal etwas Tüchtiges Neues lernen mögen – und in Massen. – Wir sind ganz unter uns – kommen Sie nur !« Öflin hatte gerade noch Zeit, das Licht zu löschen und lautlos die Tür zu schließen, dann tappte er hinter dem leise pfeifenden Alten die Treppe hinauf.

Als sie eintraten schlugen ihnen schon Stimmengewirr und Becherklang
entgegen, Magmaton hielt mit Kennerblick ein bauchiges Glas gegen den
weißen Mantel Liljestraals und ließ dann genießerisch die bläuliche Flü-
ßigkeit auf der Zunge zergehen. »Ein guter Tropfen, Rure !« sprach er
rühmend und beifällig nickend, »und trefflich abgelagert dazu – mag
wohl gute 11 000 Jahre alt sein, wie – ?« Rure schlug ihm stolz lachend auf
die Schulter : »Will's meinen !«, brummte er selbstgefällig : »bester Welt-
raumäther, in der Mondsphäre geschöpft, damals – halte nichts von dem
fremdländischen Zeug, was sie da jetzt von Alkor oder 61 Cygni anbrin-
gen – mir ist das einheimische Gewächs lieber –.« Fracastjorm mischte
sich kopfschüttelnd ein : »Nun, nun, Rure –« sprach er mit gewichtig
hochgezogenen Brauen, »gewiß : ein vortrefflicher Tropfen –« er tat einen
tiefen andächtigen Zug und wiegte anerkennend das mächtige Haupt :
»– aber hinter der Milchstraße wohnen auch Leute ! – Ich habe einmal in
einem Wirtshause beim Andromedanebel ein Ätherchen gekostet – ein
Ätherchen, sage ich dir ! –« Er lehnte sich zurück und schwieg in begei-
sterter Erinnerung, während Rure für Öflin einen Stuhl an den Tisch
rückte und vergnügt knurrte : »Alter Kosmopolit, oder besser Kosmotheoros – ich sage immer : Bleibe im Sonnensystem und wehe tüchtig –
aber, um unseren jungen Freund hier einzuführen : hat er doch heute
einen Vortrag über Logarithmen gehalten – ich könnte jetzt noch lachen,
wie sie lärmten und große Augen machten; obwohl es alles alte Sächel-
chen waren, die unsereins schon kurz nach dem Präkambrium vergessen
hatte – aber immerhin, so von selbst darauf zu kommen –«. Magmaton
beugte sich interessiert ein wenig über den Tisch und fragte : »Der Herr
ist ein Mathematicus ? Ein gar schönes Studium, obwohl wir es eigentlich
mehr praktisch brauchen – habe selbst in jungen Jahren einiges darin
getan –«. Rure begann amüsiert und dröhnend zu lachen und stieß den
Studenten derb in die Seite : »Nun, stelle er nur getrost einige Fragen,
Öflin, und ohne Scheu; hier kann er nur lernen –« und lachte wieder, daß
die Gläser leise klapperten.

In dem jungen Studenten wurde ein bescheidener Stolz wach, und er
beschloß, allen Scharfsinn aufzubieten und dem erfahrenen Fremden
einige schier unlösbare Exempel zu stellen; nach kurzem Zaudern fragte
er : »Ist 12906 64071 eine Primzahl ?«, und sah Magmaton erwartungsvoll
an. Der lachte hell und schon ein wenig spöttisch auf und antwortete, daß
er solche Rechnungen zwar nur als Schulbüblein ausgeführt habe und ihm
daher die Methode schier entschwunden sei – aber es sei natürlich keine,

das sehe man ja schon beim ersten Blick. Und als Öflin verwirrt und erregt nach dem Beweis fragte, tunkte er den Finger in den Wein und schrieb mit feinen bläulichen Zahlen auf den Tisch : $x^2 - 108487x + 12895792 = 0$; $x_1 = 119$; $x_2 = 108368$; und als der Student immer noch verständnislos den Kopf schüttelte, fuhr er ungeduldig fort : »Sie sehen doch : $1289579200 + 1084870 + 1 = 1290664071$; also gleich $1083681 \cdot 1191$ –« Öflin beugte sich in angespanntem Nachsinnen über den Tisch; dann schüttelte er verzweifelt den Kopf : »Das sehe ich nicht ein –« sagte er ehrerbietig und schüchtern, »wie stellen Sie denn diese quadratische Gleichung auf ? – Hier ist ja eins der größten Geheimnisse gelöst, und –«, er brach ab und blickte wieder grübelnd auf die azurnen Schriftzeichen, die schon leicht zu verdunsten begannen. »Ja, aber –« meinte Magmaton erstaunt, »haben Sie denn noch nie etwas von den Begleitziffern und ihren Potenzreihen gehört ? – Ich weiß ja nicht, wie weit ihr hier auf der Erde seid, aber ich muß schon sagen – also das wissen Sie doch : wenn Sie eine Zahl Z von der Ziffernfolge a b c d usw. haben, dann stellen Sie erst einmal die Begleitziffer fest, also $\frac{Z \pm 1}{10}$ oder $\frac{3Z \pm 1}{10}$, je nachdem die Zahl auf 1 und 9 oder 3 und 7 endet. – Für 17 z. B. ist diese Begleitziffer 5, für 1141 also 114 usw. Wenn Sie nun wissen wollen, ob eine Zahl durch 17 oder meinetwegen 31 – ach, was Sie wollen – teilbar ist, so ziehen Sie entweder von rückwärts beginnend $\delta \cdot 5$ usw. ab, und wenn dann $n \cdot Z$ übrig bleibt, ist Z eben keine Primzahl.« Er bemerkte die Verstörung des Studenten und fügte erbarmend hinzu : »Nehmen Sie 961 – ist diese Zahl durch 31 teilbar? Sie ziehen, um dies zu erfahren, von 96 1 mal 3 ab, es bleibt 93; dann noch einmal von 9 3 mal 3, es bleibt 0, also $0 \cdot 9$, also ist 961 keine Primzahl, sondern vielmehr durch $10 \cdot 3 + 1 = 31$ teilbar. – Nun können Sie es aber, mathematisch eleganter, auch so formulieren : $9 \cdot 3^0 - 6 \cdot 3^1 + 1 \cdot 3^2 = 0$ und da können Sie nun auch ganz allgemein schreiben $x^2 - 6x + 9 = 0$ und erhalten $x_{12} = 3$ – verstehen Sie nun ? !« –

Öflin sank auf seinen Stuhl nieder und flüsterte nur schwach : »Entschuldigen Sie«, während Rure noch einmal kicherte und dann gutmütig sagte : »Sie sehen, es gibt noch viel zu lernen, mein Lieber – und das sind ja erst die primitivsten Sätzchen. – Aber höre,« wandte er sich zu Liljestraal, »wie seid ihr denn überhaupt hier hergekommen – ?« Der Angeredete sah sich vorsichtig um und flüsterte ihm zu : »Alastor will heiraten ! – Aber still; schweigen ! – Er hat unten im Süden dicht über der kleinen Magellan'schen Wolke vor etwa 93 Billionen Jahren ein rubinrotes Einzelsternchen kennengelernt : das wird ein Doppelstern werden ! Stellt euch das einmal vor : die Farben ! Und 27 Planeten zusammen ! – Du weißt ja, wie wir immer vorbeikamen, mit Eilbriefen, hin und her. Und es war stets ein hübsches Stück Weg; ich bin oft genug mit dreifacher Lichtgeschwindigkeit davongeflammt ! – Haha : übrigens, Rure, das müssen wir dir noch erzählen ! Denke dir, wir 3 kommen – es war jetzt erst, kurz hinter Beteigeuze – also wir 3 schlendern vergnügt auf die Erde zu, so mit annähernd 162433,4 km/sec – auf einmal – mir sah es gleich schon so merkwürdig aus, und ich sage zu Fracastjorm : Fracastjorm, sage ich, ich will doch gleich auf der Stelle erkalten, wenn dort nicht ein alter halb ausgebrannter Komet auf uns zu schwänzelt ! Richtig ! Der rotbärtige Bummler versuchte krampfhaft zu glühen, und verlangte unsere Ausweise ! Dieser bankerotte Weltkörper unsere Ausweise ! Fracastjorm stellte sich wie verlegen, tat als ob er entkommen wolle und lockte den alten Knaben wohl an die 800 Sternweiten hinter sich her; dann fuhr er dem Erschöpften dreimal blitzschnell wie ein Feuerreif um den Kopf und ließ ihn allein und verloren stehen. – Ich verstehe so etwas nicht; in dem Alter sollte sich der Bursche doch längst ein festes Gravitationsfeld gesucht haben; könnte doch noch schöne Dienste als prophetische Lufterscheinung bei irgend einem kleineren Planeten tun. –« Er schüttelte unwillig lachend den Kopf. »Nun, nun –« murrte Fracastjorm geschmeichelt, » – viel gehörte eben nicht dazu, mit ihm fertig zu werden – aber, Rure !«, er sprang auf und lief zu seinem feuerfarbenen Mantel, »da habe ich dir doch etwas mitgebracht –«, er suchte in den tiefen Taschen herum, und zog dann aus der rechten ein Buch, das er Rure in die Hand schob, und dessen Dank verlegen abwehrte. »Nicht doch, nicht doch !« meinte er und drückte den Professor wieder auf seinen Stuhl : »Du kommst doch im Augenblick nicht weiter herum; da ist es nicht mehr als recht und billig, wenn ich dir ab und zu ein paar Neuerscheinungen mitbringe. – Aber es ist wirklich gut; ganz ausgezeichnete Biographien : man sieht sie richtig vor sich stehen, wenn man sie kennt –.« Rure blätterte schon gierig und schwer atmend in dem dünnen Bande, und Öflin, in dem der Antiquarius erwachte, beugte sich gespannt mit über das Titelblatt, auf dem er aber nur einige prächtig geschwungene feine rote und schwarze Linien sah. Der Alte übersetzte ihm gefällig den Titel «Meteoren-Lexikon; das ist : Handbuch aller derjenigen Meteore und Sternschnuppen, die durch weite Reisen, ungewöhnliche Schnelligkeit oder sonstige bedeutsame Erlebnisse und Tathandlungen von sich reden gemacht haben, auch kurze Auszüge aus den Werken, so sie während ihrer reellen, unräumlichen, oder ideellen Existenz aufgesetzt. –» Und Magmaton nickte gerührt mit dem Kopfe : »Welch ein Buch !«, sprach er feierlich, »und natürlich mit selbstleuchtenden Abbildungen – ich habe erst unterwegs das Leben des großen Flagasiris nachgelesen – das stärkt und spornt zu neuen

Leistungen –«, er schwieg und leerte begeistert sein Glas auf das reiche vorbildliche Leben des Genannten.

»Was müssen Sie schon Alles gesehen haben! –«, staunte Öflin wie im Traum, »waren Sie denn schon einmal hier auf der Erde –« Der Dämon sah ihn abwesend an: »Oh ja – viel, viel« murmelte er, »dunkelrote Welten über die schwarze Wesen wie auf Schlittschuhen dahinhuschen, weiß-grüne dicke Nebel mit wuchernden Pflanzen darin und gelbe weise Luftgeschöpfe, die um Bergspitzen schwärmen – ja, auch auf der Erde hier war ich schon – warten Sie – zwei-, dreimal – es ist noch nicht gar lange her. Das Erstemal, freilich, da gab es noch nicht so etwas wie Sie. Da waren nur tiefgrüne schillernde Sümpfe aus denen stumm und endlos haushohe Schachtelhalme starrten, und unendliche Wälder von schuppigen Bäumen. Manchmal flogen Libellen, nicht viel kleiner als Sie, knarrend und gläsern aus dem Röhricht der seichten heißen Flußmündungen, und ein paar absonderlich geformte Panzerfischchen schwammen flink über den lichtreichen gerippelten Sand. Auf den schlammigen glühenden Uferbänken sonnten sich träge zwei große Eidechsen, und die eine davon sah mir nachdenklich mit ihrem Scheitelauge zu, wie ich über den lautlosen Fluß strich. Die Luft war wie glühendes Glas, reglos und wuchernd; nur in der Tiefe der düsteren Wälder tönte ab und zu der Fall eines morschen Baumriesen, und irgendwo sickerte Wasser in der duftenden Wildnis. –«, er schwieg; »und das zweite Mal –«, fragte Öflin mit trockener Kehle, während ihm das Herz seltsam schwer und dumpf schlug.

»Das zweite Mal –« sann Fracastjorm –, »ich flog hoch über einen rein blauen See, der am Rande eines zackigen prächtigen Schneegebirges lag. Der Tag war warm und schön, aber von den frischen Gletschern wehte ein kalter Luftzug über den Spiegel, daß er leise zitterte und sich krauste. Ein Mann saß in einem roh gehauenen Baumstamm, und ruderte langsam auf eine Reihe einfacher Blockhütten zu, die auf hohen Pfählen standen. Aus der Tür eines Hauses trat ein Mädchen mit langen Zöpfen, mittelgroß, ein Fell um die Schultern geschlungen, und warf einen hölzernen Eimer an einem Strick ins Wasser. Der Mann begann ein dunkles unbeholfenes Liedchen zu summen, und als ich sprühend über den See schwebte, hoben beide ehrfürchtig die Hände und den Kopf. –«

»Und dann –« fragte Öflin stumpf; Fracastjorm nickte ernsthaft: »– Das dritte Mal war es Nacht, aber der Mond rollte hell und rund, wie eine glühende Kupferscheibe auf den Bergen. Ich fuhr dicht über dem Zeltlager am Meere hin, und sah die Kammhelme der Wachen im Dunkel schimmern. Ein greiser Krieger schritt mit einem hochgewachsenen Jünglinge vorbei, und ich hörte, wie der Junge eilig fragte ‹Hat er dich auch rufen lassen, Parmenion?› Dann ging ein bleicher Vorhang zurück; ich sah noch, wie ein breitschultriger junger Mann von kleinem Wuchse die Beiden heranwinkte – dann war die Bucht schon hinter mir versunken. –« Er brach ab und sah den jungen Studenten an, der mit seltsamem Blick auf den Mann starrte, der den großen Alexander gesehen hatte; dann lachte er liebenswürdig auf: »Sie glauben mir wohl nicht –« sagte er kopfschüttelnd, »was denken Sie denn, wie alt ich bin? –« er schwieg wie betroffen; nach einer Weile machte er halb verlegen : »ach so, ja – ihr Menschen müßtet eigentlich immer weinen – der Schatten von einem Traum –.« Öflin, der kaum noch wußte, was er tat, erhob sich mühsam und ging schwerfällig zur Tür; hier wandte er sich noch einmal um und fragte mit rauher gleichgültiger Stimme : »Wie alt ist denn Fräulein Ecila eigentlich – ?« Liljestraal sah überrascht auf und antwortete : »Aber – sie ist ja eigentlich ein Mensch – ein – nun ja, etwa 20 Jahre – aber, warum fragen Sie denn – ?« Öflin antwortete nichts und drückte die Klinke nieder; als er hinaustrat, sah er nur noch, wie Liljestraal mit gerunzelten Brauen leise auf den aufgesprungenen Rure einsprach, und dabei mit dem Zeigefinger scharf und entschieden auf die Tischplatte schlug.

Unten in seinem Zimmerchen schlief das träumende und lachende Wichtelmännlein ruhig in seinem Schuh, und der Student warf sich mit bleischweren Gliedern und verwüstetem Kopf angekleidet auf sein ärmliches Lager.

7.)

Die folgenden Tage waren grau und feucht, das Laub begann in den Septembertagen zu gilben, und Öflins Arbeit, die sich täglich wiederholte, bot ihm nur wenig Abwechslung, zumal sich Rure und Liljestraal merkwürdig steif und mißtrauisch benahmen.

Ecila hatte er mehreremale zu treffen gewußt; einmal am Abend, als die goldene Mondschale, grünlich zwischen Wolkenröten, über die dunklen Bäume heraufschwebte. Er hatte ihr von seiner Kindheit und seinen Büchern erzählt, und sie waren scheu auf dem Wege nebeneinander her gegangen; sie hätte wenig gelesen, sagte sie entschuldigend, sondern meist nur in den tauigen Wiesen zur Dämmerung getanzt. Höchstens ein paar Gedichte; aber die wären von weither gewesen und obwohl gar prächtig und wohllautend, doch zu schwer verständlich. Und sie lauschte aufmerksam, wenn er begeistert von Cervantes und Shakespeare oder auch neueren Büchern, etwa dem ‹iter subterranum Nicolai Klimii› erzählte. Dann wieder brach er düster ab und schwieg; sie stand, die Hand auf das Gartenmäuerchen gestützt und sah ihn fragend an, bis er hart sagte : »Reich möchte ich sein –«. »Warum ?« fragte sie erstaunt und verständnislos und ein wenig verächtlich; er hörte den leisen Unterton und nickte trübe und selbstquälerisch vor sich hin. Mochte sie ihn verachten, immer noch besser, als wenn sie ihn gar nicht sah. Er hob den Kopf und schaute ihr flehend in die dunklen Augen; leise wiederholte er, »– Warum – !«, dann wandte er sich und ging müde ins Haus zurück. Ecila stand unbeweglich und sah ihm nach; und mit dem Verstehen überzog langsam eine leichte zarte Röte ihr Gesicht. Sie wartete, bis sie Rures und Öflins Stimmen im Keller unten hörte, erst dann huschte sie verwirrt und seltsam unruhig in ihr Zimmer.

An einem der folgenden schönen Tage pflegten sie unten in den weiten Kellergewölben den alten Wein; heute war das Wetter rein und luftig, und nur an einem klaren Tage durfte er umgefüllt werden. So liefen sie mit großen hölzernen Kannen hin und her; Rure stand auf einem Leiterchen und hob umsichtig den Spund, daß der volle blanke Strahl in Öflins Behältnis floß. Dann schweiften sie die leeren Fässer und schwenkten kreisend schwere Eisenketten darin, den Weinstein zu lösen. Bläulich brennende Schwefelfäden ließ Rure durch die Spunde hinab, bis er selbst niesen und husten mußte, während Öflin durch das kleine Türchen in ein großes fünffudriges Faß geschlüpft war und sorgfältig die Dauben und alle Fugen mit lauwarmem Seifenwasser auswusch und -scheuerte. Dann schönten sie die neu umgefüllten Weine mit glasklarer Hausenblase und bitterem Tannin, und füllten die dunkel flutenden Fässer mit ähnlichen Weinen wieder spundvoll.

Nach Stunden endlich war es genug und Rure setzte sich zufrieden seufzend auf ein Fäßchen alten Birnenweines, hielt ein weites Probeglas mit leicht goldigem Thurgauer gegen's Kellerfenster und nötigte Öflin, das zweite Paßglas zu ergreifen. Bedächtig und anerkennend nickend schlürfte der Greis das süße Getränk; dann fragte er unvermittelt : »Wie denken Sie eigentlich über Ecila, Öflin – ?«, und sah den Jüngling fest an, der eben das Glas hatte zum Munde führen wollen und es nun langsam neben sich niederstellte. Da Öflin nicht gleich antwortete, fuhr der Alte nach einer Weile ungeduldig fort : »Sagen Sie schon, daß es weiter nichts ist; und ich will ihnen vertrauen. – Sind einer meiner Besten gewesen; und es täte mir leid, wenn sich Unvorhergesehenes – – Nun ? !« Obwohl der junge Student den poltrigen Alten schätzen gelernt hatte, war es ihm doch unmöglich, mit ihm über Etwas zu sprechen, für das die zartesten Worte noch zu grob gewesen wären; so schwieg er noch immer und sah wartend vor sich hin; bis sich der Alte erhob und, scheinbar gleichmütig, an das verstaubte blinde Fensterchen trat, durch welches spärliches Licht von oben hereinfiel, so daß er Öflin den Rücken zukehrte. Dann sprach er wie vor sich hin : »Sind Sie ihrer würdig ?« Ohne zu zögern antwortete der Student : »Nein –«. Der Alte lachte grimmig : »So weit ist es schon gediehen ?! –« er bezwang sich noch mühsam und fragte weiter : »Haben Sie mit Ecila schon darüber gesprochen ? – Nein ? – Das ist gut; denn Sie werden noch heute dies Haus verlassen, und mir Ihr Wort geben, sie nie mehr zu sehen –«. Er fuhr herum und starrte gereizt den Studenten an, der immer noch auf der umgestürzten Bütte hockte, und sinnlos mit dem Finger die Maserung des weichen Holzes nachzog. Endlich erhob auch er sich mühsam und sagte schwer, an dem Professor vorbeistarrend : »Ich bin arm – –«, dann verstummte er schon wieder, von seiner Wertlosigkeit Ecila gegenüber durchdrungen, und als sei jedes Wort zu hilflos. Rure hieb ärgerlich mit der Hand durch die Luft : »Nicht deswegen – aber Ecila wird einen Anderen – nun ja, einen Anderen heiraten. Nicht daß schon einer da wäre; aber sie hat ganz andere Möglichkeiten –«. »Geht Geisterglück über Menschenglück ?« fragte der Junge stimmlos, und als der Professor, ehrlich genug, nicht antwortete, fragte er wieder : »– geht wohl Geisterleid über Menschenleid –.« Er wartete keine Antwort mehr ab, und ging mit schleppendem Schritt an dem strengen Alten vorbei, die feuchte düstere Treppe empor und schritt über den Hausflur in sein Zimmer.

Als er eintrat, winkte ihm von seinem brodelnden Töpfchen der kleine Tulin entgegen, und schrie begeistert : »Ach, Peter ! Ich koche die schönsten Bergkristalle, und dann schneid' ich daraus Schlittschuhe für die Schneeflocken. – Da hab' ich noch lange Arbeit –« Aber als er keine muntere Antwort wie sonst erhielt, und er nur seinen Freund zum Schrank gehen und mit müden Griffen seine wenigen Habseligkeiten zusammenpacken sah, trippelte er ängstlich und verstört herbei, und wagte es endlich, ihn vorsichtig ans Bein zu tippen : »Peter –«, bat er, »– was ist denn – ? – Willst du fort – ?«

Der Student sah ihn lange wie abwesend an; dann zwang er sich zu einem schwachen Lächeln : »Ja, Tulin«, sagte er beschwichtigend, »aber du bleibst deswegen selbstverständlich hier wohnen –« und schnallte wieder weiter sein Bündel zusammen. Der Kleine war vor ihm stehen geblieben und atmete verängstigt : »Warum denn – Peter – ?« fragte er mit schon ersticendem Stimmchen : »– Hat's der Rure gesagt – ?« Und als der Student wortlos nickte, schlug er hilflos vor : »Wenn du ihm nun meinen schönsten Bergkristall schenkest –. Vielleicht – –,« aber Öflin schüttelte bitter lächelnd den Kopf; da wußte das Männchen auch keinen Rat mehr und schlich betrübt und mit verdächtig schimmernden Äuglein wieder zu seinem Schnurrtöpfchen.

Der Jüngling nahm den Umhang und sah sich mit leerer Geschäftigkeit noch einmal um; dann ging er zu dem Kleinen, der den winzigen Holzlöffel los ließ und schluchzend beide Fäustchen in die Augen bohrte. Er streichelte, selbst ein Verzweifelter, den Weinenden tröstend, sachte das graue Wolljäckchen; dann öffnete er mit plötzlichem Entschluß noch einmal das Bündel, nahm seinen letzten einfach weißen Kragen heraus und legte ihn vorsichtig neben das Männlein hin : »Da mach dir ein neues Hemdchen, Tulin –« sagte er leise, »und vergiß mich nicht –.« Zum letzten Male fuhr er ihm behutsam über den kleinen Rücken, und ging dann mit gefrorenem Gesicht zur Tür, ohne sich noch einmal umzusehen. Im Hausflur blieb er einen Augenblick stehen, um die Augen an die Dämmerung zu gewöhnen, als sich lautlos Ecilas Tür öffnete und das Mädchen heraustrat. Mit erschreckt geweiteten Augen sah sie auf den Anzug Öflins; dann war sie mit wenigen Schritten bei ihm : »Was ist denn ?«, fragte sie unruhig; er antwortete nicht, und sah sie nur an, und stand und schaute, als sollte sein Leben mit diesem Blick enden. Da kam ein Geräusch von der Hintertür; Ecila fuhr herum und sah den Professor heranstampfen; ein Blick in die Züge der beiden Männer sagte ihr Alles.

Sie trat ganz dicht vor Öflin hin und hob ihr blasses Gesicht zu ihm auf; der Student schwankte wie ein Baum im Sturm : »Du –« flüsterte er tonlos, da war es ihm, als rase ein eisiger Wirbelwind durch das Haus; die Tür sprang krachend auf, und er taumelte über die blitzschnell glattfrierende Schwelle auf die Gasse hinaus.

8.)

Draußen schnob ein furchtbares Unwetter; Hagel sprang, und Regen machte das Fensterglas blind, hinter dem der kleine Tulin stand und mühsam sein graues Wollmützchen schwenkte.

Das jagende Wasser fuhr dem jungen Studenten wie ein feiner beizender Rauch ins Gesicht; eine herangaloppierende Bö riß ihm vom Kopf das Barett, dem er nicht einmal nachsah. Er schritt langsam mit starren Augen an dem niedrigen Mäuerchen entlang, barhäuptig und mit wildfliegendem Mäntelchen, aus einer lichtgrauen Wand in die andere.

Er dachte nicht einmal mehr; wußte nicht mehr wo er war; ab und zu tauchte der gepeitschte Schatten eines tropfenden wasserspeienden Hauses neben ihm auf. Seine dünnen Kleider troffen vor Nässe, aber er lief steinern atmend sinnlos durch Gassenschluchten und über die sprühglitzernden Plätze, lange.

Plötzlich fühlte er sich am Ärmel gezupft, und eine entsetzte kleine Stimme schrie ihm ins Ohr : »– aber so kommen Sie doch nur herein, Öflin –« Es war Bonizil, der ihn hinter sich her zog; der Student folgte ihm gleichgültig, und nickte nur teilnahmslos, als der magere behende Greis ihm einen Stuhl an den warmen Ofen rückte. Mit dem feinen Gefühl der Einsamen für Leid trippelte der Alte stumm und bescheiden aus dem Wege und überließ ihn eine Weile sich selbst. Dann setzte er sich ihm schweigend gegenüber und wartete geduldig, bis jener aus seiner Verlassenheit für einen Augenblick erwachte; er schlug vor : »Bleiben Sie bei mir, Öflin; das ganze Haus oben ist ja leer, – ja – ? !« Damit lief er dem sich höflich und verloren erhebenden Studenten voran, durch das Gewirr des Urväterhausrates, nach oben.

Leere hallende Räume taten sich weit und steif auf; der Antiquar schleppte ein paar Decken hinein, und mühte sich, sie in einer Ecke glatt zu streichen. »Sie wissen ja, Peter,« entschuldigte er bedrückt und halblaut, »ich habe selbst kein Bett – es wird schon gehen, nicht wahr –«, damit schlich er besorgt hüstelnd und den Jüngling mitleidig musternd hinaus. Draußen auf der Treppe blieb er noch einen Augenblick stehen und lauschte bekümmert; aber als sich nichts vernehmen ließ, stieg er nikkend und zweifelnd den Kopf schüttelnd wieder hinab, wo er beim spärlichen Feuer in einem alten Buche zu blättern begann, aber immer wieder sorgenvoll nach oben horchte.

Öflin stand hoch und aus geleerten Augen um sich schauend in dem weiten hallenden Zimmer; er begriff es nicht und nickte nur stumpf vor sich hin. Eben noch war er in ihrer Nähe gewesen, hatte von allen Wundern der Welt gehört, dann kam eine kurze Spanne grauen, wassersprühenden Eislichtes, und nun plötzlich fand er sich, noch von seinem schlaffen kurzen Zauberkrügelchen umhangen, in die fremdeste Einöde entrückt, wo der Herzschlag klopfend von den kalten Wänden abprallte. So sehr war der Geist des Körpers unkundig geworden, daß er nicht Kälte noch Nässe noch Müdigkeit fühlte, sondern nur ein noch ungeschrieenes, erst sich strömend gestaldendes Leid.

Einmal klopfte es irgendwo in der Höhe, und aus der sich spaltenden Wand trat der horchende Alte in einem engen lampengelben Mantel : »Öflin –« meinte er vorsichtig, »nicht wahr, Sie erschrecken nicht – es ist nämlich – hier im Hause wohnt noch ein Kind; ein kleines Mädchen – auch erst seit heute. Es muß ihr schlecht gegangen sein, draußen in der wüsten Welt; und als sie heute vor meinem Laden stand, – sie hat auch kein Obdach – da mag sie sich ein paar Tage ausruhen –« Der Goldkegel schob sich rückwärts; huschend sprang die Wand wieder zusammen.

Das letzte düstere Tageslicht wogte fremd und rauh um den Raum, daß sich in den Ecken schon stilles Schattenvolk langsam reckte, und ruk- kend die undeutlichen Flüsterköpfe zusammen steckte. Da hörte er, wie hinter ihm leise und schüchtern eine unbeholfene Hand an der Türklinke nestelte, und aus den langen öden Zimmern schlüpfte zaghaft ein kleines Mädchen herein, das wie erstaunt stehen blieb, als es den fremden Mann da warten sah.

Als Öflin den Schrecken der Kleinen bemerkte, ging er müde auf sie zu, und nahm ein winziges kaltes Händchen, wobei er bemerkte, daß das Kind eine Rolle dünner Decken unter dem Arm trug. »Es war so ein- sam –« flüsterte die Kleine – »aus den Winkeln machen sie schon wieder lange Nasen, und das ganze Haus ist voller Schritte und Wispern –.« Peter nickte von fern und wie durch Schleier hindurch, »komm nur –«, sagte er voller Widerwillen gegen alle Worte, und horchte mit bitter verzogenem Munde wie spröde und gesprungen die paar gemurmelten Laute klangen.

Das Mädchen schlüpfte fröstelnd unter die Decken, die er sorgfältig aber abwesend über sie legte, und sich dann neben die unruhig Atmende niederkauerte. Das Kind war froh, etwas Lebendes in der Nähe zu wissen, und drückte ein dünnes zitterndes Ärmchen immer fester an ihn, sodaß er sie endlich halb in seine Arme nahm, um sie nur ein wenig zu erwärmen, und nach einer Weile fühlte er, wie ihre Atemzüge ruhiger und gleich- mäßiger wurden. So lehnte er mit seiner seltsamen Last auf dem Schoß an der kalten Mauer, und sah, wie drüben an der anderen Wand im unruhi- gen Sturmmond die Luft bleich aufschäumte oder kräuslige Schattenku- geln mit gewirbelter Oberfläche daran entlang rollten.

Er nickte den wilden Lichtknäuelen gedankenlos zu, und lachte matt in die sprudelnden Schattenkatarakte, wie da Licht und Nichts rätselhaft geschäftig und weltraumfremd am Werke waren.

Nach einer Weile begann er mit flatterndem Munde hastig und unaufhörlich zu wispern, ungeformte Sätze und dunkle Bruchstücke, in die verworren wölkende Zauberwand hinein : »– Und winzige Schuhe – Spangen aus Bergkristall – ich will sie ja auch alle putzen – Treppen huschen durchs ganze Haus : husch auf – husch ab – und ein weißes wehendes Kleid – fliegt um die Biegung flüstert im schlanken Wind – und so weit –«. Drüben rauchte körniges Licht aus schattig geäderten Sprün- gen. »Ecila – und im Gebüsch klingen die Nußglöckchen – Backen pusten durch die Regenwolken, und mein Herz binde ich mit einem

Goldfaden an einen blühenden Zweig – und Astern, ein kühles herbstliches Geflecht für deine Füße – haben Sie den Nils Klim gelesen, darf ich davon erzählen – Garteneinsamkeit, Garteneinsamkeit. Herbst spielt auf rotem Flötenrohr – Wind tollt ein –.« Drüben flossen graue Silberranken aus gittrigem Ästegekraus, breite Blattflächen blähten sich, bogen sich, schwanden gerollt; uralte Gesichter mit tropfigen verwilderten Bärten begegneten einander im krautigen Unterholz. »– Wiesentänzerin, wie schlägt mein Herz. – Nun knie ich wieder vor deinem Schuh – darf meine Hand hineinschlüpfen? – Du springst in der Abendröte unter gelbem Lampenstern – taumelig von der Mondhelle – schlafe ich auf deiner Schwelle.« Drüben war der Raum mit bauschigen weißen Seidenpolstern gefüttert, auf welche zuweilen schwere Schatten preßten, daß der Mondschein in bleichen langen Tropfen auf den Steinboden fiel, wo er mit geisterleisem Zischen hauchschnell verdampfte.

Das Kind in seinen Armen atmete schwer und zitternd und weinte Unverständliches in das Schimmerdunkel; und der Student schwieg und flüsterte wieder, während ringsum die Nachtwolken kreisten, und ab und zu der Wind pfeifend ans Fenster kam.

Als er am nächsten Morgen grau und verzweifelt erwachte, stob ein Wildregen an den Fenstern entlang, daß die Scheiben flossen und schwammen und sich aufzulösen schienen. In den Zimmern war nur eine trübe Dämmerung. Er stand auf und holte ein kleines tönernes Schüsselchen an der Tür, in dem ein paar Brote lagen, ein Wasserkrug daneben und eine staubige Weinflasche. Er gab das Wenige der ärmlichen Kleinen in die Hände, und sah wie sie dankbar und kinderhungrig hineinbiß, und ab und zu ein Schlückchen Wasser dazu trank.

Sie war nicht schön, und trug ein arg verschossenes Kleidchen und kleine müde Schuhe; aber er hatte nie der Schönheit bedurft wenn er einfache Menschlichkeit sah. Sie hatte zu Ende gegessen, und sah ihn schüchtern und verlegen lächelnd mit leeren Händchen an; dann begann sie ein halblautes Gespräch. Sie war sehr scheu und einsam, und wollte nie mehr auf die Straße hinausgehen, wenn sie sich auch in dem hallenden Hause fürchtete; und erzählte hastig Geschichtchen von Regennächten und bösen Menschen, und fuhr zitternd zusammen, wenn es irgendwo in den Wänden knackte.

Er horchte stumm und höhnisch ihren einfachen Sätzen, und warf ab und zu ein Wort dazwischen, bitter und verquält, daß das Kind ihn verstört ansah. Dann erzählte er der Lauschenden in wilder Hast von absonderlichen Dingen; dachte mehr laut, und sprach von Alexander und den Reisen des Cyrus und Knorr von Rosenroth, und beschrieb ihr die Sterne und las ihr vom Planeten Nazar vor, welchem Allem sie, immer mehr in seine Phantasien eingehend, mit ängstlicher Aufmerksamkeit zuhörte.

So lebten sie miteinander; an trüben Regentagen und wenn silberblaue Kälte vom eisigen Hochmond niederprallte, daß sie schaudernd unter ihre Decken krochen. Jede Nacht schliefen sie in einem anderen Zimmer; denn das ganze Haus stand ihnen ja zu Gebote, und wenn sie miteinander ihre schmerzlichen und bunten Märchen erfanden, füllten sich die kahlen Räume mit glänzenden Rittern und fahlen Gespenstern. Zuweilen war es ihnen, als lebten sie in tiefen unterirdischen Sälen, oder in verfallenen Städten, während draußen die grimmigsten Stürme rasten. Dann wanderte er wohl in der einbrechenden Dämmerung ruhelos durch die schollernden Gemächer, bis ihm eine sorgende Kinderhand die Stirn von der todkalten Mauer zog, und er die ganze Nacht flüsternd und in verlorener Verzweiflung neben der stummen Kleinen saß. Allmählich wurden seine Erzählungen düsterer und wilder, je mehr sich sein gequältes Herz mit mächtigen Schatten umzog : von verfallenden Palästen erzählte er, und häufigen und endlosen trüben Träumen. Tag und Nacht waren nur noch wie Gewölk vor den schwermütig glühenden Bildern seiner Seele, und oft überraschte er sich, wie er aus einem halben Dämmerzustand auftauchte, um wieder in einen neuen zu versinken.

An einem feuchten und kalten Dezemberabend, als die Dunkelheit eben einbrechen wollte, fand er in einer Ecke wieder die alte Flasche Wein, und zerbrach das Siegel. Die Kleine, des neuen Getränkes ungewohnt, erglühte in Kurzem wie eine Rose, während er gierig und verstört die schwere dunkelrote Flüssigkeit hinunter goß, und dann die Flasche zu Boden warf, daß sie klingend über die Dielen rollte.

Das Kind schwatzte und lächelte erregt, ohne zunächst zu bemerken, wie sein Freund sich leicht und taumelnd erhob, und seinen fleckigen Mantel umwarf. Plötzlich verstummte sie entsetzt, als sähe sie nun erst, wie hager und bleich sein Gesicht geworden war und wie fahrig die hohe Gestalt. Der Student sah sie mit starrem spöttischem Lächeln an, und nickte ihr mit armselig verborgener Verzweiflung zu : »Leg' dich nur schlafen, Kleines –« murmelte er »– ich gehe dann auch schlafen –« und fuhr ihr noch einmal über das dunkle Haar. »Heut ist doch Weihnachten. – Kann dir nichts schenken – oder doch : meinen Mantel –«, damit zog er das ärmliche Kleidungsstück von den Schultern und legte es dem zitternden Mädchen um. – »Solche Augen hatte sie auch. – Nimm dir auch meine Bücher, ja ? ! Ich schenk sie dir Alle ! –« Dann ging er gebückt und wankend zur Tür, ohne sich noch einmal umzusehen. Als die Kleine ihn die Treppe hinuntersteigen hörte, kam plötzlich Bewegung in ihre erstarrte Gestalt; sie schlüpfte hastig in die staubigen Schuhe, zog den Mantel dichter um sich, und lief ihm nach, tief in den strömenden Regen.

9.)

Durch die schlüpfrigen düsteren Straßen, auf denen breite zitternde Licht-flächen lagen, schoben sich die lachenden und fröhlich hastenden Menschen; an lampigen Fenstern standen schon die Kinder und sahen gespannt in die geschäftige Trübe hinaus. Die Meisten wichen scheu vor der hohen schwarzen Gestalt mit den eckigen wunderlichen Bewegungen aus, und selbst die Lachenden wurden stumm, wenn sie einen Augenblick lang in diese steinern brennenden Augen gesehen hatten.

Der Student lief wie in einem endlos quälenden Traum an trüben Maskenzügen vorbei; über gähnende Plätze, durch ein düsteres Augenmeer; oft trat er gierig lauschend zu einer kleinen Gruppe schwatzender Bürger, als könne er ein rettendes Wort hören. In unzählige Gesichter sah er voll wilder Hoffnung, endlos zogen die harten Augen vorbei. Mit fiebrigem Entzücken lief er durch die verfallenen Häuser der ärmeren Stadtviertel, wo noch Frauen und Männer in den fleckigen schwarzen Hinterhöfen träge und abendschlaff plauderten und schrien. Einmal führte ihn sein Pfad durch einen alten Torweg, in dem ein röt-liches Feuer brannte; der Mann kochte ein dürres Gericht im baumelnden Topfe, an der feuchten Wand schlief eine noch junge Frau mit einem kleinen Kinde. Der Mann fuhr erschreckt auf, und schlug mit dem verbogenen Feuerhaken nach der vorbeischwankenden murmelnden Gestalt, die sich in den dampfenden Dämmerwiesen verlor, welche zum Strom hinunterführten.

Der Boden schwankte und schnalzte unter seinen tappenden Füßen, als er müde die Stirn an den gekrümmten Stamm einer struppigen Weide lehnte. Grau und kalt rann die verschwommene Flut an seinen Füßen vorbei; das Holz war naß und verklammt und über den schmutzigen Wassern standen lautlose Nebelwände. Er schloß höhnisch lachend die Augen, und trank die schlaffe milchige Frostluft mit ekelverzerrtem Munde; der Flußrauch war so dicht geworden, daß er nur noch mit Mühe das karge unfruchtbar schwirrende Röhricht neben sich sah. Er tat einen weiteren Schritt nach vorn und fühlte, wie das gespenstisch wispernde Wasser ihm in die vertragen[en] Schuhe leckte.

Drüben am andren Ufer tauchte aus den ziehenden Schwaden schatten-haft das Dach eines seit Menschengedenken verlassenen Gehöftes auf;

ein Rabe schrie heiser und herrisch mit schlagendem schwarzen Mantelfittich.

Er tat den zweiten Schritt; eiskalt saugten sich die Wellchen in seine Knöchel, und schon war es, als steige und sinke er mit der grauen Flut. Er flüsterte ein paar heisere Worte in die Nebeltücher hinein und warf den Kopf in den Nacken; da sah er, wie drüben aus der stummen Wand mit mächtigen raschen Stößen ein langer schwarzer Nachen schoß, dessen Ferge im weiten fliegenden Mantel wiegend das unsichtbare Wasser schlug.

Dicht neben ihm knirschte der flache Kahn in die Winterrispen, daß unten in der Flut plötzlich viele Stimmen gurgelten, aber sie wurden übertönt von dem schwarzen Piloten, der eilig in die Schattenräume brüllte : »Heran ! Ho, eilt Euch – ! !« Und Öflin sah, wie sich neben ihm aus den grauen Schleiern hastig und zitternd bleiche Gestalten drängten mit Bündeln und Tüchern, die zagend den schwankenden Rand betraten. Ein feister Nebelwisch schwankte herbei und hielt jammernd ein[en] straffen Beutel dem Fährmann hin, der ihn mit wildem Gelächter ins Wasser schleuderte : »Das gilt hier nichts mehr !«, schrie er grinsend, »Komm nur; sonst trifft dich das Ruder –. « » Wirf deinen Pelz in den Strom ! – Und du, Geck, laß das Lächeln –. « »Gib mir die Hand, Mütterchen, und sei angstlos – Ho, du : dürrer Schuft : traf dich endlich das Messer in der Schenke –. « Und wieder erhob er seinen hastigen Schrei : »Eile sich, wer mit will ! – Ho ! – Eile ! ! –«

Der Student schlug die Hand vor die Augen; er rief noch einmal einen Namen; dann breitete er sehnsüchtig die Arme und griff mit hakigen Fingern ins Nichts. Hinter sich hörte er einen hellen Schrei; der Kahn zischte vom Ufer, hinein in die Asphodelosnebel, und Öflin fühlte sich von zwei verzweifelten Händchen zurückgezogen, bis er am Rande eines verschlammten Bruchankers an einer kahlen Hecke in die Knie brach.

Als er wieder aufblickte, sah er neben sich die Kleine knien, die abwechselnd schluchzte und lachte, und immer noch nicht seinen Ärmel frei gab; sie warf die dünnen Ärmchen um ihn, ihn ganz fest zu halten. Er erhob sich und sah gequält und schamvoll über das Kind hinweg; dann versuchte er ihr zuzureden : »Geh nur nach Hause –« bat er mit brüchiger Stimme – »ich komm' gleich nach –« und wollte die haltenden Hände abstreifen, und wieder in die Nebel zurückschreiten, aber er vermochte es nicht. Sie zog ihn ängstlich trippelnd mit sich : »Komm doch –« flehte sie mit rührender Liebe : »nicht wahr, ja : du kommst mit mir –«; und gab nicht Ruhe, bis er ihr, widerwillig und noch nicht gewonnen, folgte. Vor der Stadt blieb er noch einmal stehen : »Es ist doch schon dunkel geworden –« bat er trübe »– ich will niemanden mehr sehen – binde mir ein Tuch um die Augen –«. Und er neigte gramvoll den Kopf, während sie, ihn schmerzlich ansehend, einen Streifen von ihrem Röckchen riß und ihn schweigend um seine Stirn legte. Ehe er die Augen schloß, sah er noch, wie aus dem grauen Winterhimmel ein feiner Schnee zu stieben begann, tanzend und silbern; dann fühlte er ihre kühlen scheu streichelnden Finger an den Schläfen und drückte das Gesicht einen Herzschlag lang hinein. Dann nahm sie ihn rasch bei der Hand und zog ihn flüsternd nach sich.

Er stolperte um Ecken und über holpriges Pflaster, und fühlte wie der lustige Schnee in seinen langen Haaren tanzte; manchmal war es ihm, als kichere die Kleine und rufe selig in das prickelnde Gestiebe hinein, aber immer wähnte er noch den Fluß mahnend und erlösend rauschen, so daß er immer langsamer ausschritt. Endlich stand seine Führerin aufatmend still; er lehnte den Rücken an ein kaltes Gemäuer und wartete stumpf, bis sie ihn die Treppen hinaufgeleiten würde, in das kahle Gemach, wo heut Weihnachtsträume an den Wänden tanzten. Klingelnd öffnete sich eine Tür und er glaubte, viele Stimmen zu vernehmen; verwirrt tat er einen Schritt vor und streifte die Binde zurück.

Er stand vor dem alten hohen Hause in der Holetschkagasse, aus dessen weit geöffneter Tür ein heller Lichtschein fiel, und neben ihm war, immer noch in dem ärmlichen zerschlissenen Kinderkleidchen, Ecila und sah ihn versunken und mit schimmernden Augen an.

Auf der Schwelle stand breitbeinig der alte Professor Rabensteiner und knurrte verlegen und halb gerührt : »Nun da – da kommen Sie nur herein, Öflin – oh, du Ausreißerin ! – und nehmen Sie mir's nicht weiter übel – dachte nur, Sie wären halt auch so ein Menschenwindhund – Nun, hm, ja. – !« Der Student wich langsam und mit fremdem Gesichtsausdruck zurück; dann schüttelte er traurig und stolz den Kopf, und wollte eben beginnen, als sich an dem verdutzten Rure ein winziges Männlein vorbeiarbeitete, mühsam und eifrig die hohen Stufen herunterkletterte und dann, vor Entzücken schluchzend, ein graues Wollmützchen schwenkend, mit beiden Beinchen auf Öflin zurannte. »Ach, Peter – !« schrie er entzückt, »mein Peter –«, und zerrte mit fliegenden Händchen den Studenten an der Schuhschnalle nach dem Hause hin, so daß er, um den Kleinen nicht zu kränken, ihm folgen mußte. Im Hausflur trat Ecila schüchtern vor ihn hin, und als er sie wie träumend in die Arme zog, bettete sie, die Augen schließend, das dunkle Köpfchen an seine Brust. So standen sie lange, bis oben an der Treppenbiegung der Alte diskret und rollend hustete, und hinunterrief : »Kommt doch herauf – ihr werdet Augen machen !«, worauf er händereibend wieder verschwand.

Sie stiegen langsam zusammen die Treppe hinauf, immer wieder stehenbleibend und sich die Hände auf die Schultern legend; dann traten sie scheu und ein wenig verwirrt in das strahlend erleuchtete Zimmer, wo vor einem festlich gedeckten weißen Tisch Liljestraal und Leilemun standen, und auf Fracastjorms kletterten Heile und Tire herum, während Zeydenglantz ihm lächelnd über die Schulter schaute – sie Alle drängten sich lachend und jubelnd um die Beiden, die kaum wußten, wohin sie zuerst schauen sollten, und sich nur fester an den Händen faßten. Gläser klangen, und Silberzeug glänzte auf weißem Damast, und unter dem mächtigen lichterstrahlenden Tannenbaum mitten unter einer prächtigen Kugel, die aus einem einzigen Bergkristall geschliffen sein mußte, saß mit vor Begeisterung überströmenden Augen und zappelnden Beinchen der kleine Tulin, und rief ein über's andere Mal : »– und mir hat er einen ganzen Schuh geschenkt – und da schlaf' ich immer drin – ach – !« Dann kletterte er, während sich Alle an der Tafel niederließen, auf den Tisch, setzte sich mit gefalteten Händchen neben einen roten spiegelnden Apfel und verwandte kein Auge von seinem großen Freunde, trank ihm auch oftmals und heftig aus einer blanken Eichelschale zu.

Und Peter und Ecila sahen sich immer noch wie im Traum lächelnd und verwirrt in die Augen, weißes goldiges Licht gleißte auf dem Tisch, und es war Alles gut. –

Unten auf der Straße schritten mitten in dem schönsten Flockengestöber zwei Männer dem Schein einer Laterne nach. Vor dem Hause blieben sie stehen und sahen lange zu den strahlenden Fenstern auf. »Was meinen Sie, Bonizil –« fragte der Jüngere, »sollte man nicht eine Mandoline zur Hand haben, zu einer wohlgelungenen Serenade ? – Eins, zwei, drei, u-hund vier – Sicher sitzt er doch mit oben – ?« Der Alte strich sich nachdenklich das schmale Kinn : »Wenn man nur wüßte, was dieser – dieser, hm – alles so an Büchern hat –« murmelte er, den Kopf schüttelnd – »aber ich wette, ich krieg' es doch noch einmal heraus –. Kommen Sie nur, Swatek; mir scheint, ich höre wohlgeübte Stimmen Chorus singen. – Und sehen Sie doch : das ganze Haus ist wie versilbert vom lustig stiebenden Schnee – das bedeutet Glück – –.«

Da blies der Wind schelmisch die Laterne des Alten aus; oben traten zwei schlanke Gestalten ans Fenster, und blickten in die tanzende Nacht, wie da hinten, schon weit in der Gasse, in dem eben hervorbrechenden Mondschein gar gravitätisch und eifrig debattierend die zwei Freunde vor ihren langen, närrisch nickenden Schatten herliefen.

DER GARTEN DES HERRN VON ROSENROTH.

Beide traten erstaunt einen Schritt von Christian zurück; endlich faßte sich Wenzel, schob den spitzen Hut mit der schmalen Krempe weit aus der Stirn, und fragte schwach: »Ein – was?!« »Ein Pilz!« wiederholte der junge Mann mit kummervollem Nachdruck und sah die Freunde nickend in wehmütigem Stolze an; dann fuhr er resigniert fort: »– er trägt ja auch auf seinem kalmankenen Röckchen ein gutes Schock eingestickt, rote und gelbe – ach, alle Farben – auf schönem dunkelbraunem Grunde. – Die Mutter scheint eine tüchtige Hausfrau, ja; und die Tochter habe ich noch nicht gesehen. Ich hörte nur, wie der Kleine nach diesem erstaunlichen Ausspruch – also: das Gesicht hättet ihr sehen müssen! Vollkommen ernst und seiner Sache ganz sicher! – Ich habe ja schon oft Kinder gefragt, was sie einmal werden wollten – ach, General und Entdeckungsreisender; Luftschiffer! Ja, der Sohn meiner früheren Wirtin wollte immer nur Konditor werden oder Zuckerbäcker –«, er hob kopfschüttelnd die Augenbrauen und stieß erschöpft die Luft durch die Nase.

Die Freunde schritten verständnisvoll und düster nickend neben ihm her; dann erinnerte Linneweber: »– also was sagte der Kleine – wie hieß er? Puck?–« »Puck von Rosenroth,« bestätigte Christian, »– ach – weiter nichts – was wollte ich denn – ach so, ja: er sagte zum Vater: ich gehe zu Elv in den Garten; damit rutschte er von seinem einbeinigen Stühlchen herunter und spazierte nachdenklich murmelnd zur Tür. Also heißt die Tochter Elv!«

»Wenn es nicht sonst eine Verwandte oder Erzieherin ist,« meinte Wenzel nachdenklich »– aber es ist natürlich das Wahrscheinlichste! –« beeilte er sich hinzuzufügen als er sah, daß Christian entrüstet den Blondkopf herumwarf »– merkwürdiger Name, das! – Elv?!–«

Sie schritten sorgenvoll weiter durch den Schwarm summender promenierender Bürger und bogen in die Friedrichstraße ein, die noch voll heller gelber Abendlichter lag. In dem großen Blumenrondel vor der Postmeisterei balgten sich unbeholfen zwei spielende Hündlein und rochen dann einträchtig an den dicken Tulpenbüscheln, die sich zufrieden in der warmen ziehenden Luft wiegten. »Pst! – der Bürgermeister! –«

machte Wenzel leise und scharf, und die Drei trugen tief die Hüte an dem stattlichen würdevollen Manne vorbei, der flüchtig über seine rot und prächtig geputzte Gattin hinweg blinzelte. Der Kleine nickte ihnen in neidvoller Bewunderung nach : »Ach, weißt du, Christian –« sagte er treuherzig und niedergeschlagen, »nun studieren wir hier schon vier Jahre – ja, gleich vier; Walter kam ja erst später – und wie lange wird mein Riekchen noch warten müssen, ehe ich mal Organist werde – warte, ich muß es gleich notieren : so ein rotes Kleid mit blanken Schnüren werde ich ihr auch einmal kaufen ! –«; er schrieb mit wichtiger und gespannter Miene in ein winziges Heftchen, betrachtete die Eintragung wohlgefällig, und schob es seufzend wieder in die Tasche. Dann sah er ehrfürchtig auf die Rathausuhr, die ihr goldziffriges ungemein eindrucksvolles Gesicht gerade zwischen zwei spitzen Dächern zeigte, und bat den hochgewachsenen Jüngling an seiner Seite : »Du hast doch die Formel, Christian – wie spät mag es denn sein – ?« Der Angeredete sah kurz zu den blitzenden Ziffern hinüber, die in den letzten Sonnenstrahlen gar lustig spiegelten und tanzten, und murmelte vor sich hin : »7 Uhr 48 : weniger 11 sind 37, am Dienstag hat Ole Petersen sie aufgezogen, sind – Sonntag – sind sechs Tage, also zehn dazu – 47 – 47 – 5 Minuten hat er Weg von Seidenschwarzen's Wohnung zurück – ja : 7 Uhr 52 wird es sein. –«

»Kommt ihr da mit ? – Komm nur Walter !« bat der Kleine, »er hat ein prächtiges Fruchteis gestern gemacht – gar nicht teuer – vielleicht bekommt ihr es auch gar umsonst, wenn ich den Strozzimarsch heute viermal spiele – in den Pausen können wir noch ein bißchen erzählen – ja?!« Und ohne eine Antwort abzuwarten zog er sie eilfertig hinter sich her, über den Postplatz weg, in die reiche wimmelnde Müllnerallee hinein.

Die klare Dämmerung brach eben an; auf dem Rasenstreifen in der Mitte tummelten und haschten sich die Kinder, und in den großen spiegelnden Auslagen entzündeten geschickte Hände die hohen teuren Wachslichter und Lampen mit wohlriechendem Öl.

Vom Schützentor her hörte man das Rasseln eines schweren Wagens und munteres Hörnerschmettern; die Kinder stoben hell schreiend und lachend auseinander, und selbst die gesetzteren Herren sahen zufrieden der neuen gelben Postkutsche entgegen, die flink und klappernd heranrollte. »Das ist eine Zeit !«, bemerkte der ängstliche Linneweber entrüstet, »Stellt Euch das einmal vor : 4 Meilen in der Stunde ! Die Landschaft draußen fliegt vorbei; man sieht überhaupt nichts mehr, und wenn einmal bei der höllischen Raserei ein Rad bricht – man darf gar nicht daran – ja, wollen wir denn mit hinein, Christian – ?!«

Sie standen vor einer besonders großen Auslage, die gar drei riesige

Glasscheiben hatte, aus welchen wahre Ströme des schönsten weißen und rötlichen Lichtes wogten.

In der ersten war ein großes, anständig mit Türmchen und Erkern verziertes Schloß aus dem feinsten gelblichen Marzipan ausgeführt. Gewaltig glänzten die düsteren Schokoladefelsen des Untergrundes und im Tale floß schäumend und strudelnd ein glitzernder Strom, dessen tiefgrüne Wellen und köstliches ungemein kühlendes Aroma Kenner sogleich als Waldmeisterbowle ansprachen.

In dem zweiten Fenster sah man eine fast mannshohe von innen erleuchtete rosa Torte mit vielen kunstvoll umlaufenden Ranken und Bildwerken in erhabener Arbeit, deren Hauptstück drei ausnehmend wohl gelungene Mohren in einer Reihe hintereinander darstellte. So geschickt waren vier Spiegel an den Seiten aufgestellt, daß man, hineinblickend, eine solche Menge von Torten wahrnahm, daß die Kinder, die in Haufen die Näschen an das weiche Glas drückten, sich vor Entzücken kaum zu lassen wußten.

In der dritten Auslage standen viele silbern glänzende Becher mit erfrischendem süßem Eis fast zu hoch beladen, mit lässig hineingesteckten einladenden Waffeln darin; gefüllte und gezuckerte Kuchen häuften sich verschwenderisch an den Seiten, und im Hintergrunde des Ladens sah man in einem kleinen prächtigen Saale viele schwatzende Menschen an runden Tischen sitzen und schmausen. Über der breiten geschnitzten Tür stand in schmalen Silberbuchstaben der Name des Besitzers : Ercole Strozzi.

Kaum waren die Drei eingetreten, da schoß auch schon die quecksilbrige kleine Gestalt des Kuchen- und Zuckerkünstlers auf sie zu, und begann mit großen rollenden Augen und bildenden Händchen zu gestikulieren : »oh, signore Franke – musica, musica – spiele sie erst – ah ! – die marcia reale, und, und –.« »Die ‹marcia Strozzi› ? !«, schlug Wenzel verbindlich sich verneigend vor, aber das Männchen mit der zwei Fuß hohen weißen Mütze wirbelte schon vor ihm her zu dem kleinen Klavier, welches auf einem schmalen polierten Podium stand, und schob die beiden Anderen an das schmale Tischchen dahinter – »spiele sie nur – ah – pim, pim, pim –«, noch einmal tippte er mit verzückt geneigtem Köpfchen in die stimmenwirrende Luft, und lief schon wieder geschäftig und hier und da Bestellungen aufnehmend durch die schwatzenden löffelchenklirrenden Reihen.

Christian und Walter drückten sich stumm und ergeben in das halbdunkle Eckchen, von wo aus sie die funkelnde geputzte Menge überschauen konnten, und hörten, wie schräg über ihnen Wenzel rasch und erprobend über die Tasten fuhr; leicht und fein klingelte das Instrument-chen die munteren Marschweisen vor sich hin. Nach einer Weile öffnete sich neben den beiden Freunden ein Laden und eine Hand reichte ihnen drei Gläschen der schönen grünen Limonade heraus. Sie stießen nach-denklich miteinander an und erprobten genießerisch das wundersame Getränk.

Bald darauf zog Walter ein Büchlein aus der Tasche, verstopfte sich, nachdem er sich flüchtig umgesehen hatte, mit den Zeigefingern die Ohren, und begann düster und mit oft schmerzlich sich verziehendem Munde unverständliche Namen vor sich hin zu murmeln.

Nach einer Zeit horchte Christian genauer auf die fremdartigen Worte und stieß den Memorierenden leicht an : »Hör' einmal –, « unterbrach er ihn interessiert »– Amagallis – wie kommst du darauf ? Du, der Verächter der alten chymischen Künste ?« Linneweber zog die Finger aus den roten Ohrmuscheln und sah ihn beleidigt an; dann sagte er erin-nernd : »Ach so ! Ich habe dir ja noch gar nicht erzählt – ach, es ist entsetz-lich ! Denke dir nur : der dürre unheimliche Laborant des Dr. Wilde – ja, der mit dem dicken unförmigen Kopfe ! Du kennst ihn ja auch von Gesicht – also, der benützt nur diese barbarischen verschollenen Benen-nungen ! Quecksilberoxyd nennt er den ‹roten Leuen› – wenn er wenig-stens noch ‹Löwen› sagen wollte; aber nein : Leu ! – Nun stelle dir vor, wenn er am Schmelzofen steht, das Gesicht rot und flackernd von unten beleuchtet, und sein Schatten springt verzerrt und lauernd um ihn herum von einer Wand zur anderen; und dann flüstert er mit boshaftem feier-lichem Lächeln das wirre Zeug ! – Wenn ich es mir nur nicht zu fest ein-präge; sonst sage ich später einmal in der Prüfung beim Bergrat dasselbe – Ach, ich weiß schon jetzt bestimmt, daß ich es sagen werde ! Und alle werden ein Hohngelächter aufschlagen ! –« Dem Unseligen trat der Angstschweiß auf die Stirne, und er griff mechanisch nach dem vor ihm stehenden Gläschen. »Und Wilde ?!« fragte Christian angeregt, »ich weiß auch gar nicht, was du gegen die schönen und phantastischen alten Bezeichnungen hast ?! Es ist letzten Endes doch wohl gleich, wie du deine Simplicia und Komposita bezeichnest, wenn du nur geschickt mit ihnen umzugehen verstehst ! – Ja aber : Wilde. – was sagt er dazu ?!« Der Stu-dent schlug mit der Hand in die Luft : »Er gebraucht Beide ! Zu mir die neuesten; zu dem Anderen –« er kämpfte lange mit sich; sah sich noch einmal um und neigte sich dann flüsternd zu dem Freunde, sprach aber dank seiner Erregung so undeutlich, daß Christian verständnislos den Kopf schüttelte und ziemlich laut zurück fragte : »Was meinst du ?!« Lin-neweber atmete schwer und drückte den Zeigefinger auf die Lippen :

»Sprich doch leise!« zischte er ängstlich; dann beugte er sich noch einmal zum Ohre des gespannt Lauschenden und wisperte : »Er heißt auch gar nicht Wilde!!« »Wieso?!« machte Christian überrascht, »– heißt nicht? – Ja, wie denn?!« »Weiß ich's denn«, lispelte der Andere pikiert, »Jedenfalls redet ihn der Famulus immer unter tiefen Kratzfüßen mit einem anderen Namen an – lan – Malan – Mälan – ? Was weiß ich! –«

»Es kann auch ‹Meerland› sein –«, fügte er nach einer Weile niedergeschlagen hinzu, »ach, Christian, ob es nicht doch vorigen Winter in den Ferien besser war? – Es war ja kalt! Und das Essen – ?!«

»Was meinst du?« fragte Wenzel vergnügt, der sich eben vorsichtig um das Klavierchen herumzwängte und kunstvoll auf der schmalen gerundeten Kante des Podiums Platz nahm, indem er gutmütig lächelnd von Einem zum Anderen blickte, »– aber heiß ist es da oben«, fügte er sich schüttelnd hinzu, »– doch es sieht hübsch aus : die bunten feinen Sachen, und Alles ist aufgeräumt und erzählt. – Wartet einmal : mir ist da ein Thema für meine Sonate –« er grub wieder nach dem kleinen viereckigen Heftchen, zeichnete mit geübter Hand die Notenlinien und trug blitzschnell ein paar dicke Punkte ein. Dann betrachtete er sein Werk mit kritisch vorgeschobenem Unterlippchen und gerunzelter Stirn, machte noch einmal ‹hm› und wurde gleich wieder lebhaft : »Ach vorigen Winter : weißt du noch, Christian?!«, er nickte dem Freunde zutraulich und gerührt zu, »– du hast immer die schönen bunten Vögel geschnitzt, und einmal habe ich zwei Choräle verkaufen können – da hatten wir gleich Holz für die ganze Woche – wie man doch im Leben immer weiter vorwärts kommt! – Denkt Euch : ich habe schon 1 Thaler und 20 Groschen zurücklegen können! Ich werde es wohl bis auf 4 Thaler bringen – wenn nicht gar 5«; er rieb sich die Hände, hob das spitze Näschen hoch in die Luft und lachte dreimal so fein und zufrieden, daß die Freunde sich nickend mit ihm freuten. Doch schon sprang Wenzel entsetzt wieder auf : »Da kommt er schon hinten – der Herkules – müßt ihr gehen? – Also : auf Wiedersehen, Christian – dasselbe, Walter! Wenn wir einmal spaz – da ist er schon!« Er schwang sich behende und kühn auf das drehbare Sesselchen, und schlug wirbelnd in das elfenbeinerne Gewirr der springenden Tasten, während sich die beiden Freunde rasch und geübt durch die Hintertür drückten und aufatmend in den kleinen Hof sprangen.

Indem Christian das Tor öffnete und sie auf die einsamer gewordene Straße traten, hatte Linneweber schon die Hand seines Gefährten ergriffen und schüttelte sie bewegt, wie es seine Art war : »Also, lebe wohl,« sagte er hastig, »um elf Uhr wird die Haustür verschlossen, und der Weg in die Kienbergvorstadt ist noch weit –«, er nickte noch einmal hastig und erschreckt einem artig spazierenden mohrenschwarzen Kätzchen zu, und lief mit langen huschenden Schritten die Allee hinab. Noch aus den Baumreihen hörte Christian ihn verstört ‹merkurium› und ‹oleum veneris› vor sich hinsprechen.

Er kreuzte die Arme über der Brust und schritt sinnend und oft stehen bleibend über die Plätze und durch die kleinen einsamen Gäßchen. Der Mond stand hell und duftig hoch über den Dächern; einzelne Wolken zogen langsam über die fernen Wälder und Täler heran, und als er durch das hallende gewölbte Ölsetor ging, hörte er schon das Flüßlein still und geschäftig in der schönen silbergemusterten Nacht strudeln.

Er setzte sich ein Weilchen auf das niedrige moosige Mäuerlein und sah glücklich lächelnd die Gasse auf und ab. Mancher zierlich geschnörkelte Erker schwebte wie eine hohe verrankte Silbermontgolfière vor den samtschwarzen gezackten Rückwänden; wachsgelber feiner Rauch kletterte krautig aus einem Barockgiebel über dem leise brausenden Wasser, und die großen lustigen Schilder an den Häusern der Handwerker waren wie aus Mondschein geschnitzt, tapfere Stiefelchen und ehrbare Löwen, ja, das Becken des Baders gar hing selbst wie ein schöner leise schaukelnder Mond in seinem Torwinkel. Von fern her kam Lachen und heitere Rufe, und während er noch behutsam mit der Hand über die winzigen kühlen Moosklümpchen strich, hörte er einen leichten aber langsamen Schritt durch das schattige Tor näher kommen. Er rutschte, schier verdrießlich ob der Störung, von seinem glatten Sitz herab, und wollte eben weiter wandern, als er eine feine hohe Stimme seinen Namen rufen hörte.

Aus dem dunklen Torweg schritt gravitätisch eine hohe ungemein hagere Gestalt in den hellsten Mondschein hinaus, in langem grünem Kleide, und trat behutsam auf den erstaunten Studenten zu. »Sieh da ! Herr Wicht !« sprach es gnädig und nickend, und Christian erkannte, ehrerbietig den Hut herabreißend, seinen Brotgeber, Herrn Theodor von Rosenroth, bei dem er erst heute die Hauslehrerstelle angetreten hatte. »Nicht doch ! Nicht doch !« bedeutete jener fast erschreckt, und stützte ihm zutraulich die schmale lange Hand auf die Schulter; dann hob er verzückt das magere spitze Kinn und atmete zärtlich und wie ein Kenner die schattensilbrige Luft ein : »nicht wahr : die ist vom Feinsten – !«, hob er prüfend und weise wieder an : »sehen Sie, Wicht –«, er strich sich langsam mit streichelnden Fingern durch den dünnen spitzen Bart, dessen feine Fäserchen schier grasgrün im Mondschein sich wirrten und schob den glockigen Stachelhut weit in den Nacken – »so war es auch in der blühenden Zeit – trefflich, trefflich !« Er winkte vergnügt in die glitzernden Sternenwelten und irrte schmunzelnd im Gäßchen umher.

»– sehen Sie – die Beiden sind eben doch durch und durch elementarisch und somit gebunden – nein – Beide !«, er schnitt eine überhaupt nicht gemachte Einwendung Christians feierlich ab, »ich habe es am eigenen Leibe erfahren,« er sah wehmütig an sich nieder. »Wicht !« sprach er undeutlich und tiefsinnig, »ich vereidige ihn hiermit auf den grünenden blühenden Mondschein und die Vergeistigung und Erhöhung alles Elementarischen, zumal des Wassers und der seltenen Erden : das ist's ! Das wahre Glück sive Unsterblichkeit ist durch pflanzlichte Eilysiontik; Früchte tragen heißt ja nur weitergeben – : oh, Puck, mein Sohn – wann wirst du endlich emporwollen –« er brach betrübt und kopfschüttelnd ab und hing sich leicht und schwankend in den Arm des erstaunten Studenten.

Der Mond gaukelte kichernd über ihnen her, während sie, oft stehen bleibend, an den kühlen Vorgärtchen vorbeizogen; ein Quellchen klingelte artig in den Mondschein hinaus, seltener blauer Flieder tupfte an ihre Stirnen und wieder neigte sich der Vornehme vertraulich zu dem lauschenden Gefährten : »Sieht er, Wicht,« sprach er langsam, »– das grünt und quillt und wächst – sehen Sie doch, wie jene gläserne Tulpe dort uns neugierig mustert –« er tappte flink an den dünnen geschmiedeten Zaun und rief unverständliche Silben über den stillen mondeinsamen Rasen, daß Christian schier hätte auflachen mögen, aber schon kam der Seltene wieder zurück, »– und da behauptet dieser Mälan, dieses Gebilde der Nacht, dieser ausgebrannte – ach, es ist ja zum Lachen und Erbarmen zugleich –« fuhr er fort, ohne das Aufhorchen seines Begleiters im Geringsten zu beachten, »– halten Sie das für möglich : er leugnet, daß – wie sagt man hier für Vainura – also, auf β-Lyrae sollen keine erkennenden Pflanzen – ich habe ihm schon zweimal die große Flora gezeigt, wo alles haarklein beschrieben ist – daß ihm doch gleich eine Sternschnuppe auf die Nase falle ! –«, so ging es fort und fort in sinnverwirrender Rede, und Christian suchte ihn sanft zu seinem Hause am Roßmarkt zu führen, während die feine Stimme neben ihm weiter gar anmutig in die liebliche Nacht faselte.

Endlich blieb er aufatmend vor dem breiten schönen Hause stehen, und ließ Herrn von Rosenroth ehrerbietig zuerst die Treppe voransteigen, wobei ihm nur bemerkenswert schien, daß überall, wo dessen zierlich wankende Füße sich niedersetzten, ein wundersam schönes, leise nickendes Büschel des feinsten Zittergrases aufschwankte.

Lange und aufmerksam betrachtete er, während die zarte grüne Gestalt vor ihm wunderlich murmelnd und nickend mit dem mächtigen verzierten Schlüssel hantierte, die große rundbogige Tür und ihre kostbaren schmiedeeisernen Beschläge, die Blätter und Rosetten und eingravierten hauchfeinen Gräser. Dann tastete er sich nach einer tiefen Referenz die breite leise knarrende Treppe in sein Dachkämmerchen hinauf, und hörte nur noch, wie unten die Tür leicht und klingend ins Schloß klappte.

2.)

Die Morgensonne schien schon hell in sein Kämmerchen, als er das dünne braune Wämschen vom Nagel nahm und, es erst kritisch wendend, hineinschlüpfte; dann sprang er an das große kristallklare Fenster und betrachtete erstaunt und bewundernd die Vorrichtung, mit deren Hilfe man leicht und mühelos die funkelnden Scheiben schloß und öffnete. Achtsam drehte er die messingnen großknaufigen Wirbel und Häckchen und zog die beiden Flügel weit auf, daß die noch kühlende goldgestreifte Luft erfrischend um ihn herein strömte. Dann lehnte er sich weit hinaus und begann, den ungewöhnlich großen, Duft und Lichtgrün heraufatmenden Garten, den er gestern in der Dämmerung noch gar nicht hatte erkennen können, aufmerksam zu mustern.

Nahe am Hause standen, schnurgerade ausgerichtet, in kleinen trefflich angelegten Beeten die Küchenkräuter und wohlfeile und seltene Gemüsearten, die er beim ersten Blick nicht einmal zu benennen wußte, zierlich gemischt mit artigen hellgrünen Erbschen und schon feuerrot blühenden Bohnen. Dieser kleine Raum wurde umzogen von einer Reihe leise wogender hoher Büsche, die lieblich und scheinbar wild gemischt durcheinander flüsterten und die schönste natürliche Wiesen-, Wald- und Parklandschaft begrenzten. Hohe alte Baumgruppen rauschten sinnend um einen winzigen umbüschten und schilfigen Teich; eine kleine Kastanienallee mündete in einen kaum sichtbaren Wiesenpfad, der sich bald in den duftenden stillen Kräutern und Gräsern verlor. Zur Rechten zogen sich an einem leichten gefälligen Drahtzaun, den Buschwindröschen und Hagebutten durchflochten, kleine runde Blumenfelder entlang; Phlox und feinzausige aromatische Nelken, Gladiolen, träumender lappiger Mohn und einfache Ringelrosen; auch sproßten für den Herbst schon starkgliedrige Dahlien und Astern, über dem Veilchenhügel zitterte frisches blaues Licht, und wieder folgten gläserne Tulpen und zerschlissene vornehme Hyazinthen, bis zu einer hohen reinlichen Laube, die aus roten und weißen seidenhäutigen Hölzern geflochten schien. Dicht am Hause standen mit glänzenden Blättern Fruchtbäumchen, Bienen hantierten

brummend im Obstspalier und die Glasdächer zweier winziger Treib-
beetchen blinkten blendend herauf.

Was jedoch seine Bewunderung am meisten erregte, war die Menge
der überall schier unglaublich wogenden und bebenden Zittergräser, die
er noch niemals in solcher Fülle und Vollendung gesehen zu haben vermeinte. Die ganze weite Wiese in der Mitte , bis zu dem lautlos blitzenden
Bächlein in der Ferne, welches die Grenze des Gartens bildete, war ein
einziges zierlich nickendes Meer von Rispen und Dolden und feinsten
Ährchen, über denen unzählige Schmetterlinge durch Baumschatten und
Licht gaukelten. Um die Stämme und Wurzeln der Birken und Kastanien
und Buchen flüsterte es neigend und wallend, zwischen den Blumen
stand es fein und gereckt und selbst um einen dicken Kürbis im Gemüse-
garten tuschelten erstaunt und kopfschüttelnd fünf ungemein große
überschlanke Halme.

Allmählich verstummte der leichte Morgenwind in der höher steigenden Sonne; das Wiesenmeer stand unbeweglich in der schon zitternden und wallenden Luft, und noch immer konnte Christian sich von dem
Anblick der lieblichen Pflanzen nicht losreißen; endlich wandte er sich
gewaltsam, sah sich noch einmal in dem Zimmer um, welches er nun
wahrscheinlich längere Zeit bewohnen würde, den schmalen niedrigen
Schrank, das leichte braune Bett, den runden Tisch mit dem hohen dünnen Stühlchen davor, rückte noch einmal seine wenigen Bücher zurecht,
legte das winzige Fernrohr regelmäßig davor, und sprang dann über den
lichten Dachboden die weit geschwungene breite Treppe hinab.

Vor der Tür zupfte er noch einmal sein dünnes Wams zurecht, atmete
tief ein und aus, und trat, nachdem sein Anklopfen durch ein freundliches
‹Herein› beantwortet worden war, mit einer tiefen bescheidenen Verneigung in das fast saalartig große Zimmer.

An dem mächtigen Schreib- und Arbeitstisch, vor den beiden gardi-
nenumhangenen Fensterln die auf den Roßmarkt führten, saß Herr von
Rosenroth in einem langen luftigen Hauskleide aus mattgrünem Stoff,
wie überhaupt Grün seine Lieblingsfarbe zu sein schien; denn die breiten
vornehmen Möbel waren mit grünem schön blättrig gemustertem Rips
überzogen, der größte Teil der in schier unabsehbarer Menge vorhandenen Bücher aller Formate war in grünes feines Leder gebunden, ja, selbst
seine dünnen spitzen Schuhe waren sorgfältig aus einem smaragdenen
kostbaren Stoffe gearbeitet.

Er steckte die lange versonnene Nase in ein vor ihm stehendes Töpfchen der reichsten Zittergräser, schloß lächelnd und nickend die Augen
und reichte dann, die Radiernadel zur Seite legend, dem Studenten leut-

selig die schmalen mondbleichen Finger. »Ah –« sprach er hell und klingend, »ah –«; dann ergriff er schon wieder die lange Stahlnadel und grub geschickt eine scharfe gezackte Linie in die zarte rot durchscheinende Wachshaut über der Kupferplatte.

Während Christian noch stand und wartete, schob sich die hohe und breite goldverzierte zweite Tür des Zimmers weit auf, und, beide Händchen entschlossen auf dem Rücken gefaltet, stapfte die kleine stämmige Gestalt des fünfjährigen Puck zur Unterrichtsstunde herein.

Herr von Rosenroth hatte kaum seinen Sohn erblickt, als er mit schmerzlichem Zucken die Rechte sinken ließ und wehmütig : »– Mein Sohn – !« rief. »– Mein Vater – ? !«, entgegnete der Kleine grüßend aber fest und verneigte sich artig und fragend vor dem Rohrsessel des Alten. »Mein Sohn –« begann dieser wieder nach einer großen Pause, »– mein Sohn – kannst du nicht wenigstens einmal dieses braune Gewand ablegen und dich in blankes würdiges Grün kleiden – oh – wie wohl würde diesem Haupte der schmückende Stachelhut lassen; vielleicht sähe ich bald das ehrende Veilchen oder gar die auszeichnende Distel ihn zieren – oh, mein Sohn ! –«, trotz des klagenden Tones konnte Herr von Rosenroth es aber dennoch nicht unterlassen, mit wohlgefälligem Nicken das schlichte braune Haar des derben Kleinen zu streicheln. »Nein, mein Vater –«, hub Puck entschlossen an, »es ist mir nicht mehr möglich Sinn und Kleidung zu ändern. Nach anderen Ehren steht mein Trachten; wohl klingt auch mir des Ruhmes lockender Silberton in das höher schlagende Herz – : möge das sinnende Grundgeflecht – –«. »Mein Sohn ! –« rief der Alte mit erschöpft abwehrenden Händen, flüsterte aber dem verwirrten Christian doch stolz ins Ohr : »– unter uns gesagt : es sind gewaltige Gesellen ! – Gehen Sie nur einmal ans Treibhaus, aber so, daß er sie nicht bemerkt; die linke obere Ecke vor allem – !« Er nickte schmunzelnd vor sich hin, wandte sich aber dann wieder zu dem wartenden Kleinen, den er mit ernster Miene und bitter bebendem Kinn fragte : »Mein Sohn – vergißt du auch der gelbblühenden Kürbisse nicht und der mächtigen Gurken – ? – – Mein letzter Versuch, ihn vielleicht doch noch umzustimmen – !«, raunte er zu Christian empor, und richtete dann das große helle Auge bittend wieder auf den Sohn, der bedächtig nickte : »Nicht ich, mein Vater !« entgegnete er mit leuchtendem Blick, »ich pflege und warte ihrer mit unermüdlichem Fleiße – und bitte nur um eine Gunst –« Er sah den Alten fragend an, der gewährend den schmalen geistreichen Kopf neigte und lauschend das Ohr senkte – »Ha, mein Vater,« fuhr der Kleine mit begeistert glühenden Wangen fort, »wenn es mir gelänge – doch nein, schweig noch, süß ahnender Gedanke – nahet Euch, oh Vater, nur einen Mondlauf lang nicht den eben genannten Gewächsen – und euer Staunen, ja vielleicht gar Eure Anerkennung – oh, möchten glimmender Mond und nährende Erde und sickerndes Wasser diesen noch unerfahrenen Händen behilflich sein –.« »Mein Sohn – !« rief der Alte und schloß den Kleinen gerührt in die dünnen langen Arme. »Ha, daran erkenne ich den klärenden, die Elemente vergeistigenden Gedanken – Es sei ! – ich vertraue dir viel an –« fuhr er gefaßter und ruhiger fort, »du weißt, deine Mutter verlangt noch vor Einbruch des grauenden Herbstes manches Brett in der Kammer gefüllt zu sehen mit der gewaltigsten Frucht unserer Zonen – Aber es sei !« »Mein Vater,« entgegnete der Kleine voll hohen Stolzes, »– eher möge mir das sinnende Grundgeflecht – –«; der Alte fuhr auf : »Mein Sohn – !« rief er abwehrend und in sanftem Zürnen; dann nahm er seufzend wieder den Grabstichel und deutete in die andere Ecke des hohen Raumes, wo zwei Sessel und ein schicklicher Tisch schon bereit standen, »– beginnen Sie nun mit dem Unterricht, Herr Wicht – ein Jugendbild, wie Sie sehen –«, deutete er erklärend und Christians Blick folgend auf einen kolorierten Kupferstich in schlichtem schwarzem Rahmen, ein Rasenstück mit einem so fein gefiederten und zierlichen Zittergras darstellend, daß man kaum von einer Meisterhand diese feinen Linien und blühenden Farben sich hätte gezogen denken können.

Christian von dem eben gehörten unverständlichen Gespräch noch völlig verwirrt, sank in den Sessel und starrte den merkwürdigen Kleinen unverwandt mit abwesendem Blick an, den dieser eine Zeitlang gleichmütig aushielt, endlich aber brummend mit den Beinchen zu schlenkern begann, daß der junge Student auffuhr und sich erwachend zurechtsetzte. Er begann sogleich, durch knappe treffende Fragen sich ein Bild von den Kenntnissen seines künftigen Schülers zu machen, die er auf manchen Gebieten, zumal denen des Pflanzen- und Tierlebens tiefgründig und gelehrt, weit über sein eigenes Wissen hinausreichend befand. Daneben aber traf er, oft in den einfachsten Dingen, auf unerklärliche Lücken, und beschloß zunächst alte Sprachen, Latein und Griechisch, auf ausdrücklichen Wunsch des Kleinen auch Hebräisch – wegen der kabbalistischen Arbeiten seines berühmten Urahns, des Herrn Knorr von Rosenroth, wie er erläuternd hinzufügte – daneben aber auch fleißig Astronomie und Mathematik zu pflegen. Er bemerkte mit immer größer werdendem Staunen die tiefen sonderbaren Anlagen des Kleinen, der mit scharfem Geiste eine hohe und nachdenkliche Phantasie zu verbinden schien. Herr Theodor nickte oft wohlgefällig in das Zwiegespräch der Beiden hinein, und rief nur einmal mahnend, als Puck sich eben in wohlgesetzter Rede im Allgemeinen mit dem vorgesehenen Studienplane einverstanden erklärt, jedoch betont hatte, daß er mit allen Modetheorien und anderen Narrenspossen der Menschen nichts zu tun haben wolle : »– Puck, mein Sohn – ?!« »Mein Vater ! ?«, brummte der Kleine trutzig; ließ sich jedoch aufmerksam in die ersten Geheimnisse der Kreisberechnung einführen, einen Stoff, der ihn mit besonderem Interesse zu erfüllen schien; auch nickte er zustimmend, als Christian demonstrierend auf ihren runden ein- beinigen Tisch hinwies; »Manches ist doch mit vielem Glück der Pilzwelt nachgebildet –« bemerkte er wohlgefällig und lauschte weiter gespannt den Ausführungen des Lehrers.

Nach etwa einer Stunde hielt Christian es für angezeigt, eine kleine Pause einzuschieben, um dann zu dem nächsten Stoff überzugehen. So lehnten sie sich ein Weilchen zurück und musterten einander zufrieden, während Christian rasch im Geiste das kommende Unterrichtsgebiet wählte und ordnete, und der Kleine ein neues Heftchen vor sich hinlegte, um sich seine Notizen selbst aufzuzeichnen.

Eben, als der Student wieder zu beginnen dachte, öffnete sich noch einmal die Tür des Nebenzimmers, und ein junges Mädchen in einfachem weißem Kleidchen trat leicht und schön über die Schwelle, blieb aber sofort stehen und sah den Unbekannten mit dunklen ernsthaften Augen an. Herr von Rosenroth war, sich geräuschlos umwendend, aufgestanden und trat auf den sich verwirrt verneigenden Christian zu : »meine Toch- ter, Elv –« sagte er leichthin, und zu dem Mädchen gewandt »– Herr Christian Wicht – unser neuer Hauslehrer –«. Der junge Mann beugte sich verstört über die kleine kühle Hand und empfand, sich wieder auf- richtend, ihren prüfenden gleichmütigen Blick, sah einen Herzschlag lang in ein blasses, ebenmäßiges, von dunklen Haaren umrahmtes Gesicht, machte noch einen unbeholfenen bittenden Kratzfuß, und schlich in sei- nen Sessel zurück, der ihm gleich darauf bald zu eng oder zu niedrig oder gar schief erschien, so daß er mit seinen langen Gliedern nicht wußte wohin.

Das Mädchen war unterdessen zum Stuhle des Vaters getreten und beugte sich über dessen Arbeit : »schon die 441. Platte«, fragte sie erstaunt und anerkennend, so daß Herr von Rosenroth sich erfreut und mit feinem Kichern die Hände rieb. »Gewiß,« sagte er würdig und zufrieden, »wir werden bald den nächsten Band heften und binden können – ordne doch einmal die Blätter dort, Elv – oder hast du keine Zeit –«, er brach ab und sah sie fragend an, aber sie stand schon vor dem Stoß der mit einer wirren zierlichen Handschrift bedeckten Bogen und zog sich leise ein Stühlchen heran.

Christian hatte beschlossen, zunächst zur Auflockerung des Sprachgefühls die älteren Formen der deutschen Sprache zu behandeln, und war bald mitten in den schönen echt poetischen Gedichten jener ersten großen Epoche. Er schilderte die Jugend Parzivals in der grünen wehenden Einsamkeit, den murmelnden Bach und die tiefen rauschenden Wälder, die weiten nebligen Wiesen zur Mondzeit, und vergaß im begeisterten Sprechen schier die Stunden.

Erst als er bei zufälligem Umherschauen gewahrte, daß Herr von Rosenroth sich aufmerksam in seinem Sessel zu ihm gedreht hatte, und angeregt lauschte, brach er auf's Höchste verlegen ab, und errötete wie ein Knabe ob seines unziemlichen Eifers. Auch das junge Mädchen neigte wieder hastig den Kopf und hob scheinbar durch nichts unterbrochen achtsam mit beiden Händen weiter die krausen Blätter.

Der Alte nickte langsam und freundlich dem jungen Studenten zu, und der Kleine schwärmte mit leuchtenden Augen, er habe sich recht hineingelebt und könne es sich zu schön vorstellen, wie der Knabe durch Wald und Dickicht geschweift sei, und seiner Mutter gewiß stets die schönsten Pilze – »Mein Sohn – !« rief der Alte schmerzlich verweisend, fügte aber sogleich gütig hinzu : auch er habe sich an den Bildern der weiten mondigen Wiesen mit ihren unendlichen Zittergräsern recht gelabt – ja, er sei schier an die schönsten Zeiten seines Daseins erinnert worden. – Er erhob sich und verfiel auf einen Augenblick in tiefes Nachdenken; dann wandte er sich lebhaft an Christian und sagte verbindlich : »Den Mittag pflegen wir meist – wie auch den Abend und einen Teil der Nacht – im Garten zu verbringen; Sie kommen doch auch – –; nein, nicht doch !« wehrte er den gestammelten Dank des jungen Mannes ab, »– ich habe Ihnen mit Vergnügen gelauscht; wirklich ! – Vielleicht – es wäre ja nicht der erste Fall –«, murmelte er, Christian angespannt musternd, »ja; und am Nachmittag – hm – ja, kommen Sie doch einmal zu dem Unterricht, den ich meinem Sohn zu erteilen pflege. Ich bin überzeugt, Sie werden mit Nutzen daran teilnehmen – !«

Er nickte noch einmal verabschiedend, und Christian sah beim Verlassen des Zimmers nur noch, wie er eifrig mit Elv etwas besprechen mochte, während der Kleine sich mit seinen Heftchen belud und, ein Händchen in der tiefen Tasche, gravitätisch durch die offene Tür des Speisezimmers spazierte.

Noch blieb er unentschlossen vor der Haustür stehen, und sah, mit sich kämpfend, über den leeren mittagsheißen Roßmarkt. Die meisten Fenster waren geschlossen oder mit starren weißen Leinentüchern verhangen, um die grelle Hitze abzuwehren; kein Mensch war in dem flimmernden Lichte zu sehen, nur der Brunnen schoß seine heißen Silbergirlanden in die stille Goldglut.

Noch einmal zählte er mit der Hand in der Tasche die wenigen Münzen, dann eilte er rasch die sechs breiten Stufen hinab, überquerte in hastigen Sprüngen den Markt und trat, wie um sich keine Zeit zu nochmaliger Besinnung zu lassen, in das Lädchen des Buchhändlers, der nickend hinter dem schmalen Verkaufstische saß, und den jungen Mann unbeteiligt und blinzelnd anhörte. Dann stand er ächzend und schwerfällig auf, holte den angezeigten abgegriffenen bräunlichen Pappband aus der kleinen staubigen Auslage, strich gleichmütig die wichtig aufgezählten fünf Silbergroschen ein und sank wieder in behaglichen Halbschlummer.

Christian eilte lautlos ins Freie, als fürchte er, den Alten könne der Handel noch reuen, und trat aufatmend, das Bändchen noch behutsam in beiden Händen, wieder in die kühlenden Schatten des rosenrothschen Hauses. Einen Augenblick zögerte er, ob er nicht erst hinaufspringen und den Schatz bergen solle, aber er fürchtete bereits zu spät zu kommen, und öffnete entschlossen die aus farbigen Gläsern gebildete Hintertür.

Er schloß geblendet die Augen, als er langsam über die flache, lautlos glimmende Steinstufe ging und aus der hellen strahlenden Hauswand trat. Der Sonnenschein spiegelte gedämpft von den breiten grünen Blättern der Rüben und Gurken; er schritt rasch hindurch, den engen kiesbestreuten Mittelweg entlang, und blieb gleich hinter der Hecke wieder suchend stehen.

Die Luft stand unbeweglich wie ein Glas über der großen, heiße unsichtbare Düfte aushauchenden Wiese; über den starren Gräsern lag es wie durchsichtige bläuliche Glut, kein Vogel zog Kreise über der lieblichen Wildnis, nur einzelne stählern schillernde Fliegen hingen unbeweglich mit einförmigem hohem Summen mitten in der heißesten Sonne.

Zaghaft tat er einige Schritte in die biegsamen kniehohen Halme hinein, die unter seinem leichten Fuß verschlafen zu wispern begannen, blieb aber gleich wieder lauschend stehen.

Dicht vor ihm hob ein süßes eintöniges Flöten an, das wie ein dünner glitzernder Faden hoch in die unendliche Bläue zog, und er sah, unhörbar näher schreitend, Herrn von Rosenroth, der behaglich auf dem Rücken mitten in den blühenden Zittergräsern lag. So leicht und anmutig schien die hagere wunderliche Gestalt mit gewinkelten Beinen zu ruhen, daß die zierlichen Halme ihn schier wie ein federndes grünes Bett trugen.

Er winkte mit behaglich halbgeschlossenen Augen den jungen Mann an seine Seite, »Ah, welche Stille«, sprach er, schläfrig die Rohrflöte leicht von den Lippen hebend, »– jetzt sich wiegen können, wie der Wind will, träumend und ganz man selbst –.« Er streifte selig und müde atmend seinem Lieblingshalm hauchfein über das unbewegliche Köpfchen, führte wieder graziös das feine schimmernde Flötenrohr zum leichtgespitzten Munde, und schien binnen kurzer Zeit die ganze Welt vergessen zu haben, so daß Christian sich geräuschlos aufzurichten wagte und sich umsah.

Drüben, am Fuße einer hohen weißkerzigen Kastanie saß Fräulein Elv neben ein paar artigen Gänseblümchen und las angestrengt, die feine Stirn leicht gefaltet und manchmal die Lippen bewegend, in einem dikken Buche; nur zuweilen vernahm man, wie sie behutsam eine Seite umschlug und wieder die Hände um die Knie faltete.

Sonst war es ganz still; nur nahe am Hause hörte man den Kleinen brummend in den Pilzbeeten schaffen; leise klappten die dicken Glasdächlein der Treibhäuser und einmal schien der Kies schläfrig zu knirschen.

Der junge Student erhob sich, ein wenig taumelnd von der ungewohnten starken Sonnenglut und der süßen duftenden Blauluft, und ging in einem seltenen verlorenen Glücksgefühl den kleinen Weg zurück zu seinem Schüler, der sich soeben zufrieden vom Rande des Glasbeetchens aufrichtete und zu den Kürbissen nebenan stapfte. Als er den Lehrer erkannte, nickte er ihm schweigend und geschäftig zu, und Christian sah mit Erstaunen, wie er mit sorgsamem Pusten ein winziges flaches Wägelchen, welches mit ungemeinem Geschick unter einen großen gelben Kürbis geschoben war, daß dieser nicht auf der Erde Schaden nehme, ergriff, und die gar stattliche Frucht recht in die Sonne fuhr. Erst jetzt, beim näheren Hinsehen, erkannte der Student, daß auch die benachbarten minderen Brüderchen und Gurken auf schicklichen kreisrunden oder länglichen Brettchen und Rosten mit Rollen darunter lagen, und beobachtete gespannt den scharfsinnigen Kleinen, wie er, oft und gewichtig prüfend nach oben blickend, die mächtigen Früchte ausrichtete, daß die nahrhaften reinlichen Säfte recht steigen und kochen möchten. Dann holte der flink tappende Gartenfreund aus einem kleinen Verschlage am Zaune zwei dicke tüchtige Tücher und ein Fläschchen mit blankem duftendem Öl, träufelte was Weniges davon auf seinen besonderen Freund, den großen Gelben, und begann ihn eifrig zu putzen und trefflich zu reiben, daß die harte gewölbte Schale bald vor allen anderen funkelte.

Christian hatte sich dicht zu ihm niedergekauert, und flüsterte fragend und mit dem Finger weisend, ob nicht eine vollkommen runde Form dieser, doch an einem Ende schmalen und länglichen, vorzuziehen sei? Der Kleine sah langsam auf den Frager; dann legte er in stillem Triumph den Finger auf die Lippen und rieb weiter mit seinem Tüchlein, sprang aber plötzlich auf und trippelte hastig ins Haus.

Auf dem Kies knirschten leichte näher kommende Schritte; Christian hob sich federnd und wandte den Kopf, glitt aber bei der hastigen Bewegung aus und fiel derb aufs Knie, gerade als Elv nahe aus der blühenden Hecke trat.

»Pautz!«, sagte ein trutziges Stimmchen hinter ihm und neben seiner Rechten kicherte es so belustigt und vögelchenfein, daß er sich beschämt und tödlich verlegen umschaute; aber er mußte sich wohl geirrt haben; denn er sah nur den unsäglichen Sonnenglanz auf den kleinen Glasfensterchen, und einen stattlichen braunen Steinpilz, der breitspurig neben einem förmlichen Gewimmel der artigsten Gelbschwämmchen stand, die man sich nur denken konnte.

Das Mädchen war erschreckt stehengeblieben; so daß ihm der schwerfällige dicke Band entglitt und sich unbeholfen im weichen Grase umher wälzte, aber Christian war schon herbeigesprungen, hob das Buch sorgsam auf und reichte es ihr mit einer schüchternen Verneigung hin. Nicht vermeiden konnte er jedoch, daß sein Blick auf die sich öffnende Titelseite fiel, und er den Namen ‹Parzival› las.

Das Mädchen nahm wortlos und ertappt errötend das Buch entgegen; dann warf sie stolz das Köpfchen und sagte trotzig: »Ich habe es – schon früher gelesen. Ja! Aber es gefällt mir nicht; es – es ist langweilig!–« Er sah sie verstört und völlig verschüchtert an und stammelte nur ein paar ärmliche Worte, »ach« und »darf ich Ihnen das Buch tragen?!« Sie hob entrüstet die feinen Augenbrauen und sagte kühl und abwehrend: »Bitte!«; dann ging sie rasch voraus. Im Hausflur wagte er noch einmal zu fragen: »– ist es mittelhochdeutscher Text,« und wartete ängstlich auf die Antwort; sie zögerte ein bißchen, dann sagte sie kalt: »Ja! – Danke! – Legen Sie das Buch bitte auf den Spiegeltisch – dort!«, fügte sie so hinzu, daß er Ungeduld und ein wenig Verächtlichkeit heraus hören sollte. Er tat es, und legte das Buch mit bebenden Händen unbeholfen auf das zierliche Gerät im Flur; noch einmal hob er das Gesicht und sah, nun ruhig, an ihr vorbei auf die matt silberne rankenschimmernde Tapete neben dem hohen weißen Türrahmen. Sein Mund öffnete sich ein wenig mit leicht zitternden Lippen, als wollte er noch einmal sprechen; mit schnell gleitendem Blick sah sie über die hohe Gestalt in der armseligen Gewandung, das fremd werdende Gesicht, die still und kühl sich entfernenden Augen und den seltsam verstummenden Mund. Er verneigte sich noch einmal, ungeübt und langsam; dann ging er mit langen einförmigen Schritten und gesenktem Kopfe davon, wie ein Wanderer, der in graue gewohnte Nebel eintaucht, auf einer endlosen regnerischen Straße.

Er dachte mit kaltem sonderbarem Interesse, was wohl in dem großen braunen Pappbande stehen würde – ganz genau konnte er ihn sich vorstellen, mit den abgeschabten Ecken und dem eingerissenen Titel ‹Berliner astronomisches Jahrbuch oder Ephemeriden für das Jahr 1807›. Schon als Kind hatte er bei Kränkungen und Schmähungen diese seltsame Erkältung seines Inneren gespürt, und oft war er teilnahmslos durch die Reihen der höhnenden Schulkameraden geschritten, während gleichzeitig in seiner sich spaltenden Seele ein interessierter Beobachter zu murmeln begann : »sieh da : das trifft mich noch; und wie alle Augen so merkwürdig und grausam Haß funkeln, als trügen sie Eiszapfen in den Höhlen; die Mauer ist doch auch eigentümlich grau heut' –«, während er sich in immer tiefere innere Bilder verlor, Wielands Aristipp oder andere Lieblingsbücher.

Er fuhr aus den gleichgültigen panzernden Gedanken auf, als er, da er nicht mehr auf den Weg geachtet hatte, in der großen Halle stand, und Herrn von Rosenroth hinter sich rufen hörte. Sogleich wandte er sich in williger und verbindlicher Kälte um, und trat, zusammen mit Puck, der eben von oben herab kam, wieder in das Arbeitszimmer von heute morgen.

Der große Tisch am Fenster war fast leer und auf der erwartungsvollen Fläche lagen nur ein paar nadelfeine Instrumente und geschliffene Gläser neben einigen dünnen länglichen Fläschchen, die mit verschiedenfarbigen Flüssigkeiten und Essenzen gefüllt waren. Einen Augenblick sah der Alte den jungen Studenten befremdet an, aber er lächelte sogleich wieder vergnügt und gütig und schritt händereibend auf das schmale polierte Wandschränkchen neben dem Fenster zu, welches er geschickt öffnete und einen kleinen einfachen Blumentopf herausnahm, in welchem ein paar schüchterne Veilchen neben drei großen schönen Zittergräsern standen.

»Puck, mein Sohn – !« rief er stolz, indem er das in feuchte seidene Tücher gehüllte Töpfchen achtsam mitten auf den Tisch stellte, »nun – gib unserem – Gast«, sagte er, artig zu Christian gewandt, der sich mit starrem Gesicht verneigte, »– hm – dein Urteil über diesen Fall zu hören – ?!«, und schmiegte sich vornehm und gespannt in seinen Rohrstuhl.

Der Kleine kletterte umsichtig auf ein Holzbänkchen, welches er unter dem Arm heranschleppte, und betrachtete lange und nickend die zwei dünnen blauen Blümchen, ergriff auch prüfend eines der blanken Stäbchen, hielt es leicht an ein Blättchen und las brummend eine Zahl ab, nahm eins der gewölbten farbigen Gläser vor's Auge und versank dann eine Weile in tiefes Sinnen.

Endlich schob er abschließend das Unterlippchen vor, brummte noch einmal putzig und sprach : »Ist es vergönnt, mein Vater –«, und fuhr auf eine einladende Handbewegung des Alten also fort :

»Die Verletzung ist leicht – ein schwaches heilsames Fieber, aber bereits gedämpft und gelindert durch die wohltätige Einwirkung der höchst geschickt und umsichtig aufgestellten schützenden Zittergräser – in wenigen Tagen müßte eine vollständige Herstellung möglich sein ! Ich schlage vor : – einen tüchtigen Verband – Seidenbast wohl am besten oder gesponnenes Mondlicht. – leichtes süßes Wasser zur Nacht, gehörig abgekühlt – noch heute ein Stündchen Geschwätz mit dem Abendwind : das macht gute Träume – ab morgen täglich Morgensonne – und nach drei Tagen achtsame Rückpflanzung auf's Beet – vielleicht wäre schicklich in den ersten Nächten ein Grasgeistchen zu bitten, das allzu eifrige Käfer abwehrt –« er sah noch einmal tiefsinnig in das Töpfchen und wandte sich dann erwartungsvoll dem Vater zu, der mehreremale lebhaft nickte und sich nun würdig erhob.

»Sehen Sie, Herr Wicht,« sprach er, Christian leicht heranwinkend, »ein Stück des Laubblattes hier ist zerissen; schon gestern, als ich morgens aus dem Fenster sah, fiel es mir auf, daß Wexle gar ängstlich drein zu schauen schien : ich eilte hinab und erfuhr bald von den umwohnenden Zittergräsern die ganze Geschichte –«, er brach finster ab und fuhr fort : »– nun, das mag Puck erledigen –«; der Kleine ballte die Fäuste und schnaufte bestätigend und entrüstet.

In diesem Augenblick hörte man Stimmen auf dem Flur, die Tür öffnete sich noch einmal, und herein trat Elv, gefolgt von einem mittelgroßen Manne in grauem langem Übermantel. Sein Gesicht konnte man nicht erkennen, da er gebückt an einem starken gläsernen Spazierstock mit rötlich funkelndem Knaufe ging; auch war sein wallendes Haar schneeweiß, aber der Schritt kräftig und tönend, als er, eine Hand auf dem Rücken, an den Tisch herantrat. Er hob rasch und grämlich den breiten Kopf mit dem schmalen gepreßten Mund und den großen düster funkelnden Augen, stieß den Stock hart auf den Boden und sprach scharf und hallend : »ah – bei der Arbeit ? !« und schüttelte Herrn von Rosenroth vertraulich die Hand.

Dann schritt er zu Puck, der ihm vergnügt ein derbes Fäustchen entgegenstreckte, knurrte wohlgefällig : »nun – nun«, und schlug dem Kleinen wacker auf die Schulter. Noch einmal sah er durch den Raum, hob überrascht das Kinn, und machte noch einmal, Christian mit den hellen Augen scharf und neugierig ansehend »– ah !«

Der Student trat ehrerbietig auf den Alten zu, murmelte etwas von »Diener« – »Dr. Wilde« und »Ehre«, und ging wieder bescheiden zurück. Doch er wurde nicht aus den Augen gelassen; wieder stieß der Stock klirrend auf den Boden und die unerbittliche Stimme fragte hell und schwingungslos : »nun – Wicht – schon gelernt – ? !«

»Ich bin gerade dabei, Herr Doktor,« antwortete Christian ruhig, »auch bitte ich, vielleicht später bei Gelegenheit eine Frage vorbringen zu dürfen – ?«

Eine Wolke zog über das bärbeißige Gesicht des Greises und er wandte sich verdrießlich an Herrn Theodor : »ist nicht recht –« knurrte er mäßig, »zeigt ihm getrost – kein Hase wie der Linneweber – nur zu !« Damit setzte er sich in einen Stuhl neben den Tisch, stützte sich mit beiden Händen auf den Stockknopf und folgte wohlgefällig Elv mit den Blicken, die leicht und kühl zur Tür hinaus ging.

Puck hatte unterdessen bedächtig und mit ungemeiner Geschicklichkeit dem ängstlichen Pflänzchen einen hauchdünnen winzigen Verband angelegt, den man aber auf dem kranken grünen Blättchen gar nicht mehr wahrnehmen konnte. Nun gab er noch ein Tröpfchen süßen Morgentaus in den leise atmenden Kelch, nahm das Töpflein vorsichtig in beide Fäustchen, und trug es nach eingeholter Erlaubnis stolz auf sein Zimmerchen; noch von draußen hörten die Drei ihn leise schwatzend und brummend auf der Treppe emporklaspern.

Plötzlich fuhr Christians gedankenloser Blick von der Tür vor dem Schmettern des aufdröhnenden Stabes, und der Alte knurrte scharf : »nun – Wicht ! – Fragen ! ?«; aber der Student hatte sich schon wieder gesammelt und antwortete ruhig : »Herr Doktor wissen ja, daß ich zuerst in Halle studiert habe –«, er machte eine Pause; da aber keine Unterbrechung erfolgte, fuhr er fort : »– Dort lehrte zuweilen Domänendirektor Leysser Mineralogie; das heißt : man mußte ihn in den Bergwerken aufsuchen, und auch dann sprach er noch ungern aber belehrend. –« Das Auge des Alten blinkte boshaft auf, aber noch schwieg er lauernd, und Christian hob wieder an : »Leyssers Gattin war eine geborene Reussing –.«

»Weiß schon –« kam es grell aus dem Sessel, »– und ? !« Der Student hob den Kopf und sah still und fremd nach der Tür des Zimmers, als spräche er mit den Wänden : »ist eine solche Transmutation möglich –.«

In die Stirn des Alten hatten sich zwei grausame Falten gegraben, und sein Lachen fuhr ihm wie ein Speer aus dem schmalen Munde; die gebeugte Gestalt wuchs an dem donnernden Stabe auf und stapfte schwer auf den wartenden Jüngling zu, der verloren und kühl in das breite eisig höhnende Gesicht sah. »Reich werden – Wicht – wie ? – Doppelte Westen – Hofrat – Berlin – wie ? !«, dröhnte es wie Steine auf Erzplatten stürzen; die freie Linke des Alten krallte sich machtvoll in die Schulter des Studenten, und zwang ihm unwiderstehlich das stille Gesicht herunter vor das bohrende Augenfunkeln. Aber der Griff wurde bald leichter und der Mund des Greises preßte sich milder : »Augen sind gut –« murmelte er, »– zu gut – aber Nebelgesicht – weiß schon – Hallschritt; Hochmond; Sterne pfeifen vor Kälte; Blauschnee schreit unterm Fuß –«, er hob behutsam die Hand und schritt, noch immer flüsternd, zum Stuhle zurück, auf dem er sich schwerfällig niederließ.

»Wicht –« fragte er dann, nun wieder mit der gewohnten harten und hohen Stimme : »– nicht reich werden wollen – reich sein ! – und : die Antwort : jeder will sich steigern – Zinn, Blei, auch Silber zu Gold – zur reichen Gestaltung dann –«

Christian hatte ihm, nun mit erwachender müder Aufmerksamkeit, zugehört, und fragte höflich : »also : Zinn *will* Gold werden, *will* sich steigern – ?«

Der Alte verzog spöttisch den Mund und hob ausdrucksvoll die Augenbrauen; dann lehnte er sich behaglich zurück und sprach langsam aber fließend : »Stört das Wort, Wicht ? Stört es auf ? ! Seltsam, was Ihr Euch so denken mögt – die Dichter und Alchimisten haben noch am meisten davon teils geahnt, teils gewußt. Bei den Tieren mag es Euch noch am glaubhaftesten erscheinen, aber schon bei den Pflanzen meint ihr Seele und Geist leugnen zu müssen, wahrscheinlich, weil sie nicht Tarock spielen, Burschenschaften gründen, oder artig mit Euch dahlen, wenn ihr zufällig einmal melancholisch und leutselig gestimmt seid. Aber Sie waren ja selbst Zeuge, wie der treffliche Puck seine gar tief eindringende Diagnosis gestellt hat.

Denken Sie nur einmal recht darüber nach, wie die zierlichsten und mächtigsten Lebewesen dieses Sterns die feinsten, untrüglichsten Organe für Schwerkraft und Licht haben. Wie sich einige gar lebhaft bewegen, mimosa pudica oder das Ihnen noch völlig unbekannte Hedysarum gyrans. Ja, mit Hilfe der fürtrefflichen Instrumente hier auf dem Tische, vermöchten sogar eure gröberen Sinne den nachdenklichen Temperaturschwankungen bei Verletzungen oder zur Zeit der Blüte zu folgen – Edlere Wesen sind es : Menschen verwesen, aber Pflanzen ergolden ! !«

Während er noch sprach, wandte er aufmerksam den schweren Kopf zum Fenster, welches wie unter einem plötzlichen Windstoß zu klirren begonnen hatte, und nickte Herrn von Rosenroth bedeutsam zu, der gemächlich die Instrumente verpackte und gleichmütig bemerkte : »Ich schlage vor, wir nehmen ihn gleich mit in den Garten – es wird sich auch hübsch machen, wenn wir in der Laube sitzen und die Bäume und Zittergräser rauschen gar leise in das Gespräch hinein. Bin neugierig, ob er das Erforderliche wegen des Nachtragens eingeleitet hat –«, er machte eine einladende Handbewegung zur Tür und schlenderte nach den Beiden in die hohe Halle, in welche soeben zwei hochgewachsene Männer eintraten.

4.)

Herr von Rosenroth sah besonders interessiert nach einem der beiden Fremden und stieß einen leichten vornehmen Schrei der Überraschung aus; dann eilte er mit vorgestreckten Armen auf den modisch in anliegendes Grün gekleideten Jüngling zur Linken zu, und legte ihm erstaunt und gerührt die Hände auf die schweren Schultern. »Wie, schon jetzt –«, rief er anmutig erstaunend, »ich hatte dich erst über eine Woche erwartet – nun, umso besser, umso besser – oh, endlich, Professor,« wandte er sich fast vorwurfsvoll an den Anderen, »ich hätte Ihrer schon früher dringend bedurft; wenn Sie gestern die Nachtwolken gesehen hätten – freilich, gegen Morgen wurde es etwas besser; aber das wogte und schwamm in den wunderlichsten, ausschweifendsten Formen durcheinander, bis der Mond hinter den Zittergräsern heraufsegelte – und der Tau floß natürlich viel, viel zu reichlich ! Ich will es ja nicht direkt beschwören : aber als ich gleich nach Mitternacht aus wohligen und gar verschnörkelten Träumen erwachte – ein Grillentreffen unweit der großen roten Tulpe : ich sah die Herren mit ihren Instrumenten schon am Abend durch die Wiesen wandeln –« wandte er sich erklärend im Kreise, »– ja – also : war es mir nicht, als spazierten fünf schlanke Nebel immer hintereinander um den spiegelnden Teich, wohl eine ganze kichernde Stunde lang ! ! – Ist denn demnächst ein Fest oder etwas Ähnliches geplant ? –« und er blickte fragend den bleichen finsteren Mann an seiner Seite an, der wegwerfend mit dem Kopf schüttelte und auflachend die Achseln zuckte.

»Achso : natürlich –« erinnerte sich indessen der angeregte Gastgeber, »Professor Seidenschwarz kennen Sie ja –, Herr Wicht, unser Hauslehrer – Herr von Hellagrün, ein entfernter Verwandter des Hauses – ich darf die Herren doch in den Garten einladen : der Abend dämmert gerade klar und schönfarbig über das Flüßchen herauf, und das Laub raschelt zum Entzücken – von den Zittergräsern ganz zu schweigen –« und er hob befriedigt das lange schmale Kinn, und schritt begeistert voran.

Draußen war es warm und still geworden; die Sonne war schon hinter den fernen Hügeln versunken, gelbe und rote Abendwolken zogen feine Pinselstriche in den hohen Himmel, und die alten Kastanien und Buchen rauschten leise und lieblich über den behaglich Schreitenden dahin.

Christian fühlte eine Hand auf seinem Arm, und sah, höflich einen Schritt zurückbleibend, in das marmorblasse unheimliche Gesicht des Herrn Seidenschwarz, um welches die langen glatten schwarzen Locken wild und hunnisch flogen, und fühlte den seltsam starren Blick der großen nachtdunklen Augen düster auf sich ruhen. »Herr Professor –« fragte er müde und aufmerksam, und sah gedankenlos auf den weiten schwarzen Seidenmantel des schlanken sehnigen Mannes an seiner Seite.

»Hören Sie, Wicht,« sprach die biegsame Stimme des Nachdenklichen, »ich habe Ihre Anordnung doch noch abgeändert – oder besser : ich habe zur Kontrolle noch eine zweite daneben verwendet, wobei ich die beiden Glaskeile senkrecht zueinander verschiebbar anbrachte – Sie verstehen – ?« »Dann nimmt in dem Beobachtungsquadrat die Verschattung von links oben nach rechts unten ab – !«, sagte der Student gehorsam, und der Andere fuhr bejahend fort : »– und statt des wagerechten Balkens wählte ich ein schräg liegendes Kreuz. Die Ergebnisse weichen zwar von einander ab, aber nur wenig und stets gleichsinnig; außerdem muß man immer, wie wir es ja damals auch schon taten, außer den Messungen im Horizontkreis noch einige andere in Deklination bis zum Zenith machen, was gleichzeitig neben der Nebeldichte auch auf die Höhe der schwebenden Erscheinung schließen läßt. Man muß eben alles kombinieren : Windrichtung und -stärke, Luftdruck, Temperatur – wissen Sie : ich könnte Ihnen jetzt Beobachtungsreihen vorlegen, aus denen selbst Sie a posteriori endlich die Existenz der Nebelkerne oder -knoten oder -zentren – wie Sie diese wichtigen Verdichtungen nun nennen wollen – feststellen könnten. Ich hatte es Ihnen ja längst gesagt, daß auch in den großen scheinbar einförmigen Schichten und Tafeln immer dominierende Zentren auftreten.«

Er blieb noch weiter zurück und flüsterte dem Studenten eindringlich ins Ohr : »– ein Rat, nebenbei : der junge Herr da vorn scheint ein wenig hochmütig – gefällt mir nicht – geben Sie ihm nur tüchtige Antworten; ich werde auch Herrn von Rosenroth gleich noch einen Wink zukommen lassen –«, damit ließ er den Arm Christians los, und war mit ein paar federnden geschmeidigen Schritten neben den drei Vorangehenden, die eben stehengeblieben waren und dem gebückten Alten in der Mitte lauschten, der mit dem funkelnden Stabe erklärend über die abendrauschenden Wiesen wies.

Als Christian ebenfalls hinter die Gruppe trat, sah er, wie der junge Herr Hellagrün vornehm abwehrend und lässig die dünnen Schultern hob und sich mit den feinen Stachelspitzen seiner Handschuhe ein Staubkörnchen vom Ellenbogen klopfte : »Eh bièn –« bemerkte er abfällig, »aber Herr – äh – was beweist das denn schon ? Die Zeit ist doch wohl längst überwunden; mit diesen veralteten Methoden mag man vielleicht noch – Island, ja ! Oder meinetwegen auch Norwegen – ach, da wohl auch schon nicht mehr. Ich bin überhaupt gegen diese elementarischen Verbrüderungen und das ewige Fraternisieren – oh ! !« unterbrach er sich zierlich, »– darf ich bitten – ?« Und er sah, rasch noch einmal seinen weißen Kragen fältelnd und sich dann selbstgefällig aufrichtend, Elv entgegen, die eben leicht und schwebend über die Wiese kam.

»Ich bin – oh – enchanté –, « sprach er, sich geübt und modisch über die schmalen Finger neigend, »– mein Fräulein – ich erlaube mir, Sie zur Laube zu führen –«, und hielt noch immer die Hand des jungen Mädchens, das ihn mit leichtem erstauntem Stirnrunzeln ansah, und sich ihm abwehrend entzog. Aber der Herr schien nicht leicht zu beirren; er sah sich sicher und weltmännisch im Kreise um, traf zuletzt auf Christian und fragte ihn herablassend und mit unangenehmem Lächeln : »Nun ? – Wie ist das Urteil des Herrn Studenten über unsere kleine altmodische Differenz von vorhin – ?«

Christian betrachtete den Übermütigen, der ohne alle Zeremonie Elvs Hand in die seine genommen hatte, mit kaltem wachem Unwillen und erwiderte steif : »Ich hatte leider nicht die Ehre, an Herrn Dr. Wildes belehrendem Gespräch teilzunehmen –. «

Herr von Hellagrün holte mit beleidigender Langsamkeit ein rundes geschliffenes Glas aus der Westentasche und beschaute Wicht mit verletzender Leutseligkeit vom Kopf bis zu den Füßen, »nun freilich !«, sagte er herablassend und fuhr hämisch fort : »aber sehr geschickt ein Kompliment für den Lehrer eingeflochten – vielleicht wird doch einmal ein Pöstchen als Skribent frei – nicht wahr, nicht wahr ? ! – nun, wenn ich ein gutes Wort einlegen kann – äh – alter Herr – !«

Der Alte, der noch immer selig zu den fernen Bergen winkend und summend im Abendwind gestanden hatte, wandte langsam den mächtigen Kopf, und trat stumm auf den spöttisch lächelnden Grünen zu : »Meinten Sie mich, junger Herr ? !«, fragte er scharf und mit unwilligem

Nachdruck, aber schon rief Herr von Rosenroth begütigend von der Laube her : »Kommen Sie nur, meine Herren, der Abend flötet schon in den goldenen Zweigen, und die Sonne rollte über die fernen Hügelränder – nun soll eine ungemein prächtige Nacht beginnen – die Sterne werden doch recht funkeln ?«, wandte er sich besorgt an den Professor, der zu ihm getreten war und ihm Einiges ins Ohr flüsterte : »ach, nicht doch –« sprach er ungläubig aber leicht beunruhigt, « – kommen Sie doch; vor allem auch Sie, Herr Wicht – ach, nein doch ! Sie stören gar nicht; kommen Sie nur – so !« und er überblickte vergnügt die kleine Tafelrunde : »Wie setzen wir uns – Also : hier ich – Sie entschuldigen, daß ich mit mir beginne – dann – ja, Herr Wicht – Herr Seidenschwarz – ah : Mälan : ihr habt euch doch immer zu erzählen – Herr von Hellagrün – und Elv – dann komme wieder ich : und so geht es fort, bis in die schöne flüsternde Nacht –.«

Er nahm kichernd Platz und blickte fröhlich in jedes Gesicht; dann wandte er sich behaglich an den neuen Neffen und fragte interessiert : »Nun berichte doch einmal von deinen Studien und Ergebnissen in der letzten Zeit; ich höre ja nicht allzu viel von den neuen Ideen – offen gesagt : ich halte sie für einen Abweg – aber ich würde wohl gern einmal einen Bericht von einem Augenzeugen vernehmen –«, damit lehnte er sich erwartungsvoll zurück und sah den Gast mit den großen geistreichen Augen gespannt an.

Der junge Mann nahm vornehm einen Schluck aus der hohen dünnen Weintasse und bat näselnd : »Aber, Onkel – wer kann denn in Gegenwart eines so reizenden Wesens –« er neigte sich unwiderstehlich dicht zu Elv, und hob einladend aufs Neue die flutende Porzellanschale, tat einen geübten Zug und lächelte überlegen über die Runde hin : »nun – wenn du es gern hörst – also : wir haben uns in letzter Zeit unter der bedeutenden Anleitung des genialen Flirax –«, Herr von Rosenroth hob abwehrend die Hände, als er den, wie es schien, ihm unangenehmen Namen hörte, »– vorzüglich mit Schimmel und – hm – ja, noch anderen Pflanzen beschäftigt. Zunächst versuchten wir –« er brach gekonnt ab, versteckte das magere Kinn kunstvoll in den hohen Schal und betrachtete wohlwollend die kleine braune Gestalt, die soeben schweigend, die derben Fäustchen tief in den Taschen, zwischen seinen und Elvs Stuhl getreten war. »Der Herr Sohn – ?« fragte er über den Tisch, und neigte sich dann in gefälliger Zerstreutheit zu dem ihn undurchdringlich musternden Puck : »nun, mein Freund – komm, gib mir die Hand : du darfst mir dann auch bei Gelegenheit deine Obstbäume – du hast doch welche – ?«. Er verstummte gütig und herablassend und hielt dem Kleinen nachlässig zwei glatte lange Finger hin, die jener aufmerksam betrachtete, ohne sie jedoch zu berühren. Zumal schien einer der fahlweißen Ringe Pucks Interesse zu erwecken, wie auch die zu langen Spitzen ausgezogenen Finger der Handschuhe, die auf der breiten Lehne des hohen Rohrsessels lagen.

Herr von Hellagrün begann unter dem ernsten gesammelten Blick des Kleinen flink und scheinbar mühelos zu lachen und lehnte sich gewandt zurück: »nun, Bübchen –« hier hob Puck ausdrucksvoll die linke Augenbraue, »– nun, gefalle ich dir – ?!« Der Kleine überlegte noch einen Augenblick, wie um nicht ungerecht zu sein; dann antwortete er fest und entschieden: »Nein, bis jetzt wüßte ich noch nicht warum – mit wem habe ich überhaupt soeben Bekanntschaft gemacht – ?«

Der Gast lachte, um eine Note zu schrill und eilig, in das Kichern Wildes hinein, sprang spöttisch auf und machte eine tiefe, spielerische Verneigung: »von Hellagrün –« rief er, noch immer lachend, »– Student – äh – das heißt: binnen kurzem Doktor! der Pflanzenkunde –«

»Puck von Rosenroth,« erwiderte der Kleine ernsthaft mit einem gemessenen putzigen Diener: »Darf ich den Herrn um das Fachgebiet bitten – ?« »Aber, Puck!« rief Herr Theodor verweisend in das artige Gespräch der Beiden hinein: »Höre doch lieber zu – wir kommen ja gerade zu deiner Frage – fahre doch bitte fort« wandte er sich bittend an den Verwandten, der überlegen und siegesgewiß wieder Platz genommen hatte, »also ihr experimentiert mit –« er sprach das Wort voll Überwindung aus – »mit – nun ja: – Schimmel!«

Der Kleine, der soeben zum offenen Mißfallen Hellagrüns ruhig auf den Stuhl Elvs geklettert war, und sich artig so zwischen die Beiden niedersetzte, warf einen blitzschnellen Seitenblick herum, wobei ihm der alte Doktor mit auffälligem Interesse zusah, und streifte wie zufällig mit dem Fäustchen an das Handschuhpaar des Fremden, welches jedoch wie angeklebt auf dem schönen rötlich polierten Holz zu liegen schien; er schwieg jedoch still, ließ aber kein Auge von dem lässig Weiterplaudernden, so sehr auch seine Schwester mit ihm aufmunternd scherzte, und ihm gar ein Händchen aus der Tasche zog.

Alle hörten geduldig, wie Herr von Hellagrün sich ausführlich über gewisse Färbemethoden verbreitete, und voll kalter widerlicher Begeisterung die unabsehbaren Schimmelplantagen im Laboratorium seines Lehrers schilderte.

»Ach – es ist doch wohl nur ein unangenehmer Irrweg,« seufzte Herr Theodor, nachdem der Gast geendet und sein Referat mit einer gerundeten langsamen Handbewegung abgeschlossen hatte; »was meinen Sie, Herr Professor: ich sage, es ist wider alles Gute und Schöne, wider allen organischen Zusammenhang, diese abtrünnigen Gebilde – Pflanzen sind es ja nicht mehr – gar noch zu fördern ! – Puck !«, ermahnte er zerstreut, »du sollst doch nichts trinken – nun, nun, ein Schlückchen dann und wann kannst du ihm schon geben, Elv – er weiß, was sich ziemt. « Dann stützte er den langen versonnenen Kopf in die Hand, und sah, oftmals nikkend, in das lieblich rauschende Gezweig der Laube durch welches schon die ersten Sterne hernieder in den Wein blickten.

Ein leichter Wind lief kühl und hurtig, wie ein Gärtner mit Duft beladen, durch die weiten verblauenden Wiesen, aus denen ein grasfeines Schwirren und Zirpen begann. Durch das zierlich atmende Gitterwerk der Ästchen und Blattscheiben sah man fern im Tale die Lichter des Nachbardörfchens aufblinken, und aus einem kleinen rotgeschindelten Häuschen weit jenseits des Bächleins tappte eine baumelnde Laterne neben einem Paar tüchtig beschuhter Beine und dem Ende eines derben Nachtwächterspießes den Hügel hinab.

Professor Seidenschwarz hatte das schöne marmorne Antlitz weit in den Nacken geworfen und ließ den leisen Wind um sein Haar wehen, »– nun, Wicht –« sprach er unmerklich und sinnend lächelnd »– welch eine Nacht ! – Bald wird der gebogene Mond sich im Glas der Seen spiegeln, neben den großen Sternen –«, er nickte düster und füllte seine Schale auf's Neue mit dem leichten duftenden Getränk, »– ah – die Sterne : da ist Macht – unwiderstehliche – du strahlende ferne Welt – Mälan : alter Freund ! –« Er hob grüßend den weiten Becher, und der grimmige Alte knurrte milde über das glitzernde Weiß der seidigen Decke, über welche die große bunte Ampel eben, von Elvs Händen entzündet, rötlich und wiegend erglänzte.

Auch Herr von Hellagrün hatte, mißbilligend das stille altmodische Gartenleben beschauend, einen Kelch nach dem anderen geleert, und lehnte sich jetzt gewinnend zu seiner Nachbarin : »Ah – Gnädigste –«, sprach er schnarrend, »– Sie müßten einmal das anregende Leben in einer größeren Stadt erfahren – würde gerne mich ganz zur Verfügung – au ! –«; er fuhr entrüstet zurück, da Puck, der geduldig den Druck eine Zeitlang ertrug, nunmehr seinen Ellenbogen recht geschickt und nachdrücklich gehandhabt hatte. – »Das ist doch – dummer Junge – du gehörst überhaupt ins Bett –«, flüsterte der Eifrige zornig, aber der Kleine, der die Beschimpfung gar nicht zu hören schien, nahm ein treffliches Schlückchen aus seinem mitgebrachten Becher, der frappierende Ähnlichkeit mit einem schönen Pilz hatte, und bat über den Rundtisch hinweg : »Onkel Mälan – wäre es möglich, morgen früh gegen 8 Uhr die Temperatur um etwa ¾ Grad zu erhöhen ? Ich zeige dir dann noch die Stelle genau – Kennen Sie den Parzival ? –«, wandte er sich überraschend an Herrn von Hellagrün, der entrüstet ein Bein um das andere schlang und mißmutig entgegnete : »Parzival – äh – nein. – Das heißt : es wäre natürlich möglich – wo studiert er denn; oder ist er etwa von einer anderen Fakultät – ?« Dabei drehte er schon wieder das weingerötete Gesicht dem Professor zu und fragte nachlässig : »Äh – nebenbei : da wir gerade beisammen sind – äh – könnten Sie nicht einmal eine größere Sendung Schimmelsporen zur Verbreitung übernehmen; haben zwar schon einen Herren dafür an der Hand, aber –«. »Ich weiß, wen Sie meinen,« entgegnete Seidenschwarz ruhig, »er wird Ihnen am längsten geholfen haben. Was mich anbetrifft, so lehne ich natürlich ab; ich teile die Ansichten meiner Freunde Rosenroth und Mälan über Unnatur und Widerlichkeit zu sehr, als daß ich etwas für Sie tun könnte. Seien Sie vielmehr froh, wenn ich nichts Gegenteiliges unternehme.«

»Herr !« rief der Jüngling aufgebracht; lächelte jedoch gleich wieder mitleidig und belehrte den kaum Hinhörenden gütig : »Nun – Sie sind nicht vom Fach – ich will es Ihnen nicht weiter übelnehmen. –« Wieder sah er sich angriffslustig im Kreise um und betrachtete genießerisch Christian, der soeben aufmerksam eine Zeichnung des Professors prüfte und mit leicht und angespannt gerunzelter Stirn zu den Erläuterungen bald nickte, bald eine halbblaue Rückfrage stellte.

»Äh – ja, Sie da !« Und Herr von Hellagrün wies tickend mit dem Finger auf Wicht, welcher höflich für einen Augenblick das Blatt senkte und starr auf die klebrig blinkenden Westenknöpfe des Fragers sah – »studieren doch wohl auch ein Bißchen – was man so bei Ihnen studieren nennt : trinken, Schulden machen, den Mädchen Augen zuwerfen – Hungerleider – hähä ! man weiß –« er lachte grell und schluckend, und sah mit boshaftem Vergnügen den erblaßten Christian an, der sich erhoben hatte, und, ohne ihn weiter zu beachten, Herrn von Rosenroth um die Erlaubnis bat, sich entfernen zu dürfen.

Noch ehe dieser jedoch antworten konnte, geschah etwas Seltsames; in die verlegene Stille hinein hörte man die Stimme Pucks, der, mit dem Finger nach oben deutend, ruhig und wie für sich sagte : »eine Fliege ! –« »Wo, wo –« murmelte Herr von Hellagrün in trunkenem Eifer, und es war höchst seltsam anzusehen, wie er mit geöffnetem schlaffem Munde und halb aufgerichtet mit dem Kopfe immer dem kreisenden Insekt folgte, wobei seine Augen einen so gierig schläfrigen Ausdruck annahmen, daß Herr von Rosenroth entsetzt auffuhr : »Was ist das ? !«, rief er verstört, »Puck – Elv – sollte –«, er fiel in den Stuhl zurück und deckte die Hand über die Augen, sprang aber bald wieder empor, und trat vor den

Halbkreis der gleichfalls aufgestandenen Gäste; mit kräftigem Ruck zog er die Handschuhe des noch immer Torkelnden von der Lehne, wobei eine feuchte glänzende Spur auf dem schönen Holze zurückblieb und blickte, ehe er sie dem Besitzer zuwarf, angeekelt auf die am Ende kolbig verdickten Leimhaare, mit denen die Fingerspitzen reichlich besetzt waren. »Puck –«, rief er hallend, »sprich, mein kundiger Sohn, dem nichts entgeht – sprich dem Herabgekommenen, Unwürdigen, das Urteil – !?« Der Kleine schlug stolz und unerbittlich die Ärmchen über der Brust zusammen, und sagte verächtlich : »Sonnentau ! – Ha, das stimmt freilich trefflich zusammen : fahler Schimmel und sogenannte fleischfressende Pflanzen – von denen sich jeder redlich Gesinnte absondert ! – Arme Elv, daß das Unwesen hat neben dir sitzen dürfen ! –«

Der Betrunkene begann mit den Handschuhen in der Luft zu fuchteln und wollte gar nach dem tapferen Kleinen schlagen »Was will der Knirps ?« quäkte er schrill und schwankte gefährlich vor dem Eingang der Laube hin und her, aber schon war Herr Seidenschwarz zwischen die Beiden getreten und breitete langsam die Arme. So risig und wild stand sein bleiches Gesicht über dem schwarzen, wunderlich aufwehenden Seidenmantel, daß selbst der giftig um sich tappende Hellagrün verstummte und verständnislos mit den Fingern spielte.

»Entschuldige mich bitte nur einen Augenblick,« wandte sich der Dunkle noch einmal zurück; ein Windstrahl fauchte eben scharf durch den Garten, daß die schwingende Laterne erlosch, und Christian meinte nur noch in dem schwachen Sternenlichte zu sehen, wie über dem schön geschwungenen Muschelgiebel des Hauses ein paar lauchgrüne breite Blätter und ein magerer Stengel wirbelten, hilflos über die Nachbardächer gejagt wurden und endlich, einzeln und schon unkenntlich in der prächtigen gestirnten Nacht verschwanden.

5.)

So vergingen viele Tage; der warme Sommer wandelte sich leise; süße Birnen rollten klopfend aus rotem tosendem Laub auf den federnden Rasen; nachts standen flirrende Blaufunken im Birkengeäst.

Einmal erwachte Christian im herrischen Silberlicht des Hochmondes; sein Zimmer lag fremd und leer um ihn mit den tiefen Schatten der Schränkchen und stillen Geräte. Er erhob sich und ging lautlos über die knisternden Dielen zum Fenster; als er es geöffnet hatte, spürte er von draußen den unendlichen kalten Hauch der erstarrenden Wiesenweiten.

Gestern hatte er ihr gegenübergesessen, neben dem lernenden Puck, und seine Augen waren wie Becher gewesen, die ihr Bild scheu und unersättlich tranken; und nun stand er mit schlafgeleertem Gesicht im Eisbrand. Schwerhändig drückte er die kalten Knäufe zusammen, und hüllte sich wieder in die dünnen lichtgrauen Decken, und ein kühles silbernes Traumgebraus.

Am nächsten Morgen ging er mit Puck im hellsten lieblichen Herbstsonnenschein, welchen er darum liebte, weil er nur Licht war, ohne körperlich fühlbare Wärme. Während sie in ernstem lehrhaftem Gespräch immer vor der Rückwand des Hauses auf dem klaren grauen Steinpflaster auf- und abwandelten, und gar eindringlich, auch oft im Sande zeichnend, die wichtigsten Sterne des Schwans erörterten, sah er Herrn von Rosenroth sinnend und anmutig aus den roten Ebereschenruten schreiten, welche er mehrfach mit tiefsinnigem Blick umging. Endlich rief er Christian und Puck herbei, und trug ihnen auf, für den Rest des Vormittags eine Anzahl recht ausgewählter Vogelbeeren und schöner Kastanien zu suchen, da ihn diese edlen Früchte, schicklich in einer leichten hellbraunen Holzschale geordnet, den prächtigsten herbstlichen Zimmerschmuck dünkten. Gewinnend lächelnd gab er dem eifrigen Sohn die Erlaubnis, noch ein Fäustchen blanker dreieckiger Bucheckern hinzufügen zu dürfen, und empfahl, das Ganze Elv zu überbringen, deren gar kunstfertigen Händen man getrost das nötige Weitere überlassen könne. Noch einmal betrachtete er vergnügt den leichten seidenblauen Himmel über den einschlummernden Gräsern, und wollte eben ins Haus zurück gehen, als Christian sich ein Herz faßte, und ihn für den Nachmittag und Abend um Urlaub bat, da er mit seinen Freunden ein wenig über die langen leeren Straßen laufen wolle, mitten durch das raschelnde Laub.

Herr von Rosenroth hatte ihm freundlich nickend zugehört, und legte ihm, als er zögernd geendet hatte, wohlwollend die Hand auf die Schulter : »Mein lieber Wicht,« sprach er gewährend, »natürlich – bin sehr mit Ihnen zufrieden, und der Wunsch ist doch recht bescheiden – hm – bin selbst in meiner Jugend oft geigend durch den blanken Herbstabend gelaufen, mit spitzem Hut und wehendem Mäntelchen – nun, nun!«, er nickte langsam und versonnen; dann richtete er sich, wieder lebhaft, auf, und rief, schon halb im Hause, noch über die Schulter zurück : »– nun freilich, lieber Wicht; wünsche recht prächtige schönfarbige Erlebnisse –.« Damit verschwand er tätig erhobenen Hauptes hinter den bunten bleigefaßten Scheiben.

Als die Uhr vom nahen Rathausturme hoch und schallend dreimal schlug, stand Christian, in sein einziges ehrbares Schulterkrägelchen gehüllt schon vor dem Hause und spähte wartend über den Roßmarkt und um die Ecke der Löffelgasse nach den Freunden aus. Er hatte nur wenige Minuten zu warten, als sie schon, einträchtig nebeneinander, über den kleinen Platz geschritten kamen, Wenzel mit einem roten Weinblatt am Hute und begeistert mit den Ärmchen in der Luft fechtend, während Linneweber wohlgefällig ein Paar billige dünne Zwirnhandschuhe vor sich her trug, von welchen er sich nie trennte, ohne daß sich jedoch die Freunde erinnern konnten, sie jemals an seinen Händen gesehen zu haben.

Der Kleine lief dem Heranschreitenden eifrig entgegen: »Ach, Christian,« rief er befriedigt, »sieh doch nur den hohen hellen Himmel und die klaren Lichter überall – ein Tag wie ein Mozartmenuett – hihi,« und er rieb sich, wacker neben dem Freunde hertrippelnd, die braven Händchen. Auch Walter Linneweber war herzugetreten und nickte Christian still und zufrieden zu; so schritten die Drei mit wehenden Mäntelchen und eifrig plaudernd und berichtend durch die winddurchblasenen Straßen, bis die Häuser neben ihnen seltener wurden, und bogen dann durch ein fleißig brausendes Wäldchen hügelan, bis sie den Nachschauenden im goldigen Blattgestiebe verschwanden.

Vor ihnen lag die kühle, klar und blau ins Weite deutende Landstraße mit den gelben regsamen Laubwällen an den Seiten; über Stoppelfelder und kahle Äcker wehte der schöne knusprige Rauch ferner Kartoffelfeuer, eine Egge harfte die blauende Erde, und am Hange eines kleinen baumbestandenen Hügelchens saß ein Bube und steckte versunken Papierspänchen auf seine straff gespannte Drachenleine.

»Nun, Walter, – was macht der ‹rote Leu› ?«, fragte Christian mit abwesendem Lächeln, »hast du schon den philosophischen Stein herausgeschmolzen und -destilliert ?« »Was denkst du denn !«, erwiderte der Angeredete fast beleidigt, »– das mag ungemein schwer sein, mein Lieber ! – Vorläufig habe ich erst ein leichtes gelbes Salz erhalten, von fettem zitronenähnlichem Glanz und mache fleißig Projektionen auf Blei. –« »Ja, Christian – hihi«, unterbrach Wenzel kichernd die Beiden, »denke dir nur : wo er doch zuerst die artige alte Alchemie nur verächtlich betrachtete – aber der Dr. Wilde hat ihm den Güldenfalk und van Helmont und was weiß ich Alles vorgesetzt, bis er den rechten Geschmack bekam – nun spricht er nur noch vornehm und dunkel vom Stein der Weisen – das ist die Rache !!« »Wieso ?!«, entgegnete Linneweber spitzig, »der Alte hat ihn doch auch – das heißt, er muß ihn haben; ich habe meine Gründe zu dieser Ansicht – und außerdem treten bei den Experimenten wirklich gar treffliche Farben auf – wenn es nur nicht immer so knallen und sprühen oder geheimnisvoll schäumen wollte; aber das muß wohl so sein –«, schloß er bekümmert, faßte sich jedoch gleich wieder und fügte geschickt ablenkend hinzu : »bringe du lieber erst deine Neuigkeit, Wenzel; dagegen ist das Alles gar nichts ! – Beachte doch bitte das weinrote schöne Blatt genauer, Christian, und sage mir, was du davon hältst – sieht er nicht aus wie ein Hochzeiter ?!«

Der Kleine errötete über und über, und lief treuherzig auf Christians Seite hinüber, der ihn aufmunternd anlächelte und gedämpft fragte : »Du – ist es wirklich so weit ? Hast du die Anstellung – ?« Wenzel nickte verschämt und andächtig, warf aber sogleich sein Hütlein in die kühle Luft und rannte vergeblich hinterdrein, während der Wind ihn lustig durch die putzig tobenden Blätter rollte, daß der Kleine ganz außer Atem kam, und sich erschöpft auf ein Steinchen am Wegrande setzen mußte. Als die Freunde herangekommen waren, stand er, nun wieder ehrbar und würdig, auf, und eröffnete dem nikkenden und lauschenden Christian, daß er am nächsten Neujahrstage nun wirklich die zweite Organistenstelle an der Dorfkirche zu Friedeberg antreten würde. »Stelle dir nur vor : die Kirche ist 1711 gebaut worden – und es gehen fast 98 Menschen hinein,« erwähnte er ehrfürchtig, »– ach – und ich bekomme 30 Thaler jedes Quartal ! Wenn wir da noch ein kleines Gärtchen – du : eine Wohnung mit zwei Stuben ist auch dabei; jede hat ein prächtiges Fenster mit Blumenkästen – *und* eine Tür –;« er geriet in immer größere Erregung und griff schon wieder nach dem hohen bebänderten Spitzhütchen, erinnerte sich aber noch rechtzeitig des stiebenden Windes, und strampelte nur ungebärdig in den aufwirbelnden Blättern herum. »Und da willst du nun –«, fragte Christian ruhig; »Ja, freilich – ach, Christian !«, rief Wenzel in überströmendem Gefühl, »– ihr kommt natürlich an schönen Sonntagen immer zu Besuch – es sind ja nur 2 Meilen – der Garten ist ja noch recht verwildert; aber ich habe schon ein Lusthäuschen entworfen und die Beete genau aufgezeichnet – dann lauf' ich schnell Orgel spielen, und wenn ich zurückkomme, wird gleich weiter im Haushalt –« er legte das Köpfchen befriedigt auf die Seite und lauschte genießerisch dem Klange des Wortes, »– die Hochzeit findet allerdings in Riekchens Heimatort statt; ich habe mir schon die Schuhe neu sohlen lassen, denn ich werde wohl fast drei Tage Weg haben – nun, kommt nur hinein : es ist ja noch alles frei ! Kein Mensch ist hier an dem unvergleichlichen Tage : es ist eine Schande !«

Damit schob er die Freunde eilfertig in die kleine, auf einer zierlichen Anhöhe gelegene Weinschenke hinein; die Drei schritten zufrieden über die dünnen Kieswegelchen, setzten sich dicht neben das Birkenzäunchen

auf ein paar leichte Holzbänke und sahen tief aufatmend in den Spätherbst.

Die Luft war frisch, fast kalt und von solch unendlicher Klarheit, daß
man in den fernen Vorbergen manche blitzenden Häuschen erkennen
mochte; durch das weite Land zogen still und endlos die Baumreihen der
Straßen und Wege, kahle Hecken standen aufmerksam um die leeren Felder, und die weißen einzelnen Wolken trieben fremd in dem Spätnach-
mittag.

Bald kam ein frisches junges Mädchen mit drei hohen Gläsern aus
der alten Holzlaube, und stellte sie vor die sinnend Schweigenden hin;
rote Bänder flatterten um ihr Röckchen und als sie aus der stattlichen hölzernen Kanne eingeschenkt hatte, lief sie wieder ins Haus und brachte
noch ein paar tüchtige Schnitten weißen kräftigen Brotes.

Sie stießen wichtig wie Kenner an, und tranken tapfer das fröhliche
saure Weinlein, ja, Wenzel leerte das seine in einem begeisterten Zuge
ganz, füllte sorgsam auf's Neue und rief munter : »Nun, und du, Christian – was hast du Alles erlebt ?!« und schaute ihn gar fragend an.

Der Student sah abwesend über die weiten kühlen Wälder mit den
blauen Säumen und schwieg eine Zeit lang; dann lachte er gleichgültig auf
und entgegnete gefällig : »Nun, was soll ich viel erzählen – der Kleine
macht es mir leicht; ja : schön ! Und Herr Theodor ist der gütigste Herr,
den man sich wünschen kann; Vormittags kann ich, wenn ich will, meine
2 Stunden in der Universität hören – außerdem kommen Seidenschwarz
und Wilde ja auch oft ins Haus. Ich habe ein artiges Stübchen, und was ich
bisher gehört und gelernt habe ist zu wunderlich und vielfältig um sich so
rasch andeuten zu lassen – es geht mir also vortrefflich – natürlich !« Er
hob das Glas an den Mund und trank in langen durstigen Zügen; aber sein
Blick war fremd und still, und seine Hand zitterte leise, als er den klappen-
den Spitzkelch auf die feinrissige graue Holzplatte niederstellte, sodaß
sich die Freunde betroffen ansahen.

»Hm –«, machte Wenzel nachdenklich nach einer längeren Pause
noch einmal, »– hm«, fuhr dann aber, um das Gespräch nicht stocken zu
lassen, erinnernd fort : »und damals – Elv – war das nun die Tochter – ?«

Der Abendwind fuhr rauschend durch die roten Weinranken am
niedrigen Spalier, und der blasse Herbstmond fing an, heller im gelben
und hellroten Osthimmel zu scheinen. Weit hinten im Lande in dünnen
Nebelstreifen begann das erste Licht aus stillen Bauernhäuschen aufzu-
blinken. Christian griff mit den kühlen und windigen Händen nach dem
schwatzenden weinbelaubten Kruge, und stellte das volle Glas vor sich
hin : »Als ich noch klein war – es ist schon lange her,« sagte er heiser, »– da

habe ich oft an solchen Abenden, wenn ich von der Straße heraufrannte, mit kleinen Fellstückchen gespielt; und einmal hatte ich eine hellgrüne handgroße Papierlaterne –« er nahm einen hastigen Schluck und wandte sich dann zerstreut an Wenzel : »Du meintest ? – ja : es war natürlich die Tochter. – Wartet einmal!–« Er sprang auf, ging rasch ins Haus, und kam nach wenigen Augenblicken wieder zurück, begleitet von dem jungen Mädchen, das ein neues rot funkelndes Glaskännchen auf einem runden Rindenuntersatz herbeitrug, so daß selbst Linneweber unruhig wurde und entzückt auf seinem Bänkchen hin- und herrückte. »Christian – Rotwein!« rief Wenzel ehrerbietig, setzte jedoch gleich erschreckt hinzu : »– ach – du – der ist wohl recht selten –«, aber der Student wehrte nur mühsam lachend ab : »Ich verdien' doch so viel Geld, Wenzel!«, sagte er schnell, um dem Kleinen eine ungetrübte Freude zu bereiten, »– und Bücher habe ich schon so viel – paß auf : da trinken wir jetzt immer ein Schlückchen Roten und dann wieder den Weißen,« und Wenzel nickte vornehm und weltmännisch, und betrachtete schon gespannt den funkelnden Mond, der spiegelnd in der gar purpurnen Flut schwamm.

»Ja, du –«, begann Linneweber nach einer andächtigen genußreichen Pause, »– es kann doch nicht stimmen. Ich habe mir einmal ein Herz gefaßt, und den Famulus ganz beiläufig gefragt, was eigentlich ‹Mälan› wäre – da zeigte er gravitätisch auf ein Bild an der Wand, eine Landschaft mit einem derben spitzen Berg – da sind wir nun so klug wie vorher–«, er führte wie gedankenlos behende das Glas zum Munde und leerte es tüchtig; auch Wenzel machte große feierliche Augen und sagte treuherzig : »Ach, du, Christian – das schmeckt so gut – du : und die Sterne, wie sie über den Wäldern hervortreten! Ob sie da oben jetzt auch sitzen und so teuren Wein trinken?«

Es war inzwischen dunkel geworden; die Wälder rauschten leise und undeutlich heran und über den fernen mondhellen Bergen standen marmorweiße Wolkeninseln, die langsam über das Hochland zogen.

»Wie spät ist es denn, du ?«, rief der Kleine mit lustig gerötetem Gesichtchen, »– müssen wir denn schon gehen ?«, er holte unter dem Mantel ein winziges Windlaternchen hervor, lief ins Haus um Licht, und kam mit dem gelben gegitterten Scheine wieder zum Tische getappt, wo er eifrig in die Kannen hineinleuchtete : »Du, Christian, ein Glas für jeden ist noch drin,« schrie er entzückt, »– so –«, er hob den Kelch zum Mund : »Christian –«, sagte er tiefsinnig, »– ich habe es auch schon Walter gegenüber vorhin geäußert – oh, du außerordentlicher Mensch! – Ich verstehe das einfach nicht –«, er pendelte mit flinken Beinchen vor ihnen her, daß das tapfere gelbe Lichtlein neugierig in alle Büsche leuchtete, und die beiden Folgenden weniger als zuvor sehen konnten, »– nein – !«, schrie er entrüstet, »– ich verstehe es nicht ! –« Auch Linneweber hatte den Arm Christians losgelassen und schritt schwankend mit langen wunderlichen Schritten hinter dem Kleinen her, der vorn in einem großen Laubhaufen von einem Fuß auf den anderen sprang und herausfordernd und kichernd rief : »Walter, du alter lapis philosophorum – wo bist du – ? !« Dann rannte er, noch immer murmelnd und lachend wie ein Irrwisch die Hochstraße entlang, mitten durch den hellsten Mondschein, und Linneweber huschte wie sein Schatten hinter dem flinken Lichtscheine her. Noch einmal kamen ihre Stimmen fern aus einem kleinen Gehölz neben der Straße, dann stand Christian allein im kalten strahlenden Winde. Er drückte das Barett tiefer in die Stirn, und schritt mit bitterem verlorenem Gesicht über den trockenen festen Sand des Weges dahin.

6.)

Die kahlen Bäume standen als graues Schattengewinkel über die Landstraße geneigt; um Mitternacht herrschte nur noch der Mond.

Christian zog den Mantelkragen gedankenlos um sich und wartete mit weitgeöffneten Augen in dem geisterhaften Gestrahle. Blauhelle war überall; nur die stärksten Sterne sah man bleich über dem leuchtenden Hochland, und die zwei silbernen Wolkeninseln standen schier unbeweglich in der frostigen Nacht.

Eine Zeitlang blinkte noch ein Licht aus einem einsamen Gehöft, dann erlosch auch dieses vor Schlaf, und der Student wollte eben langsam weiter wandern mit hallenden Schritten, als er von einem Seitenwege einen Mann rasch auf die Straße einbiegen und sich ihm rufend nähern sah. Schon von Weitem erkannte er die hohe Gestalt des Professors Seidenschwarz, und die metallene unerbittliche Stimme : »Nun – Wicht«, rief er froh und eismächtig, »so allein in der silberblauen Stunde –«, und blieb frei aufgerichtet vor Christian stehen. Aus dem im hellen Mondlicht sternbleichen Antlitz starrten die großen schwarzen Augen noch düsterer als sonst, in unbekannten Feuern, und in den weiten Falten des Seidenmantels glänzte das Licht als flössen Eisströme darin entlang.

Seidenschwarz sah sich langsam und wunderlich in der lautlosen Einsamkeit um, über die erstarrten Felder und Büsche; plötzlich schlug er dem Studenten auf die Schulter und sagte hell und halblaut : »Wissen Sie was, Wicht –«, er zögerte amüsiert noch einen Augenblick und fuhr dann rasch fort »– kommen Sie mit; ich habe noch einen dringenden Gang zu tun – es ist nicht weit, und es wird Ihnen gefallen – Ja ? !« Damit sprang er ohne sich umzusehen über den Straßengraben und schritt, von dem stillen Christian gefolgt, querfeldein, auf eine hohe, von der einen Seite sanft und gehügelt aufsteigende Felsgruppe zu. Sie drängten sich durch die kalten ruckenden Büsche am Fuße des Hügels, klommen geschäftig und schweigend durch einen lichten Hain die immer steilere Pfadlosigkeit hinan, und Christian griff oft, um sicherer zu steigen, um die schattigen Äste, daß sich Mondlicht und Haindunkel gar seltsamlich auf seinem Gesichte zu wirren begannen. Als sie endlich auf eine winzige Lichtung auf der Spitze des Hügelchens traten, hielt ihn sein Führer fest am Arme zurück und trat selbst langsam an den steil stürzenden Abhang. Ein leiser Windstoß rauschte im raschelnden Bodenlaube, als er in die Tasche griff und ein silbernes Hörnchen hervorzog, welches er an die Lippen setzte und zweimal kurz hineinstieß; der Ton war klar und hoch, und Christian horchte versunken, wie der Schall gleich einem Silberball endlos über die Weiten rollte, weiter und weiter, bis kein Mensch ihn mehr vernehmen konnte.

Seidenschwarz barg das Instrument sorgfältig wieder in den Falten seiner Gewänder, setzte sich dann wartend auf einen Baumstumpf und bemerkte beiläufig zu dem Jüngling : »Es wird immerhin einige Zeit dauern; die Entfernung ist doch noch ziemlich beträchtlich. Nun –«, er brach zerstreut ab und lauschte eine Weile in das Hochland hinaus, welches reglos vor den Blicken der Beiden sich ausdehnte; nur oben schien der ewige Wind ein geisterleises geschäftiges Spiel zu treiben; denn die größere der unerreichbar strahlenden Wolkenburgen zog schweigend über den dunklen fernen Wäldern heran, durch deren Wipfel geheimnisvoll der Mondschein auf dem schwarzen kalten Boden spielen mochte. Vielleicht regten sich auf winzigen stübchengroßen Lichtungen kleine unbeholfene Nebel, schlafende Eichkätzchen tappten leicht mit den Fäustchen nach erträumten Nüssen, und aus fernen unerhörten Silberländern rannen die schweigsamen Bäche : rote Blätter fuhren stromab und mit noch ungelesenen wichtigen Botschaften : Ein Grasgeistchen hatte seinen linken Eichelschuh verloren und bat um Rückgabe – vielleicht durch eine verspätet vorbeireisende Schwalbe – beim Mooshümpelchen dicht neben dem großen Fliegenpilz, und an der Spitze säßen zwei kleine Taukügelchen. –

Plötzlich sah Seidenschwarz scharf auf und fragte den leicht zusammenzuckenden Studenten : »Hören Sie, Wicht – es gibt eine Möglichkeit –« er griff spielend in das kalte stumme Licht und fuhr wie beiläufig fort : »Sie wissen ja selbst, daß Sie schlecht da unten –« er deutete nachlässig mit der Schulter rückwärts zum Städtchen, »– hin passen, und wir

brauchen Leute; dringend ! Nun, sehen Sie es sich selbst erst einmal an,
aber –, « er war aufgestanden und legte Christian die Hand schwer auf die
Schulter, indem er ihn ernsthaft und freundschaftlich anblickte, »– es wäre
bestimmt das Beste für Sie ! Und Sie könnten es weit bringen; vielleicht
stünden Sie einmal selbst –«. Er fuhr von einem leisen Geräusch blitzschnell und sehnig herum und stand schlank und gebogen über der Steilwand, während sein brausender Mantel weit und bauschig zu fliegen
begann; aber mit leuchtenden Augen wandte er sich zurück und sah
lächelnd auf den Studenten, der wie ein Schlafwandler an die sich silbern
erhellende Schlucht trat.

Leicht und stumm war das riesige Marmorgebirge herangetrieben,
mit wilden senkrecht und überhängenden Klippen, einsamen Zinnen und
Felsnadeln, die in unabsehbare Höhe stiegen, strahlend und unendlich,
daß kein Blick sie erreichen konnte. Langsam und feierlich drehte sich die
ungeheure Masse, daß sich ein vorspringender Felszahn in die Kluft
schob, und Christian sah mit weitgeöffneten, das Wunder spiegelnden
Augen, das hohe Silbertor und die strahlende Burg über den mächtigen
eisigen Zinnen; auch war es ihm, als regten sich Gestalten in der Torwöl-
bung, so daß er, eben noch von der Hand des Professors zurückgehalten,
schier über den Rand hinausgetreten wäre; aber schon sank, an kühl auf-
klingenden Ketten, eine breite hell wölkende Brücke herab, schlug mit
sanftem Dröhnen den abwärts gebogenen Rand in das aufwallende
Nachtlaub, schwankte noch einmal federnd und stand.

Christian fühlte sich von einer Hand vorwärtsgezogen, und schritt
hinter dem Dunklen, der herrisch den Kopf in den Nacken warf, über die
geländerte täflig schimmernde Bahn, auf das mächtige Tor zu; erst als sie
dicht darunter standen und sein Begleiter einen Schritt vor tat, bemerkte
er zwei hochgewachsene Gestalten in schwerer Silberrüstung, die unbeweglich die langen geraden Schwerter vor den Nähertretenden kreuzten.
Seidenschwarz schlug stumm und befehlend den glänzenden Mantel auseinander, und der Student sah, wie die Geharnischten sich ehrerbietig vor
dem schwarz und weißen Adlerschild neigten, den der Gewaltige an
düsterer Kette vor der breiten Brust trug; sie traten zur Seite und während
das mächtige Tor sich lautlos und gewaltig zu spalten begann, wandte sich
der Professor lächelnd zu dem völlig Verwirrten neben sich und erläuterte
beim Eintritt behaglich und gewandt.

»Sehen Sie,« sprach er, einen Augenblick stehen bleibend und die
breite milchweiße geschäftige Straße auf- und abdeutend, welche sie
langsam emporschritten, so daß Christian vor dem unsäglichen Glanze
der blendenden mittelalterlichen Häuser oftmals die Augen schließen

mußte, »– wie das Alles wirbelt – ach – Sie entschuldigen mich wohl für ein paar Sekunden –«, damit lief er eilig auf einen kräftigen ältlichen Mann mit saurem recht grämlichem Gesicht zu, der nörgelnd und murrend vor einem Kaufgewölbe eine Handvoll feiner scharfer Kristalle einzeln musterte. Als er den Ankömmling erkannte, heiterte sich seine Miene ein wenig auf, wurde jedoch gleich wieder verdrießlich, und er grollte weiter, so daß Christian jedes Wort verstehen konnte : »Hier – Wase ! –« Dabei hielt er ihm die gläsernen bläulichen Eisnadeln vorwurfsvoll und anklagend hin, »– ist denn das noch eine Arbeit ! Der Schliff mag ja zur Not noch angehen, obwohl die Spitzen bedeutend schärfer sein könnten – wo soll denn das haften ? ! Und ich habe gerade ein paar prächtige alte Fachwerkhäuserchen entdeckt; wie wundersam würden die in der Winternacht strahlen, wenn man anständig die Giebel verglitzerte. Weißt du : ich dachte mir : in schicklichen Abständen etwa faustgroße Schnee-tupfen und dazwischen und darüber das hier als feines seidenblaues Gespinst – hast du schon eingekauft ? ! –«. Er sah sich vorsichtig um und sprach dann halblaut weiter : »– aber im Leilemungäßchen gibt es Eiszapfen –« er faltete schier andächtig die breiten Hände; dann zog er seufzend ein Zettelchen aus der Tasche und studierte eifrig darin, »– Reif für Holz-scheunen –«, hörte Christian ihn noch erwägend murmeln, aber er konnte gerade noch einem schmalen grau gekleideten Herrn ausweichen, der zwischen zwei vierschrötigen mit großen klirrenden Fässern beladenen Burschen dahinschritt, und, mehr rückwärts als vorwärts gehend, die stämmigen Träger in eine Seitenstraße einwinkte.

Auch war es gar zu betriebsam und wunderlich um ihn; vor einem breiten mondweißen Hause waren lange Tische aufgestellt, an denen flinke Verkäufer wallendes nebeldünnes Tuch den höflichen Kunden schnitten oder vorlegten; manches war mit feinen blitzenden Bändern durchwebt oder hatte gar mattweiße Sternchen zwischen den kaum sichtbaren Fäden liegen. Auf der anderen Seite der fast marktbreiten Straße zogen sich schöne alte Laubengänge entlang, unter denen sich unzählige leise plaudernde Leute drängten oder müßig dahingingen; die Meisten waren in weite seidenbauschige oder lichtgraue Gewänder gekleidet und nur selten sah man eine dunkle Gestalt in dem artigen Schwarme. Was Christian jedoch am meisten anzog, war die schier unglaubliche Anzahl der Kleinen, die Meisten kaum so groß wie seine Hand, die artig oder meisterlich lärmend in allen Ecken spielten, oder gar geschickt und beinchenbaumelnd auf dem Rande des großen Brunnens saßen, aus welchem in Wolkenwellen kühle Lichtschleier bis hoch über die Dächer stiegen.

Eben trat Seidenschwarz wieder zu ihm, stieß ihn neckend an und fragte lachend : »Nun, Wicht – aber kommen Sie nur; ich habe noch Verschiedenes zu tun. « Er zog ihn geschwind die Straße entlang, bog mehrmals in Seitengassen und trat endlich mit dem nur immer schauenden Christian in einen großen vornehmen Laden, in welchem nur wenige auserlesen gekleidete Herren und Damen prüfend vor den Auslagen standen. Der Professor nahm, unbefangen und nachlässig einige Grüße erwidernd, in dem weiten weißen Seidensessel Platz und nötigte Christian in einen zweiten neben sich. Nachdem er dem sich fragend verneigenden Jüngling einige ausführliche Aufträge in wunderlich und schön klingender Sprache erteilt hatte, schloß er auf einen Augenblick nachdenkend die Augen, »– ach so – Ja!«, erinnerte er sich;, »also ich will mir die neuen Eisblumen ansehen, die der fleißige Gärtner hier gezüchtet hat – dann einen schönen matten Herbsthagel; mittelfein – sehen Sie,« er wies zu der Glastür gegenüber, hinter welcher Christian an feinen sich schnell drehenden Maschinen viele junge und ältere Männer hantieren sah : »– dort sitzen die Schleifer und Polierer – Eisnadeln schärfen und gravieren; ganz hinten wird der Hagel sortiert und geglättet –«, er betrachtete eingehend einige vorgelegte Zeichnungen und gab die erforderlichen Aufträge, »ich habe diesmal einige besonders erfahrene Leute geschickt,« murmelte er dabei, »– Garten und Haus meines Freundes Rosenroth zu –«. Er schob zweifelnd die Unterlippe vor und hielt mit ausgestrecktem Arm den Katalog von sich »– ist wohl nur für kleinere Scheiben geeignet – hm –,« er wiegte unschlüssig den Kopf und legte das feine Blatt neben sich, griff aber schon wieder angeregt nach einer handlangen achtkantig facettierten Eisspitze, die ihm der Verkäufer auf einem länglichen blausamtenen Kissen hinreichte und ließ das Licht in den spiegelnden Seitenflächen aufblitzen, »– Wissen Sie, das ist für die großen Mondringe in den eisigsten Nächten – vorzüglich, vor allem die ganz außerordentlich gelungene Tönung – 3 Stück davon – ganze Ringe natürlich –«, wandte er sich zu dem schreibenden jungen Manne, der mit angestrengt gerunzelter Stirn gefällig und dankend nickte. »– Ich komme dann noch einmal mit vorbei – etwa in einer Stunde; lassen Sie bis dahin den Rauhreif, nach Zeiten, Farben und Städten geordnet zurecht legen – vor allem für Zittergräser; die Teicheisproben – matt; – nein – Schneeflöckchen habe ich meine alten bewährten Kleinen – vielleicht noch ein Paar Stücke Glatteis – nun, ich werde ja sehen –!« Er nickte dem die Tür Öffnenden dankend zu, und trat vor Christian her wieder auf die Straße hinaus, »– und – wo gehen wir hin – ?!«, fragte er gut gelaunt, faßte aber schon seinen jungen Freund unter dem Arm und schritt, bald hier auf ein stilles Standbild, dort auf das Spruchband eines spitzen Giebels hinweisend weiter durch das zierliche

Gelärme. »Holla – Freund!«, er hob die Hand und winkte einem großen breitschultrigen Manne, der mit einem langen silbernen Ruder in der Rechten durch die Menge schritt, »– seid Ihr frei –«, und als der Angeredete lächelnd bejahte, schob er ihm ein flaches mondiges Täfelchen in die Hand, flüsterte ihm einen Auftrag zu, wobei der Fährmann bald ihn, bald Christian aufmerksam ansah, und zog endlich den Studenten weiter, an schimmernden Palästen vorbei und über marmorne gewölbte Brücken mit breiten geäderten Balustraden. An manchen Stellen war das Geländer durchbrochen; kleine Treppchen führten ins Dunkle hinab, und Christian erkannte, sich über die Brüstung neigend, tief unten das schlafende helle Bergland.

Unabsehbar zogen sich die dunklen lichtbehauchten Wälder über alle Hänge und Täler; aus den weiten Nebelwiesen blitzten die Silberscheiben der Teiche herauf, ein Bächleinfaden mündete hinein, schlang sich wieder in Zitterwellchen hinaus, weiter in Hauch und Duft; zuweilen schlugen in den stillen Dörfern die schlafenden Hündlein an; Mühlen lagen im Tal wie in sprühendes Nebelgedüft und Mondschein vergraben, und die einzige helle Landstraße zog sich wartend an kaltschattigen Hekken und kahlen Feldstücken entlang. Ein einsamer Wagen rollte rasch und einförmig dahin, und Christian stand und schaute und vergaß den geduldig wartenden Begleiter über dem wundersamen Anblick.

Endlich berührte Seidenschwarz vorsichtig seine Schulter, »– kommen Sie nur –«, sagte er nickend, »es wird zu lebhaft hier –,« und er deutete auf eine ganze Reihe kräftiger Männer, die, jeder ein mächtiges Faß vor sich heranrollend, ankamen, und die schwere Fracht treppab in ein langes schmales Wolkenschiff verluden. »– Hagelwerfer – wahrscheinlich für den Gebirgskamm –,« sagte der Professor kurz, und schob Christian vorsichtig an der Faßreihe vorbei, »– sehen Sie, dort drüben«, flüsterte er halblaut, indem er auf einen ungemein wohlgekleideten Mohren mit bedeutendem pausbäckigem Gesichtchen, blauem Seidenjäckchen und feuerroten bauschigen Hosen, unter welchen die Spitzen prächtiger klappernder Goldschühchen hervorsahen, hinwies, »– trefflich, wie – ?« »Was hat er denn da in der Tasche,« fragte der Student im Flüstertone, und der Professor raunte zurück, »– sehen Sie es denn nicht : ein winziges graues Eulchen – da ! – husch – schon ist sie wieder im Täschchen – hihi – nebenbei : aus Leipzig, der Herr !–« Und er rieb sich vergnügt die Hände, blieb aber nach wenigen Schritten vor der großen Auslage einer Buchhandlung stehen und blickte eifrig durch die blitzenden Scheiben, welche kunstvoll aus klarstem Seeeis gebildet waren. »– Die Neuerscheinungen –« hörte Christian ihn geschäftig vor sich hin sprechen, »– hat schon

wieder eins veröffentlicht der Bursche – sieh doch mit Eisstichen – Pläne – obere Luftschichten – neueste Rauhreifanhänger für Tännchen –«, er
schritt behende zu der anderen Ecke und bückte sich neugierig herab,
»– Reif – noch einmal – Statistik der Reisenden auf Wolkeninseln –
halt –,« er richtete sich auf, und sah Christian einen Augenblick überlegend an; dann lief er rasch in den Laden, kehrte in kürzester Zeit zurück,
und reichte ihm ein, wie es schien, in dünne Seidennebel eingeschlagenes
ansehnliches Päckchen hin. »– Sie müssen doch eine Erinnerung haben,«
sagte er behaglich lächelnd, »– es ist ein ausführliches und wirklich ganz
ausgezeichnetes Nachschlagewerk oder recht eigentlich ein Handbuch
aller selbständigen Wolkeninseln; von jeder eine genaue Karte, Ansichten, kurze aber inhaltsreiche Beschreibungen, Geschichte, Einwohner,
Reisestrecken, allerhand Sehenswürdigkeiten und so weiter und so weiter
– ein Meisterwerk; besitze es selbst – wirklich – nun, es ist ja in guten
Händen –«, er wehrte fast verlegen den Dank des jungen Studenten ab,
und sah aufmerksam in den hellen Mond hinauf: »ja, es wird Zeit –«, sagte
er ruhig, »– kommen Sie, Wicht – es ist nicht weit; nur mir nach!«; er ging
rüstig und eilig voran durch stiller werdende Gassen, in denen schon hier
und da kleine Gärtchen mit artigen silbernen Büschen und leise sich wiegenden Bäumchen vor den Häusern lagen, über kleine verträumte Plätze,
auf denen winzige Bäumchen in die Nacht hinaus wisperten, und blieb
dicht vor der riesigen strahlenden Burgmauer stehen. »Ich muß voran-
gehen –,« erklärte er verbindlich, »es ist nur ein enger steiler Pfad –«, er
schritt schon in den silbernen Hohlweg hinein, gefolgt von dem gehorsamen Christian, und bald standen die Beiden auf den mächtigen alten
Zinnen, wo die senkrechten schroffen Klippen jäh in das klare Dunkel
abstürzten.

Der Professor unterhandelte unterdessen leise mit dem schönen
Jüngling, der den hohen Sturmhut des Wächters trug und stieg dann langsam vor dem umsichtig Folgenden eine lange, tief in den ewigen schimmernden Felsen des Untergrundes gehauene Treppe hinab, die in einer
breiten leuchtenden Stufe endete; und Christian sah zu seinem Erstaunen,
wie um die mächtigen viele hundert Fuß hohen Strebepfeiler und kühnen
Vorgebirge leichter wallender Wolkenschaum spielte als brande ein schönes Meer um das unzugängliche Ufer des Silberlandes.

»Ah, er kommt schon,« bemerkte Seidenschwarz, befriedigt auf den
nächsten Vorsprung deutend, um welchen soeben eine weiße schmale
Wolkengondel herumzog, und der Student erkannte in dem hohen Fergen, der aufrecht am Bug des Fahrzeuges stehend, das breite Ruderblatt in
die wogende Nacht senkte, den Mann, den der Professor vorhin gemietet

hatte. »Steigen Sie nur ein, Wicht,« rief Seidenschwarz fröhlich; gab noch dem Fährmann im langen weißen Schiffermantel einen Befehl, und sah dann, lächelnd die Arme über der Brust gekreuzt, dem gebogenen leise schwankenden Nachen zu, welcher sich lautlos vom Ufer löste, und, sich unmerklich senkend, in den klaren Mondschein hinausfloß. Noch einmal winkte er grüßend hinüber, dann warf er die schwarzen Locken herrisch aus dem Gesicht, stieg mit festem Schritt in die Felswand zurück und war bald den Blicken Christians entschwunden.

Der schweigende Fährmann mit dem fliegenden Mantel schwang mächtiger das Ruder, daß es sich federnd bog, und Silberfunken hinter der Barke aufstoben; in weitem schönem Bogen umfuhren sie das höher und höher steigende Eiland, welches schweigend und strahlend in den mondblauen Nachthimmel hinauf zog. Das Boot neigte den Schnabel sanft nach unten, daß die rascher strömende Luft Christians heiße Stirne kühlte; einmal sah er über den Bord, hörte schon Baumkronen neben sich aufrauschen, und als er den Kopf hob, um nach der fernen Wolkenburg zu spähen, landete das Boot bereits stumm und gaukelnd in einem bleichen silbernen Nebelmeer auf einer weiten Wiese.

Noch völlig benommen erhob er sich, fühlte beim Heraussteigen einen schmalen festen Kiesweg unter den Füßen und erkannte, scharf im hellsten Mondschein mit schwarzen winkligen Schatten um Tür und Fenster, Herrn von Rosenroths hohes prächtiges Haus, von welchem er keine fünfzig Schritte entfernt stand. Der Student fuhr mit der Hand über die Stirn; er wandte sich um, erkannte noch, schon verschwimmend in Nebelduft und Mondlicht das schöne still lächelnde Gesicht des Fergen, der mit leichter fremdartiger Gebärde den Finger zum Silbermund hob; dann zog nur noch ein schmales wie verirrtes Wölkchen über die Wipfel der alten Kastanien, und Christian folgte ihm nachdenklich mit den Blicken, wie es, rasch steigend, sich allmählich vor den Umrissen einer wundersam strahlenden unerreichbar fernen Wolkeninsel verlor.

7.)

Eine Zeitlang noch stand er in tiefen wunderlichen Gedanken, bis ihn leise fröhliche Stimmen aufschreckten, die aus der Ecke der Glasbeetchen zu kommen schienen, und gleichzeitig sah er den purzelnden Schein zweier kleiner gegitterter Laternchen über Zäune und Buschwerk gaukeln. Als er langsam und gedankenvoll näher ging, um die stillen wie dunkle gewundene Erzstäbe ineinandergeschlungenen Hecken herum, richtete sich neben dem einen gelben Lichthäufchen eine kleine derbe Gestalt in die Höhe, rannte tüchtig dem Eindringling entgegen und blieb zunächst verdutzt vor Christian stehen, machte aber gleich ein artiges Dienerchen und reichte ihm das kalte Händchen hinauf. »Guten Abend – Herr Wicht!« sagte Puck zögernd und barg dann die Fäustchen auf dem kleinen Rücken, drehte sich aber bald entschlossen um, und bat den erstaunten Studenten ihm zu folgen, »– aber Sie dürfen nichts sagen –« ermahnte er wichtig und kichernd, »– es ist nur Elv, die mir hilft; ach!«

Christian trat steif näher und machte eine schlechte hilflose Verbeugung, sah aber dabei so fremdartig und hingegeben in die dunklen Augen, daß das Mädchen den Blick nicht von der schlanken seltsamen Gestalt lassen konnte, und ihn gar vorsichtig herbeiwinkte. Er kauerte sich neben das fein rauschende Kleid, folgte dem Scheine der leicht geneigten Laterne und tat einen kurzen erstaunten Ausruf : vor ihm, mächtig und erhaben auf seinem kleinen Wägelchen, lag ein ungewöhnlich großer gelbgrüner Kürbis, der aber ganz deutlich die Gestalt eines Pilzes mit gedrungenem Stengel und dickem trutzigem Kopfe aufwies. »Puck –«, rief er leise auflachend, und horchte dabei versunken auf das silberfeine Echo an seiner Seite, und der Kleine verschränkte stolz die Ärmchen über der Brust, »– Ha –« sprach er gedämpft, »wie wird der Vater staunen – das wäre ge... –«, er brach vorsichtig ab und horchte in die Nacht, aber es war nur draußen auf dem hellen Roßmarkt, wo ein paar verspätete Nachtschwärmer flötend und rufend über die buckligen Steine tappten.

»Wir verbergen ihn zunächst im Haus –«, erwog sinnend der Kleine, »– Sie helfen uns tragen – ?« und er blickte bittend und zutraulich an Christian empor, der schon behutsam Frucht und Wägelchen vom Beete hob, und, die Last in beiden Armen, sorgsam zur Haustür schritt.

Auf der Stufe vor der Hintertür blieben sie noch einmal stehen und sahen in den Garten hinaus; aus der an manchen Stellen leicht wallenden Nebelschicht ragten die Bäume in halber Höhe hervor; nur wollte es dem Studenten seltsam bedünken, daß die Nachbargärten schier ganz klar in dem still und emsig spielenden Mondlicht dalagen, und der Kleine neben ihm kicherte belustigt zu dieser Bemerkung : »– es wird morgen den schönsten Reif geben –« meinte er behaglich und reckte sich zufrieden in den weichen Hausschühchen.

Nur in der Ferne noch über dem Bächlein war zwischen den Uferweiden ein gar schöner schwebender Nebelstrahl ergossen, welcher sich, kaum bewegt, dicht über den schimmernden Kräutern hinzog, und sich bald darauf wallend durch die weißen Birkenstämmchen am Hügel schlang.

Innen im Hause knisterte es; die zarte seidengraue Luft war voll der prächtigsten Schattenstücke und an der mattglänzenden Tapete schattierte sich eifrig und wohlgefällig das kletternde Geländer.

Christian stellte die gelungene Frucht vorsichtig über die Schwelle in das Zimmerchen Pucks, und verneigte sich dann, wirblig vor Silberlicht und Sehnsucht, mitten in den neckenden duftigen Mondschein hinein, hörte selig ein paar leichte lichtbeschuhte Füße über sein Herz hinweg schlüpfen, Schatten und Schummerglanz wischten leise umeinander wie ein fliehendes Seidenkleidchen, und der Student stand wieder allein und nickte sich andächtig und beklommen vor scheuem erdachtem Glück die Treppe in sein Dachstübchen hinauf.

Hier war es still und leer; nur der blanke Mond sah tiefsinnig und beschäftigt durch die Fenster herein, und Christian setzte sich aufgeregt mitten auf die reinlichen Dielen. »Ach –«, sagte er überwältigt und schüttelte ungläubig den Kopf, »– ist es denn möglich – ich habe neben ihr im Grase knien dürfen – !« »Hm – du bist ein Glückspilz,« bestätigte der Mond zerstreut und tupfte geschickt und wichtig ein paar schöne Kringel auf die Schranktür. »Ach – ich gebe mir wohl selbst nur Antworten,« meinte der Student seufzend, aber mit seinen Gedanken schon wieder recht abwesend; denn er sah sich selbst, wie er morgen errötend und unbeholfen an ihr vorbei gehen würde, und bemühte sich angestrengt einen gar ehrfürchtigen und schönen Gruß zu ersinnen. »Wenn ich ihr doch nur etwas schenken könnte – ach, mein Herz – aber sie mag mich sicher nicht – nein,« schloß er still, »– damals –,« und sein Herz zog sich schmerzhaft zusammen, wenn er daran dachte, wie kalt Unwille und Abwehr in dem unsäglich schönen schmalen Gesicht zu lesen gewesen waren. Er machte sich kühl und müde, aber die hoffnungslose bittende Stimme in seinem Inneren schwieg nicht, so daß er endlich unselig auftappte und bitter in seine dunkle Ecke schlich.

Obwohl am nächsten Morgen wirklich der schönste glitzernde Reif an allen Zittergräsern gehangen hatte, wurde doch der Nachmittag rasch kalt und unfreundlich; Regen fuhr grau ums Haus, untermischt mit pfeifendem Herbstwind, und Herr von Rosenroth stieg persönlich durch Keller und Boden, den sorglichen Vorrat an feinstem Brennholz zu mustern, gefolgt von dem angeregten Puck und Christian, die mit ehrbaren Mienen hier und da in den Hölzern herumsuchten und einander stolz die schön gemaserten zu Schnitzereien ungemein tauglichen Klötzchen und Stammstücke zeigten.

Als die lange Dämmerung einbrach, flackerte zum ersten Male in diesem Spätjahr ein leichtes angenehmes Feuer in dem großen porzellanenen Kamin, und alle saßen plaudernd oder mit kleinen Arbeiten beschäftigt um die spielenden, den großen Raum warm erleuchtenden Flammen.

Herr Theodor saß gewöhnlich, in einem alten Folianten blätternd, in seinem geflochtenen Sessel oder lauschte interessiert den oft belehrenden oft wunderlichen Gesprächen, die Christian und Puck ernsthaft miteinander führten. Der Letztere pflegte gewöhnlich sein mit vielen gelben Pilzen bemaltes Lieblingsbänkchen heranzuschleppen, während der Student bescheiden auf einem Hocker neben ihm saß, das Kinn in die Hand gestützt, und Elv sah manchmal von ihrem Platz neben dem meist leeren Stuhle der Mutter verstohlen zu der hohen nachdenklich gebückten Gestalt hinüber, die oft während des Sprechens sinnend mit dem langen geschmiedeten Schürhaken spielte, oder in das kluge Gesicht mit dem blonden welligen Haar darüber. Und sie horchte, langsam und ruhig fortstickend, wie er oft bei den Namen seiner geliebten Dichter tiefsinnig und begeistert mit bebender halblauter Stimme sprach, und immer eifriger wurde, und aus schier unerschöpflicher Fülle Namen und Daten nannte, oder dichterisch und glühend ein altes Gedicht wiedererzählte; oft fragte sie dann halblaut den wohlgefällig lauschenden Vater irgend etwas Gleichgültiges, nur um Christians rührende Verstörtheit zu sehen, wie sie spöttisch meinte, aber Abends in ihrem Zimmer wußte sie, daß es – nein, gar kein Neid! – mochte er doch bei seinen Büchern – schön waren sie ja gewiß –. So vergingen manche Tage, und sie begann darauf zu achten, wie in seinen Erzählungen die Mädchen und Frauen aussahen, und fragte eines Abends harmlos : » Wie – Isolde hatte dunkles Haar ? – Ich denke sie war blond ? –«, und sah ihn peinigend und erbarmungslos an. Der Student senkte ertappt den Kopf, erwiderte aber hastig und dankbar für den Einfall : » Es ist eine keltische Sage, die in der Bretagne spielen mag, so daß es wohl vertretbar ist, sich sie dunkel vorzustellen –«, und Dr. Wilde, der, wie öfter zu Besuch in der Abendstunde, in seinem schweren klobigen Eichenstuhl neben Christian saß, klopfte ihm hart auf die Schulter und knurrte vergnügt : » Alter Rabulist –«, dann kam er dem bedrängten jungen Freunde zu Hilfe und fragte listig, den schweren Kopf unschuldsvoll zu Elv herumwendend » – aber, Fräulein Elv, – darf man fragen – wie stellen Sie sich – hm – gut ! : den Tristan vor ? !« » Oh, « sagte das Mädchen, und warf schnippisch das Köpfchen zurück : » natürlich – blond, und groß und schön – und er hat ein veilchenblaues Samtwams an und eine ebensolche Haube mit weißen wallenden Federn – genügt das, Onkel Wilde – ?« Der Alte sah sie nachdenklich an » so, so –« murmelte er aufmerksam, » – muß es denn gerade veilchenblau und Samt sein – und reich ist er auch ?«»Reich wie ein König –«bestätigte Elv heiter, nur die dunklen Augen sahen ein wenig düster aus dem feingezeichneten blassen Gesicht, und ihre Hand zog langsamer den Faden durch den schweren Stoff.

Es war still geworden im Zimmer; nur der Herbststurm jagte brausend um die festen Mauern und das Feuer im Kamin lohte heller und knisternder um die dicken Kloben und Scheite, von welchen dann und wann das Eine zerbarst, und seidenrote funkige Schleier nach oben huschten.

»So, so!« sagte der Alte noch einmal und betrachtete abwesend den geschäftigen und heiteren Puck, der sich des gläsernen Spazierstocks bemächtigt hatte, und durch den rubinenen klaren Knauf hindurch das Feuer betrachtete. Bald aber ließ ihn der Kleine wieder sinken und setzte sich artig auf sein Bänkchen, indem er sich erwartungsvoll und vergnügt im Kreise umsah; eine Zeitlang wartete er geduldig; dann begann er bescheiden an seinem kleinen Ärmelchen zu zupfen, und fing, als das nicht anschlug, endlich an, gar hörbar mit den Beinchen zu pendeln.

Christian wandte erwachend den Kopf und fragte gedankenvoll : »Nun, Puck – ?«, der Kleine sah ihn bedeutend an : »– 'ne Geschichte – !«, sprach er behaglich, »– wie damals den Parzival oder neulich den Niels Klim – das ist die einzig schickliche Lektüre für unsereinen. Ich habe sie auch schon alle auf meinen Wunschzettel geschrieben; die Insel Felsenburg und den Robin und vor allem den Herrn Brockes : den muß ich kriegen ! – Wenn er nur noch zu haben ist –«, und er sah sich tief besorgt nach einem Trostwort um. Zwar Christian nickte ermutigend, aber der Alte schüttelte hoffnungslos den mächtigen Kopf, »– ausgeschlossen –«, sagte er entschieden, »so ein altes Buch ! – Man soll ja den Mut nicht verlieren – aber, aber –«, er strich bedauernd und abschließend mit der Hand durch die Luft. »Meinst du –«, fragte der Kleine bedrückt; doch die einzige Hoffnung, die ihm zuteil wurde, bestand darin, daß Dr. Wilde nachdenklich hinzufügte, auch die anderen genannten – freilich gar trefflichen – Werke würden kaum noch zu finden sein. Puck wurde durch diese herzlose Äußerung so unglücklich, daß er mit unglaublicher Schnelligkeit verstört die Schühchen baumeln ließ, und sich nur langsam und unvollständig erholte.

Auch dem Studenten fiel es schwer auf's Herz, daß in einem guten Monat Weihnachten sei, aber er hatte jetzt keine Zeit sich weiter zu zergrübeln, denn wieder bat der Kleine seufzend um ein zerstreuendes Geschichtchen, und so erzählte Christian denn von dem Schuster Friemel aus Frankenhausen, seiner alten Wanduhr, und dem geheimnisvollen Fremden aus Samarkand.

»Natürlich war es ein Luftgeist,« sagte Puck entschieden, »– der hellblaue fliegende Mantel, ein weißer schöner Turban, breite Schärpe – und die weißen spitzen Seidenschuhe dazu –«, er nickte gar wohlgefällig und lauschte ernsthaft weiter, wie da die dicken schneeweiß gefütterten Wolken langsam durch das Geschichtlein dahinzogen, und oft der Mond auf stille Dörfchen und märchenwirre Oasenstädte herabschien.

Auch der Alte saß behaglich zurückgelehnt und schmunzelte oft vergnügt und stolz zu Elv hinüber, die dann jedes mal leicht errötete, aber sogleich das Köpfchen betont wieder über ihre Stickerei beugte.

Auch Herr von Rosenroth kam händereibend zurück, und hörte noch eben den höchst gelungenen Schluß, wie man die alte Wanduhr dann weiterhin als Schränkchen benützte, und sie fortan sogar ehrerbietig nur noch als »geheime Wanduhr« bezeichnet wurde.

Es war schon spät geworden; der Kleine hatte vergnügt und befriedigt mit dem Kopfe genickt, war mit dem Gute-Nacht-Händchen von Einem zum Anderen getrippelt, und auch Elv hatte die Drei am webenden Feuer allein gelassen. Draußen trommelte der Regen an die Scheiben, Wind ritt johlend ums Haus, daß die festen Laden leise aufschlugen, und die Flamme zog singend und rauschend höher.

»Er ist geschäftig heute Nacht –«, sprach der Alte auf dem Eichensitz mit hohem Ernst, und wandte schwerfällig lauschend das mächtige Haupt; gellender als zuvor tobte eine riesige Bö heran und pfiff heulend an den verwahrten Fenstern entlang. »Wieder einmal Herbststurm –«, murmelte er abwesend vor sich hin, »– oben jagt die fahle Silberscheibe durch die schäumenden Wolken –« seine Stimme verlor sich in einem unverständlichen Flüstern. Herr von Rosenroth beugte sich leicht und herzlich vor und legte die schmale Hand auf den granitgrauen faltigen Rockärmel des Greises : »Alter Freund –«, sagte er leise und behutsam, aber der Doktor, schon wieder gefaßt, nickte ihm nur ingrimmig und wohlwollend zu : »Ja väl ! –«, knurrte er spöttisch, »– Tak skal de har –«, und der Student wandte bei den wenigen norwegischen Worten erstaunt den Kopf, daß der Alte ihm auflachend zuwinkte, »– nun, junger Freund ? ! – ach so, sie haben ja auch nordische Mythologie und Sage studiert – Folkesage og Heldreeventyr, wie ? !«

Christian sah still und bescheiden in das allwissende gutmütig neckende Gesicht und antwortete nach einer Weile halblaut : »Ich bin ein wunderliches und phantastisches Kind und ich erfahre immer mehr, daß Alles, was wir erleben, Wirklichkeit ist, sei es auch Traum, Bild, Büchergestalt oder sinnender Gedanke. Es gibt so viele Welten und Wesen, schön und düster, und die vom Geiste gezeugten sind reiner und geordneter – ach, ich kann es noch nicht recht aussprechen –«, er sann angestrengt nach; dann sagte er, »ich möchte – als Beispiel – ich habe als Knabe immer die Insel Felsenburg bei mir getragen, und hatte mich so hineingelebt, daß ich lieber dort war, als in der »Wirklichkeit«, wie meine Eltern es nannten. Es war aber Wirklichkeit für mich, und wohl kenne ich noch das alte Eiland – aber das ist ja Alles im heiligen Don Quijote viel tiefsinniger und schöner gesagt –«, er strich verlegen mit der Hand über den dünnen fadenscheinig glänzenden Stoff am Knie und verstummte.

Der Alte nickte ihm gütig und mit stolz funkelnden Augen zu, »– Wicht!« sagte er nachdrücklich, »– ich weiß – weiß schon lange. Kenne Sie doch – Kollege Seidenschwarz meinte auch – wie hat es Ihnen übrigens gefallen? –« er lachte verschmitzt und schlug brav mit der Faust auf die Lehne, wandte sich zu Herrn Theodor, und sprach rasch und vergnügt in einer dem Studenten völlig unbekannten Sprache auf ihn ein, daß der Hagere sich angeregt vorbeugte und oftmals anerkennend den Kopf wiegte. Mitten aus dem wirbelnden Silbenfall heraus sagte Wilde : »– warum wollten Sie denn damals durchaus ‹reich› sein, Wicht – also : Geld haben – vielleicht –«, er kniff bedeutsam ein Auge zu und fuhr ahnend fort, »– hm – für ein veilchenblaues Wams – –?«

Auf Christians Gesicht gefror der gut sinnende Ausdruck in ein starres hilfloses Lächeln, ob des schonungslosen Angriffs; es war ihm, als hätte eine grobe Faust etwas roh enthüllt; er erhob sich mit leeren höflichen Augen und hörte sich ruhig sagen : »– Es – nein, Herr Doktor, es war eine rein wissenschaftliche Frage – ich –«, wandte er sich mit einer Verneigung an den erstaunten Herrn von Rosenroth, »– es ist schon spät; ich bitte, mich zurückziehen zu dürfen –,« und ohne eine Antwort abzuwarten ging er zur Tür, die er hinter sich zuzuziehen suchte, fand jedoch im Dunkel des kühlen Vorsaales nicht sogleich den schweren Drücker und mußte hören, wie drinnen ein überstürztes Gespräch begann, von dem er aber nur im Weitergehen die »Oh's« des Herrn von Rosenroth und das halb zornige halb ergötzte Lachen des Alten deutlich vernahm.

Auf der Treppe war es fast ganz dunkel, nur ab und zu huschte mattes jagendes Licht über Stufen und Wände, so daß er sich mühsam in's erste Stockwerk hinauftastete; da sah er im eben wieder aufgeisternden Schein eine schlanke Gestalt am Fenster stehen und in die brausende Nacht hinausschauen. Er wollte stumm vorbeigehen, aber seine verräterischen Füße trugen ihn gerade auf das Mädchen zu, das ruhig den Kopf wandte und ihn fragend anblickte.

Der hervorbrechende Mond beleuchtete ihr einfaches braunes Kleidchen und den weißen Kragen, aus welchem ihr Gesicht wie eine zarte Blume hervorschimmerte. Er sah düster und selig in die dunklen Augen und auf das schlichte seidene Haar : »Lieben Sie die Sturmnacht – ?«, fragte er, um nur Etwas zu sagen, und sie nickte langsam, während sich da oben zerfetzte flatternde Tücher um die rauhe Silberscheibe schlangen, so daß Beide in schier völliger Dunkelheit standen. »Auch den heißen Sommermittag –«, fragte er leise weiter, »– und den frischen blauen Frühlingshimmel – ?« »Ja –« sagte es zart und bestimmt neben ihm in der Nacht. »Die alten Bücher nicht –« fuhr er langsam fort, »und alle die toten Dichter mit ihren schelmischen und klugen und sehnsüchtigen Stimmen – warum nicht ?«, und er horchte vor sich hin, glücklich und dankbar für jede Sekunde, die er neben ihr stand; und dachte schüchtern : ‹wie muß es sein, wenn man über ihr Haar streicht –›, und schalt sich gleich wieder einen gemeinen und verworfenen Menschen, der so etwas zu denken wagte.

Nach einer Zeit hörte er Elv leicht aufatmen und sie sagte ein wenig schüchtern : »– Ach doch; ich weiß nur gar nichts davon – ich bin schrecklich dumm; ja !« schloß sie erbittert und starrte haßvoll ins Leere. Er preßte die Hände an das klirrende Fensterglas in seinem Rücken und antwortete zitternd : »Nein, Fräulein Elv – sie sind – – Sie –«. »Etwa klug ? ! !«, fragte es kalt und voll höhnischer Selbstquälerei neben ihm mit erregter brüchiger Stimme; er griff um das Holz des Fensters, daß seine Hände schmerzten und flüsterte plötzlich tonlos in verzweifeltem Mut : »– Prinzessin –«.

Unten flog die Tür des Arbeitszimmers auf, und heller Lichtschein flutete breit über den aufknisternden Vorsaal; Christian sah nur, wie ein blasses erregtes Gesicht sich mit geweiteten Augen und leicht geöffnetem Munde ihm zuwandte; dann floh er vor den sich nähernden Stimmen mit ein paar hastigen Sprüngen die Treppe hinauf, und preßte in seinem Stübchen die Hände vor die fiebernde Stirn.

8.)

Schon am Nachmittag des 23. Dezember trat Herr von Rosenroth oftmals von seinem Lieblingsplatz am Kamin, wo eben Christian und Puck, nur mehr halb bei der Sache, die letzte vorweihnachtliche Unterrichtsstunde abzuhalten versuchten, an's Fenster und betrachtete sorgenvoll den wolkigen grauen Himmel. »Ich – ich – ich komm' gleich wieder –« rief dann Puck jedesmal eifrig und klasperte eilfertig hinter dem Vater her, worauf Beide tiefsinnig und schweigend eine Weile hinaussahen und kummervoll wieder zurückkehrten. »Zwar : die Bewölkung scheint zuzunehmen –« schlug Puck zögernd vor, und wieder sprangen Beide voll neuer Hoffnung auf und steckten die Köpfe gar kunstreich in die schwierigsten Fensterecken. »Gewiß tut er, was er kann!«, sprach Herr Theodor würdig, »– aber –«, er durchmaß auf's Neue ruhelos das Zimmer; dann faßte er einen Entschluß, »– ich muß ohnehin morgen noch zum –«, murmelte er geheimnisvoll, »– da kann ich ja heute schon versuchen, ob –«. Er schritt hochaufgerichtet zur Tür, und steckte bald darauf den Kopf mit einer hohen trefflichen Pelzmütze noch einmal herein, »– hm, Herr Wicht –«, sagte er gütig, »– gehen Sie nur für den Rest des Tages zu leichteren Themen über – und achten Sie doch bitte mit Pucks Hilfe auf das höchst wichtige Wetter – der Schnee muß doch –.« Gleich darauf hörte man die Tür ins Schloß fallen und sah die hohe seltsame Figur hastig über den Roßmarkt schreiten.

Pucks braune Schühchen begannen sogleich in bisher unerhörter Schnelligkeit zu baumeln, so daß Christian ihn kummervoll fragte : »Ob wir aufhören, Puck ? – Ich hätte noch – verschiedenes –«. »Und ich erst!«, rief der Kleine entrüstet, rutschte geschäftig von dem Stühlchen herab und rannte mit beiden Beinchen zur Tür; auf einmal blieb er zögernd stehen : »ist denn die Insel Felsenburg wirklich so selten – ?«, klagte er verstört, »– ach, man weiß es eben nicht! Mir sagt keiner was! –«. Dann purzelte er weiter blitzschnell über die Schwelle und bald hörte man ihn unaufhörlich oben in seinem Zimmerchen hin- und herlaufen.

Christian blieb noch eine Weile tiefsinnig vor dem Kamin, und betrachtete gedankenlos die prächtigen bunt bebilderten Kacheln, auf denen Schiffe segelten, Chinesen und Mohren spazierten, und Pflanzen in schönen zarten Farben abgebildet waren. »Also die Mutter –« überlegte er und bog einen Finger um, »– das wird gehen – Puck bekommt den Schouten – hm«, er strich sich nervös über das Haar, »dann Herr Theodor die mikroskopischen Zeichnungen mit den Kieselalgenbeobachtungen; Wilde die große Kopie von der Karte der Umgebung wo Wenzel und Linneweber noch die Meßstangen getragen haben, – ja – Seidenschwarz – was war denn; ach so, die Sternfarbensache; Wenzel und Walter erhalten ihre Päckchen schon morgen früh –« er hatte während der Aufzählung eigentlich ständig an etwas Anderes gedacht; kurz entschlossen ging er hinauf und las wieder mit der Feder in der Hand in einem kleinen Pergamentbande, den er mühsam selbst gebunden und mit seiner steilen sorgfältigen Schrift gefüllt hatte. Er schlug mit gepreßtem Munde das Titelblättchen auf, und stöhnte entsetzt, »– ach, das ist –! – ‹Dichtergespräche im Eilysion› – ob ich nicht doch besser den langen Untertitel weglasse ? – Man müßte dann die Seite ganz vorsichtig herauslösen –«. Er schnitt mit fliegenden Händen ein Blättchen in der erforderlichen Größe zurecht, was ihm erst nach drei vergeblichen Versuchen gelang, und starrte auf das gefällige sanft gebogene Papierchen – »ach – oder ganz neu abschreiben – das – 28 Stunden! – wenn ich die ganze Nacht schreibe –«. Er schlug das Büchlein in der Mitte auf und las ein paar Sätze – »– leise; oder : lautlos ? Oder stumm, still, tonlos, flüsternd – oder leicht – aber durchstreichen kann ich auch nicht – ich habe doch nichts Anderes !«, murmelte er ärmlich, und las errötend ein Gedicht :

> »– Da alle Wolken reisen um Mitternacht
> habe auch ich den Weg zu deinem Fenster gemacht –«

– wenn Sie nun lacht«. Er holte mit zitternden Händen billiges Papier mit kleinen Tannenzweigelchen darauf gedruckt und ein Kügelchen silberne Schnur, schnitt einen schicklichen Bogen zurecht, und wickelte das gar ehrbar und lustig dreinschauende Büchelchen hinein, band eine schöne große Schleife und setzte sich erschöpft vor das Päckchen hin. Dann sprang er wieder auf, hüllte die anderen Geschenke sorgfältig ein und barg all die Rollen und Pakete in den fast leeren Fächern des niedrigen Schrankes.

Als er wieder zögernd und tatenlos die Treppe hinunter in den Vorsaal stieg, wo es schon fast ganz dunkel war, flog die schwere Haustür auf und Herr von Rosenroth trat lachend herein, von Kopf bis Füßen beschneit und schüttelte sich lustig. »Ihr seid mir schöne Wächter –« rief er munter Christian entgegen, »seit schier einer halben Stunde herrscht draußen das schönste Schneetreiben – habe seit Jahren solche Flocken nicht gesehen, halb so groß wie meine Hand, und über Nacht wird Kälte eintreten mit noch verstärktem Schneefall – wußte es doch –«, er rieb sich fröhlich die Hände und hob geschickt einen mächtigen verdeckten Korb über die Schwelle, »– nein !« rief er entrüstet, als der Student ihm mit der schweren Last behilflich sein wollte, »– nicht näher als fünf Schritte, Herr Wicht –« und trug die Last mit höchst geschickt zur Schau gestelltem Mißtrauen um die Wände des Vorsaales herum, daß selbst Christian leise auflachte, was den würdigen Herrn nicht wenig zu befriedigen schien. »In einer halben Stunde finden Sie sich wohl ein –«, sprach er streng über die Schulter, »– da sind Nüsse und Rosinenbündel; all das will vergoldet und mit tüchtigen Silberschlaufen versehen sein, und ab heute um Mitternacht ist das Zimmer verschlossen.« Damit verschwand er kichernd hinter der vornehmen Tür, welche Christian ein entschlossenes »Klapp« zurief, so daß er sie nickend und anerkennend betrachten mußte.

Nach der angegebenen Zeit saßen sie vor dem sprühenden Feuer um

runde kleine Tische herum und wetteiferten an Gewandheit und Kunst-
fertigkeit miteinander, auch Puck, der selig mit einem braunen Leimtöpf-
chen hantierte und das Schaumgold in wunderlichen Formen um die
schönen runden und halbmondförmigen Nüsse bauschte. Selbst Herr
von Rosenroth saß emsig neben Elv und flocht aus feinen Silberdrähten
künstliches strahlendes Moos mit ungemein hohen Zittergräsern darin.

Zuweilen lief er angeregt zum Fenster und spähte besorgt durch eine
Spalte des Ladens, kam aber jedesmal mit so vergnügtem Gesicht zurück,
daß die gespannt Zusehenden wohl auf das ungewöhnlichste Schneetreiben schließen durften; auch hörte man einmal schon das Klingeln eines
Schlittens in der munteren Nacht, und alle sahen sich wichtig und bedeutend nickend an.

Von Zeit zu Zeit verteilte Herr Theodor kleine flache Schälchen voll
stärkenden Zuckers, den er höchst geschickt mit buntem Kakao ver-
mischt und erfrischendem Zitronensaft beträufelt hatte; Elv versah das
Ganze mit einigen goldigen Rosinen, und bald hörte man die zierlichen
Löffelchen auf dem Grunde der Porzellannäpfchen klappern.

Endlich erhob sich der Hausherr tief aufatmend, übersah gnädig prüfend die glitzernden Berge der Nüsse, und Puck streckte beifallheischend
die schön über und über vergoldeten Ärmchen im Kreise herum. »Man
lasse mich nun allein –«, sprach Herr von Rosenroth nachdrücklich mit
feldherrlich gekreuzten Armen und entwürfereich gefalteter Stirn, »– Sie,
Herr Wicht, bleiben noch wenige Minuten – eine vorbereitende Arbeit
liegt noch vor uns –«, und ohne auf das murrende Dienerchen Pucks oder
den tiefen elfenleicht spöttischen Hofknicks Elvs zu achten, die Beide aus
dem Zimmer tanzten, zog er Christian in eine Ecke; noch von der Treppe
her hörte man den Kleinen besorgt und tiefsinnig klagen : »Sollten sie
denn wirklich so selten sein – ? !«, dann war wieder nur noch die leichte
schneerauschende Stille um's Haus. –

Als der Student am nächsten Morgen, noch werktäglich gekleidet,
mit Puck vor die Hintertür trat, war ein strahlend schöner Wintertag
angebrochen. Die Sonne gleißte kalt aus einem hellblauen Seidenhimmel,
und glitzerte so funkelnd auf dem hohen silberspitzigen Schnee, daß der
Kleine andächtig die Händchen in die Tasche schob. »Das ist – ach – das
sind wenigstens zwei Fuß,« schrie er begeistert schon aus einer hohen
Schneewehe heraus, daß man nur noch das kleine Pelzmützchen sah, und
Christian ihn lachend herauszog. Dann gingen sie umsichtig wie es Männern geziemt unter der Anführung Herrn Theodors zu Werke, hoben mit
tüchtigen Schaufeln weiße schimmernde Wege aus, und Puck ließ es sich
nicht nehmen, die steilen blendenden Wände immer noch einmal zu klop-

fen und auszurichten. Gewichtig schritt man durch den hellen Vorsaal, trat auf die Treppe hinaus, und schon gruben sich der Student und der keuchende Puck die Stufen hinab, wobei sie gebührend das wundersam verzierte Eisengeländer bestaunten, über welches Herr von Rosenroth wohl eine Viertelstunde lang aus den Händen des Zuckerbäckers Strozzi geheimnisvolle Kistchen und Schachteln entgegennahm.

Der ganze Markt war lustig und lärmend; Schlitten glitten läutend vorbei, Kinder stapften schreiend über den Platz, und in allen Läden drängten sich die Menschen, liefen mit Taschen und Körbchen vorbei, und die Beiden schippten und fegten unermüdlich ein schmales sauberes Wegelchen. Eben als Christian umsichtig einen mächtigen Schneewürfel auf die Schaufel nahm, bog eine leichte Gestalt um die Ecke und blieb mit hellem Lachen vor ihm stehen, »– ist es erlaubt –«, fragte Elv aus dem hochgeschlagenen Kragen ihres dicken Pelzjäckchens hervor und schüttelte sich zierlich, daß es fein und silbern um den verwirrten Studenten stäubte. Sie hatte beide Hände voller Päckchen und verhüllter Gegenstände, und selbst an den Knöpfen der Jacke hingen in dem weichen grauen Pelzwerk baumelnde verschnürte Täfelchen. Als sie an Christian vorbeiglitt, wollte er artig und glücklich zur Seite treten, fiel aber kunstvoll über die Schaufel und verschwand in den hohen Schneewällen an der Seite; als er sich, tödlich verlegen, wieder aufrichtete, sah er in das blasse erschreckte Gesicht des Mädchens, das die Päckchen hatte fallen lassen, und ihn ängstlich ansah, »– ach – es ist doch nichts –.« »Nein« stammelte er beschämt, und hörte nicht mehr ihr erleichtertes Aufatmen, so wütend schaufelte er weiter, während Puck ihm wohlgefällig kichernd das Wämschen ausklopfte, und tröstend auf seinen eigenen Unfall hinwies. So war es am Morgen.

Als der Nachmittag einbrach, und die lange feierliche Dämmerung begann, huschte Christian, in seinem Mantel mancherlei eingeschlagen, hinab und pochte atemlos an die Tür, aus deren Spalt sich nach einer kurzen Pause der schmale Kopf des Herrn von Rosenroth schob und fragend die Augenbrauen hob. »Ah –« sprach er verstehend, »– der Name steht doch auf jedem – ?!« und verschwand wieder nickend hinter dem weißen glatten Getäfel. Der Student atmete tief auf, faltete den leeren Mantel seufzend über den Arm und stieg gedankenvoll wieder hinauf; als er das erste Stockwerk betrat, sah er den unglücklichen Puck melancholisch auf seinem winzigen Bänkchen vor der Tür seines Zimmers sitzen. So schnell pendelten die Schühchen, daß Christian erstaunt und bestürzt hinzutrat und ihm besorgt die Beinchen festhielt. Der Kleine sah ihn abwesend an, dann fragte er schwächlich : »Wie spät mag es denn sein, – Herr Wicht –

noch etwa drei Stunden ? –«, er schüttelte den Kopf und rannte ein paarmal blitzschnell auf und ab, nahm aber artig wieder Platz, stützte das
Kinn auf das Fäustchen und bat : »Sie haben doch rechte Erfahrungen –
nicht wahr, nicht wahr – wie oft mag Ihnen so der Brockes begegnet
sein – ? – Zweimal nur ? ? –«, noch einmal hob er den Blick, forschte
mit versagendem Stimmchen, »– war er sehr teuer –«, und auf das sor-
genvolle Nicken des Studenten hin starrte er wieder bedrückt auf die
gegenüberliegende Tür Elvs.

Auch Christian fühlte das Nützliche einer längeren, die Zeit über-
windenden Aussprache, und nahm umständlich auf seinem gefalteten
Mantel neben Puck Platz. Eine Zeitlang schwiegen sie verstört; einmal
hörten sie die Rathausuhr in der Ferne schlagen und zählten angespannt
mit. »Halb vier ! – Noch 3½ Stunden ! !«, rief der Kleine anklagend
und zog entrüstet die Schühchen aus um schneller baumeln zu können,
aber Christian unterbrach das verwirrende Beinchenspiel und fragte
beklommen : »Du, Puck – der Vater hat doch Bücher gern ?«; »Der
schon !«, antwortete jener beruhigend, rief jedoch sogleich vorwurfsvoll »– und ich erst ! –«, wurde aber in längeren ähnlichen Betrachtungen durch den Studenten unterbrochen, der schüchtern nach der Tür
hinwies, »und – deine Schwester – ?«. Puck wiegte zweifelnd das
Köpfchen und brummte unentschlossen. »Es kann sein –«, sagte er
dann achselzuckend, und fügte erbärmlich hinzu : »man kriegt eben
nichts gesagt – – halt !«, und sie lauschten gespannt auf den Glocken-
schlag; dann sprach der Kleine mit verlöschender Stimme : »Es war die
Jacobikirche – sie schlug halb vier ! –«. – »Wir wollen eine Partie
Schach spielen, Puck,« schlug Christian seufzend vor; sie holten ergeben das Brettchen aus dem Zimmer, und oft geschah es ihnen im tiefsinnigen Wettkampf, daß sie wohl drei Minuten lang nicht unwillig
auffuhren und aus dem Fenster blickten, ob noch immer nicht die funkelnde Nacht käme.

Einmal schlüpfte Elv mit einem stattlichen Bündelchen aus ihrem
Zimmer, blieb aber wie ertappt stehen und sah verblüfft auf das seltsame
schwermütige Paar auf dem Flur. »Nicht hersehen !« befahl sie entrüstet,
sah lachend, wie Puck ächzend die Fäustchen vor die Augen drückte, ein
traumschneller Blick streifte den betrübt zur Seite schauenden Christian;
dann war die leichte Gestalt schon hinab gehuscht und die Beiden hörten
wieder unten die Tür sich geheimnisvoll öffnen und schließen.

Endlich wurde es dunkel; der Kleine war dicht an den Lehrer heran-
gerückt und horchte mit leuchtenden Augen auf die genaue Beschreibung
der ältesten deutschen Übersetzung des Robin Crusoe, sowie der selt-

samen Kupfertafeln im Neuhoff und der verschiedenen Bände der philosophischen Fragen des Herrn Brucker; der Mond schien hell auf die gegenüberliegende Wand des Flures und plötzlich begannen leichte schimmernde Schneeflöckchen feierlich und wundersam vor dem Fenster vorbeizuschweben, während gleichzeitig von unten aus der sich leicht und schön öffnenden Tür goldener Kerzenschein heraufglänzte. Ein Glöckchen klingelte selig und silbern, und Puck sprang so schnell die – ach, vielen – Stufen hinab, daß ihm der Student, der traurig und verlassen geworden war, weder folgen konnte noch wollte.

So blieb er in der mondigen Helle zurück, und horchte nickend auf das Lachen und Jubeln des tüchtigen Kleinen, der schon in knisternden Papieren hantierte; eben trat Herr von Rosenroth auf die Schwelle und Christian hörte ihn besorgt zurückfragen : »wo bleibt denn Herr Wicht? – Ist er etwa –«; so stieg er dann hastig ebenfalls hinab, und trat hoch und schmal mit einer artigen verwirrten Verneigung in den strahlenden goldgeflammten Raum, wo Herr Theodor sogleich lächelnd und gerührt seine Hand ergriff und den Schüchternen vor den fast zu großen, schimmernd weiß gedeckten Tisch zog, wo in einer Ecke unter Tannengrün und blanken roten Äpfeln kleine und große Pakete lagen.

Christian blieb mit gesenktem Kopf vor den vielen Geschenken stehen und sah mit zuckendem Munde auf die Päckchen, die alle seinen Namen trugen; dann riß er sich los, trat still auf Frau und Herrn von Rosenroth zu und stammelte errötend seinen Dank, strich dem vollbeschäftigten Puck über das schlichte braune Haar und stand dann vor dem Mädchen, das eben lächelnd ihre Gaben zu enthüllen begann. Einen Augenblick lagen ihre Hände ineinander, aber schon brach hinter ihnen der Jubel des Kleinen los, der mühsam in jedem Händchen einen schweren alten Quartanten schwenkte und schon wieder ein altes Büchlein in einem Päckchen entdeckte.

Auch Herr Theodor hub an seine Geschenke zu mustern und betrachtete mißtrauisch ein unglaublich großes und schweres Paket, auf welchem in tüchtigen Buchstäbchen sein Name gemalt war; zögernd entfernte er die Hülle und tat auf's höchste überrascht einen Schritt zurück »– Mein Sohn !«, rief er fassungslos, und Puck schrie entzückt aus dem Anfangskapitel der Insel Felsenburg zurück : »mein Vater – ? !«

Allmählich wich die Verwunderung des Alten dem Ausdruck höchsten Stolzes; noch einmal flüsterte er gerührt : »mein Sohn ! –«; rief er feurig »Ha ! – das ist ein Ergebnis, den schönsten meiner eigenen Jugend gleich – trefflicher Puck ! – Daran erkenne ich den verklärenden, die Natur durchbildenden, allen Pflanzen wohltätig befreundeten Geist –«,

und er sah lange auf den mächtigen Kürbis, der wie ein riesiger Pilz wohlgefällig in dem warmen Lichte lag.

Auch Christian war zu seinem Platz getreten und öffnete leise die
neckenden Verschnürungen, sah ehrerbietig die geheimnisvolle Mars-
flora, welche ihm der Hausherr beschafft hatte, und das riesige Kupfer-
werk über das Wolkenreich des mächtigen Seidenschwarz, auch strich er
gerührt über das von Puck selbst geschnitzte Instrumentenkästchen mit
tüchtigen Pilzranken darum in welchem feine Thermometer und kostbare Nadelmesser lagen. Dann löste er zögernd das Papier von dem größten flachen Paket, welches zuunterst gelegen hatte, und strich langsam mit
der Hand über die Stirn.

Vor ihm lag ein weiches schimmerndes Wams aus veilchenblauem
funkelndem Samt und eine ebensolche Haube mit weißen wallenden Sei-
denfedern; er riß den Kopf herum und starrte zur Tür, dann blickte er
gedankenlos auf sein ärmliches fadenscheiniges Röckchen und seine
Augen wurden kalt und stolz, als er zu dem Mädchen hinüberblickte, zu
dem eben freundlich die Eltern traten, und Herr von Rosenroth glücklich
nach ihren Geschenken sah, »Nun, Elv – was gibt es denn hier alles –«
fragte er zärtlich und strich ihr über das dunkle Haar.

Das Mädchen blickte mit schimmernden Augen auf; »ich habe ein
Buch bekommen –«, sagte sie leise, und las schon wieder weiter auf einer
Seite, in welcher ein herbstlich gelbes Weinblatt lag, und während des
Lesens überzog langsam eine feine Röte das ganze versunkene Gesicht.
Auf einmal sprang sie leicht wie ein Reh auf und huschte ins Dunkel hin-
aus, das Büchlein noch in beiden Händen.

Der Student hatte indessen auf Zureden Herrn Theodors und seiner
Frau die neue schimmernde Kleidung angelegt, und sah darin so fremd-
artig und wundersam aus, daß selbst dem eifrig studierenden Puck das
Mündchen für einen Augenblick offen stehen blieb.

Christian sah verwirrt an sich nieder, »– ich muß doch Fräulein
Elv –«, sagte er hilflos und lief in den dunklen Vorsaal hinaus. Hier war es
still und leer, nur der Mond schien durch das Flurfenster hell die Stiegen
hinab und der Student folgte hastig dem führenden Schein. Er sprang die
Stufen hinauf, sah sich suchend um, und erkannte im ungewissen wechselnden Licht eine schmale Gestalt, die bebend am Fenster lehnte. Er trat
auf sie zu, und wollte sprechen; aber die dunklen Märchenaugen sahen ihn
so voll Hingebung und versunkenem Glück an, daß sich seine zitternden
Hände ohne seinen Willen zu dem blassen erregten Gesicht hoben. Das
Mädchen stand einen Herzschlag lang mit fliegenden Schultern; dann
breitete sie die silbernen schmalen Arme und das sehnsüchtige Köpfchen

glitt ihr fremdartig und traumschön in den Nacken, während ihr Mund schon unbeholfen und scheu den seinen empfing, und ihre Finger wie dünne silberne Spangen seinen Kopf zu ihr hinunterzogen.

Unten trat Puck auf die goldene Schwelle unter jedem Arm ein treffliches pausbäckiges Büchlein in altem ledernem Röckchen und rief eifrig : »– Elv – wo bist du denn – ?! – Onkel Mälan und Seidenschwarz sind gleich da!–«

Das Mädchen legte ihren kühlen Mund auf Christians Augen, in sein blondes Haar, auf sein wehendes Herz und gab sich ganz in seine Arme; sie sagte leise »– Wir kommen – !«

DIE FREMDEN.

DIE HEBAMME

1.)

»Das sind verwünscht viele Worte, mein lieber Kauff,« sagte der Alte
mürrisch und blies einen dicken wirbelnden Rauchkegel von sich, »meinen Sie wirklich, daß Sie nun endlich ‹festgestellt› haben, warum dieser
Claude Lorrain –«, er brach ab und fuhr verstohlen streichelnd mit der
breiten Hand über den Rand des Bildes. Dann stand er verdrießlich auf,
und ging ein paarmal in dem schon dämmrigen Zimmer auf und ab. »Passen Sie auf!« knurrte er zu dem kleinen, fast zierlichen jungen Manne hinüber, der, auf die Lehne des Sessels gestützt, ihm ruhig zusah; der Förster
fing den Blick auf, und fuhr sich in komischer Verzweiflung durch das
gesträubte eisengraue Igelhaar : »Kauff !« bat er erschöpft atmend,
»machen Sie ein anderes Gesicht – meinetwegen glühend in heller Entrüstung – aber wenn ich Sie so sehe, habe ich immer das Gefühl, als käme
ich in ein – hm, – in ein weiß und kalkblau angestrichenes kreisrundes
Wartezimmer, wo bloß ein Stuhl ohne Lehne mitten auf den breitrissigen
sorgfältig gescheuerten Dielen steht –«. Er mußte selbst, obwohl kopfschüttelnd, über das Bild lachen, und auch der Junge stieß munter die Luft
durch die Nase : »Das ist ausgezeichnet, Niebelschütz !« sagte er, anerkennend mit dem Kopfe nickend, »Alle Achtung ! – Ja, sehen Sie, das ist
der Unterschied : ich hätte gesagt – etwa – leer und unfruchtbar – «;
»Nein !« seufzte der Förster und hob abwehrend die Hand : »Sie hätten
bestimmt ‹steril› gesagt, oder ‹axeinos› –.« Er nickte dem lachenden Gegner wehmütig zu, der den Faden wieder aufnahm : »– nun ja – und Sie
setzen dafür ein Bild, genial und für mich vernichtend – aber bitte :
Claude Lorrain ‹Ruhe auf der Flucht› –«, er hob erwartungsvoll den Kopf
und sah den Alten an, der eine abfällige Grimasse schnitt, und dann seine
Wanderung wieder aufnahm; »Kauff« sagte er : »ich weiß, daß Sie gern
disputieren, und ihren Gegner lieber mit Nähnadeln als mit dem Hammer
erlegen – na ja – also : zurück –«, er sann einen Augenblick lang nach, und
begann dann langsam und fast schwerfällig : »Es gibt Stunden, wo die
Elemente in gleicher – Stimmung – sind; wo sich die Gebilde in Luft,
Wasser, Erde und Feuer – und diese vier selbst – zu einer neuen höheren
Einheit und Schönheit zusammenschließen. Wo dann das Einzelne dem

Vielen und Umgebenden so sehr gleicht –,« er atmete tief ein und sprang zu dem Tisch : »Kauff« befahl er »stellen Sie sich hier diese mittlere Baumgruppe in Regen und Wind vor, oder den Bach lehmgeschwollen und gelbgrau – wissen Sie nun, was ich meine ? – Also nicht Ihre verfluchte Farbenharmonie – sondern weil ich sagen kann, daß das goldene Luftmeer wie dieser Baum ist – und bald wird die kühle silberne Nacht über dem Kap heraufziehen – ach, und mein Herz ist wie dieser Quell – und dann bin auch ich ein Teil der göttlichen Landschaft; und wenn Sie eine Weile in diesen Abend gesehen haben, muß er sich in Ihren Augen spiegeln. – Wissen Sie, daß ein Spiegel ein magisches Instrument ist ? ! –« Da er eine Pause machte, sagte Kauff gelassen : »Also verfließen des Ich im All – ? –.« »Unsinn, mein Lieber,« versetzte kaltblütig der Förster, »klingender Unsinn, nichts weiter. Verfließt denn etwa diese Baumgruppe im All ? Nein, sie steht göttlich und klar wie zuvor, ja, erhöht noch – na, erledigt. – Wir müssen uns auch langsam fertig machen; bald wird die Dämmerung hereinbrechen, und er wartet gewiß schon.«

Er legte die Blätter wieder achtsam in die breite rotlederne Mappe, verschloß sie umständlich und hob sie in den tiefen dunklen Eichenschrank, der fast so groß wie ein winziges Stübchen war, und in dessen guten warmen Schatten viel verworrenes wunderliches Gerät verborgen sein mußte, alte geprägte Folianten, messingne Büchschen und Vieles, was Kauff weder sehen noch ahnen konnte, obwohl er sich höflich in den spitzen Schuhen reckte. Der Förster nickte seinem Besuch wohlwollend und spöttisch zu : »Vielen Dank für die Aufmerksamkeit, Kauff!« sagte er zwinkernd, [»]aber lassen Sie nur – ich weiß, daß Sie außer diesem Herren Kant nichts interessiert; außerdem sind Sie auch viel zu klein für die obersten Fächer. – Sind Sie eigentlich jemals richtig neugierig gewesen in Ihrem Leben ? Neugier ist nämlich Sache der Phantasie – untersuchen Sie doch einmal das Verhältnis genauer.« Er verschloß die schweren Türen, nahm Hut und ein warmes Wams vom Nagel und fuhr während des Ankleidens fort : »Sie müßten einmal den Kleinen vom Baron sehen, den Friedrich – nur schade, daß sie ihn so fromm machen, aber trotzdem : Sie werden später einmal sehen; hoffentlich erlebe ich es noch –.«

Der junge Mann hatte sich unterdes sorgfältig in seinen altmodischen Pelz gehüllt – das Einzige, was dem Förster heute an ihm gefiel – und schüttelte den Kopf : »Ich glaube, Niebelschütz,« sagte er, »Sie haben Unrecht mit Ihrem ständigen Wettern auf die christliche Religion – schon weil Sie Ihnen ein so frappierendes Argument für die Wichtigkeit Ihres Berufes leiht –«, und Beide lachten über die elegante Wendung; denn Niebelschütz hatte einmal am Honoratiorentisch im Ratskeller des Städt-

chens gar tiefgründig den Satz verteidigt, daß das Christentum seine Aus-
breitung wohl im imperium romanum dem Sklavenüberfluß, in Germa-
nien dagegen dem Mangel an Förstern verdanke, welche dem Bonifatius
und ähnlichen Waldschädlingen schon das Handwerk gelegt haben würden. Seit jener denkwürdigen Nacht datierte die Feindschaft zwischen
ihm und dem Superintendenten Mylius, der dem rauhen Förster mit mildem Lächeln zwar selbst die hitzigste Leugnung und Verdächtigung der
christlichen Wunder vergab, in der erwähnten verblüffenden Begründung aber eine unzarte persönliche Anspielung auf seinen Frei-Weih-
nachtsbaum hatte sehen wollen, der, wie er vorgab, ohnehin jedes Jahr
seltsamer und dürrer werde. Niebelschütz hatte mit echt heidnischem
Freimut erwidert, daß dies lediglich geschehe, um den Gegensatz zum
Empfänger hervorzuheben, und zum Überfluß hinzugefügt, daß er
fürchte, schon im nächsten Jahre mit der Entwicklung nicht mehr Schritt
halten zu können. Kauff hatte sich damals in tödlicher Verlegenheit
betrunken gestellt, um nicht Partei ergreifen zu müssen; erfuhr aber in
den folgenden Tagen zu seinem unbeschreiblichen Entsetzen, daß man
ihn, dank geschickt ausgesprengter ungreifbarer Gerüchte, nun im Städtchen für einen ausgemachten Trunkenbold und heimlichen Schlemmer
hielt; umsomehr, da der Förster dafür gesorgt hatte, daß die bekanntesten
mächtigen alten blaunäsigen Zechbrüder ihn wohl einen Monat lang,
zumal an Markttagen, schon von weitem mit so fataler Sicherheit und
Lässigkeit grüßten, daß selbst ein Fremder auf einen langjährigen vertrauten Umgang geschworen hätte. –

Sie traten zusammen vor die Haustür; Niebelschütz, nachdem er
verschlossen hatte, sah prüfend zum klaren hellgrünen Himmel, an dem
soeben die Sonne versunken war, und horchte in das leise Rauschen der
tiefen Forste, die sich weit umher erstreckten.

»Ich habe einen so zeitigen Frühling noch nicht erlebt, so lange ich
den Wald hier kenne,« sagte er, während sie den schmalen Tannenpfad
nebeneinander hergingen, und Kauff nickte bestätigend : »Es ist erstaunlich – Ende Februar ! –« Dann schritten sie eine Zeitlang schweigend auf
dem nadligen dunklen Wege fort, in dem oft unsichtbare winzige Wässerchen geschäftig schwatzten und zwitscherten.

Zuweilen sah um eine Wegbiegung ein hellgrüner Garten artiger
kleiner Tännchen, die ungemein bedeutend in ihren blanken Nadelmän-
telchen einanderzunickten; aber gleich daneben stand schon wieder der
hohe braune Wald mit den großen Ameisenhaufen am Wegrande, der sich
von hier wohl eine gute Tagereise weit ununterbrochen hinzog.

Über den schon stillen silbergrauen Wiesen hingen schwebende

Nebeltafeln; ein Eichkätzchen fuhr wie ein rostroter spiraliger Blitz um eine Kiefer herab und las ein Fäustchen voll Bucheckern auf; Hexeneier sahen schmutzig aus dem Nadelgewirr, und auf kleinen schläfrigen Grasflecken konnte man die Elfenringe von voriger Nacht sehen. Eine Igelfamilie trippelte um ein breitästiges Tannengebüsch, und der Förster nickte wohlgefällig den kleinen eifrigen Leuten zu. Dann trat er zu einem stattlichen Baume und brach behutsam ein loses Stück Rinde herab, welches er dem Begleiter hinhielt. »Borkenkäfer« sagte er kurz, »denken Sie einmal, welch ein seltsames Leben hier mitten im Walde unter der Rinde –.« »Wenn es ein Mensch wäre !« sagte gelassen der Kleine; Niebelschütz grunzte verächtlich und entrüstet : »Wenn es ein Mensch wäre, würde man ihn im Ratskeller schwelgen und lallend seine Freunde verleugnen sehen,« versetzte er boshaft, »aber lassen wir das Thema; darüber werden wir uns nie einigen. Mich wundert nur, daß Sie dabei so sehr an Flick hängen –.« »Sie ja auch,« entgegnete Kauff, »und mit Recht; denn es ist ein wunderlich bedeutender Mensch, obwohl –«, er zuckte nachdenklich die Schultern, und schob fröstelnd die Hände in die Taschen. Der Förster öffnete den Mund, schloß ihn aber wieder, und hob indigniert die buschigen Augenbrauen; dann sagte er brummig und dunkel : »Es ist der ‹Oberon› – aber der Name stimmt noch nicht, auch nicht der Begriff –.«

Kauff mußte hell auflachen über die rätselhafte Ausdrucksweise des Älteren, wurde aber sogleich wieder ernsthaft, und biß sich mit einem Seitenblick auf die schmalen Lippen. »Typisch !« sagte Niebelschütz mit ingrimmigem Kopfnicken, »Gelächter – Erkenntnis – Neid –. Hoffentlich haben Sie gemerkt, wie genau man sich ausdrücken kann; Sie hätten vor fünf Tagen dabei sein müssen, wie wir feststellten, daß die Erdscheibe der Griechen ‹unendlicher› war als Euer Universum : da hätten Sie schon rein sprachlich manches lernen können.« »Ist denn das Thema ‹Elementargeister› schon erschöpft ?« fragte der Kleine spöttisch, indem er umsichtig einer großen Wasserlache auswich und den Pelz enger um die Schultern zog, weil sich von fern einige Häuser, die ersten Vorläufer des Städtchens, zeigten, »– was haben Sie denn, Niebelschütz ? !«

Der Förster hatte sich zum Rande der Wiese niedergebeugt, und richtete sich nun langsam auf, während ein kleiner bräunlicher Frosch mit drei grünen Tupfen auf dem Rücken, eilfertig in den nahen Bach hüpfte und gluckend verschwand. »Ich habe ihm gesagt, daß er den nächsten Elementargeist verständigt, was sonst ?« entgegnete schnippisch der Alte; dann wurde er ernst. »Kauff !« sagte er eindringlich, indem sie auf einer kleinen Brücke mit schon schiefem altem Geländer stehen blieben, »ich habe sie selbst gesehen – die Sonnenfrau ! – Sie wissen ja –« Der

Kleine schüttelte stumm und ungläubig den schmalen Kopf, worauf der Förster heftiger wurde : »Wenn Sie den Bach hier entlang fahren, Kauff,« er wies auf die verblauenden Wälder in der Ferne und seine Hand zitterte ein wenig in der Abendkühle, »– hinten teilt er sich und bildet kleine Inselchen und Teiche; dann kommt ein breiter Moor- und Schilfgürtel – es war ein Julimittag und die Einsamkeit so schön. Der Nachen wollte nur langsam vorwärts in den hohen Röhrichtbüscheln, aus denen Libellen schwirrten. – Ach, und das graue alte Holz des Kahnes, wie es in der sengenden Sonne mit winzigen matten Körnchen flimmerte und schillerte, und flinke Fischchen schossen in den schmalen Kanälen, – stundenlang.«

Er schwieg eine Zeitlang, während welcher sein Begleiter geduldig wartete, und fuhr dann mit heiserer Stimme fort »– eine Waldinsel hebt sich aus dem einsamen Wasser mit alten hohen Bäumen; inmitten eine Lichtung – ich stieg mit leisem Tritt aus dem schlafenden Kahn, und ging den schmalen Uferhang empor. Zwischen den mächtigen Stämmen – ach ihr, schöner als Menschen – brannten lautlos in grüner Glut die Farnfedern, lautlos liefen Käfer – da sah ich es. – In dem kleinen glühenden Rund lag eine schlanke Gestalt in glasblauem Kleide, das goldene Haar sprühte reife grelle Funken wie ein Weizenfeld. – Spielte mit den Gräsern. – – Und sang! –«

Die Stimme des Alten war zu einem kaum verständlichen Flüstern geworden; die Nacht war fast völlig hereingebrochen und der Mondspan glomm blank in einer Wolkenschleife. Auf den fernen Teichscheiben entstand Schwatzen und Gelächter.

Kauff fröstelte in dem Wind, der aus den weiten Wäldern trat – »– und dann – – ?« fragte er vorsichtig. Der Alte wandte sich langsam, und warf einen Blick wie ein Speer durch den Fragenden, warnend und schamvoll : »Dann ? –« erwiderte er mit greller fast feindlicher Stimme, »dann gingen sie beide zum Freunde Flick, mein Sohn !« Und er begann so hastig auszuschreiten, als wolle er allen weiteren Fragen entkommen. Auch Kauff ging hastig neben der hohen Gestalt seines Begleiters her, so daß sie in kurzer Zeit die kleine Anhöhe, schon dicht vor den Toren der Stadt, erreicht hatten. Vor ihnen lag eine Gruppe von einigen Häusern im schwachen Mondschein, die meisten von ihnen leicht und fast villenartig gebaut; nur eines davon, das Letzte in der kleinen Reihe, stand alt und wunderlich hoch, auf zwei seiner Seiten völlig fensterlos, so daß die mächtigen, schier schwarzen Mauern wie Felsmauern aus dem unerkennbaren Untergrunde auffuhren.

Niebelschütz hielt seinen Begleiter für einen Augenblick am Ärmel zurück, und die zwei standen mitten auf der feuchten pappelgesäumten

Straße, nachdenkliche Wanderer in der rauschenden Windnacht. Unruhiger Frühling war schon in der dunklen lauen Luft, die scheu und hastig durch die dünnen Ruten der Sträucher strudelte, und mit schlanken kühlen Fingern durch das Haar griff, sehnsüchtig und unentschlossen. Von den aufgebrochenen Äckern kam ein leiser Ruch von brauner Erde und sickerndem Wasser; es flüsterte in allen vier Winden, und der gebogene Mond segelte eilig durch die milchig schmelzenden Wolkenschollen.

»Sehen Sie nun den Augenblick der höheren Einheit, Kauff?« fragte flüsternd der Förster, der den Hut aus der Stirn gestrichen hatte, und der Kleine nickte nach kurzem Zögern tapfer; aber während er schon zu einer knappen Zustimmung den Mund öffnete, reckte sich neben ihm sein Begleiter auf den Zehen und hielt prüfend die Hand über die gerunzelten Brauen. »Nun sehen Sie sich *das* an!«, sagte er verblüfft, und wies auf einen gelben Lichtschein, der sich hinter der breiteren, von ihnen aus nicht sichtbaren, der fensterlosen Mauern hervorblähte, bald heller und bunter, bald schwächer, wie von vielen Lichtern, und wenn man angespannt lauschte, konnte man fröhliche Stimmen vernehmen, Gelächter und feines lustiges Kindergeschrei.

Niebelschütz sprang über den rieselnden Straßengraben, und lief, von Kauff gefolgt, quer über das Feld auf das Haus zu, so schnell, daß der Jüngere Mühe hatte, mit ihm Schritt zu halten. Als die Beiden um die Ecke bogen, blieben sie schwer atmend und erstaunt stehen, und sahen sich verblüfft an. Der Erste, der sich erholte, war Kauff: »Hm –« begann er, aber er wurde jeder Mühe einer weiteren Satzbildung durch den Förster enthoben, der zwar nur halblaut aber mit solcher Innigkeit einen Stammbaum der sich hier ansiedelnden ‹Landstreicher› entwarf, daß selbst der Junge, der den Wort- und Bildreichtum seines Freundes annähernd zu ahnen geglaubt hatte, betroffen, aber mit höchstem Interesse lauschend, einen Schritt zur Seite wich.

Es war aber in der Tat ein überraschender und lustiger Anblick; in mehreren kleinen Gassen waren lampige Zelte aufgeschlagen, an denen zum Teil noch Handwerker oder Gaukler munter arbeiteten; schon gingen prächtig in Flitter und Scharlach gekleidete Ausrufer gewichtig auf und ab, Süßigkeitenhändler priesen hellstimmig und singend ihre bunte winzige Ware an, und um die noch verhängten Buden und Auslagen drängten sich die Kinder der Stadt, ein Fingerchen oder ein schönfarbiges Eckchen Zuckerwerk im Munde. Auch einzelne Bürger und Ehepaare wandelten schon ernsthaft und behaglich in dem fröhlichen Schwarme, kraus und quer, und der schnauzbärtige Korporal der Stadtwache gab seinem einzigen Untergebenen mit der baumelnden Trommel und der gewaltigen Muskete gar gebieterisch ungemein bedeutende und dunkle Befehle; hieß ihn wohl auch ab und zu auf dem nahen Felde achtsam das Gewehr lösen, und erwartete mit düster gekreuzten Armen im Kreise der ehrfürchtigen Kleinen den schwächlichen Knall.

Was den Förster aber am meisten erregt hatte, war ein hohes und breites Gebälk, an die Mauer des Hauses gelehnt, welches sich unter den Händen der flinken Gehilfen mit unbegreiflicher Schnelligkeit zu einer prächtigen Halle dehnte; mit schwerem Rauschen rollten bebilderte Teppiche an den Seiten herab, wurden an den Dielenbalken befestigt, eine artige Kuppel wölbte sich lampenschnürig aus der finsteren Rückmauer, und schon trugen zwei kleine derbe Gesellen in tüchtigen blauen Schürzen ein funkelndes Schild herbei, auf welchem mit seltsam nebelgrün strahlenden Leuchtbuchstaben das Wort ‹Globe–Theatre› zu lesen stand.

Der Förster tat drei Schritte auf die Träger der Inschrift zu, fing sich aber wieder, und stöhnte nur zu seinem Begleiter : »Unser armer Hans !«. »Ja, es ist ärgerlich !« bestätigte Kauff »er wird unter dem Lärm und Geschrei leiden; es sieht ja ganz erträglich aus, aber mir ist dieses Komödianten- und Charlatanvolk auch äußerst unangenehm. Schon von Kindheit an. – Übrigens, den Namen da oben muß ich schon einmal gelesen haben – Globe, Globe, Globe–« wiederholte er lauschend und grüblerisch; dann zuckte er die Achseln, schüttelte im vergehenden Nachsinnen noch einmal den Kopf, und ging langsam neben dem Alten durch die wirbelnden Zeltgassen.

Hier und da wurden sie von den begegnenden Bürgern gegrüßt, und griffen wiederum höflich an die breiten Hüte. Sie konnten nur langsam vorwärts kommen in dem heiteren zierlichen Lärm und Stimmengebrause. Gerade dem Eingange des Theaters gegenüber blieb Niebelschütz stehen, und wies flüsternd auf eine kleine Gruppe auffallend gekleideter Männer, die in eifrigem Gespräch mitten unter dem rot und goldenen reich geschnitzten Torbalken standen : »Das scheinen die Besitzer zu sein«, meinte er nickend und nachdenklich : »– seltsame Anzüge, das ! – «. Kauff blickte in die angezeigte Richtung und sah einen schlanken schwarz gekleideten Herren von mittlerer Größe, mit dünnem Knebel- und Spitzbart, der um den Hals eine breite gefältelte Krause trug, und mit weiten aber freien und schönen Bewegungen auf die beiden Anderen einredete. Der Eine von diesen war von hohem, dabei fast hageren Wuchse; über sein scharf geschnittenes edles Gesicht huschte dann und wann ein feines ironisches Lächeln und das schmale Kinn lag beim behaglichen Lauschen in den dünnen vornehmen Fingern der Rechten; der linke Ärmel schien Kauff leer herab zu hängen, doch konnte er es im Augenblick nicht deutlich erkennen; seine Kleidung ähnelte sehr der seines Gefährten.

Der dritte wandte den beiden Beobachtern den Rücken zu, so daß sie sein Gesicht nur flüchtig und unvollkommen zu sehen bekamen. Er trug ein bunt geschlitztes samtblaues Wams, über dessen Kragen eine Fülle weicher blonder Haare herabfiel, und eng anliegende Hosen aus dem gleichen Stoffe. Über eine Schulter hatte er einen dunklen gefalteten weiten Mantel gelegt und debattierte heftig mit dem Kleineren, wobei er oft geschwungene Linien in die Luft zeichnete, auch einmal blitzschnell etwas auf ein Endchen Papier zu skizzieren schien.

Kauff fiel es auf, wie der Alte neben ihm lebhaft die Gruppe betrachtete, ja sogar, wenn auch vergeblich, hinzuhorchen schien, und er wollte eben eine diesbezügliche Frage an den Freund richten, als er heftig mit einem federnden knirschenden Gegenstand ans rechte Knie gestoßen wurde. Er wandte sich verdrießlich und vornehm um, und erblickte ein schmächtiges Männlein, noch eine Handbreit kleiner als er selbst, welches sich gar fleißig und mühselig mit einem schweren verdeckten Weidenkorbe durch die Menge zu arbeiten versuchte. Der Winzige setzte sogleich erschreckt seine Last zu Boden, und machte ein ehrbares und bescheidenes Kratzfüßchen, wobei er so artig mit beiden Fäustchen dienerte, daß die große, altmodisch bepuderte Perücke schier ins Wanken geriet: »– submissester Diener –« bat er mit feinem Stimmchen, »wollen der Herr dero Serviteur pardonieren –« »Schon gut – laß Er nur!« warf ihm der entrüstete Kauff zu, und betrachtete, ohne einen Finger zu rühren, den kleinen Grauen, wie er geschäftig sich weiter durch die Reihen bat und dienerte. Als der große Blonde sich zufällig einmal umwendete, und kurz über die Menge hinsah, wobei man erst bemerkte, daß er selbst noch seinen hageren Gefährten überragte, entdeckte er in dem schiebenden und drängenden Volk den unermüdlichen Kleinen und war mit zwei Schritten bei ihm. Das Männchen setzte rasch aber behutsam seinen Korb nieder und schlug freudig in die Hände: »Ach, Ihr seid es, Leonhard!« rief er ihm begeistert und eifrig winkend entgegen, und schüttelte ihm gar heftig die Hand, während der Angeredete schon den Korb wie eine Feder aus dem Gewoge hob, und neben seinen Freunden niedersetzte. »Wilhelmi!« sprach der Kleine feierlich und entzückt, »– und gar der Herr Harnisch!!–« Mehr konnte Kauff nicht verstehen, nur den Namen ‹Brückner› oder ‹Bruckner› meinte er noch unterscheiden zu können; dann ertönte wieder der bescheidene Knall des Gewehres, und wurde schier übertönt von dem Jauchzen der Kinder, die mit seligen Augen überall umherhüpften.

Breite Ampeln blühten bunt an allen Zelten auf, daß es noch einmal so hell zu werden schien; blanke Glöckchen klingelten lustig und baumelnd, und irgendwoher kam eine so tüchtige Musik, als wenn außerordentliche Mohren trefflich auf silbernen Trompeten und Pauken spielten.

Kauff sah betreten den Förster an, der mit ihm um die Ecke bog, und noch an der Haustür zurücksah : »Nur gut, daß wenigstens die Wände dick sind, Niebelschütz; meinen Sie nicht – ?!« fragte er kopfschüttelnd; aber der Alte hatte schon die Klinke niedergedrückt, und die Antwort klang wie ein resigniertes »Na ja,« oder ähnlich. Es konnte jedoch ebensogut Alles andere geheißen haben.

Gleich darauf fiel die Tür schwerfällig hinter ihnen ins Schloß.

2.)

Der Förster blieb in der nur schwach erleuchteten breiten Diele stehen, sah – wie immer – mißbilligend auf die derbe blaugraue Tünche, welche die schönen tiefbogigen Kreuzgewölbe der Decke häßlich und fast schattenlos machte, und warf geschickt seinen grünen Hut auf einen der gedrehten Messinghaken an der Wand. Kauff knöpfte langsam und methodisch an seinem Pelz, und trat dabei wie zufällig vor einen kleinen sechseckigen Spiegel, welcher tief in die dunkele Täfelung eingelassen war. Niebelschütz fand keine Zeit mehr zu einem anerkennenden Wort für den neuen Narzissus; denn außerdem, daß er noch immer auf das feine Musizieren zu lauschen schien, trat auch soeben aus der rechten Seitentür eine ältliche Frau, in einfachem langem Hausgewande, mit einem leise klirrenden Schlüsselbund am Gürtel, und der Förster schüttelte ihr derb die Hand : »Guten Abend, Frau Barbara,« sagte er vergnügt, »– und der Tannennadelaufguß kommt morgen früh mit dem Kohlenbrenner Butz –«. Die Frau lachte leise auf, »– und Hans sitzt oben ganz allein in der Dämmerung,« sagte sie, »– guten Abend, Herr Kauff – gehen Sie nur hinauf; Sie wissen ja, der Leuchter steht auf dem Schreibtisch, neben den beiden geschnitzten Holzmännchen. – Sie bleiben doch über Nacht? –« und sie sah fragend von Einem zum Anderen.

Niebelschütz fuhr sich mit der Hand über das stachlige Haar und sagte hastig : »Nicht doch, Frau Flick, nicht doch – es würde zu spät werden – ich muß noch mit dem Dirigens wegen der Kahlschläge sprechen – und wegen des Wildschadens, ja, natürlich, der Wildschaden; und neue Tränken müssen im Mützelholz eingerichtet werden –«. »Apropos, Tränken,« bemerkte Kauff scheinheilig, nachdem der Förster sich gewaltig mit der Aufzählung seiner Sorgen angegriffen hatte, »– Der Ratskeller soll doch auch im kommenden Herbst vergrößert werden – ja, ich bleibe gern hier, wenn es Ihnen nicht zu viel Arbeit macht, Frau Flick –.« Der Alte hob in das Gelächter der Beiden vornehm die Augenbrauen, und blies wegwerfend die Luft durch die Nase : »Kauff!« sagte er bedächtig, »hüten Sie sich vor der Rache der Götter – mit dem kleinen braunen Quäkerling haben Sie es sich ohnehin schon verdorben – ich würde mich an Ihrer Stelle immerhin in den nächsten Tagen doch lieber vor Gewässern aller Art hüten – no! – tun Sie, was Sie nicht lassen können –« und er stieg mit den schweren Stiefeln behutsam die breite geschwungene Holztreppe empor, zu den oberen Räumen, und öffnete langsam die Tür für sich und den Begleiter.

Es war so dunkel in dem Zimmer, daß man kaum die größeren Möbel erkennen konnte, und der Förster tastete sich vorsichtig nach rechts, wo er den Schreibtisch wußte. Da kam aus den tiefen Schatten eine müde schwingende Stimme : »Balthasar – ?«. »Ja – und Kauff auch!« antwortete Niebelschütz mit so warmem und behutsamem Tone, wie ihn sonst selten jemand sprechen hörte, und Kauff nickte registrierend und mit einem merkwürdigen Gefühl aus Neid und Gespött gemischt. »Guten Abend, Hans.« sagte er in das Huschen der Lichter und Schatten hinein, die sich unter den Händen des Försters an den Wänden emporreckten und hastig niederkauerten. Der Alte stellte den vierkerzigen Leuchter auf ein Wandbrettchen neben der Tür, von wo er die einfache bräunliche Täfelung beleuchtete, die aber nur an wenigen Stellen sichtbar war; denn um fast zwei ganze Seiten des Raumes zogen sich tiefe, über sieben Fuß hohe Regale, in denen lange Reihen von hellen Pergamentbänden und bräunliche Goldrücken schienen und blinkten.

In einem einfachen hochbeinigen Holzsessel an dem breiten Schreibtische saß ein noch junger Mann mit vollem, welligem Haar, und hatte in einem eigenartig konstruierten Holzrahmen ein großes Blatt Papier vor sich liegen, auf welches er, wie es schien, in seltsam wirrer und schiefer Schrift einige Worte gemalt hatte. Als der Förster auf ihn zuging, erhob er sich langsam und tat seinerseits einige Schritte auf die Besucher zu, denen er suchend eine Hand entgegenstreckte.

Erst jetzt sah man, daß er blind war, und das eigentümlich angespannte Lauschen in seinem klugen und nachdenklichen Gesicht. Da er den Kopf leicht geneigt auf lässiger schlanker Gestalt trug, schien er nur wenig größer als der kräftige Niebelschütz, aber wenn er sich aufrichtete, sah man, daß er noch gut über sechs Fuß messen mußte. Er trug ein schwarzes fließendes Gewand, mit einem einfachen Gürtel, und weiche bunte Schuhe mit dünnen Sohlen, die wunderlich lustig und lebhaft unter dem dunklen Saume hervorsahen. Der Blinde ging wieder zum Schreibtisch zurück und auch die beiden Freunde zogen sich die letzten zwei Stühle heran.

Kauff sah den Förster ermunternd an, und räusperte sich, um keine Pause entstehen zu lassen, aber der Alte horchte wieder kopfschüttelnd wie zuvor und sagte : »Seltsam, wie deutlich man es hier oben hört – « und die drei lauschten angespannt auf das feine Singen und Jubeln, das flink und selig durch die Mauer kam. »Hier an der langen Rückwand muß gerade das ‹Globe Theatre› sein,« meinte Niebelschütz verlegen, »– hast Du Dir schon erzählen lassen, was draußen vorgeht, Hans ?« Der Blinde nickte rasch und erwiderte : »Ja; ist es sehr bunt, Balthasar ? – Und ‹Globe› : das ist ausgezeichnet, nicht wahr, Julius ?« Der Angeredete zögerte nur kaum merklich mit der Antwort, aber Flick wandte schon den Kopf : »Eheu : Julius ! – läßt das Gedächtnis nach ? – Aber Du hast ihn ja eigentlich immer nur auf Kredit hin ein wenig verehrt –«, er erhob sich, und ging auf das Regal an der Türwand zu, befühlte rasch und geübt die gepreßten und glatten Rücken, vergewisserte sich noch einmal, und hielt dann dem leicht verlegenen Kauff einen starken roten Band hin – »Here is neither bush nor shrub to bear off any weather at all –« zitierte er, »– nun ? – immer noch nicht ? – Also es ist natürlich Shakespeare; na ja –.« Er stellte das Buch behutsam wieder an seinen Platz und ging leicht und vorsichtig tappend zurück.

»Ich habe wiederum lange in der ‹Insel Felsenburg› gelesen,« sagte er, »– Ihr wißt schon – vorgelesen – natürlich – Du kennst sie ja auch, Balthasar. Ich werde es demnächst noch einmal tun, und die Bruchstelle möglichst genau festlegen; es muß jedenfalls meinem Empfinden nach noch vor dem Besuch der Brüder Horn beim Statthalter sein. Es war ein sehr plumper und ungeschickter Fortsetzer, der da dem genialen Schnabel – ja, aus welchem Grunde ? – ins Kunstwerk gepfuscht hat, und es ist mir völlig unbegreiflich, wie diese Schandtat so lange unbemerkt bleiben konnte. – Die unmögliche Bevölkerungszunahme; die läppische, und im schärfsten Widerspruch zu der alten tüchtigen Gesinnung der ersten Inselbewohner stehende Strumpfbandszene; die albernen Beschwörungen, welche an Grobheit und eilfertiger Unsinnigkeit nicht zu übertreffen sind, und endlich die übel im Stile erbärmlichster französischer Feenmärchen zusammengeschmierte Geschichte der Prinzessin Mirzamande – hier muß irgend ein Geheimnis liegen; wenn wir nur mehr von Schnabels Leben wüßten. – Ich nehme an, daß die seltsam aufregende Beschreibung des heidnischen Höhlentempels auf Klein-Felsenburg ziemlich das Letzte von seiner eigenen Hand ist – denn hier haben wir noch Schönheit und rätselvolle Erfindung, ebenbürtig den höchst geistvollen und in Wahrheit ein fast unbegreiflich vollkommenes Bild der Zeit malenden Biographien der ersten Teile, dazu der Reiz der Robinsonade und des Staatsromanes – es ist eine ganze Welt, und das alte Buch eines der bedeutendsten unserer älteren Literatur. Schmach und Spott über eine Zeit, die dieses treffliche Werk wie ein Stein in Vergessenheit sinken ließ. – Ja, ja, Julius : warum kennst Du es noch nicht ? Da mußt Du Dir schon dergleichen gefallen lassen –«.

Er unterbrach sich, denn die Tür ging auf, und seine Mutter kam mit einem kleinen Tablett, auf dem zwei Gläser und eine grüne bauchige Flasche standen. Sie setzte es vor den Gästen nieder, und sah sich prüfend in dem Zimmer um, als habe sie noch eine Arbeit vergessen; dann ging sie zu der großen Sanduhr auf dem Schreibtische, in der gerade die letzten Körnchen fielen, wartete geduldig, und drehte sie dann mühsam mit beiden Händen um. Der Blinde hatte den Kopf zu ihr gewendet und horchte aufmerksam zu; dann fragte er : »– schon nach neun ? –«.

Der Förster sprang überrascht auf und grub hastig seine dicke gravierte Messinguhr aus der Tasche : »Wirklich, Hans : nach neun !« rief er, »man sollte es nicht denken – sei nicht böse, wenn ich für heut fort muß ; ich schau morgen früh noch einmal mit herein, und übermorgen Nachmittag komme ich auf mindestens fünf oder sechs Stunden her. – Ich erwarte mit der Post eine neue Rarität – nein, nein ; ich sag' nichts ; ich nicht ! – Hoffentlich ist sie dann da !« Er schüttelte Allen nickend die Hand, flüsterte Flick noch zu : »Du, über die Insel Felsenburg sprechen wir übermorgen noch mal eingehend ; ich möchte Dir da eine Hypothese unterbreiten wegen der aufgefundenen Götterbilder, und wie weit ich mit der Karte bin – Wiedersehen, Hans, Wiedersehen !« Dann lief er eilig aus der Tür, gefolgt von der Mutter, und die Freunde hörten ihn schnell die Treppe hinunterpoltern.

Eine Weile war es still im Zimmer, dann begann Kauff lächelnd : »Heute hat er mir die Geschichte von der Sonnenfrau erzählt ; kennst Du sie ?–« Der Blinde neigte langsam den Kopf, erwiderte aber nichts, bis der Andere, leicht verletzt durch das Schweigen, wie es schien, kurz vorschlug : »Schach ?« »Ja, aber bitte nur Eine heut,« sagte Flick, »ich weiß nicht, ich bin an diesem Abend zerstreuter als sonst. – Der zweite Frühling, den ich nicht sehen werde. Das ist – – hart ! – Die Linke –« unterbrach er sich wählend, »– Schwarz ? – also ganz stilecht – Bitte !« Kauff, der unterdes die Figuren aufgestellt hatte, lehnte sich ein wenig zurück, hob mit gespitzten Fingern die schlanke Hand, hielt sie einen

Augenblick über dem Brett und begann : »d2 – d4.« Der Blinde lachte ein
wenig spöttisch : »immer tricksy and twisted, nur nicht den Königsbau-
ern bewegen – aber wie Du willst.« Er stützte den Kopf in die Hand und
entgegnete : »d 7 – d 5.«

So begann der Kampf – einer von Vielen – und war lang und schwierig wie alle, denn beide spielten mit ungewöhnlicher Meisterschaft und
kannten sich genau; doch konnte Kauff, dessen Angriff außerordentlich
scharf erwidert wurde, heute nur mit großer Mühe das Spiel halten, und
nach zwei Stunden, als sie die Partie abbrachen, hatte er bereits zwei Bauern verloren, und sah mit Schrecken einem neuen Vorstoß auf dem rechten Flügel, wohin sein König rochiert hatte, entgegen. Dennoch nahm er
sich vor, die Stellung zu Haus auf's Sorgfältigste durchzuarbeiten, um
nicht eine weitere Partie in den Rückstand zu geraten; denn das Ergebnis
dieses Jahres stand bereits wie 23½ zu 20½.

Eine Weile saßen sie noch einander entspannt gegenüber; die Lichter
standen unbeweglich wie dünne silberne Pfeile mit goldenen Spitzen vor
der Wand. Kauff hatte die Hände ermüdet auf die dunklen Sessellehnen
gelegt, und sah eine Weile gedankenlos, wie in der Sanduhr sinnschwer
die Stäubchen fielen, ein lautloser rötlicher Regen aus der Zukunft in rätselhafte Vergangenheit huschend. Durch eine stille Bewegung des Blinden aufgeschreckt, begann er zu erzählen; von seinen Studien und dann,
mit einem Seitenblick auf das rote Buch von vorhin, von den drei Fremden : »Ja, eigentlich waren es ja vier,« meinte er, sich erinnernd : »es war
noch so ein ganz Kleiner da, in einem grauen Röckchen – was meinst Du
dazu, Hans ?« fragte er abwesend und eigentlich keine Antwort erwar-
tend. Flick schüttelte stumm den Kopf : »Wie kann man sich nur in Menschen täuschen, Julius – in Göttern schon eher – oder vielleicht *auch* nicht !
Ja, siehst Du : Niebelschütz hat die Sonnenfrau gleich gekannt. Weißt Du
nun, warum es heißt : *die* Sonne – ?«. »Und : *der* Mond ?« fragte lächelnd
der Andere. »Hm,« machte der Blinde scheinbar gleichgültig und leise
abwehrend, und fuhr – dankbar über den Einfall – schnell fort : »Kennst
Du übrigens – ach, es ist ein tolles Stück – die Quelle der Kraft unseres
Stadtpoeten Fabricius ? Aber jetzt habe ich ihn; nimm doch bitte einmal
den 1. Band der neuen englischen Sterne-Ausgabe von 1775 – ja, die
5. Auflage des Tristram Shandy – hast Du ? – Seite 62, Zeile 25 – halt : Du
kennst doch seine Bemühungen, eine neue krampfhafte Mythologie zu
ersinnen und wie er in schlaflosen Nächten die unsinnigsten Namen
erfindet, und diesen dann Bedeutungen unterlegt : – es ist unglaublich ! –
Aber lies nur laut vor; lies nur !«

Kauff schlug die so genau bezeichnete Stelle auf und las stockend :

»Thel east hint – – was heißt denn *das*!?–« Der Blinde lachte müde auf:
»The least hint –« antwortete er; »es ist natürlich nur ein Druckfehler –«
Kauff klappte in maßlosem Erstaunen das Buch auf und zu, und pfiff
durch die Zähne, schrill und geschäftig: »Ach, daher stammt der Name
aus seiner letzten Ballade ‹Thel›, die er neulich in der Harmonie vorlas –.«
»Natürlich,« erwiderte Flick, »seine Freude über diesen Fund war unbe-
schreiblich; er hatte gerade noch so viel Besonnenheit, east in west zu
ändern – dann war es geschehen. Frage ihn doch einmal vorsichtig, wie
ihm good old Lawrence gefallen hat – aber es ist wirklich fast mehr traurig als lustig – was schreibst Du denn?« »Ich notiere mir nur rasch die
Stelle,« murmelte der in sein Taschenbuch kritzelnde Kauff, »– so, das
hätte ich. – Nun, in 14 Tagen, mein Söhnchen, – da kommen wir nämlich
wieder zusammen, Hans, weißt Du?!« »Kommt nur immer fleißig
zusammen,« erwiderte spöttisch der Blinde, »vox viva docet – und lest
nur ja nicht zuviel die älteren Dichter, die wunderlichen, die lieblichen –«
seine Stimme wurde zu so leisem Murmeln, daß man nichts mehr verstehen konnte. Der Kleinere sah ihn scharf von der Seite an: »Hans,«
sagte er plötzlich, »Du bist sehr stolz – mußt Du nicht immer Mitleid
fürchten? –« Der Mann im Sessel hielt den Angriff unbeweglich aus;
»Dazu bin ich noch nicht arm genug –« erwiderte er langsam und, wie
es schien, unberührt, »– und zuweilen sehe ich noch – im Traum und
in der Phantasie. –« Kauff tat einen Schritt auf die stille Gestalt zu:
»Hans«, sagte er verlegen: »vielleicht wird es noch einmal – ich habe
eigentlich noch Hoffnung –« Der Blinde neigte zierlich und spöttisch den
Kopf: »Oh, wirklich?!–« antwortete er mit so höhnender und biegsamer
Stimme, daß der andere zusammenzuckte, und dann begann, im Zimmer
auf und ab zu gehen. Nach einer Weile räusperte er sich geschäftsmäßig,
und bot dem Freunde eine gute Nacht: »Ich komme morgen früh noch
einmal auf ein Stündchen her«, fügte er hinzu, »Niebelschütz wollte mich
abholen – mein Zimmer ist doch oben, neben dem Treppenaufgang – ? –
Also: gute Nacht!« Er drückte Flick hastig die Hand, und zog die Tür
leise zu, nicht ohne vorher noch die Lichter zu löschen, welche die feinen
blau und goldenen Flammenköpfchen lustig zusammensteckten.

Der Blinde drückte sich tiefer in seinen harten Stuhl und legte den
Kopf an die Lehne. Eine Zeitlang hörte er noch den behutsam tupfenden
Schritt Kauffs über sich, Glas klirrte verhalten in suchenden Händen;
dann wurde alles still.

Von draußen kam noch immer die leichte silberfüßige Musik; das
Lachen und Jubeln war seltener geworden, denn es mußte schon auf Mitternacht gehen. Ein leichter Wind pfiff verliebt und suchend an jedem

Fenster, rüttelte ein bißchen an den Riegeln, und schlenderte dann sehnsüchtig weiter durch die leeren Gassen. Von der fernen Turmuhr kam ein verschlafenes Schlagen, und Flick erinnerte sich trübe nickend des alten Wächters, wie er wieder genießerisch über dem Brockes sitzen und die »Wintertage in Ritzebüttel« verfolgen würde; dann summte wieder die ewige Dunkelheit.

Er hatte vor vielen Monaten begonnen, – wenn er ganz allein war, und niemand ihn sehen konnte – sich in wundersame Welten zu verlieren, und seine sehnsüchtigen Gedanken und Träume zu so tiefen Gebilden zu gestalten, daß er sich völlig in seinen neuen Wirklichkeiten verlor.

An manchen Abenden hatte er in mühevoller Arbeit ein neues Luftschiff ersonnen, und fuhr nun mit ihm von Stern zu Stern, maß, rechnete und beschrieb die bunten Fabelküsten. Aber es war keine Fabel. Es war.

Zuweilen baute er an einem Theater, schön und wunderlich zu schauen, und sah oft nie gehörte Märchenspiele und graue Dramen in Sturm und Regen.

Ein Anderes gab es noch; und der Blinde nickte erregt und gespannt, und als er den Kopf hob, war das Zimmer verschwunden. –

Lange war es her, daß ihr Schiff zertrümmert worden war; nur Wenige hatten sich retten können, auf ärmlichen Flößen. Sturm war blaugrau über das Meer gerast; aber sie hatte schlank und stolz auf den rissigen Brettern gesessen. Und er hatte mit zusammengebissenen Zähnen gerudert und gearbeitet, und gleichmütig den grausamen Hunger verborgen. Dann war das Ufer gekommen, mit weiten kühlen Wäldern und sonnenheißem Strand : tief drang die Bucht in das Land, mit enger Einfahrt, um die mächtige Felsen ragten, von einer breiten Brandungslinie umsäumt.

Er hatte mit unsäglicher Mühe ein Häuschen aus Bäumen und schwer zurechtgehauenen Brettern erbaut, in dem sie schlief, während er jagte und ein Boot zum Fischfang zimmerte. Er war ihr so gleichgültig, wie es schien, daß er sich in vergeblich zur Schau getragenem Stolz verquälte. Einmal hatte er ihre Hand berühren dürfen, als sie zufällig strauchelte, aber das war schon lange her. Nun saß sie unter einem Baum am Strande, rot klomm der Abend im wehenden Laube, und gegenüber, auf der anderen Seite des Hafens fielen die Wasserstürze an den schon düsteren Klippen wie rasselnde zerschlissene Silberbänder. Er hatte in verzweifelter Anstrengung seine Augen ruhig und still gemacht, wie er glaubte, und sah sie doch bei den wenigen Worten, welche er sprach, so scheu und verloren an : das weiche dunkle Haar und die geliebten Augen, und die Hände, in denen ein kühles Blatt lag. Sie nickte gleichmütig und sagte :

»Meinen Sie – ?«, aber er erwiderte nichts mehr. Er saß und lauschte noch immer ihrer klaren Stimme, und dachte : wie mag es sein, wenn sie sagen wird ‹geh› oder ‹Tod› – es ist ja wohl dasselbe – und wenn sie zu einem Anderen ‹Du› sagt ! – Er trat auf sie zu, und begann hastig und unbeholfen zu erzählen, mit tiefer bebender Stimme von einigen Büchern, und wie schön sie sind. Er schwieg eine Weile, neigte den Kopf und wiederholte in unsäglicher Kühnheit : »– – wie schön sie sind !« Er hob hilflos die Hand und ließ sie verlegen und plump wieder sinken.

Sie stand rasch auf, klopfte den braunen Blätterschmuck von dem einfachen Röckchen, und sagte flüchtig im Fortgehen : »Gute Nacht –«. Er konnte nichts entgegnen, sah nur immer der zierlichen Gestalt nach, die über die winzige grüne Wiese lief, und in der roh gefügten Tür verschwand. Er legte sich, bitter nickend, vor die Schwelle, und sah in den blanken Himmel, wo eben die ersten Sterne aus den Wäldern aufzogen; ein windgeschüttelter Wolkenriese hob den Mond wie einen silbernen Sturmhut über die schartigen Tannenspeere. Er dachte noch : »Morgen muß ich Holz spalten – für den Winter – !«

Gleich darauf lag er in düsterem Schlafe.

3.)

Kauff hatte vergnügt das kluge Köpfchen aus dem Fenster gesteckt und berichtete eifrig über die Schulter seinem Freunde zurück, der wieder wie Gestern an seinem Schreibtische saß, und aufmerksam der Schilderung lauschte. »Hm,« sagte der Kleine behaglich, »ein ausgezeichnet schöner Morgen; ganz klar und der Himmel merkwürdig durchsichtig – ich muß zu Hause gleich einmal den Kyanometerwert feststellen; interessant – sonst nichts Neues – – nicht wahr, Frau Flick,« wendete er sich zu der Mutter des Blinden, die neben ihm an's Fenster getreten war, »– der Brunnen blitzt fast zu blendend, und weit drüben im Städtchen vor der Rathaustreppe scheint ein Bäckerjunge zu stehen : man sieht nur den weißen Anzug – hm !« Die Frau beugte sich weit vor und legte schützend die Hand über die Augen : – »Nun –«, meinte sie bedächtig, »man kann es nicht genau sehen – die ganze Mühlenwiese blitzt und dampft – aber er wird es schon sein; Herr Niebelschütz nämlich !« Kauff reckte sich interessiert, und schaute auf den halb verwachsenen Wiesenweg, auf welchem eben hastig eine Gestalt auf das Haus zu lief : »Ah, optime –« rief er in das helle bunte Zimmer hinein, »Hans, er kommt –« und trat, sich die Hände reibend, erwartungsvoll vor die Bücherregale. Frau Barbara war hinausgegangen, und die Freunde hörten sie im Flur hastig und erstaunt mit dem Eintretenden sprechen, der gleich darauf die Treppe heraufsprang, die Tür aufriß, und sich schwer atmend in einen Sessel fallen ließ.

Kauff wollte eben einen spitzfindigen Morgengruß beginnen, aber als er das verstörte Gesicht des Alten sah, sprang er besorgt hinzu und füllte schnell ein Glas mit Wasser, das er dem scheinbar Erschöpften an die Lippen führen wollte. Der Förster schob es jedoch mit einem solch kräftigen Ausdruck der Entrüstung und des Widerwillens beiseite, daß der Kleine sich über den Zustand Niebelschützens bedeutend beruhigte und schon wieder munter fragte : »Aber was ist denn nun eigentlich geschehen; der Herr scheinen alteriert – ?« und sah ihn gar schlau von der Seite an. Auch der Blinde hatte sich vorgebeugt und runzelte beunruhigt die Stirn : »Erzähle doch, Balthasar –« meinte er hastig, »was ist Dir denn begegnet – ?«

»Danke, Frau Barbara« sagte tief atmend Niebelschütz, und stellte das stattliche Stehaufmännchen, welches eine ihm wesentlich tüchtigere Flüssigkeit als Wasser enthalten hatte, wieder auf das dargereichte Tablett, »– nein – nicht doch,« wehrte er schwach ab, als sie es ihm auf's Neue füllte, aber er setzte es gehorsam noch einmal an, und schloß in augenblicklichem Vergessen genießerisch die Augen. Sofort öffnete er sie jedoch entsetzt wieder und schüttelte wie erwachend den Kopf.

Dann sah er sich im Kreise um, zog seine Uhr heraus, und hielt sie nach kurzem Betrachten Kauff hin : »Nicht wahr,« sagte er, »– es wird sofort acht Uhr und 22 Minuten sein. – Sie haben den oberen Knopf an Ihrem Rock kokett geöffnet – nein nein, es ist kein Tadel; sagen Sie nur, ob es stimmt. – Der Likör war Edelkirsch, nicht wahr, Frau Flick; Edelkirsch, und ein paar Tropfen Grenadine und Rossoli darin – ausgezeichnet gemacht, nebenbei – nicht wahr, nicht wahr ?!« er nickte erfreut. »Hans«, bat er, »stelle mir eine möglichst verzwickte Frage aus unserer älteren Literatur – ja ?« Der Blinde überlegte einen Augenblick, dann fragte er ruhig : »Der erste Bewohner von Felsenburg ?« Der Förster stieß verstimmt die Luft durch die Nase : »ich hatte ‹verzwickt› gesagt, Hans –« erinnerte er, »– immerhin : Cyrillo de Valaro – noch einmal !« Wieder kam die Frage : »Reussing – ?«

Der Alte sprang auf und starrte eine Zeitlang seinen Freund an; dann setzte er sich schwerfällig wieder und sagte : »Wie kommst Du darauf, Hans – gerade jetzt – also : ich weiß ! Glaube mir : ich weiß !! – seltsam, daß Du mich jetzt gerade daran erinnern mußt – aber gut; ich bin also wach ! –« Er schlug mit der flachen Hand auf die Sessellehne und wurde wieder lebhaft : »Ich weiß gar nicht recht, wie ich anfangen soll – am besten, ich beginne dort, als ich von euch wegging – nein, Frau Flick, lassen Sie sich nicht aufhalten; ich gehe auch gleich wieder – und recht schönen Dank; war eine prächtige Mischung – ja!« Er wartete sorgfältig, bis sie die Tür geschlossen hatte, und begann dann aufgeregt und sich immer mehr im Berichten erwärmend zu erzählen. –

»Ja, also : Als ich gestern vor die Haustür trat, blieb ich noch eine Weile stehen, und horchte auf das lustige Lachen um der Ecke. Der Mond war nun ganz hell und blank, und nur über den Havelwäldern waren ein paar feine Wolkenstriche zu sehen. Als ich den Wiesenpfad hinabging, raschelten die hohen Gräser so fein und fremd im Nachtwind, daß ich fast traurig wurde, und von fern schlug die Turmuhr langsam und wie aus Brunnentiefe.

Die Straßen waren meistens schon leer; ein paar Handwerker saßen noch halbschlafend im hellen Mondschein auf den Bänken vor ihren Häusern und dahlten halblaut in die kühle Nacht. Nur der Ratskeller war noch schön erleuchtet, und vor der Tür traf ich mit dem Dirigens Beringer zusammen – hm! – Drinnen waren eigentlich wenige Tische besetzt – eben unsere; die Anderen mochten wohl draußen bei den fremden Komödianten sein. – Gerbermeister Drömer saß bei uns und der neue Postmeister – er sammelt Moose : da hab ich ihm gleich den Hederichsteich unten empfohlen; bis an die Schultern soll er drinstecken! – Am Nebentisch sprach Mylius über das Thema ‹Gott in der Natur›, und konnte sich nicht genug darüber wundern, daß der Erde der Mond als Leuchte beigegeben sei; »wie weise! – wie zweckmäßig!« rief er immer mit ölig scheinenden Augen aus, und trank dazu den roten Burgunder, daß ihm der Bauch den Tisch wegrückte. Einmal hörte ich, wie er zu Fabricius äußerte, der Wald sei »der laubgewordene Inbegriff des Schattens« – lacht doch nicht; ich sage Euch, als ich eine Viertelstunde über diesen Satz nachgedacht hatte, war mir, als sei ich von Sinnen, und ich will verwünscht sein, wie ich heute schon gewesen bin, wenn ich ihn jetzt besser verstehe. Beringer war in nachdenklicher Laune; denn er hatte im Wochenblatt gelesen, der Türke werde sich demnächst wieder regen, und erörterte deshalb mit mir etwaige Verteidigungsmaßnahmen. Er war gerade mit dem Plane herausgerückt, das Bischofswäldchen als erstes Gebiet zu räumen und zu unterminieren, und beschrieb alle Maßregeln derart eingehend und liebevoll, daß Mylius hätte christlich bersten mögen, als die Tür noch einmal aufging, und zu unserem höchsten Erstaunen vier neue Gäste eintraten – Ihr müßt bedenken, daß es fast Mitternacht war! – Sie setzten sich an den entferntesten Tisch – dort, wo das Bild des Generals Fouqué hängt – und als Sie es sich bequem gemacht und nach Wein gerufen hatten, begannen sie ein eifriges Gespräch in fremder Mundart.

Ich erkannte sie natürlich gleich wieder; – es waren die vier Herren, die wir gestern Abend gesehen haben, Kauff! – Sie trugen noch dieselben absonderlichen Kleider wie zuvor, und schienen keinerlei Interesse an uns Anderen zu zeigen.

Mylius zog natürlich sogleich mit frommen Anspielungen auf die Sittenverderbnis der Zeit und den Anteil des fahrenden Volkes daran im Besonderen halblaut los; leider wurde er, dank des Burgunders, so tiefsinnig, daß selbst Fabricius ihm endlich nicht mehr folgen konnte, und sich darauf beschränken mußte, die rätselvollen Satzgebilde zur späteren Ausdeutung wenigstens schriftlich festzuhalten. Dennoch wurden die Fremden allmählich aufmerksam; und ich sah, wie der große Hagere unter Seitenblicken etwas mit dem grauen Männchen besprach.

Unterdessen war der Keller allmählich leerer geworden; Fabricius und einer seiner Verehrer hatten den noch immer klanglos wispernden Leichnam des Kirchenfürsten ehrerbietig aufgerichtet und zur Tür hinaus bewegt; auch der Herr Postmeister war mit grünem Gesicht und angstvoll gedrehten Augen unter unverständlichem Raunen aufgebrochen. Noch auf der Straße hörte man, wie die vier einen einförmigen feierlichen Gesang erhoben, der allmählig in der Ferne verklang.

Nur der Dirigens, Drömer und ich hielten noch aus, und sprachen gar schön und gedankenvoll vom Wein, und allem Kühlen und Feuchten in der Welt, erwähnten auch Deine Hypothese von der Insel Felsenburg, Hans, womit aber der Gerbermeister, der das Buch noch vor der Bibel schätzt, und es alle seine Kinder und Gesellen lesen läßt, gar nicht einverstanden war.

Der Wirt hatte alle Lampen bis auf eine gelöscht, so daß wir recht zauberisch und nekromantisch in einem bunten Lichtkreis saßen; nur von dem Tisch der Fremden kam ein matter aber ungemein klarer bläulicher Schein.

Es hatte eben Mitternacht geschlagen, und Beringer war eiligst hinausgehastet; auch Drömer hatte mir, obgleich durch meinen Widerspruch verstimmt, derb die Hand geschüttelt, und ich saß allein bei meinem noch halbvollen Glase.

Mir war recht trübe und unzufrieden zu Sinn; ich mußte – ganz natürlich; sie saßen ja in der Ecke – immer an die Komö – – hm; die fremden Herren denken, wie sie so frei und leicht vor dem prächtigen Gerüst gestanden hatten. Aber dann fiel mir wieder der Wald ein, und die alten lustigen Bücher, und mir wurde wieder froher zu Mut. Wie ich noch so da saß und in den rubinenen Schein des Weines hineinstarrte, hatte sich einer der vier, der Kleine, erhoben, trat an meinen Tisch heran, und lud mich ein, doch bei ihnen Platz zu nehmen. Er fügte höflich hinzu, er habe da eine recht bemerkenswerte Ansicht über die Insel Felsenburg gehört, und würde gern noch mehr davon erfahren. Ich zögerte ein wenig, aber ehe ich noch recht zur Besinnung kam, saß ich schon in dem Blauwinkel, zwischen dem Winzigen und dem blonden Helden, und legte, gewiß ein wenig verwirrt und unbeholfen Deine Ansicht dar, Hans; nannte auch Deinen Namen, den der Kleine sofort in ein gar dickes kleines Würfelheftchen mit pergamentenem Deckel notierte. Wir kamen dann auf Staats- und wissenschaftliche Romane im Allgemeinen, und ich muß Dir sagen, Hans – ich wußte nicht den zehnten, ach, was sage ich! den hundertsten Teil von dem, was diese merkwürdigen Leute als ganz selbstverständlich voraussetzten : da hättest Du dabei sein müssen! Oft warfen sie auch eine rasche Bemerkung in der unbekannten klangvollen Sprache dazwischen, von welcher ich nur ab und zu einen Namen verstand – Holberg und Burnett und einmal kam Ramsay, Andrew Ramsay – dann schenkte der mittelgroße, der Wilhelmi, aus einer länglichen hellroten Flasche, die er aus einer verborgenen Tasche seines Schulterkrägelchens holte, wieder ein, und wir saßen und diskutierten und tranken, fast eine Stunde lang.

Der Wirt war am Schenktisch eingeschlafen und schlug nur manchmal traumhaft mit der Hand nach der Brotfliege, die ihm hellwach um die dicke schön gemaserte Nase schnurrte. Erst als die Pendeluhr zum Schlage ausholte, wurde Leonhard – das war der Blonde – aufmerksam; sah in das getriebene Zifferblatt und sprang lebhaft auf: »Jetzt wird es aber Zeit, Brucker!« rief er mit schöner seltsam hellklingender Stimme; und zu mir gewandt, fügte er hinzu : »Sie kommen doch mit, Herr Niebelschütz ! ? – Nur einen kleinen Nachtspaziergang; wir müssen doch noch sehen –.«

Ich war von dem glasklaren eisfrischen Getränk hellwach geworden, und willigte mit Freuden ein; denn man konnte lernen, Hans, lernen – : wenn Du sie doch einmal sprechen – – tja, hm, – nun, höre erst einmal.

Während sie schwungvoll und gewandt ihre Umhänge überwarfen, sprang ich in mein Wams, war mit zwei Schritten neben ihnen, und wir traten vor die Tür, die mit schläfrigem und wunderlichem Klappen hinter uns zu fiel.

Draußen war es kalt und sternenhell geworden; der Mond versank in einem fernen Weiher, und unsre Tritte hallten einsam und diebisch in den leeren hohen Winkeln und Torbogen wieder. Auf dem stillen glänzenden Marktplatze, der durch die Einsamkeit weiter und schöner erschien, sprang nur noch der Brunnen eilig und glitzernd, die Fenster spiegelten schwarz und verschlossen, und die Menschen lagen in ihren verhangenen Kammern.

Am Eingange zum Müllergäßchen blieb Leonhard stehen, sah sich interessiert um und sagte : »Ah, wir kommen gerade mitten hinein : sehen sie nur !« Wir standen eben vor dem Hause unseres Stadtpoeten, welches aber merkwürdig breit und überladen erschien; aus einem noch nie gesehenen bauchigen Fenster im obersten Stock lehnte sich eine dicke, recht rot und hoffärtig aufgeputzte Dame, mit einem flachen Saiteninstrumente in der Hand, das täuschend einer silbernen Tortenform ähnlich sah, und sang asthmatisch und schmachtend – wo habe ich denn den Zettel; das müßt ihr hören :

> »Der gelbe Spielraum von den Königen,
> Du Herz, geflöte. –
> Betrüblich nächst dem blassen schönigen :
> Ergebenst ! folgt !
> Sensen sie erst der klöppeln Glockelei . . .«

und so ging es weiter; jedenfalls zum Schluß kam :

> »Heil in dem fürstliche mir ! –«

Mir war, als müßte ich toll sein; Fabricius wohnt doch mit seiner alten Wirtschafterin ganz allein dort im Haus – und dann das Lied ! Aber der Hagere neben mir nickte nur, und besprach sich eifrig mit seinen Freunden, indem er bald nach dem Fenster, bald hinüber zur Druckerei wies, und ein paarmal hell dazu auflachte. Im Weitergehen fragte er mich : »Wohnt hier nicht der Herr von vorhin; vom Nebentisch, der immer den feisten Burschen anhimmelte ?« Ich wollte ihm gerade antworten, aber wir waren unterdessen in die Steinstraße eingebogen, wo der Südfruchthändler seinen Laden hat, und ich konnte eben meinen neuen Freund noch mit einem Schrei zurückreißen, ehe er in – denkt Euch : an Stelle der alten Steinstraße zogen sich mondgrüne bleiche Kanäle hin, über welche hohe fensterlose Häuser mit flachen Dächern treppige Schatten warfen; aus schmalen finsteren Wassertoren schossen dünne gebogene Gondeln mit lautlosem Kiel wie huschende Raubfische.

Zuweilen stach der hagere Verschwörermond einen spitzigen Strahlendolch auf eine staubig erblindete Butzenscheibe; durch schmiedeeiserne Spitzendecken war feiner Silberdraht schräg zum schwarzen Marmorboden gespannt, und auf dem holprigen Pflaster lagen gebogene gelbe Mondscherben. Aus einer tiefen Nische sprang blitzschnell eine lange gekrümmte Gestalt in groteskem weitem Schwarzmantel und wiegendem Spitzhut, und wies mit höflich flatternden Armschwüngen auf seinen Gondelsarg. Der Blonde nickte zurück und wandte fragend den Kopf zu mir : »Wollen Sie ?!« fragte er listig lächelnd, während ein matt glimmender Meteor träge zwischen den Häusern heranzog und mit hohlem Schallen in dem unergründlich gurgelnden blinden Wasser versank. Ich wehrte natürlich entsetzt ab, denn mir war nicht wohl in den steilen Schattenwürfeln; mein neuer Bekannter hatte unterdessen ein breites gerolltes Skizzenbuch aus der Tasche gezogen und setzte sich behaglich mit übereinandergeschlagenen Beinen auf einen morschen umgestürzten Kahn, der auf einer glatten mondigen Treppenstufe schlief. Eine Zeitlang spielte er nachdenklich mit den blasigen fahlen Tangbüscheln, die voll bleicher unfruchtbarer Beeren hingen; dann rief er dem lasterhaft heranschleichenden Schwarzen ein paar Worte zu, daß er wieder in das Häuserdunkel zurück tänzelte, und begann endlich, mit wundersamer Schnelligkeit und Kunst, das nächtliche Spiel zu zeichnen; seltsamerweise mit der linken Hand, die den dünnen Silberstift so genau und mühelos führte, als ziehe er nur die schönsten Linien und Schatten auf einer Vorlage nach.

Schon nach wenigen Minuten schob er das Heft nachlässig in die bauschige weiße Seidentasche, und wir gingen mit den plaudernden Anderen wieder die enge Gasse zurück.

Ich wollte den Mund zu einer Frage auftun, aber die Vier lachten nur freundlich und ein wenig belustigt, und der Kleine sagte behaglich : »Kommen Sie nur, Herr Niebelpütz, oder Niebelschütz – wenn es auch heute ein wenig anders aussieht –« und sie lachten wieder so hell und merkwürdig, daß ich mir vornahm, nichts mehr zu fragen.

Als wir beim ‹Hirsch› um die Ecke bogen, die mir aber toll verziert und viel höher schien, mit ganz schmalen Fenstern und einem mannshohen baumelnden Messingschild, blieb der Kleine stehen, nickte verblüfft und anerkennend zum Hause unseres Professors Bäumler hinüber, und sagte leise zu Herrn Wilhelmi : »Ist denn so etwas möglich ? Nun denkt man, man hat so ziemlich – also sieh Dir *das* an !«

Aus der erwähnten Tür trat ein ganzer Zug so unsinnig gekleideter Menschen, daß ich zuerst dachte, es sei ein Maskenball in der Stadt – ich hatte aber doch gar nichts im Kreisblatt gelesen – !

Der Erste war ein dicker kurzer Geselle, der einen grellroten Überwurf trug – als habe er einfach ein Loch in eine Tischdecke geschnitten und den feisten hängebackigen Kopf hindurchgesteckt, auf dem er einen winzigen blechernen Kammhelm mit gar stolzen Hahnenfedern trug. Dabei wurde er mit jedem Herzschlage dem alten Bäckergesellen vom

Slupik ähnlicher, und hatte auch schon, ehe wir's uns versahen, ein prächtiges Waffeleisen mit langem dreikantigem Stiel in der Hand. Die zwei Anderen hinter ihm sahen den Buben im Kartenspiel zum Verzweifeln gleich, und dann kam die ältliche Witwe Zimmerle vom Markt, verschämt in ein paar bunte durchbrochene Gardinen gehüllt. Der Kleine neben mir prustete hellauf und flüsterte kichernd zu Herrn Wilhelmi hinüber : »Das nenne ich noch eine schöne Helena, was ? – Und der Agamemnon vorn ist auch nicht übel – also in was für Hände die heutige Jugend gegeben ist – !«, er schüttelte den Kopf und trippelte weiter vor uns her, um den Gymnasialplatz herum, wo die dunklen Bäume kühl und verschwiegen oben miteinander flüsterten. Winzige Nebelflöckchen saßen in den Astgabeln und kicherten lustig miteinander; ab und zu lief wirbelnd ein vorjähriges Blatt vor uns her auf den kalten trockenen Steinen, bis es raschelnd zur Seite sprang und flink durch die eisernen Gitterstäbe des Schulgartens kletterte.

Unterwegs begegneten uns vereinzelte huschende Gestalten; meist junge Mädchen und Burschen, die verlegen grüßend aneinander vorbei stolzierten. Das Sonderbare war nur dabei, daß sie alle Augenblicke fließend Gesicht und Gestalt und Kleidung veränderten, so daß sie bald dem bald jenem ähnlich schienen; so sah ich die beiden Töchter vom Drömer in einer einzigen vereinigt – lacht doch nicht; wenn man in ihr Gesicht schaute, fühlte man sich sowohl an die Eine als an die Andere erinnert, als seien es Mischwesen.

Über den alten Dächern der Häuser sah man noch ein winziges gelbliches Lampenlicht, das einzige in der Runde, oben beim Torwächter, der wieder lesen mochte; aber es verschwand bald hinter den schwarzen klaren Giebeln.

Aus einem Keller hörten wir eine dünne feine Musik von Streichinstrumenten, die eine mir völlig unbekannte reine Weise spielten, welche aber so leise heraufkam, daß ich mich zu dem Gitter hinunterbücken mußte, um sie verfolgen zu können. Während ich noch so kauernd den Kopf neigte, riß mich auf einmal der große Blonde am Arm hoch, und zwar mit solcher Kraft, daß er mich dabei förmlich ein Stück vom Boden hob : »Da oben –« zeigte er nach dem kleinen gemauerten Balkon, auf welchem soeben die weiß lackierte hölzerne Tür aufging, und ein junger Mensch mit schönem leichtem Schritt an die Brüstung trat. Er sah eine Weile in's Weite, und als wir seinem Blicke folgten, lag dort, wo eben noch das Gymnasium gestanden hatte, ein stiller umbüschter Wiesengrund im ersten Morgengrauen. Ein rauher schmaler Bach floß schnell und lautlos schäumend durch die Gräser; auf den nahen Hügeln sah man noch-nachtdunkle Tannen schwanken, und über dem Ganzen lag eine so wundersame aus dichtem milchigem Grün und Reifgrau gemischte Tönung, daß Leonhard sogleich das Skizzenbuch herausriß. In demselben Augenblick hörten wir vom Balkon her ein traumhaft gedämpftes Sprechen und Schelten, und sahen, daß die Eltern des Jünglings langsam heraustraten und die Hände nach ihm streckten; aber er klomm heiter und schlank auf die körnige Brüstung, breitete stumm und ganz in sich geschäftig die Arme, und flog in weitem schönen Schwunge, in das erwachende Tal hinein, schräg nach unten, so daß er trotz seines Bemühens am Tannenhang Fuß faßte, wo er weiter talabwärts in ein gelbliches Felsengewirr klomm, welches im Hintergrunde, schon morgendlich besonnt, aus dem Boden sproßte.

Leonhard hatte mit prüfendem Auge den Flug verfolgt und hielt dann Harnisch – dem großen Hageren – das Blatt hin : »Siehst Du !,« sagte er eindringlich, »wieder schräg nach unten – Gleitflug, wie ich immer sage; und mit ganz stillen, kaum bewegten Armen. Es wird schon so sein – glaube nur –«. Der Andere kniff die Lippen ein und nickte zweifelnd : »Wir müssen noch – bewegten sich denn die Haare oder die Hände ? – – Hoppla !«, unterbrach er sich, und wich einem alten rotnäsigen Küfer aus, der, ohne ihn zu beachten, mit einem Weintablett in das Haus des Bürgermeisters ging. Als er an dem Kleinen vorbeikam, hob dieser blitzschnell eine Flasche herab und drehte sie geschickt so, daß er das Schild lesen konnte : »natürlich : roter Burgunder !« murmelte er mißbilligend, »kriegt der Mann denn nie genug ? !« Damit gab er die Flasche wieder dem genießerisch lächelnden blaugeschürzten Burschen in die Hand, und ging voran, an der Kirche vorbei, zum Hause des Superintendenten, wo er sich am Fenster auf die Zehenspitzen stellte und eifrig hineinsah. Wilhelmi guckte ihm über die Schultern und nickte ingrimmig : »Natürlich – Nichts !« meinte er verächtlich, und im Weitergehen fragte er mich : »Wie hieß der Kerl ? – Mylius ? – Werde mal bei Gelegenheit einen – – jemanden herschicken !–« Während er noch sprach, und zufrieden um sich sah, hörte ich in der Herrenstraße einen schweren Schritt, und der Nachtwächter Rasehorn tappte schläfrig um die Ecke, blieb, ohne uns, wie es schien, zu bemerken, neben Leonhard stehen, rief ihm heiser die Stunde ins Gesicht, schneuzte die große Laterne, und ging langsam davon, mitten durch einen flachen, leise wellenden Teich, in dem er mir bis an die Hüften zu verschwinden schien. Noch an der Ecke hörten wir ihn gleichmütig ins Horn stoßen, und den dicken Spieß träge auf dem Pflaster nachklappen.

Auch der reisige Mond schritt hallend in silberner Rüstung seine

Runde über Marmortreppen und an weißen Palästen; in weiten Portalen lehnte flüsterndes Luftvolk in Seidenmänteln; unter schattigen Wolkenbrücken strömte der wogende Nachtwind.

Aus den Häusern am Fischerstrand kam wüstes Geschrei und Röcheln, und meine Begleiter verzogen abfällig den Mund, »Lassen wir das Pack nur weg –« sagte Harnisch mit gerunzelter Stirn : »wird ohnehin nichts Brauchbares dabei sein – aber hier, Brucker, hier !« unterbrach er sich lebhaft, und wies auf eine breite, so blendend erleuchtete Straße, wie sie sich derart wohl in der Hauptstadt ausdehnen mögen, welche sich unvermittelt neben uns zur Rechten aufgetan hatte. Wir sprangen rasch hinein, und ich konnte mich nicht genug über die strahlenden roten und weißen Inschriften und Lichtranken wundern, die die Fassaden der Gebäude schmückten. Besonders schienen es dem Kleinen die Geschäfte angetan zu haben; denn er lief behende von einem zum anderen; schaute hier in eine prächtige Blumenauslage und dort in eine Schuhhandlung, wurde dabei aber immer verdrießlicher, bis Wilhelmi ihn endlich lachend am Röckchen faßte und auf ein riesiges, fünf Stock hohes Gebäude mit einer schier nicht enden wollenden Reihe hellst erleuchteter Fenster wies : »Komm –«, sagte er, »vielleicht finden wir hier etwas – scheint ein Kaufhaus hingestellt zu haben – interessant, wie Herr Niebelschütz ? !« Ich beteuerte ihm, indem wir die breite steinerne Freitreppe hinaufgingen, daß ich ein solches Bauwerk überhaupt noch nicht, viel weniger in unserer Stadt gesehen hätte; er mochte wohl merken, daß mir der Kopf schwindelte, und ich wagte ihn vorsichtig zu fragen, ob ich vielleicht träume, oder – Er sah mich merkwürdig von der Seite an : »Hm.« sagte er langsam, »sie träumen nicht –« wobei er das ‹Sie› ganz deutlich betonte, aber er konnte nicht mehr weiterreden; denn ich blieb bereits auf's Höchste überrascht in der prächtigen Halle stehen – denkt Euch : inmitten des unabsehbar großen Hauses war ein wohl hundert Fuß langer und breiter Lichtschacht, um den sich in vier oder fünf Reihen übereinander lange lichterstrahlende Galerien zogen; der helle Schein kam dabei aus seltsam gestalteten gläsernen Körpern, die bald wie strahlende Röhren, bald wie weiß glühende Birnen geformt waren und ein unsägliches Funkeln und Blitzen auf und in den großen glasgedeckten Schaukästen verursachten.

In manchen lag billiger Tand; Bleistifte und Schwedenhölzer und kleine Messerchen; in anderen war wohlriechende Seife, schrille Spiegel und sauber ausgerichtetes Schreibpapier; dann wieder sahen wir reiche bunte Stoffe und viele schöne Tische und Sessel in Reih und Glied – endlos. –

Viele Menschen drängten und schoben sich langsam und unaufhörlich plaudernd um uns, so daß ich ganz wirbelig wurde vor dem summenden Gespräch und den Lichtern. Keiner schien Notiz von uns zu nehmen; einmal kamen wir an einem großen Raum vorbei, wo wohl an die Hundert an kleinen Tischchen saßen, die statt der Beine Stahlrohre hatten, und schmausten und tranken beim Teller- und Gabelklappern um die Wette.

Auf einmal schrie der Kleine freudig auf, und lief mit beiden Beinchen auf einige große Regale zu, welche sich endlos und kompliziert ineinanderschoben, und voller Bücher standen. Hier war es fast menschenleer; das Männchen klomm blitzschnell ein Leiterchen hinauf und machte sich mit fliegenden Fingern an die Durchsicht. Auch die Anderen gingen rasch näher, und nach einigem Zögern wagte selbst ich es, den einen und anderen der Bände herauszunehmen. Es waren meist neue Scharteken in grell bedruckten Papierumschlägen mit schreiend bunten Titelbildern und wilden, zum Teil sinnlosen Überschriften, so daß der Kleine sie achtlos wieder hineinwarf. Ich ging weiter nach hinten und fand in einer düsteren staubigen Ecke – das Andere hatte Alles von Sauberkeit geblitzt – ein paar Reihen alter Folianten und Quartanten, so daß ich ihn rasch herbeirief. Er fing sofort eifrig an, in einem der dicksten zu blättern, und betrachtete selig ein paar vergilbte schöne Kupfer, die seltsame Landschaften und Geräte zeigten. Meine Begleiter hatten ebenfalls andere Exemplare zur Hand genommen und lasen aufmerksam darin, wobei sie oft mißfällig die Köpfe schüttelten, bald anerkennend brummten. »Hier – die Ausgabe vom Agathon nehme ich mir mit –« sagte auf einmal Harnisch lebhaft, und winkte uns herbei, uns das Bändchen zu zeigen. Es war ein kleiner Oktavband mit braunem, reich mit Goldgerank verziertem Lederrücken und dunklen Pappdeckeln. Ich bat es mir höflich auf einen Augenblick aus und schlug eine Seite auf; der Text war aber recht sonderbar, und ob ich auch alle Augenblicke Wieland zu lesen vermeinte, fand ich doch so viel abweichende Stellen – allerdings manche von großer Schönheit – darin, so daß ich es kopfschüttelnd zurückgab. Harnisch, der mein Zögern bemerkt hatte, sagte freundlich : »Nicht wahr, – die Varianten sind zum Teil ausgezeichnet – das ist Etwas für meine Bibliothek ! – Schön ! –«

Indem er noch so sprach, war es mir auf einmal, als verdüsterten sich die Lichter in auffälliger Weise; ich sah nur noch, wie der Kleine seinen Folianten fest in die Ärmchen nahm und zu uns heran trat, dann verschwand mit einemmale das Bauwerk in gestaltlose Dunkelheit. Ich fühlte, wie mich Leonhard bei der Hand nahm, wir tappten eine stockfinstere Treppe hinunter und traten gerade gegenüber Deinem Hause, Hans, aus einer engen gewundenen Pforte, die sich pochend hinter uns schloß.

»War ganz nett, ja –? –« fragte Wilhelmi und die Anderen nickten beifällig; besonders das graue Männchen, das tapfer an seinem Buche schleppte.

Wir blieben eine Zeitlang auf der nachtkalten Wiese stehen, und sahen uns, die reine erquickende Luft atmend, langsam um. Ein leichter Wind hatte sich erhoben und fuhr meinem Gefährten durch das lange weiche Blondhaar. Plötzlich mußte ich seinen Arm umklammern um mich zu halten und deutete sprachlos – ja, Hans – ich – Du – ich kann's nur so erzählen, wie ich es – ja – ob ich es erlebt habe?« – Der Förster starrte ratlos im Kreise umher, gab sich dann einen Ruck, und fuhr mit gepreßter Stimme fort.

»Also; aus Deinem Haus tratest Du, Hans, Hand in Hand mit einem jungen Mädchen, welches ich sofort wieder erkannte. Es war Fräulein Wolf – Eva Wolf – und um Eure Gesichter war ein weißer silberner Schein von so unsäglichem Glück – und Du konntest sehen, Hans, bestimmt! Denn Du zeigtest auf ein nahes Gehölz, und dann lieft ihr wie die Kinder über die Mittagswiese durch den klaren heißen Sonnenschein.«

Er nahm seine große altväterische Briefmappe aus der linken Innentasche der Joppe und zog ein kleines Blatt daraus hervor. »So, Kauff –« sagte Niebelschütz erschöpft, »sehen Sie sich das an! – Ich bat Herrn Leonhard – äh – zu zeichnen, und mir das Blatt zu schenken – hier –!«

Der junge Mann griff hastig nach dem Papier und betrachtete es lange, wobei sich sein spöttisches Gesicht bemerkenswert verlängerte. »Meisterhaft!« murmelte er überrascht – »ich verstehe doch auch etwas von Handzeichnungen – aber so etwas habe ich noch nicht gesehen, geschweige denn besessen! – Merkwürdig!«

»Kann ich es auch – bekommen –« bat der Blinde mit ungewöhnlich zitternder Stimme, und der Förster gab ihm stumm das Blatt in die Hand. Flick sah es lange mit den toten Augen an, und sein Gesicht wurde vor dem Willen, den Mädchenkopf zu sehen, zu einer erzenen Maske. »Das Blatt gehört selbstverständlich Dir, Hans!« unterbrach der Förster die Stille und hüstelte verlegen.

»Ja, Herr Niebelschütz –« erinnerte Kauff, »– und weiter –?«

»Ja, weiter! –« erwiderte der Alte gereizt und pikiert, »es ist wohl gerade genug. – Wir haben uns dann verabschiedet; sie gingen in ihre Herberge und ich fand mich, als ich mich recht umsah, in der ersten Morgendämmerung schaudernd vor Kälte auf der Rathaustreppe sitzen. – Ich bin dann gleich noch einmal durch die Stadt gegangen, um mich zu überzeugen – hm ! – Nun, was sagt Immanuel Kant dazu, Herr Julius Kauff ? !«

Der Angeredete überlegte kurz einen Augenblick; dann sagte er, indem er die Unterlippe vorschob : »Ja, Herr Niebelschütz – ich weiß nichts Anderes – Sie werden ja verletzt sein – aber Sie *müssen* geträumt haben ! –« Der Alte sprang wütend auf, »das müssen *Sie* mir sagen ! – ! –« rief er, »– und hier – ?« Er wies herausfordernd auf das Blatt auf dem Tische, um welches der Blinde wie zufällig die Hände gelegt hatte. Kauff fuhr sich betroffen über das glatte Haar : »– Allerdings ! –« gab er zu, »Daran hatte ich im Augenblick nicht gedacht – hm, wäre es nicht mög-lich –« »Es klopft – !«, unterbrach der Blinde hastig, und schob schnell aber behutsam die Zeichnung weiter aus dem Sehbereich der Freunde; dann rief er mit angespanntem Gesicht : »Herein – ? ! –« –

4.)

Die Tür wurde behutsam halb geöffnet, und das Erste, was die Freunde sahen, war ein kleiner gedeckelter Weidenkorb, der mühsam über die Schwelle geschoben wurde. Hinter ihm, noch beide Händchen auf den Rand gestützt, erschien angestrengt keuchend eine kleine grau gekleidete Gestalt, welche wichtig die Tür hinter sich zuzog und eine artige Reve-renz machte.

Der Förster war beim ersten Anblick des Eintretenden aufgesprun-gen und sah sich verstört um; auch Kauff trat überrascht einen Schritt zurück, musterte aber sofort den höflichen Kleinen scharf und durchdrin-gend. Der Blinde hatte sich aufgerichtet und trat langsam herzu : »– Mit wem habe ich die Ehre – ?« fragte er unruhig und durch das Schweigen der Freunde aufmerksam geworden.

Der Kleine dienerte eifrig neben seinem Körbchen und rief mit feiner Stimme : »Wenn der Herr gestatten : Brucker – mein Name; Brucker – habe ich das Vergnügen Herrn Flick zu sehen ?« – Er zog geschäftig das Pergamentwürfelchen aus der Tasche, um sich zu vergewissern, und las noch einmal sorgfältig den Namen ab : »Herr Hans Flick ? ! – Guten Mor-gen, Herr Niebelschütz; bin auf dero Empfehlung hin so frei gewesen –«. Der Alte trat gefaßt auf ihn zu und schüttelte ihm zögernd die Hand; dann wies er auf den lässig auf eine Sessellehne gestützten Kauff, und nannte dessen Namen. So bescheiden auch das Männchen mit dem kleinen Fuß auskratzte und mit den Fäustchen die Luft schlug, so kalt und beiläufig nickte der junge Mann ihm zurück, und ließ einen gleichgültigen Blick aus dem Fenster gleiten, als rechne er mit einem möglichst raschen Gehen des unerwünschten Besuches.

Herr Brucker schien es jedoch gar nicht bemerkt zu haben; er wehrte den Förster, der ihm einen der Sessel heranschieben wollte, ängstlich ab und bat, auf seinem Korbe Platz nehmen zu dürfen, da er nicht lange bleiben könne, und hauptsächlich gekommen sei, um den Herrn kennen zu lernen, der so aufmerksam und mit so seltenem Judizium seinen – den Herrn Schnabel gelesen habe – wenn's erlaubt wäre. Und er habe auch – er sei Bücherfinder, -sammler und -liebhaber – einige gar rare Kuriosa und prächtige Editionen mitgebracht, um sie den Herren zu zeigen, vielleicht auch, wofern das Eine oder Andere Beifall fände, dies zu mäßigem Preise abzulassen.

Dann sah er sich mit erwartungsvollem und lächelndem Gesichtchen im Kreise um, sprang auf ein Nicken des Försters hin sogleich auf, öffnete keuchend den schönen leichten Rohrdeckel und trippelte mit dem ersten Bande vertrauensvoll auf den Blinden zu, dem er den starken Quartanten in die vorgestreckten Hände gab und mit innigem Vergnügen zusah, wie jener behutsam und ehrfürchtig den gepreßten Einband befühlte und über den alten abgeschabten Rücken strich. Flick wandte sich zu dem Alten, der neben ihn getreten war : »Balthasar – was ist es denn ?«, bat er mit erregtem jungem Gesicht und horchte mit rührender Freude auf jedes Wort, das der Förster vorlas.

»Burnett – Theoria telluris sacrae !« sprach jener prüfend und nickte bedeutend, »es ist die englische Ausgabe –.« »Von ihm selbst übersetzt –«, winkte hastig der Blinde, »ich weiß – sie ist selten geworden. – Wenn ich sie doch nur sehen könnte –.« Er blätterte ganz vorsichtig und streichelnd in dem alten Buche, »ist der Titel denn schwarz und rot – ? ! – Ach ! –«

Der Kleine rieb sich zufrieden die Hände, und sah andächtig in sein Körbchen hinein : »– Pseudodoxia epidemica – deutsch,« sprach er feierlich. »Sir Thomas Browne –« brummte Niebelschütz und Flick nickte : »Knorr von Rosenroth, der große Kabbalist, hat es übersetzt –«, sagte er lebhaft : »auch das ist jetzt rar genug –.«

Der Fremde hatte aufmerksam zugehört, die Händchen auf dem Rücken, und wandte nun den Kopf zu dem Blinden: »Der Herr haben schöne Kenntnisse – haben wohl früher gar fleißig die Älteren gelesen ? –« Der Blinde wandte ihm das erlöschende Gesicht zu : »Ja – früher ! –« sagte er heiser und hob das Buch langsam auf den Schreibtisch; »früher – da kannte ich sie Alle – Jöcher und Ramsay und Ziegler und Brockes und Lohenstein; und dort drüben, links neben der Tür steht der Brucker –« er riß den Kopf zum Fenster herum; auch die beiden Anderen sprangen erschreckt auf, und sahen noch das zuckende bläulich schwingende Licht, dem ein leichter, wie unterirdischer Donner folgte, welcher rasch unter dem Hause hinrollte und in der Ferne wunderlich zu verhallen schien. »Seltsam – ein Gewitter – jetzt im März!–« murmelte Kauff erstaunt und guckte betroffen in den fröhlichen seidenblauen Himmel, in welchem auch nicht die Spur eines Wölkchens zu erblicken war; er notierte sich sogleich Ort und Stunde der unerklärlichen meteorologischen Erscheinung und trat, noch immer kritzelnd, vom Fenster zurück.

Der Kleine hatte sich durch nichts stören lassen, und unbeirrt weiter mit Flick gesprochen. Niebelschütz hörte gerade, wie er unbefangen sagte : »Ah, mein Namenskollege – ja, ja – ist er nicht eigentlich schon etwas veraltet – ?« Kauff nickte vielmals und zutiefst überzeugt, aber der Blinde hob entrüstet die Hand : »Es wundert mich eigentlich, Herr Brukker,« sagte er hart, »daß Sie so urteilen können. Ich gebe alle neueren Geschichten der Philosophie für einen einzigen Band von meinem Brukker –.« Er erhob sich und ging rasch auf die Bücher zu, indem er wie tröstend und beschützend über die gelbweißen Pergamentröckchen strich : »Sehen Sie,« fuhr er strahlend fort, »ich habe auch den artigen Zusatzband – hier ist er !« Und er tastete rasch die kleine Reihe entlang und zog das Büchelchen ein wenig heraus; dann lehnte er sich in all seiner Größe an das Regal : »Sehen Sie,« begann er, »es ist ja eigentlich ganz falsch, so ein Buch in einem Zuge mit anderen Werken, welche vielleicht denselben oder doch einen ähnlichen Stoff behandeln, zu nennen. Ebenso wie es falsch ist, in der Literaturgeschichte ganze Gruppen zu bilden. Der ‹Barockroman› schwatzt man : aber es sind ja so weltenweite Unterschiede zwischen den einzelnen Dichtern – oder die ‹Klassiker›, die man jetzt erfinden will, indem man Lessing und Wieland und Klopstock und Herder in denselben Topf wirft; Goethe werden sie sicher auch noch einmal dazu zählen, denn das wird einer der Großen – aber was ist damit getan ? – Es müßte in der Literatur eine – ja, gut ! – eine »astronomische« Betrachtungsweise eingeführt werden, die nur Einzelsterne kennt und Individuen staunend beschreibt. Die Sternbilder sind ja auch nur ganz willkürliche gewaltsame Orientierungskrücken, die ein guter Sternseher nicht mehr benützt – ach – wenn ich nur lesen könnte und lernen –,« er brach erschöpft ab und drehte beschämt das Gesicht zur Seite, daß er sich vor dem Fremden so weit hatte hinreißen lassen.

In das Schweigen der Freunde hinein räusperte sich vorsichtig der Kleine : »Sind der Herr schon lange erkrankt – ?« fragte er behutsam; »ich hätte gerade einen Bekannten hier – einen sehr erfahrenen Arzt; vielleicht dürfte er dem Herrn einmal seine Aufwartung machen – Herr Leonhard nämlich –« wandte er sich erklärend zu Niebelschütz, der große Augen machte, als er den Namen hörte. »Ich denke, das ist der Maler ?!« fragte Kauff scharf, »war es nicht so – ?« Der Fremde dienerte höflich und lächelte gar abwesend : »Gewiß : auch Maler – auch Maler ! – aber darf er einmal –.« Flick lächelte müde und sagte, um den Winzigen nicht zu kränken : »Es waren schon viele Ärzte hier; auch aus der Hauptstadt – aber wenn Sie meinen, Herr Brucker – was haben Sie denn noch mitgebracht ?« Der Förster kniete schon vor dem Korbe und sah begierig hinein, wagte aber nichts zu berühren, ehe der Kleine die Bände herauslangte. »Hier, Kauff, sehen Sie !« rief er begeistert, »diese Schriftzeichen – darf man fragen – ?«, wandte er sich zögernd an den Händler, der nur flüchtig hinsah und einen so schwierigen Namen nannte, daß Niebelschütz Mühe hatte, nur die ersten vier Silben zu wiederholen. »Was ersehen Sie sich denn eigentlich an dem Zeug ?« fragte Kauff spöttisch und verächtlich, »Sie können es ja doch nicht lesen – !« »Ach, Sie ledernes Gemüt,« rief der Alte über die Schulter zurück und hob das aufgeschlagene Buch dicht an die Augen, »– so eine Seite ist ja geradezu wie ein Freifahrtschein nach Malabar oder O'Wahu für die Phantasie – – oder gar nach Neu-Holland !«, fügte er nach kurzem Überlegen, genießerisch den Kopf auf die Seite legend, hinzu, und roch wehmütig und glücklich an dem stark gerippten gelblichen Papier. Der Kleine rieb sich wieder vergnügt kichernd die Händchen und sah mit unbeschreiblichem Behagen wie der Förster und Flick sich zärtlich über den Korb beugten.

Aber Kauff war schon nähergetreten und wollte eines der alten Bücher mit dem Fuße beiseite schieben, wobei er mit zusammengekniffenen Augen fragte : »– ist denn das von heute Nacht auch dabei – ?!« Der Kleine raffte mit erstaunlicher Behendigkeit das bedrohte Werkchen auf, legte es ordentlich in den Korb und räumte auch die anderen rasch hinein : »Ich komme wohl besser ein andermal wieder, wenn die Herren allein sind –«, meinte er, zu Flick und Niebelschütz gewandt, indem er ihnen freundlich die Hand hinreichte, »– und bringe noch schönere Sachen mit – hihi !« flüsterte er dem Blinden ins Ohr, schob sein Körbchen gewandt hinaus und war schon hinter der Treppenbiegung verschwunden, ehe sich der Förster noch aufgerichtet hatte.

»So, Kauff !« sagte er verdrießlich, »na, für diese Heldentat wünsche ich Ihnen alles Schlechte – anstatt zuzuhören : denn Sie haben noch verwünscht viel zu lernen, mein Lieber ! – Kant und Schachspielen allein genügen noch nicht – nun, Sie müssen ja wissen, was Sie tun – kommen Sie nur; können mich noch ein Stück begleiten. Wer weiß, wie bald Sie stärkenden Zuspruch brauchen können – mit dem Fuß nach einem Buch von 1628 zu stoßen : nach einem Duodezbändchen noch dazu ! Schämen Sie sich – Wiedersehen, Hans; ich will Dir den jungen Mann abnehmen, und mich noch auf eine Viertelstunde opfern. – Ich komme sicher morgen wieder !« Mit diesen Worten reichte er dem Blinden, der vor dem Schreibtisch Platz genommen und, eine Hand wie unabsichtlich auf der Zeichnung, in seinem Rahmen zu schreiben begonnen hatte, die Hand, nahm den halb erzürnten halb verdutzten Kauff am Ärmel und zog ihn so, mürrisch pfeifend, durch das ganze Haus. Im Vorbeigehen rief er noch der Frau Barbara in die Küche hinein : »Also 10 Tropfen Grenadine und das doppelte Quantum Rossoli auf den halben Liter, nicht wahr ? ! – Gut, gut – werde gleich beim Apotheker mit vorbeigehen – guten Tag !« Dann traten sie auf die Wiese hinaus, an derem Rande wippend zwei Bachstelzen entlang schritten und die Köpfchen gar lustig in der frischen goldigen Sonne drehten.

Eine Weile gingen sie schweigend nebeneinander her, über den hellen Plan und durch die ersten Gassen der Stadt; auf dem Markt blieb der Förster erfreut stehen und bemerkte leise zu seinem Begleiter : »Da kommt ja Beringer – sehen Sie nur, wie er den Kopf hängen läßt; ob er sich noch immer mit dem Türken herumschlägt –« und laut sprach er zu dem trübe Näherschreitenden : »Submissester Diener – Nun, ein schöner Tag, das !«

Der Bürgermeister blieb schwermütig und unwillig auffahrend stehen : »Ach, er ist es, Niebelschütz, « sprach er gramvoll, » – Guten Morgen, Kauff – Niebelschütz, laß' er mir diese leichtfertigen Bemerkungen an einem so schweren Tage !« Er schüttelte weise und trübsinnig den Kopf, und begann gedankenvoll auf's Neue, während sie an den kühlen Fenstern der Zell'schen Weinstube entlang schritten, indem er seinen Begleitern bedeutend zunickte : »Ach, er hat es gut, Niebelschütz; er schwärmt nur so in Feld und Wald umher – –« wiederum brach er finster ab, und blieb wie zufällig vor der schönen Eichentür der Ratsstube stehen, tastete auch schon seufzend nach der Klinke. Noch einmal hob er den gesenkten Kopf : »Niebelschütz !« sprach er halblaut und eindringlich, »sieht er nicht die Zeichen der Zeit ? – Wir alle stehen hilflos in der Hand einer geheimnisvollen dunklen Macht – – Niebelschütz ! !«

Der Förster hob geschickt und verständnisvoll die rechte Augenbraue und nickte mehreremale : » – hat sie schon wieder Wäsche – ?« fragte er dann vertraulich; der Dirigens schlug mit der Hand in die Luft, und verschwand schnaufend hinter den schweren fröhlichen Eichenranken.

Kauff, welcher das Letztere nicht mehr verstanden hatte, machte betroffen zu seinem Begleiter : »Was hatte der gute Beringer denn heute ? Er sah ja ganz –« Der Alte wies mit dem linken Auge raffiniert und unauffällig nach dem Hause des Genannten, aus dessen Fenstern, im Erdgeschoß des halb sichtbaren Hinterhauses, ein weißer dichter Dampf quoll, und eine ältliche schwarzhaarige Frau mit einem schweren Rührscheit in der geübten Hand, unaufhörlich in den feuchten Qualm hineinschalt.

»So, nun gehen Sie, Kauff,« sagte Niebelschütz brummig, »und lassen Sie sich wenigstens das eine Warnung sein – also : – !« Er tippte nachlässig an seinen grünen abgetragenen Hut und ging in Richtung zur Löwenapotheke quer über den schwatzenden Markt, und Kauff sah eine Weile hinter dem bärbeißigen Alten drein, wie er so tiefsinnig in dem warmen Sonnenschein dahinschlenderte. Dann wandte auch er sich kurz auf dem Flecke um, und begann, methodisch seinen Tagesplan zu entwerfen.

»Die neuen Stoffe mustern und auszeichnen –« murmelte er, und schob grüblerisch die Unterlippe vor, »dann die Briefe nach Halle und Frankfurt –«, er lehnte sich einen Augenblick lang an den Brunnen und sah abwesend in den durchsichtigen wirbelnden Schatten des Strahles, in dem die Lichter wallten und steigend quirlten. » – Am späten Nachmittag – oder Abend – zu Beringer wegen der Stadtbleiche – holla ! !« Er sprang gerade noch zur rechten Zeit beiseite, um dem schönen funkelnden Wasserschleier auszuweichen, welchen ein plötzlicher Windstoß genau auf ihn zu getrieben hatte, aber es war noch einmal gut gegangen. So schüttelte er nur sorgfältig die wenigen glitzernden Tropfen von seinen modisch spitzen Schuhen und ging rasch weiter über den Platz, an den Häusern entlang, hier und dort mit geschäftsmäßigem Lächeln den und jenen Kunden grüßend.

An der Ecke der Post hielt ihn Zollinspektor Geisler mit wichtigem Winken auf und zog ihn in den schattigen Torweg, wo die Postknechte und Briefausträger die schweren Ballen und Pakete schoben und trugen, Fässer rollten und die großen schwerfälligen Planwagen geübt damit beluden. »Haben Sie gehört, Kauff –,« begann der Eifrige vertraulich, »es sind sogar Ausländer darunter – ach, Sie wissen doch, unter den Komödianten natürlich ! – Ein Engländer, ein Italiäner und der dritte scheint gar ein Spanier zu sein. Haben zwar gute sächsische Pässe mit verdeutschten Namen, auch sonst scheint Alles in gehöriger Ordnung ; aber – aber –. Hören Sie, Kauff, Sie sind doch, wie ich mir habe sagen lassen, des Englischen gar mächtig, vielleicht auch des Italiänischen – so etwas spricht sich doch herum – nein, Ehre wem Ehre gebührt ! – Also : könnten Sie vielleicht – unauffällig; beiläufig, so en passant – Sie verstehen. – Wer weiß, was sie herführt; das Land wimmelt von Verdächtigen. Wollen vielleicht gar die Feinheiten unserer bewaffneten Macht – – ich habe jedenfalls unserer Stadtwache durch den Dirigens schärfste Anweisung zugehen lassen, Waffen und alle Politica streng geheim zu halten. – Die Stadt rechnet auf Sie, Herr Kauff – !« schloß er pathetisch und schritt besorgt nickend um die Ecke.

»Das fehlte noch !« dachte Kauff indigniert im Weitergehen, »daß ich mich an die Landfahrer heranmachen sollte – lächerlich, wie viel Aufhebens man aller Orten von drei oder vier Gauklern macht. Freilich, von Niebelschütz und Flick wundert es mich nicht, bei ihrer exotischen Richtung. – Ach, es geht doch nichts über einen klaren Kopf –« und nicht ohne selbstgefällig zu lächeln, betrat er seine große Handlung in der Winklerstraße, und war bald in Zahlen und Geschäfte vertieft, und hieß Stoffproben bringen, und sah den Gehilfen scharf auf die Finger, stundenlang.

Erst als der späte Nachmittag in die großen Ladenscheiben sah, war er mit der heutigen Arbeit zufrieden, und lehnte sich, nur noch leicht Gewinn und Verlust überschlagend, zurück. Dabei fiel ihm wieder der heutige Vormittag ein, und die alten Bücher, welche der Fremde ihnen gewiesen hatte, und er erinnerte sich dunkel, daß irgendwo in einer Bodenkammer noch eine Kiste mit Gebetbüchern und anderen alten Scharteken stehen müsse. Er ließ sich von der Haushälterin den Schlüssel heraussuchen, und begab sich treppauf unter das alte Dach, wohin noch gelb und schräg die letzten Sonnenstrahlen fielen.

»Hm, meist Plunder !–« murmelte er suchend, indem er gleich einmal einen Haufen zum Verbrennen beiseite legte, »Hier – David Crantz – Historie von Grönland – Herrenhutische Mission – na, wollen einmal sehen.« Er blies mit gerunzelter Stirn den Staub von den sorgfältig gepflegten Händen, und sah sich nach einer Waschschüssel um. Aber dann griff er wieder, mit Selbstüberwindung, in die rissige Truhe, holte mit gespitzten Fingern die zwei letzten Bücher hervor und schlug sie vorsichtig auf : »Hm, das ist –« er stand auf und trat an das schräge Kammerfensterchen, das von der untergehenden Sonne kupfern gerändert war, und dessen kleine vergessen blinden Scheiben gar tapfer und putzig die geschwungenen goldenen Giebel widerzuspiegeln versuchten. »– allerdings erstaunlich !«, vollendete er und schüttelte gezwungen den Kopf : »nun, da – ich kann es ja einmal durchblättern.« Er nahm in jede Hand einen der Bände der Insel Felsenburg und ging in sein Arbeitszimmer hinab, wo er sich an den Tisch setzte, und, nachdem er einen Blick auf die Standuhr getan, und sich versichert hatte, daß er noch gute zwei Stunden Zeit habe, begann, flüchtig mit den Seiten zu spielen.

»Hm,« führte er sein gewohntes Selbstgespräch weiter, »ziemlich trocken, wie? – Liebesgeschichten – halt : hier scheinen Nachrichten von einer Insel – Besiedlung – ach, natürlich : Artista und Goldmacherei! Das glaube ich, daß solche Transmutationsgeschichten etwas für den Alten sind; der glaubt doch sicher auch *daran*! – Aber sonst ganz weltklug, im großen Ganzen – wenn man die überflüssigen Phantastereien wegließe – was nur die Beiden daran finden mögen – ?«

Er schob die Bücher endlich beiseite und griff mit vergnügtem Kichern nach Kant; wählerisch spielte er mit den ‹Träumen eines Geistersehers› und mit der ‹Kritik der reinen Vernunft›, nahm endlich die letztere, und begann gespannt, den tiefsinnigen Text zu enträtseln.

Als die Haushälterin die Lampe ins Zimmer trug, und den Abendtisch herrichtete, erwachte er aus seinem Grübeln, stellte rasch das Buch an seinen Platz, aß hastig und fast im Stehen, und griff dann nach Mantel und Hut : »Lassen Sie sich nicht stören, Frau Martha,« rief er noch zum Abschied zurück, »es kann Mitternacht werden, ehe ich heute heimkomme – gesellschaftliche Verpflichtungen – Sie wissen ja!«

Draußen war es unfreundlich und kalt geworden; aus einem dunklen Wolkenreifen am Horizont fuhr der Wind in kurzen heftigen Stößen, und trieb zuweilen sprühenden Regen über die Plätze. Es war fast ganz dunkel; nur manchmal erschien der Mond weiß und frierend in einem verschleierten Wolkenfenster, und erhellte für huschende Sekunden den Weg des hastig Ausschreitenden, der mißmutig den Kopf einzog und die Hände in die schon feuchten Taschen drückte.

Er schätzte die Verhandlungen mit dem Bürgermeister nicht eben sonderlich; denn er mußte stets eine oder gar mehrere Flaschen des schweren Burgunders bei ihm leeren, und trug meistens Kopfschmerzen und unwürdige Übelkeit davon. So stieg er, von finsteren Vorahnungen gepeinigt, die Treppe zum Dirigens empor, wurde in die gute Stube geführt und begann, hastig seinen Plan zu entwickeln.

Doch schien ihm heut dies nach Wunsch gelingen zu wollen; denn ob er zwar mehrere Stunden zu sitzen genötigt war, fand er den Herrn Beringer in recht gedrückter Stimmung, und zu Verträgen nicht abgeneigt, obwohl merkwürdig zerstreut und bei jedem Geräusch schuldbewußt zusammenfahrend. Als Kauff sich endlich empfehlen konnte, war es schon weit nach 10 Uhr, und er beeilte sich, den Weg nach seinem Hause einzuschlagen.

Der wettergraue Mond lag wie ein moosiger Steinbuckel im stillen rauhen Wolkenmoor, und auf den Dächern glitzerte fahle Nässe. Zuweilen sang es im Winde, und eine geschäftige Traufe schüttete dem einsamen Spaziergänger klopfende Tropfen auf Hutrand und Schultern.

Er zog unbehaglich und schauernd den Kopf in den feuchten Kragen, und bog hastig, am Ratskeller vorbei, auf den verlassenen Markt ein. Auch hier traf er niemanden; nur der Brunnen rauschte halblaut den Regenböen entgegen, und aus den matt erleuchteten Fenstern der ‹Harmonie› klang abgerissenes Geprobe von Geigen, Violinen und Flöten.

Plötzlich fuhr er zurück und spähte scharf die Rathaustreppe hinauf, auf der sich, wie ihm deuchte, flüsternde Gestalten geregt hatten; einen Augenblick war wieder alles ruhig, dann hörte er auf's Neue ein Flüstern. Ein Mann trat an das Geländer, beugte sich herunter, und Kauff erkannte in der schwachen jagenden Grauhelle den großen Hageren der fremden Komödianten.

Der junge Mann pfiff vielsagend durch die Zähne und trat auf den ihm spöttisch lächelnd Entgegenwinkenden zu; »– und – ?«, fragte er scharf und fast überlaut, »– darf man erfahren, was Sie hier zu suchen haben ? !«

Er hatte ertapptes Erschrecken oder doch Verlegenheit erwartet, und war nun doppelt erstaunt, als der Große ihn unbefangen musterte und zurückfragte : »Wollen Sie es sehen ? – Einen Augenblick, bitte; wir müssen nur noch die Tür öffnen. – Haben Sie etwa zufällig den Schlüssel bei sich – ?« Kauff war über dieses vertrauliche Ansinnen derart verblüfft, daß er nur stumm den Kopf schütteln konnte; »Oh –« machte Herr Harnisch bedauernd, dann rief er in die Schatten zurück : »Er hat auch keinen; also mach nur auf –,« und der näher tretende Kauff sah in dem schwachen, langsam wechselnden Mondlicht, wie sich der große Blonde, welchen der Förster mit Leonhard bezeichnet hatte, eben von den schweren eisernen Riegeln, die er prüfend betastet hatte, aufrichtete, und die langen schmalen Hände um Anfang und Ende der kräftigen Eisenstange legte. Kauff sprang hastig und stolpernd die wenigen Stufen empor : »Was wollen Sie denn; das heißt : wie – –,« er brach verwirrt ab, da ihn Wilhelmi und Brucker, an welche er im Dunkel unsanft angestoßen war, leicht zur Seite zogen, und stumm die Köpfe schüttelten. In der eben wieder lautlos herabsteigenden Grauhelle sah er, wie sich der matte Erzstab in den federnden Fäusten des blonden Recken zu biegen begann, bis er, bogig gekrümmt, mit kurzem glockigem Klingen aus den Führungen sprang. Dann schwang die Tür leise halb auf, und die Fremden schlüpften gewandt in den keilförmigen Schattenspalt, den völlig verschüchterten Kauff mit sich ziehend.

Er fand sich, nachdem die Tür wieder zugesprungen war, in tiefer Schwärze, und hörte nur ein leichtes Hantieren hinter sich, dessen Meinung er nicht erfinden konnte. Nach wenigen Augenblicken sah er jedoch rötlich gegitterte Lichter neugierig über die Tische und Regale gleiten und erkannte, sich umwendend, daß der schöne verwunschene Schein aus einer gar merkwürdigen Lampe kam, wie er dergleichen noch nie gesehen hatte.

Der Kleine, der den jungen Mann ungemein spöttisch und belustigt musterte, trug auf dem Kopfe eine hohe geschwungene Krone aus leichtem silberhellen Metall, deren breiter Reif mit einem Gestaltenkranz in getriebener Arbeit umschlungen war, dessen Bedeutung Kauff aber nicht sogleich zu enträtseln vermochte; auch schien es ihm, als gewahre er wechselnde Bewegung in dem wundersam vollendeten Fries : Kommen und Gehen, Sitzen und Schreiten, Tanzen und Fliegen. Zwischen dem reichen Rispenwerk der Zacken und Spangen lag eine leicht nach unten gewölbte Schale aus goldkörnigem Rubinglas wie starres funkelndes Seidenfutter, aus welchem das glühende Rätsellicht die selig streifenden glückhaft sich neigenden Schattendolden warf.

Der Lampenfürst sprach zu seinen Gefährten ein paar klangvolle unverständliche Sätze, und alle vier schlugen ein so helles eisiges Gelächter an, ohne Kauff dabei eine Sekunde aus den Augen zu lassen, daß den Ratlosen ein schier unheimliches Gefühl von Verlassenheit und hilfloser Unzulänglichkeit überfiel. Er kam sich in dem Kreise der geheimnisvoll Schönen und Starken zum erstenmal in seinem Leben so unbedeutend und ärmlich vor, daß er beschloß, sich durch scharfes herausforderndes Auftreten seine Selbstachtung wieder zu verschaffen.

Er trat auf den Einarm zu, der ihm noch am ungefährlichsten schien, und fragte, indem er seine Stimme so gelassen wie möglich machte : »Herr Harnisch – oder wie Sie heißen mögen – ich bitte Sie und die Anderen, dieses Archiv unverzüglich zu verlassen –.« Er verstummte, da ihm einfiel, daß er unseligerweise ‹ich bitte› gesagt, und sich so eine Blöße gegeben hatte. Der Angeredete sah ihm ruhig und ohne sich zu rühren in die Augen, mit so ironischem Lächeln in dem hageren edlen Gesicht, daß Kauff beschämt und erbittert die Augen niederschlug. »Sie dürfen uns begleiten –« erwiderte der Fremde endlich verbindlich, und, schon zum Gehen gewandt, fügte er über die Schulter hinzu, »– nur nicht bis zum Wolkenstein – Sie dürften ja nicht einmal bis über die Heide kommen, nicht wahr, Brucker ? !« Und wieder hörte es Kauff, diesmal schon hinter und zwischen den Regalen, lachen.

Er folgte unwillkürlich dem vorangetragenen Licht und schaute stumm den vier seltsamen Besuchern zu, welche mit klugen flinken Händen die alten Bände und vergilbten Handschriften prüften und durchsahen. Zu seiner Entrüstung bemerkte er, wie der Kleine mit dem leuchtenden Arbeitshut zwei oder drei der aus dem Staub hervorgezogenen Manuskripte ohne weitere Umstände zusammenrollte, und in den seidengrau glänzenden Falten seines gar langen Mäntelchens verbarg. »Was fällt Ihnen denn ein – ?«, begann er verzweifelt und schüchtern zu stottern, aber der Angeredete fiel ihm kurz und unwirsch ins Wort : »Ach was !« rief er mit gerunzelten Brauen aus, »Sie haben ja selbst gesehen, daß ihr hier unten den Staub fingerdick auf den artigen Berichten sich niedersetzen laßt – wißt ja doch nichts damit anzufangen – und wer es wüßte, dem sind sie ohnehin später zugänglich – !« Damit ging er schon unbekümmert wieder zu der nächsten Reihe, wo die Freunde standen, und der verwirrte Kauff lief ratlos und außer sich hinter ihm her.

Er sah, daß die Wunderlichen vor zwei altväterischen dicken Bänden die Köpfe zusammensteckten, hörte im Gewirr der unbekannten Laute einigemale den Namen Flick's, und erkannte in den goldig erblaßten Zeichen des Rückentitels die Worte ‹Insel Felsenburg›. Wilhelmi, der sich suchend nach Kauff umzuschauen begann, trat auf ihn zu, und fragte ernst aber nicht unfreundlich : »Da Ihr Freund oder Bekannter oder – gleichviel – die ältere Literatur so gut kennt, haben Sie ohne Zweifel dieses Buch –« er deutete auf die ehrbaren Quartanten, »– ebenfalls gelesen – ?« »Oh ja !«, erwiderte Kauff, wesentlich erleichtert und den günstigen Zufall heimlich preisend, »ich hatte es noch heut Nachmittag vor mir liegen – !« Er verstummte jedoch unter dem immer verächtlicher werdenden Blick des Fremden, der ohne Mühe in ihm zu lesen schien, und endlich leicht den Kopf schüttelte. »Sie wollen so klug sein,« sagte er, aber, wie der junge Mann brennend empfand, mit eigentlich mehr Mitleid als Ironie, »– und haben dabei verlernt, die einfachsten Fragen überhaupt nur zu sehen. Was denken Sie eigentlich, was nun geschieht, wenn so ein schönes altes Buch – eine solche Welt – von seinem Schöpfer lächelnd aus der formenden Hand gegeben worden ist und losgelöst schwebt. – Am Anfang schuf Gottfried Schnabel Himmel und Erde – Sie schaudern ? Weil ein Stern entsteht ? – Weil eine neue Welt begonnen hat, und sich nun nach den ihr vom Meister gegebenen Gesetzen für die Ewigkeit weiter entwickelt, im Spiel nur ihrer eigenen Kräfte ? Und jedes würdige Buch ist eine goldschwellige Pforte in seinen eigenen Kosmos !«

Er trat langsam zur Seite, und Kauff erblickte zwischen den tiefen braunen Regalen eine schmale vor Alter gedunkelte Tür, welche er noch nie zuvor in den wohlbekannten Räumen gesehen hatte. »Was ist das für eine Pforte ?«, fragte er mit zitternder Stimme, aber nur das Schweigen der Vier antwortete ihm. Der Fremde hatte stolz und glücklich das Haupt gehoben und breitete freudig die Arme nach dem wunderlichen halbversteckten Eingang. »Oh, Du heilige, gerechte und allmächtige Phantasie – !« rief er hallend, und die drei sprachen es ehrfürchtig und bejahend nach : »Oh, Du heilige, gerechte und allmächtige Phantasie ! – –.« Kauff fühlte sich in der folgenden kurzen Stille unwiderstehlich am Arme gefaßt und zu der verdächtigen Tür hingeschoben; er schüttelte verzweifelt die haltende Hand ab und stürzte hinaus. –

Zuerst sah er nichts; seine Augen, des hellsten Lichtes ungewohnt, schlossen sich unwillkürlich, und die ersten Schritte tat er geblendet. Als er sie wieder öffnete, war er seltsamerweise mehr erstaunt als bestürzt. »– Das Meer !« rief er.

»Hm – gewiß !«, antwortete eine behagliche Stimme hinter ihm, und als er herumfuhr, sah er Herrn Harnisch neben sich an einen mannshohen scharfkantigen Felsblock gelehnt, während die drei Anderen schon in dem weißen sprühenden Sande weiter wateten.

Er befand sich auf einem schmalen mit Granittrümmern übersäten Strandstreifen, an den von der einen Seite das blaublitzende unendliche Meer brandete, und immer neue feine Rippelmarken in dem hellbraunen Sande des feuchten Untergrundes bildete. Auf der anderen Seite, kaum 200 Fuß entfernt, ragte eine schier senkrechte wildhelle Felsenwand in, wie ihm schien, unabsehbare Höhe; so steil und kühn geschwungen waren die muschlig gehöhlten Flächen, daß er nicht verstehen konnte, warum seine Führer ohne Zögern bis zum Fuße der goldenen und rostroten Abstürze vordrangen.

Sie blieben endlich vor einer mächtigen Grotte stehen, aus welcher schäumend und rasend ein Wassersturz hervorbrach, und mit seinem unsichtbaren – nicht unfühlbaren – Sprühen, die von den Steilwänden zurückprallende Hitze erträglicher machte. Der Blonde sah sich suchend um und tat dann ein paar lange Schritte auf eine leere Muschelschale zu, die am Strande schlief, brach geschickt einen Teil der gewundenen Spitze ab, und stieß mit aller Kraft hinein; der tiefe klangvolle Ruf brach sich lieblich und feierlich an den fernen und nahen Steilwänden und scharfkantigen Vorgebirgen, deren kühne und einsame Umrisse sich in Meerglanz und Sonnenwind flimmernd am Horizonte verloren; dann warteten sie eine Weile, froh und des unvergleichlichen Anblicks genießend.

Eben als Kauff sich ungeduldig an Herrn Wilhelmi wenden wollte, hörte er, daß das Brausen des Wasserfalls zu seiner Rechten merkwürdig schwächer wurde und, sich umsehend, gewahrte er, daß nur noch leise, langsam versiegende Wellchen über die glatten glänzenden Steine flossen. Während er noch zu tiefst erstaunt das seltsame Schauspiel anstarrte, traten aus dem dunkelzackigen Grottentor zwei Männer in einfacher aber dennoch fremdartig wirkender grauer Tracht, welche, als sie die Fremden gemustert hatten, freudig auf seine Begleiter zueilten, und sich ehrerbietig vor ihnen verneigten.

»Nun, Wolfgang, alter Meerfreund!« rief Wilhelmi heiter den Beiden entgegen : »wie steht es in Albertsraum – seid mir gegrüßt, Litzberg : arbeitet ihr an den stürmischen langen Winterabenden noch immer an der großen Karte – ah, dacht' ich mir's nicht – Aber kommt nur; ich möchte gern einmal wieder am Hügel des Altvaters dem Sommerwind lauschen ! –«, damit winkte er fröhlich seinen Begleitern zu, und alle schritten in die düsteren hallenden Windungen des Bergstromes hinein.

Der Boden war glatt und ging an manchen Stellen so steil aufwärts, daß Kauff die Hände zu Hilfe nehmen, und sich an unsichtbaren Zacken und Vorsprüngen festhalten mußte, um nicht gefährlich auszugleiten; stieß sich auch mehrmals schmerzhaft Kopf und Schultern an den rauhen Graten der Decke. Dazu murmelten die Stimmen seiner vor ihm lustig plaudernden Führer in den engen gewundenen Schatten so wunderlich, daß er, um nur bald wieder ans Licht zu gelangen, ihnen blind und hastig nachtappte.

Die seltsame Wanderung hatte nur kurze Zeit gedauert, und schon hinter der nächsten Biegung des Weges erblickte er einen an Stärke schnell zunehmenden Schein, bis er nach wenigen Schritten aufatmend ins Freie trat. Er fand sich auf einem sanft abwärtsführenden durch ein kleines Steinmäuerchen an der Außenseite geschützten Pfade, der, in den Felsen gehauen, sich an der Innenseite der durchschnittenen Bergwand hinzog. Während er den Voranschreitenden nacheilte, vernahm er wieder das Tosen stürzender Wässer, und sah, vorsichtig über die Brüstung lugend, wie der wieder zugeleitete Wildstrom auf's Neue rauschend in seine Bahn strömte, und, grün und klar aufschäumend, in dem unterirdischen Gange verschwand.

Als er den lebhaft mit den beiden Unbekannten scherzenden Wilhelmi erreichte, hörte er gerade, wie der Letztere fragte : »Jetzt muß es aber doch gleich so weit sein – nicht wahr ?!« Der Weg machte eben eine scharfe Krümmung um einen riesigen Felsenpfeiler, welcher bisher die Aussicht verwehrt hatte, und erweiterte sich dabei zu einem kleinen Platze, auf dem Alle in schweigender Bewunderung stehen blieben.

Unter ihnen lag ein weites unabsehbares Tal, von lieblichen Gehölzen und Hainen durchzogen, zwischen denen die matten heißen Farben der Frucht- und Blumenfelder heraufschimmerten. Dünne Silberbänder flatterten von den Hängen der leichten Anhöhen, und in der Ferne glaubte man in den weiten glühenden Wäldern neue seltsame Felsgruppen zu sehen; im schmetternd goldenen Licht hörte man die hellen spitzen Schreie unsichtbarer tanzender Vögel.

Harnisch wies auf eine halb in einer Lindengruppe versteckte Anzahl niedriger Holzhäuschen und fragte neugierig : »Habt ihr in Davidsraum schon wieder gebaut – etwa gar für mein Patchen ? – Man sollte es doch nicht für möglich halten ! –«, und er rieb sich vergnügt die Hände.

Kauff konnte sich nur schwer von dem schönen und heiteren Anblick losreißen, aber er mußte, wollte er sich nicht verirren, seinen Begleitern folgen, die rasch den Pfad hinunterschritten, und, eine reinliche Landstraße kreuzend, den nächsten Feldweg zu der nahe gelegenen Ansiedlung einschlugen. Die ungewohnte Anstrengung ermüdete ihn über die Maßen; der schwere Sommerwind schlang sich wie ein heißer blauamtener Schal um seine erhitzte perlende Stirne, und als sie die Anhöhe emporgestiegen waren, flirrte und flimmerte die Luft so vor seinen Augen, daß er sich erschöpft auf eine schmale, aus Birkenstämmchen gezimmerte Bank niederließ, welche vor dem ersten der Häuser mit einem runden Tischchen davor, in einem duftigen Syringengebüsch stand.

Die Anderen, an denen er keine Spur von Ermüdung zu entdecken vermochte – selbst an dem ältlichen Manne nicht, der Kapitän Wolfgang genannt wurde – nahmen neben ihm auf den ländlichen Sitzen Platz. Litzberg verschwand auf wenige Minuten in dem nahen Häuschen, und kam mit einem ehrwürdigen greisen Ehepaare, begleitet von zwei jungen Mädchen, wieder zurück. Die Töchter trugen jede auf einer großen flachen Holzschale mit einfach gewölbtem Rande einen breiten irdenen Krug und hohe hölzerne Becher, in welche sie einen gelben blanken Beerenwein füllten, der so frisch und süß nach Kraut und Gehölz und Sommerluft schmeckte, daß Kauff meinte, noch nie etwas prächtigeres getrunken zu haben. Auf einen Wink des Alten brachten die Mädchen einen Teller leichter bräunlicher Kuchen, mit rotem funkelndem Mus gefüllt, so daß sich der junge Mann bald auf's Neue erfrischt und gekräftigt fühlte.

Während des Schmauses hörte er, wie Wilhelmi den Alten fragte, ob wieder neue Ansiedler gekommen seien; Besucher doch gewiß ? Der Greis sann eine Zeitlang ernsthaft nach; dann schüttelte er den weißhaarigen Kopf und entgegnete langsam : »Selbst Besucher sind lange nicht hier gewesen; es weiß wohl keiner mehr von uns –« er lächelte klug und glücklich, dann fuhr er fort, »Zwei kamen in den letzten Jahren ab und zu; ein junger Mensch, Flick –«, Kauff fuhr herum und starrte den Nickenden an, der ohne ihn zu beachten weitersprach, »– und einmal hatte er noch einen älteren, einen tüchtigen Waidmann, mitgebracht – sie sahen gut aus und rein – sie werden sicher noch oft wiederkommen. Neue Ansiedler – ?«, er runzelte leicht die gebräunte Stirn und wiegte nachdenklich den Kopf, »– seit zwanzig Jahren keiner mehr; es war ein guter Leser, ein Mann in mittleren Jahren – a world-worn heart – – ich denke mir oft, nach zweihundert Jahren wird uns die Welt vergessen haben –« er neigte sich zu Leonhard und flüsterte bedeutsam, »und es wird gut sein! –«

Der Blonde nickte mit klaren Augen und entgegnete : »Und wenn dann doch noch jemand zu euch findet, werdet ihr ihn schon daran erkennen –« Kauff versuchte, sich bescheiden in das ihm unverständliche Gespräch zu mischen : »Wie denn ?« fragte er, zu Herrn Wilhelmi gewendet, »Hans Flick war auch hier ? –« Der Greis, erst jetzt den Kleinen aufmerksam musternd, wandte sich in einem gar altmodischen, mit vielen fremden Worten gemischten Spanisch an Herrn Harnisch, und dieser antwortete ihm, scheinbar gleichgültig, jedoch meinte Kauff dabei einen flinken spöttischen Seitenblick aufgefangen zu haben, und auch der Alte schien milde und belustigt nickend zu lächeln.

Gleich darauf erhoben sich die Vier, begleitet von Wolfgang und Litzberg, und Leonhard rief im Fortgehen lässig über die Schulter : »Wir werden in wenigen Stunden zurück sein – Sie bleiben wohl solange am Besten hier –.« Kauff sprang auf, erst jetzt verworren das Unbegreifliche seiner Lage wieder fühlend und rief ängstlich zurück : »Aber Sie kommen bestimmt wieder – ?«

Alle lachten ergötzt und kopfschüttelnd, und Brucker erwiderte anzüglich : »Das würde Ihnen wohl so passen, wenn sie hier bleiben könnten – für Sie sind ganz andere Lokalitäten reserviert ! –« Damit verschwanden sie hinter den Rosenbäumchen des kiesbestreuten Gartenweges, und Kauff sah sie bald darauf in dem nahen Wäldchen verschwinden.

Er rückte eine Zeitlang unbehaglich auf der Bank hin und her, und tat ab und zu verlegene Seitenblicke zu dem Ehepaar und den beiden Töchtern hinüber, von denen zumal die Jüngere ihm von ungewöhnlicher Schönheit schien. Er versuchte ein Gespräch mit dem jungen Mädchen anzuknüpfen, welches ihn unbefangen ansah, und ihm ohne Scheu antwortete. Nur stießen sie alle Augenblicke mit ihren Ansichten zusammen; denn Kauff fand die guten Leutchen gar zu einfach und unwissend, und wenn er gar die Rede auf neuere Dichter oder Philosophen zu bringen versuchte, schüttelte sie verständnislos den Kopf. Das Letzte was sie gelesen habe, entgegnete sie treuherzig, seien zwei gar schöne Bücher gewesen, die einst der Herr Holberg mitgebracht habe, nämlich der Robin Crusoe und der Don Sylvio, ob er die auch kenne; und sie sah ihn so erwartungsvoll an, daß er fast einen zu tiefen Blick in ihre braunen Augen tat, und erst nach einer unziemlichen Pause antworten konnte.

Er wollte eben zu einer herablassenden Belehrung ausholen, als auf dem Rasen kräftige Schritte hörbar wurden und eine Anzahl munterer Schnitter und Binderinnen aus dem bräunlichen Abendsonnenduft hervortraten. Die Kleine an Kauffs Seite sprang mit einem fröhlichen Schrei auf, und lief auf einen der ländlich gekleideten Burschen zu, dem sie schmeichelnd die Sense von der Schulter nahm, und sie hurtig in die wohlgezimmerte Scheuer hinter dem Hause trug.

Dann kehrte sie eilig mit einem reinlichen einfachen Leinentuche zurück, welches geschwind über den Rasen gebreitet und mit Speise und Trank besetzt wurde. Die Heimgekehrten lagerten sich lustig plaudernd und scherzend darum, und labten sich an der kräftigen Kost; nur wollte es Kauff gar nicht gefallen, daß seine hübsche Nachbarin sich mitten unter die Schmausenden gemischt hatte, und auch nicht einen Blick für ihn fand. So zupfte er mißmutig an seiner lang geschwänzten modischen Weste, und wandte sich endlich an den höflich lauschenden Alten, dem er in fein ersonnenen Worten einen kurzen Überblick über die neuesten Erfindungen in der Erkenntnistheorie gab, wobei ihm aber gar nicht gefallen wollte, daß jener schweigend und freudig nur über die weite goldene Talschale hinwegschaute, die in der roten Abendsonne duftig und funkelnd vor ihm lag. »Ja, ja –« erwiderte er endlich lächelnd und wie man zu Kindern spricht, »– nicht jedem gefällt Weinbaum und Sumpftamariske –.« Kauff rückte entrüstet ein Stück von ihm ab : »mein Gott !« dachte er entsetzt, »wie ist der Alte schon stumpf !«, aber in demselben Augenblick fiel ihm ein, daß jener wörtlich aus dem Virgil zitiert hatte, und er machte große Augen zu dem Greise hinüber, der eben den jungen Leuten hinüberwinkte und ein paar Worte dazu rief.

Sogleich hoben flinke Hände das Holzgerät empor, rollten das Tafeltuch ein, und zwei der jungen Burschen – darunter auch derjenige, welchem die Kleine so freudig entgegengesprungen war – zogen einfache Hirtenschalmeien aus der Tasche, auf denen sie so lieblich und klar bliesen, daß bald Alles im fröhlichen Schnittertanze um sie herumhüpfte.

Aus den wiegenden Büschen rauchte der leichte Blütenduft, und hinter den Sträuchern begann eine Nachtigall singend und gedehnt zu schlagen. Um die Hausecke hingen die mattgrünen samtigen Kugeln der Stachelbeeren; ein gelb und weiß geschecktes Kätzchen spazierte bedächtig im Spalierobst, und roch vergnüglich an Trauben und Aprikosen.

Als die Tänzer eine Weile mit heißen Wangen sich kühlten, und Kauff schon auf's Neue zur Tochter des Wirtes treten wollte, sah er, wie sich die Wanderer, Wilhelmi, Wolfgang und Harnisch an der Spitze, dem Häuschen wieder näherten; sie kamen ernst und gemessen aus den abendkühlen Wiesen, in denen die Grillen geigten und der gelbe Abendschein in den hohen Gräsern spielte.

Sie traten wieder, von dem jungen Volke ehrerbietig bewillkommnet, zu dem sinnenden Alten, der sich grüßend zu erheben suchte, aber Leonhard drückte ihn lächelnd wieder auf seinen Platz. »Nun, Meister?« fragte bescheiden der Greis, »hat es Euch auch diesmal bei Uns gefallen?« »Wir waren am Grabe eines guten Mannes!«, erwiderte Harnisch, ihm voll ins Gesicht schauend, und so liebreich lächelnd, wie Kauff es den scharfen Zügen des Mannes niemals zugetraut hätte.

In den blauen Blütentrauben der Syringen standen schon die hellen weißen Sterne, und der weiche Sommermond leuchtete sanft aus einer milchigen Wolkenschale.

Nach wenigen Minuten der Rast erhoben sich die vier Gäste und schritten langsam, von Herrn Wolfgang, Litzberg und dem Alten geleitet, über den frischen Rasen hin, der fernen Felsenwand zu. Kauff lief, sich bedrückt unnütz und gar lächerlich vorkommend, hinter und neben den geruhsamen Gestalten her; einmal drehte er sich nach dem noch nahen Hause um, und sah die schlanken rüstigen Burschen, schon undeutlich im zarten Mondschein, flötend am Baume sitzen.

Als er sich wieder vorwärts wandte, bemerkte er zu seinem Erstaunen, daß sich Leonhard und die drei Anderen zum Rande eines kleinen glänzenden Weihers niedergebückt hatten, und mit Etwas im Grase zu sprechen schienen. Er trat hurtig hinzu, so schnell seine arg ermüdeten Beine es erlaubten, und sah in dem schwachen gespiegelten Lichte, wie ein kleiner brauner Frosch mit drei grünen Tupfen auf dem Rücken munter quakend von einem breiten feucht schimmernden Blatt ins Wasser hüpfte. Leonhard tat einen raschen Blick nach dem kopfschüttelnden Kauff, zog Herrn Wolfgang ein Stück beiseite und begann in halblautem Tone schnell auf den zuerst ungläubig mit den Achseln Zuckenden einzureden. Endlich aber lachte der Seemann hell auf, und Kauff war es, als reibe er sich vergnügt die Hände in der kühler werdenden Nachtluft.

Am Fuße der Felswand angelangt, reichten sie dem Greise freundlich verabschiedend die Hand, welche jener lange hielt, und freudig in die

Gesichter seiner Gäste sah. Dann nahm er bedächtig sein flaches Samtkäppchen ab, und sagte bewegt: »Kommt nur recht bald wieder; wir danken Euch von ganzem Herzen, Meister, für die hohe Ehre – wir denken auch oft an Euch; lebt recht wohl!« Damit wandte er sich, den Kopf murmelnd geneigt, zum Gehen, ohne Kauff eines Blickes zu würdigen, und war bald den Blicken der Nachschauenden entschwunden.

»So –«, rief auf einmal Leonhard mit unvermittelter Hastigkeit, »die Wolkenlampe schwebt schon hoch über dem Tale – es wird Zeit!« Und die Sechs begannen mit solch geübter Schnelligkeit und Gewandtheit den Anstieg, daß Kauff schon nach den ersten hundert Schritten zu keuchen begann. Sie klommen still und geschmeidig an dem silberweiß kochenden Wassersturz entlang, und standen nach kurzer Zeit vor dem Felsentore. Litzberg trat geschäftig in eine schattige Nische und schien mit großem Kraftaufwande dort zu hantieren. Dann kam er wieder hervor und bot ehrerbietig die Hand zum Abschied; auch Wolfgang war kichernd zurückgeblieben und rief den in den Schlund Hinabsteigenden noch nach: »Also auf das Signal hin öffnen wir den Fall wieder –«; dazu lachte er wieder so wunderlich, daß Kauff, der als Letzter einstieg, sich eines Schauers nicht erwehren konnte, zumal er auch vor sich, aber scheinbar schon in weiter Ferne, das Gelächter erwidern hörte. Er war überdem von den ungewohnten Kletterein und Anstrengungen dieses Tages so ermüdet, daß er fast auf allen Vieren die, wie es ihm schien, unermeßlichen und wilden Klüfte langsam hinabrutschte.

Auf einmal war es ihm, als vernehme er von unten den dröhnenden sieghaften Schrei des Muschelhorns; einen Augenblick stand er wie versteinert, denn er wußte die schreckliche Bedeutung des Rufes. Dann begann er mit verzweifelter Kraft das treppige Gestein hinabzuspringen, wobei er sich einmal so derb die Nase stieß, daß nach seinem Urteil sein ganzes Gesicht zermalmt sein mußte; schon hörte er das anschwellende Rauschen der orgelnd stürzenden Flut: wie ein Bewohner der unterirdischen Spalten und Gänge flog er in mächtigen Sätzen davon, wobei ihn seine ermüdeten Beine so schmerzten, daß er vor lächerlicher Wut hätte gleich unsinnig werden mögen. Der schwache Schein des Sternenlichtes zeigte ihm den Ausgang des Tores, aber schon traf ihn eine gelächterhafte Welle so schelmisch im Rücken, daß er ausglitt, sich mit letzter Anstrengung zur Seite werfend über ein paar eben nicht weiche Blöcke rollte, und schließlich mit Oberleib und Armen in einer mit eisfrischem Wasser gefüllten Felsenwanne liegen blieb. –

Er hob sprudelnd und niesend den Kopf, und sah, wie eben der Mond hell und listig auf dem Hause Beringers entlang klomm; der Markt lag leer und kühl in dem leichten Nachtwind, der flink aus einer dunklen Seitenstraße kam, und den Strahl des Brunnens noch einmal genießerisch und sorgfältig über den Knieenden blähte, welcher sich endlich mühevoll und stöhnend erhob, die Arme schwerfällig und ausdruckslos aus der weiten Schale zog, und sich triefend und wie betäubt umsah.

Eine Weile betrachtete er kopfschüttelnd seinen tropfenden Schatten, dann tat er zwei Schritte auf die Silhouette des Rathauses zu, wobei er gepreßt : »oh, oh – ach !« keuchte; denn seine Füße und Beine waren ein einziger Krampf. Endlich erhob er die Arme wie betend zum Himmel; aber es war ein Irrtum; er betastete tupfend seine absonderlich verformte Nase, die von allen Seiten so zerschunden und geschwollen war, daß ihn unsägliches Mitleid mit sich selbst überkam.

Wieder kam der kalte Nachtwind und ließ den Einsamen unbarmherzig erschauern, welcher sich mit zusammengebissenen Zähnen zur Tür des Archives hinübertastete, und kopfschüttelnd den unverletzten Riegel befühlte. »Es muß das eine Glas Eierlikör beim Beringer gewesen sein,« dachte er stumpf, »oder war es schlecht; es schmeckte mir gleich so komisch. Und dazu dies Gefasel vom Niebelschütz : da muß man ja auf abwegige Gedanken kommen –« –

In der Ferne hörte er wieder den einförmigen schläfrigen Schritt des Nachtwächters, und am fröstelnden Himmel schienen die Sterne schon zu erbleichen.

Da schüttelte sich Kauff noch einmal und begann hüstelnd und ächzend davon zu humpeln, während er schon einen Heilungsplan entwarf : »– heiße Zitrone – – ach, dieses Pflaster – und Essigumschläge – und schlafen ! – Ach, oh ! –« Es flüsterte in der Nacht, erheitert und zierlich; der Mond gaukelte weiter allein und ungemein geschäftig auf dem leeren Platze, und die Wolken zogen lautlos über die kleine Stadt, die in dem weiten Waldlande lag und schlief.

5.)

Der Morgen des nächsten Tages war rein und fast frühlingshaft warm angebrochen. Flick saß in tiefen Gedanken vor seinem selbst erfundenen Schreibrahmen, und versuchte mit immer wieder berichtigenden Fingern etwas niederzuschreiben. Es mußte Etwas Schmerzliches und Schönes sein; denn er lächelte zuweilen verloren und traurig vor sich hin, und strich mit ganz leichten Händen manchmal über ein fast quadratisches

Stück dicken weichen Zeichenpapieres, welches immer neben seinem Platze lag.

Von draußen kam ein junger blühender Wind, der die Gardine blähte, und das leise Zwitschern der Spatzen vom Vorplatze herauftrug.

Aus seinem Lauschen wurde er durch einen Schritt aufgeschreckt, der die Treppe heraufkam und vor seinem Zimmer unschlüssig halt machte. Er schob geschwind den Bogen beiseite, und versuchte recht munter zu rufen: »Komm nur herein – was ist denn?!«

Seine Mutter trat in die Stube und machte sich unter allerlei flinken und gleichgültigen Worten am Fenster und an den wenigen Bildern zu schaffen; einmal lachte sie dabei in der Erinnerung hell auf und sagte: »Weißt Du, Hans, was ich eben von dem Bäckerjungen vom Wiesner gehört habe? – Kauff soll heute Nacht in der Stadt gesehen worden sein, kurz vor Tagesanbruch; und in einem Zustande! – Die Gesellen wollen ihn beobachtet haben, wie er, schon nach Mitternacht sich vor dem steinernen Roland auf dem Markt mit süßem Lächeln gar artig krümmte und ihm ein Kompliment nach dem anderen machte. – Ich muß ihn wirklich einmal fragen – dabei hält er sich doch immer so über Niebelschütz auf –.«

Sie wischte wieder eine Weile an den Bücherrücken herum; dann begann sie auf's Neue, mit scheinbar gleichgültiger Stimme: »Ja, und denke nur, was noch in der Stadt geschehen ist – es gibt doch zuviel Unglück im Leben! Vor einer Woche habe ich sie noch an der Post getroffen, und sie schien ganz gesund. Wirklich. – Die Tochter von der geschiedenen Frau Wolf, – die Eva – erinnerst Du Dich – ?« Sie schwieg einen Augenblick, ohne jedoch ihr hastiges absichtlich lautes Hantieren zu unterbrechen, und blickte scharf nach dem Sohne hinüber, der unbeweglich am Tisch saß und vor sich hin sah, aber nach wenigen Herzschlägen begann seine ganze hohe Gestalt leicht zu zittern und seine Hand schlich unbeholfen zu dem Blättchen hinüber. »So – !« kam es heiser und gepreßt aus dem blutleer gewordenen Munde, auf dem die goldigen Frühlingslichter spielten, und Frau Barbara beeilte sich, weiter zu sprechen, wobei sie vor sich hin nickte, wie jemand, der für eine längst gehegte Meinung eine neue Bestätigung gefunden hat: »Ja, – und vor sechs Tagen – oder waren es gar nur fünf – sie wird jedenfalls krank, der herbeigerufene Arzt kann nichts feststellen: das tut Bindig ja nie. – Und gestern Nachmittag war ich einmal drüben – ist Dir nicht gut Hans? Du siehst so blaß und mager aus; Du mußt Dich wieder einmal in die Sonne setzen, Ja?! – Ach so, – denke nur: sie ist gelähmt! Das heißt, sie kann nicht mehr gehen! Da saß sie nun in ihrem Stuhl, mit ihrem wunderlich blassen Gesicht und dem dunklen Haar. Und die Mutter schluchzte, und war ganz außer Fassung; sogar der Bruder, der sonst so freche Kerl, stand dabei und machte bedrückte Augen –«. Sie schüttelte bekümmert den Kopf und trat zu dem Sohne, der das Gesicht von ihr fort zum Fenster wandte, und erstarrt dem Windspiel zu lauschen schien. »Und wie tapfer sie war, Hans. *Sie* war es, die uns tröstete, und mit zuckenden Lippen zu scherzen versuchte. Ich bin fast den ganzen Abend dageblieben, und habe auch von Dir erzählt, wie geduldig Du so bist, und noch lernst und arbeitest – wenn ich auch natürlich nichts davon verstehe. Ich weiß, das es Dir sicher nicht recht war, Hans, aber, bestimmt : es hat dort Allen in ihrem Kummer geholfen; denn Du hast es doch sicher noch schwerer – !« Sie fuhr ihm verlegen und unwirsch mit dem Staubtuch über die Hand, denn Zärtlichkeiten waren stets etwas Unbekanntes in ihrer Familie gewesen.

Sie verstummte wieder einen Augenblick; dann lächelte sie heimlich und zweifelnd, und begann wieder, unter Stuhlrücken und Fegen : »Heut Nachmittag kommt Frau Else zu uns heraus, vielleicht bringt sie auch Eva mit – Hans, sei nicht gleich ungehalten; ich weiß ja, daß Du außer Niebelschütz und Kauff sonst niemanden sehen willst; ich kann es ja auch verstehen. Aber denke einmal : es wird ihnen bestimmt Alles leichter sein, vor allem der armen Eva, wenn sie sehen, wie gefaßt Du bist. Es kann viel von Dir abhängen, ja, Alles ! – Ich weiß ja auch noch nicht genau, ob Frau Wolf wirklich heute kommt, und ob sie überhaupt Eva mitbringt; ich denke eigentlich nicht – ach, bestimmt nicht – sie muß sich doch erst sammeln; vor einem Vierteljahr wohl kaum. – Es ist nur, damit Du Bescheid weißt, und das arme Ding nicht etwa zu – seltsam – behandelst. Tu' mir den Gefallen; wie gesagt : es wird ja höchstens einmal sein, Du kannst ihr ja auch einfach von Büchern erzählen. Da wird sie abgelenkt. – So, und nun muß ja auch gleich der Milchhändler kommen. –« Sie schlug noch einmal leicht mit dem Lappen an den Bilderrahmen über dem Schreibtisch, in welchem ein Kupferstich Piranesis hing – eine römische Ruine im Mondlicht, mit winzigen tanzenden Bäuerchen davor – und ging dann rasch hinaus.

Der Blinde hörte reglos die Tür ins Schloß fallen, und wandte dann erst langsam den mächtigen Kopf zurück. Eine Weile bewegte er nur lautlos die Lippen; dann wurde sein gewohntes Selbstgespräch zu einem hastigen Flüstern. Er lachte verzerrt und voll Selbstekel und sprach voll Verachtung : »Also Du freust Dich noch, Du – Bündel ! Oh, die Erbärmlichkeit ! Weil Sie krank und hilflos ist – die schöne, die Liebliche – und Du wagst noch zu denken, daß Du jetzt –«. Dann sah er sich selbst im Sessel sitzen, und wie immer faßte den sich Betrachtenden unsägliche

546

Verwunderung : »Seltsam,« murmelte er, »erst erstarrt in Verzweiflung; dann wechselnd Abscheu vor sich selbst, und die ganz schüchterne Hoffnung, daß sie doch käme!« Er erhob sich zitternd und verwirrt : »Sie kommt; Sie kommt!« rief er in so rührender Dankbarkeit, daß er, sich hörend, über sich selbst lächeln mußte. Er griff aufgeregt nach dem Rahmen und schob ihn planlos bei Seite; dann setzte er sich ruhig nieder, zog ihn wieder heran, und malte langsam und mit gerunzelter Stirn weiter. Aber seine Hand war zu unruhig, und bei jedem Klingeln der Haustür begann sein Herz dumpf und unsinnig zu hämmern.

Nach dem Mittagsmahl, bei welchem er so wenig aß, daß seine Mutter schelten mußte, tastete er sich wieder in sein Zimmer hinauf, gleichmütig dazu über die Schulter hinabrufend, daß er noch arbeiten müsse. Er versuchte jedoch vergeblich, sich an den Tisch zu setzen, und alle Augenblicke ertappte er sich dabei, wie er schon mit ihr sprach und verloren auf ihre Antwort lauschte. Seine Träume mischten sich wunderlich dazwischen ein und er geriet immer mehr in eine solche Erregung, daß er mit zuckendem Mund den Kopf hob und lächelte so glücklich und taumelig, daß er mit gebreiteten Armen an den Regalen lehnte.

Dann wieder begann er hastig mit besorgtem Tasten die Gegenstände zurechtzurücken, und sich einige Bücher auf den Tisch zu legen, als habe er sie später dort zufällig zur Hand. Er kauerte sich ratlos in einem Sessel und strich verschämt über seine dünnen billigen Schuhe, die er möglichst zu verbergen beschloß; dann sprang er auf und erfühlte im Schubfache des Schreibtisches die schmale schwarze Binde, daß Sie nicht vor seinen Augen erschrecken möge, welche nur noch in innerem Schauen die Gebilde der alten Dichter sahen. Aber er legte sie wieder unschlüssig hinein; und befahl sich verzweifelt, ehrlich zu sein, und das sehnsüchtige Herz widersprach auf's Neue und trieb ihn in dem alten stillen Raume hin und her.

Als er, da es ihm zu kühl schien, das Fenster schloß, und die Gardine in unbeholfene Falten legte, hörte er in der lauen klaren Luft die ferne Rathausuhr vier schlagen, und gleichzeitig die Stimme seiner Mutter, schon mitten auf dem Wiesenpfade, welche, hausmütterlich aufgeregt, jemandem etwas entgegen zu rufen schien. Gleich darauf begann, bereits ganz in der Nähe ein betrübtes Plaudern von den ältlichen Frauenstimmen; dann fiel wiederum die Haustür ins Schloß.

Er neigte mit halbgeöffnetem Munde den Kopf, denn er hatte die Stimme der alten Frau Wolf erkannt, wie sie ihrer Freundin den Willkommen geboten hatte. Nun mußte es sich ja entscheiden. Er ging zu seinem altgewohnten Platz, legte aus dem Regal einen neuen weißen Bogen in sein Rähmchen, und nahm in sinnloser Geschäftigkeit eine Bleifeder zur Hand.

Unten war eine Zeitlang alles still, und er lachte voll Hohn über sich selbst, als empfinde er grimmige Schadenfreude über einen Fremden. Da hörte er eine Tür gehen, ein Schritt klang im öden Hause, aber dann vernahm er nur, wie Wasser aus einem Gefäße gegossen wurde, und er hätte hinunterschreien mögen, daß man ihn nicht so quälen solle. Er legte erschöpft ein paar Minuten den Kopf auf das harte Holz des Tisches, und versuchte – ach, an irgend Etwas zu denken.

Und wiederum wurde es laut im Hause; diesmal konnte er aber deutlich mehrere Stimmen unterscheiden; und es war, als würde Etwas langsam die Treppe empor getragen. »So, so –« hörte er seine Mutter sagen, »– ach, sie sind so leicht, Fräulein Eva, wie ein Kind – – nicht wahr, Else! – So, nun noch ein Stückchen; Sie sollen doch gleich das ganze Haus kennen lernen –.« Damit wurde die Tür aufgestoßen, und die Mutter rief vorsichtig : »– Hans – ?« in den Raum hinein. »Ja –«, erwiderte er eilig und erhob sich fast stolpernd, so daß er sich leicht auf den Tisch stützen mußte, sich im Innern seiner Plumpheit und Unbeholfenheit schämend, daß er wie ein Knabe errötete.

»So, Hans,« rief seine Mutter mit krampfhafter Fröhlichkeit, »Du bekommst Besuch – ja, ja ! – Hier ist Frau Wolf –«, sie schob die kleine stattliche Freundin derb zur ausgestreckten Hand des Blinden hin. »– Und hier ist noch Fräulein Eva – Du weißt ja ! – So, Else, komm, wir stellen den Stuhl einfach hier hin – nein – auf den Teppich, da ist es nicht so kalt an die Füße – gelt, das sind Bücher, Fräulein Eva – nun, lassen Sie sich nur alles von Hans erklären – So, Hans, das Übrige ist Deine Sache – nein, Dein Stuhl steht jetzt hier – wir müssen in den Garten hinunter, wegen den Waldmeisterpflanzen. – Wenn ihr irgend etwas wollt, dann brauchst Du ja nur zu rufen, Hans, oder zu singen – er kann nämlich wunderbar singen, aber seit – seit der letzten Zeit hört man ihn gar nicht mehr – So –«, damit waren die Beiden schon aus dem Zimmer, und ihre Stimmen klangen noch eine zeitlang aus dem Kellergewölbe herauf und kamen dann von weit her, aus dem sonnigen Garten durch das wiedergeöffnete Fenster herein.

Flick stand noch immer an der Tür, und wagte nicht, sich zu rühren; irgendwo, in der Schwärze vor ihm, ganz nahe, mußte sie sein, immer noch unsichtbar und traumfern : wurde es denn nicht Licht !

Das Mädchen saß ganz still in dem leichten Rohrstuhle und sah nur auf die schlanke übergroße Gestalt in dem langen schwarzen Kleide, die, leicht geneigt, die Hände in den Türrahmen geschlagen hatte. Und sie sah in das blasse, ach so hagere Gesicht mit dem breiten trotzigen Munde und dem welligen blonden Haar über der breiten kantigen Stirn, und die großen blauen Augen, über denen es wie ein ganz leiser grauer Schleier lag. Ein paarmal schloß sie die Lider, und dachte daran, wie oft sie ihn in ihren Träumen gesehen hatte; schon einmal, früher, waren sie nebeneinander hergegangen, scheu und so herb, daß sie sich nur in Bitterkeiten verständigen und trennen konnten. Und nun stand er vor ihr, und sie war in seinem Zimmer; sie wurde aufmerksam; denn er hob den Kopf und setzte mit spielenden Backenmuskeln ein paarmal zum Sprechen an. »Wo sind Sie ?« fragte er mit brüchiger Stimme, und löste gewaltsam die Hände von dem dunklen Holze. Sie horchte ungläubig lächelnd der vertrauten Stimme, und zögerte ein wenig, wie um einen unsinnigen, wohl allzu leichtfertigen Einfall zu unterdrücken. Dann hob sie ihm aber doch mit schmerzlich verspieltem Lächeln ein wenig die Arme entgegen, und sagte leise : »Hier bin ich !«, und dachte, »Er sieht es ja doch nicht – ach, wenn er es sehen könnte ! – Aber dann würde ich auch mit gestrengem Gesicht – dann wäre ich ja auch gar nicht gekommen ! – Daß ich hier bin ! ! –«

Da er hilflos ein paar Schritte in die Richtung der Stimme tat, rückte sie mühsam ein wenig seinen Stuhl entgegen, und sagte spröde : »Hier.« Er tastete verlegen nach der Lehne, und wußte nicht, wie nahe sie war; denn sie saß ganz still, ein Händchen in den Falten der Decke, die über ihren Schoß gebreitet war, und sah ihn an, mit scheinenden Augen. Dann schalt sie sich wieder, daß sie zu ihm gelaufen war, und warf zierlich den Kopf in den Nacken.

»Ich habe nur Bücher,« hörte sie ihn sprechen, »ja, ich habe sie sehr gern – darf ich Ihnen Einiges zeigen – ?« »Bitte,« versetzte sie aufmerksam und kalt, und nahm ihm höflich einen der Bände aus der Hand, den er hastig vom nahen Tisch gezogen hatte. Er langte noch einmal hinüber und fühlte verlegen nach dem Einband : »oh –« machte er unbeholfen lächelnd, »es ist Homer, kennen Sie ihn – ?« Sie hatte atemlos den alten Einband betrachtet und ihn verstohlen gestreichelt, daß sie nun endlich etwas hatte, was sein war; dann schlug sie die erste Seite auf mit dem gebräunten Kupferfrontispizium und dem feierlichen, schwarz und roten griechischen Text, und atmete verlegen. Dann gab sie ihm mit einer schnellen Bewegung das Buch wieder : »Nein,« sagte sie hart, »natürlich kenne ich es nicht – ich bin nämlich dumm,« sie starrte ihn in verzweifelter Aufrichtigkeit an, »ja, ganz dumm !« wiederholte sie haßvoll, um sich selbst und ihn zu quälen, und hoffte doch mit wildschlagendem Herzen, daß er sie dennoch nicht verstoßen werde. Sie wollte noch hastig hinzufügen : »– aber ich lerne so gern ! –«; aber ihr Stolz verbot es ihr.

Er hörte ihre Worte, wußte jedoch, daß es nicht so sei, wie sie sagte, und begann mit zaghafter Stimme von Homeros zu sprechen, und übersetzte ihr seine Lieblingsstellen, das Ende des 8. Gesanges der Ilias, und den Schild des Achilleus und den hallenden Schiffskatalog, und wurde zum erstenmale frei und begeistert.

Sie saß und horchte beglückt, und trank die fremden nie gehörten Namen ein, wie eine Verdurstende; das also konnten Bücher sein, und er wußte das Alles. Das war das Glück; wenn man in diesen Welten heimisch sein würde; mit ihm. Und sie las stockend in dem zweiten alten Bändchen ‹den vergen sach doch niemen, wie sêr es schiffel vloz›; so hallend und klangvoll war seine Stimme geworden, daß er zu Zeiten vor seiner eigenen Kühnheit erschrak, und wieder mühsam neu beginnen mußte. Sie hörte das starke Schwingen und wußte, warum er nach Worten suchen mußte; aber niemand konnte es schon sagen.

Einmal stand er auf, und holte mit tastenden Händen einen Stoß neuer Bände aus dem Regal; und sie las ihm befangen aus dem kleinen pergamentenen Brucker von seltsamen Büchern vor, während er zitternd lauschte, und schlug eifrig im Jöcher nach, wobei sie stets auf's Neue das unerschöpflich scheinende Gedächtnis des Blinden heimlich bestaunte. Wenn sie ihn bisher ‹ohne Grund› geliebt hatte, lernte sie ihn nun aus tausenden lieben.

»Ja, ich muß ihm vorlesen –,« dachte sie beglückt, »da helfe ich ihm; und vielleicht komme ich dann oft –« sie griff nach der alten deutschen Ausgabe des Robin Crusoe von 1734, und er neigte sich eifrig zu ihr hinüber. Einen Augenblick fühlte er ihre Finger in den seinen, und ihr Haar berührte ganz leicht sein Gesicht, daß sie bebend schwiegen, und einer fernen Melodie zu lauschen schienen. Er fing an mit verlöschender Stimme zu erzählen, von der einsamen Insel und der heißen sonnigen Landschaft : »Denken Sie –«, sagte er, »– ganz allein – !«

»Ganz allein – !« wiederholte sie leise und so seltsam, daß er nicht wußte, was zu tun sei, und ziellos die Bücher ineinander schob. In dem gleichen Augenblick hörte er auf der Treppe die Schritte seiner Mutter, und auch Eva Wolf setzte sich gerade und mit unbeweglichem Gesicht in ihrem Stuhle zurecht.

»Nun,« rief Frau Wolf, in der Tür stehend, »ist Euch die Zeit vergangen ? – und ich habe aus dem Treibhaus ein ganzes Körbchen voll Waldmeister bekommen, Eva, sieh einmal !« Das Mädchen sah höflich auf die armen grünen Pflänzchen, die schwächlich und ängstlich die Blätter hingen; dann wandte sie sich noch einmal zu den Büchern und hörte mit inniger Freude, wie der Blinde mit gerunzelter Stirn sagte : »Ihr sollt doch nicht immer alles ausreißen –«, dann verstummte er und sah sich hilflos, wie um Zustimmung bittend, nach seiner Gefährtin um.

Sie gab ihm schnell eine kleine kalte Hand, die sich einen Herzschlag lang in seinen Fingern versteckte, und sagte ruhig : »Ich danke Ihnen, Herr Flick, – ich glaube, ich habe sehr viel gelernt –« Ein ‹Auf Wiedersehen› brachte sie nicht über die Lippen; denn zu schwer war es ihr schon gefallen, überhaupt zu kommen; was mußte er denn von ihr denken ? ! Und sie sann nach, wie sie ihn noch rasch kränken könne, damit er wisse, wie gleichgültig er ihr eigentlich sei; genau so sehr wie sie ihm, dachte sie trotzig und unsicher, und hätte doch am liebsten – »Auf Wiedersehen !« hörte sie sich nun dennoch im allgemeinen Abschiednehmen mechanisch sagen, murmelte aber das letzte Wort so unverständlich, daß es ihr selbst ganz anders klang.

Er stand am Fenster und drückte leer und gewissenhaft die Stirn an die kalte Scheibe, als könne er ihr noch nachsehen; er hörte die Stimmen noch rufend nahe vor dem Hause, und nur der lange gleichmütige Blick, mit dem das Mädchen die Fenster streifte, ehe sie unnahbar die Augen schloß, drang nicht durch sein Dunkel.

Während er noch stand und eilfertig an merkwürdig heran huschende und nichtssagende Dinge denken mußte, war es ihm plötzlich, als stehe jemand hinter ihm im Zimmer. Er fuhr herum und warf sich einen Schritt nach vorn, aber schon hörte er eine klangvolle fast frauenhaft hohe Stimme höflich fragen : »Habe ich die Ehre mit Herrn Flick – ? !« Er vermochte nicht gleich zu antworten, da er sich erst von dem Schrecken erholen mußte, und Unglaublichkeit, keinen der Schritte gehört zu haben; aber er faßte sich rasch, zumal, da er in dem anderen freundlichen Gruß, die Stimme des Kleinen von gestern früh zu erkennen glaubte; »Herr Brucker – ?« fragte er gespannt. »Ja, ja – ’türlich« antwortete ein feines Stimmchen selbstbewußt, »hihi – ja, Herr Flick, ich habe da einmal den Bekannten mitgebracht; wissen Sie – den Arzt, den ich erwähnte ! – Ja !«

Flick stand bewegungslos, und die Gedanken rasten in seiner Seele; es gelang dem Fremden natürlich nicht – nein ! – aber wenn es ihm gelang – ! ? Sie würde sich von ihm abwenden; ganz sicher. Aber wenn er um sie dienen würde, ganz scheu, und nur den Kopf auf ihre Füße legen dürfte. Und sie könnten dann zusammen arbeiten; und er würde sie wie eine Blume in den Händen tragen – oh, er war stark ! Aber sie würde ihn nicht mehr wollen, seine Gestalt straffte sich : kam sie jetzt nur aus Mitleid zu ihm ? Das wollte er nicht; aber sein Herz widersprach ihm flehend : besser Mitleid, als ganz ohne sie sein ! –

Er hörte die Fremden in unbekannter Sprache mit einander sprechen, wobei ihm war, als schauten sie sich wohlgefällig in dem Raume um; dann fühlte er, wie ihm eine ruhige feste Hand einen Stuhl ans Fenster schob, und ihn, den unschlüssig Widerstrebenden, darauf niederdrückte. »Öffnen Sie die Augen recht weit,« ordnete die unwiderstehliche Stimme an, und er hob verkrampft den Kopf. Einige Minuten lang lagen die schmalen Finger wie Marmorstreifen um seine pochenden Schläfen; sein Haupt wurde ein paarmal sorgsam hin und her gewendet; dann fühlte er, wie der Fremde ihm leicht ein Lid anhob und sich dicht über ihn beugte. »Ja –« hörte er ihn gelassen vor sich hin murmeln, »– Brucker – sieh hier ! –« Dann besprachen sich die Beiden wieder lebhaft miteinander; bis Flick stockend ihr Gespräch unterbrach : »Herr Leonhard – ? !« »Ja ?«, kam die Antwort so schnell und eindringlich, daß der Blinde erst von Neuem Mut fassen mußte, »– wissen Sie ein Mittel gegen Lähmung ?«, fragte er plötzlich sinnlos und unpassend, aber der Angeredete erwiderte nicht gleich. Er mochte das Bild auf dem Schreibtisch gesehen haben, und Flick hörte das Rascheln des Papieres, als er es zur Hand nahm. »Oh !« machte der Fremde verwundert, »ach so, ja – Sie sind ja Herr Flick – aber ist das nicht die junge Dame, welche eben unten vorbeigetragen wurde – hm ! – Ja, natürlich ! Auch gegen Lähmung gibt es allerlei – – aber zu Ihnen. Ich habe Sie untersucht, und ich muß Ihnen sagen, daß –« er stockte einen Augenblick, aber wie ein Mann, der sich noch einmal mit Besonnenheit alles vor Augen hält, ehe er sein Urteil spricht, »– ja ! Es sind mehr als 90 Prozent Aussicht, daß ich Ihnen helfen kann. – Es ist noch hell und gutes Licht; wenn Sie einverstanden sind, nehme ich sogleich den Eingriff vor – können Sie Schmerzen ertragen ? – Ich habe meine Instrumente bei mir ? !«

Flick saß wie ein Träumender auf dem harten Stuhle, und nickte einmal kurz und verzweifelt; er fühlte, wie Herr Brucker hinter ihn trat und seinen Kopf fest mit den kleinen Fäustchen an die hohe Lehne drückte. Auf seinem Schreibtisch klangen hell und stählern lange feine Geräte, deren Bedeutung er nicht kannte, und der Raum begann sich leicht und spielerisch um ihn zu drehen.

Da fühlte er wieder die sehnige unerschütterliche Hand auf seiner Stirn, und eine eherne Stimme sagte : »Sie müssen noch einmal ganz ruhig sein; bewegen Sie sich nicht ! –« Während er noch sprach, fühlte Flick einen feinen schneidenden Schmerz im rechten Auge, und gleich darauf war es ihm, als fahre reißend eine glühende Kohle über den Augapfel. Er spannte die Hände um die Lehne des Stuhles, daß das Holz stöhnte und sich zu biegen begann, aber schon zog die verzehrende Glut über das andere Auge, und ein leises Stöhnen brach aus dem verzerrten Munde.

Er fühlte noch, wie kühle Tücher sich um seine Stirn legten, immer eins um das andere, immer weicher und dichter, bis ihm vor dem umschleierten Schmerz die Sinne zu schwinden begannen. Er hörte von weiter Ferne eine Stimme, die aus großen Höhen zu kommen schien, aus sonnigen blauen und strahlenden Höhen; es war, als sprächen Fels und Wald und wiegende Flut und das unwandelbare Weltall, verheißend und kündend :

»Alle Landschaften haben
sich mit Blau erfüllt –«

Der Blinde taumelte von dem schwindenden Stuhle auf und griff mit der Hand in die silberne Luft; das ganze Zimmer schwang, der knospende Boden, die sternige Decke, die blühenden Wände : unnennbar war die Stimme :

»Weite Geschwader Wolken,
weiße Segel dicht –«

Da brach er in die Knie; hart schlug sein Kopf auf eine heranrasende Kante; dann sang einförmig und tief samtene Schwärze.

6.)

Als er am nächsten Morgen erwachte, lag er noch auf seinem kargen Bett, und hörte die aufgeregte Stimme der Mutter, welche, die Hände zusammenschlagend, ängstlich rief : »Hans, was war Dir denn nur gestern Abend ? – Ich habe nur die zwei Herren aus dem Hause kommen sehen, die mich artig grüßten, aber gesagt haben sie nichts. – Und Du lagst oben, halb auf dem Boden, halb an den Sessel gelehnt, und hattest die dicke Binde um die Augen – so rede doch ! –«

Er richtete sich langsam auf und mühte sich ein Lachen ab : »Es ist weiter gar nichts –« erwiderte er mit einer Ruhe, die ihm selbst gut gelungen erschien, »ich habe mir die Binde selbst umgelegt, weil mir die Augen weh taten; – ja – und das Andere, daß ich –« er zögerte verlegen und männlich, »daß ich hingefallen bin – ich kann es mir nur so erklären, daß ich ausglitt, und mir den Kopf irgendwo angeschlagen habe !« Er wandte der Mutter lebhaft und befriedigt das Gesicht zu; aber sie schüttelte unzu-

frieden und zweifelnd den Kopf und meinte : »Du mußt Dir mehr aufpassen – das ist ja das erste Mal – und mach Dir doch die Binde ab, oder hast
Du noch Kopfschmerzen ?« Er nickte eifrig, daß es ihm gelungen war, sie
abzulenken, und bat : »So, nun laß mich aufstehen – ich werde auch ganz
vorsichtig sein –.« Dann bestürzten ihn die Erinnerungen des gestrigen
Tages, und er hörte sich kalt und wegwerfend fragen : »– und ? ! – Was
haben die Wolfs noch gesagt ? – War es recht so ?« Frau Barbara sah ihn
erstaunt von der Seite an, und mußte fast heimlich über seine errötende
Verschwiegenheit lächeln, »nun ja !« sagte sie, und ihr gelang die Teil-
nahmslosigkeit wesentlich besser, »ich habe auch nicht weiter gefragt –
der Waldmeister hat die Else ganz entzückt, und erst mein neues Spargel-
beet. – Die Eva schien ein bißchen müde; denn sie schloß immer die
Augen und lächelte wie im Schlaf – soll sie wiederkommen ?« Der
Angriff kam so plötzlich und wuchtig, daß Hans sich erst mühsam sammeln mußte, und nur ein aufsteigender Zorn kam ihm zu Hilfe, er preßte
die Lippen aufeinander und sein Gesicht wurde so hart, daß die Mutter
wieder in Zweifel verfiel, und, ohne seine Antwort abzuwarten, das Zimmer verließ.

Der Blinde warf hastig die Kleider um sich, und nahm dann seine
gewohnte Tagesarbeit wieder auf. Die Augen schmerzten ihn noch ungemein, aber doch viel weniger als gestern, so daß er seinem Freunde Niebelschütz, der auf ein paar Minuten hereinschaute, fröhlich zu antworten
vermochte.

Der Alte war ganz erfüllt von dem Schauspiel, welches er am vergangenen Abend im ‹Globe-Theatre› gesehen hatte; »Hans !« rief er
immer wieder in wehmütiger Freude aus, »Hans, daß Du das nicht sehen
konntest – ach, ich kann heute noch gar keine klare Beschreibung davon
geben, es war, als sähe man in eine weite Landschaft – und diese Schau-
spielkunst ! – denke Dir nur, als ich einmal in der Pause mich umsehe, wer
sitzt doch ganz versteckt hinten, hinter einem Balken : – Kauff ! – Na, ich
werde ihn schön hänseln, wenn ich ihn heute treffe; er schimpft doch
immer so auf die ‹Komödianten› ! – Vielleicht ist er doch noch zu retten –
so, Hans, übermorgen komme ich wieder; dann sollst Du eine funkelnagelneue Beschreibung des Spieles hören, aber ich fürchte, ich gehe heute
Abend schon wieder hin – ach, Hans ! –«, er unterbrach sich trübe und sah
den Jüngeren teilnehmend an; dann brummte er ein verlegenes ‹Wiedersehen, Hans; Wiedersehen !› und sprang polternd, um nicht weich zu werden, hinaus.

So verging der Tag; der Blinde war noch immer zu ratlos und zu voll
von Erlebnissen, um ruhig denken zu können. Sein Zusammensein mit

ihr erschien ihm bald als ferner Traum, bald als verwirrendste Nähe, und oft lag sein Kopf auf den wenigen Bänden, welche sie in den geliebten Händen gehalten hatte.

Gegen Abend wurde es kalt, und er hörte, wie zuweilen Schneeflokken weich an das breite Fenster tupften. Er wanderte und strich scheu mit der Hand über die Sessellehne; draußen, hinter der düsteren Mauer, begann es aufs Neue munter zu werden, mit lieblichem Schreien und heller bunter Märchenmusik.

Da ging wiederum die Haustür, Schritte stiegen, und mit kurzem Gruß trat Herr Leonhard in den stillen Raum. »Nun, Herr Flick«, hob er rasch und munter an, »Kommen Sie – nein, hierher – ach, danke; ich sehe schon die Lichter! – setzen Sie sich nur, so –«; der Blinde fühlte, wie er sicher und fest die Binde abwickelte, und nur vor der letzten Schlinge ganz leicht zögerte: »Lassen Sie die Augen geschlossen –« sagte er eindringlich, und tat einen raschen Schritt fort und wieder heran, »– so – öffnen! –«

Flick zögerte einen langen schweren Augenblick, aber er hörte das warme verstehende Lachen des Mannes, und hob die Lider. Sogleich legte sich eine schützende Hand über seine Augen, und die andere hielt den Aufbäumenden wie eine erzene Klammer in den Stuhl gedrückt. »Die Augen schließen!«, kam es wieder befriedigt und fast lachend aus dem Munde des Arztes, wieder legte sich die Binde, schon leichter und dünner, um Flicks Schläfen. Noch einmal begann der Fremde: »Morgen! – vielleicht!« Mehr zu sagen war nicht nötig; dann schwang wieder die Tür gutmütig brummend und halblaut, und wieder schwanden die leichten Tritte.

Er saß noch immer in seinem Stuhle, und sah:

Er sah einen goldenen klaren Kerzenschein an dunkelbrauner Holztäfelung, matte blitzende Goldranken kletterten wie wilder Wein an allen Bücherwänden, und vor ihm stand eine hohe leuchtende Gestalt, schlank in der gleißenden weißen Seide und dem strahlenden meerblauen Umhange.

Geduckt erhob er sich, als stemme er unsägliche Lasten in den steigenden Himmel; seine Gestalt reckte sich über den stürzenden Fesseln, und aus der mächtigen Brust strömte ein Schrei, daß die Mutter unten entsetzt die Tür aufwarf und die Stiegen hinaufflog.

Er warf den Kopf in den Nacken, daß ein ferner unsichtbarer Himmel sieghaft dröhnend über sein Gesicht zu stürzen schien; aber er schwieg auf alle Fragen, schon wieder betroffen einer Anderen gedenkend, die still und gequält in einem Stühlchen saß und vor sich hinstarren mochte.

Nur einmal wendete er ihr das Gesicht zu und bat : »Kommt – Frau Wolf wieder einmal her ?« Frau Barbara, halb erschreckt, halb listig beruhigt, atmete ein wenig auf und sagte leichthin : »ich muß morgen ohnedies zu ihr gehen, natürlich werde ich einmal fragen !« Dann stieg sie wieder kopfschüttelnd hinab, und lauschte unten andächtig und fast noch ungläubig der Stimme, die oben, unsäglich verschämt und zaghaft, wie ein erwachender Vogel zu schlagen begann. Aber bald dehnte sie sich und wuchs und schwang wie ein Glockenmund, daß das Haus fast zu eng wurde für das stürmische Gebraus. »Hans !« rief sie einmal hinauf, schüchtern und glücklich, doch nur ein Lachen kam so gewaltig und leicht aus der Höhe, als sprängen schmetternde Silberkugeln die alten Stiegen hinab; da trippelte sie zufrieden und geschäftig von dannen.

Er schlief in dieser Nacht lange aber untief; zu unruhig war der Geist und die Träume zu stürmisch und wechselnd. Zuweilen lag er stundenlang wach und versuchte die Stolze zu versöhnen; wie eine Feder wollte er sie in den Händen tragen, aber sie wandte sich leidvoll und verschlossen von ihm, dem zu Glücklichen ab, schwarz lag um sie der Abgrund und unerbittlich.

Erst am Vormittag erhob er sich, vergrübelt und wortkarg, und hörte verschlossen auf den Stimmenstreit in seinem Inneren, während die Stunden langsam vertropften. Spät – in dem Zimmer wob schon wieder die Dämmerung – kam die Mutter aus der Stadt zurück, sah vorsichtig in die Schatten und rief tupfend : »Du, Hans !« Er wandte schnell den Kopf, und sie fuhr halblaut fort : »Wir bekommen morgen Besuch; Frau Wolf und auch Eva – hm !« Sie drückte leise die Tür wieder zu, und hörte, wie drinnen ein unruhiger Schritt einförmig zu wandern begann.

Als sie durch den stillen Hausflur ging, und prüfend hier und dort die großen Vorratsschränke öffnete, klang es auf einmal wie das Scharren von vielen Füßen vor dem Tor; sie öffnete neugierig und sah in den letzten kühlen Abendlichtern vier Herren wartend zu den Fenstern hinaufschauen. Sie erinnerte sich dunkel, zumindest zwei davon schon einmal gesehen zu haben – ach ja – an jenem Morgen, wo Niebelschütz so verstört angelaufen kam – und, als die Fremden höflich nach Herrn Flick fragten, wies sie ihnen artig und unter neugierigen Worten den Weg nach oben.

Der Blinde hatte die Tür weit geöffnet, sich selbst aber tief in die wunderlichen Schatten zurückgezogen, und trat nun erst mit so schwer schlagendem Herzen heran, daß ihm war, als halle der klopfende Schlag hörbar von den Wänden wieder.

»Nun, Herr Flick –« hörte er die Stimme Herrn Leonhards in ruhiger

Heiterkeit, »ich werde Sie sogleich meinen Freunden vorstellen können – Brucker !« warf er kopfschüttelnd dazwischen : »die Bücher könnt ihr euch nachher zusammen ansehen, komm nur !« Während er sprach, arbeiteten seine Hände schon wieder so rasch und geschickt, daß in wenigen Sekunden die Binde von den weit geöffneten Augen Flick's fiel. Einmal schloß er verstohlen und traumschnell die Lider, um den Fremden nicht durch Unglauben zu kränken, aber das Bild blieb.

Er sah um sich den vertrauten Raum seiner Jünglingsjahre, fest und klar, und um ihn drängten sich freudig lachend und händeschüttelnd vier Männer, die er sofort nach der Beschreibung des Försters wiedererkannte, und in ihrer Mitte den Arzt und Maler – er trat hastig eine Entschuldigung stammelnd, und über seine Unhöflichkeit errötend, zu seinem Schreibtisch, ergriff hastig das gehütete Blatt und wandte es mit stockendem Herzen um. Er schaute in ein wundersam klares Gesicht, ihr Gesicht, mit den stillen Mädchenaugen und dem dunklen Haar – er zuckte zusammen, und sah, daß Leonhard zu ihm getreten war, und ihm ernsthaft über die Schulter schaute. Ihre Blicke begegneten einander, und der hohe Fremde neigte, alles Ungefragte bestätigend, langsam den schmalen kühnen Blondkopf mit der mächtigen hellen Stirn und den tiefblauen Augensonnen. Flick ergriff stumm und zitternd die allmächtigen Hände des Unbekannten, der lächelnd ihren Druck mit so prüfender Kraft erwiderte, daß es dem Sehenden war, als schließe sich Stahl um Stahl.

Er wollte eben den Mund öffnen, aber Leonhard strich ihm nur leicht und gütig über die Schultern, und in dem gleichen Augenblick fühlte er sich vorsichtig am Gürtel gezupft. Als er sich, verwirrt und glücklich den Kopf schüttelnd umwandte, sah er neben sich ein winziges graues Männchen, welches ihm eifrig und erfreut lächelnd zunickte, und mit gar lustigem Stimmchen rief : »Nun soll es an ein Studieren ! – Und den Sir Thomas Browne bring' ich auch gleich morgen her – hihi !« Er rieb sich geschäftig die Händchen, und sprang dabei so munter von einem Beinchen aufs andere, daß selbst der ernste Herr Harnisch klingend zu lachen begann. Der Kleine sah sich verdutzt um : »Ach, Ihr !« rief er dann lustig wegwerfend, »als wenn Ihr euch nicht ebenso freutet, daß –«, er legte das Köpfchen auf die Seite, und fragte vertraulich an Flick hinauf : »Können wir dann auch einmal dero Bibliothek konsiderieren ? –« »Ja, gewiß –« antwortete Jener verwirrt und strahlend; er schob seine wenigen Stühle den Gästen hin, die aber dankend zurückwinkten und sich dafür neugierig in dem Zimmer umsahen. »Ach, ich vergesse ja –« rief Flick, sprang zu dem kleinen Leuchter auf dem Wandbrett und sah andächtig in die aufkei-

mende Flamme. »– das Licht! –«, hörte er die klingende Stimme Leonhards hinter sich, und alle sahen stumm und ergriffen auf den Mann, der
mit goldenem Gesicht vor dem glückhaft wogenden Gestrahle stand.

Dann sprudelten auch schon die Fragen des Kleinen um ihn her; und
er griff in alle Reihen, sie wieder und wieder grüßend und erkennend, die
Freunde der Jugend, und es war, als drängten sich die Bändchen wispernd
und in seliger Erlösung um ihn her. Sie sahen die braunen Kupfertäflein
und die wichtigen roten und schwarzen Titelblätter; es rief und erzählte
aus allen Ecken, und Herr Brucker stand begeistert mit den Ärmchen
fechtend vor den pergamentenen Büchern, und es war dem staunend den
schier allwissenden Kleinen betrachtenden Flick, als schlügen sie ebenso
tüchtig wie Dieser mit den Fäustchen aus und dienerten ihm lustig zu.

»Apollonius de Thyane,« murmelte das Männchen geschäftig, »ach,
das ist die Berliner Edition, 1775, mit den Noten von Charles Blount –
hier der Lukas! Dachte mir's!«, und er drohte kichernd und verständnisvoll dem hellen Würfelchen, welches vorsichtig um den Germanum
Adlerhold herumlugte und sich sogleich bestürzt wieder zurückzog –
»Laplace, Lacaille – ach, der Herr Brockes! Trefflich, trefflich!«, er reckte
sich auf den Zehen in die nächste Reihe, und sah sich dabei belustigt nach
dem feinen Kichern um, welches aus acht pergamentenen faustdicken
Bändchen aus dem linken Fach kam: »Ist wohl der Brucker – ?«, fragte er
listig, und reckte ein flinkes Händchen hinüber, worauf das erste der paus-
bäckigen Kerlchen sogleich kopfüber hineinpurzelte und sofort dienstfertig das Titelblättchen wies. Flick kniete, liebevoll das lederne Röckchen
streichelnd, neben dem Kleinen, sodaß sich Jener vor Rührung und inniger Freude zwinkernd fortwandte, und das spitze Näschen sofort in den
Nils Klim steckte. »Was ist denn das hier?«, fragte er schnell, auf eine
kleine gesondert stehende Gruppe einfacher grauer Leinenrücken von
verschiedener Größe deutend, »es steht gar kein Name darauf – ?!«

Flick errötete hastig und schob die starken Hefte verlegen hin und
her: »Ach, es ist – nur so – ich habe sie vollgeschrieben. Es ist nichts weiter – aber hier, der alte Pausanias und die Quartausgabe der Astrée. Und
der Don Quijote von 1641 –« fuhr er so ungeschickt ablenkend fort, daß
sich Herr Brucker sogleich unter vergnügtem Lächeln eine Notiz in sein
Merkbüchlein machen mußte, dann aber wieder eifrig in den schönen
festen Quartanten blätterte.

Auch die Anderen schlugen die großen reinlichen Seiten in seinen
schweren Bilderbänden um, und einmal sah Flick zu seinem Erstaunen,
wie Leonhard, unwillig die Luft ausstoßend, seinen Silberstift aus der
Tasche zog, und auf einer der Wiedergaben italiänischer Meister ein paar

Linien korrigierte; da die Tafeln in alphabetischer Reihenfolge des Namens angeordnet waren, konnte er aus den umgeschlagenen Seiten schätzen, daß es sich etwa um den Buchstaben L oder M handeln müsse, und war sicher, das Blatt wieder zu finden.

Nach einer Weile fühlte er eine leichte Hand auf seiner Schulter, und Herr Wilhelmi fragte, angeregt in eine Ecke deutend : »Ach, Herr Flick – es ist ja Berufsinteresse, deshalb entschuldigen Sie wohl – könnte ich wohl einmal den Kasten dort hinten näher sehen; ich glaube –«. Flick erhob sich verlegen und bat : »Es lohnt sich wirklich nicht, Herr Wilhelmi, – es ist ja nur so eine heimliche – aber ich zeige es Ihnen gleich. «

Er trat unter den aufmerksamen Blicken der Besucher zu seiner verhangenen Kiste, stellte sie auf seinen Schreibtisch in der Ecke und nahm die verhüllende Decke herab. »Hm – !«, machte Wilhelmi nachdenklich und sah seine Freunde der Reihe nach an.

Es war ein ärmliches Theaterchen, noch unvollendet, welches Flick, mit damals schon versagenden Augen, sich zu bauen begonnen hatte. Kleine, rot ausgeschlagene Logen wölbten sich zu beiden Seiten der Bühne heraus, und die Seiten- und Rückwände waren noch nicht viel über eine einfache Brettchenwand hinausgekommen. »Ich wollte –« begann Flick leise, aber er schwieg gleich wieder beschämt, und sah mit gesenktem Kopfe auf den dünnen, bunten Teppich.

Eine Weile blieb es still unter ihnen, dann trat Wilhelmi vorsichtig an das betrübt wartende Kistchen heran, und strich mit der schmalen Hand liebevoll über das mühselig geglättete Holz.

Es war fast dunkel geworden; nur der Wind rauschte leise an den Fenstern, und über den schwarzen Gebäudeumrissen der Stadt schien es hell zu werden. Das Licht hatte sich fast ganz in Flamme gewandelt, und nur ein schwacher bläulicher Schein glomm noch an der verschatteten Wand. Der Fremde war lautlos zurückgetreten, und sah sinnend in die Ecke; sie alle schwiegen und schauten.

Über die Bühne huschte es wie ein immer stärker werdender Glanz, wie von Kerzen hinter ziehender Seide; ein leichter Nebel zerstäubte vor dem erstrahlenden Licht, und in dem lackschwarz schimmernden Rahmen lag eine tiefe helle Landschaft. Es war eine weite öde Heide, mit dürrem bräunlichem Gesträuch und verstreuten großen Felsblöcken darauf. Von weitem kam ein leises Murren, wie von einer fernen Brandung, und im Vordergrunde lag unter einem grauen dicken Mäntelchen eine plumpe geknäulte Gestalt.

Von rechts tappten derbe Schrittchen an, ein Seemannslied wurde gepfiffen, ein lustiges Männchen mit verdächtig gerötetem Gesicht wankte, eine hölzerne, gluckende Flasche in der Hand, herein, und sah sich tiefsinnig und umständlich um. Nachdem es sich bedeutend hinter dem Ohr gekratzt, und eine Weile, fast das Gleichgewicht verlierend, entrüstet und schier beleidigt in den regnerischen Himmel gestarrt hatte, nahm es einen tiefen Schluck, schüttelte sich genießerisch und begann, breitbeinig und die Hand zur größeren Sicherheit in die Hüften gestemmt, nachdenklich sämtliche Naturerscheinungen zu beanstanden : »Here is neither bush nor shrub to bear off any weather at all –«, hörten die Zuschauer den trutzigen Kleinen brummen, »– and another storm brewing; I hear it sing i'the wind –«, wirklich hatte sich der Wind bedeutend verstärkt; düstergraue Wolkenschatten flogen über die Szene; ein zierliches Unwetter zog auf und in der sich verschleiernden Ferne fuhr schon ein feines goldenes Blitzgestänge hernieder.

Trinculo stolperte auf flinken Beinchen an ein dürres Gestrüpp, wandte sich verächtlich wieder von dem keinen Schutz bietenden leeren Gezweig ab, und wies mit putzig tickendem Fingerchen nach oben : »– yond same black cloud – yond huge one –« machte er sich umständlich klar, »– looks like a foul bombard, that is to shed his liquor –«. Wieder kam Blitz und Donner aus der Ferne, und ein dicker platzender Tropfen stäubte vor den Füßen des Männleins auf.

Flick hatte sich wie ein Träumender vorgebeugt, und war immer näher an das wundersame Schauspiel herangetreten; jetzt riß er den Kopf herum und starrte Herrn Wilhelmi an, der lächelnd und mit verschränkten Armen dem schwankenden Trinculo zugeschaut hatte. Jetzt richtete er sich rasch auf, sah auf seine Uhr und rief, zu seinen Freunden gewandt : »Aber – haben wir uns verplaudert – Herr Flick ! – Nein, nicht danken; so bleiben ! – das ist's ! Hoffentlich besuchen Sie uns bald einmal !« Er bot dem noch immer nicht ganz in die Wirklichkeit zurückgekehrten jungen Mann herzlich die Hand, die Anderen folgten seinem Beispiel, und nach wenigen Sekunden stand Flick wieder allein in dem Zimmer.

Seine Mutter kam neugierig die Treppe heraufgetrippelt, wechselte mit ein paar raschen Griffen das Licht aus, und fragte dabei lebhaft über die Schulter »Du, wer war denn das ? Ich habe sie doch schon draußen bei den Komödianten gesehen ? !« Er blickte die ältliche Frau, die er seit langen Monaten zum erstenmal wieder sah, verloren an, und nickte mit hellen Augen : »Es sind sehr kluge Leute –« sagte er langsam, »und ich bin ihnen Dank schuldig – ach !« Er ging mit gemachter Unbeholfenheit zu seinem Stuhle, während sich doch seine Glieder nach sicheren Schritten sehnten, und wartete, bis das Licht verlosch. Dann sprang er zum Fenster und lehnte sich weit hinaus.

Draußen stand die kühle liebliche Nacht mit wenigen glitzernden Sternen darin, und der helle Mond ging behaglich in einem Nebelmäntelchen über den fernen Dächern. Er sah den Mond, und die feinen ziehenden Wolken mit den körnigen Silberrändern, und trank den kalten brausenden Wind wie Quellwasser. Um die Ecke des Hauses kam ein leichter gelber Schein, und er hätte gleich hinunter laufen mögen in den bunten Reigen, aber als er an Eva dachte, schloß er leise das Fenster und wartete.

Die Nacht war lang und schwer; oft tastete er sich aus dem Gewölk düsterer Träume, und entzündete angstvoll das Licht, aber immer sah er auf's Neue in dem tapferen Goldscheinchen den Tisch und die Bücher, und schlief wieder lächelnd ein, um nach kurzer Zeit erneut aufzustöhnen. Erst gegen Morgen befiel ihn ein tiefer guter Schlaf, aus welchem ihn gegen elf Uhr das Klopfen der Mutter erweckte. Er öffnete die Augen und sah den Raum im strahlenden Sonnenlicht liegen; durch die gestickte Gardine fielen goldene Fäden, auf dem kleinen Brucker wirbelte gleich eine ganze Reihe von Sonnenbällchen, und ein brauner schwanker Ast hielt vergnügt seine dicken glänzenden Knospen in den warmen Strahlenstrom.

Er lag ganz still und atmete seltsam leicht und fließend; »Die Sonne!«, dachte er andächtig, und hob behutsam eine Hand in den gegitterten Schein. Noch nie hatte das Ankleiden so lange gedauert; denn er unterbrach sich alle Minuten, und sah zweifelnd aus dem Fenster oder tippte kindlich und selig mit dem Finger an die kichernden Duodezbändchen. Dann hielt es ihn nicht länger; er nahm den Jöcher aus dem Regal und las der Reihe nach ein Dutzend der lustigen meisterlichen Biographien und strich über seine Augen und blätterte wieder, bis die Mutter zum Mittagsmahl rief.

Dann begann er das Zimmer herzurichten, stellte die Stühle in den schönsten Winkeln auf, und hob streichelnd und in seltsamen Gedanken das Theaterkistchen wieder in die Ecke, wobei er sich fest vornahm, es nun bald aufs Prächtigste zu vollenden. Oft sprang er zum Schreibtisch, nahm die Zeichnung Leonhards in beide Hände und sah lange in die spröden herben Augen; einmal wagte er auch, das Blatt ganz schnell an die Lippen zu drücken, dann sah er sich erschrocken um, und drehte vorsichtig die alte schöne Sanduhr.

Gegen vier Uhr endlich setzte er sich gehorsam und befriedigt in seinen Sessel, aber lächelnd fiel ihm ein, daß ja jetzt Alles einfacher sei, und er stellte sich hinter dem wehenden durchbrochenen Vorhang auf, so daß er stets den Wiesenweg im Auge behielt. Schon von weitem konnte er die kleine Gruppe erkennen; Frau Wolf schob ohne sonderliche Mühe den

561

leichten Rollstuhl, in welchem Eva saß und ermüdet und verschämt ob der vielen neugierigen Blicke die Augen geschlossen hatte. Er trat erbleichend zurück; einen Herzschlag lang schwankte er, ob er sich verstecken müsse vor der Armen, Betrogenen; dann griff er besinnungslos nach seinem Federmesser, um es sich in die Augen zu stoßen, aber es war zu spät. Seine Mutter stieß munter die Tür auf, und er konnte gerade noch den klingenden Stahl auf den Tisch zurückwerfen.

Er schloß mit brennendem Gesicht die Augen, während er den Gästen eine kalte zitternde Hand bot und krampfhaft ein paar gleichgültige Worte zusammensuchte, die er ihnen armselig und verstört vorstammelte. Dann fiel die Tür ins Schloß; sie waren allein.

Er stand schlank und bebend an der Täfelung der Wand und preßte die heißen Handflächen gegen das warme glatte Holz; dann öffnete er verzweifelt die Augen und sah den leichten gelben Stuhl und die zierliche Gestalt darin. Sie trug ein einfaches dunkles Kleidchen mit weichen bunten Seidenärmeln, die sich eng um die dünnen Handgelenke schlossen; er fragte tonlos und ergeben : »Wo sind Sie – ?«

Sie sah ihn glücklich und scheu an; dann lächelte sie, daß ihm das Herz verging und breitete ängstlich und in schüchterner Schelmerei die Arme : »Hier bin ich !«, sagte sie leise. Sein Kopf schlug hart gegen die Wand; dann riß er sich los und preßte sein Gesicht in die silbernen Hände des erstarrenden Mädchens. Er kniete vor ihrem Stuhle und hielt die Arme um das federnde Rohr gespannt, als werde ihm das Glück in Sekundenschnelle wieder entrissen. Er hob den Kopf und sah in das verstörte blasse Gesicht der Prinzessin und fühlte schon ihre fliehenden Hände nicht mehr, »Du !«, bat er mit zuckendem Munde, aber sie schob ihn langsam zurück, bis er sich in unnennbarer Bitternis erheben mußte, und tot die Arme sinken ließ.

Da tat das Mädchen etwas Seltsames; mit flatternden Fingern schlug sie die schwere dunkle Decke von ihrem Schoße zurück, zögerte noch einen Augenblick, erhob sich, und tat einen leichten Schritt von ihm fort.

Einen Herzschlag lang starrte er auf das Wunder, dann war er mit einem Sprunge bei ihr, und nahm die federleichte Gestalt wie ein Kind in seine Hände. Sie stemmte die gestreckten Arme abwehrend gegen seine Schultern, aber als sie in sein funkelndes Gesicht geschaut hatte, gab ihr Widerstand zögernd und langsam nach. Sie griff schüchtern und verwirrt in sein langes blondes Haar, zauste es aber schon nach wenigen Augenblicken verlegen und verspielt, und drückte endlich das dunkle Köpfchen noch immer völlig überrascht an seine Schulter. Er legte beide Hände fest um ihre Schläfen und sah ihr in die schimmernden Augen : »Du,« fragte

sie flüsternd, »bist Du nicht –« sie zögerte ein wenig und hauchte undeutlich das schreckliche Wort »– blind – ?« »Nicht mehr ! –« schüttelte er
strahlend den Kopf; dann faßte er sie behutsam und ängstlich an den Händen : »– aber Du !« rief er und sah sie erschreckt an.

»Ach ja – !«, sagte sie trotzig und versuchte, sich loszumachen, aber
als es ihr halb gelingen wollte, unterließ sie es doch lieber, »– nein, ich –«,
sie sah, wie er verzaubert in ihre Märchenaugen versank, und hielt den
Atem an, so sehr gehörte er ihr. »Du – Liebster ! Meine, Du – Ganz
mein – !!« flüsterte sie lautlos. Dann hörten sie es unten im Hause rumo-
ren und ließen sich erschreckt aus den Armen. »Nein – ach, ich dürfte es ja
gar nicht sagen – Du mußt wegsehen –«; er kniete vor ihr und hatte der
Sitzenden den Kopf in den Schoß gebettet, und sie strich fein und glückhaft ungläubig über sein Haar und die Augen, und wurde mutiger und
legte noch unbeholfen und hingegeben ihr heißes Gesichtchen hinzu.
Endlich rief sie : »Ich war doch gar nicht krank – ich habe doch nur vor
allen Leuten so getan –«, und als er aufzuckte und in anbrechendem Verstehen zu ihr aufschaute, legte sie, tödlich gefangen, die Hände über sein
Gesicht; dann wurde sie plötzlich ganz ernst und wisperte schwer mit
großen abirrenden Augen : »– Ich konnte nicht mehr. – Du ! Du ! – und
war doch so – gering und ärmlich – Du ! Liebster !«. Er sprach zu ihren
klammernden Fingern, zu ihren suchenden Lippen, zu ihrem streichelnden Haar : »– und ich ging irre vor Sehnsucht ! – so sehr hast Du gerufen ? ! – Du ! Liebste !«. Er hob ihr das dürstende Gesicht wie eine offene
silberne Kammer entgegen, in die sie für immer einging.

Dann rissen sie sich empor, und lachten und schluchzten miteinander; von fern kam eine erstrahlende Musik, wie von einem reisenden
Stern, aus einem glücklichen hohen Lande. Er atmete ein, daß sie sich
erschrocken und stolz an seine sich mächtig dehnende Brust klammerte;
dann warf er den Kopf in den Nacken, und sie schwang mit in dem singenden Schrei, der wie eine Flamme aus ihm lohte. Unten fuhren sie
erschreckt auf, und flogen die Stufen empor, rissen auch mit fliegenden
Händen die Tür auf, und sahen.

Die Erste, welche sich faßte, war Frau Else; sie lehnte sich erschöpft
an den Türrahmen, flog aber gleich mit einem Schrei auf die Beiden zu,
und rief, in die Hände schlagend : »Eva – was – aber Herr Flick !« Hans
trat sicher und hoch aufgerichtet auf die ältliche Frau zu : »Frau Wolf,« bat
er bewegt – »Mutter – ich habe - ich bin vor einigen Tagen von einem
berühmten Arzt geheilt worden – auch Eva – !« Er verstummte verlegen
und runzelte besorgt nachdenkend die Stirn; dann fügte er unbeholfen
hinzu : »wir möchten auch gern – zusammenbleiben – ja !« Erleichtert

zog er das Mädchen behutsam an der Hand zu sich, und drückte ermutigend die feinen Finger.

Die Mütter sahen sich ratlos an; sie schüttelten wie betäubt die Köpfe, dann sagte Frau Barbara schwach : »ich muß – ich muß mich setzen!« Und sie tat es.

Dann sahen sich die beiden Paare stumm und kompliziert an; Hans und Eva schon ein wenig ungeduldig, denn was ging ihnen nicht für Zeit verloren. »Also Du – Ihr seid – gesund –«, fragte Frau Else, zu überwältigt um sinnreicher zu denken, und erst langsam das doch schon Selbstverständliche verarbeitend. »Zusammenbleiben –«, wiederholte Frau Barbara mechanisch und nickte sinnlos dem geschnitzten Büchermännchen zu, welches, entrüstet über so viel Gravitation, ein abschätziges Gesichtchen schnitt, und vergnügt kichernd seinem Brüderchen zuwinkte : jetzt würde ein Leben angehen – er hätte gleich ein Steinchen werfen mögen!

Sie standen noch nebeneinander und seufzten verstohlen, während ihre Hände sich ineinanderschlangen, und doch noch so viel zu tun hatten.

Plötzlich hörte man von fern, aus der Stadt herüber, einen trefflichen Böllerschuß, und Frau Barbara fuhr schreiend auf – »ach so –« sagte sie dann aufatmend, »es ist wohl nur der Maskenzug, an dem auch die Komödianten teilnehmen wollten –«, fügte sie zu ihrer Freundin gewandt hinzu, welche sich erlöst in die Wirklichkeit zurücknickte.

»Ein Maskenzug –« rief Hans lebhaft, und verstohlen die kleine Hand drückend, »den dürfen wir doch sehen – ich kann ihn ja sehen – ja ? !«, bat er hastig hinüber. »Nun – was denkst Du, Else ?– ach – nun so lauft –« entschied Frau Barbara unschlüssig, und schon verstehend über die Beiden lachend, für die Hans rasch ein paar weite dunkle Mäntel aus der Nebenstube riß, und Eva und sich hineinhüllte. »Ihr müßt aber auch etwas haben –« erinnerte die praktische Frau Else, »wenigstens eine Augenlarve – hast Du Etwas unten – ?«

Sie begaben sich in den flüsternden Hausflur, die Jungen rasch und vor Erwartung ungeduldig, die Alten bedächtig und schmunzelnd, und Frau Flick holte aus einem der tiefen Schränke ein paar einfache schwarze Mäskchen, welche sich die Beiden gegenseitig, sich hastig und scheu dabei liebkosend, umbanden.

Die Mütter tauschten einen unmerklichen feststellenden Blick, und ein leises Nicken; auch sie verstanden sich ohne Worte.

»Bleibt mir aber hübsch beisammen !«, rief Frau Barbara, diebisch ihrer Freundin zuwinkend, den zwei vermummten Gestalten nach, und als jene sich empört über diese unglaubliche Äußerung noch auf der

Schwelle umwandten, zog sie lachend Frau Else in die große Wohnstube, wo sie miteinander gar vernünftig und selbstbewußt manches
Weitere berieten.

7.)

Draußen lag die weite Wiese still in der aufkeimenden Nacht; sie gingen
eng nebeneinander den schmalen Fußsteig zur Stadt hinunter und sahen
immer wieder nach ihren spitzhütigen Schatten, die vermummt und
putzig vor ihnen herliefen. Bei einem kleinen Gebüsch blieben sie ängstlich stehen, und umschlangen sich mit rührender Unbeholfenheit: »Zessilein–« dachte er, und sie sah ihn an: »Das Glück!«; dann rankte sie schüchtern die Arme um seinen Nacken, und er drückte sie an sich, daß sie erst
bei dem nächsten Böllerschüßchen wie ertappt auseinander schraken.

Dann sprangen sie wie Kinder hastig über die kühlen kichernden
Gräben, ohne doch die eifrigen Hände auseinander zu lassen, und traten
tief atmend durch den schmalen tiefen Spitzbogen des Nordtores. Eine
traumschnelle sehnsüchtige Umarmung noch, und sie spazierten gar ehrbar – ach, niemand wußte es ja – durch die schon zum Marktplatz drän-
gende Menge.

Alles hatte sich heute schalkhaft aufgeputzt, in wunderlicher und
närrischer Verkleidung, selbst die Ärmeren, denen ein buntes Tüchlein
und eine selbstbemalte pappene Nase ein unkenntliches und groteskes
Aussehen gaben, so daß man nur schwer die also Verwandelten erkennen
konnte.

Auf dem Marktplatze selbst stand schon eine doppelte Menschen-
reihe, erwartungsvoll und leicht gedrängt, und Hans hatte Mühe, für sich
und Eva einen gar schönen Platz auf der Vortreppe beim Gerbermeister
Drömer zu erlisten. Sie standen hier fast allein, denn das Volk schob und
quirlte lustig einen Schritt vor ihnen; sie sahen erhöht über die summenden schwatzenden Köpfe hinweg, und das Mädchen schmiegte sich
behaglich enger an ihn, so daß er leicht seinen Arm um sie legen konnte.
Da war es schön warm und sicher.

Auch an den anderen Seiten des Marktes ging es ungemein lebhaft
zu, und Hans wies lachend mit den Augen zur Treppe des Rathauses
gegenüber, wo, ohne Maske, Niebelschütz mit einem kleinen Jungen an
der Hand stand, und sich öfters so ingrimmig nach rückwärts umsah, daß
Hans sofort in der kleinen schwarzen Gestalt hinter ihm Julius Kauff
erkennen mußte. Dieser war ungemein um eine üppige junge Dame

beschäftigt, welche, wohl einen halben Kopf größer als er, sich gar heiß-
blütig in den dicken Hüften wiegte, was den zierlichen Domino völlig aus
der Fassung zu bringen schien.

Sie erröteten für die Beiden, und sahen nach der anderen Seite, an
dem sprudelnden Brunnen vorbei, und Eva drückte zärtlich und erstaunt
seine Hand : »Du -« flüsterte sie fast erschrocken, »ist das nicht der –
natürlich – der Herr Beringer !« Sie lachte hell und silbern wie ein Glöckchen, und Hans, der in die angezeigte Richtung schaute, erblickte eine
nahende mächtige Gestalt in einem behäbig fliegenden Purpurmäntel-
chen. Eingeweihte erkannten den königlichen Mann jedoch verhältnismäßig leicht an der bedeutenden Nase, und auch ein leichter fröhlicher
Duft von Burgunder umwehte das majestätisch trabende Stadtoberhaupt, so daß Einige gar devot die Bajazzomützchen und Topfhelme
schwenkten.

Der Magister Bäumler als Amor stapfte zärtlich hinter der dicken
Witwe Zimmerle her, die in einem weiten Mantel aus verschossenem
grünen Sammet beifallheischend durch die Menge ruderte. An ihrer
anderen Seite schritt, neidisch sie laut und verzückt anpreisend, ein magerer Apollon; er war jedoch genötigt, um den rechten heroisch schmach-
tenden Blick herauszubringen, ihr den dadurch völlig verdrehten Ober-
körper zuzuwenden, während seine weiß bestrumpften Beine hastig nach
vorwärts ausgreifen mußten. Er hob, durch die seltene Anstrengung
schon völlig erschöpft, beschwörend eine dürre mit Bindfäden bespannte
Leier in die Höhe, trat jedoch plötzlich, auf dem mißgünstigen Pflaster
ausgleitend, fehl, und verschwand, ein gestürzter Gott, in der Gosse. Als
er wieder erstand, schien er von der rauhen Frühlingsnässe schier
schwarze Strümpfe anzuhaben, und die Menge lachte schallend auf, während Fabricius mit seinem Kammhelm in eine Nebengasse entfloh, als
wehte ihn der Wind, um eine neue sinnreiche Maske anzulegen.

In diesem Augenblick pummerte von der Stadtmauer lustig der
dritte Schuß, und schon hörte man von der Ecke des ‹Hirschen› her den
Jubel und das erstaunte Geschrei der dort Stehenden : »Sie kommen ! – sie
kommen ! –«, schrie es munter und entzückt überall, und Alles hob sich,
den Atem anhaltend, auf den Zehen.

Eine helle tüchtige Musik sprang aus der bunten Nacht, und heran
marschierte ein ganzer Zug lauter vortrefflich gekleideter, auf blitzenden
Pfeifchen und Trommeln spielender Leute, deren Augen ungemein rollten und burrten; sie hatten feuerrote Pluderhosen, goldene klappernde
Schühchen, und Jäckchen aus dem feinsten Blau an, und trugen über den
pausbackigen Gesichtchen ungemein schön gewickelte Turbane, so daß

Beringer ehrfürchtig und betreten flüsterte : » Sollten es wohl gar Mohren sein – ?!«, und selbst der Turmwächter oben stieß erstaunt in sein Horn.

Dann rollte unter dem seligen ‹ach› der Zuschauer ein von 16 aufs Prächtigste geschmückten Pferden gezogener Wagen heran, wie noch Niemand dergleichen gesehen hatte, und auch Hans und Eva standen verzaubert und eng aneinander gedrückt auf ihrem Treppchen.

Der längliche Wagen hatte die Gestalt und Farben einer weiten Muschel, welche sich hinten leicht und verschnörkelt zu einer spiralig gewundenen rosigen Grotte bog. Ein geistersschönes leises Meerbrausen drang aus dem gleitenden Gewinde, und auf dem schmalen weißen Seidensessel in der Mitte saß ein hoher blonder Mann in seeblauem wogendem Samtgewande, welcher, von der regenbogigen Muschelwölbung beschienen, nachdenklich auf die Menge herablächelte. Die Pferde, in deren breiten Stirnbändern funkelnde Federbüsche staken, sprangen so stolz und mutig, daß Niebelschütz den Kleinen neben sich mehrmals auf die Schulter heben mußte.

Hinter dem vorüber gaukelnden Wagen rollte eine riesige sich langsam drehende Kugel heran, ohne daß man entdecken konnte, woher ihr diese Bewegung käme. Aus ihrem geheimnisvoll geschäftigen Innern stiegen unaufhörlich die herrlichsten Leuchtkugeln, daß alle Gesichter in dem hellsten roten oder violetten Scheine glänzten, oder gar zweifarbig beleuchtet schwatzten, in weichem tiefem Grün und wolkigem Braun.

Flinke Jäger schwärmten um sie herum, und schossen aus weiten kurzen Flinten Goldpuder und -plättchen über das jauchzende Volk; einer davon hob schelmisch sein Rohr und zielte derb auf Niebelschütz, daß jener verdutzt in einer stäubenden Gloriole dastand.

Aber schon schoben vierschrötige blauschürzige Küfer ein ungeheures, grün umranktes Faß heran, aus welchem sie unverdrossen und unermüdlich in flache blinkende Näpfchen ausschenkten, zumal den Ärmsten, die immer auf's Neue bittend und fröhlich heransprangen. Selbst Beringer sog verklärt den wohlvertrauten Duft ein : » Burgunder !«, sprach er groß und feierlich, und wollte sich eben verschämt dem Faß nähern, als ein artig dienerndes Bürschchen in braver Schenkentracht auf ihn zutrat, und ihm einen so unmäßigen Humpen kredenzte, daß der Dirigens gerührt und bedenklich die Hände um die flutende Höhlung legte und fürstlich den gar aromatischen Duft einsog. Dann trank er in langen meisterlichen Zügen, und wischte eine Träne von den Wimpern. Er reichte den Kelch zurück, mitten in die blaue Nacht hinein, daß ihn der kichernde Schenk kaum noch haschte, und winkte noch lange dem Faß wie einer Geliebten nach.

Gleich darauf füllte sich der Markt mit raschen blanken Gauklern mit silbernen Pritschen in den Händen, auf deren Kleider strahlenschießende weiße Edelsteine genäht waren, so daß den Zuschauern flugs die Augen tränten. Aus ihren Taschen warfen sie Schokolade und buntes Zuckerwerk über die Reihen, so daß ein gar lustiges Knabbern und Schmausen anhob; auch Hans fing behende zwei Fäuste voll der stärkenden Näschereien und steckte sie in die weiten Taschen seines Mantels.

Mitten durch das silberne Getümmel fuhr ganz langsam ein Wagen, auf dessen kreisrunder Plattform ein Männchen in grauem Mantel und rubinenem Lampenhut stand, und, gewandt hinab- und wieder hinaufspringend, kleine Heftchen aus feinem buntem Papier mit eifrigen Ärmchen in die neugierig zugreifende Menge reichte. Als er sich einmal vergnügt und atemschöpfend umsah, entdeckte er die Beiden auf ihrer Treppe und winkte eifrig hinüber, suchte auch aus einem verborgenem Kistchen ein Buch hervor, und hielt es, flink in die Menge eindringend, auf den Zehenspitzen Hans hin, wobei er die anderen Zulangenden artig auf die Hände schlug, und mit feinem Stimmchen auflachend zurücktrippelte.

Er kam gerade noch zurecht, um mit seinem Gespann händeklatschend Platz für einen langen Zug schimmernd gerüsteter Ritter und Edelfräulein auf schlanken weißen Zeltern zu machen, hinter welchen geharnischte Reisige mächtig und schmetternd starke abgebrochene Töne bliesen, daß die Menge wirbelnd und ergötzt ob der Pracht außer sich geriet.

Auch die Beiden wurden unwiderstehlich von ihrem Steinchen herabgeschoben, und drängten sich hastig und fest die Hände haltend von dannen; in dem raschen Gestrudel erblickte Hans plötzlich die Gestalt Niebelschützens neben sich, und rief mit verstellter tiefer Stimme : »Kennt Er wohl den Don Cyrillo de Valaro – ?«, dann zog er rasch Eva hinter sich her aus dem Gewühl, den Erstaunenden allein lassend, und plötzlich fanden sie sich, schon das Geschrei nur mehr gedämpft aus der bunten Ferne vernehmend, vor dem verschlafenen Nordtor.

Der Mond flimmerte hell auf dem alten Gemäuer, und es war so einsam hier, als läge die übrige Welt wohl hundert Meilen weit weg. Er nahm ihr Gesicht behutsam in beide Hände, und sah in ihre Augen, die dunkel und silbern wie Zauberspiegel im Mondschein glänzten. Sie schritten fest umschlungen durch das stille Torgewölbe, und schlugen wieder den Wiesensteig zurück ein.

Als sie erwachend vor dem lackweißen und samtschwarzen Hause standen, fühlte er, wie sie ihn unmerklich zurückhielt. »Du –« flüsterte sie verlegen und unschuldig – »Du – wollen wir in den Mondscheinwald laufen – gar nicht hinein–«, und sah ihn mit herben, hingegebenen Augen an. Er hob erstrahlend den Kopf und wisperte eifrig, schon im Laufen, »– Du – ja ! – Ich weiß Etwas – nein, ich sage es noch nicht – Komm !«

Sie huschten auf Zehenspitzen um die hohen Mauern, und schlichen wie Diebe über einen kleinen Acker, klommen, nur jeder an Unterstützung des Anderen denkend, den winzigen Rain hinan, und verschwanden nach ein paar hundert hastigen Schritten schon unter den ersten Bäumen des Waldes.

Als sie ihre Schritte auf dem weichen unsichtbaren Boden nicht mehr hörten, blieben sie aufatmend stehen, und tasteten schüchtern nach ihren Schultern. »Wo bist Du –!« fragte er; und fühlte wieder die zausenden unermüdlichen Finger in seinem Haar, die ihn liebkosten und sich endlich fest um seinen Nacken schlossen.

Ein leises Knacken ließ sie herumfahren; drei Igel rollten trippelnd den nächtlichen Weg entlang, und sie folgten ihnen, kindlich und sich der kleinen stachligen Leute freuend, bis jene abbogen und einen nur ihnen bekannten unfindbaren Wiesenweg einschlugen.

Er sah prüfend in den mondhellen Wald und die wenigen Sterne am zu hellen Himmel : »Komm – !«, sagte er leise, »wir müssen doch unser Häuschen ansehen – hier müssen wir hinein – !« Sie waren kaum in den immer tiefer werdenden Schatten verschwunden, als Eva ihn hastig am Ärmel zurückzog : »Hörst Du nichts – da !« flüsterte sie ihm ins Ohr. Er spähte durch eine winzige Lücke im Astgewirr auf den nur noch undeutlich erkennbaren Weg, und es war ihm, als vernehme er Schritte in der Ferne.

Er zog das Mädchen ganz dicht an sich und schlug seinen Mantel um sie beide; dann lauschten sie unbeweglich.

Es waren zwei Männer, welche langsam auf dem einsamen Pfade herankamen, aber nach wenigen Herzschlägen schon hörte Hans, wie die brummige Stimme Niebelschützens in höchst respektloser Weise seinem Begleiter Vorhaltungen machte : »Natürlich, Kauff–« sagte er giftig, »es ist alles Vorstellung; auch die dicke Edda vom Geflügelhändler, aber eine schöne Vorstellung, was ? – Ach, was ! – Sie sollten sich schämen; das ist's was ich von Ihnen denke ! – Hm, geistreich ! – Haben Sie schon einmal einen geistreichen Schinken gesehen ? ! – Aber Sie sollen einen Punsch vorgesetzt bekommen, einen Stahlpunsch, mein Lieber, daß Sie sich selbst für Ihre eigene Vorstellung halten. – Schwänzelt der Mensch um diese – diese heiße Blutwurst herum. – Übrigens –«, unterbrach er sich stirnrunzelnd und höhnisch – »sagten Sie nicht neulich einmal, Sie hätten ein Mädchen irgendwo gesehen – ? – Haben Sie denn überhaupt einen Begriff von –«. Hier fiel Kauff mit leiser Stimme ein, deren Worte man aber nicht verstand, und die Beiden hörten nur noch, wie der Förster aus der Ferne bissig lachte, und sagte : »Sie sind ein Witzbold, mein Lieber ! – Es gibt auch eine Treue gegen nur Geträumtes; und Sie haben ja sogar gesehen ! – Nein, danke ! Ich will gar nicht wissen wo –«, nun kam nur noch der Nachtwind durch den Wald.

Sie warteten vorsichtig noch eine Weile und schritten dann gewandt durch die schlagenden Tannenzweige und das knackende Unterholz. Er hatte den Arm beschützend um sie gelegt, und wehrte mit der anderen Hand die schnellenden Äste von ihrem Köpfchen ab.

Sie kamen über kleine helle Lichtungen, auf denen die Gräser sich leise wiegten, und einmal sahen sie am Rande einer schmalen Wiese einen fernen Lichtschein : »Da wohnt Niebelschütz –« nickte Hans schätzend, »so – jetzt müssen wir durch das Dickicht zur Linken – dann kommt die Anhöhe –«. Sie sahen ein wenig zu dem winzigen gelblichen Lämpchen hinüber und Eva fragte stockend : »Du – Hans ! Können denn Fischer – oder Jäger – vielleicht sogar Gärtner und Bauern – Naturfreunde, Weltfreunde sein – weißt Du ? !« Er verstand sie sofort, und streichelte ihr kühles Haar : »Er schießt ja gar nichts selber – gar nicht ! – und dann muß er uns einmal die Borkenkäfer zeigen, und sein Buch darüber –« »Ach,« machte sie befriedigt und wuschelte sich an seine Schulter; aber er wickelte sie trotz ihres Widerstrebens ganz in seinen Mantel, und trug die putzig murrende Bürde durch das stachlige Dickicht. Nach wenigen Schritten fühlte sie, wie er mit ihr zu steigen begann, in große Höhen, wie ihr schien; dann hörte sie schon durch den Mantel ein feines Rauschen, und wickelte sich, als er sie wieder auf die Füße gestellt hatte, eilig aus der Hülle.

Sie standen auf einem ganz kleinen Hügelchen am Fuße einer Gruppe mächtiger hoher Bäume, die ihre leise wiegenden Wipfel weit über die Umgebenden erhoben; aber er ließ ihr keine Zeit, sich umzusehen. »Komm – stell Deine Füße hinein,« sagte er knieend, und hob die Erstaunte, die sich an seinem Kopf festhielt, stehend auf seine Schultern. »Nun klettere in die Höhlung da – ja ! – ich komme gleich nach !«, rief er hinauf. Sie schwang sich leicht in die dunkle Öffnung, welche sich in dem Baume auftat, fühlte gleich festen Boden, und half ihm, ein wenig ängstlich, ebenfalls hinein.

Dann fragte sie in die lachende Dunkelheit : »Du, was ist denn das – ?« Er tastete noch in dem kleinen Raume herum und drückte sie auf ein enges hölzernes Bänkchen, auf welchem sie gerade zusammen Platz hatten. »Ich war noch klein –« sagte er, »– noch kleiner als Du, doch ! –

Und da habe ich einmal hier im Walde den hohlen Baum gefunden, und mir eine Wohnung daraus gemacht. – Es tut dem Baume nicht weh; und es ist gerade für uns – aber sieh nur! draußen!«

Sie lehnten sich, die Köpfe eng aneinander, behaglich aus dem ovalen Fensterchen und blickten hinaus.

Der Mond stand hoch über den glänzenden Wipfeln, und erfüllte die weiten wirren Wälder mit seinem blassen schönen Licht; Nebel traten stumm wie silbernes Wild aus den tiefen Wiesen, und fern am webenden Horizont glänzte ein Flüßchen in der duftigen Helle. Ein Füchslein bellte in großer Ferne die silberschaligen Wolken an; Eva faßte plötzlich fest seinen Arm und zeigte stumm und mit spielenden Fingern auf ein schwarzes verflochtenes Gebüsch, in welchem sich etwas regte. Aus den knisternden Kräutern hüpfte ungemein geschwind ein Eichkätzchen, sah sich nickend um, und führte mit beiden Fäustchen eine schöne aufgesparte Haselnuß zum Mündchen. Dann ließ es die leichten Schalen fallen, roch an einem dicken grämlichen Pilz, und begann dann mit solcher Behendigkeit an ihrem Baume emporzuklettern, daß sie Mühe hatten ruhig zu bleiben. Während sie noch unbeweglich saßen und warteten, sahen Beide plötzlich das kluge Köpfchen blitzschnell um die Ecke gucken; dann hörten sie über sich ein leises Rascheln, als das Tierchen wieder in seinem Kobel verschwand.

»Ach, Du – !« flüsterte sie gläubig, »Das wollte uns sicher begrüßen!«, und er pflichtete mit gewichtigem überzeugtem Kopfnicken bei; dann sagte er streng: »Du hast jetzt Hunger – !«, und zog die Schokolade aus der weiten Tasche. »Ja, Herr Flick!« hauchte sie in spöttischer Schüchternheit, »nach Dir!«, und schob trutzig und geschickt das Köpfchen unter seinem Arm hervor, so daß er in das blasse feine Gesicht sehen mußte.

Nach einer Weile begannen sie zu essen, und Hans, der suchend noch in die anderen Schlupfwinkel des dicken Mantels griff, hielt unversehens das Büchlein des Herrn Brucker in der Hand. »Ach, Du –« sagte er eifrig, »wollen wir es uns ansehen! – Uns?!« »Unser Buch – aja!« nickte sie glücklich, und Hans entrollte geschickt das Heftchen.

Auf dem einfachen Einbande standen in schön verschnörkelter gotischer Schrift die Worte ‹Ansichten vom Eilysion›, und er drehte es verwundert hin und her. Dann schlug er das erste Blatt in dem immer heller werdenden Mondlichte auf, und sie sahen in eine weite sonnige Landschaft – ein tiefes Tal, aus welchem eine mächtige Felsnadel ragte. ‹Der Wolkenstein› las er darunter; »schade –« murmelte er, »man muß es am Tage sehen, es ist doch zu dunkel; aber man sieht jetzt schon, daß es ausgezeichnete Bilder sind – Eilysion! – Seltsam!«

Sie saßen wieder und flüsterten abgebrochen miteinander; der Wind strich kalt über die Lichtungen heran, und er fühlte, wie Eva neben ihm fröstelte – »Es ist zu kalt –« meinte er erschreckt und völlig verstört, »ach, bin ich schlecht –« sie murrte, selig über seine Sorge und voll Vorwurf wegen seiner Anklagen : »Wenn Du noch einmal Etwas gegen meinen Hans sagst – !«, schalt sie leise.

Aber er erhob sich, verhängte die Öffnung des Baumes mit seiner Jacke, und faltete ihren Mantel zu einer weichen Decke, welche er über das Bänkchen breitete. Dann bettete er das dunkle flüsternde Köpfchen neben sich, schlug seinen großen Radmantel um sie beide, und fühlte, wie sich das Mädchen warm und vertrauensvoll an ihn schmiegte.

Ein scharfer Mondstrahl fiel hell und grün durch ein Astloch in das rauschende Schlafkämmerchen; der Wind rüttelte leicht an den knarrenden Ästen, und das Füchslein bellte schon weit unten munter in den niedrigen Tännchen und lief behutsam um einen Igel herum.

Gleich darauf lagen sie in tiefem Schlaf. –

Weit drüben öffnete sich ein Fenster im Försterhause und Niebelschütz lehnte sich horchend in den Rahmen : »Ist doch ein seltsamer Tag heute,« sagte er über die Schulter zu dem Jungen, welcher nachdenklich unter dem gelben Lampenkegel saß, »ich möchte schwören, daß ich einen Fuchs gehört habe – das ist selten in dieser Jahreszeit zur Nacht – hm !« Er drehte die Riegel wieder zusammen, und ließ sich schwerfällig in den Sessel fallen : »Also weiter !« – meinte er überlegend, »ich selbst habe ja den Lukas nicht; Hans wohl – eine amüsante Geschichte –«, und Kauff berichtete aus dem deutschen Merkur weiter, wie der geheimnisvolle Derwisch dem alten französischen Reisenden von Flamel vorgeschwatzt hatte, und sah, wie der Alte mit schier erschrecktem Stirnrunzeln erstarrte. Als er seinen Bericht beendet hatte, war eine Zeitlang Stille im Zimmer; dann fragte Niebelschütz scheinbar gleichmütig, »– und wie hieß die Stadt, wo sich die Ewigen treffen sollten – ?« »Brussa,« erwiderte Kauff erstaunt, »oder aber doch ein Dorf bei Brussa – was ist Ihnen denn, Niebelschütz ! Um Himmelswillen ! –« Er goß rasch ein Glas voll Wein und reichte es dem zitternden Alten, der abgebrochen nickte, und ins Leere starrte.

Nach einer Weile sagte er heiser : »Danke, Kauff – ! – es ist nichts weiter – setzen Sie sich ruhig wieder – !« Dann erhob er sich mühevoll, ging langsam zu dem mächtigen Schranke, in welchem er lange suchte und brachte ein winziges messingnes Büchschen mit, das er mit stiller Hand auf die weiße Decke stellte.

»Es war vor – 35 Jahren, – 52 – ja; und ich war eben als junger Förster hier eingezogen, so etwa drei, vier Jahre lang. Es war damals ein ungewöhnlich früher und strenger Herbst eingetreten; schon im September stäubte das Laub wie Kupferwolken um die grauen Äste, und auf den Wegen ging man knietief im raschelnden Gestiebe. Morgens waren die Wiesen schon grau vom Reif, abends wehte der Herdrauch aus den trüben Weiten heran, und *Nebeln* begegnete man im stöhnenden Forst! – solche Winter gibt es jetzt nicht mehr! –

Es ging gegen Abend und die Wolken türmten sich mächtig und kalt, grau und kraus und bitteren Herbstschnees voll, da traf ich drüben mitten im Grafenschlage einen Mann. Ich war gerade von meinem Reviergange zurückgekommen, und freute mich in dem schneidenden unfreundlichen Wind und dem herrischen Regen auf mein warmes Zimmer und die Bücher.

Er war nicht jung, nicht alt, und unter seinem schon von der Wanderung beschädigten grauen Mantel gut und fest gekleidet; ich war damals noch dümmer und wußte noch nicht, daß man viele Wege gehen muß, auch durch den schlagenden Forst im Herbststurm; auch war sein Blick, obwohl düster, doch sicher, und ich wollte mir damals noch nicht gern eingestehen, daß viele über uns sind.

So trat ich auf den im pfadlosen fahlen Gestrüpp ruhig Wartenden zu, und fragte mürrisch nach Weg und Namen. Er nannte sich Sehfeld – ich weiß nicht, ob mit Wahrheit – und nannte als Ziel die Nachbarstadt. Ich bereute aber schon meine rauhen Worte, und erbot mich, ihn auf die Waldstraße zu führen; so schritten wir rüstig nebeneinander her, und der Wind schrie wild in den Tannen. Aus den Lichtungen flogen uns einzelne Eisnadeln wie Dolche in die Haut, und der Regen peitschte uns bis auf die Brust.

Als wir an meinem Hause vorbeikamen, schien es mir hart, den Fremden noch stundenlang in der wolfigen Nacht wandern zu sehen, und ich bot ihm Unterkunft bis zum Morgen. Er zögerte wie ein Einsamer oder ein Verfolgter, und erst als ich ihm für seine völlige Sicherheit bürgte, und ihm sagte, daß ich ihn in meinem Walde wohl vor Kaiser und Reich wollte verbergen können, lächelte er leicht und trat ein.

Wir saßen bald beisammen, und sprachen von Dingen, zu alt und wunderlich, um Ihnen geläufig zu sein – Plotinos, Knorr von Rosenroth, Löwenstern, und viele Andere – und er schien Gefallen an meinem Eifer zu finden, obwohl er vielmehr wußte als ich damals – und auch heute!

Ich, ermüdet, ließ ihn endlich allein über den alten Welten sitzen; solches Vertrauen hatte ich gewonnen. – Dort ist noch seine Schrift am Rande, reinlich und tiefsinnig, seitenlang. –

Als ich am Morgen in aller Frühe hereintrat, ihn zu begrüßen, erhob er sich, unermüdet und rüstig, und trat mit mir vor die Tür. Ich wies ihm genau den einsamsten Weg über die Heiden nach Süden, und fragte beim Abschied zaghaft noch einmal ‹wohin ?›. Er drückte mir ernsthaft die Hand, und deutete in den schneegrauen Wald; dann lächelte er so schön und seltsam – bei Hans habe ich es manchmal gesehen, und bei den Fremden – daß ich mich zur Seite wenden mußte. Er flüsterte –«, der Alte stützte sich hart auf den Tisch und sah feindselig zu Kauff hinüber, »wissen Sie – also er sagte ‹nach Brussa !› «

»Ach so, hier –« er wies auf das gelbe stille Büchschen, »– das habe ich noch vergessen. – Auf dem Tische lag, in einen Bogen Papier eingeschlagen, ein winziges Häufchen eines schweren grauen Pulvers vom Glanze zerstoßenen Glases. Und ein Zettel dabei.«

»Sie, Kauff !« sagte der Förster langsam zwischen den Zähnen, »wissen Sie, was das ist, Mann ? ! –« Der Junge war zögernd aufgestanden und setzte zweimal zum Sprechen an; dann fragte er mit spröden Lippen : »Niebelschütz – ich habe allerlei in den letzten Tagen gesehen – also – Sie meinen, es ist – haben Sie es einmal versucht ?« »Einmal ?« lachte der Alte grell, »zweimal schon, zweimal ! – Nicht etwa um reich zu werden, Kauff, sondern weise !«

Er schabte mit dem dicken gravierten Deckelchen den Inhalt sorgfältig auf ein glattes tannenes Brettchen; es war ein ärmliches winziges Häufchen schwarzen Staubes, das im gelben Lampenlicht lag und schlief. »So, Kauff,« sagte er hart, »sehen Sie es sich ruhig an – ist ein verdammt grobes Mittel; und es macht Ihnen alle Schande, daß Sie dessen bedürfen – Wie gern hätte ich es mit Hans geteilt, das Schauspiel; wie hätten seine – nein – Oberon stimmt nicht – aber ich finde es noch; bestimmt !«

Er fachte das Feuer im Ofen an, daß die Flamme singend durch den Kamin schoß, und winkte Kauff heran. »So –« sagte er still, »– ich will es auch noch einmal sehen; denn ich bin alt – kommen Sie, setzen Sie selbst den Tiegel aufs Feuer – es ist nur ein gar einfaches Töpfchen – haben Sie etwas Zinnernes oder Bleiernes bei sich ? – Prächtig; die Denkmünze von der ‹Harmonie› : symbolisch ! – lassen Sie das Ding ruhig schmelzen, und dann schütten Sie das Pulver darauf, aber behutsam –«

Der Junge stand schwer atmend vor dem wehenden Feuer und schob mit bebender Hand die Schlacke von der glänzenden Oberfläche; dann rieselte der Staub langsam in den schwer blitzenden Bleispiegel.

Sie standen und starrten auf das schlichte Töpfchen; plötzlich packte der Alte ihn schmerzhaft bei der Hand, und wies, unfähig zu sprechen, in die dunkle Höhlung. Aus der stillen Masse drang ein leises

Brausen; ein hoher regenbogenfarbiger Schaum erhob sich über den Rand, seidig schillernd in den reinsten Edelsteinfarben.

Der Alte breitete die Arme und brach schluchzend und lachend in die Knie, »– und er mußte gehen, wie ein Dieb bei der Nacht ! – Ach, ihr ewigen Dichter und Wunderer – unsere Welt!«

Langsam erlosch das Flammenmärchen; Stille und Dunkelheit schlichen heran; da stand Niebelschütz langsam auf und wandte sich zu dem Wartenden. »Hier –« sagte er müde, und stürzte in die offenen Hände Kauffs eine kleine goldig glänzende Scheibe; jener zuckte wie ein Erwachender, sprang zur Lampe und ließ das schwere Metall funkeln und spielen, wobei feine rötliche Kristallsternchen an der glatten Oberfläche aufblitzten.

»So –« knurrte der Förster, »– das können Sie nun prüfen und behalten wie Sie wollen – für Hans liegt schon ein Größeres hier, und der bekommt auch das Töpfchen, der weiß es zu würdigen – und nun setzen Sie sich hier in den Lehnstuhl schlafen – ich lese noch ein bißchen; das bekommt auch einmal alles Hans –« murmelte er schon für sich, und trat an seinen Schrank, liebevoll und der Welt entschwindend.

8.)

»So; komm hierher« rief Hans fröhlich und hob die leichte Gestalt über einen gestürzten Baum in die Lichtung, »– nun sieh Dir das an : eben schien noch die Sonne und jetzt – !«

Der Regen fiel wie lustige glitzernde Perlenschnüre an ihren leuchtenden Gesichtern vorüber; auf allen Steinen hüpften prustend und berstend die Sprühkugeln, rollten kichernd kopfüber an den tüchtigen Ästchen entlang, oder sahen behaglich von einer frischgrünen Blattunterlage in den fröhlichen Himmel, an welchem es schon wieder selig und übermütig wirbelte von rauchigem Sonnengold, fliegendem Windblau und flockig zerstäubender Wolkenseide.

Sie sahen andächtig in die Frühlingslichter, und tappten mutig durch den schönen himmlischen Wassersturz.

Pilzfamilien standen ehrbar in der Nadelbräune des Forstes und hielten ihre kleinen roten und kupfernen Tellerchen vorsichtig über das Gewirr. Steine lagen wie gestürzte tropfende Silberschalen am Wege, der in seiner ganzen strahlenden Länge zu erblauen begann.

»Ich glaube, das wird der richtige Weg sein,« sagte er.

MEIN ONKEL NIKOLAUS

1.)

Die Freunde hatten mich allein gelassen; ich stand, nun nicht mehr zerstreut von dem hellen Gespräch, auf dem kleinen Platze, und sah an dem dunklen Fachwerkhause hinauf. Unterhalb der Fensterreihe des ersten Stockwerkes lief das fast schwarz gewordene Eichengesims mit dem Spruchband herum, aber ich konnte in dem kühlen ungewissen Spätabendlicht die Buchstaben noch weniger als vorhin aus der Ferne unterscheiden. Ich ließ wieder die Augen herumwandern und fand das Haus nicht übermäßig breit; vor mir die schwere mit dicken geschnitzten Ranken prahlende Tür, über welcher eine schöne geschnitzte Lampe in der Form einer schlanken Glockenblume, mit feinen gerollten und geäderten Kelch- und Blütenblättern an einem dünnen schwarzen Kettchen langsam schwankte und gaukelte. Wahrscheinlich blies sie ein spielerischer Vornachtwind in winzigen Kreisen in der frischen dunkelblauen, hellgelben und schattenrißschwarzen Luft herum. Dann war da die breitgebogene, sicher gravierte, Klinke über dem mächtigen Schloß und daneben an der Wand der Klingelzug aus geschwärztem Messing. Zwei Stockwerke ging es hoch, dann kam der barocke Treppengiebel mit einer Art Ladeluke zum Heraufziehen der Waren darin; es konnte also früher ein Handlungshaus gewesen sein. Daneben, zur linken Hand, stand in derselben Front ein kleines grün gestrichenes Häuschen, das gar nur ein Fenster neben der einfachen glatten Tür hatte; dann mußte ich schon den Kopf nach links wenden, wo, rechtwinklig zu den beiden ersten, ein mittleres Fachwerkhaus mit einem schmalen Schaufenster stand. Über dem schlichten Spitzgiebel traten schon zwei silberne Sterne aus der klaren Nacht : dort mußte also Osten sein, denn zu meiner Rechten – ich wandte mich, trat die 10 Schritte wieder in die Straße zurück und vergewisserte mich : ja, rechts war noch ein feiner blaßgelb und klar fliegender Westhimmel. Das Haus, welches an dieser Seite den kleinen einspringenden Platz begrenzte, war ebenso hoch, wie das meines Onkels, mit einer eisenbeschlagenen Tür, die aber einen halbrunden, etwas unglücklich flachen Bogen hatte, und einer Unzahl kleiner Fenster, als seien unverhältnismäßig viele Räume oder Zimmerchen in dem Hause.

Rings, vor den Häusern entlang lief ein schmaler niedriger Steinsaum als Bürgersteig, altes buckliges Pflaster lag in dem Zwischenraum, und erst mitten darin, etwas mehr auf das Haus meines Onkels zu, stand der große hölzerne Schwengelbrunnen mit einem flachen Trog herum und der hohen rechtwinkligen Pfeilerähnlichen Haube.

Während ich noch so stand und unentschlossen die nähere Umgebung besah, kamen hinter mir, auf der anderen Seite der Straße ein paar plaudernde Leute heran; zwei Männer und eine Frau mit einem Korbe und einer breiten plumpen Schürze. Sie dahlten in dem lustigen Dialekte der Gegend von allerhand Menschen und Dingen und klapperten noch lange mit ihren hölzernen Schuhen die Straße davon. Nebenbei hatte die Frau blauen Flieder, Syringen, in dem weiten flachen Korbe getragen, in irgendeinem Vorgärtchen der Stadt geschnitten, und eine blasse lila Dolde war gerade vor der Tür des gegenüber wohnenden Berliners unter dem ungewöhnlich großen leise pendelnden Backen liegen geblieben. Ich sah sie auf den kalten glatten Abendsteinen liegen und holte sie schnell, fühlte behutsam, wie als Kind, die elastischen Blütchen, und steckte sie plötzlich in das Revers meines Samtwamses. So war ein ganz zarter Fliederduft in dem sternigen prächtigen Abend und mir wurde weit und kühl zumute und neu; ich fühlte wieder, daß ich ein blanker seltsamer Spiegel war für Abendröten und zierliches Gesträuch an blassen grünen Hügeln, für Sterne und Logarithmentafeln auf gelblichem festen Papier. Da nahm ich meinen Hut in die Linke, atmete noch einmal tief ein und zupfte, ein wenig beruhigt, an der glatten Messingbirne.

Hinter der Tür schlug es wie eine große dunkle Glocke an, und als sie sich leicht in den Angeln drehte fluteten die weichen Schwingungen noch immer leise an mir vorbei, auf die erwartungsvoll zusehenden Häuser gegenüber zu. Eine alte Frau mit einem Öllämpchen in der erhobenen Hand trippelte auf die Stufe und beleuchtete mich forschend, während auch ich sie, geduldig mich neigend und wendend, betrachtete. »Und, – junger Herr? –«, fragte sie mit einer hohen und deshalb fast spöttisch klingenden Stimme. Ich erwiderte lässig den vorher hundert Mal geübten Satz: »Mein Name ist Däubler – Anton Däubler – und –« ich stockte, und sah verblüfft auf die Tür, in der sich eben etwas bewegte, links und rechts, und im anmutigen Zwieschein des Lämpchens und der Nacht spazierte auf jeder Seite aus dem Flur ein Kätzchen hervor, beide anscheinend weiß und gelb, traten gleichzeitig auf die Schwelle, setzten sich selbstbewußt und behaglich darauf nieder, und blickten interessiert in die einsame Straße hinaus.

Ich wollte noch einmal die Vorstellung beginnen, aber die Alte rief

schon erstaunt und erfreut »– Nein – der junge Herr –« und fügte noch
eine Menge ähnlicher Betrachtungen an, komplimentierte mich auch
gleich ins Haus, an den höflich ein wenig beiseite rückenden Kätzchen
vorbei, die ich geschickt, mich niederbückend, bei den Ohren nahm und
kraulte, so daß meine Führerin befriedigt lachte. Sie stellte die Leuchte auf
einen breiten Vorratsschrank im Flur, ging flink zurück und schob wieder
die breiten eisernen Riegel durch die schweren gegossenen Schlaufen.
Dann sah sie mich überlegend an. »Ach –« sagte sie endlich, »kommen
Sie nur gleich mit hinauf. Der Herr ist in seinem Arbeitszimmer und studiert –«; sie ging eifrig, mich mehreremale hinterherwinkend, die Treppe
hinauf bis in den mit vielen Kerzen hell erleuchteten Flur des ersten Stock-
werks, der mit einer hellbraunen goldig geperlten Tapete bezogen war.
Auf jeder Seite führte eine hohe Tür in die anstoßenden Zimmer; während ich mich noch an den strahlenden Wachslichtern in den schönen
zweiarmigen Wandleuchtern freute, pochte meine Führerin vernehmlich
an die mir gegenüberliegende Tür und schlüpfte auf ein merkwürdiges
machtvolles Knurren hin, hinein. Nach einiger Zeit kam sie kopfschüttelnd wieder heraus und öffnete einladend einen Flügel ganz, den sie
behutsam hinter mir zuzog.

Ich sah nur schnell, daß zu beiden Seiten des Kamins breite und hohe
Bücherregale standen, und daß in der schönen tiefbogigen Feuerhöhle ein
paar mächtige seidenrot glühende Holzkloben lagen. Allerdings war das
Fenster weit offen, so daß es nicht unbehaglich warm war.

Neben der alten Wanduhr, in einem breiten schweren Sessel saß mit
übereinandergeschlagenen Beinen ein breitschultriger Mann mit vollem
weißgrauem Haar. An der schönen Ledertapete hinter ihm waren zwei
der gleichen Leuchter angebracht, die ich schon vorhin gesehen hatte, und
die 4 hellen Flammen beleuchteten seine Gestalt und die Bücher, welche
neben ihm auf einem niedrigen runden Tischchen lagen.

Sein breites kantiges Gesicht war fast mahagonibraun, und auf's
feinste wie von Wind und Wetter gefältelt; die Augen leuchteten tiefblau
und ruhten jetzt prüfend, und fast wie ein wenig belustigt auf mir. Er
winkte mir leicht und zierlich mit der kräftigen Hand zu, und wies einladend auf einen einfachen Hocker neben dem Kamin : »Hol ihn dir nur
heran, mein Junge,« brummte er, anscheinend gut gelaunt. Ich setzte
mich befangen zu ihm und er musterte mich ungeniert und nickend.
Dann wurde sein Blick plötzlich mißtrauisch, und er zog die graden
Brauen zusammen : »Heißt du auch wirklich Anton,« fragte er argwöhnisch, »Anton. – Ich meine richtig mit »o« darin, wie Okeanos – ja? –
oder Omikron –«; ich nickte nur verwundert, aber er überging mein

offenes Staunen mit einem tiefen Aufatmen : »Das ist wertvoll ! – das ist
sehr wertvoll, mein Junge,« wiederholte er erleichtert, erstickte meine
Frage schon im Keime mit einer eindrucksvollen Handbewegung, und
fuhr dann lebhaft fort : »Gegessen hast du sicher noch nicht – doch ? ! –
Na, schaden kann es nichts – Antje ! –«, er holte tief Luft, daß seine Schultern noch breiter wurden, grollte noch einmal »– Antje ! ! –«, so daß ein
altes italienisches Glas auf dem Kaminsims leise mit klirrte und wandte
sich erfreut darüber wieder zu mir : »Tja, Anton –« er sah mich nachdenklich an, »– also erzähle einmal rasch – Schule, Elternhaus, Studien – du
hast doch hier in der Nähe ein paar Semester gehört – deine Reise, und so
weiter – dachte mir's ja, Antje« knurrte er schmunzelnd die Alte an, die,
ohne einen Auftrag abzuwarten, altjüngferlich beleidigt, mit einem
Tablett hereinkam, »– stelle Sie es nur hierher – Käse, Dorschleberpaste
aus Norwegen, Butter – Tee – mit Rum ! – Zucker – gut ! –Also, Anton :
nimm und iß – und erzähle !« Er warf sich erwartungsvoll zurück, nahm
zur Gesellschaft auch ein Spänchen des leichten gelben Käses und horchte
auf meine mühsame Schilderung. Mir wurde jedoch bald leichter; denn er
stellte geschickt seine Fragen, und war sehr aufmerksam, murmelte auch
oft die Namen mit – Leipzig – ja – Dresden, Hotel Stadt Rom – kenne
ich – ja.

Ich war bald mit meinen einfachen Schicksalen fertig und ließ meine
Blicke behutsam über ihn und das alte aufgeschlagene Buch – es war ein
englischer Theologe, John Donne – schweifen, als er auch schon wieder
fragte, »Du sagtest ‹wir› – ‹wir sind von der Poststation – usw› – Hast du
schon Bekanntschaften gemacht ? !« »Nein,« antwortete ich lächelnd, »es
waren nur meine Schulfreunde, oder besser Studiengenossen, Athanasius
von Löwenstern –«. »Vom Bürgermeister, oder ?« unterbrach er mich
mit komischem Gesicht, »der immer drüben am Markt vor der kleinen
Bilderhandlung steht – – ?«; ich sagte schnell noch »– dann Philipp –
also Gravenberg, und Olearius – aber wieso findest du Athanasius so komisch ? – Gewiß er ist kein Genius, aber doch ein recht gutmütiger treuherziger Mensch –« und sah meinen Onkel fragend an. Der wiederholte
aber noch nachdenkend die Namen, »– freilich – Gravenberg –« sagte er
entschieden, »– 'türlich, obwohl – kennst du den Alten, den Astronomen
auch ? – Nicht ? – – Aber wer ist der Dritte? Einen Olearius kenne ich
eigentlich nicht –« »Das ist leicht möglich,« erwiderte ich, »denn er ist
hier – der – ich glaube Korporal, bei der Stadtwache – er ist Dichter,«
schloß ich wichtig, um Eindruck zu machen, und Onkel Nikolaus kniff
amüsiert ein Auge zu, »auch schon –« sagte er anerkennend, »Korporal
und Dichter – also er macht sein Jahr bei der Bürgerwehr wohl – dachte

mir's – ist nicht von hier, nein ? – Doch ? – Hm ! – Habt ihr nur vor dem
Wachlokal auf der alten Schanze gesessen ?« Ich gestand, daß uns Athanasius noch in die »güldene Gabel« geführt habe, auf ein Gläschen Kaffee
und Wein, und der Alte grinste »Kaffee – oh, fein,« sagte er, »hast du
wenigstens Klaudius, den Wirt, gewürdigt ?« Ich erwiderte mit Haltung,
daß ich ihn nicht gesehen hätte, und ob er eine Merkwürdigkeit wäre.
»Das kann man wohl sagen,« sprach gedankenvoll der Onkel, und
lauschte dann dem feinen blanken Schlage der alten Uhr – »Schon 10 –«
sagte er feststellend, »– ja, Anton, du wirst müde sein – die lange Reise –
und dann noch Kaffee und solche Ausschweifungen,« er kicherte recht
angeregt, und ich fragte ihn geradeheraus, warum er sich so über dieses
doch ungemein gerühmte fremdartige Getränk mokiere; »Hoho –« sagte
er anerkennend und versöhnlich, »du sollst mich nicht nur für einen Spötter halten – aber wenn du Klaudius – eben den Wirt – näher kenntest,
würdest du wissen, daß er in seinem Hause kaum Wasser, geschweige solche degenerierten Derivate duldet – er hätte es nicht gefaßt – aber das verstehst du noch nicht – hm –« Er erhob sich wuchtig und stand breitbeinig
vor mir, einen halben Kopf höher noch als ich, und voll mächtiger Kraft –
er konnte doch wohl nicht älter als 50 sein – und hieb mir die Hand auf die
Schulter, wobei ihm die Fliederdolde ins Auge fiel: »Liebst du dergleichen Luftgeister –« fragte er betroffen »– und, das hat ja Zeit – obwohl –«
er gab sich einen Ruck und rief wieder »Antje!« Und als nach wenigen
Sekunden die Alte erschien, drehte er mich bei den Schultern herum,
» – Führen Sie ihn nach oben –« empfahl er mich der Haushälterin, »das
Zimmer ist doch bereit – gewiß – also, Anton – !« er hielt mir herzlich
die Hand hin, und sah mich offen an, »– sei mir noch einmal gegrüßt –
und stell dir schon immer im Traume die seltsamsten Bücher und Rari-
täten vor – nun, dein seliger Vater wird dir ja früher schon erzählt haben –
Gute Nacht, mein Junge –« Er legte die Hände auf den Rücken und nickte
mir zu; dann stand ich wieder auf dem Flur und fuhr mir, bedrückt von so
viel Neuem und Eindrucksvollem, über die Stirn.

Die Alte wartete geduldig, bis ich sie fragend anschaute, und sie sah
so reinlich und ehrbar in ihrem weißen Häubchen aus, daß ich sie recht für
mich einnehmen wollte und höflich bat : »Führen Sie mich doch bitte in
meinen Schlafraum – oben ? –« Sie nickte eifrig und stieg flink die
bequeme Treppe mit dem gedrehten dicken Geländer empor, auf den
obersten Flur. Das war ein kleiner heller Vorplatz, von dem aus wieder,
wie unten, je eine Tür nach links und rechts führte. Neben der rechten
Tür, auf welche die Haushälterin zuschritt, ging noch eine Stiege höher,
wahrscheinlich auf den Boden hinauf. Ich stand noch und sah mich auf

dem doch recht kahlen Flure um – die einfachen fast rohen Holzwände und die breiten rissigen obzwar sehr reinlichen Dielenbohlen, auf denen kein Schrank oder Bänkchen stand; auch hatte das jetzt schwarz spiegelnde Flurfenster keine Gardinen, und kein Bild hing an den Wänden – als Frau Antje, die unterdessen drinnen Licht gemacht haben mochte, mich anrief. Ich faßte die runde Eisenstange des Türdrückers und trat ein.

»Ach –« sagte ich ungläubig – »das ist ja –«; aber ich mußte den Kopf schütteln, denn es war wirklich sehr eigenartig und praktisch eingerichtet, und gefiel mir doch so gut, daß ich der Alten zunicken und freudig lächeln mußte. Sie jedoch tat ein wenig pikiert : »ich hätte es doch noch ganz anders hergerichtet – sehen Sie doch nur das Bett : so hart –« sie drückte entrüstet mit der flachen Hand die dünnen weiß bezogenen Decken – »aber der Herr wollte es nicht anders – und da braucht man gar nichts zu versuchen – Sie werden es ja selbst erleben« schloß sie zierlich bekümmert, strich noch einmal die Fenstervorhänge glatt, rückte die Wasserkaraffe zurecht, wies mir anklagend die staubige Rum-Flasche, welche der besorgte Onkel eigenhändig auf den Nachttisch gestellt hatte, und verließ, eine gute Nacht wünschend, das Zimmer.

So, nun war ich allein; ich legte meinen spitzen Hut auf das Wandbrett, hing mein Wams an den Bügel darunter, und schritt klopfend und befühlend und aufhebend von einem Gegenstand zum andern.

Da war in der sauber getünchten Mauernische das schmale Bett, und eine schnelle Untersuchung zeigte mir die Zusammensetzung : eine feinpolierte Holzfläche mit einer nur handdicken straff aufliegenden Matratze, ein hölzerner Kopfkeil mit gleicher Auflage, alles fein weiß bezogen, und als Zudecke zwei lange schmale Wolltücher in der gleichen Hülle. Nun ja.

Ein brauner hoher Schrank stand gegenüber mit einem verschließbaren Fach im oberen Teil, daneben ein quadratischer Waschtisch, dessen Deckel, wenn man ihn hob, ein ovales porzellanenes Becken freigab. Gleich neben dem Bett stand das lichtbraune Nachttischchen mit der gewaltigen Rumflasche, auf das ich sogleich meine runde gewichtige Taschenuhr legte, da ich Nachts oft zu erwachen pflegte und jedesmal die Gewohnheit hatte, auf das Zifferblatt zu sehen.

Dann war noch dicht neben der Tür ein schönes eichenes Bücherregal, das mich besonders freute; denn ich war trotz meiner Jugend schon ein rechter Büchernarr und konnte Bibliothekskataloge mit einer mich oft entrückenden Leidenschaft lesen; so ging ich denn auch gleich auf die wenigen Bücher, die darin standen, zu, und prüfte rasch und wohlgefällig nickend die Titel. Es war ein alter Pomponius Mela ‹de situ orbis›, und ich mußte gleich die seltsamen und phantastischen Stellen von den Satyrn und Ögipanen überfliegen, Wielands Aristipp und Agathodämon, Hoffmanns Meister Floh, und ein wunderliches altes Buch »Die Reisen des Cyrus« von Ramsey, in zweisprachigem – englischem und französischem – Text, und einem Anhang über die Theologie der Alten. Ich kannte es bisher nur aus den Anmerkungen zu Wielands ‹Natur der Dinge› und legte es gleich mit auf's Bett; dann ging ich zu dem einen der beiden Fenster und sah, das Licht löschend, und die Augen an die kühle Nacht gewöhnend, hinaus.

Zuerst wußte ich gar nicht, wo ich war; ich hatte das rückwärtige Fenster gewählt und schaute überrascht an der Hauswand hinab, auf ein etwa 5 Fuß unter mir liegendes flaches Dach, auf dem ich mich sogleich in schönen Nächten zu ergehen beschloß. Dann hob ich den Kopf und hatte schon im schwarzen Nachtschein eine weite Aussicht auf freies Feld, eine Landstraße in etwa 500 Schritten Entfernung, dann kamen, schon im Schatten versteckt, Baumreihen, und sicher ferne Äcker und Wiesen; nur zur Linken und Rechten gingen die Hinterfronten der Nachbarhäuser klar und rechtwinklig weiter.

Über einem fernen fein bebuschten Hügel schwebte eben das letzte Viertel des Mondes dünn und umschliert; ein Grillchen zirpte zaghaft aus seinem Graswinkel, und ich sah eine Weile schier gedankenlos zu dem stillen Gefährten der Nacht hinüber; dann schloß ich behutsam die lakkierten Haspen, und begab mich zu dem gegenüberliegenden Fenster.

Das führte gerade auf den kleinen klaren Platz hinaus, auf dem ich vorhin so zögernd gestanden hatte, und ich freute mich, daß ich auf der einen Seite die weiten mondbeglänzten Wiesen und Teiche, und auf der anderen das heimlichste putzigste Treiben des alten Städtchens begutachten konnte, und ich wollte eben befriedigt zu Bett gehen, als ich ein Geräusch in der Ferne zu vernehmen glaubte.

Ein schwaches Licht und Schritte zogen die Straße herauf, und ich erkannte, mich leise hinauslehnend, den Nachtwächter – einen großen Menschen mit einem dunklen Hut – der eben drüben, auf der anderen Seite, aus dem Häuserdunkel herantappte; nur fiel mir auf, daß er seine Laterne nicht, wie ich sonst wohl gesehen hatte, in der Hand, sondern auf dem hohen Stock, gleichsam als Knauf trug, wo sie ein mildes oder doch recht schwaches Licht ausströmte. Einen Spieß oder dergleichen führte er nicht, konnte dessen auch wohl bei seiner hohen Gestalt und in der friedfertigen Stadt entraten, aber auf dem Rücken hing ihm am breiten Lederriemen ein schön gebogenes, mattsilbernes Horn.

Gerade gegenüber verhielt er den langsamen Schritt, sang einförmig aber tönend sein Uhrenverslein herunter, und blieb noch eine Zeitlang auf den hohen Stock gestützt stehen. Er schien schläfrig und sah gedankenlos in die blanken schwarzen Fenster, in denen sich seine Stocklaterne seltsam schmal und gebogen spiegelte; noch einmal schien mir da das Licht gar trübe und wie von dünnen langsam ziehenden Schleiern umstrichen. Endlich wandelte er, den weiten dunklen Mantel verdrießlich um die lange Figur ziehend, die stillen Türen und Fenster entlang, und bald verklang das einsame Schreiten und das taktmäßige Aufsetzen des Stockes in dem wunderlichen Schattenzug der Straße.

Ich schloß sacht das Fenster, tappte mich im Finstern an mein Bett und entzündete das Nachtlicht; noch erwog ich, ob ich schon heute den Ramsey beginnen sollte, aber zuletzt gab doch eine starke Müdigkeit den Ausschlag – war ich doch fast drei Tage gereist –; ich streckte mich in den leichten lockeren Decken lang aus, und lag in der neuen Umgebung wie immer wartend und horchend – denn es ist so seltsam in fremden Zimmern zu schlummern, so seltsam.

2.)

Ich fuhr aus unangenehmen Träumen auf, von Fliegen, aasgiftigen Geschmeißteufeln, die ich so haßte; das war das Urböse, wie Ottern und nachtgesichtige Drachen – »Horch, und die alten Schlangen wachen auf«, fiel mir aus Fouqué ein – die sich am entflohenen Menschen rächen, weil sie keine geworden sind. –

Ich sprang heraus, räkelte die langen Glieder, und tappte mit bloßen Füßen gleich einmal zum Hinterfenster; oben an der Gardine saß noch ein kleines Nachtfalterchen, etwas Zartes und Gelbgraues wie ein Stückchen alten Seidenstoffes, und ich blies es ganz vorsichtig in das dunkelste Eckchen, daß es dort bis zur Nacht schlafen möge; dann sah ich vorsichtig hinaus über die weiten Wiesen, die nun heute früh grün und doch schon vorherbstlich frisch glänzten, und wurde ganz wach und neugierig dabei. Rasch wusch ich mich, kleidete mich an und besah noch, ehe ich hinabging, auf's neue zufrieden meine Stube bei Tageslicht. Neu entdeckte ich diesmal eigentlich nur den Kachelofen am Hinterfenster, einen runden Tisch und einen leichten Rohrsessel, der mir zu behaglichem Studium ungemein tauglich schien. Dann war es gleich $\frac{1}{2}8$ Uhr geworden, und ich ging hinunter, mich beim Onkel zu melden.

Er war natürlich schon längst auf, hatte bereits gefrühstückt, und saß bei einem Glase Tee lesend im Sessel; als ich eintrat, ließ er das Buch sinken, schüttelte mir beim Gutenmorgengruß derb die Hand, und ließ ein paar Semmeln und heißen Kaffee für mich kommen. »Ein Eßzimmer haben wir nicht, mein Junge,« erläuterte er zufrieden, »ich halte es für überflüssig; Hauptsache, man hat Bücher und ein angenehmes Studierzimmer – nicht wahr, nicht wahr?!« rief er erfreut, als ich mit dem Ausdruck der vollsten Übereinstimmung eifrig nickte. Dabei legte er das dicke Buch zur Seite, und ich las schnell den Titel; es war »Die Welt als Wille und Vorstellung« ein Buch, das vor etwa 10 Jahren bei Brockhaus erschienen war; er bemerkte meinen Blick und fragte: »Kennst du den Schopenhauer? – Natürlich nicht! – Ich sage dir, das Ding ist ausgezeichnet! Ganz ungewöhnlich klug, wenn auch düster. – Nun, das kannst du ja nachholen. –« Er sah diskret während ich aß, im Zimmer herum, stand auch einmal auf und warf einen neuen Buchenklotz in den Kamin, obwohl er dank des schönen Tages alle Fenster weit öffnen mußte, daß die Hitze nicht zu groß würde, und ich konnte ihn dabei recht genau mustern. Er trug einen weiten braunen Anzug mit roten Fasern auf dem helleren Grunde und leichte aber feste Schuhe, in denen er fast geräuschlos und federnd ab und zu ging.

Als ich fertig war, stellten wir uns vor den Bücherregalen auf, und ich kam schier von Sinnen, als ich wahre Kostbarkeiten – ach, was sage ich: Unnennbares! – hier greifbar vor mir sah. Ich will ehrlich sein, das Meiste war mir unbekannt, aber ich hatte doch zuweilen die Genugtuung, daß der Alte zufrieden oder beistimmend brummte, wenn ich Namen und Titel las, Daten nannte, oder Stellen zitierte, aus denen ich etwas von dem Buche wußte. »Oben die gehören natürlich dir!« – sagte er einmal beiläufig, »hebe sie gut auf.« »Auch der Ramsay –« fragte ich ehrerbietig und glücklich, »– ach, Onkel –, das ist – – ich danke dir –,« »ach, Unsinn; nicht doch,« knurrte er befriedigt, »was hast du denn überhaupt bis jetzt so als Eigentum an Büchern – ?«, und er lauschte beifällig der Aufzählung meiner kleinen Bibliothek. »Ganz gut gewählt für dein Alter,« sagte er, den Kopf nachdenklich wiegend, »du hast sie doch mitgebracht? – In einer Kiste bei der Post? Da hole sie nur recht bald, d. h. gib dem Fuhrmanne den Auftrag. – Nebenbei: einen spanischen Don Quijote? Ha Usted aprendido el español en la escuela? Puede Usted también recitarme las líneas primeras de prólogo del ingenioso hidalgo: ‹Desoccupado lector –› etc.« Ich bat ihn, das Ganze noch einmal langsamer zu wiederholen, denn ich hatte nur wenige Worte aus dem Vokalgetose verstanden und hörte nun zum zweitenmale, wie er langsam fragte. Ich erwiderte ihm befangen so gut es in meinem holprigen zum Teil selbst erlernten Schulspanisch ging, und er klopfte mir lächelnd den Rücken »Das wird schon werden; auf Reisen und durch Übung – ja, wie steht es überhaupt mit anderen Sprachen – Englisch ? – ah, natürlich ! – Französisch, Latein und ein wenig Griechisch – Altdeutsch nicht – also doch; das gehört doch heute zur allgemeinen Bildung ! –« Und er rezitierte schmunzelnd : »

   ‹ist zwîfel herzen nahgebûr
   daz muosz der sêle werden sûr . . .›

Nun ja –« er unterbrach sich, und sah mich überlegend an, »– ich habe auch alte Handschriften – aller Art –« bemerkte er dann gleichmütig; er ging zu einem breiten schweren halbhohen Schrank, schloß umständlich auf und zog eine schmale Schublade heraus, der er behutsam einige Blätter entnahm. »Das hier ist zum Beispiel eine Handschrift des »Tristan« – ein Teil nur natürlich – und –« er kämpfte sichtlich mit sich, nahm mich aber bei der Hand und führte mich schweigend an das Fach, »– Ein Homer codex –« flüsterte er, »alt, alt – ach, viel älter als der ambrosianische –« er schob das rötliche Papier wieder zusammen[,] drückte die schwere Tür zu, bis sie leise einschnappte und ging zu seinem Sessel zurück. »Ich müßte nur wissen, wo die andere Hälfte ist – das ist –« hörte ich ihn grüblerisch murmeln; er warf sich in die federnden leise knirschenden Polster, und rief mir zu : »So, – sieh dir bitte noch ein Weilchen weiter die Bücher an, ich möchte nur rasch das Kapitel noch zu Ende lesen, es sind nur noch 2 Seiten –« er sah einen Augenblick wie überlegend auf den Teppich, nickte dann einmal kurz und vertiefte sich mit gerunzelter Stirn in den neuen Philosophen.

Ich selbst ging weiter, von einem Bande zum anderen, und legte den Kopf auf die Seite, strich hier mit dem Finger schüchtern über einen grünen Maroquinrücken und machte dann große Augen vor den sinnverwirrenden roten und hieroglyphischen Zeichenkreisen im »Höllenzwang« und »dem großen Meergeist«; vor allem fiel mir die zahlreich vorhandene alchimistische Literatur und die der alten phantastischen Naturforscher, des Johann Baptist van Helmont und dergleichen, auf, und als der Onkel mich nach kurzer Pause wieder neben sich rief, verhehlte ich ihm meine Verwunderung nicht darüber.

Er sah mich groß an und legte die festen Arme auf die weichen Lehnen des Sessels, »Willst du nicht begründen, mein Junge, warum dir das so verwunderlich vorkommt ? –« fragte er ruhig –, »nein, nein – also sprich frei heraus – hier, d. h. in den schönen und freien Künsten, wollen wir Geist und Geschmack und Phantasie entscheiden lassen. Also – avanti –«, er griff in ein duftendes braunes Holzkistchen neben sich, nahm sorgsam eine große sandbraune und sattgrün gesprenkelte Zigarre heraus, entzündete sie langsam und atmete tief den schwebenden exotischen Rauch ein, reichte mir ein helles Etui mit leichteren Rauchwaren reichlich gefüllt und ich, stolz als Gleicher behandelt zu werden, blies den blauen stäubenden Duft erquickt von mir, und begann. »Ja, Onkel – zuerst muß ich natürlich wissen : würdigst du diese alchimistischen Produkte nur als Anregungen für die Phantasie oder legst du ihnen auch außerdem einen anderen, wissenschaftlich exakten Wert bei ?« Er sah mich fest mit seinen großen blauen Augen an, sog langsam und feierlich das duftige Gewölk der fremden Kräuter ein – schweigende kupferbraune Indianer mochten es, auftauchend aus den düsteren endlosen Wäldern Brasiliens, den Weißen zum Kauf angeboten haben – und antwortete gelassen : »Diese Bücher sind die Denkmäler suchender Menschen, die viele, zum Teil alle, Wissenschaften und Künste ihrer Zeit erprobt und versucht, und keinen Trost, keinen Aufschluß darin gefunden hatten. Die alle Religionen und Philosophien durchwandert hatten und am Ende der Phantasie und Magie die höchsten Götterbilder setzten.« Ich war erregt; ich schlug die Asche klopfend in die körnige Silberschale : »Also, Onkel : du nimmst diese Bücher ernst ? Du meinst, daß mehr darin steht, als nur individuelle entfesselte Phantastereien ?« Er hob blitzschnell die Hand und eine senkrechte Falte ritzte sich tief in die hohe Stirn : »Nicht das Problem der Allgemeingültigkeit der Wirklichkeit rasch mit hinein verflechten, Anton ! – Überlege dir nur einmal die ‹Wirklichkeit› dieses Raumes für jeden Einzelnen von uns ! Schon daß wir jeder, obwohl in der gleichen Zeit befindlich, ihn von so verschiedenen Standpunkten aus sehen : Du siehst mich gegen die helle Fensterfront, ich dich gegen die dunkle Bücherwand sitzen. Ich verbinde mit diesem Raum ganz andere Bilder und Erinnerungen, vor allem viel genauere, als du, der du ihn zweimal gesehen hast. Wir dürften also ganz wesentliche Verschiedenheiten schon bei diesem einfachen Gegenstande zwischen uns antreffen; der Erlebniswert dieses Raumes, mein Junge, ist für jeden von uns ein ganz anderer – hier –,« er klopfte leicht mit der flachen Hand auf das neben ihm liegende Buch, »– ja, Anton – Wirklichkeit – um ein tolles Beispiel zu wählen : war für Europa, die alte Welt, vor dem Jahre 1492 Amerika wirklich da ? – nun, wir können davon später noch einmal ausführlicher sprechen – also zurück ! –« er sah in die feinen graublau schwebenden Rauchtafeln und schönen narkotischen Nebel, die langsam im Raume sich bogen und stiegen wie Weltraumnebel – ein Gedanke spielte vorbei : die Welt nur das Gebilde eines Rauches : duftender Tand – da begann er wieder : »ich benutze es ungern als Argument gegen einen Jüngeren, daß er eben ‹zu jung› ist – es erfolgt ganz natürlich bei jedem Betroffenen sofort eine Versteifung, ist bei mir auch stets eingetreten – aber ich will dir erklären, wieso es hier wichtig ist, daß man die Argumente zu junger Menschen ablehnt. – Höre, Anton : Du mußt ein Leben lang Krieg und sein unsagbares Elend sowie seine Torheiten, dann Krankheit, Elend, die Furchtbarkeit der Trennung und Vergänglichkeit, und vieles, vieles Andere erlebt haben, bis du eingesehen hast, daß das Leben düstergrau, schrecklich, kalt und blind wie Eisen, oft von teuflischer Grausamkeit und vor allem durch und durch enigmatisch und dämonisch ist : siehst du, *das* meine ich, wenn ich dir jetzt sage, daß du dies – wie alt bist du ? 23 Jahre ! – ja, also, daß du dies noch gar nicht erlebt haben kannst. Du siehst das Leben noch ganz anders, du glaubst noch, daß es reinem Willen, ehrlicher Begeisterung und unermüdlichem Schwung gelingen könnte, die Welt umzuwandeln – halt – noch denkst du gar nicht an ‹wandeln›, noch weißt du ja gar nicht, in welcher Pfütze die Infusorien tanzen. Das bedeutet nun gar nicht einen Verzicht auf Ideale; nein, mein Junge : man lernt nur, die ‹Wirklichkeiten› reinlich zu trennen, und wie hinter diesem groben schmutzigen Vorhang, den der Pöbel eben Welt, Leben, Wirklichkeit, zu nennen pflegt, neue und seltsame Welten auftauchen. – Das ist ja zum Beispiel das ewige Thema der Insel Felsenburg. – Ei, der Tausend !«, er unterbrach sich und horchte dem langsamen Silberklingen der Uhr, »Es ist ja schon 10 – nebenbei : wir essen jeder allein auf unseren Zimmern – ja – den Nachmittag gebe ich dir frei; du kannst dir die Stadt ausgiebig ansehen. Nur : am Abend sehen wir uns in der »güldenen Gabel«, wo wir, d. h. ein paar ältere Herren, uns alle 14 Tage einmal treffen. – Nebenbei wirst du deine Freunde, zumindest Löwenstein und Gravenberg ebenfalls dort finden – ja, mein Junge : über die Alchemie sprechen wir noch öfter.«, er nickte mir freundlich zu, ging zum Bücherregal und ich sprang zur Haushälterin hinab, mir rasch mein Essen zu holen.

3.)

»Also – das ist das Rathaus –« sagte Athanasius von Löwenstern abschließend, und ich legte noch einmal den Kopf in den Nacken und sah an der Fassade mit den prächtigen alten Wasserspeiern an den Gesimsen empor; Löwen mit gar grimmig aufgerissenen Mäulchen, dicke grünkupferne Frösche, schuppige gekrümmte Fische und Tritonen mit ihren Hörnern. Am meisten zog mich die schlanke Gestalt einer Frau in weitem tieffaltigem Mantel an, die auf einem blättrigen Schilfbündel saß und nachdenklich auf eine umgestürzte Urne zu ihren Füßen herabsah; die Hände hatte sie wie frierend in die weiten Ärmel geschoben. Den grünen murmelnden Urnenmund umliefen feine Linien, perlende Ranken und Wasserrosenblätter, zwischen die ein dünnes Spruchband geschlungen war. »Was siehst du denn noch,« fragte Athanasius neugierig, »ach, das Stadtwappen – nun, ja, es ist eben ein Greif,« er rieb sich erfreut die Hände, während wir weiterschritten, »weißt du, Anton,« sagte er behaglich, »es ist prächtig, daß du hier bist. Das Städtchen ist doch nun einmal klein – ja, und das hier ist die neue Kirche, von Balthasar Moosbacher im vorigen Jahrhundert erbaut, – den Pfarrer wirst du ja dann heute Abend kennen lernen – dein Onkel hat dir noch nicht von ihm erzählt? Glaubs gern; sie stehen nicht zum Besten –«. Ich blieb vor dem großen Tuchgeschäft auf dem Markt stehen und faßte Athanasius am Ärmel : »ja, höre einmal,« bat ich ihn, »wer kommt denn da Alles heute Abend, und wie muß man sich benehmen – mein Onkel erwähnte nur, daß Gravenberg –«. »Beide Gravenbergs« verbesserte mich der Freund, »ja, Pablo kommt auch, dann der alte Öhlmann, der Instrumentenmacher Brinkmann, dein Onkel, mein Vater, der Pfarrer – wie ich schon sagte, Hoch-Merkwürden Hergesell, – ja, und zuweilen Wendler, der Schneidermeister –«, er wies beiläufig mit der Hand in alle möglichen Richtungen, »und benehmen – ach, weißt du : wir schenken den alten Herren ein – das haben sie so eingerichtet, damit sie ganz unter sich sind – siehst du, Klaudius, der Wirt, ist auch noch dabei – ja, und dann unterhalten sie sich über alle möglichen und unmöglichen Dinge, manchmal ungeheuer interessant, nur sind es so ganz verschiedene Charaktere – und wir drei, das heißt nun : wir vier, wir haben unser eigenes Tischchen, sitzen auch da, und trinken unser Weinchen, schmauchen auch wohl eine Zigarre – es ist recht anregend – und unterhalten uns über unsere Fragen – da drüben, das ist der Wundarzt Pacher, er hat einen prächtigen Garten bei seinem Landgut vor der Stadt –« und wir zogen höflich die Hüte vor dem hageren, daherstolzierenden Manne; dann sah Athanasius nach der Uhr : »so, wir könnten eigentlich Pablo abholen,« meinte er erwägend; »Das Wetter ist herrlich, da setzen wir uns noch ein Stündchen vor die Wache auf den alten Wall – ja, nicht wahr ?« und wir schlenderten langsam die geschäftige Marktseite entlang, durch die Gartenstraße und an den kleinen Häuserchen des ‹Grabens› vorbei, wo ein flinkes blankes Wässerchen durch wenige ängstliche Grashälmchen auf die Stadtmühle zulief. Plötzlich stieß mich Athanasius an, »da drüben –« raunte er, »Philipp und seine Schwester – komm mit hin –« und er zog mich rasch zu Gravenberg hinüber, der mit einer hochgewachsenen jungen Dame vor einem Juweliergeschäft stand, und uns schon entgegenwinkte. Athanasius zog sich rasch die apfelgrüne Samtweste glatt und

legte sein rundes Gesicht in schwärmerische Falten während er sich tief
verneigte, »Meine Verehrung –«, sprach er entzückt, »darf ich Made-
moiselle mit dero neuestem Anbeter bekannt machen – mein Freund
Anton Däubler – Berenice Gravenberg, – ich brauche nichts weiter zu
sagen!« Ich verneigte mich tief, fühlte eine lange kräftige Hand in der
meinen, und sah, mich aufrichtend in ein hübsches herausforderndes
Gesicht mit fast männlich energischem Kinn und weit auseinanderge-
rückten Augen; dann reichte mir auch Philipp die feine drucklose Rechte,
und wir tauschten ein paar gleichgültige Worte, während Athanasius sich
unter zierlichen Reden des Sonnenschirms der jungen Dame bemächti-
gen wollte, aber sie schlug ihn ohne weiteres mit dem zierlichen umfältel-
ten Stäbchen auf die Finger : »Sie sollten lieber den Gauß studieren, Herr,«
sagte sie gewandt, »Ich wette, Sie können mir noch nicht das kleinste
sphärische Poldreieck berechnen –« »Nicht ich, schöne Dame!« erwiderte er leicht gekränkt, »– hier, Freund Däubler, ist ein großer Mathematiker, wenn er will –« und sie wandte sich neugierig mir zu, »Sie sind
Mathematiker?« sagte sie angeregt und sah mich ungeniert an, »ach ja,
richtig – Philipp hat mir einmal erzählt von den Teilbarkeitsgesetzen und
daß Sie der Rechenkünstler sind – Sie müssen uns einmal besuchen;« entschied sie, »Sie sind doch mit Philipp befreundet – und das Observatorium müssen Sie sich auch ansehen. Wir haben ein neues Passageninstru-
ment aufgestellt, und Philipp schleift gerade ein Heliometerobjektiv – ja?
Sie kommen doch einmal? – Und ihr geht alle drei, und leßt eure Dame
schutzlos allein –,« schloß sie anklagend und kokett und musterte uns
überlegen, aber Philipp entgegnete trocken, »Bei uns kannst du kein Mitleid erwecken, Nice; eine Mathematikerin entführt niemand, du bist im
Schutze der Trigonometrie sicherer als zwischen 100 Geharnischten –
Kommt nur –«. »Ihr seid ein freches Volk,« rief sie lachend, zog den weiten rauschenden Rock enger um die schlanke Gestalt und schlüpfte in den
Laden. »Brinkmann handelt nicht nur mit Ringen und Uhren; er macht
auch die vergnüglichsten Instrumente, teilt Maßkreise und fertigt ausgezeichnete Mikrometer, weißt du« erläuterte Philipp, während wir langsam zum alten Wall, wo das Lokal der Stadtwache stand, emporstiegen.
»Und dein Fräulein Schwester hat wirklich diese – für ein Frauenzimmer
doch recht raren – mathematischen Neigungen?« fragte ich ungläubig,
aber er nickte melancholisch und gleichmütig : »Ja, ja, Anton,« sagte er
abschließend, »sie hat ganz erträgliche Kenntnisse und will so eine zweite
Emilia oder Caroline Herschel werden – ich sehe sie eben mit dem Auge
des Bruders, nicht wie Athanasius, der es für seine Pflicht hält, sich in jedes
junge Mädchen zu verlieben – na, schon zuviel davon – Kommt nur!«,

und er schob uns vor sich her, in die Wache hinein, wo ein großer Mensch mit einem wahrhaft phantastischen Schnauzbart eifrig an ein paar Lacklederriemen bohnerte. »Nun, Leberecht,« fragte Athanasius, »schon wieder beim Putzen – ?« »Mit den Jahren gewöhnt man sich daran, Herr von Löwenstern,« erwiderte der Soldat in rollendem Baß, »früher ging mir's zu Herzen, daß ich so nichtswürdig die Zeit totschlagen und noch dazu die Zielscheibe für die schlechte Laune der Vorgesetzten abgeben mußte – aber wer so lange wie ich hinter dem Kalbfell hergelaufen ist – die Herren Korporäle und Leutnants können wohl eher jetzt ein Standbild kränken als mich. Schlagen dürfen sie uns nicht mehr, und Worte – oh mein, da wüßte ich wohl noch ganz andere. Und es gibt ja auch gar gute Herren« setzte er mit gerührtem Grollen hinzu; er fuhr militärisch auf und nahm den ihm von Philipp dargebotenen Zigarr, »der Herr Korporal sitzt drinnen und macht ein Gesicht so lang wie mein Arm – Ich durfte ihn schon in der Frühe heut nicht mit Öhlmann anreden,« flüsterte er dröhnend. Darauf ergriff er wieder Bürste und Schuhwichse und polierte gemächlich die hohen Stulpenstiefel in der Ecke neben ihm.

Wir schritten durch die Tür und fanden den Freund murmelnd am Tisch sitzen; der hohe Federhut lag achtlos am Boden, und den mächtigen Schleppsäbel hatte er in den rohen Papierkorb gestellt. Er sah uns mit leeren Augen an, und murmelte abwesend »Ulme – Ulme –«, dann sprang er erkennend auf und reichte uns zerstreut die Hand, »Nun, Pablo –« fragte Athanasius besorgt, »Wo bist du denn gerade – hast du schon die Szene im Dorf unterhalb des Burgbergs –« »Bin gerade dabei –« zischte der ihm hastig Zunickende zwischen den Zähnen, »– dort steht – Teufel auch ! – dort steht die mächt'ge Ulme – ja, guten Tag, Philipp – ach, guten Tag, Anton –« sprach er erschöpft, »denkt Euch nur – der Satan hat mir eingegeben – ein 1. Gesang, du erinnerst dich, Philipp, – das Ulmengehölz zu erwähnen, und es ist ja auch wohl ein gar poetisch Wort –« er neigte den Kopf und flüsterte wohlgefällig ein paarmal den Namen, »nun denkt Euch – seit 3 Stunden steht's hier – sie verabreden den Ort des Stelldicheins, Friederune und Sigo, –

dort steht die mächt'ge Ulme –

oder rauscht – ich habe schon Leberecht beauftragt –« murmelte er, »– ach – Leberecht ! – Leberecht ! –« »Herr Korporal !« dröhnte es von draußen und in der Türspalte erschien das große Gesicht des Wachpostens, aus dessen Nasenlöchern noch feiner Rauch strömte – augenscheinlich hatte er gerade die Zigarre entzündet – »Leberecht – was wollte ich denn – ach so,« rief der Dichter hastig – »hast du schon über die Ulme nachgedacht – ?« Das Gesicht in der Tür nahm einen ungemein tiefsinnigen Ausdruck an – »ja, Ulme; – natürlich, Herr Korporal –« murmelte es mächtig, »Ulme – ein – hm – poetisch Wort, und dumpf dazu –« Die Mundwinkel sanken nachdenklich herab, »– Leberecht – !« rief Pablo in edlem Zorn »– Leberecht – du verläßt nicht eher die Wache, bis du nicht etwas Einschlägiges gefunden hast – hinaus –« der Kopf verschwand nicht allzu schnell aus dem Türspalt, und der Dichter stieß unwillig das Buch beiseite – »es will mir heute nichts gelingen –« sprach er wehmütig, »– Genius – Funke – verläßt du mich auf's Neue ? – Aber kommt hinaus, « fuhr er gefaßter fort, »wir setzen uns wohl noch das Stündchen bis zur Ablösung der Wache an die Mauer;« er ging rasch voran und wir traten auf einen kleinen freien mit Efeu umwachsenen Platz in der mächtigen Mauer, so daß ich überrascht um mich sah.

Es war aber auch ein zu lieblicher Ort; weit unten im Tale rauschte der abendliche Strom wie lauter Gold und Feuer, die Häuserchen der Vorstadt standen unter dem klaren veilchenblassen Himmel und die Schwalben schossen flirrend hin und her. Den Fluß entlang zog sich die Landstraße auf der einen Seite, Wägelchen rollten, durch die Ferne schon kaum erkennbar klein, durch die nächsten Dörfchen, während das andere Ufer bebüscht und mit weiten schon abendkühlen Wiesen dalag. Kleine rauschende Gehölze kränzten die sanften verinselten Anhöhen, silberfädige Rinnsale rannen lieblich brausend durch wogende Gräser und die schönen Wolken zogen rasch über die weite Landschaft dahin.

Pablo lehnte mit effektvoll gekreuzten Armen an der Brüstung und sah betrübt hinunter auf den breiten grünlich ziehenden Fluß, auf dem eben ein Kahn rasch und geschickt von einem langen Mann in hechtgrünem Anzuge dahingetrieben wurde; drüben, bei ein paar silbergrauen Weiden machte er den Nachen fest, stieg behende aus, und verschwand hinter den rieselnden Büschen.

»Herr Korporal – achum« räusperte es sich, diskret, und Leberecht steckte den Kopf um die Mauerecke, »Herr Korporal – die Ablösung von weitem – – Ulme, Ulme«, murmelte er grüblerisch und mit so eindrucksvollem Tiefsinn, daß Olearius uns stolz und zufrieden zunickte und flüsterte : »Kein flacher Kopf, das – ich trage ihm oft meine Werke vor und befrage so die Volkesstimme – bitte, geht nur schon immer voran, ich will nur rasch übergeben, komm gleich nach –« wir sprangen hastig hinaus, durch das Seitentürchen in der Mauer und standen nach wenigen Schritten wieder in der muntren Straße, wo bereits die geputzten Bürgermädchen auf und ab promenierten.

Es dunkelte langsam über den Plätzen und Gassen, und dort hinten lief schon Pablo, jetzt in einfacher bürgerlicher Tracht wie wir, heran und faßte Philipp unter den Arm, »ach, –« sagte er befriedigt, »jetzt ist man doch wieder ein nützlicher Mensch – ich glaube übrigens, wir müssen uns beeilen : die alten Herren sind nicht von den Geduldigsten !« und wir liefen hastig durch die Rosengasse, kreuzten die Kastenmacherreihe, und blieben endlich aufatmend auf dem weiten Markte vor der »güldenen Gabel« stehen. Ambrosius setzte den Hut zierlicher und schräger, strich sich sein Röcklein glatt und trat durch den zu ebener Erde liegenden Eingang in die geräumige Wirtsstube; wir folgten.

4.)

»Das ist Wortklauberei, « entschied Onkel Nikolaus kaltblütig und, wie mir schien, mit der genießerischen Ruhe des Ketzers, der weiß, daß kein Scheiterhaufen die Argumente der Frommen mehr unterstützt, »ja, ich stehe nicht an, es fast Leeres Geschwätz zu nennen – wo ist denn da ein Unterschied ? Ich sehe keinen Grund, das Christentum nicht eiskalt mit jeder anderen Religion zu vergleichen. Wenn es dabei nicht zum Besten wegkommt : ist das denn die Schuld des Beschauers ? – Übrigens steht das ja auch gar nicht zur Diskussion; ich bleibe nur bei meiner Behauptung, daß es ebenso ein Polytheismus ist, wenn auch ein verschämter und arg nach Dienstgraden gestaffelter. « Der hagere Pfarrer Hergesell flog am ganzen Leibe vor Erregung, als er beschwörend hinüberrief : »Aber zum Letztenmale : die Engel – ach, Gott, der Name sagt es ja schon : angelos, Bote –« er stieß erschöpft die Luft aus und sank wieder auf den schweren Sessel, griff auch völlig verwirrt nach dem hohen Glase und trank die duftende Flüssigkeit wie gegen den Durst hinunter. »Ach was –« fuhr mein Onkel gleichmütig fort : »diese Behauptung wird durch ihre zweimalige Wiederholung nicht überzeugender; meine Herren : ich stelle noch einmal zusammen : also einmal haben diese Christen einen Gott Namens Vater; dann kommt ein sogenannter »Heiliger Geist« und dann der Nazarener selbst, sind drei. Wie sie selbst das Zusammengestückelte fühlen, beweist ja schon die Mühe, die sie darauf verwenden, aus diesen eine »Dreieinigkeit« zu konstruieren : nur ein *Wort*, weiter nichts ! ! Sie denken, weil sich das aussprechen läßt, muß es auch so etwas geben ! Dann weiter : die Mutter Maria – bleiben Sie ruhig sitzen, Hergesell, ich gebe ja zu, daß die nur bei den Katholiken verehrt wird, – dann die 500 oder so etwa »Heiligen« also Halbgötter mit wundertätiger Kraft – bei den Evangelischen ganze Züge von »Boten« mit der magischen Fähigkeit der

Raum- und Zeitüberwindung, besondere Klassen von »Schutzengeln« darunter, mit Sonderkräften, Teufel gibt es auch noch – also, ebenso, wie vorhin im Islam : jede Religion ist ein mehr oder minder verstümmelter Polytheismus.« Er sah sich mit erhobenen Augenbrauen im Kreise um, und fast alle nickten nachdenklich Beifall, auch Klaudius, der dicke Wirt, der mir als Neuling vorhin die große Anekdote von St. James Palace erzählt hatte, und von dem ich immer noch nicht entscheiden konnte, ob er schwerhörig sei oder nicht. Eben wieder hätte ich darauf schwören mögen, denn als das kleine graue Männchen hinten in der Ecke sich erhob und grell »zahlen !« rief, bewegte er nicht einmal den Kopf und der halb offene Mund mit der dicken Zunge darin blieb unverändert geöffnet stehen. »Zahlen« schrie der Kleine noch einmal schrill, und setzte, verächtlich zum Onkel hinüberblickend grämlich hinzu : »bin nicht hergekommen, um mich mit jahrhundertealten Plattheiten langweilen zu lassen – überlasse die Herren ihrem eigenen Scharfsinn – Nein, Brinkmann : soviel Gescheitheit auf einmal ertrage ich nicht, muß sogleich die Einsamkeit aufsuchen und den Tiefsinn zu verarbeiten trachten – hehehe –« er lachte höhnisch und herausfordernd auf, setzte sich jedoch wieder, als der ruhige Instrumentenmacher ihn weiter begütigend am kleinen Röcklein zupfte, und starrte erwartungsvoll Onkel Nikolaus an, der gelassen den Rauch nach oben um die Lampe blies und erwiderte : »Meine Rede geschah mehr der Jungen wegen, die erst noch recht fest im Unglauben werden sollen, – wenn Sie einen so weiten Zweck fassen, Wendler – *Ihnen* etwas anziehendes Neues zu bieten hätte ich schon über alte Trachten und Miniaturen noch Einiges gewußt –« er atmete tief ein und nickte ruhig, »– so über einige Festivitäten – auf Burg Ringstetten – in den Wäldern von Brêsiljâne soll ja auch noch viel Unbekannt sein –« »Brêsiljâne – das ist doch aus Hartmann von Aue – Iwein – aha, das meint er« – flüsterte neben mir Pablo, aber ich konnte ihm kaum hastig bestätigend zunicken; denn ich mochte keinen Blick von den Gegnern lassen, zumal das Gesicht des Kleinen ein[en] höchst raren Ausdruck annahm, »ach nein – auch schon : Brêsiljâne –« schnarrte er verächtlich und verdrehte mitleidig die großen fast gelben grellen Eulenaugen, »– erst mal den Weg –« Der Rest verklang in einem unverständlichen halb belustigten halb entrüsteten Murmeln, während er lässig das schmale Kinn mit den langen dürren Fingern strich; und brummend ein derbes Schlücklein nahm. »Wendler« versetzte Onkel Nikolaus mit großer Ruhe indem er prüfend den kugligen Kelch gegen das Licht hielt, »machen Sie sich doch über Wege und dergleichen keine Sorgen – ich nehme eben überall hin auch das wissenschaftliche Rüstzeug mit und bin noch immer recht gut dabei gefahren

– andere freilich achten mehr auf Stoffe – und wenn es gelbe mit roten Tupfen sind –« sprach er sorgfältig über den langen Tisch hin. »Ich kann's nicht fassen« bemerkte der Wirt abfällig und erhob sich schwer, um hinter dem Schanktisch sich neue Rauchware zu holen, aber unten war schon der Kleine aufgesprungen und stützte zappelnd beide Händchen auf die Tischplatte, »– gelben Stoff – also: gelben Stoff –« keuchte er bissig – »mit roten Tupfen« flocht der Onkel behaglich nickend ein, und das Männlein sprang schier zwei Fuß hoch in die Luft, »gewiß« schrie er giftig, »fein rötlich – so wie – wie altes gefärbtes Pergament, auf welches man schicklich einen Homertext schreiben könnte – einen alten, wesentlich älter als den aus der Ambrosiana – das, das – wo ist mein Hut,« er zappelte sich blitzschnell aus den beruhigenden Händen Brinkmanns, schoß an dem schweigend trinkenden Bürgermeister Löwenstern vorbei und lief blitzschnell um den Onkel zur Tür hinaus: Jetzt war auch dieser aufgesprungen und starrte dem Verärgerten nach, strich sich kurz über die Stirn, setzte sich jedoch wieder und begann aufs Neue den Wettstreit mit dem Pfarrherrn. Ich fragte, aufs höchste interessiert, den nachdenklich kritzelnden Philipp: »Das war also Wendler, der Schneider?«; »Antun Wendler« bestätigte er resigniert: »so geht es oft – die beiden harmonieren fast nie, und der nervöse Kleine – es ist aber auch ein zu seltsamer Mensch –« fuhr er kopfschüttelnd fort, und Pablo nickte gewichtig, »er wohnt nun ganz allein drüben in seinem Haus – allerdings will man zuweilen ein Mädchen gesehen haben. – Kundschaft hat er fast gar keine; es ist eine Gunst, wenn er einem alle Jubeljahre einmal ein Westchen macht. Andererseits halten oft mächtige Planwagen, zumal Nachts, vor seinem Hause, und man sieht viele Ballen des köstlichen Zeuges abladen; ich selbst habe einmal, gleich nach Mitternacht einen solchen Fuhrmann tiefsinnig befragt: er hielt als Lampe einen Zinnbecher voll Öl in dem etwas brennendes Moos schwamm, in der Faust und quäkte mir höhnisch etwas von ‹Sternsplitter nur, lieber Herr› vor, als ich neugierig auf den unsäglichen Glanz hinwies – ich hatte aber auch 5 Gläser Burgunder getrunken,« fügte er entschuldigend und erklärend hinzu; dann winkte der Onkel und ich mußte wieder springen und die Gläser neu füllen, auch das des Pfarrers, dessen erregtes Zittern mehr in ein ruhiges obgleich unsicheres Pendeln übergegangen war, und der Bürgermeister kniff listig ein Auge zu, als er den noch immer Disputierenden betrachtete.

Als ich wieder zurückkam, hörte ich gerade, wie Athanasius entrüstet erzählte, vor etwa einem halben Jahre habe auch er auf einem nächtlichen Heimwege unten im Schaufensterkasten des Wendlerschen Hauses ein reiches lebhaftes Licht erblickt und, näher tretend, eine gar sorgfältig aufgebaute südliche, ja arabische Landschaft gesehen, recht zierlich und bunt. Absonderlich nur habe es ihn bedünken wollen, daß die Wolken täuschend natürlich an den fernen Bergen entlang zogen und die Bäche murmelnd von dannen rauschten. Drei Herren in reicher mohrischer Tracht hätten in verschiedenen Stellungen an einem springenden Brunnen gelehnt, auch sei einmal ein gar schöner silberner Regen gefallen über zitternde Teiche und das glänzende Gras, dann habe die Sonne aber wieder ungemein golden und heiß geschienen. Auf einmal hätten die drei Winzigen angefangen, sich selbstbewußt und tüchtig zu bewegen, und der Mittlere habe mit gar feinem Stimmchen doch recht vernehmlich gerufen : »Du ! Guck mal das dumme Gesicht !« – dazu habe das Meer recht anmutig geschäumt und auf's Trefflichste gebrandet, während sich die plaudernden Herren unter weiteren freimütigen, ja, wohl despektierlich zu nennenden Äußerungen mitten durch den lieblich säuselnden Palmenhain entfernt hätten, bis sie endlich in den tiefen lichtgrün leuchtenden Windungen und schattierenden Wölbungen der rot und glühend blühenden Büsche und seltsam gewundenen Kakteen verschwunden seien. Und habe ihm nicht der fatale Unkel dabei recht gellend und widerlich mitten ins Gesicht gelacht ? »Unkel – das ist der Nachtwächter,« fügte Pablo erläuternd hinzu, und Athanasius nickte, noch immer in der Erinnerung sich entrüstend, »ja,« sagte er, »er stand schon längere Zeit neben mir, ohne daß ich ihn gesehen hatte – so was.«

Als er so weit in seiner Erzählung gekommen war, stieß Philipp uns phlegmatisch, wie er sich oft mit großer Selbstbeherrschung gab, dabei jedoch sehr feinnervig und nervös war, an und deutete wortlos auf den Tisch der Alten, der, ohne daß ich im Zuhören darauf geachtet hatte, schon in Auflösung begriffen war. Meinen Onkel konnte ich bereits nicht mehr erblicken, Brinkmann half ruhig dem Bürgermeister die hohen Stühle zurechtrücken, nur Hergesell, der Gottesmann, lehnte noch wie betäubt in seiner Bankecke.

»Was machen wir denn mit dem – lassen wir ihn hier,« fragte ich, während wir Gläser und Weinkannen beiseite trugen, aber der dicke Klaudius, der unbeweglich die Ellenbogen auf den Schanktisch gestützt hatte, winkte nur lässig ab; »ja – wenn ihm aber nun etwas passiert –« meinte ich erstaunt; der Dicke sah ausdruckslos durch mich hindurch, und entgegnete gleichmütig »–ich fass' es nicht«, wobei er aber gar schlau zu schmunzeln begann, so daß ich nun völlig überzeugt war, daß er besser als wir Alle hörte; auch zupfte mich schon Pablo am Arm, und so traten wir hinaus vor die Tür.

Der Mond stand ganz dünn und kaum leuchtend hoch über dem

Platze; längst waren alle Laternen verloschen und die hellen Giebelfronten des Marktes standen, mit vielen blanken Sternen gerändert einsam und lauschend in der lieblichen Dunkelheit. Pablo reichte uns hastig die Hand, »ci biat ischtinem –« sagte er bestürzt, »das ist zu spät – also : Wiedersehen –!«, damit lief er schon rasch, immer in den warmen Schatten entlang, dicht am Brunnen vorbei, und verschwand geschmeidig in Richtung der alten Schanze; auch Athanasius, der eben wie beiläufig eine langhalsige Flasche aus der Rocktasche zog und sie prüfend gegen den Hundsstern hielt, daß er rötlich hindurchfunkeln möge, winkte uns vornehm und leicht berauscht zu, »Geht nur, ihr Lieben –« sprach er feierlich, »– was mich anbelangt, so werde ich mir die große Lupe zur Hand nehmen und Riepenhausens Stichel ein wenig bewundernd folgen, – ha !« fuhr er, schon an der Ecke, gebieterisch fort : »und auch du, o Mond, sollst mir durch dieses – durch dieses – wie heißen denn die großen flüssigkeit-gefüllten Objektive – aber, Philipp, wie heißen sie denn – oder Berenice – ah, englische Berenice –,« und noch während er schon unseren Augen entschwand, murmelte er Vieles und Wunderliches vor sich hin.

So blieben wir, Philipp und ich, denn allein vor der »güldenen Gabel« stehen; eben schloß der merkwürdige Klaudius geräuschvoll die Tür ab, drückte mehrmals prüfend die Klinke und bald erklang sein schlürfender mächtiger Schritt in den schlafenden Räumen. »Ja,« sagte Philipp zögernd, »kommst du noch ein Stückchen mit ? – oder –« er verstummte, und sah plötzlich mit gefalteter Stirn nach der rechten Marktecke hinüber, wo ich, als ich seinem Blick sogleich folgte, ein recht lebhaftes, scheinbar buntes Licht bemerkte. »Was ist denn das ?« fragte ich neugierig, und ging schnell neben Philipp her, auf das hohe alte Haus zu, welches wohl einer noch weit früheren Zeit als die barocken Muschelgiebel ringsumher entstammte. Unten, zu ebener Erde, vor einer mäßig großen Auslage, aus deren kristallklarer, aus einem Stück gegossener Scheibe, das prächtige Leuchten hervordrang, ohne daß man sogleich die Quelle des schönen Lichts hätte nennen können.

»Ach, – Philipp –«, rief ich erstaunt und erfreut aus, »– sieh doch –«, und schaute entzückt in die helle Landschaft hinein, wie da an einer großen sorgfältig gebauten chinesischen Stadtmauer eine breite Straße entlang führte; mehrere beladene Wägelchen standen darauf, Fußgänger schienen in artigen Grüppchen beisammen zu stehen, und in den Gärten, aus denen sich zierliche Rohrlauben erhoben, ergingen sich die anmutigsten Gärtnerinnen und Winzer. »– Neueste Herrenkleidung, so vor wenigen Stunden im Süden der Provinz Si-nan erfunden worden –« buchstabierte ich von einem winzigen Schildchen, in der rechten vorderen Ecke, und sah verdutzt den Freund an, der resigniert die Achseln zuckte und ebenfalls dicht an die Scheibe herantrat. Besonders fielen mir drei Herren, die uns allerdings im Augenblick den Rücken kehrten, auf; denn sie waren ungemein prächtig gekleidet und standen bedeutend allein; sie trugen weite hellgelb-fließende Mäntel mit lichtblauen Schärpen[,] und am Hut, den aber 2 in der Hand trugen, baumelte rund um den breiten Rand herum eine große Anzahl sehr sauber gearbeiteter blinkender Glöckchen. Während ich noch weiter die fremdartige Tracht studierte, faßte mich auf einmal Philipp hart am Arm, »– du – also, das ist doch – sieh doch einmal dahinten die Wolke –« und wirklich war es mir, als ich der angegebenen Richtung folgte, als schwebe die dicke Weiße langsam, wie Wolken pflegen, über den fernher blinkenden Fluß davon; »– das ist echt Wendler –« sagte Philipp mißtrauisch –, »oh – Verzeihung –« er wich ein wenig zur Seite vor einem großen Manne mit breitem schönkrempigem Schattenhut, der schier geräuschlos neben uns aufgetaucht war, und jetzt genießerisch und wie ein Kenner lächelnd die reiche Auslage betrachtete; dabei stützte er sich leicht auf seinen hohen Stab, der oben mit einem rauchdunklen Knauf verziert war, nur daß sich ein ganz dünner silberner Sichelstreif um die neblige Kugel zu ziehen schien. »Vortrefflich, wie – ?« murmelte er nickend, während er jede Einzelheit des Guckkastens behaglich prüfte, »ja – ganz ausgezeichnet – oder – hm« sein großes Gesicht nahm plötzlich einen bedenklichen Ausdruck an, und er wandte sich betroffen an Philipp – »ja, aber finden Sie nicht auch – das ist doch höchst merkwürdig – könnte der linke Schuh nicht eine Idee stärker gebogen – ich muß doch nachher gleich einmal nachsehen –« murmelte er besorgt und rückte nachdenklich an dem breiten Lederbande über seiner Brust, an welchem ich erst jetzt das leichte aber ungewöhnlich große Silberhorn bemerkte. Dann spähte er ausführlich in die Sterne hinauf, wobei er allerdings einmal, leicht zusammenzuckend, gähnte, »– ja,« murmelte er nachdenklich, »vielleicht morgen früh – das könnte gehen – ach, – – sehen Sie doch !« rief er lebhaft und wohlgefällig in die glitzernde Sommernacht hinauf, wo eben ein gar schöner Meteorfunken an dem zartwächsernen Mond dahinschwebte und lautlos wieder unter der wirren Silberkette des Siebengestirnes verschwand. »– Ich habe eine Schwäche für Sternschnuppen,« bekannte er vertraulich im Weitergehen zu Philipp, »denken Sie doch – entzückend, errötend, schüchtern mit fliegendem Goldhaar durch den Raum zu irren – wie Mädchen – man ist doch eben zu langsam – ach, lassen Sie nur – keinen Trost,« wehrte er, seltsamerweise schon wieder gähnend, den entrüsteten Philipp milde ab, »– wünsche noch rechte Abenteuer –«, damit schritt er langsam aber weit ausgreifend vor uns her, während Gravenberg mich hastig am Ärmel zurückhielt, so daß unser Abstand bald wohl an die 20 Schritte betrug. »Ist das der Nachtwächter ?«, fragte ich flüsternd den Freund, und er nickte scharf; »Ja,« sagte er, »das ist Daniel Unkel – und ich muß dir sagen, daß auch er mir recht fatal ist – ich liebe diese Art von Originalen nicht; auch nicht Wendler, nein, wie du wohl schon vorhin beim Klaudius bemerkt hast – das ist auch so einer –« er verstummte hastig und preßte den feinen Rednermund streng und grübelnd zusammen. »Gewiß, ich kann noch nicht recht urteilen,« erwiderte ich nachdenklich, »aber bist du deiner Sache so völlig sicher, Philipp – ha, nebenbei : was hältst du denn eigentlich von meinem Onkel –« und ich sah ihn erwartungsvoll an, aber er lachte nur ingrimmig auf und rief ein paarmal »Schlange, Schlange ! – Du bist ungewöhnlich klug Tonelli, und rührst sofort an die Grundlagen. – Siehst du,« fuhr er kalt fort, »für mich gibt es eben nur eine Welt, die des Naturgesetzes; ich gebe es zu, wenn wir Wissenschaftler etwas noch nicht entscheiden können, – also absolute Ehrlichkeit – aber ich lehne alles Geschwärme von noch so reizend herausgeputztem Aberglauben oder Feereien aller Art ab. Wir haben nun einmal mehr als genug zu tun, die natürlichen Dinge zu sichten, zu untersuchen und auch zu verwalten, als daß wir uns mit Fabeln abzugeben die Zeit hätten.«

»Ja, ja, schon recht,« erwiderte ich, absichtlich hochfahrend, um ihn zu rechter Offenheit zu reizen; denn ich fühlte, obwohl ich doch in früheren Jahren einverstanden mit solchen Gedankengängen gewesen war, wie sich irgend etwas in mir geändert hatte – oder nein, wie ich wieder ich selbst geworden war, und wie meine höchste Lust doch durch Phantastika aller Art erweckt wurde. »Und – was hältst Du von meinem Onkel,« tat ich ungeduldig; aber er hatte meine verletzende Eile gar nicht bemerkt, »Ja, dein Onkel –« murmelte er nachdenklich, aber mir fiel etwas ein, »– also, Philipp,« fragte ich, [»]demnach ist Dir auch Keyler unsympathisch ?« Er nickte leise : »Er muß es sein,« sagte er ernsthaft, »ich kann und will es nicht verstehen, daß man wissenschaftliche Wahrheiten auch auf einem anderen als dem exakten Wege finden kann; und das, was ihr poetisch und schön nennt, sind nichts als funkelnde Lügen – Weltflucht auch –«.

Er verstummte und hielt mich am Ärmel zurück; vor uns war der Nachtwächter immer langsamer geworden, und sein Schritt immer leiser; »ach – müde, müde,« hörten wir ihn schläfrig und träumend murmeln, während sein Stab gar wunderlich tappend das Pflaster betupfte. Gleichzeitig bog er langsam vom Wege ab, quer über die Straße auf ein weites wallendes Kornfeld zu, in welchem er bald zwischen den Tausen-

den silbern körniger Ähren verschwand. Ein altes schlohweißes Bäuer-
lein, welches so spät noch mit einem klappernden Handwägelchen vom
Felde kommen mochte, sah dankbar und nickend der dünnen ziehenden
Sichel nach.

»Das will nun ein Städtischer Beamter sein,« bemerkte Philipp
empört und stieß zur Rechten ein Gittertor einer hohen buschigen Hecke
auf, »– kommst du noch ein bißchen mit hinein ? – Vater hat gerade die
Kuppel offen; bin gespannt, ob er wieder die Jagdhunde vorhat – was
ist denn –« er unterbrach sich und griff vor sich ins Dunkel, »ach so –
Nice –,« und aus dem weichen warmen Abendgrase erhob sich lässig die
hohe schlanke Gestalt seiner Schwester – »nun, ihr Tagediebe ? Wo
kommt ihr wieder her ?,« fragte sie spöttisch und gab mir die feste sinn-
liche Hand, »habt ihr genug geschwärmt –«, aber Philipp hatte gar nicht
auf ihren schwesterlichen Gruß geachtet – »was beobachtet der Vater
denn,« meinte er erstaunt. »Nice – hast du die Neigung des Refraktors
denn gesehen – nimmt er ihn etwa für terrestrische – das muß ich sehen,«
und schon eilte er rasch dem kleinen Kuppelbau zu, der sich unweit von
uns auf einem sanften Hügelchen erhob.

Ich blieb mit dem Mädchen allein im Park zurück und dachte
krampfhaft nach, was zu sagen sei – ich hatte bisher eigentlich kaum mit
weiblichen Personen gesprochen, oder gar sonst näheren Umgang
gehabt, so daß ich endlich nach einer längeren Pause herausstammelte :
»Die Nacht ist heute ungemein lieblich – ,« und, »– midsummernight«,
fiel es mir noch cin; sie lachte belustigt auf mit ihrer etwas scharfen
Stimme und bestätigte amüsiert, »– hm – eine schöne Nacht – Alkor ist
gut zu sehen, und die Luft flimmert nicht sonderlich – haben Sie auch mit
den Nichtsnutzen in der ‹güldenen Gabel› gesessen und die Zeit verplaudert ? – Was ihr für Menschen seid – !« »Wieso,« fragte ich verwundert,
»– es ist ungemein wunderlich und gar belehrend diese hoch ausgebilde-
ten Individuen zu sehen – und ihre Gesprächsthemata sind doch recht rar
und gedankenvoll. – Waren Sie denn auch einmal dort anwesend ?« »Einmal ?« fragte sie lachend, »oh, schon 4, 5-mal; nur Ihr Herr Onkel – wie
nannte er mich doch gleich – er kann ja manchmal so reizend grob sein –
ach, so, ja – mein Stuhl hieß immer nur der »Schlangenträger«, und ich,
wenn ich darin saß α Ophiuchi – oh, er weiß schon etwas, und wenn er so
30 Jahre jünger wäre, könnte keiner von Euch Jungen sich mit ihm vergleichen – ach, auch jetzt noch nicht,« schloß sie lachend und horchte
rasch hinter sich in die leisrauschende Finsternis hinein, wo eben Philipp
mit einer Lampe wieder erschien und sich nachdenklich an der feinen
Nase zupfte, »nun – und,« fragte seine Schwester neugierig, »was hat er

denn so tief am Horizont gesucht? Merkur? –« und sie sah ihn gespannt an. »Ach, was,« erwiderte er mürrisch, »es ist – also, Nice, stell dir vor : ich frage ihn : er flüstert unwirsch ‹den Mond› – ich sehe mich um : da schwebt die haarfeine Sichel gerade weit im Süden über den Bergen, und er guckt nach – nun, etwa nach Nord-Ost in den Tubus. Ich bitte ihn, hindurchsehen zu dürfen – also; zuerst war ich selbst verblüfft; ich habe mich in den Arm gezwickt – wirklich sah ich bei der 300-fachen Vergrößerung ganz deutlich die Krater und Bergketten im Süd-Westen mit den unverkennbaren langen Schlagschatten – nein, nein, Nice, ich bin noch klar. Also, um es kurz zu machen : er hatte aus Versehen, oder besser, weil er wirklich zuvor den Merkur bei seiner Wanderung in den Dünsten des Horizonts beobachtet hatte, die Sichel erblickt, und, überzeugt, daß es der Mond sei, gar nicht erst das Auge vom Okular genommen. Und da hat er eben die heute wirklich besonders erbärmliche Stockleuchte des nach seiner Gewohnheit umherschweifenden Unkel angerichtet und observiert. – nunja,« fügte er grämlich hinzu, »lach nur, Anton – es ist am Besten, wir gehen alle zur Ruhe; die Nacht erzeugt wunderliches Traum- und Gaukelwerk; und gut, daß es einen hellen Tag gibt – Wiedersehen –«, damit schritt er mürrisch, die Lampe hoch über den Kopf haltend und der schon vorausgehenden Schwester über die Schulter leuchtend in die stillen flüsternden Blätter hinein.

Die Nacht wob warm und bräunlich; denn war auch der Mond versunken, so war doch überall am Himmel ein prächtiger Sternenschein, so daß ich, schon im Zurückschreiten, auf meiner Uhr die Zeit abzulesen vermochte; es war schon weit nach Eins und ich begann die Müdigkeit zu fühlen, als ich so an den einsamen, erst langsam sich zu einer Straße aneinanderschließenden Häuschen entlang ging. Hoffentlich störte ich niemanden im Hause des Onkels; ich hätte doch ihn begleiten sollen, denn bis jetzt hatte ich noch keinen Türschlüssel. Ich faltete unmutig die Stirn und schritt rascher aus, auch schien es kühler zu werden; es ging eben doch schon auf den Herbst zu. So lief ich tappend über das bucklige Pflaster, bog in den Markt ein und auf der anderen Seite wieder hinaus – da blieb ich plötzlich stehen, denn tief in den Schatten neben mir hatte sich etwas geregt; ich tat zwei Schritte zurück und fragte prüfend »ist dort jemand?«; natürlich wartete ich vergebens auf eine Antwort, so griff ich denn beherzt in die Türnische hinein und zog ein Mädchen am Arm heraus. Ich ließ sie aber sogleich wieder los; denn ich hätte so, beim schwachen Schein der Nacht und einiger von fernher blakender Laternen, nicht sagen können, wie alt sie sei; jedenfalls war sie völlig verschüchtert und zitterte leise, auch war sie recht klein und zierlich, so daß ich sie doch end-

lich halblaut fragte : »Was machst du denn hier – es ist doch schon so
spät – ?« sie atmete immer noch ängstlich und hielt nur ein kleines Körbchen mit beiden Händen fest, so daß ich wohl sah, ich müsse sie erst beru-
higen. »Wohin willst du denn, Kleine,« fragte ich so behutsam, als ich nur
konnte, »ich werde mit dir gehen, damit dir niemand etwas tun kann, ja?!
Du hast jetzt Angst vor mir, aber das mußt du nicht. Sieh nur; ich komme
eben so durch die Straßen gelaufen – ich war zu Besuch beim Sterngucker
draußen – und da hörte ich es eben hier im Dunkeln rascheln; und Du
weißt ja sicher auch, es gibt so viel schlechte Menschen, die Nachts her-
umschleichen und stehlen wollen : da mußte ich schon zusehen, was sich
da neben mir regte, nicht wahr. –« Sie wurde ruhiger und zupfte verlegen
an dem Deckchen, welches über den Inhalt des kleinen Henkelkorbes
gebreitet war; plötzlich fuhr sie aber wieder zusammen und wäre in die
bergenden Schatten zurückgewichen, hätte ich nicht den Arm um ihre
schmalen Schultern gelegt und sie festgehalten. »Nicht anfassen«, bat sie
zitternd und deutete dann ein ganz klein wenig mit dem Finger in die
Ecke zum Rathause hinüber »da steht er noch –« hauchte sie flüsterleise
und ich sah, ihrem Finger folgend dicht vor der figurengeschmückten
Fassade des Gebäudes einen langen Mann stehen, der das Gesicht hinauf
gereckt hielt und sich angeregt mit irgendjemand da oben zu unterhalten
schien. »Hast du Angst vor dem da?« fragte ich betroffen; aber sie wartete
ein Weilchen und flüsterte dann vorsichtig, »Angst nicht direkt; aber er
soll sehr böse sein. Und ich bin doch eben von den Allerwinzigsten. –«,
ich mußte lachen, als sie so selbstverständlich von sich sprach, und schlug
ihr vor, »komm, ich gehe mit dir; und wenn du nicht an ihm vorbei
willst –, « sie schüttelte mißtrauisch das Köpfchen, »– dann gehen wir eben
einen anderen Weg. Das heißt, du mußt ihn mir schon zeigen; denn ich bin
erst kurze Zeit hier im Städtchen. –« Ich nahm sie an der Hand, was sie mit
einem erstaunten Blick beantwortete, und wir gingen weiter, durch die
leeren Straßen, immer nach rechts biegend, so daß wir einen großen
Bogen um den Markt schlugen. Nach einer Weile war sie zutraulicher
geworden und fragte zaghaft »wie heißt du denn?« »Anton,« antwortete
ich ernst und sorglich, »und du?« »Sylvia,« sagte sie artig, »und wir sind
bald da.« So begannen wir recht seltsam und wichtig zu plaudern; ich
erzählte ihr von Büchern und lauter einfache Dinge, und sie hörte aufmerksam zu, »Wie die Sterne heute leuchten,« meinte ich um das
Gespräch nicht stocken zu lassen, und sie wurde ganz eifrig, »ja, und
gestern hatten sie alle Nebelkrägelchen um,« teilte sie mir mit, »ach –.«
Wir blieben vor einem alten hohen Hause stehen und ich mußte erst um
die nächste Ecke lugen, um festzustellen, daß wir uns wieder schräg

gegenüber der güldenen Gabel befanden, und gleich daneben die seltsame Auslage Wendlers leuchtete. »Hast du das schon gesehen,« fragte ich, und sie lachte leise und arglos auf, »'türlich,« erwiderte sie und huschte elfenleicht vor die Glasscheibe hin, wo ich neben sie trat; sie hob die Hand und klopfte leicht mit den feinen Knöcheln an die strahlende Fläche, daß es gar lieblich durch die stille Luft klang, und während ich noch einmal anerkennend nickend die prächtige Szenerie betrachtete, begann sich die bedeutende Mittelgruppe zu bewegen, die drei Herren drehten sich interessiert nach dem Pochen um, und ich sah in drei der artigsten runden Mohrengesichtchen, die man wohl auf einem guten Teile der bewohnten Welt antreffen mag. »So, und nun mußt du gehen,« sagte die Kleine ängstlich und drängte mich vom Fenster weg, »der Vater darf's gar nicht wissen, daß ich dir's gezeigt hab'. Gute Nacht.« Und sie reichte mir dankend die Hand, die ich überrascht festhielt, »wohnt hier dein Vater?« fragte ich staunend, »heißt du etwa gar Wendler –?« Sie nickte hastig, »ja – und du heißt Anton – und ich danke auch schön.« Damit schlüpfte sie in die schattige Tür, und als diese mit leichtem Klappen zuschlug, erlosch auch das Licht in dem Schaufenster nebenan, so daß ich, zunächst geblendet, stehen blieb, um die Augen wieder an die Dunkelheit zu gewöhnen.

Es war kühler geworden; der Wind pfiff melancholisch um die kalten Hausecken und über den hastigen Himmel zogen undeutlich zerwehte Wolken – wahrscheinlich war nach dem heißen Tage ein Gewitter im Anzuge. Vorerst aber war alles um uns unverständliche elementarische Regsamkeit dort oben; Philipp hatte gut reden : ich konnte nicht anders, ich – ja, ich – ach, es war eben etwas dort oben, fremd und schön zu sehen, ein anderes Leben schien mir – ich schüttelte den Kopf, ich schritt aus, ich konnte es nicht sagen.

Als ich fast geräuschlos über den ganz leeren Markt ging, pfiff der Wind schon recht rauh; ich zog die Schultern fröstelnd ein und drückte mit einer Hand den Hut an; ich war plötzlich grenzenlos leer und ermüdet; ach, ihr rufenden Windleute, denen die Nacht gehörte. Ich sah nur auf, um den Weg nicht zu verfehlen und lief schneller, die Last des Bewußtseins ins Schlafmeer zu werfen. Schon kam die lange, lange Neiße, der kleine Wachplatz, und erst als ich die Hand nach der Türklinke hob, fiel mir wieder ein, daß ich ja keinen Schlüssel besaß. Dennoch drückte ich ernüchtert und ratlos den Griff nieder – da : sie war offen; hatte man gar auf mich gewartet? Ich stieg lautlos über die Schwelle, schloß die schweren Flügel wieder und schob mit angehaltenem Atem mit stützenden tastenden Händen den Eisenriegel vor.

Es blieb alles still; von nebenan, aus dem Raume der Haushälterin schlug rasch und schlafheiser eine Pendeluhr; die Nacht schien müde danach zu werden und noch fremder, oh das Leben, das seltsame Leben. Ich zog die Schuhe rasch von den kalten Füßen und schlich in Strümpfen, immer mit einer Hand rundum tastend die Treppe hinauf; hier schlief der Onkel; weiter, ganz leise; endlich stand ich oben vor meiner Tür und wollte eintreten, aber ein Nacht[-]Gelüst zwang mich, noch weiter, auf die kaum gesehene Stiege zuzutappen und ein paar Schritte darauf zu versuchen; sie war bequem und leicht zu erklettern und ich stieg die vielleicht 15 Stufen hinauf. Da stand ich nun, wahrscheinlich auf einem Dach-Boden in absoluter Schwärze und hielt noch immer die Schuhe in der Hand; Ich nickte leicht : ich wußte, ich war sinnlos und ein schwächlicher Phantast, wie ich da, ein Spiel aller Dinge, dem rauschenden Winde dicht über mir lauschte und Worte durch mich liefen, als sei ich nur eine Gedankenlinse aus nachtgeteiltem Glas.

Hoho, wie die Bö pfiff; ich griff unwillkürlich nach einer Stütze, faßte natürlich ins Leere und stolperte nach hinten zu Boden, in ein schützendes Balkendunkel; denn vom Winddruck war wie es schien ein breites Fenster oder eine Tür aufgepreßt worden, bläuliche Sturmhelle fuhr klaffend und sprühend herein, die Nacht schlug donnernd, ein Meer, über die zitternden Bohlen. Ich hatte meine Schuhe fallen lassen und wollte verstört hinzuspringen, aber ich zuckte noch tiefer in die bergenden jagenden Schatten zurück, denn in den Türrahmen sprang keuchend eine hochgewachsene Gestalt in weitem flatterndem Mantel, den wilden wogenden Krempenhut tief ins Gesicht gezogen. Der Mann lehnte sich einen Augenblick wie erschöpft an den Türpfosten, Regen schnob bis zu mir, wieder rollte die Windwoge heran, da sprang er auf, hieb mit dem Fuße die krachende Tür zu und hob laut atmend eine seltsame hohe und schwere Messinglaterne aus den tiefen Mantelfalten. Ein brennend rotes Feuer kochte in dem verspangten Glase und bei dem wallenden Wildlichte erkannte ich, je – war es denn mein Onkel – Ich hielt den Atem an und spähte wie im Traum nach dem riesigen Seefahrer, in der uralten verschollenen Tracht, wie ich sie wohl auf braunfleckigen Stichen gesehen hatte, die weiten dunklen Pluderhosen, den Bukanierhut und den schweren Degen an der Seite. Auch er schien verstört und von großer Abwesenheit, aus der er erst nach und nach stirnrunzelnd erwachte und dann schwerfällig auf meinen Platz, das heißt, wohl auf die Stiege zuschritt. Erst als er nahe war, erkannte ich, daß auf seiner Stirn ein feiner aber langer Riß klaffte, aus dem dicke Blutstropfen langsam perlten; unter dem linken Arme hielt er mancherlei im weiten Mantel sorgsam verborgen, während die Rechte die mächtige schwankende Schiffslaterne hoch über den Kopf des Hinabsteigenden hielt. Rot erfüllt war noch das Rechteck der Bodenöffnung, wurde schwächer, dann schloß er unten an seiner Tür, war drinnen – ich ertastete hastig und verständnislos meine Schuhe, stieg kopfschüttelnd und völlig ratlos vor mein Zimmer und hörte es im Dunklen an meinem tastenden Fuße knistern, hob eine Rolle auf, öffnete den Drücker mit dem Ellenbogen und trat ein.

Ich entzündete ein Licht, entrollte das vornehme alte Papier und sah eine schon leicht aber schön elfenbeinern vergilbte Seekarte, die eine mir unbekannte Küste mit großen Inseln und weit draußen liegenden sporadischen Eilanden und Sandbänken darstellte. Ich hielt das breite gebogene Blatt gegen das Licht; in der oberen linken Ecke war die starke Blindpressung eines Stempels; rund, in der Mitte drei Lilien. Um den Rand lief eine Inschrift in großen lateinischen Buchstaben; ich sah angestrengt näher, ich las «L'intrépide».

5.)

[Fragment]

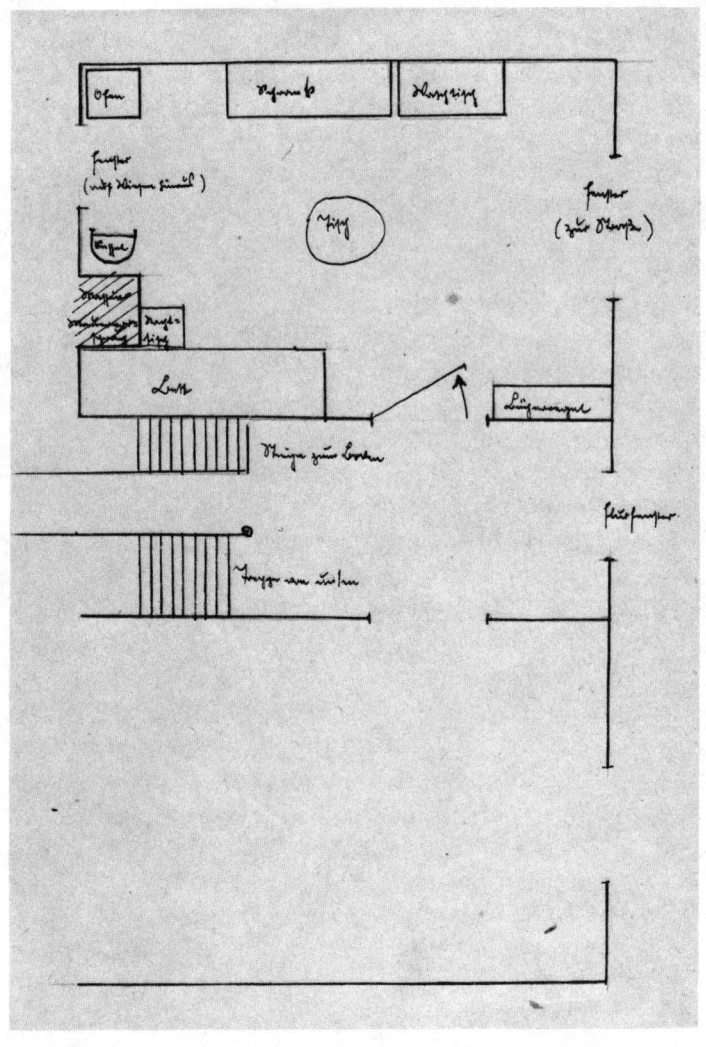

PHAROS

oder
von der Macht der Dichter.

Dem Rabengott –

13. März. Heut hat er mir das Heft hingeworfen; es sind 16 Tage her, daß ich ihn zu fragen gewagt hatte. Ich war schon so gleichgültig geworden. Es ist auch so klein : wenn ich nun jahrelang hier vegetieren muß ? – Ich bin doch noch jung; so 40, 50 Jahre kann ich es schon noch aushalten ! Haha ! – Nicht denken ! (Aber ich will denken, ich muß mich dazu zwingen ! Muß !)
Die Luft ist glühend heiß; ganz oben eine ferne wie aus Silberflocken getriebene Wolkenschicht.

15. März. Er hat mich wieder geschlagen ! – Ich – ah, ich zittere am ganzen Leibe.
Wir waren am Strand und er knurrte mir zu, ich solle ein Netz holen. Ich war empört über den rohen Ton und tat, als höre ich nicht; da wandte er nur den Kopf und als ich ihm zu sagen wagte, daß er sich getrost anderer Worte bedienen dürfe, war er mit einem Sprunge bei mir und schlug mich ins Gesicht, daß ich hinfiel.
Ich war vor Scham und Erregung unfähig, mich zu rühren; Scham : daß ein Mensch so tierisch sein kann. – Erregung : oh, ich hätte ihn anspringen und züchtigen müssen. – Er hätte mich wahrscheinlich totgeschlagen (wäre besser gewesen !)
Ich Feigling – ich muß ihn töten. Mit Gewalt geht es nicht; also *List*. (Ich werde aber auch jeden Tag heimlich mit schweren Steinen üben !) –
Dieses Tier – er zwingt mich, auch tierisch zu handeln (erniedrigend)

16. März. Ich mußte den ganzen Tag fischen. Ich will gehorsam tun (»gehorsamen« sagte der junge Goethe) – habe drei Fische gefangen. –
Der Strand ist so grell weiß, wie eine gekalkte Mauer. Wenn die Sonne im Mittag steht, ist es unmöglich, draußen zu sein. – Als ich am Nachmittag die Netze zum Trocknen ausbreitete, kamen wieder ein paar Planken und das große Stück eines Ruderbootes von unserem Schiff vorbeigetrieben. Sie lagen bis zur Dämmerung am äußersten Ende der Insel fest, bis die Flut stieg und sie kreiselnd mitnahm, nach Süden. (Es scheint eine leichte Strömung hier vorbeizugehen. – Flaschenposten ? ? – Vielleicht ein Gedanke ! !) Ich scheine der einzige Überlebende zu sein – (»überlebend« ist gut für diesen Sklavenzustand). – – –
Nachts : Oben geht er auf und ab, immer auf und ab. Er redet auch, aber

mit veränderter Stimme; einmal habe ich gewagt, ganz leise die dicke Eisentür zu öffnen und hinaufgehorcht : er klagte in schwerem unmutsvollem Seufzen : »Oh, Organtin, mein Neffe Organtin –« Dann kamen noch einige abgebrochene flüsternde Worte, die ich aber nicht mehr verstehen konnte. –

Wieder erwacht; es ist unheimlich hier unten und oben redet es noch immer. Die Taurollen und Stricke hängen undeutlich im runden Raum, wie Tanggirlanden oder pendelnde Fangarme von Urweltlarven; die Fässer stämmig und finster.

Ich habe aus dem einen winzigen vergitterten Fensterchen gesehen, aber noch immer kommt der Mond nicht. – Sterne sieht man hier ! Sie hängen wie schwere duftende Goldlampen im warmen Blau (Lampen – Ampeln, – ein Palindrom (Anagramm)).

17. März. Mein Rettungsring liegt noch immer am Strand; gebleicht, zerrissen, ein Fetzen. Heute vor 30 Tagen (31 ? es kann ein Tag fehlen !) kam ich hier an, d. h. ich habe nichts mehr gesehen und gefühlt, als den scharfen Sand, der mir die Gesichtshaut fast abscheuerte; so weit warf mich die Woge. Dann war er auch schon da und riß mich hoch wie ein Bündel. Ich war so erschöpft und von den schrecklichen Bildern der letzten zwei Tage verstört (ich bin neugierig, ob sie nun, wo ich sie erwähnt habe, im Traum erscheinen werden. Bis jetzt habe ich mich gezwungen sie wegzudenken ! !) dabei aber so nachtwandlerisch scharfsichtig, daß ich sofort sah, wie er mit dem Gedanken spielte, mich zu erschlagen.

Ich hasse diesen Tyrannen so sehr (nicht dran denken) – Seine Kräfte grenzen ans Unglaubliche ! Neulich kam er herunter und hob eines der großen Fässer beiseite (eine kleine schwere Eisentür dahinter) und verschwand auf einige Minuten. Als er wieder fort war, versuchte ich vergebens, das bauchige Ungeheuer auch nur um eine Fingerbreite zu verschieben. Und das hob er ohne sichtbare Mühe. (Heute Abend will ich mit dem kleinen Anker üben – nicht vergessen !)

Habe ein paar Stunden am anderen Ende der Insel gesessen (sie mag 100 m lang und 20–30 m breit sein; eine klippige Düne, ein Strich eigentlich nur. Aber der Untergrund scheint solider Fels zu sein, sonst hätte man doch den Leuchtturm hier nicht gebaut !) Der Turm selbst – etwa 25 m hoch, unten 15 m im Durchmesser mit riesigen vorgelagerten Strebepfeilern (als Wellenbrecher ?) am Unterbau, dann verjüngt er sich in schön geschwungener Kurve auf etwa 8 m Diameter (in ⅗ der Höhe), dann kommt ein leicht ausladender ca 3 m hoher Kranz, und dann erst steht darüber der eigentliche Leuchtapparat mit den Scheinwerfern (die ich nebenbei noch nie in Tätigkeit gesehen habe ! – ein »erloschener«

Leuchtturm ? – Wie ein erloschener Vulkan ! ! Witzig, aber etwas unheimlich.) von dem spitzen schweren Weißblechdach geschützt. Ich kenne vom Inneren bis jetzt nur ein Stückchen Treppe und den einen Vorratsraum, wo ich schlafe. –

Trostloser blauer Himmel. (Ohne Wolken ! – Lieber ein Himmel ohne Götter als ohne Wolken !) Ich habe wieder vergebens nach einem Schiff Ausschau gehalten; von oben müßte man viel besser sehen können (ich habe nur den Erdradius nicht genau im Kopfe, sonst müßte es sich leicht nach dem Pythagoras ausrechnen lassen.) Ganz weit im Nordwesten scheint etwas zu sein; ein Kap oder eine Insel oder eine Klippe; bei sehr klarem Wetter sieht es aus, wie ein heller verschwimmender Punkt. – Ich weiß ja nicht einmal, wo ich bin – irgendwo südöstlich von Tutuila jedenfalls; denn wir hatten es zwei Tage vor dem Schiffbruch passiert. Wenn man schätzt, wie weit wir dann getrieben sind – es können 1000 km sein, wenn der Wind sich nicht gedreht hat ! (Also unmöglich, festzustellen. Und fragen – ich werde *kein Wort* mehr mit dem Rohling reden !)

18. März. Abend. Bin müde (gute, starke Müdigkeit). Wir haben den ganzen Tag in den Korallenbänken gefischt und getaucht. (Er öffnete heut morgen die Tür und sagte : »Müssen Fische fangen !«). Ich ging stumm mit und wir bewaffneten uns mit Pfeil und Bogen und einem dreizackigen Fischspeer (!) Ich habe vielmal gegen die Versuchung kämpfen müssen, auf den Hund zu schießen; aber wenn ich ihn nicht gleich tödlich getroffen hätte –. Er schien so riesig und muskulös, wie aus gelbem Sandstein gemeißelt, daß ich manchmal dachte, der Pfeil würde ohnehin abprallen. (Als er einmal wieder auftauchte und das Wasser aus seinem langen blonden Bart troff, sah der Schuft aus wie Poseidon –)

Unvergeßlich die schwirrenden Fische in den roten Korallenhecken; alle Farben, blau und gold und rot getupft und gebändert. Und die unsägliche Pracht der Seenelken und -anemonen; wie sie sich atmend und strudelnd langsam öffneten und die weißen zierlichen Ranken die reinliche tiefrote Mundöffnung umspielten. Wie Blumen unter Wasser. Ich habe gelernt, beim Tauchen die Augen offen zu halten ! – Das war das Schönste (sicher das Einzige !) was ich hier gesehen habe.

Das Wetter war enorm heiß, so daß die kleine kristallklare Lagune förmlich dampfte, und das Wasser war wie eine zweite Luft. Ich bin schon verbrannt wie Robinson Crusoe. – Gegen Abend im Nordwesten wieder der helle Punkt, deutlicher als je. Es scheint doch ein Kap zu sein, aber *mindestens* 50 km weit ! (Schwimmen ! ? – Aber Hai-

fische ? ? –) Nachts : Eine ganz helle große Mondsichel weckte mich auf
einen Augenblick. Was man zur Hand nimmt ist aus Silber. –

19. März. Gegen Morgen verknäulte, halbböse Träume – Bin am ganzen Körper zerschlagen von der gestrigen Anstrengung. – Wir sind in die Vor-
ratsräume hinuntergegangen (der Turm scheint ziemlich tief unterkellert
zu sein, und die Fundamente müssen ja auch viele Meter in den gewach-
senen Fels hineingehen.) Es sind große, fast ganz dunkle kahle Räume,
voll von Fässern und Konservenbüchsen, Gerät und Brettern; selbst der
tiefste ist noch ganz trocken und kühl. An einer Stelle sah ich in dem
Zementfußboden eine Art viereckiges Loch (roh hineingehauen) und ein
paar Bohlen sorgfältig darüber gelegt, aber man entdeckte es sofort. Es
scheint noch tiefer hinunterzuführen (Seltsamste Gedanken – der tolle
Wirt dazu –)
Während ich hinter ihm stand (er durchschritt prüfend und klopfend die
Reihen der Gefässe) rang ich mit dem Entschluß, hinauszuspringen und
die eisernen Türen hinter mir zuzuschlagen. Ich Dummkopf hatte nur
nicht darauf geachtet, ob er den Schlüssel stecken ließ ! – Gestorben wäre
er nicht, bei *den* Vorräten. Eher ich. Oder ich wäre wahnsinnig gewor-
den, wenn ich mir vorgestellt hätte, wie er gröhlend und klopfend die
unterirdischen Räume durchstreicht – furchtbares Bild ! (Es gehört
Stärke dazu, nur eine solche *Vorstellung* auszuhalten; gibt es einen großen
Dichter, der solches konsequent durchgeführt hat ? Wofür bin ich denn
Professor für Literatur ? – Poe ? – ich kenne ihn zu wenig !) will heute
Abend darüber nachdenken – nicht vergessen.
Vorräte reichen für etwa 10 Jahre. (d. h. es können auch 5 oder 20 sein; ich
habe da gar keine Übersicht.)

20. März. Habe den ganzen Tag in einem Winkel gelegen. (Eine Art Sonnen-
uhr am Schatten des Turmes ausgedacht, und ein paar Anhaltspunkte
gemerkt) Das Wetter war ein wenig trübe und verschleiert und über Kap
unbekannt schien es zu regnen. Sonst schwüle Luft mit vereinzelten
Windstößen.
Der Leuchtturm scheint wirklich nicht mehr intakt zu sein. Warum zün-
det er ihn Abends nicht an ? (Oder will er nicht – wie lange mag er hier
sein ? – ich schätze ihn auf 40 oder 45 aber es ist schwer zu sagen)
Am Abend ganz dünnes rauchiges Wetterleuchten im Süden. – Dort liegen weit, weit unten die riesigen Eisfelder, die James Roß fand. – strange
life ! –

21. März. Ich wusch mich am Strande (ich bekomme schon einen richtigen
Bart. lockig und bräunlich.) in der Morgenkühle, da kam er herunter und
sah sich um. Stirn gerunzelt, mit scharfem Blick (durch mich natürlich

hindurch) auf den Horizont. Dann hob er die Hand und prüfte die Windrichtung.

Nebenbei : Dies Mißverhältnis zwischen Außen und Innen ! ! Er hat ein
mächtiges Gesicht mit blauen und tiefen Augen und einer hohen Zeus-
stirn unter dem vollen hellblonden Haar. Er trug nur eine fadenscheinig
lange Blauleinenhose; erstaunlich schmale Hüften für die breiten allmächtigen Schultern. Dabei behandelt er mich wie ein kaum geduldetes
Haustier.

Er murmelte, halb für sich, halb für den Wind : foul weather – when shall
we three meet again ? – und mit so englischer Aussprache ! Ist er denn ein
Engländer ? ? Und das Tier zitiert Shakespeare (wahrscheinlich, ohne es
zu wissen – es ist toll) –

Es gibt absolut keine Insekten oder Schlangen auf der Insel; überhaupt
kein Lebewesen – ich habe wenigstens noch keins gesehen.

Gegen Abend klärt es auf. Blauer kühler Abendhimmel mit zwei langen
weißen Wolken darin (schön !) – Er hat also keine Ahnung vom Wetter !

Nacht : Ich konnte nicht einschlafen und stellte mich an das Fensterchen.
Eine Mondnacht von solcher Schönheit ! – Heiß ist es hier unten; ich
habe mich auf eine Taurolle gekniet und sehe, wie die Wolken langsam da
oben durch den Mondschein ziehen. –

Von oben kommt Stimmengewirr und Mädchengelächter, glockig und
silbern; Alte Räte reden gewichtig, Jünglinge scherzen perlend – – *Bin ich
denn wahnsinnig ! !* – Es ist doch kein Mensch auf der Insel ! – Oder hat er
sie aus der Tiefe geholt ? – Das verruchte Loch im Inselboden ! ! ! –

Ich habe mich in meine Ecke gedrückt und das Stückchen Decke um
mich gewickelt. Es geht jetzt schon stundenlang. – Wenn ich doch einschlafen könnte (oder erwachen ! !) – Ich glaube ich habe Fieber; ich muß
krank sein.

22. März. Wenig geschlafen; aber ich bin doch wohl nicht krank. – Toller
Traum. – Der Morgen war grau und frostig und der Große undurchdringlich und herrisch wie immer. Wir haben zwei Kofferfische gefangen. Er einen mit dem Speer; ich sah nur, wie er den Arm hob, die Mus-
keln sich spannten und der Schaft ins Wasser zischte. Dann zog er ihn mit
der Leine heraus. – Ich habe es heute wohl zwanzigmal versucht : es ist
ungeheuer schwer, die Strahlenbrechung im Wasser beim Wurf zu
berücksichtigen; ich habe jedesmal dicht über oder neben dem Fisch vor-
beigetroffen. (blödsinnige Zusammenstellung : vorbei und getroffen;
echt Literaturprofessor !) – das Wetter ist also doch schlecht geworden.
Am Nachmittag habe ich mich zusammengerollt. Wehmütige Erinnerungen : an die Universität und die Bücher und den Lehrsaal – wenn ich

nur Schiller oder Dante oder Hans Sachs da hätte (hier hätte!) Ich habe mir die ganzen »Räuber« vordeklamiert, und für ein paar Stunden Vergessen dabei gefunden. Gegen Abend wird es förmlich kalt. –

– Halb Nacht, halb Morgen : er hat an meine Tür gedonnert und ist dann hinabgepoltert. Was wird sein? – Ein Schiff? –

23. März. Es war noch fast ganz dunkel; das Meer grau und undurchsichtig mit Schmutzig weißen Schaumkämmen. Er faßte mich am Arm und schrie : »Stricke und zwei Beilpicken!«. Ich lief keuchend über den nassen körnigen Sand und schlug beim Zurücklaufen einmal hin.

Er band sich das Tau um den Leib, hieb die eine Picke tief in den Boden, so daß ich mich daran festhalten konnte (das Wasser rollte über die Kniee); dann gab er mir das Seilende in die Hand und watete mühsam, die andere Spitzhacke im Gürtel, in das wüste Gewoge hinein. Draußen (etwa 20 m von mir entfernt) schlug er ein paarmal auf irgend etwas ein und kam dann rückwärts wieder heraus. Eine hohe Welle warf ihn mir fast vor die Füße, aber er ließ den Stiel nicht fahren und zog eine große Kiste ans Land, die wir sofort gemeinsam weiter zum Leuchtturm wälzten. – Es mußten also Schiffstrümmer hier vorbei kommen. (einmal sah ich auch einen Balken weit draußen treiben.) Der Morgen kam grau und unfreundlich herauf, und der Seegang wurde dann etwas niedriger.

Die Bretter waren ganz verquollen und federnd, aber viel Wasser schien nicht eingedrungen zu sein. Er hebelte mit der Hacke knallend den Deckel auf, Daß die Nägel und Scharniere kreischten und pfiffen. Oben auf ein paar Werkzeuge. Ich war so neugierig, daß ich mich mit darüber beugte (er schien mir zugänglicher) und noch halb keuchend vor Anstrengung sagte : »Ganz wie Robinson –« Er sah mich feindlich an (wenn er will, hat er Augen wie Steine!) und fragte dann verächtlich : »Was wissen *sie* denn von Robin – son?« (Er machte eine kleine eigentümliche Pause hinter Robin-, als sei er gewöhnt, den Namen nur so zu denken!) Ich antwortete so gleichgültig, als mir möglich war : »Crusoe ist der Typ des Mannes, der, völlig auf sich selbst gestellt, mit einfachsten Mitteln sich einen Lebensraum schafft.« – (Es war albern und doktrinär ausgedrückt – hätte ich wenigstens das Wort »Typ« vermieden – aber mir fiel auf die unerwartete Frage nicht gleich etwas Geformteres ein.) Er starrte mir ins Gesicht und lachte so verächtlich und zornig auf, daß ich jedes Wort bereute. Glücklicherweise machte er sich gleich wieder an der Kiste zu schaffen, aber mit so bösen Blicken, daß ich das Schlimmste erwartete. Er murmelte noch Einiges, während er die Hämmer und Zangen neben sich auf den Sand warf, aber ich verstand nichts davon. Unten in der Kiste war eine Art Einsatz, der sich herausholen ließ, mit ein paar

Büchern darin. Er kniff die Augen zusammen und setzte sich trotz des treibenden Regens auf den Rand der Kiste, und sah mit geübter Hand die Bände durch. (Ich denke »geübt«, weil er ganz kurz die Titel über- schlug und bei den meisten den Kopf schüttelte) Die Mehrzahl warf er auch in den Sand, vier hielt er wie zögernd blätternd eine Weile, dann warf er auch noch davon das Kleinste zu dem übrigen Haufen.

Ich hatte ihm mit zuckenden Fingern zugesehen, und konnte nun nicht länger an mich halten; ich blieb stehen und fragte leise (beschämend, oh, oh !) und gering : »Darf ich eins davon behalten, – Herr – ?« Sein Blick kam von weit zurück; er fuhr mit der Hand in den Bart und blies höhnisch die Luft durch die Nase. Dann sagte er, schon wieder irgendwo : »Anfassen und nach oben tragen !« Er zeigte auf die drei Bücher und ein langes Handfernrohr, während er selbst prüfend zwei grobe Seemannshosen aufhob und sich über den Arm hängte. Dann schritt er voran.

Die Sonne war hervorgebrochen (zwischen dunklen langgezogenen Wolken) und schien so kalt und gelb auf das Mauerwerk des Turmes, daß mich vom bloßen Sehen fror. (Seltsame Beleuchtung : der helle Turm vor dem kobaltblauen Regenhimmel !)

Abends : Ich habe meine Bücher (es sind elf Stück; eine richtige Biblio- thek) von draußen geholt und ganz sorgsam zum Trocknen aufgestellt. (hingestellt, und alle Seiten leicht fächerförmig geöffnet.) Bei den Mei- sten ist nur der Einband vom Regen etwas fleckig ohne Textverlust. – Heute war ich das Erstemal in seinem Zimmer ! Es ist der große kreis- runde Raum oben in dem ausladenden Kranz. (Etwa 3 m hoch). Ich weiß nicht recht, wo ich anfangen soll. Es laufen rundum, nur von wenigen, einigen Zentimeter dicken Eisenstangen getrennt und ge- tragen, die fast zwei Meter hohen Glasfenster. (Sind Glasgemälde dar- auf ?). Dann ein breiter Schreibtisch und ein langes flaches Bücherregal, voll bis auf den letzten Platz. Ein Bett habe ich nicht gesehen; zwei kleine Schränkchen nebeneinander waren noch, aber der Fensterkranz ist völlig frei. An der einen Seite ein Haufen Decken. Ich kam nur bis an die Schwelle, wo er mir die Sachen aus der Hand riß und die Tür zuwarf. – Wenn der Mond scheint, will ich etwas lesen. Es ist viel französisch, Hugo, Molière, Crébillon und ein paar ältere englische Sachen (etwa von 1835–40) – und das warf er auf den Sand ! –

Nachts : Von einem verworrenen Traum aufgewacht. (Ich ging wieder einmal durch eine endlose Großstadt, regnerischer Abend, hastende Menschen[,] bis ich endlich – wie immer – in ein Kaufhaus eintrat, und stundenlang durch die grell erleuchteten Räume gedrängt wurde, an den endlosen funkelnden Auslagen entlang, bis ich zuletzt in einem stillen Bücherwinkel landete.) – Es ruft aus der Höhe – Oh!! – –

Ich hocke in der kalten Mondhelle (ein großer, ganz kalter und fremder Mond), mich fröstelt am ganzen Leibe.

Ich halte es nicht mehr aus. Der ganze Turm flüstert in der Meernacht! Oben orgelt ein Stimmenlabyrinth!!

Und ich sitze hier, die Hände flach auf den eisigen Boden gestützt, in einem runden Nachen in der schwarzen Unendlichkeit. –

Ich habe mich hochgestemmt und bin zur Tür geschlichen. Leise auf. Es jauchzt und grollt in dem endlosen finsteren Schacht; das Geländer ist eine eiserne glatte Schlange.

Es hat mich zurückgeworfen auf meine Floßscheibe – o dieser Eismond! Ich hocke im glasigen Lichte wie der letzte Mensch (oder der Erste?!)

24. März. Am Vormittag allein (Ich kann also noch leben – haha!) Wetter ist klar aber mit Windwolken in großer Höhe.

Eben habe ich mit einem Eimer Wasser sein Zimmer aufwischen müssen. (Erst ausfegen!). Ich schlich immer um die Bücher herum und versuchte ein paar Titel zu erhaschen. Zuerst merkte er es nicht. Aber als ich einmal fast eine Minute lang vor den Reihen kniete, und schon den Finger heben wollte, sprang er heran, schlug seine Hand wie eine Zange in meine Schulter, und warf mich zurück, daß ich polternd an die Tür fiel.

Ich wischte halb betäubt sofort weiter. Mit fliegenden Händen, so daß selbst er (staunend ob meiner Demütigung!) einen Augenblick zusah und dann so wegwerfend lachte. –

Abends: Was hat er? Fouqué, Hoffmann, Wieland, Holberg, Stifter (alles Leute, die ich fast nicht kenne – sind ja alle hölzern und verschollen!) und viele schnörklig beschriftete Schweinslederbände.

Mein linker Arm ist ziemlich geschwollen und schmerzt, wenn ich ihn zu biegen versuche, (ziemlich gleichgültig!)

Nachts: Antiquariats-Traum (wunderschön!) – Der Wind scheint zu pfeifen I hear it sing in the wind –

25. März. Bleiern erwacht; ein wüstes Unwetter ist losgebrochen. Fast die ganze Insel ist verschwunden im grauen und schaumigen Gerolle. Wasser fällt klatschend zurück und fliegt flatternd und blasig vorbei. Es scheint immer noch zu steigen. Am Fenster: Der Wind schlägt mir knatternd wie ein nasses Tuch ins Gesicht; ich werde versuchen ein paar Bretter davor zu setzen.

Allein im surrenden Halbdunkel; die Bretter werden alle paar Minuten nach innen geblasen, und das Wasser leckt schon bei jeder heftigen Böe über den Fensterrand.

Er kann mich doch nicht hier unten lassen; der ganze Fußboden ist bereits naß. – Aber ich kriege die Bretter nicht fester.

Der wind pfeift unheimlich und es kommen schon derbe Güsse durch das Gitter. – Das ist entsetzlich : ich habe versucht aus dem Fenster zu sehen; die graue zerklüftete Flut ist ja fast in Augenhöhe. Das geht doch nicht ! – Er hat mich nach oben geholt. (Ich hatte geschrieen, die Treppe hinauf) Er kam herunter, sprang zum Fenster und rammte einen runden Faßdekkel in die Öffnung, legte ein paar eiserne Querstangen darüber, stopfte alte Säcke rundherum, und prellte noch eine zweite Holzscheibe davor. Dann ging er verächtlich ohne ein Wort gesagt zu haben, und duldete, daß ich ihm nachschlich. –

Gegen Abend : Ich habe mich in die Ecke neben den beiden Schränkchen gedrückt. Er hat mich gar nicht mehr beachtet. Geht auf, geht ab. Der Abend verschwindet grau in Wind und Wasser (Wenn es noch mehr steigt !) Er spricht vor sich hin und macht halbe Handbewegungen.

Das Holz der Schränke ist schön; ich habe als Kind stundenlang vor der geheimnisvollen Maserung aller Hölzer sitzen können (wie sich alles umeinanderschwingt) und auf den dunkelbraunen Wegen bin ich oft in Märchenländer gewandert.

Er hat mich entdeckt. (Ich weiß nicht : sieht er mich oder nicht ?) Aber – Ein blaues Buch hat er aus dem Regal gezogen und nimmt es Streichelnd in die Hand.

Wenn man in diese Augen sieht, blaut es heraus wie ein rauher Vorfrühlingshimmel; rauscht nicht dürres Laub draußen vorbei – nein, ich bin doch hier ! – aber es liegt ein spärlicher Schneestreifen auf schon grünendem Tal. – Ich will nicht, ich will nicht in die blauende Landschaft !

Die Stimme bricht auf wie eine Blüte : »Der Vorfrühling war über die Ardennen hereingebrochen –« – braune Knospen rascheln im niedrigen Unterholz – eine Haselflöte –

Tiefe Nacht : Er geht taumelnd zum Deckenhaufen und wirft sich hinein. Auf dem Tisch liegt das Buch. Wenn ich mich hochrecke : Blaues Leinen, billige Goldschrift.

Fouqué.

Zauberring.

26. März. Gegen Morgen : Er schläft. Oh !

Mich schütteln viele Fieber. Wie er lachte und zürnte, und warb und höhnte in der heroischen Landschaft.

Waren nicht Ritter hier und horstende Adler im Tann; Mohren und edle Frauen ?

Ich will nicht mehr lehren : was weiß denn ich von Dichtung !

Der Tod steht dahinter. – und das Leben !

Ach, was für ein Leben !

Ich habe nun doch noch gar nicht gelebt; – ich – Albino !

»Die Ritter winkten ihn schweigend mit den beerzten Händen fort« – beerzte Hände.

Und draußen ist der gurgelnde Sturm. Wenn ich mich am Fenster hochkralle, recken sich Wasserberge heran. –

Ich habe eine Stunde aus Erschöpfung geschlafen; er rührt sich noch nicht.

Auf dem Tisch schläft das Zauberbuch (der große Meergeist – ja doch ! !) Ich muß etwas sehen. Ich will in dem Atlas blättrn, der hier liegt.

Eine Stunde später : Sieh da ! Das ist – interessant (Ich will es mit kalten Worten töten ! Ich sage : – anziehend; nein – ganz reizend ! Das ist das Wort ! !)

Also (ruhig bleiben !) ich habe einen Atlas hier. »Atlas novus« steht darauf, gewiß. (Ich werde am einfachsten mir die Seiten notieren !) – Bin ich nicht gleichmütig ! –

Seite 1 : Eine Sternkarte; gelb-weiße Pünktchen im Samtschwarz des Kupferstiches (Schabmanier ?). Die Sonne, von Cordoba Zonen 5 h 243 ausgesehen. – Verrückt ! – (Ja, ich ! !). Auch dünne Nebelschleier weben silbern um einen Sternhaufen. (Man soll gewiß die »Unendlichkeit« »ahnen« – der Bube !)

Seite 2 : Das Sonnensystem; ein Zentralfeuer und ein paar Kügelchen darum (vor einem spärlichen Sternenhintergrund.) Nichts besonderes.

Seite 3 : Ah, voilà la terre ! (Mit Französisch kann man alles umbringen; in der Hölle spricht man es sicher – »Mais, Mr. 1e. Diable : il fait très chaud !«) – Die schwebende Kugel umwogt von Wolkenzügen. (gut gezeichnet) Das helle weißblaue Meer, die weiten gelben Landstriche, ab und zu blitzen die hellen Kämme von Bergketten auf. Flußläufe aus fahlem Grün (So sieht die Erde aus großer Höhe vom Flugzeug tatsächlich aus !) über Asien liegt schon Nacht, die höchsten Spitzen des Kaukasus erröten noch und ein weites Wolkenmeer liegt über Südeuropa. Es ist doch seltsam; (kein Name auf der Karte, keine Grenze !) man bekommt das Gefühl des Schwebens (Dabei ist alles äußerst genau wiedergegeben) – Ah : über Boothia Felix huscht eine wallende Nordlichtkrone. – Was steht darunter ? »Ein Stern« – verflucht ! –

Ich habe das Blatt noch einmal angesehen; es ist ein Lebewesen
höherer Art, was hier im Raume schwebt.

Seite 4 und folgende : Aha. Spezialkarten. Aber die ganze Reihe
immer in dieser – hm, das Sterngefühl erzeugenden Manier ! !
(Mondaufnahmen habe ich in dieser Art gesehen, immer die
Kugelwölbung.) Immer das Wolkenspiel (wundersam, nebenbei ! !) und in diesem ziemlich großen genauen Maßstabe. (Aus
einem Vulkan loht Feuer – kindlich – aber gut, sehr gut !) Jetzt
sieht man auch die Wälder und weiten lila Heiden, wilde Berg-
schatten. – Auf einem leuchtet eine sausende Sternschnuppe in
den höchsten Luftschichten auf. Manchmal liegt Schnee ! ! – –
Das ist, – Das ist wider den Sinn und Zweck eines Atlanten !
(Oder gerade nicht ? ! – Weh – unsere Plättbrettkarten mit
Namen ! ! –)

Seite 41 und folgende : Der Mond. – Wie das leuchtet ! Und diese Schlagschatten im Erathostenes. – Das ist eine gefähr-
liche Art, so die Sterne nebeneinander zu stellen. – Erdent-
fremdend; (aber Allannähernd !) Das ist die letzte koper-
nikanische Konsequenz : die Erde als nur Eins unter Vielen. Ein solcher Atlas würde die Kirche rasend machen.

Seite 48 : Der Mars ! Er leuchtet rot und nahe. – Das kann er doch nicht
wissen; so eine genaue Karte. (Bin ich nicht gleichmütig ? –
aber meine Hände zittern etwas – es ist kalt, haha !)

Der Atlas hat noch mindestens 50 Seiten; ich will noch einmal Anlauf
nehmen. –

Das hatte ich vorhin überschlagen. Zwei Erdquerschnitte – »nach
Ansicht der bedeutendsten Autoren« – auf der einen Seite eine riesige
Höhlung, um die halbe Erde herum : leuchtende Luft, ein Meer. Auf der
anderen die Erde als Hohlkugel, kreisende Sterne darin. – Holberg und
Jules Verne sind als Gewährsmänner angegeben. – Wer das aufnimmt –
(ein furchtbarer Verdacht : ist er wahnsinnig ? ?) – Ich will das Buch beiseite legen. –

Noch eins (wollte eben zu schlafen anfangen) : gibt es nicht doch große
Hohlräume unter der Erde; ich bin kein Fachwissenschaftler, aber es soll
doch Stellen mit Gravitationsdefekten geben (durch Pendelschwingun-
gen ermittelt) – ich bin ganz verwirrt. –

Es geht gegen Abend. Unverminderte Herrschaft von Wind und Wasser.

Er ist erwacht. Abwarten.

Etwas gegessen. (Das man essen muß – widerlich !)

Draußen räkelt sich das Wasser; dicht vor den Fenstern. Der Regen hatte einen Augenblick nachgelassen, aber nun strömt er wieder an der Scheibe herunter. – Oder Gischt, wer weiß ?. (Der Turm schwebt wie im Weltall) Ein Ort wie im Traum (Was heißt »Skramasax« ? – Ich habe es einmal gelesen – so ist mir zumute, so, wie das Wort klingt – – Zauberformeln, heidnisch und kreischend) Ich muß mich etwas zusammennehmen, sonst komme ich noch auf die tollsten Einfälle. – Durch Infektion. –

In der Dämmerung (Meergespräche – Hihi !) : Er strich mit der Hand durch die Luft und sagte : »Das Anorganische ist sauberer als das Organische – Vorteil des physikalischen Weltbildes –«

Ich wagte zu antworten : »Aber das Leben – ist nicht durch das Leben überhaupt auch diese Betrachtungsweise erst ermöglicht ? – Unerläßliche Grundlage ?« (Ich versuchte seinen Sprechstil nachzuahmen – ich Lakai !)

Er legte den Kopf auf die Seite, und horchte wie auf eine der Stimmen seines Inneren; dann sagte er : »Leben ist verschieden vom Geist; nicht identisch; zu speziell; –«. Er schwieg eine Weile; dann nahm er die Übertragung vor : »Bei Fouqué hat das Leben seinen Schmutz verloren, bei Dostojewski die Sauberkeit. – Geist, d. h. Phantasie ist das oberste Göttliche schlechthin –«

Ich zweifelte : »Muß ich nicht erst im Leben einen Wald, eine Burg gesehen haben, ehe ich sie phantastisch verwerten kann ? – Also im Schmutz gesehen ? – Auch Blumen wachsen aus Schmutz – ![«]

Er sah in das gasig jagende Wasser : »Die Reinheit ist kein Erzeugnis des Schmutzes; sie läuft nebenher, ist nicht bedingt, nicht ursächlich an das Chaos gekettet. – Geist war, ehe –«. Er brach ab, dann nannte er Namen : »Platon, Schopenhauer, – obwohl die Dichter die Vollendung sind.« Er atmete tief ein und hob mit funkelnden Augen den Kopf; er rief ehern und hallend : »Cervantes !« –

Ich Stimme schwieg, besiegt von Kühnheit und Tiefsinn dieser Widerlegung; ich verstand – Cervantes : damit bewies er, wie man mit anderen Augen anderes sieht, wie aus einer Mühle ein Riese wird – nein, wie eine Mühle ein Riese ist ! – Habe ich ihn verstanden ? Ich weiß nicht, ich kann nicht folgen (Das ist – ich, *ich* kann nicht folgen ? !) Seltsamstes Wesen : aber er muß Unrecht haben – ich will es; er ist doch unsozial, brutal, krank – –

Er nahm die Stirn vom Fenster (5 Millimeter trennten ihn von Sturm und Tod; daß wir uns an Glasscheiben so leicht gewöhnt haben ! – wir sitzen jeder wie in winzigen Seifenblasen (bunte Haut – paßt !) im Weltall – Wenn die Zerbrechlichen springen, fällt uns Ur-Kälte an –); er sagte ernsthaft: »Defoe war ein großer Mann, und Hoffmann war ein Gott – oh, manche haben es gewußt und in ihren Büchern gesagt – Stifter (seine Augen wurden weit und kühl) Hauff (er nickte glücklich) Wieland – –« Stille. – Ich habe das Kinn auf das niedrige Fensterbrett gedrückt. Wassergraus in der Dämmerung. Wie Hände wischt es über das Sprühen und drückt immer mehr dunkle Flächen hinein.

27. März. Nacht. Wir sind in der einbrechenden Nacht auf dem Turmkranz gewesen; der Sturm riß einem die Luft vom Munde weg. Es ist nur noch ein Gemisch von Heulen und Gischt.

Man kann keinen Meter weit sehen vor geblähtem Wasser und beißendem Wind. Alles Dampf und Grau.

So muß es im Orionnebel sein. –

Wieder unten. Er wird unruhig mit wilden Augen. –

Ich habe eine Zeitlang im Halbschlaf in meiner Ecke gekauert – alles verwirrt sich. Bin ich in einem Raumschiff verloren im Weltall, mitten in einem der jahrhunderteweiten chaotisch sich windenden Riesennebl. – Erde – war einmal; reise ich nicht mit uralten Augen durch fremdeste Einsamkeiten; mit mir eine reinlichste phantastische Welt. (Können sich Ideen bewegen? – – Eine Frage für Aristoteles und Platon. Es scheint, er wird wieder lesen. (Das sind also die Stimmen, die ich früher gehört habe – verrückt!)

Ein altes Buch, sehr alt, mit wunderlichem Einband.

Niels Klim. –

Ich muß wiederum mit; hinunter auf Nazar. In das unheimliche Licht. – Lang ist die Nacht und die Augen brennen; ich habe doch so viele Völkerschaften gesehen – haha! Über Berge und wilde Ströme. Baummenschen und die Reise nach dem Firmament. – Da wird man müde.

Die bezwingenden Gebärden des Starken.

Vorbei. –

28. März. Morgens: ich bin wieder unten in meinem Zwischenreich –

Als er aufhörte zu zaubern, merkte ich, daß der Wind längst verstummt war, und auch die Flut schien gesunken zu sein. Ich sah zufällig aus dem Fenster und schrie auf; denn draußen, weit im Nordosten konnte man im Morgengrauen ein Schiff erkennen, das schwer mit den Wellen kämpfte. Ich sprang auf und winkte sinnlos mit den Armen und rief, während er mit erwachenden Augen zum erstenmale von meiner Anwesenheit Kenntnis zu nehmen schien. Ich lief auf ihn zu und keuchte, ihn am Arm packend: »Hinauf, hinauf: die Scheinwerfer – –!« Er schüttelte mich ab wie eine Fliege, daß ich hinfiel; aber ich sprang ihn an und krallte mich in seine Schulter, bereit ihn zu zwingen. Da erhielt ich einen krachenden

Faustschlag ins Gesicht, er öffnete die Tür und trat mich die Treppe hinunter. – Ich habe in die Taue gebissen und gewütet : Hund Hund ! Gibt es
denn nicht Gift für dieses Tier ! –
Ich lache und zwitschere vor Wut – Tod, Tod – –
Abends : Das Wasser verebbt langsam.

29. März. Heute früh kam der Inselboden allmählich wieder zum Vorschein;
ziemlich wie vordem mit Sand und Geröll. Tang darüber geweht. Die
Form der Insel scheint sich beständig leicht zu verändern.

Eine schüchterne Sonne schien am Nachmittag ein wenig und es wurde
fast warm. Der Himmel ordnete sich wieder (Trennung von Wasser und
Luft); leichte Wolken im erwachenden Blau. Die See geht noch immer
etwas hohl.

Lange Dämmerung.

30. März. Das Wetter ist prachtvolle Glut mit schwärmenden Wolken (Viel zu
gut für den Hund)

Aha ! Mir ist befohlen worden, mit zu fischen. – Ich muß mir doch die
Schläge verdienen. – Das Wasser dampft, aber es ist doch kühler als der
Höllenstrand (come di neve in Alpe senza vento – wahrscheinlich war
Dante auch hier.) –

Unten in der Tiefe war es bläulich und kühl (Ich komme mir vor wie eine
Gestalt auf einer kretischen Meervase, angeglotzt von buntem Getier und
gläsernem Tang.) – Um ihn durch seine Unwissenheit zu demütigen,
will ich davon anfangen, spielerisch und gehässig.

Abends : Erfolg, Erfolg ! (Oh, ich verächtliches Gewürm – ich habe kein
Glück) Er kann griechisch und gut, sprach so schnell (allerdings mit
merkwürdiger Aussprache; wo mag er die gehört haben – in Alt-Kreta
selbst ? – Ich habe ihn stark im Verdacht, haha !) daß ich nur die Hälfte
verstand. Er sagte : kommen Sie ! –

oben im Turm hat er ein Heft mit großblättrigen Zeichnungen (der Teufel soll mich holen, wie er schon getan hat – es waren geschickte Rekonstruktionen, weiter nichts !) und so vielen Einzelheiten (z. B. Schreiber in
einem kleinen offenen Laden, die an einer geschnörkelten Linearschrift
malten) daß er das gar nicht verantworten kann.

Ich tat glücklich (und war's halb !) und fragte : woher er das wüßte ? Aus
der Literatur (Evans, a. s. o.) ? – Da lachte er gellend auf; er sagte etwa
Folgendes : »Nimm eine alte Vasengottheit in deine verfluchte dürre
Hand und sieh sie dir an, Narr !« (Es ist wie ein wüster Traum – aber
»dürre Hand« ist gut ! Sehr gut !)

Wir plauderten (!) noch mehr von alten Dingen; ich sprach von E. T. A.
Hoffmann und bedauerte, daß er schon so lange tot sei (Um ihm einen

624

Gefallen zu tun; wenn er will, rede ich ihn mit »Eure Tritonität« an!) Er strich sich wie ein Erwachender mit der Hand über die Stirn und sah mich groß an; dann wich er – die Dämmerung graute, und alle Bücher blickten höhnisch auf mich – lautlos zurück, und wies mit der Hand nach der Tür. Sie stand wie ein weißer schrecklicher Pfeil im Geschiebe der flüsternden Schatten. – Ich kann seine Augen nicht vergessen : nie sah mich Mensch oder Tier so an. War es Furcht vor meinem kalten tötenden Wort oder Hohn und geisterhaftes Fremdsein. (Ich hätte es nicht sagen sollen; aber er *ist* doch tot!) –

Nachts : Auf–ab, auf–ab (ich muß doch »es« schreiben lernen! – Ja, sie singen noch : da ist die rechte Zeit – haha!)

Wenn ich das hier morgen lese, muß ich geträumt haben!

Die Nacht war ein wenig unruhig, und der Wind kam wie ein böser Geist ans Fenster und höhnte. Immer wieder bis ich wach lag. (Morgen früh : träumte! – Ich warne mich!!!); da war es mir, als hörte ich Schritte draußen auf dem Strande, die sich dem Turme näherten, leichte kleine gute Schritte, goldgetupfte – aber ich wußte es gleich. Ich öffnete die Tür einen Spalt weit (ein neues Traum-Maß! – so ist's recht!) und reckte nur den Kopf in die wartende Finsternis. Auch oben ging die Tür, glücklich und singend : dann hörte ich, wie die Schritte behende und schön um die Treppenbiegung kamen und sah die alte gegitterte Laterne, die er in der Hand trug.

Ein zwergiger schlanker Mann im kurzen schwarzen Mäntelchen; über dem weißen Kragen sah mich das spöttische Gesicht mit dem schmalen gepreßten Mund und den großen Eulenaugen an – immer sah es im Steigen nach mir! – Stumm und mit zaubrischem Hohn, bis mich mein Schrei zurück warf an die kalt umarmende Wand. –

Becherklang und Zwiegesang. Von oben. Sie pokulieren, die Ewigen, die Allmächtigen im Licht! Himmel oben, Dumpfheit unten. Seligkeit! Ich weiß, was ich bin – hahaha!

Den Kopf in die Decke : möchte ich taub sein! –

Und endlich erwachen!!! –

31. März. Erwacht. – Wenn es nur immer Tag bliebe. –

2. April. Triumph!!! Oh; Jetzt.

Und das feinste weiße Papier her; und Tinte. Haha! (So muß Loki gelacht haben, als Baldur – verfluchter Einfall! Still!)

Bewegt er sich? – Nein! (Aber ich! Nun bin ich Herr und will mich räkeln.) Wir waren am Strand – (genießerische Pause, während er stöhnt – hm!) Natürlich angeln; und sechs große Zebrafische hatten wir schon in der weißflüssigen Luft auf dem Strand liegen : da sah ich ihn! Er saß blinzelnd und wartend im Korallengebälk, gute drei Meter lang und schwarz wie die Rache. Ich rief ihn mit einem Stein und er kam, mit wehenden stachelgesäumten Flossen : ein Mantelrochen.

Er sah ihn auch und fuhr zurück, aber der Dämon schoß mit halbem Leib auf den Strand und gähnte. Hei, wie die beiden Teufel umeinander sprangen, der schwarze und der weiße : Freßt euch doch ! Freßt euch doch ! Aber noch hatte ich kein Glück (ich will nur recht leise schreiben, daß er es nicht doch merkt) Er warf ihm eine dicke Planke über den Pfeilschwanz und ein Tau um den wogenden Flossenumhang, daß er sich nicht mehr hochschnellen konnte. Ich hielt die Schlinge und stemmte mit aller Kraft den Sand unter meinen Füßen weg, während er mir den Rükken kehrte und nach seiner Axt suchte.

Er schielte mich zitternd und ermunternd an mit riesigem grinsendem Maul und gelbverdrehten Augen, und biß lüstern und sich anbietend in den Sand.

Da ließ ich ihn los ! ! –

Mit flatternden häutigen Flügeln schnellte er hoch und stand schnarchend in der Luft (jetzt war es ganz wie im Inferno : das schwarze mäulige Gespenst auf dem siedenden rieselnden Höllensand.) Dann schlug er, sich krümmend, mit dem dornigen Stachel zu ! Der Andere fuhr herum und hieb unbegreiflich schnell mit weiß kreisenden Armen das Beil in die mantlige Umarmung; ich lag weggeschleudert im scheuernden Sand und hörte nur das volle platzende Knacken, als dem Seesatan das Rückgrat brach.

Der weiße Teufel ließ merkwürdig langsam das Beil sinken, als sei die Luft aus Glas, und jetzt sah ich erst, über den schwarzen immer noch nikkenden Wisch hinweg, daß aus seinem linken Oberschenkel handlang der Schwanzstachel des Rochen starrte ! In seltsamer Vergeßlichkeit dessen, was ich getan hatte, kroch ich hinzu, und bot ihm an, den Dorn herauszuziehen, Er blickte mich gespannt mit gerunzelter Stirn wie abwesend an, und ich fühlte, daß er nichts wußte ! ! – Haha ! (Ob ich ihm Wasser gebe, wenn er stöhnt ? – Ich weiß noch nicht –)

Aber breites Entsetzen ergriff mich doch, als er aus dem Gürtel sein altes Messer nahm und mit zusammengebissenen Zähnen sich gegenüber ein Loch in den Schenkel zu bohren anfing. – Mir fiel erst spät ein, daß er ja sonst nie den widerhakigen Stumpf herausbekommen hätte : er mußte ihn hindurch schieben; der Stachel hatte fast ganz das Fleisch durchschlagen. Ich sah mit höllischem Interesse zu, wie er ihn mit weißem Gesicht hindurchzog und auf den Strand warf; es blutete sehr. Er hinkte in's Wasser, ganz langsam, und wusch die fürchterliche Wunde aus. Dann kam er

schwankend zurück, zerrte sich nach dem Turm und fiel fast noch auf
seiner Türschwelle um.

Abends : Habe ein wenig geschlafen. – Er bekommt rote Flecken im
Gesicht – ein Fieberchen ? – Oh (ich möchte doch meine dürren Hände
schonen. – Bin ich denn das noch selbst ? !) –

Ich glaube, ich darf nicht hier oben sein; sobald ich etwas in die Hand
nehme, unterliege ich dem Zauber. (Ich will ihm doch Wasser geben –
abergläubisch ?)

Ich habe eine große Mappe geöffnet und mir die Bilder angesehen. Zeichnungen. Ob es Götterbilder waren ? – Eins sah aus wie Goethe, ein sit-
zender Zeus. (Phidias –) Ein anderer lehnte an einer Säule in weitem wal-
lendem Gewande, mit hoher Stirn : einen Raben auf der Schulter. Viele
andere noch, ein ganzes Volk.

Ich muß immer noch an den Rabengott denken – das Gesicht muß ich
doch gesehen haben (vielleicht als Abbildung ?)

3. April. Ich habe immer gedacht, um die Rotunde ziehe sich oben ein breites
Stück Mauerwerk oder Eisenblech, aber als ich heute früh an einer Schnur
zog, schoben sich Vorhänge zurück und gaben den ganzen oberen Teil des
Kranzes frei. Ich sprang auf und schrie empor; denn mich umgeben die
wundersamsten Glasmalereien. Dort wo eben die Sonne aufging, lag ein
weites lachendes Tal, von einem leise brausenden Fluß durchströmt mit
waldigen Ufern und einzelnen Felsen, die in der zärtlichen Sonne erröteten, rosig und nackt. Dann ein mittäglich stilles Kornfeld, ein Weg daran
vorbei; ein abendlicher See über den leichte Nebel wehen, ein Junge am
Ufer mit einem Schiffchen in der Hand, der stumm in die schwebende
Nähe sieht. Auch eine bläulich und silbern erglimmende Nacht, weite
Hochflächen im Mond und eine helle leere Stadt hoch im Bergland. Und
alles geht ineinander über ohne Rahmen, ohne Begrenzung.

Ich habe ein Fernglas genommen und sehe sie mir genau an. Ritterburgen
auf steilen Felsen, spielende Kinder, schreibende Gelehrte. Ein Mädchen.

Ich habe lange über diese Bilder nachgedacht. Sie widersprechen unserer
Rahmung, unserer Weltbegrenzung (Rahmen als moderne Midgard-
schlange) – Gewiß, man könnte andere »Außenränder[«] für Bilder erfinden, verlaufend in schattigen Waldgründen, so daß das Bild nur den
hellen Brennpunkt darstellte. (Wie eine Landkarte, wo ja auch die interessantesten Stellen den Rand durchbrechen !)

Der Turm müßte »die ganze Welt« heißen.

(Ich will ihm etwas Wein geben. Und einen neuen Verband machen)

Abends : Der Mond ist aus dem Meer geklommen und steht hinter den
Nachtbildern.

Ich sehe weite bläuliche Säulenhallen; um einen rotbestrahlten Tisch sitzen Ritter; Schiffe, vom hellsten Mondlicht umgossen, rauschen im kalten Nachtwind über's Meer. Adler fliegen über die gepanzerten Schlafgestalten auf dem weißen Deck.

Gegen Mitternacht : Ich habe die Vorhänge geschlossen und lange gelesen. In den »martischen Realien« – ein tolles Buch ! (Ein Manuskript natürlich.) Er behandelt also Laßwitz so, wie unsere Philologen den Homer »bearbeitet« haben. Gibt Register, bestimmt Pflanzen, beschreibt Einrichtungen, stellt an Hand des Laßwitz'schen Berichtes – (ich habe wohl 5 Minuten auf das Wort »Bericht« gestarrt, das ich eben geschrieben hatte ! – Ist es Zufall, oder bin ich selbst schon so weit, daß ich nicht mehr weiß –) Ich habe es noch einmal durchdacht – (Ich will ihm erst Wasser geben – nein, – Wein !)

Es ist wohl nicht nur Verspottung der mikroskopischen Arbeit unserer Gelehrten, wie ich zuerst annahm : hier sind ja wirklich alle Dichter zeitlos und heilig. Es ist ein seltsamer (aber tiefster !) Einfall – wenn ich bedenke, daß man ebenso den Faust oder die Pickwickier oder – still ! So kommt man seinem Dichter näher : habe ich es verstanden ? – ich weiß nicht; oder doch ? –

Um diese Zeit hörte ich sonst oft die Stimmen über mir; dann ließ er mich nie herein : trank er ?

Oder ließ er nur das Fenster offen : da scheint der Mond herein und der Wind läuft ums Haus und flüstert alte Geschichten.

Zweimal habe ich hier gesessen : war das Wahnsinn oder ist es die stolzeste Herrschaft der Seele, die Welten umfaßt, liebliche und wilde ? Schlafen.

4. April. Er fing mit ganz dünner kindlicher Stimme an zu singen, – ich verstand ihn nicht.

Gegen Morgen hob er unruhig den Kopf und begann zu flüstern, Mit weit offenen Augen, die vieles sehen mochten. Stundenlang. –

Ich habe im Jules Verne gelesen; Voyage aux Centre de la Terre; großes viersprachiges Manuskript, jedes scheint eine andere Fassung mit schönen und fremdartigen Textvarianten (keine bloße Übersetzung); die Bilder waren wieder ganz neu; Kupferstiche mit tiefbraunen Schatten und silbrigen Lichtern. Der Weg durch die Schächte, springendes gutes Wasser und die alten Trachten der Wanderer. – Lange sah ich in diese Gesichter, die unbeirrt hinabzogen in das ferne Land. –

Wie schnell man doch vergessen kann ! Aber ich will nicht : er hat mich geprügelt wie einen Hund.

Mehrmals.

Das soll er mir büßen; Schlag um Schlag ! (Am besten eine Peitsche oder ein Riemen für den rohen Schuft – – behaglich triumphierend : die Gerechtigkeit siegt doch immer – ah, oui ! Die Gerechtigkeit ! haha !)

Erst soll er mich belustigen (die Rache als Kunstwerk –) – Ach, was : das erste beste Buch her, und ihm in die Hand gedrückt : Lies mir doch etwas vor, mein Söhnchen ! –

Ich will es mir recht bequem machen am Tisch – es scheint ein Unwetter aufzuziehen. (Habe ich ihm etwa wieder den Höllenzwang hingelegt ? –)

Ja ! Ich muß wahnsinnig sein ! – Oh, ich »Rachekünstler« – Nein ! ! – Zu spät : sie kommen schon, die Vielen. – Pfeifend springt schwarzgemäntelter Wind in die Tür. – Trägt er nicht schon ein altes buntes Wams; rauscht das Meer oder versinke ich wie ein Stein in vergangene Jahrhunderte – Mir das Buch – Mir das –

Sieh doch : ein dunkles – Wasser – –

Irgend ein Tag;

ich weiß nicht. (und unten im Netz der Seile) Er hat gelesen. Tag und Nacht, wie ein Durstiger, der Genesung trinkt, wie ein Dämon – ach, wie viele Dämonen; und wie ein Gott – ach, wie viele Götter ! –

Mit jubelnder Stimme am Schluß. Dann sprang er auf – –

Nun – ich sitze wieder unten. (Ah, oui : die Gerechtigkeit !)

am nächsten Tag : Es rührt sich oben nichts; ob er tot ist ? – Hm.

Schönes Wetter; gut Zeichen für mich, wie ?

am nächsten Tag : Alles still; Himmel und Erde und ER !

Allein die Namen hatte ich noch nie gehört; Engelshofen glaube ich, ja (?); aber Sehfeld – (das sind mehr als Traumzustände – albernes Wort – ich weiß nicht, wie kann ich es nennen ? – »Leben« ist es auch nicht; denn so hatte ich noch nie gelebt ! Ich ! Schwächling !) – Nun war ich doch schon vor Jahrhunderten in Rodaun und im versunkenen Halle : Dank, mein großer weißer Vitzliputzli; schönen Dank, Du – Teufel ! ! –

Ich wage nicht mehr die Beschreibungen meiner früheren Tage hier zu lesen, aus Furcht, ich könnte nun endlich erkennen, daß ich seit langem wahnsinnig bin ! ! –

Ein Tag : Er lebt. Er kam die Treppe herab. (Blaß, lieber Freund, etwas blaß !) Und wir gingen fischen.

Wie einst im März (– 's war wohl März, kalkuliere ! Haha !)

Abends : Er spricht merkwürdig viel mit mir, schnell und unheimlich klug, so daß ich ihm mit meinem armen Kopf oft nicht folgen konnte. (Aber das Bein ist immer noch dick verbunden; scheint zu bluten ? –)

Ältere deutsche Dichtung : Parzival, Erec, Iwein, Tristan.

Vor allem Nibelungen !

(Ich leide seit einigen Tagen an merkwürdiger Gedankenflucht; fast kindische Geistesschwäche); so sah ich ihn mit blöden Augen an und nickte ihm albern und erfreut zu : Ritter hätte ich schon lange gern einmal gesehen! (wie fein – doch, ja ! eine satanisch feine – Bemerkung, deren hilflosen Hohn er gar nicht merken mochte – er hört mich nie; ich bin ja auch nur ein Stersplitter, der um ihn Sonne schleicht, ausgespieen von ihm; muß fort, wohin er mich zieht – und es ist viel, viel lastender, Zeiten zu durchwandern, als Räume –

Ich lasse alle Klammern offen, wie leere Schubladen meines hohlen Hauptes; sollen sie doch nichtswürdig gaffend meine Erbärmlichkeit aufgähnen lassen, sollen sie doch, ...

Nächster Tag : Ich schlafe oft im Sitzen ein; nicht direkt schlafen, nein. Aber wenn ich mir morgens einen interessanten Ziegel in der Mauer angesehen habe, (wildeste winzige Hochländer sind darauf; spitze Bergkörner, die Schatten schleudern, wüstenrote rauhe Ebenen –) und ich wende endlich den Kopf, so ist es Abend und die Dämmerung tanzt wie ein graues plumpes Tier um mich (Caliban – heisa – Ca-Caliban . .)

Manchmal versuche ich klirrend auf die Wand zuzutreten, aber die Nibelungen kommen nicht zu mir lauem Schleim – phlegma kai chole – (Sieh da, ich kann noch Griechisch !)

Dann : Viel genibelungt; er wird immer erregter. (Der Verband war schmutzig und gelb durchsogen an der Wunde; das geht doch nicht – ich will doch wenigstens noch die Ritter sehen ! – Äh, meine Herren; der Egoismus . .) Ich habe nach langem trägem Suchen meinem Wahnsinn das Beiwort »bösartig« gegeben. Suchet, so werdet ihr schon finden; und bienheureux les pauvres qui le sont en esprit . . . . auch Französisch noch : der große Mann !

Am Nachmittag kam er herunter, nahm sich einen der runden Faßdeckel und fing an, nervös mit mir plaudernd (ja, so verkehren wir jetzt; sein Dank, daß ich ihn leben ließ ? – Hm !) ein paar Riemen darauf zu nageln, während ich gierig und verständnislos in sein leuchtendes Gesicht sah, aus dem die Worte wie silberne Kugeln sprangen.

Ich verstand ihn gleich. –

Nicht was er sagte; das war wie raunender Donner oder brausendes Wasser. ein fremdes Schallen.

Aber der *Schild* ! In dessen rohen Rand er mit dem starken Messer funkelnde Ziernarben schlug, bis sie wieder ineinander mündeten (wieder ist ein »Kreiswort« – wieder – andere Worteinteilung erfinden.)

Ich Schlaukopf !

Ein Schild !

Ich lachte einfältig und tückisch; und tat ausweichende unterwürfige Fragen, mit der unheimlichen Gewandheit des hellsinnigen Nachtwandlers:
er sollte selbst damit kommen! (ich weiß wohl: ich muß mit, wenn er
will, aber ich will mich und ihn quälen, nutzlos, ohne Grund, nur daß ich
merke, daß mein Dasein die Zeit noch erfüllt. Ich will mich noch fühlen,
und sei es nur als Widerstand, als Gravitation – gibt es nicht ein Märchen
von einem Spiegelbild, das seinen Körper verloren hatte? Oder umgekehrt? –)
Am Abend fiel mir ein: Es müßte Bücher geben mit Leseanweisungen
am breiten Rande. (Bei Noten schreibt man ja auch vor: allegro und
furioso – –)
Etwa so: Hier ist in einem Haufen nasser goldiger Herbstblätter zu
    wühlen ...
    Hier ist ein Stückchen Rinde mit den Lippen zu zerbröckeln ...
    Darf nur an einem regnerischen Waldbach gelesen werden, an
    einen Baum gelehnt ...
    In nassen Kleidern nach einem Sturmgang ...
    An der Stätte alter Erinnerungen ...
    Watend, auf gutem Kiesgrund ...
    Hier ist eine Kerze anzuzünden ...
    Muß laut gesprochen werden ...
Haha: Darauf ist er noch nicht gekommen! (Aber ich bin ja sicher nur
    eins seiner Echos.)
Morgens: Der Schild ist fertig; manchmal scheint er mir schon aus düsterem
    Eisen mit silbernem Rande.
    Wir wollen die Nibelungen aufführen (ich möchte Alberich machen
    oder den Drachen – weh: der fault noch schwarz am Strande! – oh! –
    Grauen! –)
    Als er in sein Zimmer hinaufstieg, schütterten schon die Stufen unter sei-
    nen beerzten Füßen.
Nächster Tag: Ich habe mir einen Helm gemacht – Haha! –
    Aus Hölzerchen und Pappe – *mein* Helm. Ich habe doch auch einen Helm.
    Wills ihm zeigen. Hinkriechen zu ihm: eia, mein Helm –
    Ich kann nicht mehr; ein Weinkrampf würgt mich ...
Am Abend: Sein Bein – ob es heil ist?
    Ein furchtbares Unwetter zieht auf, drachig auf seidengelbem schwülem
    Grund. Feuer bläst in der Luft.
    Noch unten.. Aber ich warte schon. Behelmt, Bis er ruft.
    Erster Akt – haha! –
    Er steht unheimlich groß im weiten Sturmmantel am Fenster; mit Schild

und Speer und wirft schmetternde Verse wie Bogenvögel über mich. Ich tanze Nebeltänze im waldigen Tal und singe unbeholfen – wie muß ich tölpisch und täppisch meine Elfe rufen ? –

»Urflüstrerin, Du Feine :

was läßt du mich alleine ? –

Wann kommt dein Echo her – ? –«

tapp und tapp – lauschen in die Waldgründe, grämlich – – ho : sie kommt nicht –

Ab. –

Es blitzt ununterbrochen. Und er wirft den Speer nach mir, wo eben noch bleiche Zwerge die Goldstücke durch die Gänge von Kriemhilds Nachtburg rollten ? Und er, Hagen Tronje, am Windfenster lehnend, dem nebligen Zuge zusah ?

Du wirfst nach mir ? ! – Warte : –

Hinein ; gebläht und windend ; und giftiges Feuer aus den quellenden Augen – da : schon wieder getötet. –

Nun, nun auch dich treffe ich (wenn ich nur noch den Schwarzen hier hätte ; vielleicht kann ich es selbst sein ? –) – Ja, ja : trink nur aus dem flüsternden Bächlein ! Oben pfeift schon dein Totenwind.

Jetzt ; und den Speer hinein –

Was da ? – : Du taumelst ? – Wie blaß –

Siegfried ! ! ! –

In der gellenden Nacht : Als er aufsprang und den Schild nach mir schleuderte – der Atem sprang mir schmetternd aus der zerworfenen Brust – Er ist schon starr und sieht – – wohin ? –

Das schmutzige Tüchlein am Bein riß und es wallte edel und purpurn aus der Stachelwunde ; dann brach er zusammen.

Seine marmorne Hand ist wie Welteneis ; ich irre an den Wänden umher : wenn gleich die Nacht kommt ! – das kann ich nicht ; allein mit ihm Gott, den ich Larve stach.

Wer würgt mich im Takt ? Und die Füße rasen zur Tür –

Ich will mich auf eine Planke binden – am grinsenden Schwarzen vorbei ins Meer, zu den dürren Menschen. –

Ich will wie eine Fackel durch die Städte rennen : lebt doch ! Lebt – doch – –

ANHANG

EDITORISCHE NACHBEMERKUNG

KLEINERE ERZÄHLUNGEN

Die große Anzahl von Zeitungs- und Zeitschriftenabdrucken vieler der hier vollständig gesammelten ‹Kleineren Erzählungen› könnte vermuten lassen, *sie* stelle das spezielle Problem bei der Edition dieser Texte dar; in Sonderheit, wenn man sieht, wie selten zwei Abdrucke ein und der selben Erzählung in Orthographie, Textgestalt oder gar Titel übereinstimmen.

Aus dem in Bargfeld erhaltenen Briefwechsel Schmidts mit den jeweiligen Zeitungs- und Zeitschriften-Redaktionen geht jedoch hervor, daß all' diese Abweichungen von den Original-Typoskripten durch Schmidt nicht autorisierte Eigenmächtigkeiten der Redaktionen waren. Die Herausgeber der BARGFELDER AUSGABE, die ja um die Herstellung der vom Autor intendierten Textgestalt bemüht sind, sehen daher keine Veranlassung, diese korrumpierten Fassungen zur Edition heranzuziehen bzw. sie als Varianten im Anhang zu dokumentieren. (Daß eine rezeptionsgeschichtlich orientierte Forschung durchaus an diesen Fassungen interessiert sein kann, soll damit nicht in Abrede gestellt werden – dies spezielle Interesse zu befriedigen ist aber hier nicht die Aufgabe.)

Das editorische Problem beginnt mit dem von Schmidt gebilligten Buch-Erstdruck des größten Teils der ‹Kleineren Erzählungen› in dem 1966 erschienenen Sammelband TROMMLER BEIM ZAREN [1] : Denn dieser folgt in einigen Fällen nicht den Schmidt'schen Typoskripten, sondern korrumpierten Zeitungsdrucken. Somit hätte eine ursprünglich unauthorisierte Fassung den Charakter einer autorisierten angenommen – hätte also (den editorischen Prinzipien der BARGFELDER AUSGABE nach) Anspruch auf den Status eines letztgültigen Lese- und Kerntextes.

Der in Bargfeld erhaltene Briefwechsel zwischen Arno bzw. Alice Schmidt und Ernst Krawehl, Schmidts damaligem Lektor und Verleger, erklärt zumindest in Umrissen, wie es zu diesem für Schmidt untypischen Umgang mit seinen Texten kam :

Konzeption und Satz des Sammelbandes fielen in die Jahre 1965/66, in denen Schmidt bereits von der Arbeit an ZETTELS TRAUM fast vollständig absorbiert war und somit keine Zeit fand, aus seinem Archiv gültige Satzvorlagen herauszusuchen. Zudem waren von einigen Erzählungen – (nach intensivem Versand von Durchschlägen und Duplikaten an Zeitungen) – nur noch Typoskript-Unikate vorhanden, die er nicht aus der Hand geben wollte. So mußte Ernst Krawehl bei der Zusammenstellung der Druckvorlage auf seinen eigenen Bestand von ihm früher überlassenen Durchschlägen, auf Zeitungsdrucke und auf nicht immer ganz fehlerfreie Abschriften Alice Schmidts [2] zurückgreifen.

---

[1] In dem Band waren enthalten: Im Abschnitt ‹Aus der Inselstraße› die Erzählungen TROMMLER BEIM ZAREN, SCHLÜSSELTAUSCH, DER TAG DER KAKTUSBLÜTE, NACHBARIN, TOD UND SOLIDUS, LUSTIG IST DAS ZIGEUNERLEBEN, DIE VORSICHTIGEN, SELTSAME TAGE, ROLLENDE NACHT, WAS SOLL ICH TUN ?, RIVALEN, AM FERNROHR, GESCHICHTEN VON DER INSEL MAN, SCHULAUSFLUG, ZÄHLERGESANG, NEBENMOND MIT ROSA AUGEN; im Abschnitt ‹Stürenburg-Geschichten› (mit der Unterzeile ‹Kann fortgesetzt werden›) EIN LEBEN IM VORAUS, DAS HEULENDE HAUS, SOMMERMETEOR, KLEINER KRIEG, DIE WASSERLILIE, ER WAR IHM ZU ÄHNLICH, SCHWARZE HAARE, DIE LANGE GRETE. – Das Fischer-Taschenbuch ‹Sommermeteor› mit den gleichen Erzählungen in anderer Reihenfolge war ein photomechanischer Nachdruck ohne Varianten.

[2] Beispielsweise wird in dem auf ihrer Maschine getippten Exemplar des TROMMLER BEIM ZAREN aus »Henkelmänner mit Kännchen« »Henkelmänner mit Kämmchen«.

Auch die Korrekturarbeiten wurden von ZETTELS TRAUM an den Rand gedrängt :
Die erste Fahnenkorrektur Arno Schmidts wirkt auffallend flüchtig und fast zufällig, als
wäre es ihm eher um bereits vorbedachte Änderungen und Ergänzungen als um echte Feh-
lerkorrekturen gegangen. Einen Vergleich der Fahnen mit seinen eigenen Typoskripten hat
Schmidt jedenfalls nicht durchgeführt. Die zweite (Umbruch-) Korrektur schließlich hat er
ganz seiner Frau Alice überlassen.

Die Herausgeber fühlen sich auf Grund des Geschilderten berechtigt, bei der
Erstellung der gültigen Lesefassungen an den »autorisierten« Sammelband-Texten vorbei
unter Berücksichtigung der Schmidt'schen Fahnenkorrekturen auf die Typoskripte zurück-
zugreifen.

GEDICHTE

Die Gedichte Arno Schmidts liegen mit dieser Ausgabe erstmals in einer kompletten
Sammlung vor. Nicht aufgenommen bzw. im Varianten-Apparat nicht berücksichtigt
wurden Gedichte und Gedichtfragmente, die von Schmidt in seine (vor allem frühe) Prosa
integriert worden sind. – Über Anlaß und Entstehung des von den Herausgebern so
genannten ‹Zimtfragments› konnte nichts in Erfahrung gebracht werden.

JUVENILIA

»Also – : es mögen nun wohl rund an die 120 Jahre her sein; – : daß Bauern hier 1 Dichter
verscharrt habin, der sie öfters beschrieb. – An dem Faktum=selbst ist nicht zu zweifeln; (Ich
zeig'Euch dann auch den größtn Teil seiner Wercke die Ich, selbstredind, in seltener Vollständigkeit besitze – : da wär der ‹Garten des HErrn v. Rosenroth›. ‹Mein ONCEL Nicolaus›.
Das ‹Schloß in Ungarn›. Ich hab soga n pa=*MS* an=Mich bringn könn. rùnd=18fuffzich – :
POE=Zeit«, heißt es in ZETTELS TRAUM [3], und auch an anderen Stellen seines Werkes treibt
Arno Schmidt – man möchte sagen – : genremäßige – Mystifikation mit seinen Juvenilia, vor
allem, was Entstehungszeit und Art ihres auf-die-Nachwelt-Kommens anlangt. Das geht
bis in seine Briefe hinein; so schreibt er etwa am 26. 3. 1958 an Ernst Krawehl: »Etwas *ganz*
Tolles ist noch passiert : meine Mutter hat noch einen alten Pappkarton auf dem Boden ent-
deckt, mit frühen Arbeiten, zumindest Entwürfen zu solchen, von mir ! Ich weiß selbst noch
nicht, worum es sich dabei handelt; vielleicht ist es die ‹Märchenserie› – a la Hoffmann &
Tieck – vielleicht ist es gar die allererste Fassung der ‹Tina›, die ‹Dichtergespräche› ! – Nun,
ich bekomme die Sachen nächstens her;«. Auch dies eine Mystifikation – Alice Schmidts
Tagebuch und die Briefe der Mutter lassen nur den Schluß zu, daß sich die Manuskripte der
Juvenilia seit ihrer Abfassung in ununterbrochenem Besitz von Arno oder Alice Schmidt
befunden haben.

Der Titel ‹Juvenilia› stammt von Arno Schmidt. Das Konvolut, das die hier in
Transkription wiedergegebenen Handschriften von DIE INSEL bis MEIN ONKEL NIKO-
LAUS enthielt, war so beschriftet. In ihm befanden sich außerdem eine (erst bei einer späteren
kritischen Ausgabe zu berücksichtigende) erste Entwurfs-Niederschrift des HAUS IN
DER HOLETSCHKAGASSE sowie H. A. Schumachers Abhandlung über die Lilienthaler Stern-
warte [4] : wohl eine Bekräftigung des in CALIBAN ÜBER SETEBOS (BA I, 3 S. 506) zu findenden
Hinweises, das von Schmidt nie ausgeführte LILIENTHAL-Projekt reiche in seinen Anfängen
in die Vorkriegszeit zurück.

---

[3] S. 11, gekürzt zitiert.

[4] Hermann A. Schumacher : Die Lilienthaler Sternwarte. Ein Bild aus der Geschichte der
Himmelskunde in Deutschland. (Abhandlungen, hrsg. vom naturwissenschaftlichen
Verein in Bremen, Bd. XI, Heft 1, 1889) Gebundenes Exemplar mit einem Besitzeintrag:
»Arno Schmidt Kastel, 24.XII.1954«.

Das von Schmidt im Zusammenhang seiner Juvenilia oft erwähnte Versepos SATASPES fand sich nicht im Nachlaß und muß als verschollen gelten.

Die von den Herausgebern zu verantwortende Reihenfolge der Texte in diesem Band bedarf in einigen Fällen der Erläuterung : DER GARTEN DES HERRN VON ROSENROTH und DIE FREMDEN sind beide von Schmidt ohne weitere Präzisierung mit »1942« datiert worden. Die zeitliche Priorität ist also keiner der beiden Erzählungen mit Sicherheit zuzusprechen. Die größere sprachliche und konstruktive Sicherheit des Autors in den FREMDEN legt allerdings nahe, den GARTEN DES HERRN VON ROSENROTH als das frühere Stück zu betrachten.

Ebenfalls unsicher ist die Einordnung des undatierten Manuskripts DAS KRAULE-MÄNNCHEN. Inhaltliche Nähe und große Ähnlichkeit der Papiere und Handschriften ließen die Zuordnung zum REBELL plausibel erscheinen.

Größte Schwierigkeiten bei der Datierung bereitet PHAROS, die als einzige Juvenilie nur als Typoskript vorliegt. Papier und Type gleichen keinem anderen Typoskript im Nachlaß Schmidts. Es fand sich nicht im oben genannten Konvolut, sondern in einer von Schmidt angelegten Mappe mit Materialien zu ABEND MIT GOLDRAND. Das Typoskript trägt auf der ersten Seite die mit Bleistift geschriebene Anmerkung Arno Schmidts : »Scheint Tinnef ? 8. XI. 1958 Sch. (nur ‹historisch› intressant)« sowie eine weitere, mit Filzstift und in deutlich späterer Handschrift (etwa aus der Zeit der Niederschrift von ABEND MIT GOLDRAND) : »Geschrieben August 1932 in Lauban, als erste Handübung in der ‹Neuen Form›«. Unter dieser Eintragung ist eine frühere, nicht mehr lesbar zu machende Datumangabe ausradiert worden. Der Versuch Schmidts ist deutlich, die Entstehung des PHAROS in das gleiche Lebensjahr zu verlegen, in dem der Martin Schmidt des ABEND den dort mit Veränderungen vorgelesenen PHAROS geschrieben haben will.

In CALIBAN ÜBER SETEBOS erinnert sich der Ich-Erzähler an Hagenau : »da war ich auch mal monatelang ‹in Garnison› gewesen; und hatte (. . .) eine neue Prosaform erfunden, ‹PHAROS oder von der Macht der Dichter›.« (BA I, 3 S. 483) Die Erzählung wäre damit 1941, zwischen DER JUNGE HERR SIEBOLD und DAS HAUS IN DER HOLETSCHKAGASSE entstanden. Die Herausgeber mögen dieser Datierung ebensowenig folgen wie der auf 1940, die Schmidt in einigen Briefen an Ernst Krawehl vornimmt.

Natürlich können gedankenspielerische oder konzeptionelle Vorstufen in die Jahre 1932 bis 41 zurückreichen. Stil und Inhalt des PHAROS lassen jedoch eine Niederschrift der Erzählung *vor* dem letzten datierten Manuskript (also vor Herbst 1943) extrem unwahrscheinlich werden. Die Herausgeber sehen in PHAROS das Bindeglied zwischen den Juvenilia und dem von Schmidt veröffentlichten Werk, zwischen MEIN ONKEL NICOLAUS und ENTHYMESIS.

* * *

Mit diesem Band liegen alle von Arno Schmidt abgeschlossenen erzählerischen Arbeiten bis ZETTELS TRAUM vor; darüberhinaus vorhandene erzählerische Fragmente, Skizzen und Entwürfe werden zu einem späteren Zeitpunkt als Supplement-Band folgen.

Bargfeld, Januar 1988

Jan Philipp Reemtsma
Bernd Rauschenbach
Wolfgang Schlüter

ABKÜRZUNGEN

VARIANTEN-APPARAT

KLEINERE ERZÄHLUNGEN

EIN LEBEN IM VORAUS.
Niederschrift 10. 5. 1955
Textgrundlagen :
    Typoskript
    Erstausgabe in TbZ
    Korrekturfahnen zur Erstausgabe

DIE WASSERLILIE.
Niederschrift 11. 5. 1955 / 19. 6. 1962
Textgrundlagen :
    Typoskripte 1 u. 2
    Erstausgabe in TbZ
    Korrekturfahnen zur Erstausgabe
Typoskript 2 von 1962 weicht von Typoskript 1 so erheblich ab, daß es nicht sinnvoll
erscheint, eine bloße Auflistung der Varianten zu geben. In der vorliegenden Ausgabe
wurde (entgegen der Chronologie) die Fassung von 1962 im Textteil abgedruckt; die in
TbZ veröffentlichte Fassung von 1955 folgt (da Schmidt sie mit dem handschriftlichen Ver-
merk »überholt« versehen hat) hier im Anhang :

DIE WASSERLILIE.

Da wir heute etwas eher gekommen waren, fanden wir Vermessungsrat a.D. Stürenburg noch mit seinem Theodoliten beschäftigt; das kostbare Instrument war, wie er uns abwehrend von
weitem erklärte, auf einem isolierten, 5 Meter tief versenkten
Steinpfeiler aufgestellt, und berührte den Zementring, auf dem
sich der Beobachter bewegte, an keiner Stelle. Noch einmal
lugte er kritischen Mundes in das Ablesemikroskop, murmelte :
»10 Minuten. 24 Komma 3 Sekunden« (»24 Komma 3« wiederholte Apotheker Dettmer ehrerbietig). Hagemann das Faktotum,
hob kunstvoll ächzend die diversen Schutzkappen über das Gerät;

und wir folgten Stürenburg zu unserer Plauderecke auf der Terrasse, wo eben auch Hauptmann von Dieskau zwischen den beiden Damen sichtbar wurde, »Eine Rose zwischen zwei Dornen« wie Dettmer verschämt witzig anmerkte.

»Wenn man genau die Höhe seines Instrumentes kennt –« schon hob der Hauptmann nörglig 5 rechte Finger dazwischen : was heißt hier Höhe ? Die Standfläche ?; und Stürenburg erklärte, mit Nachsicht, weil es sich um einen Infanteristen handelte, daß man selbstverständlich die Kippachse des Fernrohrs verwenden müsse. Er meckerte unlustig, und blies einen stäubenden Rauchkegel von sich; »Abajo vuelta« flüsterte ergeben der Apotheker, der in seiner Jugend einmal Spanisch gelernt hatte, und das nie vergessen konnte; aber schon fing Stürenburg grämlich an :

»Na ja; wir sind ja unter uns, und da – –. Also es war vor rund zwanzig Jahren – ich bin ja vorzeitig pensioniert worden, weil ich es damals mit den Nazi-Machthabern verdorben hatte : das muß ich Ihnen auch noch einmal erzählen ! – da stehe ich eines Abends genau so am Instrument und winkle ein bißchen; und sehe plötzlich drüben, am Strand bei Hude, ein Pärchen kommen. Nun habe ich eine besonders gute optische Ausrüstung und sah die beiden so, als wenn sie in ungefähr 50 Metern Entfernung wären. Sie schien einen grellroten Pullover zu tragen, und er hielt einen kleinen Koffer in der Hand. Sie gingen auf dem Laufsteg immer weiter vor; setzten sich vorn an das Pfahlwerk hin – : und auf einmal sehe ich doch, wie der Mann das Köfferchen ins Wasser gleiten läßt !«

»Den Koffer ?« fragte Frau Dr. Waring verständnislos; und auch der Apotheker schüttelte entrüstet die Backen.

»Ich zählte sogleich die Pfeiler ab, wo das passiert war – unterdessen hatten sich die beiden wieder aufgerafft, und waren landeinwärts geschlendert. – Dann bestieg ich mit Hagemann unsern Kahn und wir stakten hinüber. Erst als wir am Bollwerk festmachten, kamen mir Zweifel : was mich das überhaupt anginge ? ! Aber da waren wir nun einmal; und ich dirigierte Hagemann ins Wasser; der Dümmer ist ja so flach, daß man quer hindurch waten kann. Er fühlte eine zeitlang mit den Zehen, und hatte dann das Gesuchte gefunden; fuhr mit dem Fuß in den Griff, gab ihn an die Hand weiter, und mokierte sich sofort über ‹das Gewicht›. Nun mokiert er sich bekanntlich über Alles; ich hörte also gar nicht weiter hin; worauf er, immer maulend, das Ding auf die Ruderbank legte : tatsächlich neigte sich der Kahn leicht auf die Seite.«

Dettmer nickte, als hätte er das gar nicht anders erwartet; der Hauptmann lächelte rechts über dergleichen Zivilistereien; ich erlaubte mir, auch der Nichte Emmeline eine Zigarette anzubieten (was aber von der Tante so entrüstet abgelehnt wurde, als hätte ich einen Verführungsversuch unternommen); Stürenburg beobachtete uns belustigt, wurde aber ungewöhnlich schnell wieder ernst, seufzte ein bißchen, und fuhr stirnrunzelnd fort :

»Die Schlösser schnappten mühelos auf; ich hob den Deckel – und sah : – – !« er beugte sich impressiv vor; : »in Decken gewickelt, schneeweiß, ein Kindergesicht. Mit breiten bläulichen Flecken; eine Wasserlilie auf der atemlosen Brust«. Erst jetzt konnte die Tante »Emmeline ! Du badest nicht mehr !« rufen; und : »Hol doch bitte noch einmal heißes Wasser aus der Küche. – Sie darf doch ? !« wandte sie sich mit vernichtender Freundlichkeit an Stürenburg, der überrascht einwilligte.

»Ich schlug entsetzt den Deckel wieder zu« (Dieskau nickte grimmig : entsetzt wegen *einer* Leiche; oh diese Schlipsträger !) »Hagemann ließ ihn zitternd vor Gruseln wieder hinunter; und wir verließen die Stelle. Natürlich jagten sich meine Gedanken : was tun ? ! : Was hätten *Sie* getan ?«

»Der Polizei. Meldung von der Unsittlichkeit gemacht.« hauchte Frau Dr. Waring indigniert. »Mord« flüsterte Dettmer angenehm ergriffen. Wir andern kratzten nachdenklich unsere Backen.

»Das dachte ich damals leider auch« sagte Stürenburg trübe; beschwichtigte die Tante, die ob des ‹leider› hochwollte; besah seine Zigarrenglut, und berichtete mürrisch weiter :

»Am nächsten Morgen fuhr ich mit dem Motorrad nach Hude : richtig; dort wohnten sie beim Bauern. Ich traf das saubere Paar im Dorf. Er : groß, schlacksig, rote Haare und Sommersprossen genug; sie : schneeweiß und knochenlos dünn, mit schwarzen Ponyhaaren und Augen. Fest und ruchlos sahen mich die jungen Gesichter an. Ein ‹Künstler› kriegte Hagemann raus.« Die Tante schnob pharisäern durch die Nase; auch fiel ihr ein : »Bohème«.

»Der Kriminalkommissar aus Diepholz kam gleich mit. Wir stellten sie : ‹Haben Sie uns nichts zu sagen ?›. Sie wurden sichtlich unruhig; schwiegen jedoch verstockt. Als wir uns dem Seeufer näherten, ließ er das blasse Gesicht hängen; sie klammerte sich an seinen Arm, und ich hörte sie flüstern : ‹Sollten wir's nicht besser beichten ?› – Als der Koffer auf dem Bollwerk lag, schnappte er nach Geständnissen; aber schon hatte der Beamte geöffnet : jetzt bei Tageslicht sah der Inhalt noch fataler aus !«

Eben kam Emmeline mit heißem Wasser zurück : »Noch heißer !« befahl die Tante verzweifelt, und sie mußte maulend wieder davon. »Bitte rasch, Herr Rat« keuchte die Witwe erschöpft.

»Wir faßten angeekelt die Kanten der Decke, in die das Unglückswurm eingewickelt war : schwer wie Stein lag es in unseren Händen –« er drückte die kostbare Zigarre aus, er knirschte ärgerlich : »ach, was soll ich lange erzählen ! So war es auch ! Der Kerl hatte ‹auf Vorrat› ein ‹schlafendes Kind› zusammengepfuscht – er war Bildhauer – und es in den See versenkt, damit der Stein eine grünlich-antike Färbung annehmen, und ‹mehr bringen› sollte ! Ein Kollege hätte ihm den Trick verraten – das machten viele so !« Er warf sich, noch heute wütend, in den Sessel zurück; während wir uns unwillkürlich den Seegrund vorstellen mußten : über und über bedeckt mit modernen Statuen, die dort teuer bezahlte Patina ansetzen sollten. Stürenburg stand auf, und forderte uns mit einer ungeduldigen Handbewegung zum Mitkommen auf.

Im Schuppen hinterm Haus, dicht neben Hagemanns Fahrrad, lag auf Kisten ein verstaubtes fuchsrotes Köfferchen : bitte. Dieskau, zähnefletschenden Mutes, öffnete. In braunkarierten Deckenresten lag ein sinnig lächelndes schlafendes Kind. »Ich hab ihm das Dings abgekauft« bekannte Stürenburg giftig, »für teures Geld. Um Aufsehen zu vermeiden.« Tja. Auch Apotheker Dettmer beugte sich darüber; plötzlich hob er erleuchtet den vollen Kopf : »Das ist aber gar keine Wasserlilie, Herr Rat«, wußte er von der überdimensionalen Blume : »das ist der gewöhnliche Teichschwertel, Iris pseudacorus : ich weiß es bestimmt, die Wurzel ist offizinell.« »Herrgott von Bentheim; auch das noch !« fluchte Stürenburg. Stille. Dann fragte Dettmer verlegen : »Warum sagt man eigentlich immer ‹von Bentheim› ?« Wir sahen einander an; wir wußten es nicht.

ZU ÄHNLICH.
Niederschrift 12. 5. 1955 / 19. 6. 1962
Textgrundlagen :
   Typoskripte 1 u. 2
   Erstausgabe in TbZ
   Korrekturfahnen zur Erstausgabe
Für ZU ÄHNLICH gilt sinngemäß das über DIE WASSERLILIE Gesagte : Die vorlie-

gende Ausgabe folgt im Textteil dem Typoskript 2, hier folgt die Fassung des älteren
Typoskripts 1 :

ER WAR IHM ZU ÄHNLICH.

»Oh, Geschichten weiß der Herr Rat : der könnte die Vögel von
den Bäumen locken !« und sah mich von unten aus glitzernden
Altersaugen an. »Jaja, gewiß, Hagemann« sagte ich diplomatisch,
»aber ob sie auch alle wahr sind ?« Er warf sofort die Arme mit den
noch immer mächtigen Fäusten in die Luft : »Wieso denn nicht ?!«
nieselte er empört : »Was hier im Lauf der Jahre alles passiert ist ?!
– Und dann die vielen Ins-trumente : Ohgott, wenn ich nicht so'n
festen Kopf hätte – –« er entfernte sich, unglaublich murmelnd,
und ich begab mich unbefriedigt wieder zur Terrasse zurück, wo
man mich schon erwartete.

Vermessungsrat a.D. Stürenburg erklärte eben dem Hauptmann,
daß man auch als Zivilist durchaus noch bessere Karten einer
Gegend als die allgemein für das non plus ultra angesehenen Meßtischblätter erwerben könnte. »Jedes Katasteramt verkauft Ihnen
anstandslos für 6,– DM die sogenannten ‹Plankarten› im Maßstab
1 : 5.000, die ebenfalls die gesamte Topographie enthalten – da
haben Sie dann genau jedes einzelne Gebäude eingezeichnet; durch
die Schraffierung sind Wohnhäuser von Schuppen unterschieden;
Straßennamen; Alles : Sehr zu empfehlen !« Er nickte fachmännisch, und kerbte mit einem silbernen Spezialmesserchen seine
Zigarre vorn ein : »Natürlich gibt es auch *noch* großmaßstäblichere Pläne; in Verbindung mit dem Grundbuch; die werden,
falls Zeit ist, von den einzelnen Topographen laufend ergänzt – «
er wiegte den mächtigen Kopf und stöhnte ein bißchen.

Vom See her wogte träge ein Windstoß heran; spülte flüssigkeitshaft lau über unsere Hände; das Luftmeer war heut bester
Laune. »Gut für die Ernte« bemerkte Apotheker Dettmer wichtig;
Frau Dr. Waring nickte gutsherrschaftlich (obwohl sie den Teufel
etwas davon verstand); Nichte Emmeline dehnte verstohlen die
badelustigen Beine, und während sie noch schlau zu mir herüber
sah, hob Stürenburg bereits an :

»Sie wissen ja Alle, daß ich vor zwanzig Jahren, im Dritten Reich,
vorzeitig pensioniert wurde – ich komme jetzt darauf, weil es auch
mit Grundstückskarten zusammenhängt. Ich hatte damals die
Katasterämter westlich der Ems unter mir, und war eben im Auto
auf dem Wege nach Meppen, als ich nahe einer stattlich im Park
liegenden Villa ein paar Landmesser bei der Arbeit sehe; Einer hat

das Stativ aufgebaut, zwei Gehilfen stehen malerisch auf die rot-
weißen Latten gelehnt : wie das so jeder kennt. Ich lasse Hagemann halten, steige aus, und gebe mich dem Mann am Fernrohr zu
erkennen. Er sieht überhaupt nicht hoch, sagt nur scharf : ‹Fahren
Sie weiter !› Nun war mir dieses zu dick : ich war ja schließlich sein
übernächster Vorgesetzter; außerdem empörte es mein altes ehrliches Geodätenherz, daß das Fernrohr des Kerls irgendwohin
mitten in die Villa zeigte. Auf meine Beanstandung hin sagte er
drohender : ‹Gehen Sie Ihres Weges !›; hob auch den Kopf : ich
hatte das Gesicht noch nie gesehen; wo ich doch alle meine Beamten kannte ! Jetzt wurde mir die Sache verdächtig; zumindest lag ja
‹Anmaßung von Dienstbefugnissen› vor. Ich forderte ihn also auf,
in meinen Wagen zu steigen, und mir zur nächsten Polizeidienststelle zu folgen. Sein Gesicht wurde sofort brutal. Er machte sich
klein zum Angriff; pfiff seine Komplizen herbei; die faßten mich,
und hätten mich in mein Auto gestopft, wenn nicht Hagemann
eingegriffen hätte : er warf, strategisch durchaus richtig, zuerst den
Rädelsführer kopfüber in den tiefen Straßengraben – Moorboden,
Sie wissen ja. Dann kam er mir zu Hilfe. Die beiden Fremden bildeten sich – glücklicherweise für uns – ein, sie müßten Hagemanns
Kopf mit ihren Latten angreifen; und von diesem Augenblick an
war der Kampf entschieden. Durch Faustschlag, Stoß und Zähne-
geknirsch drang Hagemanns Haupt, gleichzeitig Schild und
Angriffswaffe, unwiderstehlich vor; schon verlor der Eine Jacke
und Hemd; während ich dem anderen die Nase öffnete. Unterdessen tauchte aus dem Graben das jetzt struppige Antlitz des Anführers; er rief seinen Leuten ein Kommando zu, worauf sie sich
sofort zurückzogen, sich auf drei im Gebüsch versteckte Motorräder warfen, und davon stanken. «
Der Hauptmann hatte interessiert der Schilderung des Gefechtes
gelauscht, nahm jetzt einen größeren Kognak, und Stürenburg
fuhr fort :
»Mein erstes war, durch das geheimnisvoll gerichtete Fernrohr zu
sehen : es zeigte mitten auf die Haustür ! Ich läutete den Besitzer
heraus. Ein langer dürrer Mann, aschgrau vor Angst im Gesicht,
erschien. Nachdem ich ihn informiert hatte, zog er mich flehend in
die Tür, verriegelte hinter sich, und berichtete kurz : er sei Jude;
und sein Haus würde seit drei Tagen von verkleideter Gestapo
bewacht, die nur darauf warteten, daß einer seiner längst gesuchten Verwandten sich zu ihm stehlen wollte. Dann sollte auch er

‹abgeholt› werden ! Als er erfuhr, daß seine Wächter in die Flucht geschlagen seien, bat er mich – zitternd am ganzen Leibe, der arme Kerl : es ging ja auch buchstäblich um sein Leben ! – ob ich ihn nicht rasch im Auto zur nahen holländischen Grenze befördern könne ? Auf meine Einwilligung hin, rannte er treppauf, und kam sofort mit dem längst bereitgehaltenen Köfferchen zurück. «

Der Hauptmann, nicht direkt Antisemit, aber immerhin jedem vorgeschriebenen Gesetz gehorsam zu sein erzogen, knurrte unbefriedigt; während der gutmütige Dettmer fleißig nickte.

»Ich fuhr wie der Teufel die Straße nach Provinzialmoor. Er plapperte neben mir unaufhörlich, krankhaft nervös; zeigte auch ängstlich nach allen möglichen Vogelscheuchen. Ich machte vorm Schlagbaum die Kurve; er lächelte herzbrechend tapfer zum Abschied; und ich rollte nachdenklich wieder durch das flache Land zurück. Während ich noch in Meppen mit dem Leiter des Katasteramtes kopfschüttelnd den raren Fall besprach, wurde plötzlich die Straße voller Motorengeräusch; vier schwarzen Limousinen entstiegen gute zwanzig SS-Männer und umstellten die Eingänge : ich mußte mit. – Ja, natürlich; Hagemann auch. – Wir wurden zwar ein paar Tage später wieder entlassen, da unsere Unschuld an der Prügelei unschwer nachzuweisen war; und von meiner Beihilfe zur Flucht des unglücklichen Mannes schienen sie gottlob nichts zu ahnen ! Immerhin wurde ich durch eine ‹Verfügung› meines Amtes enthoben – später sogar pensioniert : keine Bemühung meiner Vorgesetzten hat etwas genützt. « Er hob die breiten Augenbrauen und fluchte bei der Erinnerung noch heut durch die Nase.

»Das für mich Niederschlagendste war, daß ich in jenen Tagen zusätzlich noch die Zeitungsanzeige vom Tode dieses betreffenden jüdischen Arztes lesen mußte. Da ich nichts zu tun hatte, kaufte ich einen Kranz und legte ihn am noch offenen Sarg nieder – er war in seiner Villa aufgebahrt, lang und dürr. Man hatte ihn also nicht durch die Grenze gelassen. «

Von Dettmer und der Tante kam ein gerührtes »Tsts«; der Hauptmann trank ehern; und Emmeline streifte sich zappelig den Rock höher : sie hätte ihn wohl über den Kopf ziehen und ins Wasser springen mögen. Aber noch sog Stürenburg unerbittlich an seiner Havanna :

»Merkwürdig war nur, daß ich 14 Tage später aus England einen eingeschriebenen Brief erhielt : darin ein begeistertes Dankschreiben meines Arztes, und – mein Führerschein! Er hätte sich keinen anderen Rat gewußt, beichtete er, als ihn während unserer Fahrt aus dem Fach am Schaltbrett zu expropriieren : mit ihm sei er anstandslos durch den Schlagbaum gelassen worden! Es stimmte auch; denn er hat mir später immer wieder dankbar geschrieben; zur Zeit lebt er in den USA und will nächstes Jahr auf Besuch kommen.«

»Ja aber –« wandte der Apotheker betroffen ein »– ich denke Sie haben ihn doch damals im Sarge gesehen?!« und auch wir Anderen nickten verwirrt.

Stürenburg zuckte nur die Achseln : »Was weiß ich? Vielleicht hat der SS-Führer, der ja wohl auch, wie damals üblich ‹mit seinem Kopf› für den Erfolg des Auftrages einstehen mußte, seinen ganzen Sturm antreten lassen;« er zuckte die Achseln : »– vielleicht hat ihm Einer zu ähnlich gesehen?«

Er breitete die Hände und stand gewichtig auf. »Ja aber –« schnarrte der Hauptmann betroffen; »Ja aber –« sagte die Tante unzufrieden; »Ja aber –« dachten der Apotheker und ich uns in die überraschten Gesichter. Nur Emmeline schien mit dem Ausgang der Geschichte sehr zufrieden. Vielleicht auch nur, weil sie überhaupt zu Ende war?

DAS HEULENDE HAUS.
Niederschrift 13. 5. 1955
Textgrundlagen :
   Typoskript
   Erstausgabe in TbZ
   Korrekturfahnen zur Erstausgabe
Das Typoskript enthält einige handschriftliche Änderungen, die in der vorliegenden Ausgabe erstmals Berücksichtigung finden.

Varianten : (Seite/Zeile)

20 / 24   »20« : EA : zehn

20 / 27   »20« : EA : Zehn

20 / 28   »die gute Hälfte« : EA : der dritte Teil

21 / 4   »erhalten natürlich 30,–, und besitzen« : EA : erhalten 30,–, und haben

21 / 12   »dunkler & schmaler werdenden Seitenwegen« : EA : dunkler werdenden Seitenstraßen

21 / 38   »Später auch simultan.« : nicht in EA

22 / 26   »Schrei zurück« : EA : Schrei herbei

22 / 27   »Kopf nach oben« : EA : Kopf nach unten

SCHWARZE HAARE.
Niederschrift 16. 5. 1955
Textgrundlagen :
    Typoskript
    Erstausgabe in TbZ
    Korrekturfahnen zur Erstausgabe

Variante : (Seite/Zeile)

24 / 6 »selbst heute« : EA nur : heute

KLEINER KRIEG.
Niederschrift 17. 5. 1955
Textgrundlagen :
    Typoskript
    Erstausgabe in TbZ
    Korrekturfahnen zur Erstausgabe
Das Typoskript enthält einige handschriftliche Änderungen, die in der vorliegenden Ausgabe erstmals Berücksichtigung finden.

Varianten : (Seite/Zeile)

28 / 13 »Finessen« : EA : Feinheiten

28 / 14 »nie & nimmer« : EA : keinen

29 / 30 »schaute« : EA : sah

ICH BIN ERST SECHZIG
Niederschrift 25. 6. 1955
Textgrundlage :
    Typoskripte 1 u. 2
Typoskript 2 ist von Arno Schmidt für eine Rundfunk-Lesung im Februar 1958 mit handschriftlichen Sprecher-Zeichen (Zäsuren, Akzente, Vortragsanweisungen) versehen worden; außerdem wurden zwei Textverbesserungen vorgenommen, die in der vorliegenden Ausgabe Berücksichtigung finden.

DIE LANGE GRETE
Niederschrift 28. 6. 1955
Textgrundlagen :
    Typoskripte 1 u. 2
    Erstausgabe in TbZ
    Korrekturfahnen zur Erstausgabe
Für Typoskript 2 gilt sinngemäß das oben über ICH BIN ERST SECHZIG Gesagte.

Variante : (Seite/Zeile)

33 / 25 »einen Stein nahm« : TS1/EA : zu Steinen griff

LUSTIG IST DAS ZIGEUNERLEBEN.
Niederschrift 1 . 7. 1955
Textgrundlagen :
> *Typoskript*
> *Erstausgabe in TbZ*
> *Korrekturfahnen zur Erstausgabe*

Variante : (Seite/Zeile)
35 / 9   »als Hunde« : TS : wie Hunde

TRANSPORT IM SPÄTHERBST.
Niederschrift 15. 8. 1955
Textgrundlage :
> *Typoskript*
Vergleiche hierzu DIE UMSIEDLER, BA I, 1, S. 261 ff.

DIE ICHTHYOPHAGEN.
Niederschrift 16. 8. 1955
Textgrundlage :
> *Typoskript*
Vergleiche hierzu ALEXANDER, BA I, 1, S. 77 ff.

REISE ZUM MITTELPUNKT DER ERDE.
Niederschrift 16. 8. 1955
Textgrundlage :
> *Typoskript*
Vergleiche hierzu KOSMAS, BA I, 1, S. 439 ff.

GESPRÄCH MIT EINER SIRENE.
Niederschrift 16. 8. 1955
Textgrundlage :
> *Typoskript*
Vergleiche hierzu KOSMAS, BA I, 1, S. 439 ff.

GEHEN IN KALTER LANDSCHAFT.
Niederschrift 16. 8. 1955
Textgrundlage :
> *Typoskript*
Vergleiche hierzu DIE UMSIEDLER, BA I, 1, S. 261 ff. u. S. 516

ABSCHIED IM REGEN.
Niederschrift 16. 8. 1955
Textgrundlage :
> *Typoskript*
Vergleiche hierzu SEELANDSCHAFT MIT POCAHONTAS, BA I, 1, S. 391 ff.

PADDELN VORM GEWITTER.

Niederschrift 16. 8. 1955
Textgrundlage :
    Typoskript
Vergleiche hierzu SEELANDSCHAFT MIT POCAHONTAS, BA I,1, S. 391 ff.

NACHBARIN, TOD UND SOLIDUS.

Niederschrift 26. 1. 1956
Textgrundlagen :
    Typoskripte 1–4
    Erstausgabe in TbZ
    Korrekturfahnen zur Erstausgabe
Typoskripte 1 und 4 haben eine Darmstädter, Typoskripte 2 und 3 eine Bargfelder Adressierung; Typoskript 4 (ein Durchschlag von Typoskript 1) ist von Arno Schmidt für eine Rundfunk-Lesung im März 1957 mit Sprecher-Zeichen und einigen Änderungen versehen worden.

Varianten : (Seite/Zeile)

51 / 28   »Die Wolke gefällt mir !« : TS 4 : Mir gefällt Die Wolke !

52 / 4   »Ewiges . . . Firrzn.« : TS 1 : Ewiges . . . zehn ! ; TS 2 : Ewiges . . . zehn. ;
       in TS 4 ganz gestrichen; EA : Ewiges . . . firrzn.

52 / 9   »als Beleg« : TS 4 : zum Vergleich und Beleg

52 / 15   »(: ‹Einander›).« : TS 1–3 : Einander. ; in Ts 4 gestrichen

53 / 2   »wühlte« : TS 2/3/EA : wählte

GESCHICHTE AUF DEM RÜCKEN ERZÄHLT.

Niederschrift 2. 2. 1956
Textgrundlage :
    Typoskript

TODESSTRAFE BEI SONNENSCHEIN

Niederschrift 7. 2. 1956
Textgrundlage :
    Typoskript

DER TAG DER KAKTUSBLÜTE.

Niederschrift 24. 2. 1956
Textgrundlagen :
    Typoskript
    Erstausgabe in TbZ
    Korrekturfahnen zur Erstausgabe

Variante : (Seite/Zeile)

62 / 3   »14 Uhr 45« : TS : nachmittags

VERSCHOBENE KONTINENTE.

Niederschrift 27. 2. 1956

Textgrundlagen :

Typoskripte 1 u. 2.

Typoskript 2 ist von Arno Schmidt für eine Rundfunk-Lesung im März 1957 mit Sprecher-Zeichen und einigen Änderungen versehen worden.

Varianten : (Seite/Zeile)

63 / 14   »wußte ich« : folgt in TS 2 : eindrucksvoll dornige

63 / 20   »seit dreißig« : TS 2 : seit gut dreißig

63 / 31   »schwarzweißgelbbraunwasweißich« : TS 2 : weißgrau

63 / 33   »vita difficilis est« : in TS 2 gestrichen

63 / 33   »uns nichts« : TS 2 : uns auch nichts

64 / 6   »fünfundzwanzig« : TS 2 : zwanzig

64 / 11   »Schöne« : TS 2 : Unverächtliche

64 / 12   », vorurteilslos« : TS 2 : , und vorurteilslos

64 / 14   »Fahrt« : TS 2 : Dienst=Fahrt

64 / 15   »hat . . . , auch die« : TS 2 : hatte . . . , damals auch die

64 / 20   »(und kehrte . . . egal)« : in TS 2 gestrichen

64 / 23   »Schwarmstedt« : TS 2 : Schwarmhausen

64 / 23   »Zementstumpen« : TS 2 : Granitstumpen

SCHLÜSSELTAUSCH.

Niederschrift 6. 3. 1956

Textgrundlagen :

Typoskripte 1 – 3

Erstausgabe in TbZ

Korrekturfahnen zur Erstausgabe

Typoskript 3 ist von Arno Schmidt für eine Rundfunk-Lesung im Februar 1958 mit Spre-cher-Zeichen und einigen Änderungen versehen worden.

Varianten : (Seite/Zeile)

66 / 30   »Schreibmaschine« : TS 3 : Stahlfeder, beziehungsweise meiner Schreibmaschine

67 / 3   »Papierkreis« : TS 3 : hellbraunen Papierkreis

67 / 12   »im Gedankendschungel« : TS 3 : in Gedankendschungel

68 / 1   »nichtswürdig« : TS 3 : gleichermaßen nichtswürdig

68 / 9   » ‹Eisenhower seiner›;« : TS 3 : ‹Eisenhower seiner› groß & rostig;

68 / 39   »sehr bedenklich« : TS 2 / EA nur : bedenklich

WAS SOLL ICH TUN ?
Niederschrift 8. 3. 1956
Textgrundlagen :
    Typoskript
    Erstausgabe in TbZ
    Korrekturfahnen zur Erstausgabe

DIE VORSICHTIGEN.
Niederschrift 15. 3. 1956
Textgrundlagen :
    Typoskripte 1 u. 2
    Erstausgabe in TbZ
    Korrekturfahnen zur Erstausgabe
Typoskript 2 ist von Arno Schmidt für eine Rundfunk-Lesung im Februar 1958 mit Spre-
cher-Zeichen und einigen Änderungen versehen worden.

Varianten : (Seite/Zeile)

73 / 18   »indianerrote« in TS 2 gestrichen

73 / 33   »der Salempackungen« : TS 2 : der damaligen Salempackungen

73 / 38   »Bälle kauern sklavenbunt« : in TS 2 gestrichen

74 / 10   ‹Wir Wachen ... bewacht.›« : TS 1/2 : Wir sind Beobachtete; Rainer M.
    Gerhardt, bitt' für uns !

74 / 13   »Gürtelnattern,« : in TS 2 gestrichen

74 / 26   »so muß« : TS 2 : so vorsichtig muß

SOMMERMETEOR.
Niederschrift 6. 5. 1956
Textgrundlagen :
    Typoskript
    Erstausgabe in TbZ
    Korrekturfahnen zur Erstausgabe

KLEINE GRAUE MAUS.
Niederschrift 24. 5. 1956
Textgrundlage :
    Typoskript

RIVALEN.
Niederschrift 30. 5. 1956
Textgrundlagen :
    Typoskript
    Erstausgabe in TbZ
    Korrekturfahnen zur Erstausgabe

Varianten : (Seite/Zeile)

84 / 28   »Biester« : TS : Schweine

84 / 31   »ganz ordentliches« : TS : sehr gutes

84 / 33   »gab es« : TS : gab es ja

85 / 9   »verdünnt mit Korn« : TS : gemischt mit Dujardin

85 / 27   »meine Kritik« : TS : die Kritik

86 / 9   »verwünschtes Buch« : TS : nächstes Buch

86 / 31   »Jansen« : TS : Pape

86 / 31   »Harding« : EA fehlerhaft : Hardling

86 / 32   »Blumenhagen« : TS : Wackerhagen

87 / 6   »kurze Kopfgeste« : TS : nickte sie da

AM ZAUN.
Niederschrift 3. 6. 1956
Textgrundlage :
   Typoskript

GESCHICHTE EINES DICKEN MANNES
Niederschrift 19. 7. 1956
Textgrundlage :
   Typoskript

GESCHICHTEN VON DER INSEL MAN.
Niederschrift 5. 8. 1956
Textgrundlagen :
   Typoskript
   Erstausgabe in TbZ
   Korrekturfahnen zur Erstausgabe

Varianten : (Seite/Zeile)

96 / 7   »in Ihr'm« : TS : in dem

96 / 31   »von ihnen« : nicht in EA

SELTSAME TAGE.
Niederschrift 20. 8. 1956
Textgrundlagen :
   Typoskripte 1 u. 2
   Erstausgabe in TbZ
   Korrekturfahnen zur Erstausgabe

Variante : (Seite/Zeile)

101 / 36   »Anschriften« : EA : Anschrift

ZÄHLERGESANG.
Niederschrift 30. 1. 1957
Textgrundlagen :
   Typoskript
   Erstausgabe in TbZ
   Korrekturfahnen zur Erstausgabe
Die Textfassung der Erstausgabe folgt weitgehend einem in Orthographie und Interpunktion redigiertem Abdruck in der FAZ vom 11. 10. 1957; die vorliegende Ausgabe folgt dem Typoskript.

Varianten : (Seite/Zeile)

103 / 10 »hätte »relativ selten« getippt« : EA : hätte getippt »relativ selten«

104 / 22 »Ampeltropfen« : EA : Ampeltöpfen

105 / 26 »: die Lumpen; ob Ost ob West« : fehlt in EA

AM FERNROHR.
Niederschrift 20. 2. 1957
Textgrundlagen :
   Typoskript
   Erstausgabe in TbZ
   Korrekturfahnen zur Erstausgabe

Varianten : (Seite/Zeile)

107 / 22 »vorüber ist« : folgt im TS : , und wischeln

108 / 1 »die Hand vors Gesicht schlagen« : TS : den Hut in die Stirn drücken

108 / 39 »(in Roten Gummischlappen)« : nicht im TS; in KF hs eingefügt (und vom Setzer
      mglw. falsch gelesen) : (in roten Gummi=Schühchen)

109 / 19 »der Busen karg« : TS : der karge Busen

109 / 20 »auf 200 Meter Distanz« : TS : auf Distanz ?

109 / 37 »unzuverlässig=fleißige« : TS : unschätzbar=fleißige

110 / 4 »ist allerdings« : TS : das ist allerdings

110 / 28 »schärfer – : !« : TS : schärfer ein : !

110 / 35 »eigentlich so ?« : TS nur : eigentlich ?

SCHULAUSFLUG.
Niederschrift 19. 5. 1957
Textgrundlagen :
   Typoskripte 1 – 3
   Erstausgabe in TbZ
   Korrekturfahnen zur Erstausgabe
Typoskript 3 ist von Arno Schmidt für eine Rundfunk-Lesung im Februar 1958 mit Sprecher-Zeichen und einigen Änderungen versehen worden.

Varianten : (Seite/Zeile)

111 / 26 »Eintausend« : TS 3 : Tausend

111 / 35 »‹Mnja› sagen« : TS 3 : ‹Mnja› : Mnja sagt

112 / 1 »stank unnachahmlich« : TS 3 : stank alles unnachahmlich

112 / 35 »hiesiger« : TS 1 : hiesigen

114 / 27 »Drillanstalt« : TS 3 : Schwatz= und Drillanstalt

115 / 18 »machten« : TS 3 : stöckelten

115 / 21 »Teddies kauerten« : TS 3 : und Teddies kauerten sofort

115 / 36 »Das hab'« : TS 3 : Den hab'

115 / 38 »auf der« : TS 3 : auf meiner

116 / 1 »Übersetzung« : TS 3 : deutsche Übersetzung

116 / 27 »einen Engel« : TS 3 : einen solchen Engel

117 / 36 »(aber das . . . zeigten).« : in TS 3 gestrichen

118 / 2 »mit grobem Silberhaar,« : TS 3 : unter grobem Silberhaar, eine Neon-
röhre im Kreuz; als Herz eine Büchse Nescafé :

118 / 3 »Vogelmenschen« : TS 3 : Vogelmenschen : eine Hexenzunft

118 / 30 »»Oppolzer«,« : TS 3 : »Theodor Ritter von Oppolzer«,

118 / 37 »Karteien« : TS 3 : Kundenkarteien

ROLLENDE NACHT.
Niederschrift 6. 11. 1957
Textgrundlagen :
> *Typoskripte 1 u. 2*
> *Erstausgabe in TbZ*
> *Korrekturfahnen zur Erstausgabe*

N.
Niederschrift 16. 8. 1958
Textgrundlage :
> *Typoskript*

Als einzige der Kleineren Erzählungen liegt »N.« in keiner endgültigen Reinschrift
Schmidts vor. Das Typoskript trägt den Vermerk »1. entwurf« und ist mit zahlreichen
handschriftlichen Verbesserungen, Streichungen und Zusätzen versehen, die insgesamt
jedoch eine eindeutige Lesefassung ergeben. Die erste Seite trägt in Arno Schmidts Handschrift den Bleistift-Vermerk : »wohl unbrauchbar ! ablegen Sch. 6.xi.60«; über die ganze
Größe der ersten Seite ist mit Bleistift ein Fragezeichen gezogen.

TROMMLER BEIM ZAREN.
Niederschrift 22. 8. 1959
Textgrundlagen :
> *Typoskripte 1 u. 2*
> *Erstausgabe in TbZ*
> *Korrekturfahnen zur Erstausgabe*

Varianten : (Seite/Zeile)

132 / 17 »Kirchentürme« : TS 2/EA : Kirchtürme

132 / 36 »DBR« : EA : BRD
132 / 29 »fachfraulich« : TS 1/2 : fachmännisch

NEBENMOND UND ROSA AUGEN.
Niederschrift 8. 9. 1959.
Textgrundlagen :
   Typoskript
   Erstausgabe in TbZ
   Korrekturfahnen zur Erstausgabe
Ein erster Entwurf dieser Erzählung vom 8. 11. 1958 sah an Stelle des Einschubs der
›Geschichte der Teufelin‹ die Juvenilie PHAROS vor.
Variante : (Seite/Zeile)
134 / 23 »möchte« : TS : könnte

GEDICHTE

SCHRITTE IN DER NACHTSTILLE
Niederschrift vor dem 1. 2. 1933
Textgrundlage :
   Gedächtnisprotokoll
Arno Schmidts Görlitzer Schulfreund Heinz Jerofsky hat diese Gedichtsammlung im Som-
mer 1983 aus der Erinnerung aufgezeichnet, wobei das Erinnerte seiner Einschätzung nach
etwa ein Drittel des ursprünglichen Umfanges beträgt. Die Sammlung selbst (ein handge-
schriebenes Notizbuch) wurde ihm am 1. 2. 1933 mit folgender Widmung geschenkt :

> Schritte in der Nachtstille, erste und einzige Ausgabe in 1 Exem-
> plar, gewidmet Herrn Heinz Jerofsky von seinem Freunde Arno
> Schmidt.

Das Notizbuch ist im 2. Weltkrieg in Rußland verloren gegangen. – Die Zuverlässigkeit von
Heinz Jerofskys Erinnerung kann überprüft werden an einigen von Schmidt in seine Juveni-
lia integrierten Gedichten. Die sich dabei ergebenden einzelnen geringfügigen Differenzen
müssen nicht gegen die Exaktheit des Erinnerten sprechen; da die Juvenilia vier und mehr
Jahre nach SCHRITTE IN DER NACHTSTILLE geschrieben sind, kann es sich um von
Schmidt beabsichtigte Verbesserungen handeln.

– BELIEVE, DEAD POETS ARE NOT ALWAYS DEAD :
Niederschrift um 1933
Textgrundlage :
   Manuskript
Das Gedicht steht als handschriftlicher Eintrag in einem in Heinz Jerofkys Besitz befindli-
chem Exemplar des 1921 im Erich Reiss Verlag erschienenen Buches »Das Blumenschiff.
Nachdichtungen chinesischer Lyrik von Klabund«. Darunter folgende Widmung:

> Some idle verses in Dedication to Mr. H.J., a not by all means
> hopeless but yet veree uncouth young Gentleman, in return for
> many delightful hours spent with him. arno schmidt.

VERWORRENHEIT
Niederschrift etwa Sommer 1934
Textgrundlage :
> *Gedächtnisprotokoll*

Das Gedicht ist Heinz Jerofskys Erinnerung zufolge etwa Juni 1934 an Hermann Stehr gesandt worden, der sich am 6. 8. 1934 dafür brieflich bedankte.

VERBRÜDERUNG.
Niederschrift etwa Sommer 1934
Textgrundlage :
> *Typoskript*

Das Gedicht ist Heinz Jerofskys Erinnerung zufolge etwa Juni 1934 an Herman Hesse gesandt worden, der sich am 19. 6. 1934 dafür mit seinem Gedicht »Dreistimmige Musik« revanchierte. – Schmidts Gedicht trägt die Widmung:

Dem Dichter des Steppenwolfes in hoher Verehrung.

TRUNKNER IM DUNKEL.
Niederschrift vor dem 7. 1. 1935
Textgrundlage :
> *Typoskript*

DIE WOLKENLAMPE.
Niederschrift vor dem 7. 1. 1935
Textgrundlage :
> *Typoskript*

TRUNKNER IM DUNKEL und DIE WOLKENLAMPE sind am 7. 1. 1935 an Herman Hesse gesandt worden.

BÜRGERLICHER ABEND.
Niederschrift vor dem 22. 11. 1935
Textgrundlage :
> *Manuskript*

JUPITER, DER GUTE HIRTE.
Niederschrift vor dem 22. 11. 1935
Textgrundlage :
> *Manuskript*

BÜRGERLICHER ABEND und JUPITER, DER GUTE HIRTE sind Beilagen eines Briefes an Heinz Jerofsky vom 22. 11. 1935.

DAS ‹ZIMTFRAGMENT›
Niederschrift um 1949
Textgrundlage :
> *Manuskript*

Titel von den Herausgebern. – Unleserliche Stelle in Strophe 32 :

DER GOLDGETRÄNKTE HIMMEL ÜBER MIR
Niederschrift vermutlich November 1950
Textgrundlagen :
  Erstausgabe in : Brand's Haide, Rowohlt Verlag, Hamburg 1951
  Handexemplare der Erstausgabe
  Korrekturfahnen zur Erstausgabe
Als Widmungsgedicht der Erzählung BRAND'S HAIDE vorangestellt.

LILLIS SONETTENKRANZ
Niederschrift vor dem 24. 6. 1951
Textgrundlage :
  Typoskript
Geschenk Arno Schmidts zu Alice Schmidts Geburtstag am 24. 6. 1951.

JA : ÜBERNÄCHTIGT !
Niederschrift 28. 9. 1951
Textgrundlagen :
  Typoskript
  Erstausgabe in : Brand's Haide, Rowohlt Verlag, Hamburg 1951
  Handexemplare der Erstausgabe
  Korrekturfahnen zur Erstausgabe
Als Widmungsgedicht der Erzählung SCHWARZE SPIEGEL vorangestellt.

DER WOLKEN IRREGANG.
Niederschrift 8. 9. 1952
Textgrundlagen :
  Erstausgabe in: Die Umsiedler, Frankfurter Verlagsanstalt, Frankfurt 1953
  Korrekturfahnen zur Erstausgabe
Als Widmungsgedicht der Erzählung DIE UMSIEDLER vorangestellt.

ICH HABE MICH DEM LEBEN NIE ENTZOGEN;
Niederschrift 16. 9. 1952
Textgrundlage :
  Korrekturfahnen zu : Die Umsiedler, Frankfurter Verlagsanstalt, Frankfurt 1953
Als Widmungsgedicht der Erzählung ALEXANDER ODER WAS IST WAHRHEIT vorangestellt, jedoch bereits in den Korrekturfahnen von Arno Schmidt gestrichen und nicht mitgedruckt.

HAUSHOCH
Niederschrift vermutlich Februar/März 1953
Textgrundlagen :
  Erstausgabe in : Aus dem Leben eines Fauns, Rowohlt Verlag, Hamburg 1953
  Handexemplar der Erstausgabe
  Korrekturfahnen zur Erstausgabe

GRAUQUALMENDE NEBEL UMFEUCHTEN
Niederschrift 25. 6. 1953
Textgrundlage :
  Manuskript
Eintragung Arno Schmidts im Gästebuch des Pensionshauses Franz Schomaker, Dümmerlohausen; darunter die Zeile:

> Zur Erinnerung an unseren Aufenthalt, 22.–26. 6. 53 Arno Schmidt

NOTEN AUF ROTEM GRUND
Niederschrift 12. 10. 1953
Textgrundlagen :
  Typoskript
  Zeitschriften-Abdruck in : Texte und Zeichen 1, 1955
Als Widmungsgedicht der Erzählung SEELANDSCHAFT MIT POCAHONTAS vorangestellt.

HUNDSTAGSSPAZIERGANG :
Niederschrift vermutlich 1955/56
Textgrundlage :
  Typoskript
Von diesem Gedicht existiert ein überschriftsloses zweites, in Interpunktion und Zeilenfall geringfügig abweichendes, sonst textgleiches Typoskript, in welchem der Schlußabsatz lautet:

> 8) (Hundstagsspaziergang; für
>
> . . . .)

Darunter die Zeile:

> Widmungsgedicht zu »Das steinerne Herz«.

NICHT NUR
Niederschrift vermutlich 1956
Textgrundlage :
  Typoskript
Als Widmungsgedicht dem Roman DAS STEINERNE HERZ vorangestellt. Textvarianten der Erstausgabe siehe BA I,2 S. 356

AUF ARNO SCHMIDT'S ‹ROSEN & PORREE›
Niederschrift 2. 3. 1960
Textgrundlagen :
  Typoskript
  Erstausgabe in TbZ
  Korrekturfahnen zur Erstausgabe

JUVENILIA

DIE INSEL.

Niederschrift 1937
Textgrundlage :
    Manuskript (Tinte; Notizbuch 12 × 18,5 cm; 121 S.)
Die Orthographie- und Interpunktions-Eigenheiten der Handschrift, auf die Arno Schmidt
bereits in seinem Vorwort S. 191 hinweist, wurden im vorliegenden Abdruck selbstverständlich beibehalten. Nur in sehr wenigen Fällen, in denen die Lese-Irritation (möglicher-
weise *doch* durch Schreibfehler Schmidts) *zu* groß erschien, sind fehlende Wortendungen
und Punkte in eckigen Klammern nachgetragen. Darüberhinaus werden im Folgenden
einige besonders krasse Abweichungen von der Duden-Norm durch ein »so im MS« als von
Schmidt geschriebene bestätigt. Nicht aufgeführt werden dabei inkonsistente Groß- und
Kleinschreibung, fehlende Kommata und wechselnde Schreibungen von Fremdworten wie
»Postillion«/»Postillon«.
Titelblatt des Manuskripts:
    Die Insel. / von / Arno Schmidt. / Lauban / 1937

Widmung :
    Für Alice

Dem Erzähl-Fragment ist folgendes Inhaltsverzeichnis vorangestellt:
    Einleitung.
    1. Teil. Das Schloss in Böhmen
    2. " . Unsere Reise nach Fredrikshald.
    3. " . Die Höhlen von Borge.
    4. " . Mare Tenebrarum.
    5. " . Der Ring.

Variante : (Seite/Zeile)

216 / 20 »klein zaches« : darüber im MS mit Bleistift : Brambilla

Schreibeigenheiten : (Seite/Zeile)

193 / 39 »sebst« : so im MS

195 / 39 »eingerichten« : so im MS

204 / 39 »verwandschaft« : so im MS

214 / 8 »dass war« : so im MS

216 / 21 »ersten buch« : so im MS

217 / 20

    / 29 »Si« : so im MS; mglw. Koseform der Koseform »Zessi«

220 / 8 »hier und das« : so im MS

223 / 39 »mal« : so im MS

229 / 7 «walten« : so im MS

233 / 4 »Si« : so im MS

235 / 20 »götaborg« : so im MS

DICHTERGESPRÄCHE IM ELYSIUM

Niederschrift 1940/41
Textgrundlage :
  Manuskript (Tinte; Notizbuch 10 × 16 cm; 211 S.)
Die Gespräche 1 – 11 wurden (vermutlich in der zweiten Jahreshälfte) 1940 in Hirschberg geschrieben; das 12. Gespräch entstand Anfang 1941 in Hagenau und wurde Alice Schmidt mit Bitte um Übertragung in das ihr zu Weihnachten geschenkte Manuskript-Buch brieflich übermittelt. Das Original-Manuskript dieses Gesprächs ging im Krieg in Schlesien verloren. – Die Übersetzungskritik im 1. Gespräch (S. 246, Z. 19–33) wurde von Arno Schmidt nach 1945 eingefügt.

Varianten : (Seite/Zeile)

242 / 20 »Vondervotteimittis« : im MS nachträglich mit Bleistift eingefügt; darunter ausgestrichen : Gordon Pym

250 / 24 »Aristipp« : im MS nachträglich mit Bleistift eingefügt; daneben ausgestrichen : Agathodämon

Schreibeigenheiten : (Seite/Zeile)

248 / 33 »Verwandschaft« : so im MS

273 / 26 »; Da« : so im MS

281 / 39 »ausgesehen« : so im MS

295 / 37 »vergißt, das« : so im MS

DER JUNGE HERR SIEBOLD

Niederschrift Frühjahr 1941
Textgrundlage :
  Manuskript (Tinte; Notizbuch 10 × 16 cm; 168 S.)
Titelblatt des Manuskripts:

Der junge Herr / Siebold / Eine Erzählung aus der / alten Zeit / von / Arno Schmidt / Im Frühjahre 1941 / 3 Mohren – Verlag / Eilysion.

Widmung:

für Alice.

Schreibeigenheiten : (Seite/Zeile)

305 / 29 »Agressi« : so im MS

335 / 33 »den aller« : so im MS

347 / 15 »Nordwegen« : so im MS

349 / 14 »jagenden« : so im MS

349 / 15 »rißen« : so im MS

DER REBELL.

Niederschrift 14. 8. – 24. 9. 1941
Textgrundlage :
   Manuskript (Tinte; 5 einzelne DIN A4 Bögen)
DER REBELL und DAS KRAULEMÄNNCHEN sind in einer überarbeiteten Fassung
von Schmidt 1949 in eine überarbeitete Fassung von DIE FREMDEN integriert worden,
die so Teil der fiktiven Briefsammlung ARNO SCHMIDTS WUNDERTÜTE wurden.
Ein Abdruck dieser Fassungen wird in BA III, 1 erfolgen.

Widmung:
   für Alice.
Variante :
Der auf S. 363 Zeile 20 ff. in runden Klammern stehende Absatz steht im Manuskript in eckigen Klammern.

DAS KRAULEMÄNNCHEN.

Niederschrift vermutlich 1941
Textgrundlage :
   Manuskript (Bleistift; 1 einzelner u. 2 DIN A4 Doppelbögen)

Schreibeigenheiten : (Seite/Zeile)

373 / 24 »reinem kalten« : so im MS

380 / 10 »unzählig viel« : so im MS

DAS HAUS IN DER HOLETSCHKAGASSE.

Niederschrift Herbst 1941
Textgrundlage :
   Manuskript (Tinte; Notizbuch 10 × 16 cm; 191 S.)
DER JUNGE HERR SIEBOLD und DAS HAUS IN DER HOLETSCHKAGASSE
stehen im selben Notizbuch.
Titelblatt des Manuskripts:
   Das Haus in der / Holetschkagasse. / von / Arno Schmidt. / im
   Herbst i94i / Kleinvölkelverlag / Eilysion.
Widmung:
   für Alice.

Eintrag auf der letzten Seite des Manuskripts:
   – Ende – (25. 11. 41)

Schreibeigenheiten : (Seite/Zeile)

392 / 9 »dem dämmerndem« : so im MS

405 / 32 »ihn« : so im MS

417 / 14 »Daß !« : so im MS

417 / 26 »leisen« : so im MS

430 / 35 »gestaldendes« : so im MS

431 / 29 »Lichtknäuelen« : so im MS

437 / 5 »Fracastjorms« : so im MS

DER GARTEN DES HERRN VON ROSENROTH.

Niederschrift 1942
Textgrundlage :
    Manuskript (Tinte; Notizbuch 12 × 19,5 cm; 124 S.)
Titelblatt des Manuskripts:

Der / Garten / des / Herrn von Rosenroth. / von / Arno Schmidt. / 3 – Mohren – Verlag / Eilysion / i942.

Widmung:

für Alice

Schreibeigenheiten : (Seite/Zeile)

446 / 11 »Moosige« : so im MS

446 / 15 »Barokgiebel« : so im MS

458 / 23 »zerissen« : so im MS

468 / 17 »risig« : so im MS

478 / 11 »sich;,« : so im MS

491 / 1 »Gewandheit« : so im MS

DIE FREMDEN.

Niederschrift 1942
Textgrundlage:
    Manuskript (Tinte; Notizbuch 17 × 20,5 cm; 144 S.)
Titelblatt des Manuskripts:

Die Fremden. / ein Erzählung / von / Arno Schmidt. / Drei – Mohren – Verlag / i942

Widmung:

für Alice

Schreibeigenheiten : (Seite/Zeile)

518 / 39 »wieder« : so im MS

549 / 19 »seinen«: so im MS

MEIN ONKEL NIKOLAUS

Niederschrift Herbst 1943
Textgrundlage :
    Manuskript (Bleistift; Notizbuch-Ausriß 12 × 19,5 cm; 64 S.)
Das Erzähl-Fragment liegt als einzige Juvenilie nicht in einer sauberen Reinschrift vor, son-

dern nur in einer flüchtigeren ersten Niederschrift mit zahlreichen Streichungen und Verbesserungen.

Titelblatt des Manuskripts:

2i. 9. 43 / Mein Onkel / Nikolaus / von / Arno Schmidt / 3 Moh-
ren-Verlag / 1943

Widmung:

für Alice

Variante : (Seite/Zeile)

598 / 8–19 »Auf einmal . . . Gesicht gelacht ?« : nur auf einem dem MS beiliegenden
ts Zettel

Schreibeigenheiten : (Seite/Zeile)

Die Schreibung des Namens »Ramsey/Ramsay« ist im MS inkonsistent.

580 / 5 »Pfeilerähnlichen« : so im MS

588 / 4 Anführungszeichen und Zeilenfall so im MS

592 / 23 »leßt« : so im MS

596 / 27 »Unbekannt« : so im MS

PHAROS
oder von der Macht der Dichter.

Niederschrift ? (s. editorische Nachbemerkung, S. 637)
Textgrundlage :
    Typoskript

Schreibeigenheiten : (Seite/Zeile)

616 / 7 »Schmutzig« : so im MS

616 / 23 », Daß« : so im MS

619 / 3 »wind« : so im MS

619 / 21 »Streichelnd« : so im MS

620 / 11 »blättrn« : so im MS

621 / 40 »Das« : so im MS

624 / 29 »oben« : so im MS

627 / 19 »umgeben« : so im MS

628 / 29 », Mit« : so im MS

628 / 31 »aux« : so im MS

630 / 6 »Stersplitter« : so im MS

631 / 2 »Gewandheit« : so im MS

631 / 38 », Bis« : so im MS